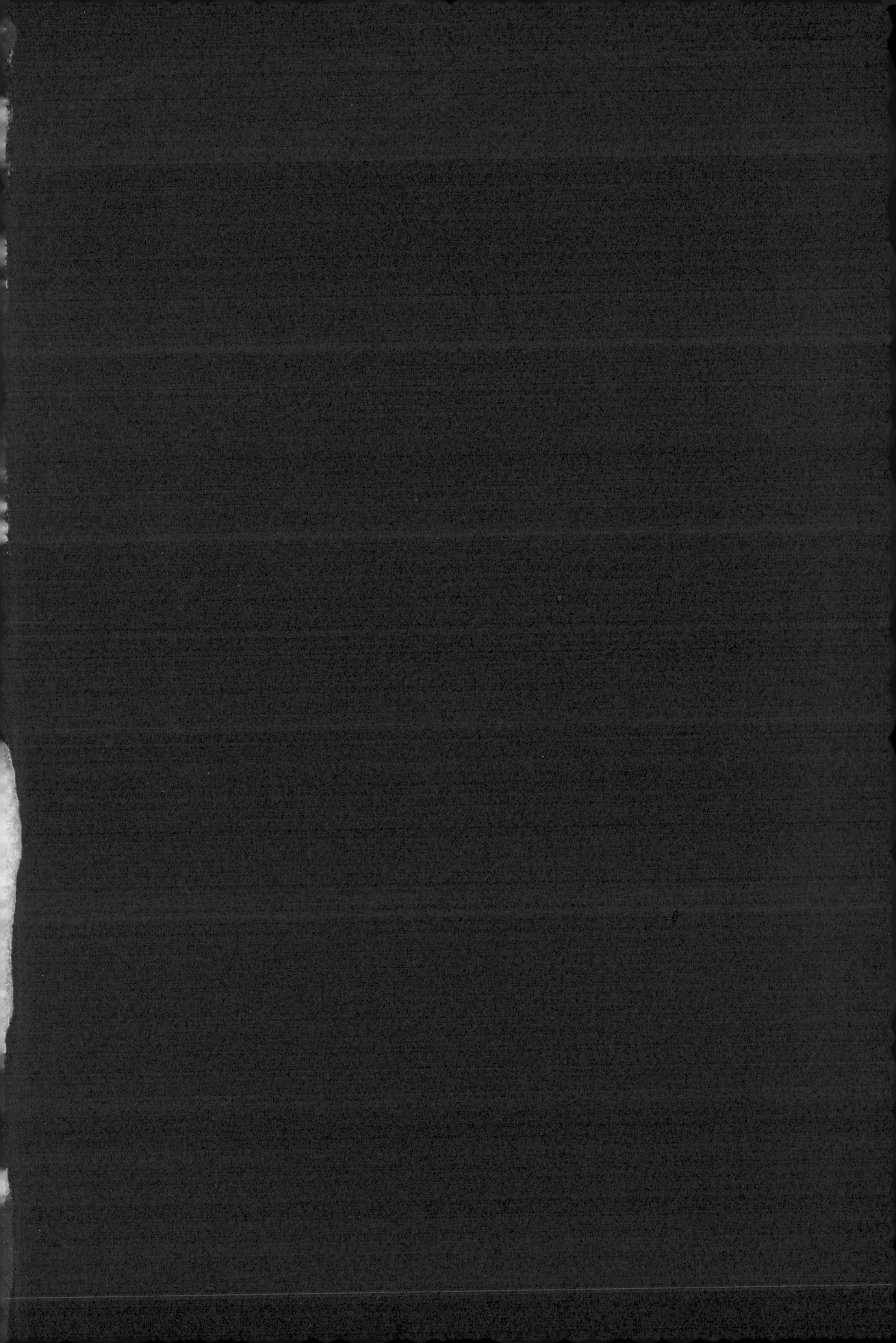

二

詔令奏議部

論述

陳振孫《直齋書録解題・章奏類序》 凡無他文而獨有章奏，及雖有他文而章奏復獨行者，亦别爲一類。

焦竑《國史經籍志・製誥類序》 王者淵默黼扆，而風行乎四表，其惟制詔乎？故授官選賢，則氣含風雨；詰戎變伐，則威凜洊雷。肆赦而春日同温，敕法則秋霜比烈。蓋文章之用，極于此矣。《兩漢詔令》最爲近古，然敕鄧禹、侯霸體例有乖，難于行遠。武帝以淮南多士，屬草相如，良有謂也。後世材者弗任，而任不必材。欲令騰義飛辭，而慴服遐邇，不可得已。顧王治人心，卜于綸綍，考覽者不能廢也。古惟誥誓，近有詔、有令、有制敕、有策書，名目小異，總爲王言，今悉列之爲制詔篇。

又《表奏類序》 古人臣言事，皆稱上書，嬴奏改書爲奏。至漢，章、奏、表、議定爲四品，其流一也。三代君臣，面相獻替，而伊周書誥已盈簡牘。迨世益下，簾遠堂高，所以披見情愫，覺寤主心者，賴有此耳。世稱左雄、胡廣奏議第一，文舉孔明，志暢辭美。不獨身文所在，抑亦國華繫之，故足重也。世人經世無術，競於詆訶，吹毛求瑕，次骨爲戾。夫能闢禮門以懸規，標義路而植矩，自令踰垣者折肱，捷徑者滅趾，亦何必躁言醜句，詬病爲功哉？《書》曰「辭尚體要」，體要並盭，辭則何觀？《漢志》藝文，靡細不録，至于經國樞機，闕而不纂，乃各有故事，備於司存也。余恐隨世遺失，特具列之，綴於制誥之次。

《四庫全書總目提要・詔令奏議類序》 記言、記動，二史分司。起居注，右史事也，左史所録蔑聞焉。王言所敷，惟詔令耳。《唐志》史部初立此門。黄虞稷《千頃堂書目》則移制誥於集部，次於别集。夫渙號明堂，義無虛發，治亂得失，於是可稽。此政事之樞機，非僅文章類也，抑居詞賦，於理爲褻。《尚書》誓誥，經有明徵。今仍載史部，從古義也。《文獻通考》始以奏議自爲一門，亦居集末。考《漢志》載《奏事》十八篇，列《戰國策》、《史記》之間，附《春秋》末。則論事之文，當歸史部，其證昭然。今亦併改隸，俾易與紀傳互考焉。

又《詔令奏議類》 謹案列聖御製及官撰諸書，竝恪遵聖諭，冠於國朝著作之首。惟詔令奏議一門，例以專集居前，總集居後。而所録漢、唐詔令，皆總集之屬，不應在專集之前。是以恭録聖訓聖諭，弁冕此門，前代詔令列後焉。

又《詔令奏議類》 案詔令之美，無過漢、唐。《唐大詔令》爲宋敏求蒐輯而成，多足以裨史事。《兩漢詔令》雖取之於三史，然彙而聚之，以資循覽，亦足以觀文章爾雅、訓詞深厚之遺。兩宋以後，國政得失，多見於奏議。内外制亦多散見於諸集，故所録從略焉。

耿文光《萬卷精華樓藏書記・詔令奏議類序》 右史記動，起居注是也；左史記言，詔令是也。起居注，古本久佚，不能建類；詔令奏議，《唐志》始立此門，深合古義。今所録者，凡十五家。單行之奏議，亦别集類；歷代之奏議，亦總集類也。攷《漢志》載《奏事》十八篇，附《春秋》後，則論事之文宜歸史部。黄氏《千頃堂書目》移制誥於集部，馬氏《通考》以奏議一門列於集末，於理未安，今不復從。凡屬奏稿皆歸此門，至於各集中之奏議，與集並行，亦不複出。惟著其大略於注中，以概其餘，兼備檢閱。所藏奏稿尚多，别存其目，茲不備列。

黄逢元《補晉書藝文志・起居注類序》 【略】詔書與起居注類也。《隋志》併入總集，唐新、舊《志》類此，本志因之。

雜録

《新唐書・藝文志・起居注類》 凡詔令一家，一十一部，三百五卷。失姓名十家，温彦博以下不著録十一家，二百二十二卷。

王應麟《玉海・藝文・奏疏》 唐虞之臣，敷奏以言；秦漢之輔，上書稱奏。奏者，進也。敷下情，進于上也。

又《政要寶訓》 皇祖之訓，著于《夏書》；文王之謨，述于《周命》。《商書》立言，陳烈祖之成德；漢弼論道，守高皇之定規。魏相稱國家舊事，可以奉行；文宗讀《貞觀要録》，有意求治。

《四庫全書總目提要・詔令奏議類》 右詔令奏議類詔令之屬十部，八百二十二卷，皆文淵閣著録。

又 右詔令奏議類奏議之屬二十九部，七百二十六卷，皆文淵閣著録。

又《四庫全書總目提要・詔令奏議類存目》 右詔令奏議類詔令之屬六部，六十六卷，皆附存目。

又 右詔令奏議類奏議之屬九十部，八百十八卷内十部無卷數，皆附存目。

綜 述

漢高祖手詔

《隋書・經籍志・總集》 《漢高祖手詔》一卷。

姚振宗《隋書經籍志考證・總集類》 梁有《漢高祖手詔》一卷。亡。不著撰人。《漢書藝文志・儒家》：《高祖傳》十三篇，高祖與大臣述古語及詔策也。《玉海・聖文御製篇》：《隋志》：梁有《漢高祖手詔》一卷。《古文苑》有《高祖手勅太子五條》。

三國詔誥

《隋書・經籍志・總集》 《三國詔誥》十卷。

姚振宗《三國藝文志・故事類》 《三國詔誥》十卷。《隋書・經籍志》：梁有《三國詔誥》十卷，亡。

姚振宗《隋書經籍志考證・總集類》 梁有《三國詔誥》十卷。亡。並不著撰人。

文廷式《補晉書藝文志・總集類》 《三國詔誥》十卷。

録魏吴二志詔

《隋書・經籍志・總集》 《録魏吴二志詔》二卷。梁有《三國詔誥》十卷，亡。

鄭樵《通志・藝文略・制誥》 《録魏吴二志詔》一卷。

姚振宗《隋書經籍志考證・總集類》 《録魏吴二志詔》二卷。

晉文王武帝雜詔

《隋書・經籍志・總集》 《晉文王武帝雜詔》十二卷。

姚振宗《隋書經籍志考證・總集類》 梁又有《晉文王武帝雜詔》十二卷。亡。不著撰人。案：下文又有《晉武帝詔》十二卷。此大抵録文、武兩世，爲晉王時之詔令。晉人追尊，故稱詔。

文廷式《補晉書藝文志・總集類》 《晉文王武王雜詔》十二卷。《御覽・二百二十一》引：《晉武帝詔》。王隱《晉書》曰：「武帝泰始四年，班五條詔書于郡國：一曰正身，二曰勤民，三曰撫孤寡，四曰敦本息華，五曰去人事。」《御覽・五百九十三》

晉武帝詔

《隋書・經籍志・總集》 《晉武帝詔》十二卷。

姚振宗《隋書經籍志考證・總集類》 梁有《晉武帝詔》十二卷。亡。

班五條詔

《隋書・經籍志・總集》 《班五條詔》十卷。

姚振宗《隋書經籍志考證・總集類》 梁又有《班五條詔》十卷。亡。《晉書・武帝本紀》：「泰始四年十二月，班五條詔書于郡國：一曰正身，二曰勤百姓，三曰撫孤寡，四曰敦本息末，五曰去人事。」

晉元帝詔

文廷式《補晉書藝文志・總集類》 《晉元帝詔》十二卷。

晉咸康詔

《隋書·經籍志·總集》《晉咸康詔》四卷。

鄭樵《通志·藝文略·制誥》《晉咸康詔》四卷。

姚振宗《隋書經籍志考證·總集類》《晉咸康詔》四卷。案：晉成帝改元咸康，凡八年。不著撰人。

文廷式《補晉書藝文志·總集類》《晉咸康詔》四卷。

成帝詔草

《隋書·經籍志·總集》《成帝詔草》十七卷。

姚振宗《隋書經籍志考證·總集類》梁有《成帝詔草》十七卷。亡。

文廷式《補晉書藝文志·總集類》《成帝詔草》十七卷。

康帝詔草

《隋書·經籍志·總集》《康帝詔草》十卷。

姚振宗《隋書經籍志考證·總集類》梁有《康帝詔草》十卷。亡。

文廷式《補晉書藝文志·總集類》《康帝詔草》十卷。

建元直詔

《隋書·經籍志·總集》《建元直詔》三卷。

姚振宗《隋書經籍志考證·總集類》梁有《建元直詔》三卷。亡。案：晉康帝在位二年，改元建元。

文廷式《補晉書藝文志·總集類》《建元直詔》三卷。

永和副詔

《隋書·經籍志·總集》《永和副詔》九卷。

姚振宗《隋書經籍志考證·總集類》梁有《永和副詔》九卷。亡。案：《晉穆帝紀》元永和，凡十二年。

文廷式《補晉書藝文志·總集類》《永和副詔》九卷。《本紀》：泰始六年，詔曰：「自泰始以來，大事皆撰録，祕書寫副，後有其事，輒宜綴集以爲常。」案：此晉時副詔之例，永和以前蓋佚不傳。

昇平隆和興寧副詔

《隋書·經籍志·總集》《升平隆和興寧副詔》十卷。

姚振宗《隋書經籍志考證·總集類》梁有《升平隆和興寧副詔》十卷。亡。案：晉穆帝改元升平，凡五年。哀帝，隆和一年，興寧三年。

文廷式《補晉書藝文志·總集類》《升平隆和興寧副詔》十卷。

晉太元副詔

《舊唐書·經籍志·起居注》《晉太元副詔》二十一卷。

《新唐書·藝文志·起居注類》《晉太元副詔》二十一卷。

鄭樵《通志·藝文略·制詔》《晉太元副詔》二十一卷。

泰元咸寧寧康副詔

《隋書·經籍志·總集》《泰元咸寧寧康副詔》二十二卷。

姚振宗《隋書經籍志考證・總集類》 梁有《泰元咸寧寧康副詔》二十二卷。亡。案：晉孝武帝即位，改元寧康，凡三年。又改元太元，凡二十一年。寧康在太元之前，而此顛倒在後。又咸寧爲武帝年號，遠在晉初，此乃叙于太元之後，舛誤彌甚。並不著撰人。《唐書・經籍志・起居注類》：《晉太元副詔》二十一卷。《藝文志・詔令類》同。案《唐志》，則本《志》此一條「咸寧寧康」四字，史駁文也。

文廷式《補晉書藝文志・總集類》 《太元咸寧寧康副詔》二十二卷。《唐志》：《晉太元副詔》二十一卷。

晉崇安元興大亨副詔

《隋書・經籍志・總集》 《隆安直詔》五卷，《元興大亨副詔》三卷。

《舊唐書・經籍志・起居注》 《晉崇安元興大亨副詔》八卷。

《新唐書・藝文志・起居注類》 《晉崇安元興大亨副詔》八卷。

鄭樵《通志・藝文略・制詔》 《晉崇安元興大亨副詔》八卷。

姚振宗《隋書經籍志考證・總集類》 梁有《隆安直詔》五卷。《元興太亨副詔》三卷。亡。案：隆安、元興、太亨，並晉安帝年號。並不著撰人。《唐書・經籍志・起居注類》：《晉崇安元興太亨副詔》八卷。《藝文志・詔令類》同。案：此八卷即合梁有之《直詔》五卷，《副詔》三卷也。

文廷式《補晉書藝文志・總集類》 《隆安直詔》五卷。《元興太亨副詔》三卷。《唐志》：《晉崇安元興太亨副詔》八卷。

晉義熙詔

《隋書・經籍志・總集》 《晉義熙詔》十卷。梁有《義熙副詔》十卷，《義熙以來至于大明詔》三十卷，《晉宋雜詔》四卷。又《晉宋雜詔》八卷，王韶之撰。又《雜詔》十四卷，《班五條詔》十卷。亡。

鄭樵《通志・藝文略・制詔》 《晉義熙詔》十卷。

姚振宗《隋書經籍志考證・總集類》 《晉義熙詔》十卷。梁有《義熙副詔》十卷。亡。案：晉安帝改元義熙，凡十四年。不著撰人。《唐書・經籍志・起居注類》：《晉義熙詔》二十二卷。《藝文志・詔令類》同。

文廷式《補晉書藝文志・總集類》 《義熙詔》十卷。《唐志》：《晉義熙詔》二十二卷。

晉義熙詔

《舊唐書・經籍志・起居注》 《晉義熙詔》二十二卷。

《新唐書・藝文志・起居注類》 《晉義熙詔》二十二卷。

義熙副詔

《隋書・經籍志・總集》 《義熙副詔》十卷。

鄭樵《通志・藝文略・制誥》 《義熙副詔》十卷。

姚振宗《隋書經籍志考證・總集類》 梁有《義熙副詔》十卷。亡。不著撰人。

文廷式《補晉書藝文志・總集類》 《義熙副詔》十卷。

晉朝雜詔

《隋書・經籍志・總集》 《晉朝雜詔》九卷。梁有《晉雜詔》百卷，《録》一卷。又有《晉雜詔》二十八卷，《録》一卷。又《晉詔》六十卷，《晉文王武帝雜詔》十二卷。亡。

姚振宗《隋書經籍志考證・總集類》 《晉朝雜詔》九卷。不著撰人。

文廷式《補晉書藝文志・總集類》 《晉朝雜詔》九卷。

晉雜詔

《隋書・經籍志・總集》《晉雜詔》百卷,《録》一卷。

《舊唐書・經籍志・起居注》《晉書雜詔書》一百卷。

《新唐書・藝文志・起居注類》《晉雜詔書》一百卷。

鄭樵《通志・藝文略・制誥》《晉雜詔書》一百卷。

姚振宗《隋書經籍志考證・總集類》 梁有《晉雜詔》百卷,《録》一卷。亡。不著撰人。《唐書・經籍志・史部・起居注類》:《晉書雜詔書》一百卷。上書字衍。《唐書・藝文志・起居注・詔令類》:《晉雜詔書》一百卷。

文廷式《補晉書藝文志・總集類》《晉雜詔》百卷,《録》一卷。《唐志》同。

晉雜詔

《隋書・經籍志・總集》《晉雜詔》二十八卷,《録》一卷。

《舊唐書・經籍志・起居注》《晉書雜詔書》二十八卷。

《新唐書・藝文志・起居注類》《晉雜詔書》二十八卷。

鄭樵《通志・藝文略・制誥》《晉雜詔書》二十八卷。

姚振宗《隋書經籍志考證・總集類》 梁又有《晉雜詔》二十八卷,《録》一卷。亡。不著撰人。《唐書・經籍志・起居注類》:《晉雜詔書》又二十八卷。《藝文志・詔令類》同。

文廷式《補晉書藝文志・總集類》《晉雜詔》二十八卷。《録》一卷。《唐志》同。

晉雜詔書

《舊唐書・經籍志・起居注》《晉雜詔書》六十六卷。

《新唐書・藝文志・起居注類》《晉雜詔書》六十六卷。

晉詔

《隋書・經籍志・總集》《晉詔》六十卷。

姚振宗《隋書經籍志考證・總集類》 梁又有《晉詔》六十卷。亡。不著撰人。《唐書・經籍志・起居注類》:《晉雜詔書》六十六卷。《藝文志・詔令類》同。

文廷式《補晉書藝文志・總集類》《晉詔》六十卷。《唐志》:《晉雜詔》又六十六卷。

晉詔書黄素制

《舊唐書・經籍志・起居注》《晉詔書黄素制》五卷。

《新唐書・藝文志・起居注類》《晉詔書黄素制》五卷。

鄭樵《通志・藝文略・制誥》《晉詔書黄素制》五卷。

文廷式《補晉書藝文志・總集類》《晉詔書黄素制》五卷。見《唐志・起居注類》。

晉定品雜制

《新唐書・藝文志・起居注類》《晉定品雜制》一卷。

鄭樵《通志・藝文略・制誥》《晉定品制》一卷。

文廷式《補晉書藝文志・總集類》《晉定品雜制》一卷。見《新唐志・史部・起居注類》。

録晋詔

《隋書・經籍志・總集》《録晋詔》十四卷。梁有《晋武帝詔》十二卷，《成帝詔草》十七卷，《康帝詔草》十卷，《建元直詔》三卷，《永和副詔》九卷，《升平隆和興寧副詔》十卷，《泰元咸寧寧康副詔》二十二卷，《隆安直詔》五卷，《元興大亨副詔》三卷。亡。

姚振宗《隋書經籍志考證・總集類》《録晋詔》十四卷。不著撰人。案：此大抵亦如前《録魏吴二志詔》，從諸家《晋書》中録出者。

晋勅

文廷式《補晋書藝文志・總集類》《晋勅》。宋晁氏《續談助》録《殷芸小説》引之。《文心雕龍・詔策篇》曰：「晋武戒勅，備告百官：敕都督以兵要，戒州牧以董司，警郡守以恤隱，勒牙門以禦衛，有訓典焉。」

義熙以來至於大明詔

《隋書・經籍志・總集》《義熙以來至于大明詔》三十卷。

姚振宗《隋書經籍志考證・總集類》 梁有《義熙以來至于大明詔》三十卷。亡。案：大明，宋孝武帝改元。自晋義熙元年乙巳至宋大明八年甲辰，首尾凡六十年。

晋宋雜詔

《隋書・經籍志・總集》《晋宋雜詔》四卷。

姚振宗《隋書經籍志考證・總集類》 梁有《晋宋雜詔》四卷。亡。不著撰人。

晋宋雜詔

《隋書・經籍志・總集》《晋宋雜詔》八卷。王韶之撰。

姚振宗《隋書經籍志考證・總集類》 梁又有《晋宋雜詔》八卷。王韶之撰。亡。王韶之有《晋紀》，見《史部・古史類》。

元熙詔令

《隋書・經籍志・總集》《宋元熙詔令》五卷。

姚振宗《隋書經籍志考證・總集類》 梁有《宋元熙詔令》五卷。亡。案：元熙，晋恭帝紀元，明年禪位于宋。

宋永初雜詔

《隋書・經籍志・總集》《宋永初雜詔》十三卷。梁有《詔集》百卷，起漢訖宋；《武帝詔》四卷，《宋元熙詔令》五卷，《永初二年五年詔》三卷，《永初已來中書雜詔》二十卷。亡。

《舊唐書・經籍志・起居注》《宋永初詔》六卷。

《新唐書・藝文志・起居注類》《宋永初詔》六卷。

鄭樵《通志・藝文略・制誥》《宋永初詔》十三卷。

姚振宗《隋書經籍志考證・總集類》《宋永初雜詔》十三卷。不著撰人。《唐書・經籍志・起居注類》：《宋永初詔》六卷。《藝文志・詔令類》同。

永初二年五年詔

《隋書・經籍志・總集》《永初二年五年詔》三卷。

姚振宗《隋書經籍志考證・總集類》 梁有宋《永初二年五年詔》三卷。亡。案：宋武帝受禪，紀元永初，止三年。此云五年，蓋三年之誤。

永初以來中書雜詔

《隋書・經籍志・總集》 《永初以來中書雜詔》二十卷。

姚振宗《隋書經籍志考證・總集類》 梁有《永初以來中書雜詔》二十卷。亡。

武帝詔

《隋書・經籍志・總集》 《武帝詔》四卷。

姚振宗《隋書經籍志考證・總集類》 梁有《武帝詔》四卷。亡。

宋景平詔

《隋書・經籍志・總集》 《宋景平詔》三卷。

姚振宗《隋書經籍志考證・總集類》 梁有《宋景平詔》三卷。亡。案：宋少帝改元景平，盡一年。

宋元嘉詔

《隋書・經籍志・總集》 《宋元嘉詔》六十二卷。

《舊唐書・經籍志・起居注》 《宋元嘉詔》二十一卷。

《新唐書・藝文志・起居注類》 《宋元嘉詔》二十一卷。

鄭樵《通志・藝文略・制誥》 《宋元嘉詔》二十卷。

姚振宗《隋書經籍志考證・總集類》 梁有《宋元嘉詔》六十二卷。亡。案：元嘉，宋文帝年號，凡三十年。並不著撰人。《唐書・經籍志・起居注類》：《宋元嘉詔》二十一卷。《藝文志・詔令類》同。

宋元嘉副詔

《隋書・經籍志・總集》 《宋元嘉副詔》十五卷。梁有《宋元嘉詔》六十二卷，又《宋孝武詔》五卷，《宋大明詔》七十卷，《宋永光景和詔》五卷，《宋泰始泰豫詔》二十二卷，《宋義嘉僞詔》一卷，《宋元徽詔》十三卷，《宋昇明詔》四卷。亡。

鄭樵《通志・藝文略・制誥》 《元嘉副詔》十五卷。

姚振宗《隋書經籍志考證・總集類》 《宋元嘉副詔》十五卷。

宋孝建詔

《隋書・經籍志・總集》 《宋孝建詔》一卷。梁有《宋景平詔》三卷，亡。

鄭樵《通志・藝文略・制誥》 《宋孝建詔》一卷。

姚振宗《隋書經籍志考證・總集類》 《宋孝建詔》一卷。案：宋孝武帝紀元孝建，凡三年。

宋孝武詔

《隋書・經籍志・總集》 《宋孝武詔》五卷。

姚振宗《隋書經籍志考證・總集類》 梁又有《宋孝武詔》五卷。亡。案：宋孝武孝建三年，大明八年，此「孝武」疑是「孝建」之誤。

宋大明詔

《隋書·經籍志·總集》《宋大明詔》七十卷。

姚振宗《隋書經籍志考證·總集類》《宋大明詔》七十卷。亡。

宋永光景和詔

《隋書·經籍志·總集》《宋永光景和詔》五卷。

姚振宗《隋書經籍志考證·總集類》梁又有《宋永光景和詔》五卷。亡。案：永光、景和並宋前廢帝年號，盡一年。

宋泰始泰豫詔

《隋書·經籍志·總集》《宋泰始泰豫詔》二十二卷。

姚振宗《隋書經籍志考證·總集類》梁又有《宋泰始泰豫詔》二十二卷。亡。案：泰始、泰豫，宋明帝年號，凡八年。

宋義嘉僞詔

《隋書·經籍志·總集》《宋義嘉僞詔》一卷。

姚振宗《隋書經籍志考證·總集類》梁又有《宋義嘉僞詔》一卷。亡。案：義嘉，晉安王子勛僞號也，事在明帝泰始二年。

宋元徽詔

《隋書·經籍志·總集》《宋元徽詔》十二卷。

姚振宗《隋書經籍志考證·總集類》梁又有《宋元徽詔》十二卷。亡。案：元徽，後廢帝年號，凡四年。

宋昇明詔

《隋書·經籍志·總集》《宋昇明詔》四卷。

姚振宗《隋書經籍志考證·總集類》梁又有《宋昇明詔》四卷。亡。案：昇明，順帝年號，凡二年，禪位于齊。

詔集

《隋書·經籍志·總集》《詔集》百卷。

姚振宗《隋書經籍志考證·總集類》梁有《詔集》百卷。起漢訖宋。亡。

齊雜詔

《隋書·經籍志·總集》《齊雜詔》十卷。

姚振宗《隋書經籍志考證·總集類》《齊雜詔》十卷。

齊建元詔

《隋書・經籍志・總集》《齊建元詔》五卷。

姚振宗《隋書經籍志考證・總集類》 梁有《齊建元詔》五卷。亡。案：齊高帝受禪，改元建元，凡四年。《南史・本紀》云：「所著文詔，中書侍郎江淹撰次之。」似謂其文集，非指此書。

永明詔

《隋書・經籍志・總集》《永明詔》三卷。

姚振宗《隋書經籍志考證・總集類》 梁有《永明詔》三卷。亡。案：永明，齊武帝年號，凡十一年。

武帝中詔

《隋書・經籍志・總集》《武帝中詔》十卷。

姚振宗《隋書經籍志考證・總集類》 梁有《武帝中詔》十卷。亡。

齊隆昌延興建武詔

《隋書・經籍志・總集》《齊隆昌延興建武詔》九卷。

姚振宗《隋書經籍志考證・總集類》 梁有《齊隆平延興建武詔》九卷。亡。案：鬱林王即位，改元隆昌，此曰「隆平」，蓋誤。海陵王即位，改元延興；明帝即位，又改元建武。是歲，一年凡三改元。

齊建武二年副詔

《隋書・經籍志・總集》《齊建武二年副詔》九卷。

姚振宗《隋書經籍志考證・總集類》《齊建武二年副詔》九卷。亡。

齊中興二年詔

《隋書・經籍志・總集類》《齊中興二年詔》三卷。梁有《齊建元詔》五卷，《永明詔》三卷，《武帝中詔》十卷，《齊隆昌延興建武詔》九卷，《齊建武二年副詔》九卷，《梁天監元年至七年詔》十二卷，《天監九年十年詔》二卷。亡。

鄭樵《通志・藝文略・制誥》《齊中興二年詔》三卷。

姚振宗《隋書經籍志考證・總集類》《齊中興二年詔》三卷。案：中興二年，即齊和帝禪位于梁之歲。梁武即位，改是年爲天監元年。

梁天監元年至七年詔

《隋書・經籍志・總集》《梁天監元年至七年詔》十二卷。

姚振宗《隋書經籍志考證・總集類》 梁有《天監元年至七年詔》十二卷。《天監九年十年詔》二卷。亡。案：梁武帝天監紀元，凡十八年。此但十年以前之詔令，亡佚多矣。

天監九年十年詔

《隋書・經籍志・總集》《天監九年十年詔》二卷。

姚振宗《隋書經籍志考證・總集類》 梁有《天監九年十年詔》二卷。亡。

制旨連珠

鄭樵《通志・藝文略・制誥》 梁武帝《制旨連珠》十卷。梁邵陵王綸注。

制旨連珠

鄭樵《通志・藝文略・制誥》 梁武帝《制旨連珠》十卷。陸緬注。

雜　詔

《隋書・經籍志・總集》 《雜詔》十四卷。

姚振宗《隋書經籍志考證・總集類》 梁又有《雜詔》十四卷。亡。不著撰人。

雜九錫文

《隋書・經籍志・總集》 《雜九錫文》四卷。

姚振宗《隋書經籍志考證・總集類》 梁有《雜九錫文》四卷。亡。不著撰人。《漢書・武帝本紀》「元朔元年」注：應劭曰：「九錫：一曰車馬，二曰衣服，三曰樂器，四曰朱户，五曰納陛，六曰虎賁百人，七曰鈇鉞，八曰弓矢，九曰秬鬯。」張晏曰：「九錫，經本無文。《周禮》以爲九命。《春秋》説有之。」臣瓚曰：「九錫備物，伯者之盛禮，齊桓、晉文猶不能備。」

《困學紀聞》曰：「《周官》：上公九命，《王制》：有加賜，不過九命。伏生《大傳》謂：諸侯三年一貢士，一適謂之好德，再適謂之賢賢，三適謂之有功。有功者，天子一賜以車服弓矢，再賜以秬鬯，三賜以虎賁百人，號曰命諸侯。此言三賜而已。《漢武紀》元朔元年，有司奏議曰：「古者諸侯貢士，一適謂之好德，再適謂之賢賢，三適謂之有功，迺加九錫。」九錫始見於此，遂爲篡臣竊國之資，自王莽始。

案：九錫文，《王莽傳》但載其事，非如後世之稱物備數，一一筆之於策書也。《文選》載潘勖撰《魏公九錫文》，《文心雕龍》以爲絶羣。魏文帝《策命孫權九錫文》，略見《藝文類聚》。晉文帝封晉公加九錫，其事見《晉書・文紀》魏景元四年，其文不知何人作。其後惠、懷之際，若趙王倫、齊王冏、成都王穎、東海王越皆加九錫，見《晉書・八王傳》。江左袁宏撰《桓温九錫文》，見《晉書》謝安及王彪之傳。其文皆不傳。《桓玄傳》「玄矯詔，封楚王，加九錫」，殷仲文撰文亦不傳。此外如傅亮撰《宋公九錫文》、王儉撰《齊公九錫文》、任昉撰《梁公九錫文》，並見宋、齊、梁諸史《本紀》。此梁以前《九錫文》之略可考見者。其後若徐陵撰《陳公九錫文》、魏收撰《齊王九錫文》、李德林撰《隋公九錫文》，亦見諸史《本紀》。

陳天嘉詔草

《隋書・經籍志・總集》 《陳天嘉詔草》三卷。

鄭樵《通志・藝文略・制誥》 《陳天嘉詔草》三卷。

姚振宗《隋書經籍志考證・總集類》 《陳天嘉詔草》三卷。案：天嘉，陳文帝紀元，凡六年。並不著撰人。

門下詔書

張鵬一《隋書經籍志補・刑法儀注》 《門下詔書》四十卷。後魏河内常爽。

後魏詔集

《隋書・經籍志・總集》 《後魏詔集》十六卷。

鄭樵《通志・藝文略・制誥》 《後魏詔集》十六卷。

姚振宗《隋書經籍志考證・總集類》《後魏詔集》十六卷。不著撰人。案：《魏書・常景傳》：「延昌初，受勅撰《門下詔書》，凡四十卷。」延昌，宣武帝即位之十三年也。此十六卷，似即其殘賸者。

皇誥

張鵬一《隋書經籍志補・刑法儀注》《皇誥》十八篇。《魏書・皇后列傳》：「文明皇后馮氏，承明元年尊爲太皇太后。太和時，太后以高祖富於春秋，作《勸誡歌》三百餘章。又作《皇誥》十八篇。」《南齊書・魏虜傳》：「太后馮氏」。

又《皇誥》十八篇。僞左僕射李思冲稱史臣注解。

皇誥宗制

張鵬一《隋書經籍志補・刑法儀注》《皇誥宗制》並《訓詁》一卷。後魏任城王澄。

魏朝雜詔

《隋書・經籍志・總集》《魏朝雜詔》二卷。梁有《漢高祖手詔》一卷，亡。

鄭樵《通志・藝文略・制誥》《魏朝雜詔》二卷。

姚振宗《三國藝文志・故事類》《魏朝雜詔》二卷。《隋書・經籍志》：《魏朝雜詔》二卷。《通志略・文類制詔門》著録同。

姚振宗《隋書經籍志考證・總集類》《魏朝雜詔》二卷。不著撰人。案：後文有《後魏詔集》若干卷，此或謂西魏，未詳也。

後周雜詔

《隋書・經籍志・總集》《後周雜詔》八卷。

鄭樵《通志・藝文略・制詔》《後周雜詔》八卷。

姚振宗《隋書經籍志考證・總集類》《後周雜詔》八卷。

詔集區分

《隋書・經籍志・總集》《詔集區分》四十一卷。後周獸門學士宗幹撰。

《舊唐書・經籍志・總集》《詔集區別》二十七卷。宋幹撰。

《新唐書・藝文志・起居注類》宋幹《詔集區別》二十七卷。

鄭樵《通志・藝文略・制誥》《詔集區分》四十一卷。後周獸門學士宗幹集。

姚振宗《隋書經籍志考證・總集類》《詔集區分》四十一卷。後周獸門學士宗幹撰。宗幹或作宋幹，始末並未詳。《唐書・經籍志》：《詔集區別》二十七卷。宋幹撰。《唐書・藝文志・史部詔令類》：宋幹《詔集區別》二十七卷。

雜詔

《隋書・經籍志・總集》《雜詔》八卷。

姚振宗《隋書經籍志考證・總集類》《雜詔》八卷。

雜赦書

《隋書・經籍志・總集》《雜赦書》六卷。

鄭樵《通志・藝文略・制誥》《雜赦書》六卷。

姚振宗《隋書經籍志考證・總集類》《雜赦書》六卷。

霸朝集

《隋書・經籍志・總集》《霸朝集》三卷。李德林撰。

《舊唐書・經籍志・總集》《霸朝雜集》五卷。李德林撰。

《新唐書・藝文志・總集》李德林《霸朝雜集》五卷。

鄭樵《通志・藝文略・制詔》《霸朝雜集》五卷。李德林集。

姚振宗《隋書經籍志考證・總集類》《霸朝集》三卷。李德林撰。李德林有集，見《別集類》隋代人文中。《隋書》本傳：開皇五年勅令撰，録作相時文翰，勒成五卷，謂之《霸朝雜集》。序其事末，云：「前奉勅旨，集納麓已還，至於受命文筆，當時制述，條目甚多，今日收撰，略爲五卷云爾。高祖省讀訖，明旦謂德林曰：『自古帝王之興，必有異人輔佐。我昨讀《霸朝集》，方知感應之理。昨宵恨夜長，不能早見公面。必令公貴與國始終。』」唐《日本國見在書目》：《霸朝集》三卷。李德林撰。《唐書・經籍志》：《霸朝雜集》五卷。李德林撰。《唐書・藝文志》：李德林《霸朝雜集》五卷。

隋詔集

鄭樵《通志・藝文略・制詔》《隋詔集》九卷。

隋朝陳事詔

鄭樵《通志・藝文略・制詔》《隋朝陳事詔》十三卷。

東漢詔儀

鄭樵《通志・藝文略・制詔》《東漢詔儀》二十卷。

古今詔集

《舊唐書・經籍志・總集》《古今詔集》三十卷。温彦博撰。

《新唐書・藝文志・起居注類》温彦博《古今詔集》三十卷。

鄭樵《通志・藝文略・制詔》《古今詔集》三十卷。温彦博集。

古今詔集

《舊唐書・經籍志・總集》又一百卷。李義府撰。

《新唐書・藝文志・起居注類》李義府《古今詔集》一百卷。

鄭樵《通志・藝文略・制詔》《古今詔集》一百卷。李義府集。

唐德音録

《新唐書・藝文志・起居注類》《唐德音録》三十卷。

鄭樵《通志・藝文略・制詔》《唐德音録》三十卷。

《宋史・藝文志・總集類》《唐德音》三十卷。起武德元年五月，迄天寶十三年正月。

錢東垣等輯《崇文總目輯釋・總集類》《唐德音録》三十卷。

太平内制

《新唐書・藝文志・起居注類》《太平内制》五卷。

尤袤《遂初堂書目・總集類》《太平内制》。

鄭樵《通志・藝文略・起居注類》《太平内制》五卷。

《宋史・藝文志・總集類》《太平内制》三卷。睿宗、玄宗時制詔。

明皇制誥録

《新唐書・藝文志・起居注類》《明皇制詔録》一卷。

鄭樵《通志・藝文略・制誥》《明皇制詔録》十卷。

元和制集

《新唐書・藝文志・起居注類》《元和制集》十卷。

鄭樵《通志・藝文略・制誥》《元和制集》十卷。

《宋史・藝文志・總集類》《元和制誥集》十卷。

錢東垣等輯《崇文總目輯釋・總集類》《元和制集》十卷。

元和制策

《宋史・藝文志・總集類》《元和制策》三卷。

錢東垣等輯《崇文總目輯釋・總集類》《元和制策》三卷。元稹、獨孤郁、白居易撰。

王起寫宣

《新唐書・藝文志・起居注類》《王起寫宣》十卷。

王言會最

《新唐書・藝文志・起居注類》馬文敏《王言會最》五卷。

鄭樵《通志・藝文略・制誥》《王言會最》十卷。馬文敏集。

《宋史・藝文志・總集類》馬文敏《王言會最抄》五卷。

錢東垣等輯《崇文總目輯釋・總集類》《王言會最》五卷。馬文敏編。鑒按：《通志略》十卷。《宋志》下有「鈔」字。

唐舊制編録

《新唐書・藝文志・起居注類》《唐舊制編録》六卷。費氏集。

鄭樵《通志・藝文略・制誥》《唐舊制編録》六卷。

《宋史・藝文志・總集類》費乙《舊制編録》六卷。

錢東垣等輯《崇文總目輯釋・總集類》《唐舊制編録》六卷。費乙編。

擬狀注制

《新唐書・藝文志・起居注類》《擬狀注制》十卷。

鄭樵《通志・藝文略・制誥》《擬狀注制》十卷。唐末中書擬狀及所下制命。

《宋史・藝文志・總集類》《擬狀注制集》十卷。

《宋史・藝文志・別集類》《擬狀制集》三卷。

錢東垣等輯《崇文總目輯釋・總集類》《擬狀注制》一卷。鑒按：《通志略》十卷。《宋志》「注制」下有「集」字。

皇朝詔集

《隋書・經籍志・總集》《皇朝詔集》九卷。

姚振宗《隋書經籍志考證・總集類》《皇朝詔集》九卷。

皇朝陳事詔

《隋書・經籍志・總集》《皇朝陳事詔》十三卷。梁有《雜九錫文》四卷，亡。

姚振宗《隋書經籍志考證・總集類》《皇朝陳事詔》十三卷。並不著撰人。

聖朝詔集

《舊唐書・經籍志・總集》《聖朝詔集》三十卷。薛堯撰。

《新唐書・藝文志・起居注類》薛克構《聖朝詔集》三十卷。

貞元制敕書奏

鄭樵《通志・藝文略・制誥》《正元制勑書奏》一卷。

《宋史・藝文志・總集類》《貞元制敕書奏》一卷。

錢東垣等輯《崇文總目輯釋・總集類上》《(正)[貞]元制敕書奏》一卷。

咸通麻制

《宋史・藝文志・總集類》毛文晏《咸通麻制》一卷。

咸通後麻制

鄭樵《通志・藝文略・制誥》《咸通後麻制》一卷。僞蜀毛文晏纂。

錢東垣等輯《崇文總目輯釋・總集類》《咸通後麻制》一卷。毛文晏編。

顧櫰三《補五代史藝文志・表狀類》《咸通後麻制》三卷。

東壁出言

鄭樵《通志・藝文略・制誥》《東壁出言》三卷。毛文晏纂。唐制詔。

錢東垣等輯《崇文總目輯釋・總集類》《東壁出言》三卷。毛文晏編。

雜制詔集

《宋史・藝文志・總集類》《雜制詔集》二十一卷。

錢東垣等輯《崇文總目輯釋・總集類》《雜制詔集》二十一卷。《宋志》不著撰人。

顧櫰三《補五代史藝文志・表狀》毛文晏《雜制詔集》二十一卷。

唐批答

鄭樵《通志・藝文略・制誥》《唐批答》一卷。李紳撰。

錢東垣等輯《崇文總目輯釋・總集類》《批答》一卷。李紳撰。

唐雜詔冊誥命

鄭樵《通志・藝文略・制誥》《唐雜詔冊誥命》二十一卷。

陸贄制集

鄭樵《通志・藝文略・制誥》《陸贄制集》二卷。

錢東垣等輯《崇文總目輯釋・別集類》《陸贄制集》二卷。

元稹制集

鄭樵《通志・藝文略・制誥》《元稹制集》二卷。李紳撰。

詔集

鄭樵《通志・藝文略・制誥》常袞《詔集》六十卷。

制集

鄭樵《通志・藝文略・制誥》楊炎《制集》十卷。

制集

鄭樵《通志・藝文略・制誥》權德輿《制集》五十卷。

制集

鄭樵《通志・藝文略・制誥》武儒衡《制集》二十卷。

詔誥

鄭樵《通志・藝文略・制誥》段文昌《詔誥》二十卷。

鳳池藁草

鄭樵《通志・藝文略・制誥》鄭畋《鳳池藁草》三十卷。

玉堂集

尤袤《遂初堂書目・總集類》《玉堂集》。

鄭樵《通志・藝文略・制誥》 鄭畋《玉堂集》二十卷。

續鳳池藁草

鄭樵《通志・藝文略・制誥》 《續鳳池藁草》三十卷。

詔誥

鄭樵《通志・藝文略・制誥》 吴融《詔誥》一卷。

錢東垣等輯《崇文總目輯釋・別集類》 吴融《制誥》一卷。

表制

鄭樵《通志・藝文略・制誥》 令狐滈《表制》一卷。

翰藁

鄭樵《通志・藝文略・制誥》 封敖《翰藁》八卷。

中和制集

鄭樵《通志・藝文略・制誥》 《中和制集》十卷。唐中書舍人劉崇望撰。

錢東垣等輯《崇文總目輯釋・別集類》 《中和制集》十卷。劉崇望撰。

制誥集

鄭樵《通志・藝文略・制誥》 崔嘏《制誥集》十卷。

《宋史・藝文志・別集類》 《崔嘏制誥》十卷。

錢東垣等輯《崇文總目輯釋・別集類》 崔嘏《制誥集》十卷。

舟中録

鄭樵《通志・藝文略・制誥》 《舟中録》二卷。唐中書舍人錢珝撰。

錢東垣等輯《崇文總目輯釋・別集類》 《舟中録》二卷。錢珝撰。

李磎制集

鄭樵《通志・藝文略・制誥》 《李磎制集》四卷。

錢東垣等輯《崇文總目輯釋・別集類》 《李磎制集》四卷。

李虞仲制集

鄭樵《通志・藝文略・制誥》 《李虞仲制集》四卷。

錢東垣等輯《崇文總目輯釋・別集類》 《李虞仲制集》四卷。

鳳閣書詞

鄭樵《通志・藝文略・制誥》 《鳳閣書詞》十卷。唐中書舍人薛廷珪撰。

度北門集

鄭樵《通志・藝文略・制誥》 李白《度北門集》一卷。

金馬門待詔集

鄭樵《通志・藝文略・制誥》 《金馬門待詔集》十卷。劉允濟撰。

綸閣集

鄭樵《通志・藝文略・制誥》 《綸閣集》十卷。唐欒朋龜撰。

錢東垣等輯《崇文總目輯釋・別集類》 欒朋龜《綸閣集》十卷。

制　集

鄭樵《通志・藝文略・制誥》 盧文度《制集》一卷。

翰苑集

鄭樵《通志・藝文略・制誥》 陸贄《翰苑集》十卷。

制　集

鄭樵《通志・藝文略・制誥》 王仲舒《制集》十卷。

玉堂集

鄭樵《通志・藝文略・制誥》 獨孤霖《玉堂集》二十卷。唐懿宗朝。

朱梁制誥

鄭樵《通志・藝文略・制誥》 《朱梁制誥》二卷。

錢東垣等輯《崇文總目輯釋・別集類》 《朱梁制誥》二卷。

大中制誥

尤袤《遂初堂書目・總集類》 《大中制誥》。

五代制誥

鄭樵《通志・藝文略・制誥》 《五代制誥》一卷。

尤袤《遂初堂書目・總集類》 《五代制誥》。

吳越石壁記

鄭樵《通志・藝文略・制誥》 《吳越石壁記》二卷。吳越王錢鏐以唐末貢奉答詔刻石于臨安。

《宋史・藝文志・總集類》 《吳越石壁集》二卷。

江南揖遜録

鄭樵《通志・藝文略・制誥》《江南揖遜録》七卷。僞吴陳岳撰。

玉堂遺範

鄭樵《通志・藝文略・制誥》《玉堂遺範》三十卷。梁李琪纂。唐以來禁林書詔。

《宋史・藝文志・總集類》李琪《玉堂遺範》三十卷。

錢東垣等輯《崇文總目輯釋・總集類》《玉堂遺範》三十卷。李琪編。

宣底

鄭樵《通志・藝文略・制誥》《宣底》八卷。梁貞明中，四季宣行除授之文。

《宋史・藝文志・總集類》《朱梁宣底》八卷。

錢東垣等輯《崇文總目輯釋・總集類》《宣底》八卷。

顧櫰三《補五代史藝文志・表狀類》《朱梁宣底》八卷。

兩制珠璣

鄭樵《通志・藝文略・制誥》《兩制珠璣》一卷。

《宋史・藝文志・別集類》《兩制珠璣集》二卷。

錢東垣等輯《崇文總目輯釋・總集類》《兩制珠璣》二卷。

制集

鄭樵《通志・藝文略・制誥》《制集》三卷。集唐末五代拜官制。

錢東垣等輯《崇文總目輯釋・總集類》《制集》三卷。《通志略》不著撰人。

制誥

《宋史・藝文志・總集》《制誥》一作「詔」。二卷。又《制誥》三卷。

顧櫰三《補五代史藝文志・表狀類》《制誥》二卷。

五代制詞

鄭樵《通志・藝文略・制誥》《五代制詞》一卷。

《宋史・藝文志・總集類》《五代制詞》一卷。

後唐麻稾集

鄭樵《通志・藝文略・制誥》《麻藁集》三卷。後唐麻制表章。

《宋史・藝文志・總集類》《後唐麻藁集》三卷。

錢東垣等輯《崇文總目輯釋・總集類》《麻藁集》三卷。《通志略》不著撰人。鑒按：《宋志》上有「後唐」二字。

顧櫰三《補五代史藝文志・表狀類》《後唐麻稾》三卷。

梁雜制

鄭樵《通志・藝文略・制誥》《梁雜制》一卷。

開平麻制

鄭樵《通志・藝文略・制誥》《開平麻制》一卷。

長興制集

鄭樵《通志・藝文略・制誥》《長興制集》四卷。後唐拜節度觀察制詞。

《宋史・藝文志・總集類》《長興制集》四卷。

錢東垣等輯《崇文總目輯釋・總集類》《長興制集》四卷。《宋志》不著撰人。

顧櫰三《補五代史藝文志・表狀類》《長興制集》四卷。

江南制集

《宋史・藝文志・總集》《江南制集》七卷。

顧櫰三《補五代史藝文志・表狀類》《江南制集》七卷。

紅藥編

鄭樵《通志・藝文略・制誥》《紅藥編》五卷。晉和凝所撰制誥。

《宋史・藝文志・別集類》和凝《紅藥編》五卷。

錢東垣等輯《崇文總目輯釋・別集類》《紅藥編》五卷。和凝撰。

顯德制詔

鄭樵《通志・藝文略・制誥》《顯德制詔》一卷。周顯德中賜外國書詔。

錢東垣等輯《崇文總目輯釋・總集類》《顯德制集》一卷。

李慎儀集

鄭樵《通志・藝文略・制誥》《李慎儀集》二十卷。後唐至周制詞表狀。

錢東垣等輯《崇文總目輯釋・總集類》《李慎儀集》二十卷。

集制

《宋史・藝文志・總集類》李慎儀《集制》二十卷。

雜書

鄭樵《通志・藝文略・制誥》《雜書》一卷。蜀人雜録制詔及鄰國書疏、後唐興復赦辭。

錢東垣等輯《崇文總目輯釋・總集類》《雜書詔》一卷。

西漢詔令

尤袤《遂初堂書目・總集類》《西漢詔令》。

陳振孫《直齋書録解題·詔令類》《西漢詔令》十二卷。吴郡林虙德祖編。采括志、傳，參之本紀，以示信安程俱致道。俱以世次先後，各爲一卷，差比歲月，纂而成書，且爲之序。虙嘗試中詞學，爲開封府掾。尹以佞幸進，有所不樂，引疾納禄去，遂終於家。

馬端臨《文獻通考·經籍考·起居注》《西漢詔令》十二卷。

《宋史·藝文志·總集類》 林虙《西漢詔令》十二卷。

高儒《百川書志·詔制》《西漢詔令》十二卷。宋吴郡林虙録。出司馬班氏書，離其説，次其先後，以見雍熙之治。凡四年一章。「年」似當作「十」。

神宗聖訓

趙希弁《讀書附志拾遺》《神宗聖訓》二十卷。右試太學録林虙所集也。虙乃希之妷。以所聞神宗聖訓記録，分一百門，擬續《五朝寶訓》。崇寧中上于朝云。

東漢詔令

陳振孫《直齋書録解題·詔令類》《東漢詔令》十一卷。宗正寺主簿鄞樓昉暘叔編。大抵用林氏舊體，自爲之序。帝王之制，具在百篇，後世不可及矣。兩漢猶爲近古。愚未冠時，無書可觀，雖二史亦從人借。嘗於《班書》志、傳録出諸詔，與紀中相附，以便覽閲。既仕於越，乃得見林氏書。而樓氏書近出，其爲好古博雅，斯以勤矣。惟平、獻二朝，莽、操用事，如錫莽及廢伏后之類，皆當削去，莽時尤多也。

馬端臨《文獻通考·經籍考·起居注》《東漢詔令》十一卷。

高儒《百川書志·詔制》《東漢詔令》十二卷。宋迂齋四明樓昉録。

范邦甸等《天一閣書目·詔令奏議類》 東漢詔令十一卷。刊本。卷首有「天一閣」印。宋四明樓昉撰并後序，門人范光鋟梓并序。

兩漢詔書

尤袤《遂初堂書目·總集類》《兩漢詔書》。

唐初表章

鄭樵《通志·藝文略·表章》《唐初表草》十卷。顔師古、張九齡等十人所作。

《宋史·藝文志·總集類》《唐初表章》一卷。

錢東垣等輯《崇文總目輯釋·總集類上》《唐初表艸》一卷。顔師古、張九齡等撰。

賜王韶手詔

《宋史·藝文志·總集類》《賜王韶手詔》一卷。

唐制誥集

《宋史·藝文志·總集類》《唐制誥集》十卷。

大唐統制

《宋史·藝文志·總集類》 滕宗諒《大唐統制》三十卷。

内外雜編

鄭樵《通志・藝文略・制誥》《内外雜編》十卷。五代至宋初制詔及祠祭之文。

《宋史・藝文志・總集類》五代國初《内制雜編》十卷。

錢東垣等輯《崇文總目輯釋・總集類》《内制雜編》十卷。鑒按：《通志略》「制」作「外」。不著撰人。

雜麻制

鄭樵《通志・藝文略・制誥》《雜麻制》十五卷。建隆至景德麻制。

《宋史・藝文志・總集類》建隆景德《雜麻制》十五卷。

錢東垣等輯《崇文總目輯釋・别集類》《雜麻制》十五卷。《通志略》不著撰人。

襍書詔

錢東垣等輯《崇文總目輯釋・總集類上》《襍書詔》一卷。

西掖雅言

鄭樵《通志・藝文略・制誥》《西掖雅言》五卷。

詔　勅

鄭樵《通志・藝文略・制誥》宣獻公《詔勅》五卷。

外制集

鄭樵《通志・藝文略・制誥》范景仁《外制集》五卷。

唐大詔令集

尤袤《遂初堂書目・總集類》《唐大詔令》。

《宋史・藝文志・總集類》宋綬《唐大詔令》一百三十卷。

錢曾《讀書敏求記・集》《唐大詔令》一百三十卷。宋宣獻公裒唐之德音、號令彙之，未次甲乙，未爲標識。而公薨，其子敏求緒正舊藁，釐十三類，編録成帙，目爲《唐大詔令》。余考之「開元二十三年乙亥十二月壬子朔二十四日乙亥，册河南府士曹參軍楊玄璬長女爲壽王妃」，蓋妃之父爲蜀州司户玄琰，生而早孤，養于叔父玄璬家，故册稱玄璬女也。開元二十八年十月，玄宗幸温泉宮，使高力士取楊氏女于壽邸，命孫逖撰册度爲女道士，號太真，住爲太真宮。「天寶四載乙酉七月丁巳朔二十六日壬辰，册左勳衛二府右郎將韋昭訓第二女爲壽王妃。是月即于鳳皇園册太真宮女道士楊氏爲貴妃。」按壽王妃前、後二册文，及楊妃入道勅，諸書俱不載，今全録于此，時日皆班班可考，千載而下，覽者能不爲之失笑乎？玉溪生《龍池絶句》「夜半宴歸宮漏永，薛王沉醉壽王醒」。詩人言外托諷咏之，殊難爲情。箋《義山集》者，應取二册文并入道勅，爲此詩之注脚，何如？

《四庫全書總目提要・詔令奏議類》《唐大詔令集》一百三十卷。編修朱筠家藏本。宋宋敏求編。敏求字次道，趙州平棘人，參知政事綬之子。進士及第，官至史館修撰，龍圖閣直學士。事蹟具《宋史》本傳。敏求嘗預修《唐書》，又私撰唐武宗以下《實録》一百四十八卷。於唐代史事，最爲諳悉。此集乃本其父綬手輯之本，重加緒正，爲三十類。熙寧三年自爲之序，稱「繕寫成編，會忤權解職。顧翰墨無所事，第取唐詔令目其集而弆藏之」云云。蓋其以封還李定詞頭，由知制誥罷奉朝請時也。其書世無刊本，輾轉鈔傳，譌誤頗甚。中闕卷第十四至二十四、八十七至九十八，凡二十三卷。參校諸本皆同，其脱佚蓋已久矣。唐有天下三百年，號令文章，粲然明備。敏求父子復爲裒輯編類，使一代高文典册，眉列掌示，頗足以資考據。其中不盡可解者。如裴度《門下侍郎彰義軍節度使宣慰等使制》，據《舊唐書》，其文乃令狐楚所草。制出後，度請改制内「翦其類」爲「革其志」，改「更張琴瑟」爲「近輟樞衡」，改「煩我台席」爲「授以成算」，憲宗從之，楚亦因此罷内職，是當時宣布者即度奏改之辭。今此集所載，尚仍楚原文，不從改本，未詳何故。又寶曆元年册尊號赦書，據《敬宗本紀》，時李紳貶官，李逢吉等不欲紳量移，乃於赦書節文内但言左降官已經量移者量移近處，不言未量移者宜與量移。翰林學士上疏論列，帝命追赦書添改之。今此集所載，衹及赦罪一條，而無左降官量移之文，疑亦有所佚脱。又《舊唐書》所載詔旨最多，今取以相較，其大半已入此集，而亦有遺落未載者。如紀號則改元天祐詔；除授則尹思貞御史大夫、李光弼兵馬副元帥諸制；追贈則張説贈太師，楊綰、顔真卿、李絳贈司徒，郭曖贈太傅，鄭朗贈司空，田布贈僕射諸詔；優禮則杜佑、蕭俛致仕諸詔；獎勸則勞解琬、獎李朝隱、褒美令狐彰、獎伊西北庭二鎮諸詔；謫降則王毛仲、韓皋、吕渭、張又新、李續之、熊望貶官諸詔；誅竄則決殺長孫昕，流裴景仙、裴茂諸勅，皆關朝廷舉措之大者，而此集竝闕而不登。以敏求博洽，不應疎於蒐採，或即在散佚之中，亦未可定也。然唐朝實録，今既無存，其詔誥命令之得以考見者，實藉有是書。亦可稱典故之淵海矣。

張金吾《愛日精廬藏書志・詔令奏議類》《唐大詔令集》一百三十卷。舊鈔本。宋宋敏求編。闕卷十四至二十四，卷八十七至九十八，凡二十三卷。《唐大詔令集》者，先君宣獻公景祐中書第三所纂也。先公以文章名世，更内外制之選，而朝廷典册多以屬之。及入陪宰政，仁宗數面命撰述，於是有中宫册文、三后不遷，及條列兵農，置睦親宅、朝集院等詔。機務之隙，因哀唐之德音、號令非常所出者彙之。未次甲乙，未爲標識，而昊天不弔，梁木遽壞。小子不肖，大懼失墜，祕其書於家楹者，蓋有年矣。僕射王文安公，累以爲問，謂當垂世不朽。乃緒正舊稿，釐十三類，總一百三十卷，《録》三卷。文安見許序而名之，未果而公薨。治平二年，先皇帝簡拔孤陋，寘在西掖，固欲澡雪蒙滯，而鑚仰衆製。方繕寫成編，會忤權解職，顧翰墨無所事，第取《唐大詔令》目其集而棄藏之云。熙甯三年九日晦，右諫議大夫宋敏求謹序。

擬制誥

高儒《百川書制・章奏》《擬制誥》六卷。宋丞相隴西李綱撰。

褒恤雜録

《宋史・藝文志・總集類》孫洙《褒恤雜録》三卷。

追榮集

《宋史・藝文志・總集類》韓忠彦《追榮集》一卷。

五制集

《宋史・藝文志・總集類》朱翌《五制集》一卷。

元祐館職詔策詞記

《宋史・藝文志・總集類》畢仲游《元祐館職詔策詞記》一卷。

三洪制藳

《宋史・藝文志・總集類》《三洪制藳》六十二卷。洪适、遵、邁撰。

唐明皇制誥後集

《宋史・藝文志・總集類》 田錫《唐明皇制誥後集》一百卷。

趙仲庠内外制

《宋史・藝文志・別集類》 《趙仲庠内外制》十卷。

制誥章表

《宋史・藝文志・總集類》 《制誥章表》二卷。

又 《制誥章表》十五卷。

《宋史・藝文志・別集類》 趙仲庠《制誥表章》十卷。

元祐制集

《宋史・藝文志・別集類》 曾肇《元祐制集》十二卷。

内外制集

《宋史・藝文志・別集類》 韓絳《内外制集》十三卷。

内外制集

《宋史・藝文志・別集類》 歐陽脩《内外制集》十一卷。

崇寧手詔

鄭樵《通志・藝文略・制誥》 《崇寧手詔》十五卷。

分門要覽

鄭樵《通志・藝文略・制誥》 《分門要覽》二十卷。

内制

鄭樵《通志・藝文略・制誥》 初寮先生《内制》十八卷。

外制

鄭樵《通志・藝文略・制誥》 初寮先生《外制》八卷。

承明集

鄭樵《通志・藝文略・制誥》 《承明集》十卷。王禹偁撰。

制誥集

鄭樵《通志・藝文略・制誥》 王内翰《制誥集》十二卷。

《宋史・藝文志・别集類》 王禹偁《制誥集》十二卷。

翰苑制草集

鄭樵《通志・藝文略・制誥》 《翰苑制草集》二十卷。

《宋史・藝文志・别集類》 梁周翰《翰苑制草集》二十卷。

絲綸集

鄭樵《通志・藝文略・制誥》 《絲綸集》十卷。

宸章集

鄭樵《通志・藝文略・制誥》 《宸章集》二十五卷。

《宋史・藝文志・總集類》 陳彭年《宸章集》二十五卷。

聖紹堯章集

晁公武《郡齋讀書志・總集類》 《聖紹堯章集》十卷。右皇朝李文友編靖康末至紹興十年赦書詔旨。

常山别制集

鄭樵《通志・藝文略・制誥》 《常山别制集》二十卷。

絲綸點化

鄭樵《通志・藝文略・制誥》 《絲綸點化》十卷。

龜山集

鄭樵《通志・藝文略・制誥》 扈蒙《龜山集》十卷。

内制

鄭樵《通志・藝文略・制誥》 李昉《内制》十卷。

翰苑制詞

鄭樵《通志・藝文略・制誥》 晏殊《翰苑制詞》二十卷。

外制

鄭樵《通志・藝文略・制誥》 楊大年《外制》二十卷。

常山禁林甲乙集

鄭樵《通志・藝文略・制誥》《常山禁林甲乙集》十卷。

内制　外制

《宋史・藝文志・别集類》蘇軾《内外制》十三卷。

高儒《百川書志・章奏》《内制》十卷、《外制》三卷。宋文忠公眉山蘇軾子瞻撰。

内　制

《宋史・藝文志・總集類》《内制》六卷。晏殊以下所撰。

内制　外制

高儒《百川書志・章奏》《内制・外制》。王安石撰。

内制集

《宋史・藝文志・别集類》曾肇《内制集》五卷。

庚辰外制集

《宋史・藝文志・别集類》曾肇《庚辰外制集》三卷。

内　制

《宋史・藝文志・别集類》范百禄《内制》五卷。

外　制

《宋史・藝文志・别集類》范百禄《外制》五卷。

唐以後詔敕録

尤袤《遂初堂書目・總集類》《唐以後詔敕録》。

宋朝制誥

尤袤《遂初堂書目・總集類》《皇朝制誥》。

宋朝大詔令集

尤袤《遂初堂書目・總集類》《本朝大詔令》。

陳振孫《直齋書録解題・詔令類》《本朝大詔令》二百四十卷。寶謨閣直學士案：原本誤作「實録閣」，今據《文獻通攷》改正。豫章李大異伯珍刻於建寧，云紹興間，宋宣獻家子孫所編纂也，而不著其名。始自國初，迄於宣政，分門別類，凡目至爲詳也。

馬端臨《文獻通考・經籍考・起居注》《本朝大詔令》二百四十卷。

《宋史・藝文志・總集類》宋綬《本朝大詔令》二百四十卷。

張金吾《愛日精廬藏書志・詔令奏議類》《宋朝大詔令集》二百四十卷。抄本。不著編輯者名氏。《直齋書録解題》曰：「寶謨閣直學士豫章李大異伯珍刻於建甯，云紹定間宋宣獻公家子孫所編纂也，而不著其名。」《郡齋讀書志》曰：「宋宣獻公家所編纂」，「嘉定三年，李大異刻於建甯」。則此書出何人手，自宋已不可考矣。是書裒集北宋詔令，始建隆迄宣和，分類編次，曰帝統、曰太皇太后、曰皇太后、曰皇太妃、曰皇后、曰妃嬪、曰皇太子、曰皇子、曰親王、曰皇女、曰宗室、曰宰相、曰將帥、曰軍職、曰武臣、曰典禮、曰政事。存者凡十七類，每類又各分子目。高文大册，眉列掌示，炳炳烺烺，亦可云制誥之淵海矣。闕卷七十一至九十三，又一百六至一百十五，一百六十七至一百七十七，共四十四卷。又闕《目録》卷一至一百十五。《郡齋讀書志》曰：「《皇朝大詔令》二百四十卷。宋宣獻公家所編纂也，皆中興以前之典故。嘉定三年，李大異刻於建甯。」《直齋書録解題》曰：「《本朝大詔令》二百四十卷。寶謨閣直學士豫章李大異伯珍刻於建甯，云紹興間宋宣獻公家子孫所編摹也，而不著其名。始自國初，迄於宣政，分門別類，凡目至爲詳悉。」

玉堂制草

陳振孫《直齋書録解題・詔令類》《玉堂制草》十卷。參政鉅野李邴漢老編。承平以前制誥。

馬端臨《文獻通考・經籍考・起居注》《玉堂制草》十卷。

元符庚辰以來詔旨

晁公武《郡齋讀書志・實録類》《元符庚辰以來詔旨》三卷。右皇朝汪藻編徽宗即位後詔旨，未全。

馬端臨《文獻通考・經籍考・起居注》《元符庚辰以來詔旨》三卷。

中興玉堂制草

尤袤《遂初堂書目・總集類》《中興玉堂制草》。

陳振孫《直齋書録解題・詔令類》《中興玉堂制草》六十四卷。同知樞密鄱陽洪遵景嚴編。起建炎，迄紹興末。

馬端臨《文獻通考・經籍考・起居注類》《中興玉堂制草》六十四卷。

《宋史・藝文志・總集類》洪遵《中興以來玉堂制草》三十四卷。

中興續玉堂制草

尤袤《遂初堂書目・總集類》《續玉堂制草》。

陳振孫《直齋書録解題・詔令類》《中興續玉堂制草》三十卷。丞相益文忠公東里周必大子充爲學士院時編進。始嘗進言，加上德壽尊號，不以表而以議，且稱「嗣皇帝」爲非是，遂革之。今書以尊號表爲卷首，而增附《館職策問》於後。起隆興，迄淳熙改元。自後未有續者。

馬端臨《文獻通考・經籍考・起居注》《中興續玉堂制草》三十卷。

馬端臨《文獻通考・經籍考・總集》《續中興制草》三十卷。丞相益公周必大集。自爲序曰：嘉祐中，歐陽修建言：「學士所作文書，皆繫朝廷大事。示於後世，則爲王者之謨訓；藏之有司，乃是本朝之故實。而景祐以後，漸成散失，於是以門類、年次，編爲卷帙，號《學士院草録》。」中經兵火，文人故家僅傳所課《玉堂集》及《大詔令》者，其全書不可得而見矣。

近歲承旨洪遵，起建炎中興，迄紹興内禪，三紀之間，得制草六十四卷，序而藏之。復十年於兹，今乃命史院哀隆興以來舊藁，繼遵所編，而以《上太上皇帝尊號表文》爲之首，其餘制詔各從其類，復增召試館職策問，合三十卷。繼今隨事附益，則卷帙未止，在後人續之而已。

《宋史·藝文志·總集類》 周必大《續中興玉堂制草》三十卷。

綸言集

晁公武《郡齋讀書志·總集類》 《綸言集》一百卷。右或編國朝制册、詔誥成此書。以其皆王言也，故以爲名。

陳振孫《直齋書録解題·詔令類》 《綸言集》三十一卷。宇文粹中、虚中兄弟所編集。

馬端臨《文獻通考·經籍考·起居注》 《綸言集》三十一卷。

中興綸言集

陳振孫《直齋書録解題·詔令類》 《中興綸言集》二十八卷。左司郎中莆田鄭寅子敬編。寅，知樞密院僑之子，靖重博洽，藏書數萬卷，於本朝典故尤熟。

馬端臨《文獻通考·經籍考·起居注》 《中興綸言集》二十八卷。

太平盛典

晁公武《郡齋讀書志·總集類》 《太平盛典》二十三卷。右或編政和間制誥、表章，多有可觀者。

馬端臨《文獻通考·經籍考·總集》 《太平盛典》二十三卷。

神哲徽三朝制誥

《宋史·藝文志·總集類》 《神哲徽三朝制誥》三卷。

瑤池集

《宋史·藝文志·總集類》 蔡省風《瑤池集》二卷。

唐哀册文

《宋史·藝文志·總集類》 《唐哀册文》四卷。

宋詔令

楊士奇等《文淵閣書目·經濟》 《宋詔令》。一部，二十四册。闕。

宋仁皇訓典

楊士奇等《文淵閣書目·經濟》 《宋仁皇訓典》。一部，三册。闕。

又 《宋仁皇訓典》。一部，二册。闕。

建炎聖政草

楊士奇等《文淵閣書目·經濟》 《建炎聖政草》。一部，一册。闕。

鄭立菴内制

楊士奇等《文淵閣書目·經濟》 《鄭立菴内制》。一部，三册。殘缺。

鄭立菴外制

楊士奇等《文淵閣書目・經濟》 《鄭立菴外制》。一部，六册。闕。

林待聘内外制

《宋史・藝文志・別集類》 《林待聘内外制》十五卷。

宋太平寶訓

楊士奇等《文淵閣書目・經濟》 《宋太平寶訓》。一部，一册。闕。

傅崧卿制誥

《宋史・藝文志・別集類》 傅崧卿《制誥》三卷。

世宗幸金蓮川疏

龔顯曾《金史藝文志補録・附雜著類》 《世宗幸金蓮川疏》一卷。梁襄。

四朝聖訓

黄虞稷《千頃堂書目・國史類・補金》 楊廷秀《四朝聖訓》章宗承安二年，類編太祖、太宗、世宗、熙宗聖訓。

倪燦等《補遼金元史藝文志・國史類・元》 楊廷秀《四朝聖訓》章宗承安二年，類編太祖、太宗、世宗、熙宗聖訓。

孫德謙《金史藝文略・故事》 《四朝聖訓》楊廷秀撰。此書編類太祖、太宗、熙宗、世宗聖訓，在承安二年。《補三史藝文志》入雜史，《補遼金元藝文志》入國史，惟《補元史藝文志》則列故事類，今本之。

大定遺訓

孫德謙《金史藝文略・故事》 《大定遺訓》翰林修撰大名史公奕季宏撰。公奕，大定二十八年進士，工書有能名，自號歲寒堂主人。《中州集》有小傳，趙秉文爲作墓碑，見《滏水集》。此書與吕造《尚書要略》同進，蓋正大初，嘗充益政院官也。

世祖聖訓

黄虞稷《千頃堂書目・國史類・補元》 王惲《世祖聖訓》六卷。

倪燦等《補遼金元藝文志・國史類・元》 王惲《世祖聖訓》六卷。

歷代制誥

黄虞稷《千頃堂書目・制誥類・補元》 虞廷碩《歷代制詔》五卷。字君輔，建安人。

倪燦等《補遼金元藝文志・制誥類・元》 虞廷碩《歷代制誥》五卷。字君輔，建安人。

錢大昕《補元史藝文志・制誥類》 虞廷碩《歷代制誥》五卷。

詔　令

黃虞稷《千頃堂書目・制誥類・補元》　虞廷碩又《詔令》四卷。

倪燦等《補遼金元藝文志・制誥類・元》　虞廷碩又《詔令》四卷。

錢大昕《補元史藝文志・制誥類》　虞廷碩《詔令》四卷。

兩漢詔令

范邦甸等《天一閣書目・詔令奏議類》　《兩漢詔令》二十三卷，刊本。《西漢詔令》十二卷，宋林虙編。《東漢詔令》十一卷，宋樓昉續編。元至正己丑趙郡蘇天爵序云：「是編吾家所藏，及官澌省與憲使王公議刊行之。向聞於潛洪咨夔亦嘗纂次成書，事著其略，帝繫之説，惜乎不傳。獨得其《總論》刊置卷首，又命進士高明輯其目，文學掾許益孝正其譌云。」翰林學士洪咨夔撰《總類》云：「自典謨、訓誥、誓命之書不作，兩漢之制最爲近古。一曰『策書』，其文曰『維某年、月、日』；二曰『制書』，其文曰『制詔三公』；三曰『詔書』，其文曰『告某官』『如故事』；四曰『誡敕』，其文曰『有詔敕某官』。此其文也。策有『制策』、『詔策』、『親策』；敕有『詔敕』、『璽敕』、『密敕』；書有『策書』、『璽書』、『手書』、『權書』、『赫蹏書』；詔有『制詔』、『親詔』、『密詔』、『特詔』、『優詔』、『中詔』、『清詔』、『手筆下詔』、『遺詔』；令有『下令』、『著令』、『挈令』及『令甲』、『令乙』、『令丙』；諭有『口諭』、『風諭』、『譙諭』。宥罪有『赦』，訓諸王有『誥』，召天下兵有『羽檄』，要詰有『誓約』，廷拜有『贊』。以至有『報』，有『賜』，有『問』，有『詰』，又有『手迹』、『手記』、『詔記』。其曰『恩澤詔書』、『寬大詔書』，一切詔書及哀痛之詔隨事名之。此其目也。策命簡長二尺，短者半之，以篆書。罷免，用尺一木兩行，以隸書。遺單于書牘以尺一寸，選舉召拜亦書之尺一板。古今篆隸文體曰鶴頭書，與偃波書俱詔板所用，在漢則謂之尺一簡。詔書有真草，又有案。案者，寫詔之文，一札十行，細書，以賜方國。札，牒也。孟康曰：『漢初有三璽。』蔡邕《獨斷》曰：『天子六璽，皆白玉螭虎紐。』《輿地志》曰：『漢封詔璽用武都紫泥。』故制詔皆璽封，尚書令印重封，惟赦贖令司徒印。露布州郡詔記，綠綈方底，用御史中丞印。通官文書不著姓司隸詣尚書封胡降檄著姓非故事。詔書皁囊，施檢報書綠囊，密詔或衣帶間，丹書藏之石室，策書藏之金匱。此其制也。漢世代言未設官，王言作命，厥意猶古。而討論潤色，亦間有其人。高后令大謁者張澤報單于嫚書。淮南王安善文辭，武帝每爲報書及賜，常召司馬相如視草。光武答北匈奴藁草，司徒掾班彪所上。至永寧中，陳忠謂尚書出納帝命，爲王喉舌，諸郎鮮有雅材，每爲詔文，轉相求訪，且辭多鄙固，遂薦周興爲尚書郎。秦少府史四人在殿中主發書，謂之尚書。漢因之，武昭以後稍重。張安世以善書給事尚書，囊簪筆事武帝數十年。後漢始置尚書郎三十六人，主作文書起草，月賜赤管大筆、隃麋墨。此其造命之原也。詔御史大夫下相國，相國下諸侯王，御史中執法下郡守。制下御史，御史大夫下丞相，丞相下中二千石，二千石下郡太守、諸侯丞相。」「後漢詔有以《東觀漢記》、《漢名臣奏》等書見於註，其改詔爲制、爲誥，或謂避武后諱。世祖《官王閎子詔》，附見《董賢傳》，曄書逸之。大抵史遷所筆，皆有深意，固文贍而意不逮，曄則文亦不逮乎固矣！咨夔假守龍陽，俗故事簡，因得縱觀三史，裒其所謂『詔』、『制』、『書』、『策』、『令』、『勑』、『諭』、『報』、『誓約』之成章者，凡若干通。事著其略，每帝以臆見繫之，爲若干卷，總曰《兩漢詔令》，以補續書之亡。而欲觀漢治者，當有志於斯文。」

黃虞稷《千頃堂書目・制誥類・補元》　蘇天爵《兩漢詔令》□卷。天爵合林虙、劉昉二書爲一，而取洪咨夔《總論》冠於首。此目係盧氏校補。

《四庫全書總目提要・詔令奏議類序》　《兩漢詔令》二十三卷。副都御史黃登賢家藏本。《西漢詔令》十二卷，宋林虙編。《東漢詔令》十一卷，宋樓昉所續編也。虙字德祖，吴郡人，嘗爲開封府掾。昉字暘叔，鄞縣人，官宗正寺主簿。先是，虙以《西漢文類》所載詔令闊略，乃采括紀傳，得《西漢詔令》四百一篇，以世次先後，各爲一卷。大觀三年，程俱爲之序。南渡後，昉又依虙之體，編《東漢詔令》以續之，有嘉定十五年自序。是編合爲一書，題曰《兩漢詔令》，而各附原序於後。其首又載洪咨夔所作《兩漢詔令總論》一篇。案咨夔有《兩漢詔令擥鈔》，見於本傳。而此《總論》内云：「夔假守龍陽，縱觀三史，裒其詔制、書策、令勑之類，事著其略，每嘗以臆見繫之。」然則所云「擥鈔」者，必尚有咨夔議論之辭，而今書内無之。則此特後人取林虙、樓昉二書合編，而掇咨夔之論冠其前耳。其與《擥鈔》，實非一書也。兩漢詔令最爲近古，虙等採輯詳備，亦博雅可觀。雖陳振孫謂其平、獻兩朝，莽、操用事，如錫莽及廢伏后之類，皆當削去，是於裁制亦間有未合。然其首尾完贍，殊便觀覽，固有足資參考者焉。

倪燦等《補遼金元藝文志・制誥類・元》 蘇天爵《兩漢詔令》。合林虙、劉昉二書爲一，而取洪咨夔《總論》冠於首。

錢大昕《補元史藝文志・制誥類》 蘇天爵《兩漢詔令》。

張金吾《愛日精廬藏書志・詔令奏議類》 《西漢詔令》十二卷。《東漢詔令》十一卷。宋刊本。宋林虙編。《東漢詔令》，宋樓昉編。右《西漢詔令》四百一章，舊傳《西漢文類》所載，尚多闕略。吳郡林德祖虙實始采括傳志，參之本紀，斷章析簡，掇之無遺。方薈蕞在紙，未遑詮録，間以示余。余因取其具稿，以世次先後，自高祖至平帝，人別爲篇，又差考歲月，纂而成書，且叙其末曰：「古之盛王與道爲一，故其酬酢之間，理言遺事，皆足以爲萬世法。是以事爲《春秋》，言爲《尚書》。而《書》之所傳，自唐虞、夏、商、周，上下千數百載間，而存則今之五十八篇而已。由秦漢以來，置學官，弟子誦説研究，至有白首没身莫能詣其極者。大哉王言！蓋聖人之防表也。自五十八篇而後，起衰周至五代之末，又千數百載間，其爲詔令温醇簡盡，而猶時有三代之遺法者，唯西漢爲然。其進退美惡，不以溢言没其實。其申飭訓戒，皆至誠明白，節緩而思深。至叢脞大壞之餘，其施置雖已不合古道、當人心。然猶陳義懇到，雍容而不迫。此其一代之文，流風未泯，顧猶不可及，又況文實兼盛哉。昔者文中子以聖人之重自任，迺始斷自七制之主，列爲四範，以續典謨、訓誥、誓命之文。然其書世不傳，莫得而述，故備載如彼。德祖以學行名，搢紳方將以文詞爲時用。方今昭回之章，絲綸之美，固以轢絶中古，陋漢、唐而莫稱。是書也，雖未能比唐虞、夏、商、周之隆，庶其或者亦足爲王言之斧藻、《尚書》之鼓吹云。大觀三年歲次己丑十月壬申朔信安程俱叙。」

聖人者，羣言之所折衷也。唐虞以來，凡經聖人所刊剟，則後世尊之曰經，炳如日星，人皆仰之，莫得而損益也。左氏、太史公才雖名世，號爲廣記備言，多愛實録而已。此皆自度去取不可望聖人，故不敢以爲己任也。西漢接三代末流，訓詞深厚，文章爾雅，猶有渾渾、灝灝、噩噩之餘風。下視晉、魏、周、齊、陳、隋，號令文采，卑陋甚矣！三代而上，超軼絶塵，不可方駕，學者勉追古人，庶乎接武漢世，不猶愈乎？余讀班固書，罔羅詔令之文，一言必録，亦莫敢去取焉。吾友程子致道類次成袠，遂爲完書。二百年間，興衰情僞，不待區別，白黑較然。今聖人在上，衆言折衷之時也。倘取而賜觀，掇其若《費》、《秦誓》者列諸經，以詔萬世，則安知其湮晦淟汨不繇吾二人以光明乎。程子精敏，工於爲古文，其才堪討論潤色之職者也。故於此書，欣然比次，不日成之。越三日甲戌吳郡林虙書。

文之用於世，尚矣。繇三代而下，温厚壯麗，號爲近古，宜莫如西漢。然而訓告命令之文，雜出於紀表志傳之間，離散漫漶，卒然求之而不可得，是故學者病之。吳郡林德祖始蒐裒會粹，離而出之，章收句采，無所遺逸。四百一章。信安程致道又從而差考比輯，類爲完書。起高祖，迄孝平，以世統年，以年統月，以月統事。其先後有倫，其始卒有序，條貫備具，上下洽通，於是二百十四年之間，漢之所以理亂崇替、興衰得失之原，灼然可考，如指諸掌。信乎有功於斯文也！先人有言：「學者知讀西漢書，其爲辭章必有可觀。」余以是言，陰察天下之文士，百不失一二焉。德祖、致道，皆有俊才，究極羣書，溢於文辭，既已追古作者爲徒矣，又以其餘力繹味漢史，紬其詔令，成一家言，非深知而篤好之疇克爾。惟漢去三代未遠，其號令文章未必皆不合古，顧不更聖人，靡所折衷耳。昔楊子雲以爲經莫大於《易》，故作《太玄》，傳莫大於《論語》，作《法言》。今二君亦取《西漢詔令》纂次成書，以續虞、夏、商、周五十八篇之後，是亦子雲之志也。若乃經史奧義與所以述作之由，則二君論之詳矣，此不復云。大觀三年十二月十六日宜興蔣瑎書。

林虙跋曰：「虙與致道成此書久矣。族弟釋慶然曰：『主上天縱睿聖，欽明文思，所下詔令典雅謹嚴，千載以來莫能及也。將備演綸，尤當竭才，少望清光。學者之於文章，必師唐虞三代。然如西漢訓辭，宜在所采，以爲潤色之助。願請是書鏤板，以廣其傳，庶得此者便於考閲。』虙嘉其志而不得辭，遂以授之。」

光曩侍迂齋樓先生誨席。一日，讀《五代史》，先生笑謂光曰：「歐公作之，命徐無黨註之。」徐，六一門人也。嗚呼！先生之志遠矣！先生生死文字間，茂製滿家，少須薈蕞，次第流傳。惟《東漢詔令》成書已久，手所勘訂，當在他書先。亟求鋟梓，俾與《西漢詔令》駢行，以續成一代典章。嗚呼！先生又豈以此書爲身後名哉？紹定戊子中秋日壻范光識。

河汾王仲淹續書以存古，欲取兩漢制詔接虞夏商周之緒。君子議其僭。雖然，世有華質，道有窳隆，則一代之號令文章，亦與之爲升降。若周之委曲繁重，固已不如商之明白畯絜。而所謂灝噩云者，視渾渾之風則已漓矣。然謂「書之後不復有書」，是誣天下後世也。走幼嗜西漢書，每得一詔，輒諷咏不忍釋。噫！一何其沈浸醲郁，雍容雅裕，入人之深也。暇日常欲掇其散在志傳者，附之本紀，攷其歲月，以類相從，稡爲一編。因循未果，而吳郡林君德祖之書傳焉，走可以無述也。然東都二百年間，王言、帝制雖乏西京渾厚之氣，若光武與隗囂、公孫述、竇融等書，則有以見心事之磊落焉。敕鄧禹、馮異、岑彭等書，則有以見機神之英晤焉。頭鬚爲白之言，平定安輯之訓，與夫責劉尚以斬將弔人之義，有以見不得已之心焉。驚河西、感市椽，不待識者，而占其中興矣。明、章二帝雖不逮前烈，然永平即位之詔有曰：「萬乘至重，而壯者慮輕。」元和擇吏之詔有曰：「安静之吏，日計不足，月計有餘。」其小心畏忌，忠厚惻怛，藹然見於言外。而所與東平王酬答者，讀之使人流涕也。和安以降，政出房闥，權歸宦孺，陋矣！而勞來勤恤之意，猶時有前人之遺風焉。是未可槩以爲華不副實，而併棄之也。或者又曰：「帝王之言，出於其心，而發於其口，故言即其心。」兩漢以來，率付詞臣之手，亦何足録邪？嗚呼！此又未深考者爾。武帝以淮南王善文辭，每爲報書，輒召司馬相如視草，天水多文學掾；光武有所辭答，特加意焉，未必無儒生、學士相與彌縫於其間也。至觀文帝《與尉佗書》，自謂「高皇帝側室之子」，光武以司徒比堯，必非代言者之所敢道矣。由此觀之，漢之制詔，非若後世一委之詞臣也。竊不自揆，倣林君前書之體，纂次成之，目曰《東漢詔令》。非敢傳之他人，亦聊以備遺忘。與我同志者，幸訂正而刊削之，毋以河汾譏我。嘉定十有五年歲次壬午二月甬東樓昉自序。

迂齋先生樓公，四明儒碩也。其文祖韓、柳，其學尊濂、伊，其論議辯博，步趨於老泉坡潁間。平時游意藝苑，採擷會稡，動有程式。朝華夕秀，部居條流，如匠石觀於鄧林。凡宋桷杙楹，方圓修短，默計而潛蓄之。斧斤一入，了無遺材。其用力於古史，若《東漢詔令》，網羅散軼，輯成一書，特其刃餘耳，然足以彰炎國之盛治，備昭代之華典。久未鏤傳，日者東粤帥卿程公以無垢先生《語孟解》摹本寖泐，易而新之，且亟見遺。因還書甚以前説，録其副。往公雅敬前修，思惠後學，必能出帑餘刊善本，布之同文之世，俾觀者知文章爾雅不獨專美於西都云。紹定癸巳中秋日門人通奉大夫參知政事兼同知樞密院事鄭清之謹識。

擬兩漢詔誥

錢大昕《補元史藝文志・制誥類》 王充耘《擬兩漢詔誥》二卷。

詔赦條畫

楊士奇等《文淵閣書目・經濟》 《詔赦條畫》。一部，四册。闕。

皇朝崇儒寶訓

楊士奇等《文淵閣書目・經濟》 《皇朝崇儒寶訓》。一部，一册。完全。

帝王寶範

楊士奇等《文淵閣書目・經濟》 《帝王寶範》。一部，二册。完全。塾本一册。

大明寶訓

張萱等《内閣藏書目録・聖制部》 《大明寶訓》四册。全。太祖高皇帝御製。凡四卷。鈔本。

又一册 太祖高皇帝御製。凡四卷。鈔本。

黄虞稷《千頃堂書目・國史類》 《大明寶訓》五卷。《日曆》既成，宋濂等又言於帝曰：「《日曆》藏之天府，人欲見不可得。臣請如《貞觀政要》分類，更輯聖政爲書，以傳天下後世。」帝從之。於是分爲四十類，自「敬天」至「制蠻夷」，總四萬五千五百餘言。自是而後，凡有聖政，史官日記録之，隨類增入。

皇明寶訓

張萱等《内閣藏書目録・聖制部》 《皇明寶訓》五册。全。洪武癸丑年，史部尚書詹同等集。《太祖高皇帝寶訓》，自「敬天」至「制蠻夷」，凡四十類，釐爲五卷。

《皇明寶訓》十册。全。洪武癸丑年，吏部尚書詹同等集。

錢謙益等《絳雲樓書目・本朝制書實録》《皇明寶訓》十六册。案：洪武初，學士詹同等請仿唐《貞觀政要》，分輯聖政，宣示天下。共分四十類，自「敬天」至「制蠻夷」，凡五卷。名曰《皇明寶訓》。此十六册，疑後更有增益也。

黄虞稷《千頃堂書目・國史類》《皇明寶訓》十五卷。亦紀太祖一代事。蓋因濂書而增廣之。

皇明祖訓

張萱等《内閣藏書目録・聖制部》《皇明祖訓》一册。全。後附《祖訓條章》。

又一册。鈔本。

劉若愚《内板經書紀略》《皇明祖訓》一本。五十葉。

錢謙益等《絳雲樓書目・本朝制書實録》《皇明祖訓》一卷。太祖即祖訓録。

黄虞稷《千頃堂書目・國史類》《皇明祖訓》一册。洪武二年四月，命中書編次。六年五月，書成，太祖自爲序。（吴補）

祖訓録

張萱等《内閣藏書目録・聖制部》《祖訓録》二册。全。鈔本。分上、下二卷。上卷爲禮儀、職制、兵衛、法律、營繕、供用。下卷皆歷代親王事蹟。國初輯，以訓諸藩者。

又一册。全。舊本。

御制大誥

錢謙益等《絳雲樓書目・本朝制書實録》《大誥》。

范邦甸等《天一閣書目・詔令奏議類》《御製大誥》一册。刊本。《大誥》七十四條，明洪武十八年十月朔御製并序，臣劉三吾後序。

御制大誥續編

張萱等《内閣藏書目録・聖制部》《御製大誥續編》一册。太祖御製序。凡八十七條。

又一册。全。

又一册。全。

范邦甸等《天一閣書目・詔令奏議類》《大誥續編》八十七條。刊本。明洪武十九年御製，序闕。

御制大誥三編

張萱等《内閣藏書目録・聖制部》《御製大誥三編》一册。全。

又一册。全。

又一册。全。

又一册。全。

錢謙益等《絳雲樓書目・本朝制書實録》《大誥三編》。

大誥武臣

張萱等《内閣藏書目録・聖制部》《大誥武臣》一册。太祖高皇帝御製序。凡三十二條。

又一册。

錢謙益等《絳雲樓書目・本朝制書實録》《大誥武臣》。

范邦甸等《天一閣書目・詔令奏議類》《大誥武臣》三十二卷。刊本。明洪武二十年纂，嘉靖辛卯臣彝識後。

又《大誥武臣》一卷。刊本。明洪武二十年御製序後。

大誥經義

張萱等《内閣藏書目録・聖制部》《大誥經義》一册。鈔本。莫詳注人姓氏。分三十一章，而注其義。

詔稿

張萱《内閣藏書目録・聖制部》《詔稿》一册。洪武元年即位起，至五年止。鈔本。

黄虞稷《千頃堂書目・制誥類》《太祖御製詔稿》一卷。起洪武元年即位，迄五年止。

御制誥敕文

張萱等《内閣藏書目録・聖制部》《御製誥敕文》一册。國初諸司誥敕體式。鈔本。

黄虞稷《千頃堂書目・制誥類》《御製誥敕文》一卷。諸司誥敕體式。

御制書稿

黄虞稷《千頃堂書目・制誥類》《御制書稿》三卷。未即位前與羣雄書。

賜諸番誥敕

張萱等《内閣藏書目録・聖制部》《賜諸番誥敕》一册。全。太祖高皇帝賜元君臣及西番、安南諸國。

黄虞稷《千頃堂書目・制誥類》《賜諸番詔敕》一卷。賜元君臣及西番、安南諸國。

御制資世通訓

張萱等《内閣藏書目録・聖制部》《御製資世通訓》一册。全。洪武八年御製，以訓百官衆庶者。凡十四篇。首以人君所當爲者十四事，次言人臣所不當爲者十七事。其三、其四，則爲民用章。又以士、農、工、商各爲一篇，合僧、道爲一篇。念此之愚癡，欲其教子，戒其造言，示以禍福，又各爲一篇，以勸懲之。

國初詔令

高儒《百川書志・詔制》《國初詔令》一卷。國初至洪武三十五年頒行。

黄虞稷《千頃堂書目・制誥類》《國初詔令》一卷。洪武一代。

疏

張萱等《内閣藏書目録・聖制部》《疏》。永樂二年進。

務本之訓

張萱等《内閣藏書目録·聖制部》《務本之訓》一册。全。永樂七年，成祖皇帝巡狩北京，因偕宣宗皇帝徧歷經行田野，諭以農家服田力、穡勞苦之事，著爲書以訓之。鈔本。

敕諭文武羣臣注疏

張萱等《内閣藏書目録·聖制部》《敕諭文武羣臣注疏》。成祖文皇帝即位，賜羣臣敕諭。德安縣訓導鄭得隅爲之注。

黄虞稷《千頃堂書目·制誥類》太宗《敕諭文武羣臣注疏》一卷。帝即位，賜羣臣敕諭。德安縣訓導鄭德裕爲之注疏，永樂二年進呈。

平安南敕諭

黄虞稷《千頃堂書目·制誥類》《平安南敕諭》一卷。

兩朝詔令

高儒《百川書志·詔制》《兩朝詔令》一卷。永樂、洪熙年頒行。

黄虞稷《千頃堂書目·制誥類》《兩朝詔令》二卷。永樂、洪熙二代。

儀　注

高儒《百川書志·詔制》《儀註》一卷。永樂、洪熙年頒行。

太宗文皇帝寶訓

黄虞稷《千頃堂書目·國史類》《太宗文皇帝寶訓》十五卷。宣德五年修。

仁宗皇帝寶訓

黄虞稷《千頃堂書目·國史類》《仁宗皇帝寶訓》六卷。宣德五年修。

宣宗皇帝寶訓

黄虞稷《千頃堂書目·國史類》《宣宗皇帝寶訓》十五卷。正統三年修。

英宗皇帝寶訓

黄虞稷《千頃堂書目·國史類》《英宗皇帝寶訓》十五卷。成化三年修。

英宗皇帝玉音

黄虞稷《千頃堂書目·制誥類》《英宗皇帝玉音》一卷。

憲宗皇帝寶訓

黄虞稷《千頃堂書目·國史類》《憲宗皇帝寶訓》十卷。弘治四年修。

孝宗皇帝寶訓

黄虞稷《千頃堂書目・國史類》《孝宗皇帝寶訓》十卷。正德四年修。

武宗皇帝寶訓

黄虞稷《千頃堂書目・國史類》《武宗皇帝寶訓》十卷。嘉靖四年修。

火警或問

《四庫全書總目提要・詔令奏議類存目》《火警或問》一卷。左都御史張若溎家藏本。明世宗肅皇帝御製。時大内東偏火,帝詔户、禮二部及都察院命百官修省,復製此文。大略謂火本非災異,而人事不可不修,竝非惑於禍福事應之說。前有帝所作自序,後附《修省勅諭》六條。案《明史・五行志》,宫中之火在嘉靖十年正月辛亥,此本《或問》末亦題嘉靖辛卯正月終旬,與史相合。而《勅諭》末乃作嘉靖九年十二月,歲月俱誤,疑傳鈔之譌,當以史文爲正也。案:此書爲世宗御製之文,《勅諭》乃其附録,然宣示中外,是亦詔令類矣,故明堂從祀諸編著録於故事。此編無預典禮,則附諸詔令焉。

代言録

《四庫全書總目提要・詔令奏議類存目》《代言録》一卷。江西巡撫採進本。明楊士奇撰。士奇有《三朝聖諭録》,已著録。是書乃其《東里別集》之一種。所録皆在内閣撰擬碑册詔誥之文。自永樂四年至正統九年,每篇末具標年、月、日,核諸《明實録》俱合。惟《上皇太后尊號詔》標曰洪熙元年七月十五日,而《明宣宗實録》是詔實載在七月丁丑。是月戊辰朔,丁丑則初十日也。又《實録》載「七月乙亥上奉册寶尊母后張氏爲皇太后」。乙亥爲是月初八日,未有初八日已上册,至十五日始下詔者。又《實録》載「七月戊寅行在禮部奏恭上皇太后尊號,已詔告天下」云云。戊寅爲是月十一日,於十一日云「已詔告天下」,則詔在十一日以前無疑。此書標十五日,蓋傳寫之誤。又洪熙元年六月十二日《即位詔》款有云:「原差去官養官員人等即便回京,毋致重擾軍民。」《實録》載此篇「毋致重擾軍民」句作「不許託故遲延」。則此書當爲士奇初稾,臨時或更加潤飾,《實録》由定本録之耳。又加洪熙元年八月初六日《諭吏部申明薦舉敕》自中有「廉潔公正」句下尚有十五句,而今本《實録》載此篇皆脱之。又如宣德二年十一月十五日《皇子生詔》第一條,載「大赦天下」,今《實録》於第一條則僅載「蠲免税糧鹽糧三分」,而「大赦」反載在第六。此類文字異同,頗可與《實録》相參,然其事則皆史所已具也。

論對録

《四庫全書總目提要・詔令奏議類存目》《諭對録》三十四卷。浙江汪啟淑家藏本。明張孚敬所奉世宗密諭及其奏草也。孚敬初名璁,字秉用,永嘉人。正德辛巳進士,歷官少師、華蓋殿大學士,謚文忠。事蹟具《明史》本傳。孚敬以議禮被遇,六年而秉大政,甚爲世所詬病。而世宗始終眷禮不衰,每稱少師蘿山而不名。嘗諭孚敬,朕有密諭毋泄,朕有御筆悉親書。又仿楊士奇故事,賜孚敬銀章二,以便封奏。前後所奉手勅凡三百八十一道,因彙爲一書,并奏對劄子皆隨事附之於後。蓋孚敬既没,其孫汝紀、汝經等所裒輯也。

敕諭録

黄虞稷《千頃堂書目・制誥類》《敕諭録》一卷。嘉靖九年,敕諭户、禮二部及都察院。

皇明詔勅

范邦甸等《天一閣書目・詔令奏議類》《皇明詔勅》一册。藍絲闌鈔本。起洪武元年，至嘉靖十三年止。

皇明詔勅

范邦甸等《天一閣書目・詔令奏議類》《皇明詔勅》一册。藍絲闌鈔本。起洪武元年，至嘉靖二十四年止。

皇明詔勅

范邦甸等《天一閣書目・詔令奏議類》《皇明詔勅》一册。紅絲闌鈔本。起永樂元年，至正統十四年止。

皇明制書

錢謙益等《絳雲樓書目・本朝制書實録》《皇明制書》。

范邦甸等《天一閣書目・詔令奏議類》《皇明制書》一册。

皇明詔赦

高儒《百川書志・詔制》《皇明詔赦》三十卷。《總目要略》五卷。永樂二十二年起，至嘉靖十二年止。列聖詔赦，凡三十道。後之恩命，以次恭録。

錢謙益等《絳雲樓書目・本朝制書實録》《皇明詔赦》四册。

黄虞稷《千頃堂書目・制誥類》《明詔敕》三十卷。《總目要略》五卷。起永樂二十三年，迄嘉靖十二年。

皇明祖訓條章

高儒《百川書志・法令》《皇明祖訓條章》一卷。出示臣民，永爲遵守。凡二十四條。

張萱等《内閣藏書目録・聖制部》《祖訓條章》一册。又一册。

皇明詔赦

范邦甸等《天一閣書目・詔令奏議類》《皇明詔赦》五卷。刊本。起永樂二十二年，至嘉靖二十四年止。

皇明詔令

錢謙益等《絳雲樓書目・本朝制書實録》《皇明詔令》十册。

黄虞稷《千頃堂書目・制誥類》傅鳳翔《皇明詔令》二十一卷。

《四庫全書總目提要・詔令奏議類存目》《明詔令》二十一卷。浙江汪啟淑家藏本。不著編輯者名氏。所載自太祖至嘉靖十八年止。蓋嘉靖時人所爲也。考秦、漢天子之語皆謂之詔，宋以來以璽印頒天下之書乃謂之詔，臣下面奉玉音謂之聖旨。是書若兼載聖旨，則所遺不可勝道。若專載詔令，則吴元年《遇變省躬旨》、授宋濂學士等旨，及正統中諭五府三法司等旨，皆不當載。而又雜厠其間。編次龐雜，殊無義例。

范邦甸等《天一閣書目・詔令奏議類》《皇明詔令》二十一卷。刊本。起嘉靖二十七年。浙江布政使司校補，濟南黄臣後序。

絲綸捷要便覽

《四庫全書總目提要·詔令奏議類存目》《絲綸捷要便覽》一卷。兩淮馬裕家藏本。不著編輯者名氏。乃明萬曆、天啓中内閣票旨成式，以曹司爲次，分類標載。蓋兩房中書舍人所鈔撮而成者。末題秋審題本，亦一時案牘之文。案：此編無類可歸，以其爲當日王言之式，附録於詔令之末。

皇明制誥

錢謙益等《絳雲樓書目·本朝制書實録》《皇明制誥》八册。

明詔制

黄虞稷《千頃堂書目·制誥類》《明詔制》八卷。起洪武九年，迄嘉靖八年。

《四庫全書總目提要·詔令奏議類存目》《明詔制》八卷。浙江范懋柱家天一閣藏本。明霍韜編。韜有《明良集》，已著録。是編載明代詔制，始洪武元年，終嘉靖十八年。大抵皆典禮具文，不足考一代之政令。

本朝制敕

錢謙益等《絳雲樓書目·本朝制書實録》《本朝制敕》十册。

黄虞稷《千頃堂書目·制誥類》又《本朝制敕》。

皇明恩命録

范邦甸等《天一閣書目·詔令奏議類》《皇明恩命録》四卷。刊本。不著編纂人名氏。

高皇帝詔諭輯略

黄虞稷《千頃堂書目·制誥類》《高皇帝詔諭輯略》三卷。楊起元輯。

燕王令旨

黄虞稷《千頃堂書目·制誥類》《燕王令旨》一卷。

范邦甸等《天一閣書目·詔令奏議類》《燕王令旨》一篇。紅絲闌鈔本。不著編輯人名氏。

秦漢疏書

范邦甸等《天一閣書目·詔令奏議類》《秦漢疏書》十八卷。刊本。明建德徐紳刊，武昌吴國倫校。嘉靖戊午永豐雙江聶豹序云：「《秦漢書疏》，監察徐君獲是本於三泉林監察之所，讀而悦之，謂是傳宜廣，但斷自漢始而黜秦，備采書疏而不及詔令。秦治無論也，而文之古不可少。嘗訂是編于前。巡撫馬中丞亦謂監察宜刻，刻宜序，序宜委豹。南康推吴國倫申監察，命速予言。吉安府黄國卿刻板藏洞學，使士之進學於洞者，獲縱觀焉。率監察意也。計《秦書疏》三卷，《西漢書疏》六卷，《東漢書疏》九卷。監察姓徐，名紳，字思行，號五臺。以名進士起家，奉命按江右。玆得代行矣。」

西漢書疏

范邦甸等《天一閣書目·詔令奏議類》《西漢書疏》十六卷。刊本。明弘治乙卯林俊序云：「同年縉雲周君文化副憲湖南，間出尊府封監察御史怡菊公手鈔《兩漢書疏》見示，受而閲之。再旬，因正其譌繆别爲卷，凡十六，刻梓以傳。」

兩漢書疏

徐𤊹《徐氏家藏書目·總集類》《兩漢書疏》十八卷。

錢謙益等《絳雲樓書目·奏議類》《兩漢書疏》。

范邦甸等《天一閣書目·詔令奏議類》《兩漢書疏》八卷。刊本。明弘治十四年，江西按察提督學校，無錫邵寶序。闕首頁。

漢詔令

徐𤊹《徐氏家藏書目·總集類》《漢詔令》八卷。

漢詔疏

徐𤊹《徐氏家藏書目·總集類》《漢詔疏》八卷。陳衎。

世宗皇帝寶訓

黄虞稷《千頃堂書目·國史類》《世宗皇帝寶訓》二十四卷。萬曆五年修。

穆宗皇帝寶訓

黄虞稷《千頃堂書目·國史類》《穆宗皇帝寶訓》八卷。

神宗皇帝寶訓

黄虞稷《千頃堂書目·國史類》《神宗皇帝寶訓》□卷。

光宗皇帝寶訓

黄虞稷《千頃堂書目·國史類》《光宗皇帝寶訓》四卷。

獻皇帝寶訓

黄虞稷《千頃堂書目·國史類》《獻皇帝寶訓》十卷。以上與實録同時修。

皇明寶訓

黄虞稷《千頃堂書目·國史類》《皇明寶訓》一百二十二卷。自洪武至隆慶凡十朝。萬曆初大學士吕本彙刊。一作三十九卷。

仁孝皇后勸善書

錢謙益等《絳雲樓書目·本朝制書實録》《仁孝皇后勸善書》。己卯秋日，在錢唐書肆中見此書。卷首有硃印「厚載之記」四字，蓋皇后璽也。

大明仁孝皇后内訓

張萱等《内閣藏書目録・聖制部》《大明仁孝皇后内訓》一册。全。

又一册。全。

錢謙益等《絳雲樓書目・本朝制書實録》《仁孝皇后内訓》。

帝訓

張萱等《内閣藏書目録・聖制部》《帝訓》一册。全。宣宗章皇帝御製。首「君德」，終「馭夷」，凡二十四條。分四卷。鈔本。

文華大訓

張萱等《内閣藏書目録・聖制部》《文華大訓》二十八册。全。憲宗純皇帝御製。自孔孟濂洛諸儒論述，伏羲、神農、黄帝、堯、舜、禹、湯、文、武及漢、唐、宋諸賢君行事，與我祖宗謨烈，凡有切於儲副，采彙爲編。其綱曰進學，曰養德，曰厚倫，曰明治。其目自「明典訓」至「禦夷狄」，凡二十有四。每篇各有言，以發其端而結其末。凡十有八卷。鈔本。

教民榜文

錢謙益等《絳雲樓書目・本朝制書實録》《教民榜文》。

隆慶詔令

黄虞稷《千頃堂書目・制誥類》《隆慶詔令》一卷。

萬曆絲綸録

黄虞稷《千頃堂書目・制誥類》《萬曆絲綸録》六卷。周永春編。

英廉奏《禁毁書目》《絲綸録》一部七本。查《絲綸録》，係明周永春輯。皆雜録當時科抄檔案，並無義例，不足以資考證。中間挖空處，多係指斥字面。應請銷燬。

崇禎絲綸録

黄虞稷《千頃堂書目・制誥類》《崇禎絲綸録》□卷。

密諭

黄虞稷《千頃堂書目・制誥類》《密諭》二十八卷。

聖諭簿

錢謙益等《絳雲樓書目・本朝制書實録》《聖諭簿》。

黄虞稷《千頃堂書目・制誥類》《聖諭簿》三十四册。

國朝大詔令

錢謙益等《絳雲樓書目・本朝制書實録》《國朝大詔令》三册。

黄虞稷《千頃堂書目・制誥類》《國朝大詔令》。

集犯諭

錢謙益等《絳雲樓書目・本朝制書實録》《集犯諭》一卷。諭吏。

王世貞天言彙録

黄虞稷《千頃堂書目・制誥類》王世貞《天言彙録》□卷。録太祖及神宗初年制詔。

金立敬聖諭注

黄虞稷《千頃堂書目・制誥類》《金立敬聖諭注》一卷。

明外制集

黄虞稷《千頃堂書目・制誥類》《明外制集》八卷。

内閣制詔

黄虞稷《千頃堂書目・制誥類》《内閣制詔》。

徐尊生制詔

黄虞稷《千頃堂書目・制誥類》徐尊生《制詔》二卷。字大年，國初淳安人，預修《元史》。

《明史・藝文志・别集類》徐尊生《制詔》二卷。

夏言應制集

黄虞稷《千頃堂書目・制誥類》夏言《應制集》十卷。

王材王盱江外制集

黄虞稷《千頃堂書目・制誥類》王材《王盱江外制集》三卷。

高拱綸扉集

黄虞稷《千頃堂書目・制誥類》高拱《綸扉集》一卷。

外制集

黄虞稷《千頃堂書目・制誥類》 高拱《外制集》二卷。

申時行外制集

黄虞稷《千頃堂書目・制誥類》 申時行《外制集》十卷。

瞿景淳内制集

黄虞稷《千頃堂書目・制誥類》 瞿景淳《内制集》一卷。

《明史・藝文志・别集類》 瞿景淳《内制集》一卷。

黄洪憲鑾坡制草

黄虞稷《千頃堂書目・制誥類》 黄洪憲《鑾坡制草》五卷。

錢習禮應制集

英廉奏《禁毁書目》 錢習禮《應制集》一卷。

韓日纘代言草

黄虞稷《千頃堂書目・制誥類》 韓日纘《代言草》三卷。字緒仲，博羅人。萬曆丁未進士，選庶吉士，歷官禮部尚書。謚文恪。

姚希孟薇天集

黄虞稷《千頃堂書目・制誥類》 姚希孟《薇天集》二卷。

丹黄集

黄虞稷《千頃堂書目・制誥類》 姚希孟《丹黄集》二卷。

黄景昉甌安館制草

黄虞稷《千頃堂書目・制誥類》 黄景昉《甌安館制草》十卷。

倪元璐代言録

黄虞稷《千頃堂書目・制誥類》 倪元璐《代言録》五卷。

明詔旨

丁丙《八千卷樓書目・詔令奏議類》 《明詔旨》十卷。明孔貞運編。明刊本。

太祖高皇帝聖訓

《四庫全書總目提要・詔令奏議類》 《太祖高皇帝聖訓》四卷。康熙二十五年聖祖仁皇帝恭編。凡九十有二則，分二十六門。乾隆四年我皇上敬製序文，宣付剞劂，昭示萬方。昔者有明末葉，海水羣飛，景命有歸，真人首出，亶聰明而應運，錫智勇以匡時。以遺甲一十三人，仗順興師，肇開鴻業。威弧震疊，妖孛熠芒。仰溯臨御之日，大抵秉旄執鉞者居多。然而外播天聲，內修王政，經綸刱造，文武兼資，凡一時指授開陳，皇極敷言，罔非彝訓。黄帝七十戰而銘著於巾机，成湯十一征而義彰於誓誥。以今方古，厥道同符。特以國初淳樸，僅傳於故老舊臣之口，故記載未詳。聖祖仁皇帝追維前烈，敬勒鴻編。昭千古之帝圖，垂萬年之家法。《書》所謂啟佑我後人，咸以正無缺者，締造規模，猶可仰窺而見焉。

太宗文皇帝聖訓

《四庫全書總目提要・詔令奏議類》《太宗文皇帝聖訓》六卷。順治末世祖章皇帝編次未竟，康熙二十六年聖祖仁皇帝續成。凡一百一十一則，分二十三門。乾隆四年皇上御製序文刊布。惟我太宗文皇帝纘承前緒，益拓鴻基。因壘崇墉，觀兵坶野。威棱震耀，既遠邁成周。至於敦叙羣倫，正名百物，禮樂大備，書契肇興，則與軒帝膺圖，外奮涿野之威，而內肅合宮之典者，後先同揆。誠以守成而兼創業，奮武而竝揆文。蓋宰馭乎萬類者，其聰明睿智必超乎萬類之上，太祖有焉。垂裕乎萬年者，其制作精神必周乎萬年之後，太宗有焉。稱天上謚，尊以經天緯地之大名，義所稱也。豐功偉烈，史臣珥筆，已恭紀琅函。至於聖德所形，聲律身度，一舉一動，效法乎乾坤，一話一言，表裏乎典誥者，則恭傳天語，具在斯編。於以上彰祖德，下啟孫謀。理珠囊而握金鏡，誠億萬世之法守矣。

世祖章皇帝聖訓

《四庫全書總目提要・詔令奏議類》《世祖章皇帝聖訓》六卷。康熙二十六年聖祖仁皇帝恭編。凡一百一十三則，分三十二門。乾隆四年皇上御製序文刊布。洪維我世祖章皇帝夙齡踐祚，定鼎燕京，視帝堯起自唐封，尚先五載。然生而神靈，幼而徇齊，長而敦敏，則比德於黃、軒。是以提挈天樞，驅策羣力，削平三藥，底定四瀛，大同文軌，建億載之丕基。加以宵旰之餘，始終典學，《御註孝經》，則操至德要道之原；《御纂內則衍義》，則昭篤近舉遠之本；《御製人臣儆心録》，則振舉政典，澄叙官方；《御撰資政要覽》，則敦叙綱常，砥礪世教。凡聖賢之理蘊，無不闡明；凡帝王之治法，無不講貫。固已本心出治，舉措咸宜。至於教闡聖謨，言爲世則，亦出同綸綍，寶竝球圖。夫天不可測，測以星辰之行；地不可度，度以山川之紀；聖不可知，知以典籍之所傳。堯誡湯銘，貽留奕禩，亦庶幾稍窺高厚之萬一矣。

聖祖仁皇帝聖訓

《四庫全書總目提要・詔令奏議類》《聖祖仁皇帝聖訓》六十卷。雍正九年世宗憲皇帝恭編，乾隆六年皇上御製序文刊布。凡三十二類，總一千九百餘則。篇帙視列聖爲富。蓋我聖祖仁皇帝道符帝綷，命自天申，景祚延洪，卜年久遠。六甲五子，首末循環，與天運相終始。故神功聖德，史不勝書。實録數盈千卷，而貽留大訓，亦紀載獨繁。伏考《周易》有曰：「日月得天而能久照，四時變化而能久成，聖人久於其道而天下化成。」寶祚綿長，故彝訓最爲詳備，此誠帝王之盛軌也。然其故有不止於此者。昔虞舜鳴韶，鳳儀獸舞，而皋陶颺拜，猶期以慎憲省成，慮其始勤而終惰也。使歷年久遠而暇豫之念或萌，則怠氣所乘，又安能於天下之事一一爲之衡量，於在廷之臣一一爲之啟導。今跽讀聖謨所爲保泰而持盈，謹小而慎微者，六十一年殆如一日。然則聖訓之獨多，固在享國之永，亦在莅政之勤矣。周公誥誡成王，歷舉太戊、武丁、祖甲、文王之壽考而歸本於無逸。聖人之心，固異世而同符也。

世宗憲皇帝上諭內閣

《四庫全書總目提要・詔令奏議類》《世宗憲皇帝上諭內閣》一百五十九卷。雍正七年世宗憲皇帝俯允廷臣之請，命和碩莊親王允祿繕録刊布。所載起御極之初，止於是年，以雍正九年告成。皇上即祚以後，復命和碩和親王弘晝編次雍正八年至十三年上諭，校正續刻，補爲全書，以乾隆六年告成。原本皆以每月別爲起訖，不標卷數。今恭依舊次，釐爲一百五十九卷。原本亦未題書名，今恭繹諭旨，由内閣宣示者居多，謹題曰《上諭内閣》，以別於《上諭八旂》諸編焉。伏考國家舊制，始置内三院，後乃改置内閣，以出納綸音，恭逢列聖膺圖。乾綱獨握。自增用奏摺以後，皆高居紫極，親御丹毫。在廷之臣，一詞莫贊。即《硃批諭旨》是也。其題本由内閣票擬者，遇事涉兩岐，輒恭繕雙簽以請，無敢擅專。至於訓誥特頒，則指授内直諸臣於禁廷具草。有纖微未達聖意者，必御筆塗乙添注，亦罔敢以私意參其間。鑒定之後，降付内閣，宣布中外而已。更無由如前代宰輔假批答以竊威福者。此一百五十九卷，名爲臣工所繕録，實與御札手勅無以異。勵精宵旰之懷，謹持魁柄之意，萬世可伏讀而見之也。我皇上御跋程頤《經筵劄子》，力斥其天下安危繫於宰相之説。誠所謂聰聽彝訓，垂裕後昆者矣。

硃批諭旨

《四庫全書總目提要・詔令奏議類》《世宗憲皇帝硃批諭旨》三百六十卷。雍正十年奉勅校刊，乾隆三年告成。冠以世宗憲皇帝諭旨，殿以皇上御製後序。所載臣工奏摺凡二百二十三人。多者以一人分數册，少者以數人合一册。所奉硃批，一一恭録，或在簡端，或在句旁，或在餘幅。少者數十言，多者每至數百言。其肯綮之處，經御筆圈出抹出者，尤爲詳悉。無不循名責實，斥僞求真。或即委而知源，或見微而識著。玉衡之平，不可欺以重輕；金鑑之明，不可炫以妍醜。推求一事而旁燭萬端，端拱九天而坐照四海。凡堯儆舜咨，具寓於羲畫禹書之中。天下臣民，循環跪誦，蓋皆得而仰喻焉。伏考《典謨》所載，都俞吁咈，大抵面陳。秦漢以後，章奏既興，載於史者不過有省有不省，有行有不行耳。所謂鳳尾諾，不過一字。未有連篇累牘，一一手勅報之者。唐、宋以後，多出代言，故諸臣文集，或以批答爲内制之一體。如宋太祖於截木之章，宋真宗於鄰壤之字，皆偶然涉筆，不過數言。亦未有句櫛字比，標注甲乙，無幾微之不到者。至於集彼書囊，積爲巨帙，多至三四百卷，而敷奏報聞，無煩訓示者，不與焉；内外章牘，由内閣奏進者，亦不與焉，尤書契以來所未嘗聞見者矣。臣等校録之餘，知我皇上勵精無逸，登七袠而彌勤者，家法淵源有所自來也。

張之洞《書目答問・詔令奏議》 雍正《硃批諭旨》三百六十卷。雍正十年敕編。内府本。江甯活字版本。

世宗憲皇帝上諭八旗　上諭旗務議覆　諭行旗務奏議

《四庫全書總目提要・詔令奏議類》《世宗憲皇帝上諭八旗》十三卷。《上諭旗務議覆》十二卷。《諭行旗務奏議》十三卷。雍正九年，和碩莊親王允禄等奉勅編。凡三集共爲一書。自康熙六十一年十一月十七日以後所奉諭旨，涉於八旗政務者，曰《上諭八旗》。其前録諭旨，而附載八旗大臣所議於後者，曰《上諭旗務議覆》。其前録八旗大臣所奏，而恭録諭旨於後者，曰《諭行旗務奏議》。竝兼用國書、漢書，刊刻頒行。伏考三代以上，兵與民同體，文與武亦不分途。故凡其著名版籍者，十六以下上所長，六十以上上所養，無事皆可合以訓練，有事即人人可以荷戈。而當時之將帥，亦即以卿大夫爲之，未嘗治民而不治兵，治兵而不治民也。三代以下，時異勢殊，雖堯、舜、禹、湯亦不能復行古法。維我國家八旗之制，則古法猶存。雖臂指相維，統以軍律，而其人如比閭族黨之相保，民事具焉；其官如郡國州縣之相隸，吏事具焉。故六職百司之政，八旗無不備，而科條案牘，亦遂至劇至繁。我世宗憲皇帝深維根本之重，睿謨規畫，鉅細咸周，故宣於綸綍者特多，猶慮纖毫之或遺也。謀及卿士，而議覆積而成帙；詢於芻蕘，而奏議亦積而成帙。蓋輦轂之側，視聽至近，籌度周詳，諮詢周密猶若此。然則萬方廣遠，百度殷繁，睿慮精勤，一息而周四海者，不益可仰窺哉。

旨頒賜直省知州　旨頒賜直省知縣

鄂爾泰等《國朝宮史・書籍門・聖訓》《旨頒賜直省知州、知縣》各一部。世宗憲皇帝御製序。牧令爲親民之官，一人之賢否，關係萬姓之休戚，故自古以來，慎重其選。而朕之廣攬旁求，訓勉誥誡，冀其奏循良之績以惠我烝黎者，亦備極苦心矣。惟是地方事務皆發端於州縣，頭緒紛繁，情僞百出。而膺斯任者，類皆初登仕籍之人，未練習於平時，而欲措施於一旦，無怪乎徬徨瞻顧，心志茫然。即採訪諮詢，而告之者未必其盡言無隱，此古人所以有學製美錦之歎也。向以大學士朱軾、左都御史沈近思外任多年，周知地方利弊。雍正二年，曾令二臣商著規則，以爲州縣之南車。乃書未就緒，而沈近思物故。邇年以來，朱軾復時多病，此事遂至遲延。去年始降旨，委諸總督田文鏡、李衛，令二臣各抒所見，繕録諸條以進。朕親加披覽，見其條理詳明，言辭愷切，民情吏習罔不兼該，大綱細目莫不備舉。誠新進之津梁、庶官之模範也。在二臣各就其所閱歷者而言，繁簡同異之間不必一致，而慎守官方，勤恤民隱，興利除害，易俗移風，其大指則一而已矣。爰就本文付之剞劂，頒賜州縣官各一帙，俾置之几案間，朝夕觀覽，省察提撕。治效未臻，必思所以勉之；弊端未革，必思所以去之。本之以實心，行之以實力。毋始勤而終怠，毋静言而庸違。如此，則不但國家得司牧之賢，草野有父母之頌，而爾等身膺顯擢，叨被榮光，福貽子孫，名標史册，豈不美歟。

世宗憲皇帝聖訓

《四庫全書總目提要・詔令奏議類》《世宗憲皇帝聖訓》三十六卷。乾隆五年皇上恭編，御製序文刊布。分三十類，九百十六則。卷帙亦極繁富。蓋我世宗憲皇帝勵精圖治，日昃不遑，端拱九重而念周四海，爲萬世永賴之計，故理繁治劇而不避其煩。廑一夫不獲之心，故慮遠防微而不遺於細，所由都俞吁咈，誥誡特詳。且癸卯踐祚以前，侍聖祖仁皇帝之日長，上則政教之條制、刑賞之權衡，聞之最悉；下則百度之利弊，萬物之情僞，知之最深。故睿照無遺，如金鑑澂明，物來畢肖。隨時誨示，每泛應無窮。而皇上問視龍樓，親聆綸綍，亦二十餘載。御極以後，聖慕彌深，追述玉音始末，猶能詳備十三年中之記録，積盈三十餘卷。元元本本，有自來矣。《堯典》、《禹謨》，流傳簡册。大聖人健行不息之心，明作有爲之政，昭垂天壤，炳然與日月齊光也。

皇朝文典

丁丙《八千卷樓書目・詔令奏議類》《皇朝文典》十六卷。國朝李兆洛編。刊本。

光緒上諭全録

丁丙《八千卷樓書目・詔令奏議類》《光緒上諭全録》二十卷。自十三年，至十八年。不著編者名氏。活字本。

光緒邸鈔

丁丙《八千卷樓書目・詔令奏議類》《光緒邸鈔全録》二十卷。不著編輯者名氏。活字板本。

議奏

班固《漢書・藝文志・春秋》《議奏》三十九篇。石渠論。

姚振宗《漢書藝文志條理・春秋》《議奏》三十九篇。石渠論。本書《儒林傳》：宣帝聞衛太子好《穀梁春秋》，韋賢、夏侯勝、史高言宜興《穀梁》。上善《穀梁》説，劉向以故諫大夫通達待詔，受《穀梁》，欲令助之。自元康中始講，至甘露元年，積十餘歲，皆明習。迺召《五經》名儒太子太傅蕭望之等大議殿中，平《公羊》、《穀梁》同異，各以經處是非。時《公羊》博士嚴彭祖、侍郎申輓、伊推、宋顯，《穀梁》議郎尹更始、待詔劉向、周慶、丁姓並論。《公羊》家多不見從，願請内侍郎許廣，使者亦並内《穀梁》家中郎王亥，各五人，議三十餘事。望之等十一人各以經誼對，多從《穀梁》。由是《穀梁》之學大盛。慶、姓皆爲博士。按本紀此事在甘露三年。

《後漢書・陳元傳》元詣闕上疏曰：「往者，孝武皇帝好《公羊》，衛太子好《穀梁》，有詔詔太子受《公羊》，不得受《穀梁》。孝宣皇帝在人間時，聞衛太子好《穀梁》，于是獨學之。及即位，爲石渠論而穀梁氏興，至今與《公羊》並存。」章懷太子曰：「宣帝甘露三年，詔諸儒韋玄成、梁邱賀等，講論《五經》于石渠閣也。」按：梁邱臨奉使問石渠，此注稱「梁邱賀」者，非也。

《穀梁傳疏》曰：「景帝好《公羊》，胡母之學興，仲舒之義立。宣帝善《穀梁》，千秋之學起，劉向之意存。」按景帝似當爲武帝。

按《禮運疏》許慎謹案：公議郎尹更始、待詔劉更生等議石渠，以爲吉凶不並，瑞災不兼云云。其即三十餘事中佚文，見于許氏《五經異義》者，亦見《左氏經・哀十四年》「西狩獲麟」疏。許稱「議石渠，知大議殿中」，亦即《石渠議奏》也。

奏事

班固《漢書・藝文志・春秋》　《奏事》二十篇。秦時大臣奏事，及刻石名山文也。

姚振宗《漢書藝文志條理・春秋》　《奏事》二十篇。秦時大臣奏事，及刻石名山文也。《文心雕龍・章表篇》：「降及七國，未變古式，言事于王，皆稱上書。秦初定制，改『書』曰『奏』。」《奏啓篇》云：「昔唐虞之臣，敷奏以言；秦漢之輔，上書稱奏。陳政事，獻典儀，上急變，劾愆謬，總謂之奏。奏者，進也。言敷于下，情進于上也。秦始立奏，而法家少文。觀王綰之奏勳德，辭質而義近；李斯之奏驪山，事略而意逕。政無膏潤，形于篇章矣。」

《史・秦始皇本紀》：二十八年，始皇東行郡縣，上鄒嶧山。立石，與魯諸生議，刻石頌秦德，議封禪望祭山川之事。乃遂上泰山，立石，封，祠祀。禪梁父。刻所立石，其辭曰云云。登之罘，立石頌秦德。南登琅邪，作琅邪臺，立石刻，頌秦德，明德意，曰云云。二十九年，始皇遊，登之罘，刻石，其辭曰云云。其東觀曰云云。三十二年，始皇之碣石，刻碣石門，其辭曰云云。三十七年，始皇出遊至錢唐，臨浙江，上會稽，祭大禹，望于南海而立石刻，頌秦德，其文曰云云。二世皇帝元年春，東行郡縣，到碣石，並海，南至會稽，而盡刻始皇所立刻石，石旁著大臣從者名，以章先帝成功盛德焉。

按：嚴氏可均輯《全秦文》，王綰有《議帝號》、《議封建》二篇；李斯有《上書諫逐客》、《上書言治驪山陵》、《議廢封建》、《議刻金石》、《議燒詩書百家語》、《上書對二世》、《上書言趙高》、《獄中上書》八篇；又公子高，秦之諸公子也，有《上書請從死》一篇；又僕射周青臣《進頌》一篇；博士淳于越《議封建》一篇；諸儒生《議封禪》一篇；羣臣《議尊始皇廟》一篇。李斯《獄中上書》云：「更剋畫，平斗斛、度量、文章，布之天下，以樹秦之名。」則刻石名山文，皆斯手筆也。有《嶧山刻石》、《泰山刻石》、《琅邪臺刻石》、《之罘刻石》、《之罘東觀刻石》、《碣石門刻石》、《會稽刻石》、《刻始皇所立刻石》。惟《嶧山刻石》、《始皇本紀》不載。凡刻石文八。王氏《考證》謂：「秦刻石者四。」非也。又有《句曲山白璧刻文》、《玉璽文》、《金狄銘》、《秦權文》四篇。凡是類，皆當在此二十卷中。《隋志・小學家》有《秦皇東巡會稽刻石文》一卷，則但有搨本一種，非其全也。

馬援請鑄五銖錢奏議

姚振宗《後漢藝文志・故事類》　馬援《請鑄五銖錢奏議》。范《書》本傳：「援字文淵，扶風茂陵人也。王莽時爲新城大尹。莽改漢中爲新成，改太守爲大尹。及莽敗，去郡避地西州，隗囂以爲綏德將軍。建武四年，囂使援奉書洛陽，帝以爲待詔。九年，拜太中大夫。十一年，拜隴西太守。視事六年，徵入爲虎賁中郎將。十七年，拜伏波將軍，擊交阯。十九年，封新息侯。二十四年，征五溪蠻。明年，病卒。時年六十三。梁松因事陷之，帝大怒，追收新息侯印綬。永平初，援女立爲皇后。至十七年，援夫人卒，乃更修封樹，起祠堂。建初三年，肅宗使五官中郎將持節追策，謚援曰『忠成侯』。」

又曰：「初，援在隴西上書，言宜如舊鑄五銖錢。事下三府，三府奏以爲未可許，事遂寢。及援還，從公府求得前奏，難十餘條，乃隨牒解釋，更具表言。帝從之，天下賴其便。」《本紀》建武十六年：「初，王莽亂後，貨幣雜用布、帛、金、粟。是歲，始行五銖錢。」注：「武帝始爲五銖錢，王莽時廢，今始行之。」

《東觀記》曰：「援在隴西，上書曰：『富民之本，在於食貨。宜如舊，鑄五銖錢。』三府以爲未可，凡十三難。援一一解之，條奏其狀。」

漢丞相匡衡大司馬王鳳奏

《隋書・經籍志・總集》　《漢丞相匡衡大司馬王鳳奏》五卷。

鄭樵《通志・藝文略・奏議》　《漢丞相匡衡大司馬王鳳奏》五卷。

姚振宗《隋書經籍志考證・總集類》　梁有《漢丞相匡衡大司馬王鳳奏》五

卷。亡。匡衡、王鳳並見《漢書》列傳。案：此五卷大抵從别本《漢名臣奏》中佚出者。《唐藝文志・刑法家》陳壽之前，别有《漢名臣奏》二十九卷，列漢人中，不僅陳壽一家也。《經籍志》亦載之。

魏武帝露布文

《隋書・經籍志・總集類》 《魏武帝露布文》九卷，亡。

姚振宗《隋書經籍志考證・總集類》 梁有《魏武帝露布文》九卷。亡。唐封演《聞見記》曰：露布，捷書之别名也。自漢以來有之，亦謂之「露版」。《魏武奏》云「有警急，輒露版插羽」是也。

姚振宗《三國藝文志・總集類》 《魏武帝露布文》九卷。《隋書・經籍志》：「梁有《魏武帝露布文》九卷，亡。」《通志・略・文類》「軍書門」著録同。

唐封演《聞見記》曰：「露布，捷書之别名也。自漢以來有其名。所以名『露布』者，謂不封檢而宣布，欲四方速知。亦謂之『露版』。《魏武奏事》云『有警急，輒露版插羽』是也。」

魏主奏事

《隋書・經籍志・刑法》 《魏主奏事》十卷。

姚振宗《三國藝文志・故事類》 《魏主奏事》十卷。《隋書經籍志・刑法篇》：《魏主奏事》十卷。章宗源《隋志考證》曰：「《文選・古詩十九首》注、《太平御覽・居處部》並引《魏王奏事》。《史記・韓信盧綰傳》集解引《魏武帝奏事》。《漢書・高帝紀》注、《後漢書・光武紀》、《西羌傳》注、《文選・關中詩》注並引之。」

侯《志》曰：「《史記・陳豨傳》、《漢書・高祖紀・十年》、《後漢書・光武紀・更始二年》、《西羌傳論》諸注俱引《魏武奏事》。《御覽》一百八十一引《魏公奏事》。」

案：此在當時欲以别于《漢名臣奏》，故有此編録，未必皆屬《刑法》，故今入之此類。

謁者灌均等上事

姚振宗《三國藝文志・故事類》 《謁者灌均等上事》一卷。《太平御覽・五百九十三》曹植《説灌均上事令》曰：「孤前令寫灌均所上孤章，三臺九府所奏及詔書一通置之座隅，孤欲朝夕諷詠，以自警誡也。」《魏志・陳思王傳》注：「黄初二年，監國謁者灌均希指奏植醉酒悖慢，劫脅使者。有司請治罪。帝以太后故，詔曰：『植，朕之同母弟。朕于天下無所不容，而况植乎？骨肉之親，捨而不誅，其改封植。』于是貶爵安鄉侯。景初中詔曰：『陳思王昔雖有過失，既克己慎行以補前闕，其收黄初中諸奏植罪狀，公卿以下議尚書、中書、祕書三府，大鴻臚者，皆削除之。』」

案：史言灌均希旨，則所謂三臺、九府所奏，無一不希旨矣。若無卞后，必遭殺害。陳思令寫置一通，殆欲以知情僞而弭禍患。當時情事可想見矣。

魏臺雜訪議

《隋書・經籍志・刑法》 《魏臺雜訪議》三卷。高堂隆撰。

姚振宗《三國藝文志・故事類》 高堂隆《魏臺雜訪議》三卷。《魏志》本傳：高堂隆字升平，泰山平陽人，魯高唐生後也。建安十八年，太祖召爲丞相軍議掾，後爲歷城侯相。黄初中，爲堂陽長，選爲平原王傅。王即尊位，是爲明帝。以隆爲給事中、博士、駙馬都尉。遷陳留太守，散騎常侍，賜爵關内侯。遷侍中，領太史令。遷光禄勳，卒。

《隋書・經籍志・刑法類》：《魏臺雜訪議》三卷。高堂隆撰。《唐經籍志・儀注類》：《魏臺雜訪儀》三卷。高宗撰。案：高宗即高堂隆之譌。《唐藝文志・故事類》：《魏臺訪議》三卷。又《儀注類》：高堂隆《魏臺雜訪議》三卷。章宗源《隋志考證》曰：「《宋書・禮志》、《文選・謝惠連〈擣衣詩〉》注、《後漢書・牟長傳》注、《藝文類聚・歲時部》、《初學記・歲時部》《服食部》、《太平御覽・時序部》並引《魏臺訪議》。《唐志》儀注、故事兩類重出。」侯《志》曰：「《宋書・禮志》、《隋書・禮儀志》，及唐、宋人諸類書皆引之。」

夏少康漢高祖優劣論

姚振宗《三國藝文志・總集類》 高貴鄉公《夏少康漢高祖優劣論》本紀注：

《魏氏春秋》曰：「甘露元年二月丙辰，帝宴羣臣于太極東堂，與侍中荀顗，尚書崔贊、袁亮、鍾毓，給事中中書令虞松等並講述禮典，遂言帝王優劣之次。帝慕夏少康，因問顗等少康、高祖功德誰先，顗等對以高祖爲優。帝曰：『宜高夏康而下漢祖，諸卿具論詳之。』翌日丁巳，講業既畢，顗、亮等議：『少康爲優，宜如詔旨。』贊、毓、松等議以爲『論德則少康優，課功則高祖多，語資則少康易，校時則高祖難』。帝曰：『諸卿論少康因資，高祖創造，誠有之矣。然未知三代之世，任德濟勳如彼之難；秦、項之際，任力成功如此之易。且太上立德，其次立功。漢祖功高，未若少康盛德之茂也。』于是羣臣悦服。中書令松進曰：『少康之事，去世久遠，自古及今，議論之士莫有言者，德美隱而不宣。陛下既垂心遠鑒，考詳古昔，又發德音，贊明少康之美，使顯于千載之上，宜録以成篇，永垂于後。』于是侍郎鍾會退論次焉。」

錢大昕《三國志攷異》曰：「案：少康之論，意常在司馬氏也。聰明太露，終爲權臣所忌，失艱貞自晦之義。能處此者，其後周武帝乎？」《嚴氏文編》曰：「《太極東堂夏少康漢高祖論》，見《高貴鄉公紀》注引《魏氏春秋》，亦見《藝文類聚》十二，《太平御覽》八十二，又四百四十五。」

漢名臣奏

《隋書・經籍志・刑法》 《漢名臣奏事》三十卷。

又《總集》 《漢名臣奏》三十卷。陳長壽撰。

《舊唐書・經籍志・刑法》 《漢名臣奏》三十卷。陳壽撰。

又 《漢名臣奏》二十九卷。

《新唐書・藝文志・刑法類》 《漢名臣奏》二十九卷。

又 陳壽《漢名臣奏》三十卷。

鄭樵《通志・藝文志・奏議》 《漢名臣奏》三十卷。

陳振孫《直齋書録解題・章奏類》 《漢名臣奏》一卷。案：《隋志・刑法類》有《漢名臣奏事》三十卷。《唐志》已亡其一。《中興書目》僅存其二：一爲孔光，一爲唐林，今惟唐林而已。所言皆莽朝事，無足論者，姑以存古云爾。

馬端臨《文獻通考・經籍考・章奏》 《漢名臣奏》一卷。

《宋史・藝文志・總集類》 《漢名臣奏》一卷。

姚振宗《隋書經籍志考證・總集類》 梁有《漢名臣奏》三十卷，陳長壽撰。亡。

陳長壽即陳壽，有《三國志》，見《史部・正史類》。本志《傳記類》載《益部耆舊傳》亦云陳長壽，以是知爲一人。案：本志《史部・刑法家》：「《漢名臣奏事》三十卷。不著撰人。」兩《唐志》並云陳壽撰。《刑法家》又有《魏名臣奏事》四十卷，《目》一卷，陳壽撰。此漢、魏各三十卷，蓋即《刑法家》所著録者，特卷數名題稍有別異耳。並詳見於史部。

文廷式《補晉書藝文志・總集類》 陳長壽《漢名臣奏》三十卷。《舊唐志》作「陳壽」。《北堂書鈔》卷五十引作《漢名臣奏事》，餘所引多作《漢名臣奏》。《世善堂書目》尚有《漢名臣奏事》三十卷。《後漢》卷九十下注。

魏名臣奏

《隋書・經籍志・刑法》 《魏名臣奏事》四十一卷。《目》一卷。陳壽撰。

又《總集》 《魏名臣奏》三十卷。陳長壽撰。

《新唐書・藝文志・故事類》 《魏名臣奏事》三十卷。

鄭樵《通志・藝文略・奏議》 《魏名臣奏》三十卷。陳長壽撰。

姚振宗《三國藝文志・故事類》 《魏名臣奏議》。《魏志・陳羣傳》注引《魏書》曰：「羣前後數密陳得失，每上封事，輒削其草，時人及其子弟莫能知也。論者或譏羣居位拱默。正始中，詔撰羣臣上書，以爲《名臣奏議》。朝士乃見羣諫事，皆歎息焉。」《文心雕龍・奏啓篇》：「魏代名臣，文理迭興。若高堂《天文》，王觀《教學》，王朗《節省》，甄毅《考課》，亦盡節而知治矣。」

錢大昕《三國志考異》曰：「裴松之注所引書有《魏名臣奏》，不詳撰人。」案：《隋志・刑法類》有陳壽撰《魏名臣奏事》四十卷，《目》一卷。又《總集類》云：「梁有《魏名臣奏》三十卷。陳長壽撰。亡。」《唐藝文志・故事類》有《魏名臣奏事》三十卷，不著撰人，蓋亦是陳壽之本。自陳壽編次之後，而正始詔撰之本遂不可考。《吴志・孫權傳》注引《魏略》載「《魏三公奏》，奏權見罪十五條，文多不録」云云，當在此書中。

姚振宗《隋書經籍志考證・總集類》　《魏名臣奏》三十卷，陳長壽撰。亡。陳長壽即陳壽，有《三國志》，見《史部・正史類》。本志《傳記類》載：《益部耆舊傳》亦云「陳長壽」，以是知爲一人。案：《魏名臣奏事》四十卷，《目》一卷。陳壽撰。此漢、魏各三十卷，蓋即《刑法家》所著録者，特卷數名題稍有别異耳。並詳見於史部。

文廷式《補晉書藝文志・總集類》　陳長壽《魏名臣奏》三十卷。《舊唐志》作「陳壽」。裴松之《三國志注》屢引之。按：《隋志・刑法類》有陳壽《魏名臣奏》四十卷，當是互見。今書已佚，無由得知，故仍兩存其目。

魏雜事

《隋書・經籍志・總集》　《魏雜事》七卷。

姚振宗《隋書經籍志考證・總集類》　梁有《魏雜事》七卷。亡。

諸葛武侯上事

姚振宗《三國藝文志・故事類》　《諸葛武侯上事》九卷。唐日本國人佐世《見在書目・雜家》：《諸葛武侯上事》九卷。案：此不知何人所編，唐代流入外洋。其書似皆表、奏、疏、議之屬。張介侯輯本有《上事表》、《上言追尊甘夫人爲昭烈皇后》、《上先帝書》、《請宣大行皇帝遺詔表》、《前出師表》、《後出師表》、《公文上尚書》、《彈李平表》、《薦吕凱表》、《彈廖立表》、《又彈廖立表》、《祁山表》、《耽文山表》、《舉蔣琬密表》、《街亭自貶疏》、《正議》、《絶盟好議》、《臨終遺表》，凡十九篇，皆上事之屬也。

條列吴事

姚振宗《三國藝文志・故事類》　薛瑩《條列吴事》。瑩始末具《正史類》。《吴志・薛綜附傳》：「瑩既至洛陽，特先見叙，爲散騎常侍，答問處當，皆有條理。」注引干寶《晉紀》曰：「武帝嘗從容問瑩曰：『孫晧之所以亡者，何也？』瑩對曰：『歸命侯臣晧之君吴也，昵近小人，刑罰妄加，大臣大將，無所親信，人人憂恐，各不自保，危亡之釁，實由于此。』帝遂問吴士存亡者之賢愚，瑩各以狀對。」

《初學記・職官部》引薛瑩《條列吴事》曰：「胡沖意性調美，心趣解暢，有刀筆，閑于時事。爲中書令，雖不能匡矯，亦自守，不苟求容媚。」

《世説・規箴篇》注引《條列吴事》曰：「孫休在位，烝烝無有遺事，唯射雉可譏。」

案《吴志》第二十評曰：「薛瑩稱王蕃器量綽異，引博多通。樓玄清白節操，才理條暢。賀邵厲志高潔，機理清要。韋曜篤學好古，博見羣籍，有記述之才。」此數語疑即采之是書。

杜預奏事

文廷式《補晉書藝文志・總集類》　《杜預奏事》。《類聚》九十四、《書鈔》一百五十四並引之。

李重雜奏議

文廷式《補晉書藝文志・總集類》　《李重雜奏議》。《書鈔》四十九、《類聚》四十五並引之。

裴秀奏事

文廷式《補晉書藝文志・總集類》《裴秀奏事》。《北堂書鈔》卷六十兩引《裴秀奏事》。

阮籍奏記

文廷式《補晉書藝文志・總集類》《阮籍奏記》。《文選・陶淵明〈歸去來辭〉》注：任彥昇《到大司馬記室牋》、《齊竟陵文宣王行狀》，左太沖《招隱詩》注並引阮籍《奏記》。《御覽》四百四十四引《阮籍秦記》，竊謂「秦記」當是「奏記」之譌，今不取。

山公啓事

《隋書・經籍志・總集》《山公啓事》三卷。

《舊唐書・經籍志・總集》《山濤啓事》三卷。

《新唐書・藝文志・總集類》《山濤啓事》十卷。

姚振宗《隋書經籍志考證・總集類》《山公啓事》三卷。山濤有《集》，見《別集類》西晉人文中。《晉書》本傳：「詔以濤爲吏部尚書，前後選舉，周遍內外，而並得其才。」又曰：「濤再居選職，十有餘年。每一官缺，輒啓擬數人，詔旨有所向，然後顯奏，隨帝意所欲爲先。故帝之所用，或非舉首，衆情不察，以濤輕重任意。或譖之於帝，故帝手詔戒濤曰：『夫用人惟才，不遺疏遠卑賤，天下便化矣。』而濤行之自若。一年之後，衆情乃寢。濤所奏甄拔人物，各爲題目，時稱《山公啓事》。濤中立於朝，晚值后黨專權，不欲任楊氏，多有諷諫，帝雖悟而不能改。」

史臣曰：「自東京喪亂，吏曹湮滅。西園有三公之錢，蒲陶有一州之任，貪饕方駕，寺署斯滿。時移三代，世歷九王，拜謝私庭，此焉成俗。若乃餘風稍殄，理或可言。委以銓綜，則羣情自抑；通乎魚水，則專用生疑。將矯前失，歸諸後正，惠絶臣名，恩馳天口。世稱《山公啓事》者，豈斯之謂歟！若盧子家之前代，何足算也。」案：盧毓字子家，再爲吏部尚書。《魏志》有傳。

《世説・政事篇》：「山司徒前後選，殆周遍百官，舉無失才。凡所題目，皆如其言。唯用陸亮，是詔所用，與公意異。爭之，不從。亮亦尋爲賄敗。」

《唐書・經籍志》：《山濤啓事》三卷。

《唐書・藝文志》：《山濤啓事》十卷。案：此作十卷，據舊志實范寧《啓事》之卷數。新志此條《啓事》之下敚「三卷」二字，又敚「范寧啓事」四字，以兩書誤合爲一條，故卷數不符，非詳勘不能知也。

嚴氏《全晉文編》曰：「《山濤啓事》今見《魏志》、《蜀志》注，《世説》注，《文選》注，《通典》及諸類書所引，凡五十一條。」

案：《文選・應休璉〈與滿公琰書〉》注引賈弼之《山公表》注，似即此《啓事》，則此書舊有賈弼之注。賈即爲十八州《姓氏譜狀》，以譜學世其家者也，晉太元中人。又此《啓事》當亦編入本集。本志《別集類》注云：「梁又有《山濤集》十卷，齊奉朝請裴津注。」則又有裴氏注。

文廷式《補晉書藝文志・總集類》《山公啓事》三卷。《唐志》十卷。《世説》注引之多稱《山濤啓事》。嚴可均輯録此書，得五十餘事。《通典》卷二十三曰：「山濤爲吏部尚書，用人每先密啓，然後公奏，舉無遺才。凡所題目，終始如其言。唯用陸亮，尋以賄敗。」

傅咸集奏

秦榮光《補晉書藝文志・詔令奏議類》《傅咸集奏》。

傅咸劾事

秦榮光《補晉書藝文志・詔令奏議類》《傅咸劾事》。

孫楚集奏

秦榮光《補晉書藝文志・詔令奏議類》　《孫楚集奏》。

孫盛奏事

秦榮光《補晉書藝文志・詔令奏議類》　《孫盛奏事》。

徐邈奏議

秦榮光《補晉書藝文志・詔令奏議類》　《徐邈奏議》。上七種並據《御覽・引用書目》。

孔羣奏

《隋書・經籍志・總集》　《孔羣奏》二十二卷。

鄭樵《通志・藝文略・奏議》　漢《孔群奏》二十二卷。

姚振宗《隋書經籍志考證・總集類》　梁有《孔羣奏》二十二卷。亡。《晉書・孔愉傳》：愉從弟羣字敬林，有智局，志尚不羈，歷中丞。性嗜酒，王導嘗戒之。卒於官。《世説・方正篇》注：《會稽後賢記》曰：「羣字敬休，山陰人。祖竺，吴豫章太守；父奕，全椒令。羣有智局，仕至御史中丞。」曲阜孔繼汾《闕里文獻考・孔氏别集》有先聖二十五代孫晉御史中丞羣《奏議》二十二卷。案：《通志・藝文略》題曰「漢《孔羣奏》二十二卷」，以爲漢人。蓋以本志此一段上文有漢匡衡、王鳳《奏》，而劉隗、孔羣《奏》無「晉」字，遂皆以爲漢人。其謬乃如此。

文廷式《補晉書藝文志・總集類》　《孔羣奏》二十二卷。羣附《孔愉傳》，云「仕歷中丞，卒於官。」

劉隗奏

《隋書・經籍志・總集》　《劉隗奏》五卷。

姚振宗《隋書經籍志考證・總集類》　梁有《劉隗奏》五卷。亡。劉隗有《集》，見《别集類》東晉人文中。案《晉書》本傳載其奏戴若思、王籍之、顔含、梁龕、宋挺、阮抗、王含、周莚、劉胤、李匡、周顗等諸事，似皆在是書。史稱其「彈奏不畏彊禦，深爲王氏所忌疾」，故不容於王敦，而流亡于石勒。

文廷式《補晉書藝文志・總集類》　《劉隗奏》五卷。《文心雕龍・奏啓篇》云：「劉隗切正，而劾文闊略。」

晉金紫光禄大夫周閔奏事

《隋書・經籍志・總集》　《晉金紫光禄大夫周閔奏事》四卷。

姚振宗《隋書經籍志考證・總集類》　梁有《晉金紫光禄大夫周閔奏事》四卷。亡。《晉書・周顗傳》：「顗，汝南安城人。顗字閔，字子騫，方直有父風。歷衡陽、建安、臨川太守，侍中，中領軍，吏部尚書，尚書左僕射，護軍，領祕書監。卒，追贈金紫光禄大夫，謚曰「烈」。

文廷式《補晉書藝文志・總集類》　《金紫光禄大夫周閔奏事》四卷。釋道世《法苑珠林》卷十八引《冥祥記》云：「晉周閔，汝南人。晉護軍將軍。蘇峻之亂，避難單行云云。」當即此人。

晉中丞劉邵奏事

《隋書・經籍志・總集》　《晉中丞劉邵奏事》六卷。

姚振宗《隋書經籍志考證・總集類》　梁有《晉中丞劉邵奏事》六卷。亡。

《晉書・劉隗附傳》：「隗伯父訥，訥子疇，疇兄子邵，有才幹，辟琅邪王丞相掾。咸康世，歷御史中丞，侍中，尚書，豫章太守，秩中二千石。

文廷式《補晉書藝文志・總集類》《中丞劉邵奏事》六卷。《世説・言語門・侍中劉邵》注引《文字志》曰：「邵字彦祖，彭城叢亭人。祖訥，司隸校尉。父松，成皋令。邵博學識好學，多藝能，善草隸。初，仕領事參軍，太傅出東，邵謂京洛必危，乃單馬奔揚州。歷侍中、豫章太守。」蓋即此人。

范寧啓事

《隋書・經籍志・總集》《范寧啓事》三卷。梁十卷。梁有《雜薦文》十二卷。《薦文集》七卷。亡。

《舊唐書・經籍志・總集》《范甯啓事》十卷。

姚振宗《隋書經籍志考證・總集類》《范寧啓事》三卷。梁十卷。范寧有《古文尚書注》，見《經部・書類》。《晉書》本傳：寧由臨淮太守徵拜中書侍郎，在職多所獻替，有益政道。孝武帝雅好文學，甚被親愛，朝廷疑議，輒諮訪之。寧指斥朝士，直言無諱。及爲豫章太守，臨發上疏，末云：「臣久欲粗啓所懷，日復一日。今當永離左右，不能令心有餘恨。請出臣啓事，付外詳擇。」帝詔公卿牧守普議得失，又陳時政，帝善之。寧之出，非帝本意，故所啓多合旨。

《唐書・經籍志》：《范寧啓事》十卷。《藝文志》敚去此條，詳見前《山公啓事》條下。

文廷式《補晉書藝文志・總集類》《范寧啓事》十卷。本傳補豫章太守臨行上疏云云「請出臣啓事，付外詳擇」，是當時啟事即奏疏也。

中丞司馬無忌奏事

《隋書・經籍志・總集》《中丞司馬無忌奏事》十三卷。

姚振宗《隋書經籍志考證・總集類》 梁有《中丞司馬無忌奏事》十三卷。亡。司馬無忌即譙烈王也。有《集》九卷，見《別集類》東晉人文中。《晉書・宗室傳》：「譙烈王無忌，建元初累遷御史中丞。」

文廷式《補晉書藝文志・總集類》《中丞司馬無忌奏事》十三卷。按《北堂書鈔》一百三十四引司馬無忌《圓竹扇賦》，則無忌當自有《集》，不獨《奏事》而已。又卷六十一引《晉中興書》「司馬無忌讓屯騎尉校之任，云：『職典禁兵，宿衛事重，必宜其人，豈臣微弱所克堪也。』」

晉中丞虞谷奏事

《隋書・經籍志・總集》《中丞虞谷奏事》六卷。

鄭樵《通志・藝文略・奏議》《晉中丞虞谷奏事》六卷。

姚振宗《隋書經籍志考證・總集類》 梁有《中丞虞谷奏事》六卷。亡。《晉書・虞潭傳》：「潭，會稽餘姚人，吴騎都尉翻之孫也。潭兄子駿，與譙國桓彝俱爲吏部郎，情好甚篤。彝遣温拜駿，駿使子谷拜彝。谷位至吴國内史。」

文廷式《補晉書藝文志・總集類》《中丞虞谷奏事》六卷。《蘭亭譔集圖》有山陰虞谷。

晉中丞高崧奏事

《隋書・經籍志・總集》《中丞高崧奏事》五卷。

鄭樵《通志・藝文略・奏議》《晉中丞高崧奏事》五卷。

姚振宗《隋書經籍志考證・總集類》 梁有《中丞高崧奏事》五卷。亡。《晉書》本傳：「崧，字茂琰，廣陵人也。少好學，善史書，州舉秀才。除太學博士，數遷。簡文帝輔政，爲撫軍司馬，遷侍中，以公事免，卒於家。」

又《謝安傳》：「安始爲桓温司馬，將發新亭，朝士咸送。中丞高崧戲之曰：『卿累違朝旨，高卧東山。諸人每相與言，安石不出。將如蒼生何？蒼生今亦將如卿何？』安甚有媿色。」案：本傳不載爲中丞官，唯此稱爲中丞。

文廷式《補晉書藝文志・總集類》《中丞高崧奏事》六卷。《通典》六十：「晉御史中丞高崧從弟喪服末，欲爲子婚，書訪尚書范汪。」即此人。

晉諸公奏

《隋書・經籍志・總集》《晉諸公奏》十一卷。

鄭樵《通志・藝文略・奏議》《晉諸公奏》十一卷。

姚振宗《隋書經籍志考證・總集類》梁有《晉諸公奏》十一卷。亡。

文廷式《補晉書藝文志・總集類》《晉諸公奏》十一卷。《書鈔》六十二引《晉百官奏事箴》云：「侍御史一人，秩與御史同，掌治詔獄，及廷尉不當者皆治之。」

雜表奏駮

《隋書・經籍志・總集》《雜表奏駮》三十五卷。

姚振宗《隋書經籍志考證・總集類》梁有《雜表奏駮》三十五卷。亡。並不著撰人。

文廷式《補晉書藝文志・總集類》《雜表奏駮》三十五卷。李充《翰林論》曰：「駮不以華藻爲先。世以傅長虞每奏駮事，爲邦之司直矣。」《御覽》五百九十四。

梁中表

《隋書・經籍志・總集》《梁中表》十一卷。梁邵陵王撰。梁有《漢名臣奏》三十卷；《魏名臣奏》三十卷，陳長壽撰；《魏雜事》七卷；《晉諸公奏》十一卷；《雜表奏駁》三十五卷；《漢丞相匡衡、大司馬王鳳奏》五卷；《劉隗奏》五卷；《孔羣奏》二十二卷；《晉金紫光禄大夫周閔奏事》四卷；《晉中丞劉邵奏事》六卷；《中丞司馬無忌奏事》十三卷；《中丞虞谷奏事》六卷；《中丞高崧奏事》五卷；又《諸彈事》等十四部。亡。

鄭樵《通志・藝文略・表章》《梁中表》十一卷。邵陵王撰。

姚振宗《隋書經籍志考證・總集類》《梁中表》十一卷。梁邵陵王撰。邵陵王綸有《制旨連珠注》，見前。案：《梁書》、《南史》《王筠傳》：勅撰《中書表奏》三十卷。《陳書・姚察傳》：察在祕書省，奏撰《中書表集》。此《中表》似敚「書」字，蓋即其類。兩《唐志》有《梁中書表集》二百五十卷，不著撰人。似梁代故府所留遺者。

梁中書表集

《舊唐書・經籍志・總集》《梁中書表集》二百五十卷。

《新唐書・藝文志・總集類》《梁中書表集》二百五十卷。

鄭樵《通志・藝文略・表章》《梁中書表集》二百五十卷。

諸彈事

《隋書・經籍志・總集》《諸彈事》等十四部。

姚振宗《隋書經籍志考證・總集類》梁又有《諸彈事》等十四部。亡。並不著撰人。案此與前《雜祖餞讌會詩》二十一部、《樂府歌辭舞録》十部同例，皆所謂略其數也。《梁書・徐勉傳》：撰《左丞彈事》五卷。《孔休元傳》：勒成《奏議彈文》十五卷。本志《史部・刑法家》有《晉彈事》十卷。皆此之類。亦或在此十四部中。

雜露布

《隋書・經籍志・總集類》《雜露布》十二卷。

鄭樵《通志・藝文略・軍書》《雜露布》十二卷。梁書籍。

姚振宗《隋書經籍志考證・總集類》《雜露布》十二卷。不著撰人。《通志・藝文略》：《雜露布》十二卷。梁書籍。案：此本志從《見存書目》鈔入。何由知其爲梁書籍乎？豈以此一條前後皆梁有亡書，遂皆以爲梁代之書乎？鄭氏虛浮無當類如此。

雜檄文

《隋書・經籍志・總集》 《雜檄文》十七卷。亡。

鄭樵《通志・藝文略・軍書》 《雜檄文》十七卷。見《隋志》。

姚振宗《隋書經籍志考證・總集類》 梁有《雜檄文》十七卷。亡。不著撰人。《通志・藝文略》：《雜檄文》十七卷，見《隋志》。案：前注「梁書籍」若與此注「見《隋志》」互易，則庶幾近之矣。

雜薦文

《隋書・經籍志・總集》 《雜薦文》十二卷。

姚振宗《隋書經籍志考證・總集類》 梁有《雜薦文》十二卷。亡。不著撰人。

薦文集

《隋書・經籍志・總集》 《薦文集》七卷。

《舊唐書・經籍志・總集》 《薦文集》七卷。

《新唐書・藝文志・總集類》 《薦文集》七卷。

姚振宗《隋書經籍志考證・總集類》 梁有《薦文集》七卷。亡。不著撰人。《唐書》《經籍》、《藝文志》：《薦文集》七卷。

分史衡鑒

《宋史・藝文志・總集類》 徐德言《分史衡鑑》十卷。

錢東垣等輯《崇文總目輯釋・總集類》 《分史衡鑑》十卷。徐德言編。

後周與齊軍國書

《隋書・經籍志・總集》 《後周與齊軍國書》二卷。

鄭樵《通志・藝文略・書》 《後周與齊軍國書》二卷。

姚振宗《隋書經籍志考證・總集類十七》 《後周與齊軍國書》二卷。不著撰人。

梁、魏、周、齊、陳、皇朝聘使雜啓

《隋書・經籍志・總集》 《梁、魏、周、齊、陳、皇朝聘使雜啓》九卷。

鄭樵《通志・藝文略・啓事》 《梁、魏、周、齊、陳、隋聘使雜啓》九卷。

姚振宗《隋書經籍志考證・總集類》 《梁、魏、周、齊、陳、皇朝聘使雜啓》九卷。不著撰人。案：此六朝往來聘問諸使臣，並見六史《本紀》中。

上封禪書

《隋書・經籍志・總集》 《上封禪書》二卷。

姚振宗《隋書經籍志考證・總集類三》 《上封禪書》二卷。不著撰人。案此似亦隋代所上者。《禮儀志》：「開皇十四年，羣臣請封禪，高祖不納。晉王廣又率百官抗表固請，帝命有司草《儀注》。於是牛弘、辛彦之、許善心、姚察、虞世基等創定其禮，奏之。帝逡巡其事，曰：『但當東狩，因拜岱山耳。』」（《本紀》：「十五年春正月庚午，上以歲旱，祠太山以謝愆咎，大赦天下。」）此二卷似即牛弘等所上。又《薛胄傳》：「胄，徐兖州刺史。以天下太平，登封告禪，帝王盛烈，遂遣博士登太山，觀古迹，撰《封禪圖》及《儀》上之。高祖謙讓不許。」則又似胄所上者。

集古今帝王正位文章

《舊唐書・經籍志・總集》《集古今帝王正位文章》九十卷。

《新唐書・藝文志・總集》《集古今帝王正位文章》九十卷。

鄭樵《通志・藝文略・總集》《集古今帝王正位文章》九十卷。

唐名臣奏

《新唐書・藝文志・總集類》吴兢《唐名臣奏》十卷。

鄭樵《通志・藝文略・奏議》《唐名臣奏》七卷。吴兢集。

尤袤《遂初堂書目・章奏類》《唐名臣奏議》。

《宋史・藝文志・總集類》《唐名臣奏》七卷。

錢東垣等輯《崇文總目輯釋・總集類》《唐名臣奏》七卷。吴兢編。鑒按：《玉海》云：「《唐名臣奏》十卷。」《崇文目》「七卷」。《唐志》亦作「十卷」。《宋志》不著撰人。

陸宣公奏議

鄭樵《通志・藝文略・奏議》《陸宣公奏議》十二卷。

晁公武《郡齋讀書志・別集類》《陸贄奏議》十二卷。右唐陸贄敬輿也。贄，嘉興人。大曆八年進士，中博學宏詞、書判拔萃科。德宗初，爲翰林學士。從奉天還，爲中書舍人、平章事。贄在奉天，日下詔書數百，初如不經思，逮成，皆周盡人情。嘗爲帝言：「今盜徧天下，宜痛自悔，以感人心。誠不吝改過，以言謝天下，使臣持筆無所忌，庶叛者革心。」上從之。故下制書，雖武夫悍卒，無不感動流涕。議者謂興元戡難功，雖爪牙宣力，蓋腹心有助焉。舊《翰苑集》外，有《牓子集》五卷，《議論集》三卷。元祐中，蘇子瞻乞校正進呈，改從今名。疑是時裒諸集以成云。

尤袤《遂初堂書目・章奏類》唐《陸宣公奏議》。

陳振孫《直齋書録解題・章奏類》《陸宣公奏議》二十卷。唐宰相嘉興陸贄敬輿撰。又名《牓子集》。

馬端臨《文獻通考・經籍考・章奏》《陸宣公奏議》二十卷。議論並見《別集類》。

楊士奇等《文淵閣書目・經濟》《陸宣公奏議》。一部，八册。殘缺。

又《陸宣公奏議》。一部，八册。殘缺。

又《陸宣公奏議》。一部，六册。完全。

又《陸宣公奏議》。一部，五册。殘缺。

又《陸宣公奏議》。一部，二册。完全。

又《陸宣公奏議》。一部，二册。闕。

又《陸宣公奏議》。一部，一册。闕。

張萱等《内閣藏書目録・奏疏部》《陸宣公奏議》六册。全。唐陸贄著。凡二十二卷。

又四册全。

又四册全。

又八册，不全。元至順間，蘄春潘仁纂注。凡十二卷，闕第八卷。

錢謙益等《絳雲樓書目・奏議類》元板《陸宣公奏議》二十卷。權文公序。又名《牓子集》。

范邦甸等《天一閣書目・詔令奏議類》《陸宣公奏議》二十二卷。刊本。唐陸贄撰。明宣德戊申金寔叙云：「公本吴人，擕李舊有祠堂，歲久就圮。大理卿廬陵胡公元節方以節鎮浙東西諸郡，既作新之。而文集、奏議故版漫滅，復命翻刻，以惠後學。」

又《陸宣公奏議》十五卷。刊本。權德輿註，卷首自叙。

又《陸宣公奏議》一册。刊本。卷首序殘。

又《陸宣公奏議》一册。刊本。有箋註，不著姓名。

張之洞《書目答問・詔令奏議類》《陸宣公奏議》二十二卷。唐陸贄。通行本。舊題《翰苑集》，實非《翰苑集》元書，從衆題《奏議》。

陸宣公制誥

范邦甸等《天一閣書目・詔令奏議類》 唐《陸宣公制誥》十卷。刊本。

陸宣公制詔　奏草　奏議

高儒《百川書志・章奏》 《陸宣公制詔》十卷，《奏草》七卷，《奏議》七卷。唐宰相嘉興陸贄敬輿撰。又名《翰苑集》，共百三十九篇。代綸音，伸忠悃，上格君心之非，下通天下之志。

陸宣公奏草　中書奏議

黄丕烈《百宋一廛書録》 《陸宣公奏草》、《中書奏議》。《讀書敏求記》云：「陸宣公《翰苑集》二十二卷，《制誥》十卷，《奏草》六卷，《中書奏議》六卷，權載之序，大字宋槧本。今余所藏，小字宋槧本。爲《奏草》之卷五、卷六，《中書奏議》卷五、卷六，楮墨精好，又在遵王所見之外。卷中有「古虞毛氏奏叔」圖書記，「毛表」之印，「汲古閣」圖章，知爲汲古舊物。試飲堂有大字本，惜未與之一較異同爲恨。

陸宣公奏議註

阮元《四庫未收書目提要・詔令奏議類》 《陸宣公奏議註》。原本書名上冠「唐」字，今删。十五卷。元至正刊本，十萬卷樓叢書本。 唐陸贄撰。贄有《翰苑集》，《四庫全書》已著録。是編惟有奏議，宋郎煜注。煜事蹟無考。卷首載《經進奏議表》銜題「迪功郎紹興府嵊縣主簿」。煜又注《東坡文集事略》，題銜與此相同。此編所註，惟採經、史爲多，無泛搜博引之失。不特選擇得當，節録亦多精審，使讀者易見端倪。兹從元至正甲午翠巖精舍重刊宋本影寫，亦讀史者所不廢也。按：煜字晦之，鹽官人。從特奏得官，事張九成。編撰《横浦日新》，以文學知名。見《咸淳臨安志》及《清波雜志》。

晉宋齊梁彈文

《宋史・藝文志・總集類》 《晉宋齊梁彈文》四卷。

奏議集

《新唐書・藝文志・總集類》 馬揔《奏議集》三十卷。

鄭樵《通志・藝文略・奏議》 《奏議集》二十卷。馬揔集唐人奏疏論議。

《宋史・藝文志・總集類》 馬總《奏議集》二十卷。

又 馬總《唐名臣奏議集》二十卷。

錢東垣等輯《崇文總目輯釋・總集類》 《奏議集》二十卷。馬總編。鑒按：《玉海》云：「《名臣奏議集》二十卷。」《崇文目》同《唐志》，三十卷。

歷代忠諫事對

《宋史・藝文志・總集類》 張元璥《歷代忠諫事對》十卷。

歷代名臣文疏

《宋史・藝文志・總集類》 《歷代名臣文疏》三十卷。

魏鄭公諫章

尤袤《遂初堂書目・章奏類》 唐《魏鄭公諫章》

魏鄭公諫録

馬端臨《文獻通考・經籍考・章奏》 唐《魏鄭公諫録》五卷。陳氏曰：唐尚書吏部郎中瑯琊王綝集。綝字方慶，以字行。相武后。其爲吏部，當在高宗時。《館閣書目》作王琳，誤也。所録魏公進諫奏對之語。又名《魏文貞公故事》。

楊士奇等《文淵閣書目・經濟》 《魏鄭公諫録》。一部，二册。闕。

錢謙益等《絳雲樓書目・奏議類》 《魏鄭公諫録》五卷。王方慶集。

諫　書

鄭樵《通志・藝文略・奏議》 《諫書》八十卷。集歷代君臣、父子、朋友諫諍之説。

《宋史・藝文志・總集類》 《御集諫書》八十卷。

顧櫰三《補五代史藝文志・表狀類》 《諫書》八十卷。

錢東垣等輯《崇文總目輯釋・總集類》 《諫書》八十卷。鑒按：《玉海》云：「張易纂《諫書》八十卷。」《崇文目》同。《通志略》不著撰人。

九諫書

鄭樵《通志・藝文略・奏議》 《九諫書》一卷。郭元振撰。

錢東垣等輯《崇文總目輯釋・別集類》 《九諫書》一卷。郭元振撰。

李絳論事

鄭樵《通志・藝文略・奏議》 《李絳論事》三卷。

尤袤《遂初堂書目・章奏類》 唐《李絳論事集》。

錢東垣等輯《崇文總目輯釋・別集類》 《李絳論》三卷。

李絳論諫集

晁公武《郡齋讀書志・別集類》 《李絳論諫集》七卷。右唐李絳深之也。贊皇人。貞元八年進士，中宏詞科，補渭南尉。六年，進中書侍郎、平章事。大和初，爲山南西道節度使。四年，南蠻入寇，爲亂兵所害。絳儀質魁偉，以直道進退，望冠一時。賢不肖太分，屢爲讒邪所中。平生論諫數十百事。其甥夏侯孜所編，大中史官蔣偕爲序。

馬端臨《文獻通考・經籍考・章奏》 《李司空論諫集》七卷。

令狐綯表疏

鄭樵《通志・藝文略・奏議》 《令狐綯表疏》一卷。

錢東垣等輯《崇文總目輯釋・別集類》 《令狐綯諫疏》一卷。

擬諷諫集

《宋史・藝文志・別集類》 楊士達《擬諷諫集》五卷。

錢東垣等輯《崇文總目輯釋・別集類》 《擬諷諫集》五卷。

唐令狐楚表奏集

晁公武《郡齋讀書志・別集類》　《令狐楚表奏》十卷。右唐令狐楚字殼士撰。楚相憲宗，爲文善於牋奏。自爲序云：「登科後，爲桂、并四府從事，掌牋奏者十三年，始遷御史。綴其稿，得一百九十三篇。」自號白雲孺子。

尤袤《遂初堂書目・章奏類》　唐《令狐楚表奏集》。

《宋史・藝文志・別集類》　《令狐楚表奏》十卷。

錢東垣等輯《崇文總目輯釋・別集類》　《令狐楚章奏集》二十卷。鑒按：《通志略》無「章」字。十卷。

令狐公表奏

陳振孫《直齋書録解題》　《令狐公表奏》十卷。唐宰相華原令狐楚殼士撰。楚長于應用，嘗以授李商隱。

馬端臨《文獻通考・經籍考・章奏》　《令狐公表奏》十卷。晁氏曰：唐令狐楚字殼士撰。楚相憲宗，爲文善於牋奏。自爲序云：「登科後，爲桂、并四府從事，掌牋奏者十三年，始遷御史。綴其藁，得一百六十三篇。」自號曰白雲孺子。陳氏曰：楚長於應用，嘗以授李商隱。

錢東垣等輯《崇文總目輯釋・別集類》　《表奏集》十卷。

奏議駁論

鄭樵《通志・藝文略・奏議》　《奏議駁論》一卷。唐人集。

《宋史・藝文志・總集類》　唐《奏議駁論》一卷。

錢東垣等輯《崇文總目輯釋・總集類》　《奏議駁論》一卷。鑒按：《宋志》上有「唐」字。不著撰人。

韋相諫草

鄭樵《通志・藝文略・奏議》　《韋相諫草》一卷。

諫垣遺藁

鄭樵《通志・藝文略・奏議》　《諫垣遺藁》五卷。

郭子儀章奏

鄭樵《通志・藝文略・奏議》　《郭子儀章奏》一卷。

唐郭子儀奏議

尤袤《遂初堂書目・章奏類》　唐《郭子儀奏議》。

鄭畋論事集

尤袤《遂初堂書目・章奏類》　唐《鄭畋論事集》。

于公異奏記集

尤袤《遂初堂書目・章奏類》　唐《于公異奏記集》。

李磎奏議

尤袤《遂初堂書目・章奏類》　唐《李磎奏議》。

韋莊諫草

尤袤《遂初堂書目・章奏類》　唐《韋莊諫草》。

大唐直臣諫奏

鄭樵《通志・藝文略・奏議》　《大唐直臣諫奏》七卷。僞唐張易纂。

《宋史・藝文志・總集類》　張易《唐直臣諫奏》七卷。

錢東垣等輯《崇文總目輯釋・總集類》　《大唐直臣諫奏》七卷。張易編。鑒按：《玉海》引《崇文目》無「大」字。

唐賢策要

楊士奇等《文淵閣書目・經濟》　《唐賢策要》。一部，一册。闕。

曲臺奏議

鄭樵《通志・藝文略・奏議》　《曲臺奏議》二十卷。僞唐陳致雍撰。

尤袤《遂初堂書目・章奏類》　南唐陳致雍《曲臺奏議》。

楊士奇等《文淵閣書目・經濟》　南唐陳致雍《曲臺奏議》。一部，二册。闕。

錢東垣等輯《崇文總目輯釋・別集類》　《曲臺奏議集》二十卷。陳致雍撰。

唐諫諍集

鄭樵《通志・藝文略・奏議》　《唐諫諍集》十卷。僞蜀趙元拱集。

《宋史・藝文志・總集類》　趙元拱《諫争集》十卷。

顧櫰三《補五代史藝文志・表狀類》　趙元珙輯《唐諫諍集》十卷。

又　《唐諫諍集》十卷。

錢東垣等輯《崇文總目輯釋・總集類》　《唐諫諍集》十卷。趙元編。鑒按：《玉海》引《崇文目》同。《通志略》、《宋志》並作「趙元拱」。

咸通初表奏集

尤袤《遂初堂書目・總集類》　《咸通表奏》。

馬端臨《文獻通考・經籍考・總集》　《咸通初表奏集》一卷。《中興藝文志》：唐夏侯孜、令狐綯、于琮、白敏中等作，集者不知名。

《宋史・藝文志・總集類》　《咸通初表奏集》一卷。

錢東垣等輯《崇文總目輯釋・總集類》　《咸通初表奏集》一卷。《宋志》不著撰人。

章奏集類

《宋史・藝文志・總集類》　《章奏集類》二十卷。

唐章奏類

尤袤《遂初堂書目・總集類》　《唐章奏類》。

羽書

《新唐書・藝文志・總集》臧嘉猷《羽書》三卷。處士。

尤袤《遂初堂書目・總集類》《唐羽書集》。

鄭樵《通志・藝文略・軍書》《羽書》三卷。唐處士臧嘉猷集今古軍書、符檄、誥命。

《宋史・藝文志・總集類》臧嘉猷《羽書集》三卷。

錢東垣等輯《崇文總目輯釋・總集類》《羽書》三卷。臧嘉猷編。

續羽書

鄭樵《通志・藝文略・軍書》《續羽書》六卷。自唐五代以來。

《宋史・藝文志・總集類》《續羽書》六卷。

錢東垣等輯《崇文總目輯釋・總集類》《續羽書》六卷。

總戎集

《新唐書・藝文志・總集》沈常《總戎集》三十卷。

鄭樵《通志・藝文略・軍書》《總戎集》十卷。唐沈常集軍中詔令、表檄，自戰國至隋。舊三十卷。

《宋史・藝文志・總集類》沈常《總戎集》十卷。

錢東垣等輯《崇文總目輯釋・總集類上》《總戎集》十卷。沈常編。

總戎集

《宋史・藝文志・總集類》顧臨、梁燾《總戎集》十卷。

縱横集

《宋史・藝文志・總集類》李緯《縱横集》二十卷。

錢東垣等輯《崇文總目輯釋・總集類》《縱横集》二十卷。李緯編。

止戈書

錢東垣等輯《崇文總目輯釋・總集類》《止戈書》五十卷。趙化基撰。

鄭樵《通志・藝文略・軍書》《止戈書》五十卷。宋朝趙化基集歷代軍中書、檄、表、狀、碑、頌、捷布、禡牙、祭纛之文。

《宋史・藝文志・總集類》趙化基《止戈書》五十卷。

類表

錢東垣等輯《崇文總目輯釋・總集類上》《類表》五十卷。曹恩編。

《新唐書・藝文志・總集類》《類表》五十卷。亦名《表啓集》。

鄭樵《通志・藝文略・表章》《類表》五十卷。唐世章奏分爲門類。

尤袤《遂初堂書目・總集類》《唐類表》。

陳振孫《直齋書録解題・總集類》《唐類表》二十卷。不知集者。《館閣書目》有李吉甫所集五十卷，未之見也。

馬端臨《文獻通考・經籍考・集部》《唐類表》二十卷。

《宋史・藝文志・總集類》李吉甫《類表》五十卷。

襍表疏

錢東垣等輯《崇文總目輯釋・總集類》《襍表疏》一卷。

鄭樵《通志・藝文略・表章》《雜表疏》一卷。石晉陽昭儉等表疏。

李襲吉表狀

顧櫰三《補五代史藝文志・表狀類》《李襲吉表狀》三卷。案：李襲吉，武皇記室，以書檄擅名一時。

敬翔表奏集

錢東垣等輯《崇文總目輯釋・別集類》《恭翔表奏》十卷。鑒按：「敬」作「恭」，避諱，説見前。

顧櫰三《補五代史藝文志・表狀類》《敬翔表奏集》十卷。

李巨川啓狀

《宋史・藝文志・別集類》《李巨川啓狀》二卷。

顧櫰三《補五代史藝文志・表狀類》《李巨川啓狀》二卷。

馬郁表狀

顧櫰三《補五代史藝文志・表狀類》《馬郁表狀》一卷。案：郁，劉仁恭記室，有盛名。

黄台江西表狀

《宋史・藝文志・別集類》《黄台江西表狀》二卷。

顧櫰三《補五代史藝文志・表狀類》《黄台江西表狀》二卷。

王紹顔軍書

錢東垣等輯《崇文總目輯釋・總集類》 王紹顔《軍書》十卷。

《宋史・藝文志・總集類》 王紹顔《軍書》十卷。

顧櫰三《補五代史藝文志・表狀》 王紹顔《軍書》十卷。

彭霽啓狀

《宋史・藝文志・別集類》《彭霽啓狀》一卷。

顧櫰三《補五代史藝文志・表狀類》《彭霽啓狀》二卷。

羅貫啓狀

《宋史・藝文志・別集類》《羅貫啓狀》二卷。

顧櫰三《補五代史藝文志・表狀類》《羅貫啓狀》二卷。

梁震表狀

《宋史・藝文志・別集類》《梁震表狀》一卷。

顧櫰三《補五代史藝文志・表狀類》《梁震表狀》一卷。

趙璘表狀

《宋史・藝文志・別集類》《趙璘表狀》一卷。

李善夷表集

《宋史・藝文志・别集類》《李善夷表集》一卷。

鄭嵎表狀略

《宋史・藝文志・别集類》《鄭嵎表狀略》三卷。

張濬表狀

《宋史・藝文志・别集類》《張濬表狀》一卷。

樊景表狀集

《宋史・藝文志・别集類》《樊景表狀集》五卷。

周慎辭表狀

《宋史・藝文志・别集類》《周慎辭表狀》五卷。

李宏皋表狀

顧懷三《補五代史藝文志・表狀類》《李宏皋表狀》一卷。

韋莊箋表

《宋史・藝文志・别集類》《韋莊諫疏牋表》四卷。

顧懷三《補五代史藝文志・表狀類》《韋莊箋表》一卷。

諫　草

顧懷三《補五代史藝文志・表狀類》《諫草》二卷。

羅隱湘南應用集

顧懷三《補五代史藝文志・表狀》羅隱《湘南應用集》三卷。

吴越掌記集

顧懷三《補五代史藝文志・表狀類》《吴越掌記集》三卷。

啓　事

顧懷三《補五代史藝文志・表狀類》《啓事》一卷。

林鼎吴江應用集

顧懷三《補五代史藝文志・表狀類》林鼎《吴江應用集》二十卷。

孫光憲筆傭

顧懷三《補五代史藝文志・表狀類》 孫光憲《筆傭》十卷。

李昊樞機集

顧懷三《補五代史藝文志・表狀類》 李昊《樞機集》二十卷。

商文圭從軍稾

顧懷三《補五代史藝文志・表狀類》 商文圭《從軍稾》二十卷。

張易諫奏集

顧懷三《補五代史藝文志・表狀類》 張易《諫奏集》七卷。

王昭遠禁垣備對

顧懷三《補五代史藝文志・表狀類》 王昭遠《禁垣備對》十卷。

杜光庭歷代忠諫書

顧懷三《補五代史藝文志・表狀類》 杜光庭《歷代忠諫書》五卷。

范文正公奏議

鄭樵《通志・藝文略・奏議》 《范文正公奏議》十七卷。

尤袤《遂初堂書目・章奏類》 《范文正奏議》。

陳振孫《直齋書録解題・章奏類》 《范文正公奏議》二卷。范仲淹撰。

馬端臨《文獻通考・經籍考・章奏》 《范文正公奏議》二卷。陳氏曰：「范仲淹撰。」

《宋史・藝文志・別集類》 范仲淹《奏議》十五卷。

楊士奇等《文淵閣書目・經濟》 《范文正公奏議》。一部，二册。完全。

又 《范文正公奏議》。一部，一册。完全。

范邦甸等《天一閣書目・詔令奏議類》 《范文正公奏議》十七卷。刊本。宋范仲淹撰。明南京吏部尚書朱希周、禮部尚書華亭孫承恩、待詔文徵明、主事陸師道同校，僉事孫惟一重校，魏公韓琦序。

《四庫全書總目提要・詔令奏議類存目》 《范文正公奏議》二卷。《書牘》一卷。《范忠宣公奏議》二卷。浙江巡撫採進本。明范惟一編。惟一爲仲淹十六世孫，官湖廣按察司僉事。卷首題朱希周、孫承恩、文徵明、陸師道同校。前後無序跋，止於《文正奏議》前載韓琦舊序一篇。國朝康熙中，范時崇巡撫廣東，往來吳中，再謁祠宇，因捐貲命主奉孫能濬校刊。能濬後序云：「舊本《忠宣集》二十卷，獨闕奏議。明嘉靖中，世孫惟一視學兩浙，復續編文正、忠宣《奏議》、《書牘》，命嚴州守韓叔陽梓行」，即此本也。案：此本《忠宣奏議》其目録標題，編次前後，與時崇本不合。能濬後序中又云：「合家藏舊本，細加校勘，正其譌謬。文集悉遵舊本摹刻，而《忠宣奏議》則考《趙忠定奏議》標目，而次第其年月，分爲二卷。其前此續刻附録中，有前後簡編斷續錯亂者，稍爲序次，而條分諸目，以便稽考」云云。是重刻之本，已多所校定。然《忠宣奏議》實賴此爲初刻，故別存其目，以不没經始之勤焉。

政府奏議

尤袤《遂初堂書目・章奏類》 范文正又《政府奏議》。

范邦甸等《天一閣書目・詔令奏議類》《政府奏議》二卷。刊本。宋范仲淹撰。《目録》後有「元統甲戌歲褒世家堂刊」篆圖章。宋元統二年甲戌，八世孫范文英識後曰：「先文正公《奏議》十七卷，韓魏公爲序，板不復存。其《政府奏議》二帙，卷中不載。兹得舊本，命工刊成，置於家塾。」

《四庫全書總目提要・詔令奏議類》《政府奏議》二卷。江蘇巡撫採進本。宋范仲淹撰。仲淹字希文，其先邠州人，後徙家江南，遂爲吴縣人。大中祥符八年進士，歷官資政殿學士，户部侍郎，知青州卒，贈兵部尚書，謚文正。事蹟具《宋史》本傳。仲淹自慶曆三年拜參知政事，五年罷爲陝西四路宣撫使。在政府者首尾三載，是編皆其時奏劄，故以爲名。分治體、邊事、薦舉、雜奏四類，凡八十五篇。皇祐五年，韓琦爲河東經略安撫使，始序而行之。稱輯之者爲寺丞君，謂仲淹子純仁也。《宋史・藝文志》載仲淹《奏議》十五卷，與此本不同。考琦序，稱「《奏議》十七卷，《政府論事》二卷」。所謂十七卷者，當即《宋志》所載，特《宋志》荒謬，誤七爲五；所謂二卷者，當即此本，特名曰《論事》，不名曰《奏議》。然陳振孫《書録解題》有《范文正公奏議》二卷，則其名「奏議」久矣。史稱方仲淹執政時，仁宗鋭意治平，數問以當世要務，嘗開天章閣，手詔諮詢。仲淹退而條上十事，仁宗悉采用之，獨府兵法衆以爲不可而止。今集中《答詔條陳治道》一篇，蓋即其事。又請以輔臣兼制諸曹，其疏亦在集中。蓋仲淹方以天下爲己任，意在裁削倖濫，考覈官吏，而論者多不以爲然。自所陳之十事既行，任子之恩薄，磨勘之法密，僥倖者益不便，相與造作謡謗，仲淹因不安其位而去。其所施爲，亦遂稍稍沮罷。觀於是集，其條制規畫，猶略可考見。史贊所稱「宏毅之器，足任斯責」者，亦庶幾乎無愧矣。

張金吾《愛日精廬藏書志・詔令奏議類》《范文正公政府奏議》二卷。元元統刊本，毘陵周氏九松迂叟藏書。宋范仲淹撰。《目録》後有「元統甲戌褒賢世家歲寒堂刊」木印。先文正公《奏議》十七卷，韓魏公爲序。在昔板行於世，雖不復存。其《政府奏議》二帙，卷中不載。兹得舊本，惜多漫滅，將繕寫鋟梓，而鄉士錢翼之見焉，樂爲之書。於是命工刊成，置於家塾，期世傳之。元統二年甲戌九月八世孫文英謹識。

張之洞《書目答問・詔令奏議類》《政府奏議》二卷。宋范仲淹。單行刻本。《范文正公集》本。

書牘

范邦甸等《天一閣書目・詔令奏議類》《書牘》一卷。宋范仲淹撰。

《四庫全書總目提要・詔令奏議類存目》《書牘》一卷。明范惟一編。

奏議續集

范邦甸等《天一閣書目・詔令奏議類》《奏議續集》二卷。宋范仲淹撰。

范蜀公奏議

晁公武《郡齋讀書志・别集類》《范蜀公奏議》二卷。右皇朝范鎮，字景仁，成都人。舉進士，爲禮部第一。仁宗朝知諫院。後言王安石新法不便，乞致仕，歸潁昌。元祐初，詔召不赴。封蜀郡公。年八十一。謚忠文。

尤袤《遂初堂書目・章奏類》《范蜀公奏議》。

陳振孫《直齋書録解題・章奏類》《范蜀公奏議》二卷。學士蜀忠文公成都范鎮景仁撰。

馬端臨《文獻通考・經籍考・章奏》《范蜀公奏議》二卷。晁氏曰：「范鎮，字景仁，成都人。舉進士，爲禮部第一。仁宗朝知諫院。後言王安石新法不便，乞致仕，歸潁昌。元祐初，詔召不赴。封蜀郡公。年八十一。謚忠文。

楊士奇等《文淵閣書目・經濟》《范蜀公奏議》。一部，二册。完全。

《宋史・藝文志・别集類》范鎮《奏議》二卷。

包孝肅奏議

鄭樵《通志・藝文略・奏議》《包孝肅奏議》一卷。

晁公武《郡齋讀書志・別集類》《包孝肅奏議》十卷。右皇朝包拯，字希仁，合淝人。天聖五年進士。爲御史中丞，知開封府。爲人剛嚴，聞者皆憚之。

尤袤《遂初堂書目・章奏類》《包孝肅奏議》。

陳振孫《直齋書録解題・章奏類》《包孝肅奏議》十卷。樞密副使合肥包拯希仁撰。

馬端臨《文獻通考・經籍考・章奏》《包孝肅奏議》十卷。汪玉山序：公《奏議》分門編類，其事之首尾，時之先後，不可考也。如《請挪移河北兵馬》凡三章，其二在第八卷《議兵門》，其一迺在第九卷《議邊門》，其不相貫穿如此。今考其歲月，繫於每章之下，而記其履歷於後。若其歲月可見於章中者，不復重出，與夫不可得而考者，不容於不闕也。庶幾讀者尚可以尋其大槩云。如劾罷張方平、宋祁三司使，而《奏議》不載，豈包氏子孫所不欲以示人者邪？

《宋史・藝文志・別集類》《包拯奏議》十卷。

楊士奇等《文淵閣書目・經濟》《包孝肅公奏議》。一部，三册。完全。

高儒《百川書志・章奏》《包孝肅公奏議》十卷。宋廬州包拯希仁撰。門人上騎都尉張田編次。列三十一門，凡百七十一篇。

范邦甸等《天一閣書目・詔令奏議類》《包孝肅奏議》十卷。刊本。宋包拯撰，周瑯識。

錢謙益等《絳雲樓書目・奏議類》《包孝肅奏議》十卷。汪藻序。

《四庫全書總目提要・詔令奏議類》《包孝肅奏議》十卷。編修朱筠家藏本。宋包拯撰。拯字希仁，廬州合肥人。天聖五年進士，歷官御史中丞，知開封府，終禮部侍郎、樞密副使。贈禮部尚書，謚孝肅。事蹟具《宋史》本傳。案《宋志》載拯《奏議》十五卷。今此本爲拯門人張田所編，自應詔至求退，分三十門，止有十卷，田序亦稱十卷，與史志不合。然《宋志》顛倒悖謬，爲自來史家所未有，不可援以爲據，殆誤衍五字歟？惟是田所編次，多不可曉。《文獻通考》引汪應辰序曰：「公《奏議》分門編類，其事之首尾，時之先後，不可考也。如《請那移河北兵馬》凡三章，其二在八卷議兵門，其一迺在九卷議邊門，其不相貫穿如此。」所言與此本相符。序又云：「今考其歲月，繫於每章之下，而記其履歷於後。若其歲月見於章中，與夫不可得而考者，不容以不闕也。庶讀者尚可以尋其大概。」是應辰於是編固每篇皆爲箋注，而此本無之，蓋應辰箋注久佚，今存者仍原本耳。序又云：「如劾罷張方平、宋祁三司使，而《奏議》不載，豈包氏子孫所不欲以示人者耶？」案：史稱拯攻去張方平、宋祁，朝廷遂以拯代祁爲三司使。歐陽修有蹊田奪牛之奏，拯家居避命者久之。應辰所云，蓋指此事。然拯之剛正，豈逐人而覬其位者？修雖有此奏，特宋人好爲議論之習。拯之心迹，天下後世皆可諒之。遽諱而削其稾，反若拯實有此短者，此張田編次之無識，非拯志也。張田字公載，澶州人，嘉祐中嘗知廬州，甚著清譽，蓋能不愧其師者。此書第九卷中有《進張田邊説》七篇狀，併附以賜張田勅書，與他篇例異，知確爲田之所編。應辰以爲其子孫諱之，非其實矣。

彭元瑞等《天禄琳琅書目後編・元版史部》《孝肅包公奏議集》一函六册。宋包拯撰。拯字希仁，合肥人。天聖五年進士，官至禮部侍郎、樞密副使，贈禮部尚書。謚孝肅。《宋史》有傳。書十卷，爲其門人知廬州張田所編。分應詔、致君、任相、言災異、明體、明禮、戒漸、慎命令、論功、論賞、慎差除、選舉、擇官、省官、去刻薄、抑僥倖、慎刑、正刑、明禁、按劾、辦理、民事、寬恤、戒興作、興利、言財利、議兵、議邊、糧道、求退三十門，凡百七十一篇。前有田序，次《隆平集・孝肅包公傳》、國史本傳，次《祠堂記》，次《修墓記》，次《遺事》九條，次合肥假守東平趙磻老跋。田字公載，澶淵人。登進士，以歐陽修薦通判廣信軍，徙知湖州改廬州，治有善迹，見《宋史》本傳。

張金吾《愛日精廬藏書志・詔令奏議類》《孝肅包公奏議集》十卷。明正統刊本。宋包拯撰。張田題辭曰：「仁宗皇帝臨御天下四十年，不自有其聖神明智之資，善容正人，延讜議，使其謀行忠入，有補於國，卒大任以股肱者，惟孝肅包公止爾。或曰：『先朝任諫官御史多矣，不三四年，欻至侍從近列。然類弗遂大用，又多不得善名以去。獨孝肅之進終無他吝，而天下不得異議者，何哉？』曰：『包公一舉甲科，拜八品京官，令大邑。當是時，同中第者，雖下流庸人，猶數日月以望貴仕。公拂衣去養，十年亡宦，意其心亡也，止知孝於親而爲得也。已而還朝，天子器其才高行潔，處之當路。公上裨帝闕，下瘳民病，中塞國蠹，一本於大中至正之道。極乎！是必乎聽而後已。其心亦無他，止知忠於君而爲得也。他人或才不勝任，望不厭人，方且死黨背公，挾撼復怨，如鷙得搏，若虺肆毒，顛墜於憔顇泯滅之地，以甘其心，此衆所以多不得善名以去。公進無他吝，而天下不得異議也。』初，公之歸養也，至畢親喪，方復任。嘗有詩云『秀幹終成棟，精鋼不作鈎』，卒踐其言，而得大位，美矣！雖然，愚謂非會仁宗皇帝至明上聖，有不可感之聰，公欲必行其道於時，難矣乎！孔子有言：『邦有道，危言危行。』坤之六二亦曰：『直方大，不習无不利。』此公所以逢辰也。公薨後三年，田守廬州，盡得公生平諫草於其嗣子大祝君。因取其大者，列三十門，凡一百七十一篇，爲十卷，恭題曰《孝肅包公奏議集》。遂納諸家廟，庶與其後嗣亡窮也。公之事業始卒，官閥遷拜，有國史與天下公論在，此不敢輒書云。」

孝肅包公名塞宇宙，小夫賤隸類能談之？第其平昔嘉謨讜論，關國家大體者，雖搢紳間或未盡聞。廬江帥毗陵胡公彦國、倅建安章公籍，一日相與言曰：「此邦素多奇士，如包公實間出也。惜其後無顯人，弗克爲之發揚。」因搜訪遺藁，欲傳之爲不朽計。有攝助教蘇林進曰：「林舊藏公《奏議集》十卷，亡於兵火。今淮差總司屬官徐公修家有是本，請往求之。」遂不遠數百里，手抄以歸。前所謂嘉謨讜論，悉粲然在目矣。帥倅得之，喜曰：「兹可以廣吾志也。」迺俾祗若是正訛謬，鏤板郡學，且命録公《傳》及《祠記》、《逸事》附於末。其好賢樂善之誠蓋如此，不可以不識。紹興二十七年九月望日左修職郎充廬州州學教授括蒼吴祗若書。

右《孝肅包公奏議》十卷。紹興間，胡帥治廬，以公本廬人，丘墓祠堂在焉，命置板郡學，艱難悉爲煨燼，獨歲時蒸嘗之奉得不廢祀典。淳熙元年春，郡既肇新學宫，别作公像，迎致于東序。懼其書之弗傳，將敬慕有時而怠，乃訪舊本於學正湯氏家，教授霅川吴公芸又從幕屬假番陽辛氏所藏，補亡書七篇，是正訛謬及遺脱，計二百八十六字，遂爲繕本鋟版，以附新學。或公之道未墜於地，讀者必慕其爲人，且以遺君子之鄉，知名節取重於世，尚友先烈，庶幾乎遺風之不泯，是皤老區區建學刊書之意也。夏五月，書成。合肥假守東平趙皤老敬書其後。

胡儼重刊序，正統元年。

方正跋，同下。

張岫後序，成化二十年。

張之洞《書目答問・詔令奏議類》 《包孝肅奏議》十卷。宋包拯。包芳國天禄閣刻本。漢陽活字版本。

宋季忠臣事實

楊士奇等《文淵閣書目・詩詞》 《宋季忠臣事實》。一部，一册。闕。

梁公九諫

錢曾《讀書敏求記・總集》 《梁公九諫》一卷。賜書樓藏舊鈔本，與《唐書》互有異同，存之以備參考可也。

黄丕烈《蕘圃藏書題識》 《梁公九諫》一卷。舊鈔本。《梁公九諫》一卷。賜書樓藏舊鈔本。此載諸《讀書敏求記》中者也。今此本有「賜書樓」圖記，字跡又舊，則其爲述古堂物無疑。賜書樓未知誰氏，余所藏《張乖崖集》宋闕鈔補者，每葉板心皆刻「賜書樓」所鈔字跡，宲是明人書，未知即此家否？此本卷中首葉有「辨之」印，此姑餘山人沈與文也。尾葉有一印，其文曰「姑蘇吴岫家藏」，此吴方山也。皆吾郡中人。二人皆明嘉靖時人，皆藏書家，則此書之珍重由來已久。偶爲他邑所得，而仍歸郡中，物之流傳，固自有異。然更得也是翁一番記述，不愈足引重乎？嘉慶癸亥三月朔，黄丕烈書。《題書紀事詩》久絶響矣！即欲爲《三益聯吟》之續，而良友弗聚，異書不來，意興殊索然也。閒窗檢點藏書，此《梁公九諫》一卷，仍用舊例，獨吟新詩，亦聊爲破寂之助云爾。得「梁」字，禁押本事。

九諫詞猶在，文章振李唐。安危資柱石，舉廢得津梁。氣挾雷霆厲，心争日月光。名臣傳表奏，《讀書敏求記》此入《總集》，《述古堂書目》則入《表奏》。應比賜書藏。

經緯集

尤袤《遂初堂書目・章奏類》 孫内翰《經緯集》。

陳振孫《直齋書録解題・章奏類》 《經緯集》十四卷。樞密副使會稽孫抃元規撰。

馬端臨《文獻通考・經籍考・章奏》 《經緯集》十四卷。

范忠宣公奏議

《四庫全書總目提要・詔令奏議類存目》 《范忠宣公奏議》二卷。明范惟一編。

范邦甸等《天一閣書目・詔令奏議類》 《范忠宣公奏議》三卷。刊本。宋范純仁著。浙江提學副使十六世孫惟一編次，睢陽朱希周、華亭孫承恩、雁門文徵明、顧存仁同校，嚴州知府韓叔陽重刊，嘉靖辛酉浙江布政使司滁上胡松序。

范忠宣彈事

尤袤《遂初堂書目・章奏類》《范忠宣彈事》

陳振孫《直齋書録解題・章奏類》《范忠宣彈事》五卷。范純仁撰。

馬端臨《文獻通考・經籍考・章奏》《范忠宣彈事》五卷。

《宋史・藝文志・別集類》范純仁《彈事》五卷。

范忠宣國論

尤袤《遂初堂書目・章奏類》《范忠宣國論》。

陳振孫《直齋書録解題・章奏類》《范忠宣國論》五卷。范純仁撰。

馬端臨《文獻通考・經籍考・章奏》《范忠宣國論》五卷。

《宋史・藝文志・別集類》范純仁《國論》五卷。

恭獻侍郎兩公奏議

范邦甸等《天一閣書目・詔令奏議類》《恭獻侍郎兩公奏議》一卷。刊本。

宋尚書右丞范純禮短疏二篇，户部侍郎范純粹奏蕞十七篇。十六世孫惟一編次并序，吏部尚書睢陽朱希周、禮部尚書華亭孫承恩、待詔雁門文徵明、禮科給事中顧存仁同校。

勸農奏議

鄭樵《通志・藝文略・奏議》《勸農奏議》二卷。

王黄州奏議

錢東垣等輯《崇文總目輯釋・別集類》《王黄州奏議》三卷。

鄭樵《通志・藝文略・奏議》《王黄州奏議》三卷。

韓乂奏議

《宋史・藝文志・別集類》《韓乂奏議》三卷。

直言集

錢東垣等輯《崇文總目輯釋・別集類》曾致堯《直言集》一卷。

鄭樵《通志・藝文略・奏議》《直言集》一卷。皇朝曾致堯撰。

《宋史・藝文志・別集類》曾致堯《直言集》一卷。

田京奏議

王圻《續文獻通考・經籍考・章表》《田京奏議》十卷。滄州人，徙居洛邑。舉進士。喜議論，尚氣節。通兵戰、曆筭、雜家術。又著《天人統術通儒子》十數書。

西清奏議

王圻《續文獻通考・經籍考・章表》《西清奏議》三卷。晉江陳從易著。從易性激直，與王欽若、丁謂皆不絶，而亦不阿其意。

西清奏講

王圻《續文獻通考・經籍考・章表》《西清奏講》。楊從易著。晉江人，第進士，累官侍御史。激直少容，喜别白是非，多面折人。

諫垣集

《宋史・藝文志・别集類》范鎮《諫垣集》十卷。

范景仁章奏

鄭樵《通志・藝文略・奏議》《范景仁章奏》一卷。

宋景文奏議

鄭樵《通志・藝文略・奏議》《宋景文奏議》一卷。

元城劉公諫草

鄭樵《通志・藝文略・奏議》《元城劉公諫草》二十卷。

蔡襄奏議

《宋史・藝文志・别集類》《蔡襄奏議》十卷。

石待問諫史

鄭樵《通志・藝文略・奏議》《石待問諫史》一百卷。

韓魏公諫垣存草

尤袤《遂初堂書目・章奏類》《韓魏公諫垣存草》。

諫垣存藁

陳振孫《直齋書録解題・章奏類》《諫垣存藁》三卷。韓琦撰。

馬端臨《文獻通考・經籍考・章奏》《諫垣存藁》三卷。

《宋史・藝文志・别集類》韓琦《諫垣存藁》三卷。

富文忠劄子

晁公武《郡齋讀書志・别集類》《富文忠劄子集》六卷。右皇朝富弼，字彦國，河南人。天聖八年中制科。至和二年，召拜同中書門下平章事。元豐中卒，年八十，謚文忠。其爲文章，辨而不華，質而不俚。晁以道爲之序，其略曰：人孰不仰公使虜之功？上乃拜公樞密副使，而公力辭。至和之末，請立皇嗣之功，人或未聞。公於褒進司徒，則一命而不避。公聞人語及北事，便變色若不欲聞者。至青州救災之功，平居喜爲人道之。石介嘗以夔、契方公矣，而嚴事王沂公。薦士後至將相者多矣，而最喜劉槩。數事皆世所罕知者。又曰：公於仁宗時，言猶雨露也。英宗時，言猶海潮也。神宗時，言猶鳳鳴也。

陳振孫《直齋書録解題・章奏類》《富文忠劄子》十六卷。富弼撰。平生歷官、辭免、陳情之文也。

馬端臨《文獻通考・經籍考・章奏》《富文忠公劄子》十六卷。

《宋史・藝文志・別集類》富弼《劄子》十六卷。

富文忠奏議

晁公武《郡齋讀書志・別集類》《富文忠奏議》十二卷。右皇朝富弼，字彦國，河南人。天聖八年中制科。至和二年，召拜同中書門下平章事。元豐中卒，年八十，謚文忠。其爲文章，辨而不華，質而不俚。晁以道爲之序，其略曰：人孰不仰公使虜之功？上乃拜公樞密副使，而公力辭。至和之末，請立皇嗣之功，人或未聞。公於褒進司徒，則一命而不避。公聞人語及北事，便變色若不欲聞者。至青州救災之功，平居喜爲人道之。石介嘗以夔、契方公矣，而嚴事王沂公。薦士後至將相者多矣，而最喜劉槩。數事皆世所罕知者。又曰：公於仁宗時，言猶雨露也。英宗時，言猶海潮也。神宗時，言猶鳳鳴也。

尤袤《遂初堂書目・章奏類》《富鄭公劄子奏議集》。

《宋史・藝文志・別集類》富弼《奏議》十二卷。

楊士奇等《文淵閣書目・經濟》《富文忠公奏議》。一部，六册。闕。

從諫集

晁公武《郡齋讀書志・別集類》歐陽文忠公《諫垣集》八卷。右皇朝歐陽修，字永叔，吉州人。舉進士，累遷知制誥。夏竦以永叔黨於杜、韓、范、富，因以外甥張氏事污之，下開封府，治之無狀，坐用張氏奩中物市田，出知滁州。召入修《唐書》，爲翰林學士。未幾，參知政事。蔣之奇言其帷箔事，連其子婦吴氏，詔詰之奇，辭窮，坐貶。年六十，乞致仕。卒，謚文忠。博極羣書，好學不倦，尤以奬進天下士爲己任，延譽慰藉，極其力而後已。於經術，治其大指，不求異於諸儒。與伊洙皆爲古學，遂爲天下宗匠。蘇明允以其文辭令雍容似李翺，切近適當似陸贄，而其才亦似過此兩人。至其作《唐書》、《五代史》，不愧班固、劉向也。獨議濮邸事，議者不以爲是。有蘇子瞻序。

尤袤《遂初堂書目・章奏類》歐陽文忠公《從諫集》。

陳振孫《直齋書録解題・章奏類》《從諫集》八卷。歐陽修撰。

馬端臨《文獻通考・經籍考・章奏》《從諫集》八卷。

《宋史・藝文志・別集類》《從諫集》八卷。

歐陽公奏議

《宋史・藝文志・別集類》歐陽修《奏議》十八卷。

周中孚《鄭堂讀書記補逸・詔令奏議類》《歐陽公奏議》十八卷。《文忠集》本。宋歐陽修撰。仕覽見經部易類。《書録解題・章奏類》有《從諫集》八卷，其即《歐公奏議》之別本歟。是編凡一百六十三篇，李氏燾《通鑑長編》採入八十八篇，頗多增損其文。蓋《長編》本之《仁宗實録》，其語欲簡，其事欲聯貫，故有異同。然較之歐公原文，殊不敷暢。當以此集爲正也。

河東奉使奏草

周中孚《鄭堂讀書記補逸・詔令奏議類》《河東奉使奏草》二卷。《文忠集》本。亦歐陽修撰。慶曆四年，歐公奉使往河東，議沿邊糧草及盜鑄礬課等事。此乃當時奏報也。

河北奉使奏草

周中孚《鄭堂讀書記補逸・詔令奏議類》《河北奉使奏草》二卷。《文忠集》

本。亦歐陽修撰。歐公奉使河東還，時保州軍亂，密邇河北，復出爲都轉運使。與安撫使田況等，經略地方，商議軍需，甫期年而罷知滁州。此亦當時奏報也。

清獻盡言集

《宋史·藝文志·別集類》 趙抃《清獻盡言集》二卷。

南臺諫垣集

陳振孫《直齋書録解題·章奏類》 《南臺諫垣集》二卷。參政信安趙抃閲道撰。

馬端臨《文獻通考·經籍考·章奏》 《南臺諫垣集》二卷。

《宋史·藝文志·別集類》 趙抃《南臺諫垣集》二卷。

趙清獻奏議

尤袤《遂初堂書目·章奏類》 《趙清獻奏議》。

高儒《百川書志·章奏》 《趙清獻公奏議》。宋西安趙抃閲道撰。

表狀

高儒《百川書志·章奏》 《表狀》七卷。宋西安趙抃閲道撰。

范貫之奏議

馬端臨《文獻通考·經籍考·章奏》 《范貫之奏議》十卷。直龍圖閣范師道貫之撰。曾南豐序曰：自至和以後十餘年間，公常以言事任職。自天子、大臣至於群下，自掖庭至於四方幽隱，一有得失善惡關於政理，公無不極意反復，爲上力言。或矯拂情慾，或切劘計慮，或辨别忠佞而處其進退，章有一再或至於十餘上。事有陰爭獨陳，或悉引諫官御史合議肆言。仁宗常虚心采納，爲之變命令，更廢舉，近或立從，遠或越月踰時，或至於其後，卒皆聽用。蓋當是時，仁宗在位歲久，熟於人事之情僞與群臣之能否，方以仁厚清净休養元元。至於是非與奪，則一歸之公議，而不自用也。其所引拔以言爲職者，如公皆一時之選。而公與同時之士，亦皆樂行其言，不曲從苟止。故天下之情，因得畢聞於上，而事之害理者，常不果行。至於奇衺恣睢，有爲之者，亦輒敗悔。故當此之時，常委事七八大臣，而朝政無大闕失，群公奉法遵職，海内乂安。夫因人而不自用者天也。仁宗之所以其仁如天，至於享國四十餘年，能承太平之業者，繇是而已。後世得公之遺文而論其世，見其上下之際，相成如此，必將低回感慕，有不可及之歎，然後知其時之難得。則公言之不没，豈獨見其志，所以明先帝之盛德於無窮也！

田況奏議

王圻《續文獻通考·經籍考·章表》 《田況奏議》二十卷。冀州信都人。少卓犖有大志，舉進士甲科。至和初，擢樞密副使，以太子少傅致仕。

蘇東坡奏議

楊士奇等《文淵閣書目·經濟》 《蘇東坡奏議》。一部，五册。完全。

又 《蘇東坡奏議》。一部，八册。完全。

高儒《百川書志·章奏》 《東坡奏議》十五卷。宋文忠公眉山蘇軾子瞻撰。

彭元瑞等《天禄琳琅書目後編》 《東坡先生奏議》。二函十册。不著編人姓名。書十五卷。按軾《全集》内《奏議集》百五十二篇，此本僅百十二篇，前後序次，迥然不同，乃它手選刻，款式亦異。自紹聖年禁蘇黄文字，至紹興而上下争購求之，煅廢之餘，流傳更盛。即如《三蘇文粹》、蜀本《三蘇文》、《東萊標注三蘇文》，各各不同。孝宗贈軾太師，制詞云：「人傳元祐之學，家有眉山之書。」誠非虚語。檇李項氏藏本。

《東坡奏議》。二函十二册。書十五卷。考《宋史》本傳，載軾《東坡集》四十卷，《後集》二十卷，《奏議》十五卷，《内制》十卷，《外制》三卷。此即《全集》中《奏議》一集，別刻單行者，篇數次序皆同，鐫法精朗。大學士張玉書藏本。

司馬文正公奏議

高儒《百川書志・章奏》　《司馬文正公奏議》十六卷。宋司馬光君實撰，即温公也。

熙寧臺諫章疏

鄭樵《通志・藝文略・奏議》　《熙寧臺諫章疏》七卷。

熙寧臺章

尤袤《遂初堂書目・章奏類》　楊元素《熙寧臺章》

熙寧諫疏

尤袤《遂初堂書目・章奏類》　楊元素《熙寧諫疏》

《宋史・藝文志・別集類》　《楊繪諫疏》七卷。

毛漸表奏

《宋史・藝文志・總集類》　《毛漸表奏》十卷。

呂獻可章疏

鄭樵《通志・藝文略・奏議》　《呂獻可章疏》十五卷。

呂獻可章奏

晁公武《郡齋讀書志・別集類》　《呂獻可章奏》二十卷。右皇朝呂誨，字獻可。熙寧中，爲御史中丞，坐攻王安石，知鄧州。司馬温公服其知人，誌其墓，且序其《章奏集》云：「其草存者二百八十有九，歷觀古人有能得其一二者，已可載之史籍，在獻可蓋不足道也。」

陳振孫《直齋書録解題・章奏類》　《呂獻可章奏》十六卷。案：《文獻通攷》作二十卷。御史中丞呂晦獻可撰。

馬端臨《文獻通考・經籍考・章奏》　《呂獻可奏章》二十卷。晁氏曰：呂誨字獻可，熙寧中爲御史中丞，坐攻王安石，知鄧州。司馬温公服其知人，且序其《章奏集》云：「其草存者二百八十有九，歷觀古人有能得其一二者，已可載之史籍，在獻可蓋不足道也。」陳氏曰：獻可，丞相正惠公端之孫也。

《宋史・藝文志・別集類》　呂誨《章奏》二十卷。

呂獻可奏議

尤袤《遂初堂書目・章奏類》　《呂獻可奏議》

吕惠卿奏議

《宋史・藝文志・別集類》 《吕惠卿奏議》一百七十卷。

龔鼎臣諫草

《宋史・藝文志・別集類》 《龔鼎臣諫草》三卷。

程師孟奏議

《宋史・藝文志・別集類》 程師孟《奏議》十五卷。

翰林制集

《宋史・藝文志・別集類》 鄧綰《翰林制集》十卷。

西垣制集

《宋史・藝文志・別集類》 鄧綰《西垣制集》三卷。

續西垣制草

尤袤《遂初堂書目・總集類》 《續西垣制草》。

奏　議

《宋史・藝文志・別集類》 鄧綰《奏議》二十卷。

張詵奏議

《宋史・藝文志・別集類》 張詵《奏議》三十卷。

韓絳奏議

《宋史・藝文志・別集類》 韓絳《奏議》三十卷。

孫莘老奏議

晁公武《郡齋讀書志・別集類》 《孫莘老奏議》十卷。右皇朝孫覺，字莘老。元豐末，自祕書少監除右諫議大夫。元祐初，遷給事中，吏部侍郎。莘老素與王介甫善，後爲諫官，論新法，遂絶。

馬端臨《文獻通考・經籍考・章奏》 《孫莘老奏議》十卷。

《宋史・藝文志・別集類》 孫覺《奏議》十二卷。

李公擇盧山奏議

馬端臨《文獻通考・經籍考・章奏》 李公擇《盧山奏議》十七卷。晁氏曰：李常，字公擇，早年讀書於盧山。熙寧間，爲諫官，論青苗法而罷。元祐初，爲御史中丞。

李公擇奏議

尤袤《遂初堂書目·章奏類》《李公擇奏議》。

《宋史·藝文志·别集類》 李常《奏議》二十卷。

諫　林

王圻《續文獻通考·經籍考·章表》《諫林》百二十卷。虞城趙槩上于神宗。以太子太師致仕。

熊本奏議

《宋史·藝文志·别集類》《熊本奏議》二十卷。

陳師錫奏議

《宋史·藝文志·别集類》《陳師錫奏議》一卷。

韓維奏議

《宋史·藝文志·别集類》《韓維奏議》一卷。

傅獻簡奏議

尤袤《遂初堂書目·章奏類》《傅堯簡奏議》。

陳振孫《直齋書録解題·章奏類》《傅獻簡奏議》四卷。傅堯俞撰。

馬端臨《文獻通考·經籍考·章奏》《傅獻簡奏議》四卷。汪玉山跋略曰：范忠宣公誌公墓曰：「司馬温公言傅欽之清且勇。邵康節謂欽之清而不耀，直而不訐，勇而能温云。」

《宋史·藝文志·别集類》《傅堯俞奏議》十卷。

錢溥《秘閣書目·奏議》《傅堯俞奏議》。

范德孺奏議

錢溥《秘閣書目·奏議》《范德孺奏議》。

問樂奏議

錢溥《秘閣書目·奏議》《問樂奏議》。

李承之奏議

《宋史·藝文志·别集類》《李承之奏議》二十卷。

盧秉奏議

《宋史·藝文志·别集類》《盧秉奏議》三十卷。

孔武仲奏議

《宋史·藝文志·别集類》《孔武仲奏議》二卷。

張利一奏議

《宋史·藝文志·别集類》《張利一奏議》三卷。

李之純奏議

《宋史·藝文志·别集類》《李之純奏議》五卷。

李清臣奏議

《宋史·藝文志·别集類》《李清臣奏議》三十卷。

李清臣進策

《宋史·藝文志·别集類》《李清臣進策》五卷。

杜紘奏議

《宋史·藝文志·别集類》《杜紘奏議》十卷。

安燾奏議

《宋史·藝文志·别集類》《安燾奏議》十卷。

吴居厚奏議

《宋史·藝文志·别集類》《吴居厚奏議》一百二十卷。

吕益柔奏議

《宋史·藝文志·别集類》《吕益柔奏議》一卷。

姚祐奏議

《宋史·藝文志·别集類》《姚祐奏議》二十卷。

譚世勣奏議

《宋史·藝文志·别集類》《譚世勣奏議》二十一卷。

恭翔表奏集

《宋史·藝文志·别集類》《恭翔表奏集》十卷。

趙普奏議

《宋史・藝文志・別集類》《趙普奏議》一卷。

范德孺奏議

尤袤《遂初堂書目・章奏類》《范德孺奏議》。

陳振孫《直齋書録解題・章奏類》《范德孺奏議》二十五卷。龍圖閣直學士范純粹德孺撰。文正公三子，中子純禮彝叟至尚書右丞，純粹守邊有將才。文正嘗謂仁得其忠，禮得其静，粹得其略。其長子純祐天成尤英悟，不幸病廢蚤世，富文忠深惜之，爲作墓誌。

馬端臨《文獻通考・經籍考・章奏》《范德孺奏議》二十五卷。

盡言集

尤袤《遂初堂書目・章奏類》劉器之《盡言集》。

陳振孫《直齋書録解題・章奏類》《盡言集》十三卷。諫議大夫元城劉安世器之撰。

馬端臨《文獻通考・經籍考・章奏》《盡言集》十三卷。

《宋史・藝文志・別集類》劉安世《元城盡言集》十三卷。

《四庫全書總目提要・詔令奏議類》《盡言集》十三卷。山東巡撫採進本。宋劉安世撰。安世字器之，大名人。少師事司馬光，哲宗初，以光薦，除秘書省正字。又以吕公著薦，除右正言，遷左諫議大夫。紹聖初，落職知南安軍，又貶新州別駕，英州安置。徽宗立，移衡州，尋以濮州團練副使，鼎州居住，後復直龍圖閣，卒。事蹟具《宋史》本傳。安世有集二十卷，今未見傳本。此集皆其奏劄，不知何人所編。前有隆慶辛未石星、張應福序，皆云「得鈔本於西亭王孫家」。西亭者，朱睦㮮也。星序稱是集凡三卷，而此本實十三卷，與序不合。然證以《永樂大典》所載，一一相符，殆校讐偶疎，三字上脱十字也。史稱安世忠孝正直似司馬光，而剛勁則過之，故彈擊權貴，盡言不諱，當時有「殿上虎」之稱。集中所論諸事，史不具載，頗足以考見時政。其中稍有遺議者，如吴處厚之劾蔡確，本出羅織，而安世申處厚之説，章凡一十二上，務欲置確於死地，殊不免意見之偏。然由其嫉惡太嚴，至於已甚，故徒知確爲僉邪，而不察處厚非善類。見無禮於君者，遂如鷹鸇之逐，實非故相排擠之比。觀歐陽棐爲蘇軾所善，程子爲蘇軾所讐，而安世論棐差遣不當，章凡九上，併程子詆爲五鬼，絶無所區别於其間。是亦其孤立無黨之一證，不足以爲疵瑕也。惟是氣質用事，詞或過激。故王偁《東都事略》論之曰：「爲君子不能深思遠慮，優游浸漬以消小人之勢，而痛心疾首，務以口舌争之。事激勢變，遂成朋黨。」是爲平允之論。至朱子作《名臣言行録》，於王安石、吕惠卿皆有所採録，獨以安世嘗劾程子之故，遂不載其一字，則似乎有意抑之矣。要其於朝廷得失，知無不言，言無不盡，嚴氣正性，凛凛如生。其精神自足以千古，固非人力所能磨滅也。

張金吾《愛日精廬藏書志・詔令奏議類》《元城先生盡言集》十三卷。明刊本。宋劉安世撰。

王明叟奏議

尤袤《遂初堂書目・章奏類》《王明叟奏議》

陳振孫《直齋書録解題・章奏類》《王明叟奏議》二卷。翰林學士海陵王覿明叟撰。坐黨籍謫臨江而卒。其在朝專論蘇、程朋黨之弊，以爲深患。

馬端臨《文獻通考・經籍考・章奏》《王明叟奏議》二卷。

楊士奇等《文淵閣書目・經濟》《王明叟内翰奏議》一部二册。完全。

黄虞稷《千頃堂書目・表奏類・補宋》《王覿王内翰奏議》二卷。

倪燦等《宋史藝文志・表奏類》《王覿奏議》二卷。

丁騭奏議

尤袤《遂初堂書目・章奏類》《丁騭奏議》。

陳振孫《直齋書録解題・章奏類》《丁騭奏議》一卷。右正言毗陵丁騭撰。元祐中在諫垣。嘉祐二年進士也。

馬端臨《文獻通考・經籍考・章奏》《丁騭奏議》一卷。

《宋史・藝文志・別集類》《丁騭奏議》二十卷。又《奏議》一卷。

諫垣集

陳振孫《直齋書録解題・章奏類》《諫垣集》二卷。陳瓘撰。

馬端臨《文獻通考・經籍考・章奏》《諫垣集》二卷。

楊士奇等《文淵閣書目・經濟》陳諫議《諫垣集》一部二册。完全。

《宋史・藝文志・別集類》陳瓘《諫垣集》三卷。

閑樂奏議

尤袤《遂初堂書目・章奏類》《陳閒樂奏議》。

陳振孫《直齋書録解題・章奏類》《閑樂奏議》一卷。殿中侍御史建陽陳師錫伯修撰。熙寧九年第進士，裕陵素知其文行，擢爲第三人。蘇軾知湖州，師錫掌書記，軾下御史獄，師錫篤賓友之義，安輯其家。軾入西掖，薦自代，明著其事。師錫在元豐已爲察官，坐論進士習律罷去，建中靖國再入，未幾又罷。

馬端臨《文獻通考・經籍考・章奏》《閑樂奏議》一卷。

秦子文諫

范邦甸等《天一閣奏議・詔令奏議類》《秦子文諫》二卷。刊本。宋淮海秦觀撰。明嘉靖癸卯，東安孟紱序云：「觀字少游，一字太虛，高郵世族。元祐初，軾以賢良方正薦於朝。除太子博士，校正秘書書籍。遷正字，復爲燕國使院編脩官。有《進策》三十篇、《論幾》三十篇、《表表自進呈及代作者》二十篇，皆以文爲諫。予取其近于世用者，彙成一帙。

得得居士戇草

尤袤《遂初堂書目・章奏類》《任德翁奏議》。

陳振孫《直齋書録解題・章奏類》《得得居士戇草》一卷。正言眉山任伯雨德翁撰。其論蔡卞、章惇欲廢宣仁尤切，故卞深恨之，故獨貶嶺外。

馬端臨《文獻通考・經籍考・章奏》《得得居士戇草》一卷。

范邦甸等《天一閣書目・詔令奏議類》任伯雨《戇草》一部一册。完全。

《宋史・藝文志・別集類》任伯雨《戇草》二卷。

河間公奏議

晁公武《郡齋讀書志・別集類》《河間公奏議》十卷。右皇朝朱光庭元祐中爲諫官時所論事也。

尤袤《遂初堂書目・章奏類》《朱光庭奏議》。

馬端臨《文獻通考・經籍考・章奏》《河間公奏議》十卷。

龔諫議奏議

尤袤《遂初堂書目・章奏類》《龔諫議奏議》。

龔彦和奏議

陳振孫《直齋書録解題・章奏類》《龔彦和奏議》一卷。殿中侍御史河間龔夬彦和撰。案：《宋史》龔彦和名夬，此本作「龔美」，誤，今改正。以上四人皆建中靖國言事官，極論蔡京者也。

馬端臨《文獻通考・經籍考・章奏》《龔彥和奏疏》一卷。

《宋史・藝文志・別集類》《龔夬奏議》一卷。

范百禄奏議

《宋史・藝文志・別集類》《范百禄奏議》六卷。

朱勝非奏議

《宋史・藝文志・別集類》《朱勝非奏議》十五卷。

石林奏議

尤袤《遂初堂書目・章奏類》《葉石林奏議》。

陳振孫《直齋書録解題・章奏類》《石林奏議》十五卷。葉夢得撰。

馬端臨《文獻通考・經籍考・章奏》《石林奏議》十五卷。陳氏曰：葉夢得撰。石林自序《志愧集》曰：進對以來，奏藁藏於家者若干篇，不忍盡棄，乃序次爲十卷，目之曰《志愧集》。夫天下豈無大安危，生民豈無大休戚？矧戎狄亂華，中原分裂，上方櫛沐風雨，旰食圖功，而身遭不世之主，横被非常之知，所言僅如是而已。心非木石，安得不愧？姑自識之，留以遺子孫，庶後世悼其意之不終，或有感勵奮發，慨然少能著見者，猶足雪其無功之恥，而償其未報之恩也。

《宋史・藝文志・別集類》葉夢得《石林集》一百卷。又《奏議》十五卷。

楊士奇等《文淵閣書目・經濟》《葉石林奏議》一部四册。闕。

黄丕烈《百宋一廛書録》《石林奏議》《石林奏議》十五卷。每卷次行有「模編」二字。無序文，有後跋。跋已剥落，首云：「叔祖左丞，蚤以文學被遇三朝。口自禁塗，寖登二府，此奏議之所獻納論思也。」又云：「頗多惣集不載，往往口見者，爲之興歎。因鋟木天台郡，口以廣其傳。」末題：「開禧丙寅六月既望，姪孫朝奉大夫改差權知台州軍州兼管内勸農事借紫箋謹書」。是編與刻非出一人矣。《汲古閣珍藏祕本書目》僅載影宋本精鈔，此較爲勝。

江公望奏議

楊士奇等《文淵閣書目・經濟》《江公望奏議》一部一册。完全。

陳修撰奏議

楊士奇等《文淵閣書目・經濟》《陳修撰奏議》一部一册。完全。

陳襄奏議

《宋史・藝文志・別集類》《陳襄奏議》一卷。

陳東奏議

《宋史・藝文志・別集類》《陳東奏議》一卷。

朱光庭奏議

《宋史・藝文志・別集類》《朱光庭奏議》三卷。

李忠定公奏議

高儒《百川書志・章奏》《李忠定公奏議》六十九卷。宋丞相隴西李綱撰。

王圻《續文獻通考・經籍考・章奏》《李忠定公奏議》。李綱，字伯紀，延平人，政和中進士。又著《諸集》百餘卷。

錢謙益等《絳雲樓書目・奏議類》《李忠定公奏議》十五卷。朱仲晦序。

《四庫全書總目提要・詔令奏議》《李忠定奏議》六十九卷。《附録》九卷。内府藏本。宋李綱撰。綱有《建炎時政記》，已著録。案陳俊卿作綱《梁谿集序》，稱其子秀之編其表章奏劄爲八十卷。此本僅六十九卷，已非秀之之舊。卷末《附録》：一曰《靖康傳信録》、一曰《建炎進退志》、一即《建炎時政記》，共爲三卷。第四卷以下皆綱所爲制詔表劄，疑即《宋史》所云《建炎制詔表劄集》也。俱已編入《梁谿集》中，故僅存其目，不複録焉。

建中治本書

《宋史・藝文志・總集類》任諒《建中治本書》一卷。

虞雍公奏議

馬端臨《文獻通考・經籍考・章奏》《虞雍公奏議》。丞相虞允文撰。後溪劉氏序略曰：余讀雍國忠肅虞公奏議二百二十有七篇而慨然有感。世但知采石之戰，以七千卒卻虜兵四十萬，其功甚偉，然忌者猶曰「適然。」豈知公於紹興辛巳之前，已因論對，面奏虜必叛盟，兵必分五道，正兵必出淮西，奇兵必出海道，宜令良將勁卒備此二境，其先事之識，已絶出乎衆人之表矣。及虜叛盟，上令從臣集議，公獨言虜兵必出兩淮。丞相善其言而未果行，及遣公勞師采石，事已大壞。公以書生收合亡卒，激厲諸將，施置於倉卒之際，而破虜於俄頃之間。嗚呼！非胸中素有蓄積忠誠，足以動天地、感人心，而作士氣，未易成此偉績也，而曰「適然，」可乎？自昔狃勝者，必忽其餘憂，公又令設備於瓜洲，其他區畫，悉各精密而不苟，虜遂遁去，乃徐請車駕還行都，皆歷歷見於奏疏也。余竊妄論本朝多議論，少成功，雖盛時猶然也，况積習消靡之餘？夫人皆喜逸而惡勞，圖安而懼危。中興以來，前有張魏公，後有虞雍公，爲國家任其勞當其危者也，彼不少愧焉而又忍短毁之乎？

張萱等《内閣藏書目録・奏疏部》《丞相虞公奏議》六册。全。宋虞允文著。凡二十三卷。

黄虞稷《千頃堂書目・表奏類・補宋》虞允文《虞雍公奏議》二十三卷。

倪燦等《宋史藝文志補・表奏類》《虞允文奏議》二十三卷。

虞忠肅公奏議

楊士奇《文淵閣書目・經濟》《虞忠肅公奏議》一部六册。完全。

朱韋齋奏議

高儒《百川書志・章奏》《朱韋齋奏議》一卷。宋吏部員外郎新安朱松喬年撰。文公父也。

劉夔應制

《宋史・藝文志・別集類》《劉夔應制》一卷。

劉筠表奏

《宋史・藝文志・別集類》《劉筠表奏》六卷。

黄鍰奏議雜著

王圻《續文獻通考·經籍考·章表》《黄鍰奏議雜著》，字國和，浦城人。政和中進士，爲高宗所知。卒危於群小。

西掖制書奏議

王圻《續文獻通考·經籍考·章表》《西掖制書奏議》數十卷。勾濤著。新繁人，舉進士累官史館修撰。上書言時事之害政者，高宗嘆其忠。

金侍講奏議表疏

王圻《續文獻通考·經籍考·章表》《金侍講奏議表疏》，金安節著。休寧人。博洽經史，宣和中進士。紹興初，累官至吏部侍郎兼侍讀。所著又有《周易解》及《文集》二十卷。

東南防守便利

王圻《續文獻通考·經籍考·章表》《東南防守利便》三卷。吕祉著。字安老，建陽人。紹興中，知建康府，作此以上。

楊士奇等《文淵閣書目·經濟》《東南防守利便》。一部一册。闕。

又《東南防守利便》一部一册。闕。

吴仲嬰鱗吐金集

楊士奇等《文淵閣書目·經濟》《吴仲嬰鱗吐金集》。一部一册。闕。

劉氏奏議

王圻《續文獻通考·經籍考·章表》《劉氏奏議》，劉宜著。

宗忠簡公奏議

王圻《續文獻通考·經籍考·章表》《宗忠簡公奏議》，宗澤著。

王氏奏議

王圻《續文獻通考·經籍考·章表》《王氏奏議》，王萬著。

傅氏奏議

王圻《續文獻通考·經籍考·章表》《傅氏奏議》，傅崧著。

傅崧卿奏議

《宋史·藝文志·别集類》《傅崧卿奏議》二卷。

王澈奏議

王圻《續文獻通考・經籍考・章表》《王澈奏議》，澈浮梁人，紹興進士。

黃通志奏議

王圻《續文獻通考・經籍考・章表》《黃通志奏議》十卷。黃中，字通志，邵武人。紹興進士，以忤秦檜，斥外。朱文公嘗裁書以見欲，居于門弟子之列。

李端州奏議

王圻《續文獻通考・經籍考・章表》《李端州奏議》，李彌遜著。彌遜，本連江人，後徙吳縣。弱冠登第，紹興初遷起居郎。與秦檜論事不合，以徽猷閣直學士知端州致仕。號筠溪直隱。

周氏奏議

王圻《續文獻通考・經籍考・章表》《周氏奏議》，周操著。

劉氏奏議

王圻《續文獻通考・經籍考・章表》《劉氏奏議》，劉玉著。

陳居仁奏議

王圻《續文獻通考・經籍考・章表》《陳居仁奏議》。居仁，膏子。紹興中進士，累官國子丞。風度凝遠，臨事毅然。

趙雄奏議

《宋史・藝文志・別集類》《趙雄奏議》二十卷。

連寶學奏議

陳振孫《直齋書録解題・章奏類》《連寶學奏議》二卷。寶文閣學士安陸連南夫鵬舉撰。紹興初知饒州，扞禦有功。及和議成，南夫知泉州，上表略曰「不信亦信，其然豈然」，又曰「雖虞舜之十二州，昔皆吾有；然商於之六百里，當念爾欺」，由是得罪。

馬端臨《文獻通考・經籍考・章奏》《連寶學奏議》二卷。

《宋史・藝文志・別集類》《連寶學奏議》二卷。不知名。

若溪奏議

尤袤《遂初堂書目・章奏類》《劉珏奏議》。

陳振孫《直齋書録解題・章奏類》《若溪奏議》一卷。資政長城劉班希范撰。案：《文獻通攷》作劉珏。嘗以同知三省樞密院扈從隆祐南幸。

馬端臨《文獻通考・經籍考・章奏》《若溪奏議》一卷。

《宋史・藝文志・別集類》《劉珏奏議》一卷。

章誼奏議

《宋史・藝文志・別集類》《章誼奏議》二卷。

辛次膺奏議

《宋史・藝文志・別集類》《辛次膺奏議》二十卷。

政議進藁

《宋史・藝文志・別集類》胡恭《政議進藁》一卷。

稼軒奏議

《宋史・藝文志・別集類》辛棄疾《稼軒奏議》一卷。

陳熙甫奏劄

《宋史・藝文志・別集類》《陳熙甫奏劄》一卷。

東齋表奏

《宋史・藝文志・別集類》陳峴《東齋表奏》二卷。

毗陵公奏議

陳振孫《直齋書録解題・章奏類》《毗陵公奏議》二十五卷。張守撰。

馬端臨《文獻通考・經籍考・章奏》《毘陵公奏議》二十五卷。

《宋史・藝文志・別集類》《張守奏議》二十五卷。

又《奏議》十八卷。

陳國佐奏議

尤袤《遂初堂書目・章奏類》《陳國佐奏議》。

陳振孫《直齋書録解題・章奏類》《陳國佐奏議》十二卷。禮部侍郎赤城陳公輔國佐撰。政和三年上舍釋褐首選，紹興初爲諫官。

馬端臨《文獻通考・經籍考・章奏》《陳國佐奏議》十二卷。

胡忠簡奏議

陳振孫《直齋書録解題・章奏類》《胡忠簡奏議》四卷。胡銓撰。

馬端臨《文獻通考・經籍考・章奏》《胡忠簡奏議》四卷。

楊士奇等《文淵閣書目・經濟》《胡忠簡公奏議》一部三册。完全。

張萱等《内閣藏書目録・奏疏部》《胡忠簡公奏議》三册。全。公名銓，其孫通判鄂州槐編次。凡六卷。

黄虞稷《千頃堂書目・表奏類・補宋》《胡銓忠簡公奏議》六卷。孫通判鄂州槐編。

倪燦等《宋史藝文志補・表奏類》《胡銓奏議》六卷。

玉山表奏

陳振孫《直齋書録解題・章奏類》《玉山表奏》一卷。汪應辰撰。

馬端臨《文獻通考・經籍考・章奏》《玉山表奏》一卷。

許國公奏議

丁丙《八千卷樓書目・詔令奏議類》《許國公奏議》四卷。宋吴潛撰。鈔本。十萬卷樓本。

美芹十論

陸心源《皕宋樓藏書志・詔令奏議類》《美芹十論》一卷。舊鈔本。宋辛棄疾撰。

陳正獻奏議

陳振孫《直齋書録解題・章奏類》《陳正獻奏議》二十卷。陳俊卿撰。

馬端臨《文獻通考・經籍考・章奏》《陳正獻奏議》二十卷。

楊士奇等《文淵閣書目・經濟》《陳正獻公奏議》一部四册。完全。

表劄

陳振孫《直齋書録解題・章奏類》《表劄》二十卷。陳俊卿撰。

馬端臨《文獻通考・經籍考・章奏》《表劄》二十卷。

忠定公奏議

范邦甸等《天一閣書目・詔令奏議類》《忠定公奏議》六十八卷又附録九卷。刊本。宋陳俊卿撰。卷首有繢忠定公遺像，清江郭伯寅贊，淳熙丙午朱熹序，明正德林俊跋後。

龔實之奏藁

陳振孫《直齋書録解題・章奏類》《龔實之奏藁》六卷。龔茂良撰。

馬端臨《文獻通考・經籍考・章奏》《龔實之奏藁》六卷。

中興備覽

楊士奇等《文淵閣書目・經濟》張魏公《中興備覽》一部一册。闕。

黄虞稷《千頃堂書目・表奏類・補宋》張浚張忠獻公《中興備覽》三卷。

倪燦等《宋史藝文志補・表奏類》張浚《中興備覽》三卷。

南軒奏議

陳振孫《直齋書録解題・章奏類》《南軒奏議》十卷。張栻撰。

馬端臨《文獻通考・經籍考・章奏》《南軒奏議》十卷。

楊士奇等《文淵閣書目・經濟》《張南軒奏議》一部二册。闕。

胡獻簡奏議

陳振孫《直齋書録解題・章奏類》《胡獻簡奏議》八卷。禮部尚書會稽胡沂撰。

馬端臨《文獻通考・經籍考・章奏》《胡獻簡奏議》八卷。

臺評

陳振孫《直齋書録解題・章奏類》《臺評》二卷。胡沂撰。

馬端臨《文獻通考・經籍考・章奏》《臺評》三卷。

梅溪奏議

陳振孫《直齋書録解題・章奏類》《梅溪奏議》三卷。太子詹事樂清王十朋龜齡撰。

馬端臨《文獻通考・經籍考・章奏》《梅溪奏議》三卷。

高儒《百川書志・章奏》《梅溪奏議》五卷。宋詹事樂清王十朋龜齡撰。

范邦甸等《天一閣書目・詔令奏議類》《梅溪奏議》二卷。刊本卷首缺一頁。宋王十朋撰。劉珙共父序，朱子代作。嘉靖七年戊子朱諫序後。十一年樂清兩溪朱元誥序後曰：「江陵舊刻二十餘卷，今秪四十餘篇，幸所存皆大有裨於世道者。林居無事，乃手録爲一册付梓。」末附《朱子與梅溪書》一卷。

張萱等《内閣藏書目録・奏疏部》《梅谿先生奏議》一册。全。宋王十朋著。其子營田使聞禮序。

省齋歷官表奏

陳振孫《直齋書録解題・章奏類》《省齋歷官表奏》十二卷。周必大撰。

馬端臨《文獻通考・經籍考・章奏》《省齋歷官表奏》十二卷。

《宋史・藝文志・別集類》周必大《歷官表奏》十二卷。

政府應制藁

《宋史・藝文志・別集類》《政府應制藁》一卷。

周必大奏議

《宋史・藝文志・別集類》《周必大奏議》十二卷。

軒山奏議

陳振孫《直齋書録解題・章奏類》《軒山奏議》二卷。王藺撰。

馬端臨《文獻通考・經籍考・章奏》《軒山奏議》二卷。

北山戇議

陳振孫《直齋書録解題・章奏類》《北山戇議》一卷。户部侍郎濡須王遽少愚撰。藺之兄，開禧中諫用兵。

馬端臨《文獻通考・經籍考・章奏》《北山戇議》一卷。

周葵奏議

王圻《續文獻通考・經籍考・章表》《周葵奏議》五卷。周葵著。

李文肅公經濟編

楊士奇等《文淵閣書目・經濟》《李文肅公經濟編》一部四册。完全。塾本六册。

韓元吉登封録

楊士奇等《文淵閣書目・經濟》《韓元吉登封録》一部一册。完全。

葉正則賢良進卷

楊士奇等《文淵閣書目・經濟》《葉正則賢良進卷》一部二册。闕。

又《葉正則賢良進卷》一部二册。闕。塾本二册。

鄭魯公西垣詞草

楊士奇等《文淵閣書目・經濟》《鄭魯公西垣詞草》一部一册。完全。

羅點奏議

《宋史・藝文志・别集類》《羅點奏議》二十三卷。

李蘩奏議

《宋史・藝文志・别集類》《李蘩奏議》二卷。

詹儀之奏議

《宋史・藝文志・别集類》《詹儀之奏議》二卷。

李桃溪奏議

楊士奇等《文淵閣書目・經濟》《李桃溪奏議》一部一册。完全。

桃谿先生免糴奏議

張萱等《内閣藏書目録・奏疏部》《桃谿先生免糴奏議》三册。全。宋淳熙間，太府卿李繁總領四川時奏，乞罷和糴諸疏也。後附魏了翁墓銘。

黄虞稷《千頃堂書目・表奏類・補宋》李蘩《桃谿先生免糴奏議》三卷。淳熙間，蘩以大府卿總領四川。奏乞罷和糴諸疏。末附魏了翁撰蘩墓銘。

倪燦等《宋史藝文志補・表奏類》李蘩《免糴奏議》三卷。淳熙間，蘩以大府卿總領四川，奏乞罷和糴諸疏。

歷代奏議

陳振孫《直齋書録解題・總集類》《歷代奏議》十卷。吕祖謙集。

馬端臨《文獻通考・經籍考・總集》《歷代奏議》十卷。

國朝名臣奏議

陳振孫《直齋書録解題・總集類》《國朝名臣奏議》十卷。吕祖謙集。凡二百篇。

馬端臨《文獻通考・經籍考・總集》《國朝名臣奏議》十卷。

《宋史・藝文志・總集類》吕祖謙《國朝名臣奏議》十卷。

本朝名臣奏議

王圻《續文獻通考・經籍考・章表》《本朝名臣奏議》，奉新胡價集。

當世急務湖北利害二録

王圻《續文獻通考・經籍考・章表》《當世急務湖北利害二録》，奉新胡價著。

漢唐名臣奏議

王圻《續文獻通考・經籍考・章表》《漢唐名臣奏議》五十卷。同安石亘輯。

恢復機密十論　制敵權鑑　富彊要策

王圻《續文獻通考・經籍考・章表》《恢復機密十論》、《制敵權鑑》四十卷。《富彊要策》十卷。趙粹中著。字叔達，自密州徙鄞。登紹興進士科。孝宗時進論策，喜之，一歲九遷。

宋名臣奏議

陳振孫《直齋書録解題・總集類》《皇朝名臣奏議》一百五十卷。丞相沂國忠定公趙汝愚編進。時爲蜀帥。

馬端臨《文獻通考・經籍考・總集》《皇朝名臣奏議》一百五十卷。自序曰：恭惟我宋藝祖開基，累聖嗣業，深仁厚澤，相傳一道。若夫崇建三館，增置諫員，許給舍以封還，責侍從以獻納，復唐轉對之制，設漢方正之科，凡以廣聰明，容受讜直，海涵天覆，日新月益，得人之盛，高掩前古。逮至王安石爲相，務行新法，違衆自用，而患人之莫己從也。於是指老成爲流俗，謂公論爲浮言，屏棄忠良，一時殆盡。自是而後，諂諛之風盛，而朋黨之禍起矣。臣伏覩建隆以來諸臣章奏，考尋歲月，蓋最盛於慶曆、元祐之際，而漸弊於熙寧、紹聖之時。方其盛也，朝廷庶事，微有過差，則上自公卿大夫，下及郡縣小吏，皆得盡言極諫，無所違忌，其議論不已，則至於舉國之士，咸出死力而争之。當是時也，豈無不利於言者？謂其强聒取名，植黨於朝，期以摇動上心。然而聖君賢相，率善遇而優容之，故其治效卓然，士以增氣。及其敝也，朝廷有大黜陟、大政令，至無一人敢議論者。縱或有之，其言委曲畏避，終無以感悟人主之意。而獻諛者，遂以爲内外安静，若無一事可言者矣。殊不知禍亂之機，發於所伏，今尚忍言哉！臣仰惟陛下嘗命館閣儒臣，編類《國朝文鑑》，奏疏百五十六篇，猶病其太略，兹不以臣既愚且陋，復許之盡獻其言，萬幾餘閒，特賜紬繹。推觀慶曆、元祐諸臣，其詞直，其計從，而見效如此；熙寧、紹聖諸臣，其言切，其人放逐，而致禍如彼。然則國家之治亂，言路之通塞，蓋可以鑒矣。

楊士奇等《文淵閣書目・經濟》《宋名臣奏議》一部四十册。完全。

又《宋名臣奏議》一部四十册。殘缺。

又《宋名臣奏議》一部三十二册。完全。

又《宋名臣奏議》一部七册。闕。

又《宋名臣奏議》一部五册。殘缺。

范邦甸等《天一閣書目・詔令奏議類》《宋名臣奏議》一百五十卷。刊本。宋趙汝愚編。淳祐庚戌眉山史季温序曰：「先正丞相忠定福王趙公嚢，嘗編類《國朝名臣奏議》。開端於閩郡，奏書於錦城，亦已上徹乙覽。淳熙至今踰六十年，蜀舊鋟本已燬。公之孫尚書閣學必愿繩武出鎮，嘗命刊刻。未就，適季温以臬事攝郡，捐金命郡文學朱君繼成之。」

王士禛《漁洋書跋》《宋名臣奏議》宋趙忠定公汝愚撰皇朝名臣奏議數百卷。有淳祐庚戌王孫希瀞、眉山史季温二序。忠定乞進奏議劄子一通。時淳熙十三年也。温陵黄氏所藏宋刻本。其自序略云。伏覩建隆以來諸臣。莫盛于慶曆、元祐之際。莫弊于熙寧、紹聖之時。方其盛也。朝廷庶事。微有過差。上自公卿大夫。下及郡縣小吏。皆得盡言極諫。無所諱忌。其論議不已。至於舉國之士。咸出死力以争之。然而聖君賢相。卒善遇而優容之。故其治效卓然。士以增氣。及其弊也。朝廷有大黜陟大政令。至無一人敢論議者。縱或有之。其言委曲畏避。終無以感悟人主之意。而獻諛者。遂以爲内外安静。若無一字可言。殊不知禍亂之機。發于所伏。萬幾餘間。幸賜紬繹。惟觀慶曆、元祐諸臣。其詞直。其計從。而見效如此。熙寧、紹聖諸臣。其言切。其人放逐。而致禍如彼。則言路之通塞。國家之治亂。可以鑒矣。其言可謂深切著明。蓋進書在孝宗時也。及慶元、紹熙間。何澹、劉珏輩僞學之説起。入黨籍者五十有九人。而忠定爲之首。遂貶永州。紹聖之事。不幸再見。可勝歎哉。此書載北宋名臣讜論竑議略備。然如丁謂、邢恕、李清臣、秦檜之流。亦點其間。豈不以人廢言之意歟。

宋朝諸臣奏議

張萱等《内閣藏書目録・奏疏部》《宋朝奏議》三十二册。全。宋淳熙間趙汝愚采摭本朝名臣奏議，冠以君道，附以邊防，皆有《總論》。凡一百五十卷。

又 八册。不全。

又 《國朝奏議》十册。不全。即《宋朝奏議》。

又 《諸臣奏議》四十册。全。即趙汝愚輯。

又 二十八册。不全。

《四庫全書總目提要・詔令奏議類》《諸臣奏議》一百五十卷。浙江巡撫採進本。宋趙汝愚編。前有淳熙十三年劄子，稱嘗備數三館，獲觀祕府四庫所藏，及累朝史氏所載忠臣良士便宜章奏，收拾編綴，殆千餘卷。文字紛亂，疲於檢閲。自假守閩郡，輒因政事之暇，因事爲目，以類分次。而去其複重與不合者，猶餘數百卷，釐爲百餘門。始自建隆，迄於靖康，推尋歲月，粗見本末。若非芟繁舉要，恐勞乙夜之觀。欲更於其間擇其至精至要，尤切於治道者，每繕寫十卷，一次投進。又有淳祐庚戌史季温序，稱其「開端於閩郡，奏書於錦城」。是其經歷歲時，屢經簡汰，乃成是編，故其去取頗不苟。自稱上可以知時事之得失，言路之通塞；下可以備有司之故實，其大旨以備史氏之闕遺，非夸飾也。凡分君道、帝系、天道、百官、儒學、禮樂、賞刑、財賦、兵制、方域、邊防、總議十二門，子目一百一十四。每篇之末，各附注其人所居之官，與奏進之年月，亦極詳核。其奏劄自序及史季温序，皆稱《名臣奏議》，而此本題曰《諸臣奏議》，豈以中有丁謂、秦檜諸人而改其名歟？案《朱子語録》云：「趙子直要分門編奏議。先生曰：『只是逐人編好。因論舊編精義，逐人編自始終有意。今一齊節去，更拆散了，不見其全意矣』云云。今此集仍以門分，不以人分，不用朱子之説。蓋以人而分，可以綜括生平，盡其人之是非得失，爲論世者計也。以事而分，可以參考古今，盡其事之沿革利弊，爲經世者計也。平心而論，汝愚所見者大矣。

彭元瑞等《天禄琳琅書目後編・宋版史部》《諸臣奏議》六函。六十册。宋趙汝愚撰。汝愚字子直，乾道中進士。寧宗朝右丞相，追封福王，謚忠定。書一百五十卷，分十二門，一百一十四子目。始自建隆，迄於靖康。諸臣章、奏、劄子，每篇末附注其人所居之官，奏進之年月。前有淳熙十三年《乞進書劄子》、《進書序》二篇。淳祐庚戌史季温、趙希瀞二《序》。

按：汝愚《進書序》結銜龍圖閣直學士朝散大夫，成都潼川府夔州利州路安撫制置使，兼知成都軍府事兼管内勸農使，充成都府路兵馬都鈐轄祥符縣開國伯食邑九伯户故史李温序云：「開端於閩郡，奏書於錦城。」又云：「蜀舊鋟木已燬，季温以臬事攝郡命，郡文學朱君貔孫繼成之。」是此書蜀刻有兩本，此其再鋟也。季温字子威，青衣人。舉進士寶祐中，官祕書監。曾注《山谷別集》。希瀞，太祖九世孫，見《宗室世系表》。貔孫，浮梁人。淳祐中進士，官吏部尚書。是書在元、明兩朝，凡閲，數家珍藏俱有印記。

張金吾《愛日精廬藏書志・詔令奏議類》《國朝諸臣奏議》一百五十卷。宋淳祐刊本。宋龍圖閣直學士朝散大夫，成都潼川府夔州利州路安撫制置使，兼知成都軍府事，兼管内勸農使，充成都府路兵馬都鈐轄，祥符縣開國伯食邑九百户臣趙汝愚編。是書除此本外，有明會通館活字本，謬誤不可枚舉。如卷四十六《謝泌論宰相樞密接見賓客疏》，卷六十一《傅堯俞再論朱穎士李允恭疏》，此本俱存上半篇。卷一百廿四《蘇轍乞募保甲優等人刺爲禁軍疏》，存首二行。《吕陶論保甲二弊疏》，存下半篇。卷一百三十三《范仲淹論元昊請和不可許者三大可防者三疏》，存首三頁。活字本俱删去，猶可曰以其殘闕而去之。最可異者如卷廿六《司馬光論任人賞罰要在至公名體禮數當自抑損疏》：「恩雖至厚，而人不敢姤者，何也？」「衆人」下此本闕兩頁。活字本於「衆人」下竟直接《傅堯俞上慈聖皇后乞還政疏》「誠贊翌援皇帝於藩邸以繼大統。」卷一百廿四《范純仁乞揀閲保甲疏》「乞並給盤纏赴闕委殿前」下，此本闕兩頁，活字本於「殿前」下，竟直接《王巖叟乞免第四等第五等保丁冬教》及《罷畿内保甲第》二疏「釋然放之也。」不思字句之不貫，不顧文義之隔絶，藉非宋本尚存，奚從訂正其誤。板心内間有注「天德至大刊補」者，蓋宋刊元印之本。闕卷一、卷一百九、卷一百四十四至一百五十共九卷，抄補。

福國忠定趙公以宗臣帥長，樂政成多暇。輯我朝之羣公先正忠言，嘉謀稡爲一編。彙分臚别，冠君道、跗邊防，而以總論脉絡之。凡天人之感通，邪正之區别，内外之修攘，刑賞之懲勸，利害之罷行，官民兵財之機括，禮樂刑政之綱目，靡所不載。至蜀，書成上之。乙覽諴莖律吕之相，宣奎璧光芒之胥映，蓋與臯益、伊傅之所陳者，闃宇宙同關鍵。於以見羣賢之納約自牖，知無不言。列聖之大度無我從諫如流者也。

趙忠定公奏議

楊士奇等《文淵閣書目・經濟》《趙忠定公奏議》一部十册。完全。

鄭魯公曆官表奏

黄虞稷《千頃堂書目・表奏類・補宋》 鄭僑《鄭魯公曆官表奏》十卷。

倪燦等《宋史藝文志補・表奏類》 鄭僑《鄭魯公曆官表奏》十卷。

彭龜年内治聖鑑

楊士奇等《文淵閣書目・經濟》《彭龜年内治聖鑑》一部十册。闕。

又《彭龜年内治聖鑑》一部十册。闕。

朱子經濟文衡

楊士奇等《文淵閣書目・經濟》《朱子經濟文衡》一部六册。闕。

楊萬里論策

楊士奇等《文淵閣書目・經濟》《楊萬里論策》一部一册。闕。

崔清獻公奏劄

高儒《百川書志・章奏》《崔清獻公奏劄》四卷。宋崔與之正子撰。

黄虞稷《千頃堂書目・表奏類・補宋》 崔與之《崔清獻公奏議》四卷。

倪燦等《宋史藝文志補・表奏類》《崔與之奏議》四卷。

楊士奇等《文淵閣書目・經濟》《崔菊坡奏疏》一部三册。完全。

尹和靖奏劄

高儒《百川書志・章奏》《尹和靖奏劄》一卷。宋徽猷閣待制河南尹焞彦明撰。

東南銷患書

王圻《續文獻通考·經籍考·章表》《東南銷患書》一卷。高準著。準字平一，寧德人。乾道間，虞允文當國，準上此書。因請使北虜，伺其虛實，爲録以獻，并言恢復大要。允文已去位，朝廷欲授以官，不就。

李祭酒奏議

陳振孫《直齋書録解題·章奏類》《李祭酒奏議》一卷。國子祭酒錫山李祥元德撰。慶元初論救趙忠定得罪者。

馬端臨《文獻通考·經籍考·章奏》《李祭酒奏議》一卷。

劉顔輔弼名對

尤袤《遂初堂書目·總集類》《輔弼名對》。

楊士奇等《文淵閣書目·經濟》《劉顔輔弼名對》一部四册。闕。

本朝羣公奏議節要

尤袤《遂初堂書目·總集類》《本朝羣公奏議節要》。

唐賢長表

尤袤《遂初堂書目·總集類》《唐賢長表》。

唐人類啟

尤袤《遂初堂書目·總集類》《唐人類啟》。

《宋史·藝文志·總集類》《重編類啓》十卷。[集者不知名。]

龍筋鳳髓判

尤袤《遂初堂書目·總集類》《龍筋鳳髓判》。

于敏中等《天禄琳琅書目·宋版集部》《龍筋鳳髓判》二函，二册。唐張鷟著，二卷，後附《唐書》列傳節文。按：此書載於《文獻通考》者稱爲十卷，今止二卷，蓋因書僅百題，故後人翻刻，遂爲省併也。晁公武《讀書志》謂鷟嘗八中制科，此其書判。陳振孫《書録解題》謂百題皆待選豫備之具。而洪邁《容齋隨筆》譏其蔽罪議法不能深切，則此書崖略，概可見矣。書末節録《唐書》，乃張薦傳文。以鷟爲薦祖，傳中兼叙其始末也。

陳模東宮備覽

楊士奇等《文淵閣書目·經濟》《陳模東宮備覽》一部一册。完全。

國之材青宮備覽

楊士奇等《文淵閣書目·經濟》《國之材青宮備覽》一部三册。殘缺。

宋名臣經濟録

楊士奇等《文淵閣書目・經濟》《宋名臣經濟録》一部十六册。殘缺。

宋名臣經濟録續編

楊士奇等《文淵閣書目・經濟》《宋名臣經濟録續編》一部三册。闕。

宋朝名臣經濟奏議

趙希弁《讀書附志・總集類》《皇朝名臣經濟奏議》一百五十卷。右淳熙中趙忠定帥蜀時所進也。一君道,二帝繫,三天道,四百官,五儒學,六禮樂,七賞刑,八財賦,九兵政,十方域,十一邊防,十二總議。自建隆迄靖康,推尋歲月,槩見本末,忠定自序於前。紹熙之末,忠定有定策功,爲侂胄誣貶,久而論定,賜謚追王,配食寧廟。游侣誌其神道之碑,御篆額曰「宗老元勛」云。

中興六臣進策

趙希弁《讀書附志・總集類》《中興六臣進策》十二卷。右紹興五年,前宰執吕頤浩、李綱、汪伯彦、李邴、張守、王綯,韓肖胄答詔旨所問戰守方略之策也。

掖垣奏議

王圻《續文獻通考・經籍考・章表》《掖垣奏議》,俞烈著。

倪思奏議

《宋史・藝文志・别集類》《倪思奏議》二十六卷。

歷官表奏

《宋史・藝文志・别集類》倪思《歷官表奏》十卷。

翰林奏草

《宋史・藝文志・别集類》倪思《翰林奏草》一卷。

翰林前藁

《宋史・藝文志・别集類》倪思《翰林前藁》二十卷。

翰林後藁

《宋史・藝文志・别集類》倪思《翰林後藁》二卷。

齊齋奏議

陳振孫《直齋書録解題・章奏類》《齊齋奏議》三十卷。倪思撰。

馬端臨《文獻通考・經籍考・章奏》《齊齋奏議》三十卷。

掖垣繳論

陳振孫《直齋書録解題・章奏類》《掖垣繳論》四卷。倪思撰。

馬端臨《文獻通考・經籍考・章奏》《掖垣繳論》四卷。

宋掖垣詞草

楊士奇等《文淵閣書目・經濟》《宋掖垣詞草》一部四册。闕。塾本一册。

銀臺章奏

陳振孫《直齋書録解題・章奏類》《銀臺章奏》五卷。倪思撰。

馬端臨《文獻通考・經籍考・章奏》《銀臺章奏》五卷。

臺諫論

陳振孫《直齋書録解題・章奏類》《臺諫論》二卷。倪思撰。

馬端臨《文獻通考・經籍考・章奏》《臺諫論》二卷。

昆命元龜説

陳振孫《直齋書録解題・章奏類》《昆命元龜説》一卷。倪思撰。

馬端臨《文獻通考・經籍考・章奏》《昆命元龜説》一卷。

中興諸臣奏議

《宋史・藝文志・總集類》李壁《中興諸臣奏議》四百五十卷。

王圻《續文獻通考・經籍考・章表》《中興奏議》李壁著。

劉甲奏議

王圻《續文獻通考・經籍考・章表》《劉甲奏議》十卷。甲，贇之裔，徙居龍遊。淳熙中進士。

十箴

王圻《續文獻通考・經籍考・章表》《十箴》一卷。徐鳳著。字子儀，浦城人。寧宗、理宗朝，出入翰苑，屢進嘉猷。

屯田詳議

王圻《續文獻通考・經籍考・章表》《屯田詳議》二十二篇。方有開著。淳安人，仕爲淮西運判。

方公奏議

王圻《續文獻通考・經籍考・章表》《方公奏議》五卷方有開著。淳安人，仕爲淮西運判。

吴芾表奏

王圻《續文獻通考·經籍考·章表》《吴芾表奏》五卷。芾,仙居人。舉進士,累官侍御史,有直聲。遷禮部侍郎,以龍圖閣直學士致仕。爲文豪健峻整,有《詩文》三十卷。

皇谷奏議·皇谷講義·鹽楮議□稿

王圻《續文獻通考·經籍考·章表》《皇谷奏議·皇谷講義·鹽楮議□稿》豊城徐鹿卿著。

杜右相奏稿·外制經筵講議

王圻《續文獻通考·經籍考·章表》《杜右相奏稿·外制經筵講義》共三十餘卷。杜範著。黄岩人,受學朱熹。嘉定初進士,調金壇尉,累遷監察御史。知無不言。後拜右丞相,連上十二事,盡革舊弊。

兩朝奏議·經筵講議

王圻《續文獻通考·經籍考·章表》《兩朝奏議·經筵講義》,陳宗禮著。

經筵口奏故事

王圻《續文獻通考·經籍考·章表》《經筵口奏故事》,葉味道著。

趙崇嶓奏議

王圻《續文獻通考·經籍考·章表》《趙崇嶓奏議》。南豊人。嘉定間爲石城令,官至朝散大夫。

罪言

王圻《續文獻通考·經籍考·章表》《罪言》三十篇。李郛著。

姚逢原奏稿

王圻《續文獻通考·經籍考·章表》《姚逢原奏稿》。逢原名希得。

顔氏奏議

王圻《續文獻通考·經籍考·章表》《顔氏奏議》,顔棫著。

西掖藁·諫垣存藁

王圻《續文獻通考·經籍考·章表》《西掖藁·諫垣存藁》晉江楊炳著。

批鱗十三策

王圻《續文獻通考·經籍考·章表》《批鱗》十三策。蔡孝恭著。元道四世孫。博文強記，以賢良薦，上《批鱗》十三策。至京師，或謂合謁當路。孝恭曰：「以嫵媚取科第，吾不能也。」遂歸不仕。

批鱗稿

王圻《續文獻通考・經籍考・章表》《批鱗稿》五十篇。朱景文著。清江人。自少俊邁傑出，讀書過目不忘。爲文頃刻立就，雄贍豪爽。

楊通老奏議

王圻《續文獻通考・經籍考・章表》《楊通老奏議》。楊楫，字通老，長溪人。師事朱文公，爲高弟。與楊方、楊簡號「三楊」。官湖廣提刑、江西運判，卒祀於學。

太平策要

王圻《續文獻通考・經籍考・章表》《太平策要》，鄧考甫著。凡二百五十餘篇。

經筵講義　端平廟議　翰林詞草

王圻《續文獻通考・經籍考・章表》《經筵講義》、《端平廟議》、《翰林詞草》俱真德秀著。

淡軒代庖集　骨鯁集　前後奏議　資政十論　古鑑録

王圻《續文獻通考・經籍考・章表》《淡軒代庖集》、《骨鯁集》、《前後奏議》、《資政十論》、《古鑑録》，龍溪余嘉著。其《古鑑録》上光宗，力沮和議者也。

劉文簡奏議文稾

王圻《續文獻通考・經籍考・章表》《劉文簡奏議文稾》，劉爚著。

儲鑑奏議

王圻《續文獻通考・經籍考・章表》《儲鑑奏議》，吴昌裔著。裔舉嘉定進士，歷官監察御史。遇事敢言。

世要機務　芻蕘策

王圻《續文獻通考・經籍考・章表》《世要機務》十卷，《芻蕘策》十卷。史通著。通，青神人，以文學知名。歷官通州尉磐石令，有古循吏風。

端平奏議

王圻《續文獻通考・經籍考・章表》《端平奏議》，鄭性之著。嘉定四年進士第一。

經筵講義

王圻《續文獻通考・經籍考・章表》《經筵講義》，洪天錫著。

三諫集録

王圻《續文獻通考・經籍考・章表》《三諫集録》，林宗放著。

滕公諫疏

王圻《續文獻通考・經籍考・章表》《滕公諫疏》二十餘篇。滕宗諒著。

奏議叢璧

王圻《續文獻通考・經籍考・章表》《奏議叢璧》，孔元龍著。

趙進士奏議

王圻《續文獻通考・經籍考・章表》《趙進士奏議》。嘉定十六年進士，南豐趙崇璠著。

内外制奏議　奉常議　掖垣繳奏　金華講義進故事

王圻《續文獻通考・經籍考・章表》《内外制奏議》、《奉常議》、《掖垣繳奏》、《金華講義進故事》，程公許著。

南京籌邊

王圻《續文獻通考・經籍考・章表》《南京籌邊》十八篇。魯三英著。

左史諫草

《四庫全書總目提要・詔令奏議類》《左史諫草》一卷。兩淮馬裕家藏本。宋吕午撰。午字伯可，歙縣人。嘉定四年進士，官至起居郎，右文殿修撰，知漳州。事蹟具《宋史》本傳。是編凡奏議六首，後附其子沆奏議一首。後又附載家傳詩文之類，最後載吕氏節女事，皆因家傳附編者也。午兩爲諫官，以風節自勵，知無不言。理宗嘗稱其議論甚明切，又謂其論邊事甚好。此六疏皆理宗嘉熙二年所上，雖篇數無多，而宋末時事頗可考見。其論宋宰相臺諫之弊，尤極詳悉。其子沆一疏，并方回所爲午及沆傳，亦多與《宋史》本傳可以相證。回稱午文集名《竹坡類稾》，是午本有全集而今佚之。兹六疏蓋存於散軼之餘者。其他遺文則頗散見於《新安文獻志》諸書中云。

龍升之中興政要

楊士奇等《文淵閣書目・經濟》《龍升之中興政要》一部十四冊。闕。

章公權進卷

楊士奇等《文淵閣書目・經濟》《章公權進卷》一部一册。闕。

牟清忠公奏議

楊士奇等《文淵閣書目・經濟》《牟清忠公奏議》一部三册。完全。

王圻《續文獻通考・經籍考・章表》《牟氏奏議》，牟子才著。

張萱等《内閣藏書目録・奏疏部》《牟清忠公奏議》三册。全。宋淳祐間牟子才著。元至順中編修程端學序刻。

黄虞稷《千頃堂書目・表奏類・補宋》牟子才《牟忠清公奏議》十卷。三册。元至順中程端學序。

倪燦等《宋史藝文志補・表奏類》《牟子才奏議》十卷。

庸齋瑣闥集

張萱《内閣藏書目録・奏疏部》《庸齋瑣闥集》一册。全。宋宗室趙汝騰章奏。

黄虞稷《千頃堂書目・表奏類・補宋》趙汝騰《庸齋瑣闥集》□卷。一册。

倪燦等《宋史藝文志補・表奏類》趙汝騰《庸齋瑣闥集》一卷。

楊士奇等《文淵閣書目・經濟》《趙庸齋瑣闥集》一部十册。完全。

庸齋表箋

張萱等《内閣藏書目録・奏疏部》《庸齋表箋》一册。全。趙汝騰。

黄虞稷《千頃堂書目・表奏類・補宋》趙汝騰《庸齋表箋》□卷。一册。

倪燦等《宋史藝文志補・表奏類》趙汝騰《庸齋表箋》一卷。

楊士奇等《文淵閣書目・經濟》《趙庸齋表箋》一部一册。完全。

蛟峰奏劄

黄虞稷《千頃堂書目・表奏類・補宋》方逢辰《蛟峰奏劄》一卷。

倪燦等《宋史藝文志補・表奏類》方逢辰《蛟峯奏劄》一卷。

高儒《百川書志・章奏》《蛟峯奏劄》一卷。宋淳祐狀元淳安方逢辰撰。

趙丞相奏稾

黄虞稷《千頃堂書目・表奏類・補宋》趙順孫《趙丞相奏稾》□卷。

遠齋遺文

黄虞稷《千頃堂書目・表奏類・補宋》《遠齋遺文》一卷。不知名字，條上時政二十事。

倪燦等《宋史藝文志補・表奏類》《遠齋遺文》一卷。失名。條上時政二十事。

樓山奏議

黄虞稷《千頃堂書目・表奏類・補宋》《樓山奏議》六卷。宋端平間人。不知姓氏。

倪燦等《宋史藝文志補・表奏類》《樓山奏議》六卷。宋端平間人，不知姓氏。

楊士奇等《文淵閣書目·經濟》《樓山奏議》一部三册。完全。

趙韓王諫藁

尤袤《遂初堂書目·章奏類》《趙韓王諫藁》。

王元之奏議

尤袤《遂初堂書目·章奏類》《王元之奏議》。

田錫奏議

尤袤《遂初堂書目·章奏類》《田錫奏議》。

《宋史·藝文志·別集類》《田錫奏議》二卷。

田表聖奏議

《四庫全書總目提要·詔令奏議類存目》《田表聖奏議》一卷。浙江范懋柱家天一閣藏本。宋田錫撰。錫字表聖，其先京兆人，唐末，徙蜀之洪雅。登太平興國三年進士，官至諫議大夫。事蹟具《宋史》本傳。其《奏議》見於《宋史·藝文志》者二卷，已久散佚。此本乃明給事中安磐所搜輯，共得奏疏十四篇，附以錫所作箴、序二篇，本傳及墓誌銘二篇。世所傳《咸平集》，今尚有傳本，凡是編所録者，已具載集中。磐蓋未見其書，故復爲裒輯。焦竑《國史經籍志》載錫《奏議》一卷，與《宋史》不合，蓋亦僅據此本也。

田錫章疏別集

尤袤《遂初堂書目·章奏類》《田錫章疏別集》。

龐莊敏奏議

尤袤《遂初堂書目·章奏類》《龐莊敏奏議》。

賈魏公奏議

尤袤《遂初堂書目·章奏類》《賈魏公奏議》。

孫威明奏議

尤袤《遂初堂書目·章奏類》《孫威明奏議》。

余襄公諫草

尤袤《遂初堂書目·章奏類》《余襄公諫草》。

《宋史·藝文志·別集類》余靖《諫草》三卷。

余襄公判詞

尤袤《遂初堂書目·總集類》《余襄公判詞》。

歷代確論

陳振孫《直齋書録解題・總集類》《歷代確論》一百一卷。不知何人集。自三皇、五帝以及五代，凡有論述者，隨世代編次。

馬端臨《文獻通考・經籍考・總集》《歷代確論》一百一卷。

錢謙益等《絳雲樓書目・論策》《歷代名賢確論》一百一卷。

五巖叟大名餘藁

尤袤《遂初堂書目・章奏類》《王巖叟大名餘藁》。

奏　議

尤袤《遂初堂書目・章奏類》王巖叟《奏議》。

梁燾奏議

尤袤《遂初堂書目・章奏類》《梁燾奏議》。

王荆公奏議

尤袤《遂初堂書目・章奏類》《王荆公奏議》。

高儒《百川書志・章奏》《荆公奏議》宋荆公王安石介甫撰。

吕晉伯奏議

晁公武《郡齋讀書志・别集類》《吕晉伯奏議》十卷。右皇朝吕大忠字晉伯，藍田人，汲公之兄。皇祐中進士，除檢詳樞密院吏房文字，爲河北轉運判官。累遷寶文閣直學士，三帥秦鳳。晉伯博極羣書，爲文尚理致，有益於用，章奏皆親爲文。

吕汲公奏議

尤袤《遂初堂書目・章奏類》《吕汲公奏議》。

文潞公奏議

尤袤《遂初堂書目・章奏類》《文潞公奏議》。

劉忠肅奏議

尤袤《遂初堂書目・章奏類》《劉忠肅奏議》。

韓持國奏議

尤袤《遂初堂書目・章奏類》《韓持國奏議》。

蘇文忠奏議

尤袤《遂初堂書目・章奏類》《蘇文忠奏議》。

《宋史・藝文志・別集類》 蘇軾《奏議》十五卷。

應詔集

《宋史・藝文志・別集類》 蘇軾《應詔集》十卷。

蘇黄門奏議

尤袤《遂初堂書目・章奏類》《蘇黄門奏議》。

應詔集

《宋史・藝文志・別集類》 蘇轍《應詔集》十卷。

高儒《百川書志・章奏》《應詔》七卷。宋文忠公眉山蘇軾子瞻撰。

曾子開奏議

晁公武《郡齋讀書志・別集類》《曾子開奏議》十二卷。右皇朝曾肇字子開，子固之弟也。登進士第。元祐中，爲中書舍人。元符末，再入西掖，遂爲翰林學士。前後歷陳、潁、宋、泰、海、和、金陵、真、定九郡帥守。坐兄子宣貶，亦以散官汀州安置。崇寧末，移台州，居京口而終。封曲阜侯。

尤袤《遂初堂書目・章奏類》《曾子開奏議》。

《宋史・藝文志・別集類》《曾肇奏議》十二卷。

趙瞻奏議

尤袤《遂初堂書目・章奏類》《趙瞻奏議》。

《宋史・藝文志・別集類》《趙瞻奏議》十卷。

陳次升奏議

尤袤《遂初堂書目・奏議》《陳次升奏議》。

讜論集

《四庫全書總目提要・詔令奏議類》《讜論集》五卷。永樂大典本。宋陳次升撰。次升字當時，興化仙遊人。熙寧六年第進士，知安邱縣，以薦爲監察御史，提點淮南、河東刑獄，入爲殿中侍御史，進左司諫，貶南安軍監酒稅。徽宗立，召還，爲右諫議大夫，復除名，編管循州，政和中復舊職，卒。事蹟具《宋史》本傳。次升爲太學諸生時，即斥王安石《字説》爲秦學，坐是屏棄，通籍後三居言責，建議鯁切，爲時所憚。其最大者在止吕惠卿之使嶺南，劉安世謂其大有功於元祐諸臣。至其彈劾章惇、蔡京、蔡卞、曾布諸疏，尤爲明白痛切，聳動耳目。雖其根株不能盡拔，卒爲所中，以致垂老投荒，而剛直之氣，凛然猶可想見。本傳載所陳前後凡十餘事，皆有關於賢姦消長，政治得失之故，爲他人所不敢發。而謂其他所言曾肇、王覿、黄庭堅、賈易、李昭玘、吕希哲、范純禮、蘇軾等公議或不謂然。今即集中所存諸疏觀之，其論王覿也，以曾布所善；其論曾肇也，以布之至親；其論吕希哲也，亦以韓忠彦之親；其論范純禮也，以對遼使誤犯御名，事各有因，與曲加指摘者不同。且是是非非，雖當代清流亦不肯稍存假借。此正其破除成見，毫無黨同伐異之私。

作史者乃以門户之局爲次升之病，謬之甚矣。是集爲次升兄子南安丞安國所編，取哲宗顧問之語以名之。所録奏疏凡二百七篇，久佚不傳，惟《永樂大典》中頗散見其篇題。採掇編次，共得八十六篇。又於《歷代名臣奏議》中增補三十篇，較諸原本所存，僅什之五六。然昌言偉論，爲史册所未載者，尚可考見其梗概。謹考證時事，次第先後，釐爲五卷。而以行實一篇，附於卷末，庶讀史者得以參證焉。

常安民紹聖諫疏

尤袤《遂初堂書目・章奏類》《常安民紹聖諫疏》。

孫升元祐諫疏

尤袤《遂初堂書目・章奏類》《孫升元祐諫疏》。

《宋史・藝文志・總集類》《元祐密疏》一卷。

上官均奏議

尤袤《遂初堂書目・章奏類》《上官均奏議》。

《宋史・藝文志・別集類》《上官均奏議》十卷。

蔡敏肅奏議

尤袤《遂初堂書目・章奏類》《蔡敏肅奏議》。

江民表奏議

尤袤《遂初堂書目・章奏類》《江民表奏議》。

鄒忠公奏議

尤袤《遂初堂書目・章奏類》《鄒忠公奏議》。

蔡韜臺章

尤袤《遂初堂書目・章奏類》《蔡韜臺章》。

劉孝肅奏議

尤袤《遂初堂書目・章奏類》《劉孝肅奏議》。

張天覺奏議

尤袤《遂初堂書目・章奏類》《張天覺奏議》。

錢彦遠諫垣集

尤袤《遂初堂書目・章奏類》《錢彦遠諫垣集》。

《宋史・藝文志・別集類》 錢彦遠《諫垣集》三十卷。

王圻《續文獻通考・經籍考・章表》 《諫垣集》，趙彦達著。

諫垣遺稿

《宋史・藝文志・別集類》 錢彦遠《諫垣遺藁》五卷。

王圻《續文獻通考・經籍考・章表》 《諫垣遺稿》，趙彦達著。

張芸叟奏議

尤袤《遂初堂書目・章奏類》 《張芸叟奏議》。

晁公武《郡齋讀書志・別集類》 張浮休《奏議》十卷。右皇朝張舜民芸叟，邠州人。慶曆中，范仲淹帥邠，見其文，異之。用温公薦爲諫官，仕至吏部侍郎。後竄置房陵。政和中卒。其文豪重有理致，而最刻意於詩。晚年爲樂府百餘篇，自序稱「年踰耳順，方敢言詩，百世之後，必有知音者」云。自號浮休先生。唐張鷟稱浮休子，芸叟蓋襲之。

錢安道奏議

尤袤《遂初堂書目・章奏類》 《錢安道奏議》。

董令升奏議

尤袤《遂初堂書目・章奏類》 《董令升奏議》。

劉待制諫草

尤袤《遂初堂書目・章奏類》 《劉待制諫草》。

傅先生奏議

尤袤《遂初堂書目・章奏類》 《傅先生奏議》。

林子中奏議

尤袤《遂初堂書目・章奏類》 《林子中奏議》。

林文中奏議　外制文集

王圻《續文獻通考・經籍考・章表》 《林文中奏議・外制文集》三十卷。林文中，永康人，紹興末進士。寧宗時，由臺諫歷官僉書樞密院事。

林栗奏議

《宋史・藝文志・別集類》 《林栗奏議》五卷。

鐵肝御史奏議

尤袤《遂初堂書目・章奏類》 《鐵肝御史奏議》。

吕居仁奏議

尤袤《遂初堂書目·章奏類》《吕居仁奏議》。

吕東萊集歷代奏議

楊士奇等《文淵閣書目·經濟》《吕東萊集歷代奏議》一部二册。闕。

宋名臣奏議

錢謙益等《絳雲樓書目·奏議類》宋板《宋名臣奏議》。十卷。凡二百篇。吕成公編。成公又編《歷代奏議》。又趙忠定編《皇朝名臣奏議》一百五十卷。

李伯紀奏記

尤袤《遂初堂書目·章奏類》《李伯紀奏記》。

張全真奏議

尤袤《遂初堂書目·章奏類》《張全真奏議》。

蘇季真奏議

尤袤《遂初堂書目·章奏類》《蘇季真奏議》。

章且叟奏議

尤袤《遂初堂書目·章奏類》《章且叟奏議》。

劉大中奏議

尤袤《遂初堂書目·章奏類》《劉大中奏議》。

趙忠簡奏議

尤袤《遂初堂書目·章奏類》《趙忠簡奏議》。

林待聘奏議

尤袤《遂初堂書目·章奏類》《林待聘奏議》。

霍叔豹奏議

尤袤《遂初堂書目·章奏類》《霍叔豹奏議》。

曾元忠奏議

尤袤《遂初堂書目·章奏類》《曾元忠奏議》。

石侍御風憲集

尤袤《遂初堂書目・章奏類》《石侍御風憲集》。

張魏公奏議

尤袤《遂初堂書目・章奏類》《張魏公奏議》。

楊士奇等《文淵閣書目・經濟》《張魏公奏議》一部十二册。完全。

范元長奏議

尤袤《遂初堂書目・章奏類》《范元長奏議》。

分門名臣奏議

尤袤《遂初堂書目・章奏類》《分門名臣奏議》。

骨鯁奏議

尤袤《遂初堂書目・章奏類》《骨鯁奏議》。

三老奏議

尤袤《遂初堂書目・章奏類》《三老奏議》。

《宋史・藝文志・總集類》程九萬《三老奏議》七卷。

宋傅范劉三老奏議

楊士奇等《文淵閣書目・經濟》《宋傅范劉三老奏議》一部十册。完全。

元祐章疏

尤袤《遂初堂書目・章奏類》《元祐章疏》。

建炎以來章疏

尤袤《遂初堂書目・章奏類》《建炎以來章疏》。

戊午讜議

尤袤《遂初堂書目・章奏類》《戊午讜議》。

吴執中奏議

尤袤《遂初堂書目・章奏類》《吴執中奏議》。

陳公輔奏議

尤袤《遂初堂書目・章奏類》《陳公輔奏議》。

王圻《續文獻通考・經籍考・章表》《陳公輔奏議》十二卷。公輔，臨海人。政和二年上舍及第，官至禮部侍郎。

王韶熙河奏議

尤袤《遂初堂書目・章奏類》《王韶熙河奏議》。

《宋史・藝文志・别集類》《王韶奏議》六卷。

馬仲塗奏議

尤袤《遂初堂書目・章奏類》《馬仲塗奏議》。

劉隨諫草

尤袤《遂初堂書目・章奏類》《劉隨諫草》。

《宋史・藝文志・别集類》《劉隨諫草》二十卷。

類編陳言文字

黄虞稷《千頃堂書目・表奏類・補金》完顏綱《類編陳言文字》二十卷。

倪燦等《補遼金元藝文志・表奏類・金》［金］完顏綱《類編陳言文字》二十卷。

陳規章奏

龔顯曾《金藝文志補録・附雜著類》《陳規章奏》。

許古章奏

龔顯曾《金藝文志補録・附雜著類》《許古章奏》。

諫表韓昉集

龔顯曾《金史藝文志補録・附雜著類》《諫表韓昉集》金源郡王完顏勖。

便宜十事書

龔顯曾《金史藝文志補録・附雜著類》《便宜十事書》劉炳。

太平金鏡策

楊士奇等《文淵閣書目・經濟》趙天麟《太平金鏡策》一部一册。闕。

黄虞稷《千頃堂書目・表奏類・補元》趙天麟《太平金鏡策》八卷。東平人，世祖時以布衣進是策，論國事切於當時。

倪燦等《補遼金元藝文志・表奏類・元》元趙天麟《太平金鏡策》八卷。東平人，世祖時以布衣進是策，切於時事。

又 趙天麟《太平金鏡策》一部一册。闕。

太平策

黄虞稷《千頃堂書目・表奏類・補元》鄭介夫《太平策》字以吾，開化人，成宗時宿衛禁中。覽時政缺遺，疏《太平策》，凡一綱二十目，成宗嘉之，授雷陽教授，後官金陵丞。

倪燦等《補遼金元藝文志・表奏類・元》 鄭介夫《太平策》。字以吾，開化人。凡一綱二十目，成宗覽而嘉之，授雷陽教授，後官金谿丞。

水利文集

張萱等《内閣藏書目録・聖制部》 《水利文集》十册。全。元大德間，都水少監任仁發，以吴松江故道湮塞震澤汎濫爲浙西害，乃上疏條利病疏導之法，凡十卷。

又 《水利文集》七册。不全。

吕助教萬言策

楊士奇等《文淵閣書目・經濟》 《吕助教萬言策》一部一册。闕。

又 《吕助教萬言策》一部一册。闕。

烏臺筆補

黄虞稷《千頃堂書目・表奏類・補元》 王惲《烏臺筆補》。

倪燦等《補遼金元藝文志・表奏類・元》 王惲《烏臺筆補》。

中興濟治策

黄虞稷《千頃堂書目・表奏類・補元》 卜天璋《中興濟治策》二十篇。文宗天曆二年表上。

倪燦等《補遼金元藝文志・表奏類・元》 卜天璋《中興濟治策》二十篇。文宗天曆二年表上。

馬祖常章疏

高儒《百川書志・章奏》 馬石田《章疏》一卷。元文貞公御史中丞浚儀馬祖常伯庸撰。

黄虞稷《千頃堂書目・表奏類・補元》 《馬祖常章疏》一卷。

倪燦等《補遼金元藝文志・表奏類・元》 《馬祖常章疏》一卷。

松廳章疏

黄虞稷《千頃堂書目・表奏類・補元》 蘇天爵《松廳章疏》五卷。

倪燦等《補遼金元藝文志・表奏類・元》 蘇天爵《松廳章疏》五卷。

吴明定本萬言策

黄虞稷《千頃堂書目・表奏類・補元》 《吴明定本萬言策》大同人，國子助教。

倪燦等《補遼金元藝文志・表奏類・元》 《吴明定本萬言策》大同人，國子助教。

張明卿政事書

黄虞稷《千頃堂書目・表奏類・補元》 《張明卿政事書》一卷。

倪燦等《補遼金元藝文志・表奏類・元》 《張明卿政事書》一卷。

趙順孫奏稿

倪燦等《補遼金元藝文志·表奏類·元》 《趙順孫奏稿》。

忠告

王圻《續文獻通考·經籍考·章表》 《忠告》三卷。元泰定時，張養浩爲御史中丞。所奏一曰《廟堂忠告》，二曰《風憲忠告》，三曰《牧民忠告》。

奏議塞責稿

王圻《續文獻通考·經籍考·章表》 《奏議塞責稿》，成遵著。遵字誼叔，穰人。幼敏悟，讀書日記數千言，元統初舉進士。

孫良禎奏議

王圻《續文獻通考·經籍考·章表》 《孫良禎奏議》若干卷。烏古孫良禎著。

危太樸奏議

王圻《續文獻通考·經籍考·章表》 《危太樸奏議》二卷。金溪危素著。至正中以文鳴天下，所著俱藏於家。嘗修后妃、功臣《傳》。又以和寧爲太祖開基之地請於朝，作《和寧志》。又順帝知公問學淵深，命註《爾雅》，校《君臣政要》。

先賢奏議玉府

王圻《續文獻通考·經籍考·章表》 《先賢奏議玉府》，危稹編。

先賢奏議藥山

王圻《續文獻通考·經籍考·章表》 《先賢奏議藥山》，危稹編。

太平直言

楊士奇等《文淵閣書目·經濟》 董論《太平直言》一部一册。完全。塾本。董倫。

張萱等《内閣藏書目録·奏疏部》 《太平直言》一册。全。鈔本。洪武十八年贊善董儒上。

黄虞稷《千頃堂書目·表奏類》 董儒《太平直言》一卷。洪武十八年儒官太子贊善上於朝。

解學士奏議

黄虞稷《千頃堂書目·表奏類》 解縉《解學士奏議》一卷。

國泰民安策

張萱等《内閣藏書目録·奏疏部》 《國泰民安策》一册。洪熙元年，蘇州府同知張徵撰進。

黄虞稷《千頃堂書目・表奏類》 張徽《國泰民安策》一卷。洪武元年，官蘇州府同知撰進。

王暹奏議

黄虞稷《千頃堂書目・表奏類》 《王暹奏議》二十卷。字景陽，山陰人。永樂戊戌進士，右都御史。

《明史・藝文志・别集類》 《王暹奏議》二十卷。

孫公奏議

黄虞稷《千頃堂書目・表奏類》 孫原貞尚書《孫公奏議》八卷。

《明史・藝文志・别集類》 《孫原貞奏議》八卷。

何文淵鈍庵奏議

黄虞稷《千頃堂書目・表奏類》 《何文淵鈍庵奏議》一卷。

《明史・藝文志・别集類》 《何文淵奏議》一卷。

陳泰奏議

黄虞稷《千頃堂書目・表奏類》 《陳泰奏議》十卷。邵武人。永樂癸卯舉人，漕運都御史。

憲臺奏議

黄虞稷《千頃堂書目・表奏類》 軒輗《憲臺奏議》四卷。

《明史・藝文志・别集類》 《軒輗奏議》四卷。

吴琛奏議

黄虞稷《千頃堂書目・表奏類》 《吴琛奏議》十二卷。繁昌人。景泰辛未進士，官兩廣都御史。

李昂奏議

黄虞稷《千頃堂書目・表奏類》 《李昂奏議》三卷。字文舉，仁和人。

楊鼎奏議

黄虞稷《千頃堂書目・表奏類》 《楊鼎奏議》五卷。陝西人。太子少保，户部尚書。

《明史・藝文志・别集類》 《楊鼎奏議》五卷。

商文毅公奏議

黄虞稷《千頃堂書目・表奏類》 商輅《商文毅公奏議》一卷。

《明史・藝文志・别集類》 《商輅奏議》一卷。

《四庫全書總目提要・詔令奏議類》《商文毅疏稾略》一卷。浙江范懋柱家天一閣藏本。明商輅撰。輅字宏載，淳安人。正統乙丑進士第一，官至吏部尚書，謹身殿大學士，卒謚文毅。事蹟具《明史》本傳。是集爲其子侍講良年所編。後有其孫汝頣跋，稱「輅《素庵文集》凡數十卷，兩遭回禄，悉爲煨燼。幸此卷獨存，因鋟諸梓」云云。此本爲天一閣所鈔，則刊版又佚矣，其偶傳者幸也。所載奏疏凡三十三篇。《明史》所載景泰時請清理塞上軍田，招集開封、鳳陽諸處流民。成化時首陳八事，及辯林誠之誣，請皇太子視紀妃疾。弭災八事，劾西廠太監汪直諸疏，今皆在集中。惟劾汪直一疏，史載列直十一罪，而不言其目。此集所載乃止十條，或爲傳寫佚脱一條，抑或史文誤衍一字歟？又邊務一疏，凡言二事。其一論養軍莫善於屯田。若不屯田，雖傾府庫之財，竭軍民之力，不能使邊城充實。宜禁勢豪侵佔，令邊軍分二班耕種。非專言清理官田。史但稱覈還之軍，未盡其實。其一論守邊爲上，守關次之。若徒守京城，最爲下策。不宜全調保定等處精鋭官軍備禦京城，而以紫荆、倒馬諸要隘委之輪撥京兵，致望風先潰。其言尤深中明代之弊。史削而不載，亦刪除過當。是集所載，乃其全文，尤足以補史闕也。

奏對録

《四庫全書總目提要・詔令奏議類存目》《奏對録》一卷。浙江巡撫採進本。明楊士奇撰。皆其正統初在内閣所上奏疏，凡十九篇。多關係軍國大計，已載入《東里别集》中，此其單行之本也。

西垣奏草

黄虞稷《千頃堂書目・表奏類》 葉盛《西垣奏草》九卷。

邊奏存藁

黄虞稷《千頃堂書目・表奏類》 葉盛《邊奏存藁》七卷。

兩廣奏草

黄虞稷《千頃堂書目・表奏類》 葉盛《兩廣奏草》十六卷。

《四庫全書總目提要・詔令奏議類存目》《兩廣奏草》十六卷。江西巡撫採進本。明葉盛撰。已載入所著《奏議》中。據卷首嘉靖辛亥張寰序，稱盛「著作頗多，其子若孫已刻之家塾。獨《兩廣奏議》未有刻本，至是始續成之」云云。蓋初刻本自爲一帙，後乃與他奏議合爲一編，故又有此别行之本傳於世也。

上谷奏草

黄虞稷《千頃堂書目・表奏類》 葉盛《上谷奏草》八卷。

葉文莊公奏議

黄虞稷《千頃堂書目・表奏類》 葉盛《葉文莊公奏議》五十卷。

《四庫全書總目提要・詔令奏議類存目》《葉文莊奏疏》四十卷。浙江巡撫採進本。明葉盛撰。盛字與中，崑山人。正統乙丑進士，官至吏部左侍郎。謚文莊，事蹟具《明史》本傳。盛初官兵科給事中，有《西垣奏草》九卷。出官山西參政，協贊軍務，有《邊奏存稾》七卷。巡撫兩廣，有《兩廣奏草》十六卷。巡撫宣府，有《上谷奏草》八卷。其子淇，初併《水東稾》、《開封紀行稾》、《菉竹堂涇東稾》，合爲九十卷，刻於衡州。此本則崇禎辛未其六世孫重華所刊也。

葉盛奏草

《明史・藝文志・别集類》 《葉盛奏草》三十卷。

誠庵奏議

黄虞稷《千頃堂書目·表奏類》 朱英《誠庵奏議》。

張瑄奏議

黄虞稷《千頃堂書目·表奏類》《張瑄奏議》八卷。

《明史·藝文志·別集類》《張瑄奏議》八卷。

金紳青瑣獻納藁

黄虞稷《千頃堂書目·表奏類》《金紳青瑣獻納藁》。上元人。景泰甲戌進士，南京刑部右侍郎。

彭文憲奏疏

黄虞稷《千頃堂書目·表奏類》 彭時《彭文憲奏疏》一卷。

《明史·藝文志·別集類》《彭時奏疏》一卷。

三朝奏議

黄虞稷《千頃堂書目·表奏類》 李裕《三朝奏議》七卷。

《明史·藝文志·別集類》《李裕奏議》七卷。

姚文敏公奏議

張萱等《内閣藏書目録·奏疏部》《姚文敏公奏議》一册。全。天順間，吏部尚書姚夔著。

黄虞稷《千頃堂書目·表奏類》《姚夔文敏公奏議》三十卷。

《明史·藝文志·別集類》《姚夔奏議》三十卷。

韓襄毅公奏議

黄虞稷《千頃堂書目·表奏類》 韓雍《韓襄毅公奏議》一卷。

《明史·藝文志·別集類》《韓雍奏議》一卷。

章綸近思録

黄虞稷《千頃堂書目·表奏類》《章綸近思録》。

歷代名臣奏議

范邦甸等《天一閣書目·詔令奏議類》《歷代名臣奏議》三百五十卷。刊本。

明永樂十四年黄淮、楊士奇等奉敕編，自商周迄宋元，分六十六門。

徐𤊹《徐氏家藏書目》《歷代名臣奏議》三百五十卷。

劉若愚《内板經書紀略》《歷代名臣奏議》。百五十本，九千七百二十葉。

錢謙益《絳雲樓書目·奏議類》《歷代名臣奏議》。三百五十卷，永樂間奉敕編集。編輯時楊東里、黄宗豫二公主其事。此書乃皇太子奉敕，令儒臣編類者。及書成進覽刊布，既無御製序文，又不列修書諸臣職名。蓋是時太子方監國南京，正危疑之際也。

黃虞稷《千頃堂書目・表奏類》 成祖諭輯《歷代名臣奏議》三百五十卷。初，帝諭翰林儒臣黃淮、楊士奇等，采古名臣如張良對漢高，鄧禹對光武，諸葛亮對昭烈，及董賈、劉向、谷永、陸贄奏疏之類，彙集以便觀覽。永樂十四年十二月書成進覽，帝嘉之，命刊印賜皇太子、皇太孫及諸大臣。

《明史・藝文志・總集類》 《歷代名臣奏議》三百五十卷。永樂中，黃淮等奉敕纂輯。

于敏中等《天禄琳琅書目・明版集部》 《歷代名臣奏議》三十函一百五十册。明永樂間奉敕輯。三百五十卷。考《明史・藝文志》，載《歷代名臣奏議》三百五十卷，註云：「永樂中，黃淮等奉敕纂輯。」與此本卷數正同。書中當有序文、進表，或經歲久佚去。其字畫不能清朗，蓋非初印本也。

《四庫全書總目提要・詔令奏議類》 《歷代名臣奏議》三百五十卷。兩淮鹽政採進本。明永樂十四年黃淮、楊士奇等奉勅編。自商、周以迄宋、元，分六十四門。名目未免太繁，區分往往失當。又如文王、周公、太公、孔子、管仲、晏嬰、鮑叔、慶鄭、宫之奇、師曠、麥邱邑人諸言，皆一時答問之語，悉目之爲奏議，則《尚書》颺言，何一不可採入？亦殊踳駁失倫。然自漢以後，收羅大備。凡歷代典制沿革之由，政治得失之故，實可與《通鑑》《三通》互相考證。當時書成，刊印僅數百本，頒諸學宫。而藏版禁中，世頗希有。崇禎間，太倉張溥始刻一節録之本。其序自言生長三十年，未嘗一見其書，最後乃得太原藏本，爲删節重刊，卷目均依其舊。所不同者此本有慎刑一門，張本無之；張本有漕運一門，此本無之。不知爲溥所改移，爲傳本互異？然溥所去取，頗乏鑒裁，至唐、宋以後之文盡遭割裂，幾於續鳧斷鶴，全失其真。此本爲永樂時頒行原書，猶稱完善。雖義例蕪雜，而採摭賅備，固亦古今奏議之淵海也。

彭元瑞等《天禄琳琅書目後編・明版史部》 《歷代名臣奏議》。十六函，一百六十册。明黃淮、楊士奇等奉敕撰，《明史・藝文志》載。事在永樂十四年，書三百五十卷。分六十四門，曰君德、聖學、孝親、敬天、郊廟、治道、儲嗣、内治、宗室、經國、守成、都邑、封建、仁民、務農、田制、學校、風俗、禮樂、用人、求賢、知人、建官、選舉、考課、去邪、賞罰、勤政、節儉、戒佚、欲慎、微謹、名器、求言、聽言、法令、慎刑、赦宥、兵制、宿衛、征伐、任將、馬政、荒政、水利、賦役、屯田、漕運、理財、崇儒、經籍、圖讖、國史、律算、謚號、褒贈、禮臣下、巡幸、外戚、寵倖、近習、封禪、災祥、營繕、弭盜、禦邊、外域。書成刊印，僅數百本，頒諸學宫，藏版禁中。至崇正間，張溥始刊節本。雖仍舊卷，而删削太甚，至一條僅數十字。溥自序謂：「世無其版，生長三十年，未嘗一見。」則此本在明時已稀有，今惟行張溥節本，似此官槧頒布之書，實爲珍祕矣。溥字天如，太倉州人，崇正辛未進士，官庶吉士，有《七録齋集》、《輯漢魏百三家集》行世。

張金吾《愛日精廬藏書志・詔令奏議類》 《歷代名臣奏議》三百五十卷。明永樂刊本。明黃淮、楊士奇編。

張之洞《書目答問・詔令奏議》 《歷代名臣奏議》三百五十卷。明黃淮等編。明經廠足本，通行本不全。共九千七百二十葉。

歷代名臣諫疏

黃虞稷《千頃堂書目・表奏類》 吴訥《歷代名臣諫疏》。

王端毅公奏議

張萱等《内閣藏書目録・奏疏部》 《王端毅公奏議》六册。全。成化間，吏部尚書王恕著。

黃虞稷《千頃堂書目・表奏類》 王恕《三原王公奏藁》十五卷。

《明史・藝文志・别集類》 《王恕奏稿》十五卷。

《四庫全書總目提要・詔令奏議類》 《王端毅公奏議》十五卷。浙江巡撫採進本。明王恕撰。恕有《玩易意見》，已著録。恕《吏部奏議》九卷，弘治四年文選郎孫交編次，李東陽序之。後兵部尚書王憲取其自大理寺左寺副至南京兵部尚書時奏議六卷，刻於蘇州。御史程啟元又刻於三原。此本則正德辛巳三原知縣王成章合二本而刻之者。第一卷爲大理寺及巡撫荆襄、河南時所上，二卷爲南京刑部户部及總理河道時所上，三卷爲雲南巡撫時所上，四卷爲前參贊機務時所上，五卷爲巡撫南直時所上，六卷爲後參贊機務時所上，七卷至十五卷皆吏部所上。劉昌《懸笥瑣探》，稱「恕歷仕四十五年，凡上三千餘疏，則此猶汰而存之者矣。」《明史》恕本傳，稱其「敭歷中外五十餘年，剛正清嚴，始終一致」。集中所載，如《參奏鎮守太監》及《論中使擾人》等疏，皆剴切直陳，無所回護。又如《處置地方》及《撥船事宜》諸狀，皆籌畫詳盡，具有經略。其他亦多有關一時朝政，可資史傳之參證。沈德符《顧曲雜言》，稱「邱濬作《五倫全備》雜劇，王恕謂其程學大儒，不宜留心詞曲。濬大恨之，遂謂恕所刻疏稾，凡成化間留中之疏，俱書不報，故彰先帝拒諫之失。侍醫劉文泰因以此事疏攻恕，恕因去位，所以報恕之輕詆也。」《明史》恕傳則謂二人因争坐位，故構是獄。案濬本很忮，恕一日不去則濬一日不得快其私，其忌恕未必以此數語，亦未必以此一事。然恕亦殊乖避人焚草之意，故史謂其昧於遠名之戒。今刊本已無此二字，或後來削之歟？

歷代諫議録

黄虞稷《千頃堂書目・表奏類》 王恕《歷代諫議録》一百卷。一作一百二十四卷。

《明史・藝文志・别集類》 王恕《歷代諫議録》一百卷。

王介菴奏稾

《四庫全書總目提要・詔令奏議類存目》 《王介菴奏稾》六卷。兩淮鹽政採進本。明王恕撰。恕有《玩易意見》，已著録。是編乃其官南京兵部尚書時所刻，有成化乙巳程廷珙序，又有陳公懋後序作於壬寅，李東陽後序作於弘治壬子，皆初刻也。又有謝應徵序，則嘉靖丁未揚州重刻所作。又有程啟元序，正德壬申三原重刻所作。諸序皆不言篇數卷數，程啟元序稱六卷，亦據舊刻。惟弘治壬戌楊循吉序，稱「東魯王公，往使關中，得疏草二百餘篇」。又稱「以余之居郡下，授而使編。其焉馬魯魚譌謬得效，刊正得八十六篇，釐爲六卷」云云。然則此本循吉所定也。其疏各以官標目，始於大理寺，次撫治荆襄，次南京刑部，次總理河道，次南京户部，次巡撫雲南，次前參贊機務，次巡撫南直隸，次後參贊機務。所謂參贊機務，皆官南京時所兼，非北京閣務也。惟吏部諸疏，不在編内。後正德辛巳，三原知縣王成章始益以吏部諸疏，刻爲全帙。然此本先出，世亦竝行，故今亦仍存其目焉。

余肅敏公奏議

范邦甸等《天一閣書目・詔令奏議類》 《余肅敏公奏議》三卷。刊本。明余子俊撰。嘉靖二年，新都楊廷和序。

張萱等《内閣藏書目録・奏疏部》 《余肅敏公奏議》六册。全。成化間余子俊著。

黄虞稷《千頃堂書目・表奏類》 余子俊《余肅敏公奏議》六卷。

《明史・藝文志・别集類》 《余子俊奏議》六卷。

趙莊靖公奏議

范邦甸等《天一閣書目・詔令奏議類》 《趙莊靖公奏議》八卷。刊本。明趙璜撰。御史中歐陽必進。晉江蔡克廉序。翰林院國史編脩虔州謝少南後序，曰：「司空安福《趙莊靖公奏議》若干卷。令司馬歐陽約菴公爲加輯訂，刻于蒼梧。莊靖起弘治間進士。」

黄虞稷《千頃堂書目・表奏類》 趙璜《趙莊靖公奏議》八卷。安福人。

諫垣奏草

黄虞稷《千頃堂書目・表奏類》 王承裕《諫垣奏草》。

瀛賢奏對録

黄虞稷《千頃堂書目・表奏類》 程敏政《瀛賢奏對録》十卷。

明疏議輯略

黃虞稷《千頃堂書目・表奏類》 張瀚《明疏議輯略》三十七卷。

《明史・藝文志・總集類》 張瀚《明疏議輯略》三十七卷。

《四庫全書總目提要・詔令奏議類存目》 《明疏議輯略》三十七卷。內府藏本。明張瀚編。是書乃瀚官大名知府時，督學御史阮鶚以世所行《名臣經濟録》、《名臣奏議》二書，去取猥雜，因屬瀚別加删補，以成此本。略倣《宋名臣奏議》之例，分君道、聖學、修省、釐正、納諫、史職、銓選、考課、財計、賦役、征榷、漕運、荒政、禮儀、律歷、陵廟、祀典、制科、學校、武備、征伐、撫治、馬政、禦邊、議獄、屯田、河渠、營繕、風紀、糾劾三十門。然當時有所避忌，所載亦不能盡備也。

明奏疏類鈔

黃虞稷《千頃堂書目・表奏類》 汪□□《明奏疏類鈔》六十一卷。南京都察院右僉都御史。

劉忠宣公奏議

黃虞稷《千頃堂書目・表奏類》 劉大夏《劉忠宣公奏議》一卷。

質庵奏議

黃虞稷《千頃堂書目・表奏類》 韓文《質庵奏議》。

謝文肅公桃溪奏議

黃虞稷《千頃堂書目・表奏類》 謝鐸《謝文肅公桃溪奏議》四卷。

《明史・藝文志・別集類》 謝鐸《謝文肅公桃溪奏議》四卷。

王珣奏稿

黃虞稷《千頃堂書目・表奏類》 《王珣奏稿》十卷。字德潤，曹縣人。成化己丑進士，巡撫寧夏，都御史。

《明史・藝文志・別集類》 《王珣奏稿》十卷。

任漢奏議

黃虞稷《千頃堂書目・表奏類》 《任漢奏議》十卷。四川温江人。成化丁未進士，南京大理寺卿。

兩臺疏草

黃虞稷《千頃堂書目・表奏類》 王鼎《兩臺疏草》二卷。字器之，福州中衛人。成化辛丑進士，右都御史。

盧公奏議

耿文光《萬卷精華樓藏書記・詔令奏議類》 《盧公奏議》十卷。明盧象昇撰。祠堂本。《提要》曰：「未見此崇禎十五年楊廷麟輯本，有自序，道光九年任泰校刊。前有本傳，乾隆四十三年潘兆熊序。後附尺牘五首，記一首，紀實一卷，盧公曾孫豪然所刊。今已罕見。嘉慶間邑人朱麟徵，以聚珍板印百部，此第二刻。蔣相國制兩江捐俸，屬之任泰，此第三刻板，歸祠堂。」

竹西奏草

黄虞稷《千頃堂書目·表奏類》 虞臣《竹西奏草》三卷。崑山人。成化戊戌進士，官四川右參政。

丙辰奏草

黄虞稷《千頃堂書目·表奏類》 虞臣《丙辰奏草》二卷。

朱欽奏議

黄虞稷《千頃堂書目·表奏類》 《朱欽奏議》一卷。字懋恭，邵武人。成化壬辰進士。巡撫山東，都御史，受學康齋吳與弼。

蔣琬奏議

黄虞稷《千頃堂書目·表奏類》 《蔣琬奏議》二卷。太保，兼太子太傅，定西侯。

畢亨奏議

黄虞稷《千頃堂書目·表奏類》 《畢亨奏議》一卷。

楊廷和奏議

《明史·藝文志·别集類》 《楊廷和奏議》一卷。

楊廷和題奏録

黄虞稷《千頃堂書目·表奏類》 《楊廷和題奏録》二卷。

辭謝録

黄虞稷《千頃堂書目·表奏類》 楊廷和《辭謝録》四卷。

楊文忠公三録

《四庫全書總目提要·詔令奏議類》 《楊文忠公三録》七卷。浙江孫仰曾家藏本。明楊廷和撰。廷和字介夫，新都人。成化戊戌進士，官至華蓋殿大學士，謚文忠。事蹟具《明史》本傳。是編名爲《三録》，實則《題奏前録》一卷、《題奏後録》一卷、《視草餘録》一卷、《辭謝録》四卷，凡四種。

許進憲臺議

黄虞稷《千頃堂書目·表奏類》 《許進憲臺議》。

南川奏議

黄虞稷《千頃堂書目・表奏類》 陶諧《南川奏議》二卷。

五川奏議

黄虞稷《千頃堂書目・表奏類》 何鑑《五川奏議》。新昌人。兵部尚書。

徐恪少司馬奏議

黄虞稷《千頃堂書目・表奏類》 《徐恪少司馬奏議》一卷。

密勿稿

《四庫全書總目提要・詔令奏議類存目》 《密勿稿》三卷。兩江總督採進本。

明毛紀撰。紀字維之,掖縣人。成化丁未進士,官至謹身殿大學士,謚文簡。事蹟具《明史》本傳。是編皆在内閣所進奏疏、題本、揭帖。第一卷二十五首,武宗北巡時作。其《請車駕還京》諸疏,皆在卷内。二卷十四首,武宗南征時作。三卷十七首,嘉靖初政時作。皆紀歸田以後裒輯舊稾,手自編定者也。

辭榮録

《四庫全書總目提要・詔令奏議類存目》 《辭榮録》一卷。兩江總督採進本。

明毛紀撰。紀自爲禮部侍郎至大學士,凡有朝命,必具疏陳辭,合之得二十有六首,每首各註年月。其第一首乃正德七年壬申作,而註曰壬午。蓋坊刻譌也。

大儒奏議

范邦甸等《天一閣書目・詔令奏議類》 《大儒奏議》六卷。刊本。明弘治乙丑,江西學政無錫邵寶編。慈谿王德明序後。

又一册。藍印。

黄虞稷《千頃堂書目・表奏類》 邵寶宋《大儒奏議》六卷。輯二程及朱子書疏。

《四庫全書總目提要・詔令奏議類存目》 《大儒奏議》六卷。江蘇巡撫採進本。

明邵寶編。寶有《左觿》,已著録。是書取宋二程子及朱子奏議彙鈔成帙,蓋寶督學江西時所刊。然三子以道學傳,不以經濟見也。

右編

《四庫全書總目提要・詔令奏議類存目》 《右編》四十卷。直隸總督採進本。

明唐順之編。順之有《廣右戰功録》,已著録。是編所録皆歷代名臣論事之文,凡分二十一門,九十子目。古來崇論宏議,切於事情可資法戒者,菁華略備。其曰「右編」者,取右史記言之義也。然其稾未定而順之没。後萬曆中焦竑得其殘本,南京國子監祭酒劉曰寧、司業朱國楨仿《左編》義例,爲定其部分,且補其遺軼,付之梓。然其中所補之文,如司馬師《上高貴鄉公勸學書》、李斯《諫秦王逐客書》及唐武后時諸臣所上書,多以詞藻見收,恐非順之本意。又如《論晉鑄刑鼎》一書,自是左氏之文,而題曰仲尼,尤爲無識。蓋明自萬曆以後,國運既頽,士風亦佻,凡所著述,率竊據前人舊帙,而以私智變亂之。曰寧等之補此書,亦其一也。

梁材儉庵疏議

黄虞稷《千頃堂書目・表奏類》 《梁材儉庵疏議》十卷。字子用,南京金吾右衛籍。弘治十二年進士，太子少保，户部尚書。

又《梁材儉庵疏議》十四卷。

黄衷鐵橋奏議

黄虞稷《千頃堂書目・表奏類》《黄衷鐵橋奏議》十卷。

歉齋奏議

黄虞稷《千頃堂書目・表奏類》張芹《歉齋奏議》新淦人。弘治壬戌進士。

兑陽集

黄虞稷《千頃堂書目・表奏類》彭汝寔《兑陽集》□卷。一册。

黄門奏議

黄虞稷《千頃堂書目・表奏類》尚衡《黄門奏議》二卷。字一中，同州人，弘治丙辰進士，漢陽知府。

垂光集

《四庫全書總目提要・詔令奏議類》《垂光集》二卷。安徽巡撫採進本。明周璽撰。璽字天章，號荆山，合肥人。弘治丙辰進士，官至禮科都給事中，爲劉瑾所搆，斃於廷杖。瑾敗後，禮科給事中孫禎疏訟其枉，詔復官，蔭其一孫。事蹟具《明史》本傳。是集上卷載疏十三篇，上於弘治朝者七，上於正德朝者六。言皆痛切，而劾瑾二疏，則尤直氣坌涌，聲溢簡外。《明史》本傳但稱其劾法王真人，劾太監齊元、侍郎李温、太監苗逵、尚書崔志端、熊翀、賈斌、都御史金澤、徐源；又應詔陳八事，劾大僚賈斌等十一人，太監李興等三人，勳戚張懋等七人，邊將朱廷等三人；又稱其論太監韋興不當命守鄖陽，及忤瑾黨楊玉，不及劾瑾之事。此集可補史之闕，疏後附載家書一通，其許國忘家之意，已早決於未劾逆瑾之前。與《盡忠録》陳東八月二十五日家書，詞氣相似。亦可謂食其禄，不避其難者矣。下卷附録勅命、祭文、墓表、碑記及題詠詩歌。其中嘉靖二年諭祭文曰：「權姦搆禍，削籍歸田。抑鬱未伸，遽焉淪没。」似謂璽卒於歸田之後者，與史載璽杖斃事狀，絶不相符。豈當時諱其杖死，案牘所載，僅以削籍爲詞耶？亦足見明政不綱，恣爲欺罔矣。

都憲徐公奏議

范邦甸等《天一閣書目・詔令奏議類》《都憲徐公奏議》五卷。刊本。首卷殘缺。明徐恪主一撰，户部侍郎無錫邵寶編校。正德己巳，工部侍郎同邑錢仁夫題後。

東湖西巡奏疏

范邦甸等《天一閣書目・詔令奏議類》《東湖西巡奏疏》四册。鈔本。明按察副使吴獻臣撰。正德辛未西蜀劉瑞序。

黄虞稷《千頃堂書目・表奏類》吴廷舉《西巡類稿》八卷。

東湖奏疏

黄虞稷《千頃堂書目・表奏類》吴廷舉《東湖奏疏》。

李給事端本策

范邦甸等《天一閣書目補遺・詔令奏議類》《李給事端本策》一卷。刊本。明正德乙亥李蕃撰。孫克嗣録，戴鰲整張叔安序。

西臺奏議

張萱等《内閣藏書目録・奏疏部》《西臺奏議》二册。全。正德間御史程啟充著。

恤刑疏草

張萱等《内閣藏書目録・奏疏部》《恤刑疏草》四册。全。刑部郎中葛木録因江西題稿。

黄虞稷《千頃堂書目・表奏類》葛本《恤刑疏草》□卷。四册。刑部郎中，恤刑江西時題奏。

總督兩廣奏疏

黄虞稷《千頃堂書目・表奏類》淩雲翼《總督兩廣奏疏》十二卷。

大征三疏

黄虞稷《千頃堂書目・表奏類》淩雲翼《大征三疏》一卷。

永濟河疏

張萱等《内閣藏書目録・奏疏部》《永濟河疏》一册。總督漕河淩雲翼稿。

黄虞稷《千頃堂書目・表奏類》淩雲翼《永濟河疏》一卷。

總督漕疏

黄虞稷《千頃堂書目・表奏類》淩雲翼《總督漕疏》□卷。十一册。

馬端肅公奏議

范邦甸等《天一閣書目・詔令奏議類》《馬端肅公奏議》二卷。刊本。明馬文升撰。正德庚辰，馬卿序曰：「《馬端肅公奏議集》凡二十有七卷。山右清戎侍御鈞陽任公所集。茲存二卷，乃巡撫平谷張公所選也。正德十五年，平谷張禬、蜀人張鵬均有序。

張萱等《内閣藏書目録・奏疏部》《馬端肅公奏議》二册。全。兵部尚書馬文昇著。

馬端肅公奏議

范邦甸等《天一閣書目・詔令奏議類》《馬端肅公奏議》十六卷。刊本。明兵部尚書馬文升撰。同郡魏尚綸編江都葛洞校。嘉靖二十六年丁未，華亭謝應徵序。

黄虞稷《千頃堂書目・表奏類》馬文升《馬端肅公奏議》十六卷。

《明史・藝文志・別集類》《馬文升奏議》十六卷。

《四庫全書總目提要・詔令奏議類》《馬端肅奏議》十二卷。浙江巡撫採進本。明馬文升撰。文升有《三紀》，已著録。案文升砥礪廉隅，練達政體，朝端大議，往往待之而決，與王恕、劉大夏俱負一時重望。此集奏議五十五篇，乃嘉靖丁未其孫天祐所編次。而以《恩命録》及《行略》《墓誌》等文附之。凡史傳所載直言讜論，全文皆具在集中。其《請正北岳祀典於渾源州》一疏，則本傳不載，而見於《禮志》。其爲左都御史時所言振肅風紀十五章，本傳不詳其目，今亦獨見此書大抵有關國計，不似明季臺諫惟事嚚争。惟文升於成化中巡撫遼東、總督漕運，當時必多所建白。而集中概不之及，則不詳其何故矣。

叢蘭經略録

黄虞稷《千頃堂書目・表奏類》《叢蘭經略録》三卷。

王時中奏議

黄虞稷《千頃堂書目・表奏類》《王時中奏議》十卷。黄縣人。弘治庚戌進士，太子太保，兵部尚書。

《明史・藝文志・别集類》《王時中奏議》十卷。

東田奏疏

黄虞稷《千頃堂書目・表奏類》馬中錫《東田奏疏》三卷。

《明史・藝文志・别集類》《馬中錫奏疏》三卷。

王憲督府奏議

黄虞稷《千頃堂書目・表奏類》《王憲督府奏議》。東平人。弘治庚戌進士，兵部尚書。

陳鳳梧静齋奏議

黄虞稷《千頃堂書目・表奏類》《陳鳳梧静齋奏議》十卷。

《明史・藝文志・别集類》《陳鳳梧奏議》十卷。

楊廉月湖奏議

黄虞稷《千頃堂書目・表奏類》《楊廉月湖奏議》四卷。

《明史・藝文志・别集類》《楊廉奏議》四卷。

羅玘圭峰奏議

黄虞稷《千頃堂書目・表奏類》《羅玘圭峰奏議》一卷。

《明史・藝文志・别集類》《羅玘奏議》一卷。

雍泰奏議稿

黄虞稷《千頃堂書目・表奏類》《雍泰奏議稿》五卷。

王軏奏議

黄虞稷《千頃堂書目・表奏類》《王軏奏議》二十卷。

閉關三疏

黄虞稷《千頃堂書目・表奏類》 張欽《閉關三疏》一卷。

陳洪謨督府奏議

黄虞稷《千頃堂書目・表奏類》《陳洪謨督府奏議》。

李夢暘奏議

黄虞稷《千頃堂書目・表奏類》《李夢暘奏議》一卷。

徐讚奏議

黄虞稷《千頃堂書目・表奏類》《徐讚奏議》八卷。字朝儀，永康人。弘治乙丑進士，工部右侍郎。

軍門疏稿　軍門行稿

黄虞稷《千頃堂書目・表奏類》 馮岳《軍門疏稿》四卷，又《軍門行稿》五卷。

執齋奏議

黄虞稷《千頃堂書目・表奏類》 劉玉《執齋奏議》三卷。

陳玉奏議

黄虞稷《千頃堂書目・表奏類》《陳玉奏議》四卷。字德卿，高郵州人。弘治癸丑進士，南京右都御史。

石川諫草

黄虞稷《千頃堂書目・表奏類》 殷雲霄《石川諫草》一卷。

程昌和溪奏疏

黄虞稷《千頃堂書目・表奏類》《程昌和溪奏疏》字時言，祁門人。正德戊辰進士，四川按察使。

方鳳改亭奏草

黄虞稷《千頃堂書目・表奏類》《方鳳改亭奏草》一卷。

《四庫全書總目提要・詔令奏議類存目》《方改亭奏草》無卷數。江蘇巡撫採進本。

明方鳳撰。鳳字時鳴，改亭其號也，崑山人。正德戊辰進士，官至廣東提學僉事。是編載奏議一十八首。其兄鵬跋云：「時鳴舊稾凡五十餘疏，今散失止存此。」考《江南通志》，稱鳳當武宗時官御史，屢諫巡幸，胡世寧爲寧王宸濠所構，力辨其誣，世宗初大禮議起，尤力持正論，頗著風裁。然以其兄鵬附和張璁、桂萼，遂併其兄劾之，又自劾以謝其兄，則矯激已甚。使其兄首倡邪説，事關君父，竟大義滅親可也。考興王而伯孝宗，其根株在璁與萼，其兄不過依阿其間。破璁、萼之局，則鵬不攻自敗耳，何必先操同室之戈乎？卷首有王守仁題詞，其詞凡近，不類守仁他作。其題名稱「餘姚新建伯王守仁撰」，守仁之陋亦不應至此。守仁於『大禮』一議，不甚非張璁、桂萼，其稱「大禮」一疏力折姦諛，尤不似守仁之語。疑其後人假守仁之名以爲重也。

林俊貞肅公奏議

黄虞稷《千頃堂書目・表奏類》 《林俊貞肅公奏議》七卷。

王瓊奏議

《明史・藝文志・别集類》 《王瓊奏議》四卷。

晉溪本兵敷奏

王圻《續文獻通考・經籍考・章表》 《晉溪兵本敷奏》。

黄虞稷《千頃堂書目・表奏類》 王瓊《本兵敷奏》十四卷。

《四庫全書總目提要・詔令奏議類存目》 《晉溪奏議》十四卷。江蘇周厚堉家藏本。明王瓊撰。瓊字德華，太原人。成化丙戌進士，官至吏部尚書。謚恭襄。事蹟具《明史》本傳。是書刊於嘉靖甲辰，皆其官兵部尚書時所上，故又名《本兵敷奏》。分地爲卷，首京畿，次遼薊、宣大、三關，次陝西、延寧、甘肅，次山東、河南、四川、南畿、兩浙、湖廣，次江南，次閩、粵、雲、貴，又次則清軍、驛傳、馬政，而以雜行類終焉，共十四卷。《明史・藝文志》作四卷，殆刊版誤脱十字歟？史稱正、嘉間，瓊與彭澤皆有才略，相中傷不已，亦迭爲進退。而瓊險忮，公論尤不予，楊廷和《視草餘録》亦痛詆之。蓋其才幹足稱，而心術則不足道也。

户部奏疏

黄虞稷《千頃堂書目・表奏類》 王瓊《户部奏議》四卷。

范邦甸等《天一閣書目・詔令奏議類》 《户部奏疏》二卷。刊本。明户部尚書晉陽王瓊撰。正德乙亥自序。己卯兵部侍郎新都楊廷儀序。

晉溪奏議

黄虞稷《千頃堂書目・表奏類》 王瓊《晉溪奏議》六卷。

樊繼祖雙厓奏疏

黄虞稷《千頃堂書目・表奏類》 《樊繼祖雙厓奏疏》十五卷。鄆城人。正德辛未進士，工部尚書。

建築疏藁

黄虞稷《千頃堂書目・表奏類》 樊繼祖《建築疏藁》一卷。

潘潢朴溪奏議

黄虞稷《千頃堂書目・表奏類》 《潘潢朴溪奏議》十卷。

潘希曾奏議

黃虞稷《千頃堂書目·表奏類》《潘希曾奏議》四卷。

《明史·藝文志·別集類》《潘希曾奏議》四卷。

曾銑襄敏公奏議

黃虞稷《千頃堂書目·表奏類》《曾銑襄敏公奏議》二卷。

復套議

黃虞稷《千頃堂書目·表奏類》曾銑《復套議》一卷。

《四庫全書總目提要·詔令奏議類存目》《復套議》二卷。江蘇周厚堉家藏本。明曾銑撰。銑字子重，江都人。正德丁丑進士，官至兵部侍郎，總督陝西三邊軍務。事蹟具《明史》本傳。嘉靖二十五年，銑建議欲西自定邊營，東至黃甫川，千五百里，築邊墻以禦剽掠。竝以河套諸部久爲中國患，因上疏請復其地，條八議以進，嗣又與諸撫鎮條上方略十八事，此即其前後疏稾。是時夏言主銑議，後卒以此爲嚴嵩所搆，言及銑併棄市。王肯堂《鬱岡齋筆麈》云：「徐階門客吕生者，殺人亡命河套中。三年盡得其山川之險易，城堡之虛實，因悉繪爲圖。謂其地不難於攻而難於守，於是併調畫守禦之策若干條，挾以説總督曾銑。銑聞而深信之，遂以白夏言」云云，則銑諸奏蓋皆據吕生目睹之説也。

王襄敏公奏議

黃虞稷《千頃堂書目·表奏類》王以旂《王襄敏公奏議》十卷。一作十二卷。

《明史·藝文志·別集類》《王以旂奏議》十卷。

漕河奏議

《四庫全書總目提要·詔令奏議類存目》《漕河奏議》四卷。浙江范懋柱家天一閣藏本。明王以旂撰。以旂字士招，江寧人。正德辛未進士，官至兵部尚書，總督三邊，卒謚襄敏。事蹟具《明史》本傳。當嘉靖時，徐吕二洪水竭，運船膠滯，命以旂以兵部右侍郎兼僉都御史，總理河漕。踰年，渠水通，晉秩一等。是編其督漕時題奏章疏，前後無序跋，亦無目録，不知爲完本否也。

南巡題草

黃虞稷《千頃堂書目·表奏類》張鉞《南巡題草》八卷。字文輔，安仁人。正德戊辰進士，南京工部右侍郎。

毅庵孫公奏疏

黃虞稷《千頃堂書目·表奏類》孫懋《毅庵孫公奏疏》□卷。慈谿人。正德辛未進士，應天府尹。

南垣奏疏

黃虞稷《千頃堂書目·表奏類》孫懋《南垣奏疏》□卷。

孫毅菴奏議

《四庫全書總目提要·詔令奏議類》《孫毅菴奏議》二卷。浙江范懋柱家天一閣藏本。明孫懋撰。懋字德夫，號毅菴，慈谿人。正德辛未進士，官至應天府尹，事蹟具《明史》本傳。懋官給事中時，武宗方狎昵小人，嬖倖用事，言官多所謫降。懋獨抗直不回，如劾奏太監于喜、史宣、張澤諸疏，俱能直陳無隱，頗著丰采。又所奏湖廣之管解綿花絨，及嚴考察各條，皆足補《明史》食貨、選舉各志所未備。又懋是時扈從行在，其請急定平宸濠功賞，又請還京，屢陳邊警，直指天變，至千餘言，亦具見忠讜。其劾江彬也，史言人皆爲懋危，而彬方日侍帝娱樂，亦不之見，懋以幸免，亦可謂彈劾權貴，奮不顧身者矣。集中諸疏，史但摘其大端，不能備載。今備録存之，以與本傳相參考，猶可想見其遺直也。惟疏中所劾諸人，刻本多剷除其姓名，蓋其子孫避怨之計，今無從一一考補，亦姑從其舊焉。

撫畿奏稿

黄虞稷《千頃堂書目·表奏類》汪玉《撫畿奏稿》二卷。字汝成，鄞縣人。正德戊辰進士，巡撫，順天僉都御史。

劉夔奏議

黄虞稷《千頃堂書目·表奏類》《劉夔奏議》十卷。字舜弼，襄垣人。正德辛未進士，巡撫保定，僉都御史。

《明史·藝文志·别集類》《劉夔奏議》十卷。

底藴河曲諫稿

黄虞稷《千頃堂書目·表奏類》《底藴河曲諫稿》二卷。文安人。正德甲戌進士。巡撫甘肅，副都御史。

程啓克西臺奏議

黄虞稷《千頃堂書目·表奏類》《程啓克西臺奏議》三卷。字以道，嘉定州人。正德戊辰進士，監察御史，議大禮謫戍，贈光禄寺少卿。

水南奏議

黄虞稷《千頃堂書目·表奏類》《田汝耔水南奏議》五卷。

《明史·藝文志·别集類》《田汝耔奏議》五卷。

海石疏草

黄虞稷《千頃堂書目·表奏類》錢薇《海石疏草》二卷。海鹽人。

玉坡奏議

黄虞稷《千頃堂書目·表奏類》張原《玉坡奏議》。字士元，三原人。正德甲戌進士，兵科給事中，諫大禮被杖死。

《四庫全書總目提要·詔令奏議類》《玉坡奏議》五卷。浙江巡撫採進本。明張原撰。原字士元，三原人。正德甲戌進士，授吏科給事中，以疏論時事，謫貴州新添驛丞。嘉靖元年，召復故官。坎坷八年，其志不挫，益以慷慨直諫自許。如《正殷通等陞職世襲疏》、《趙雲陞命疏》、《選近習疏》、《請逐太監蕭敬二疏》、《論錦衣衛朱宸等罪狀疏》、《寢楊倫職命疏》、《停國戚張鶴齡等恩典疏》、《停司禮監乞請疏》、《論國戚張延齡等罪狀疏》、《論内官提督織造疏》、《論張璁桂萼疏》，皆力折權倖，不避禍患，言人所不能言。今具載集中。當其賜環之初，趙漢與之同科，贈之以詩，有「碧桃雨露空千樹，老竹冰霜見一竿」句。又有「回來龍劍星文在，遲暮提攜得共看」句，今載漢《漸齋詩稿》中。觀於是集，原可謂不愧斯言矣。

石峰奏疏

《四庫全書總目提要・詔令奏議類存目》《石峰奏疏》四卷。直隸總督採進本。明邵錫撰。錫字天佑，號石峯，安州人。正德戊辰進士，官至右副都御史，巡撫山東。是集前三卷爲官御史給事中時所上奏疏，後一卷爲官巡撫時所上奏疏。錫立朝頗著風節，武宗幸昌平，疏請回鑾；議北征，陳不可者十；及駕出，又偕同官遮道泣諫，史不具載。今諸疏竝在集中，尚可考見云。

諫垣奏草

《四庫全書總目提要・詔令奏議類存目》《諫垣奏草》四卷。兩江總督採進本。明毛憲撰。憲字式之，武進人。正德辛未進士，即於是年八月除刑科給事中，至正德十三年二月，以禮科給事中致仕。前後在諫垣八年，所上凡三十一疏，前附《鄉試策》一篇。憲別有《古菴文集》，此其集外別行者也。

總督奏議

黄虞稷《千頃堂書目・表奏類》 翁萬達《總督奏議》。

三鎮兵守議

張萱等《内閣藏書目録・奏疏部》《三鎮兵守議》一册。全。嘉靖間，翁萬達督西大題稿。

黄虞稷《千頃堂書目・表奏類》 翁萬達《三鎮兵守議》□卷。

薊遼奏議

張萱等《内閣藏書目録・奏疏部》《薊遼奏議》十册。全。嘉靖間總督劉燾著。

黄虞稷《千頃堂書目・表奏類》 劉燾《薊遼奏議》□卷。十册。

閩中奏議

張萱等《内閣藏書目録・奏疏部》《閩中奏議》五册。全。劉壽。

關中奏議

黄虞稷《千頃堂書目・表奏類》 劉燾《關中奏議》□卷。

廣福奏議

張萱等《内閣藏書目録・奏疏部》《廣福奏議》三册。全。劉壽。

黄虞稷《千頃堂書目・表奏類》 劉燾《廣福奏議》□卷。三册。

胡松奏疏

《明史・藝文志・别集類》《胡松奏疏》五卷。

經理三關奏記

范邦甸等《天一閣書目・詔令奏議類》《經理三關奏記》二卷。刊本。明胡松撰，并序。嘉靖三年御製敕。

張萱等《内閣藏書目録・奏疏部》《三關奏記草》二册。全。嘉靖間參政胡松文移。

江西巡撫奏議

范邦甸等《天一閣書目・詔令奏議類》《江西巡撫奏議》一卷。棉紙鈔本。明右副都陳某嘉靖三年四年奏。

奏議擇稿

范邦甸等《天一閣書目・詔令奏議類》《奏議擇稿》四卷。刊本。明巡撫陝西亹菴王藎撰。嘉靖六年丁亥户部尚書劉璣序，公名藎字惟忠别號亹菴河濱叚炅序後。

大禮正義

張萱等《内閣藏書目録・奏疏部》《大禮正義》二册。全。鈔本。明錦衣衛千户陳紀於嘉靖六年議大禮時撰進。

撫臺奏議

范邦甸等《天一閣書目・詔令奏議類》《撫臺奏議》四卷。刊本。明潘塤撰。係嘉靖七年戊子八年己丑奉敕巡撫河南。疏稿附以别刻《諫垣奏議》。公字熙臺，山陽胡有恒序後。

黄虞稷《千頃堂書目・表奏類》潘塤《撫臺奏議》五卷。

掖垣奏議

黄虞稷《千頃堂書目・表奏類》潘塤《掖垣奏議》二卷。

江西奏議

范邦甸等《天一閣書目・詔令奏議類》《江西奏議》二卷。刊本。明江西巡撫唐龍奏，嘉靖八年涇野吕柟序。

張萱等《内閣藏書目録・奏疏部》《江西奏議》二册。全。御史唐龍按江西時疏草。

又二册。全。

黄虞稷《千頃堂書目・表奏類》唐文《江西奏議》二卷。

疏牖集

黄虞稷《千頃堂書目・表奏類》廖道南《疏牖集》十卷。嘉靖九年進。

郊廟奏疏

張萱等《内閣藏書目録・奏疏部》《郊廟奏疏》一册。嘉靖九年中允廖道南進。

黄虞稷《千頃堂書目・表奏類》 廖道南《郊廟奏疏》一卷。

奏　疏

張萱等《内閣藏書目録・奏疏部》《奏疏》二册。全。鈔本。嘉靖間林希元著。

滸東先生奏議

張萱等《内閣藏書目録・奏疏部》《滸東先生奏議》十册。全。嘉靖間都御史張鹵著。

黄虞稷《千頃堂書目・表奏類》 張鹵《滸東奏議》□卷。十册。

蠖菴疏稿

范邦甸等《天一閣書目・詔令奏議類》《蠖菴疏稿》二卷。刊本。明蠖菴屈伸撰。嘉靖十二年癸巳□上海唐錦序曰：「都諫蠖菴屈公奏疏存稿，凡四十有八篇。其子鴻臚君郕集爲上、下二卷，刻而傳之。」

少保林莊敏公奏議

范邦甸等《天一閣書目・詔令奏議類》《少保林莊敏公奏議》八卷。刊本。明林聰字季聰撰。男杲輯録，孫文祥刊。嘉靖十二年癸巳南昌葉稠序。

張萱等《内閣藏書目録・奏疏部》《少保林莊敏公奏議》二册。國朝林聰著。

黄虞稷《千頃堂書目・表奏類》 林聰《林莊敏奏議》八卷。

《明史・藝文志・別集類》《林聰奏議》八卷。

山西按功奏議

范邦甸等《天一閣書目・詔令奏議類》《山西按功奏議》二卷。刊本。明桂林夏言撰。嘉靖八年棠陵方豪序，泰和歐德序。

郊祀奏議

范邦甸等《天一閣書目・詔令奏議類》《郊祀奏議》二卷。刊本。明桂州夏言撰。嘉靖十三年甲午，汝南張元孝跋。

桂洲奏議

范邦甸等《天一閣書目・詔令奏議類》《桂洲奏議》二十卷。明貴谿夏言撰。

黄虞稷《千頃堂書目・表奏類》 夏言《桂洲奏議》二十卷。

《四庫全書總目提要・詔令奏議類存目》《桂洲奏議》二十一卷。安徽巡撫採進本。明夏言撰。言有《南宮奏稿》，已著録。是編又益以諫垣所上，分爲二十一卷，乃言入閣之後，巡撫江西副都御史王暐等所刊，事在嘉靖十八年。後暐以事獲罪，主其獄者即言也。言以論南北郊分祀受知世宗，遂被擢用。史稱其奏定典禮，多可採者。今核其所論，實惟議禮一事，有關典制沿革。故録其《南宮奏稿》，而此集則別存其目焉。

南宫奏議

黄虞稷《千頃堂書目・表奏類》 夏言《南宫奏議》五卷。

《四庫全書總目提要・詔令奏議類》 《南宫奏稾》五卷。編修勵守謙家藏本。

明夏言撰。言字公謹，貴溪人。正德丁丑進士，授兵科給事中，歷官禮部尚書，武英殿大學士。後以主復河套，爲嚴嵩所搆，坐與曾銑交關，棄市。隆慶初，追復原官，謚文愍，事蹟具《明史》本傳。言初以才器受知世宗，而柄用之後，志驕氣溢，傲愎自專，卒以致敗，其事業殊無可稱。特學問淹博，於故事夙所留意，又值世宗鋭意改制之時，故於一朝典禮，多所酌定。如南北郊分祀，更定文廟祀典，及大禘禮儀，立先蠶壇之類，悉言所贊成。迨帝擢掌禮部，益力舉其職。前後奏牘，亦多有可採。此本爲御史王廷贍所刊行，即其官尚書時所上。自郊廟大典以至封爵貢舉，大端略具。其間牽合古義，附會時局者，往往不免。然明代典章，至嘉靖而一大變。史志但撮舉綱要，不能具其建議之所以然。觀於是集，端委一一具在。録而存之，亦議禮者得失之林，非謂其持論之皆當也。

諫垣時政奏議

黄虞稷《千頃堂書目・表奏類》 夏言《諫垣時政奏議》二卷。

唐文襄公奏議

張萱等《内閣藏書目録・奏疏部》 《唐文襄公奏議》五册。全。嘉靖間唐龍著。

雲南奏議

黄虞稷《千頃堂書目・表奏類》 唐龍《雲南奏議》一卷。

督府奏議

黄虞稷《千頃堂書目・表奏類》 唐龍《督府奏議》二卷。

總制奏議

范邦甸等《天一閣書目・詔令奏議類》 《總制奏議》十卷。後缺一卷。刊本。缺卷面三頁。明總制陝西三邊軍務兵部尚書蘭谿唐龍議。嘉靖十四年三原馬理，嘉靖乙未宜陽王邦瑞序，平涼趙時春序。

張萱等《内閣藏書目録・奏疏部》 《總制奏議》十册。全。嘉靖間唐龍著。

黄虞稷《千頃堂書目・表奏類》 唐龍《總制奏議》十册。

吴維右奏議

范邦甸等《天一閣書目・詔令奏議類》 《吴維右奏議》上、下二卷。刊本。明工部給事中吴江吴巖稿子邦模刊跋後。嘉靖九年庚寅吏部甬川張邦奇序首。嘉靖十六年丁酉潁川陳策後序。

黄虞稷《千頃堂書目・表奏類》 吴巖《吴維石奏議》二卷。吴江人。正德戊辰進士。

小泉林公奏稿

范邦甸等《天一閣書目·詔令奏議類》 《小泉林公奏稿》一卷。刊本。明雲南參政林庭㭿撰。直隸知府王儀肅菴同知黄希雍惕齋梓行。男禮部郎中炫國子官生煬校。嘉靖十六年吏部侍郎吴郡徐縉序首。丁酉黄希雍跋後。

黄虞稷《千頃堂書目·表奏類》 林庭㭿《小泉奏議》。

奏稿續録

范邦甸等《天一閣書目·詔令奏議類》 《奏稿續録》一卷。林庭㭿撰。

西臺奏議

范邦甸等《天一閣書目·詔令奏議類》 《西臺奏議》二卷。刊本。明交河王重賢撰。嘉定學政桂林王秉鉞、四明范思滇施道隆同校刊。嘉靖十七年戊戌王秉鉞序。

陝西奏議

范邦甸等《天一閣書目·詔令奏議類》 《陝西奏議》刊本。明張光祖撰。高陵吕柟序，並嘉靖十八年己亥十九年庚子間巡。按《陝西奏議》，光祖，字德徵，號雙溪，潁川人。嘉靖壬辰進士，嘉靖辛丑禮部侍郎崔鋭翰林苑洛、韓邦奇均有序。

晋溪敷奏

范邦甸等《天一閣書目·詔令奏議類》 《晋溪敷奏》十四卷。刊本。明少保王恭撰。茶陵廖希賢序曰：「少保王公由進士起家，郎官歷朝四十餘年。諸所建白竪立，皆具存牒記。在水部，則有《漕河圖誌》若干卷。在户部，則有《四科十三司條例》若干卷。爲户部尚書，有《户部奏議》若干卷。爲三邊總制，有《環召新疏》若干卷。正德乙亥迄今庚辰，海内多故。公嚴居守之策，驅内侵之虜，靖宸藩之變，消權黨之憂，天下恃以無恐。此諸奏議可考而知也。然梓不終篇未及傳布。余入太原，因訪嗣子都事内泉君，蒐輯餘牘，屬太原守江君濬爲梓，通前爲卷凡十四。首畿，次遼薊，次宣大三關，次陝西、延寧、甘肅，次山東、河南、四川、南畿、兩浙、湖廣，次江西，次閩粤、兩廣雲貴，又次則清軍、驛傳、馬政，而以雜行類終焉。嗚呼！備矣！」後有嘉靖十九年庚子寧化潘高跋。

鹿野雲中奏議

范邦甸等《天一閣書目·詔令奏議類》 史鹿野《雲中奏議》四卷。刊本。明大司馬史公鹿野奏。嘉靖十九年大同知府容城王允修叙首，嘉靖壬寅少卿蔣應奎叙後。

張萱等《内閣藏書目録·奏疏部》 《鹿野雲中奏議》四册。全。嘉靖間大同巡撫史□□疏稿。

黄虞稷《千頃堂書目·表奏類》 史道《鹿野雲中奏議》四卷。

撫夏奏疏

黄虞稷《千頃堂書目·表奏類》 史道《撫夏奏疏》八卷。

胡端敏公奏議

范邦甸等《天一閣書目・詔令奏議類》 《胡端敏公奏議》十卷。刊本。明胡世寧撰。黄以賢校。嘉靖十九年庚子顧需序。胡公諱世寧，字允清，號静菴，謚端敏。

范邦甸等《天一閣書目・詔令奏議類》 《少保胡端敏公奏議》十二卷。刊本。明胡世寧撰。顧需序。庠生黄以賢校。

王圻《續文獻通考・經籍考・章表》 《奏議》十二卷。胡端敏著。

黄虞稷《千頃堂書目・表奏類》 胡世寧《胡端敏奏議》十卷。

《明史・藝文志・別集類》 《胡世寧奏議》十卷。

《四庫全書總目提要・詔令奏議類》 《胡端敏奏議》十卷。江蘇巡撫採進本。明胡世寧撰。世寧字永清，號静菴，仁和人。弘治癸丑進士，官至兵部尚書。事蹟具《明史》本傳。世寧爲推官時，屢折岐藩之勢。爲主事時，上書極論時政闕失。與李承勛、魏校、余祐善稱南都四君子。爲江西副使時，上疏劾寧王宸濠，爲所構中，危禍幾於不免。宸濠敗後復起，又屢糾中官趙欽、剛聰等，風節震一世。惟議大禮與張璁、桂萼合，而他事又無一不與璁、萼忤。蓋意見偶同，非有所依附也。是集所録奏議，皆與史傳相發明。史稱世寧呐不出口，及具疏，援據古今，洞中窾會。今觀是集良然，中多辭職乞罷之疏。考正德末，宸濠、劉瑾内外交訌。嘉靖初，璁萼專權相軋。世寧牴牾其間，動多掣肘，遂時時有引退之心。蓋孤立危疑，不能自安其位，不得已而出於斯。或以恬退稱之，非其志矣。薛應旂《方山文録》有《世寧小傳》曰：「公嘗言學貴經濟，不在詩文。故其《奏議》二十卷及所著書數十種，皆有裨於世務，非空言也。」今此本乃止十卷，汪汝瑮家藏本亦同，豈應旂所見乃其全稾，後授梓時僅汰存其半歟？

新河初議

黄虞稷《千頃堂書目・表奏類》 胡世寧《新河初議》一卷。

督撫河西奏議

范邦甸等《天一閣書目・詔令奏議類》 《督撫河西奏議》六卷。刊本。明都御史唐澤撫甘肅時稿，嘉靖二十年辛丑桂林李仁序。蒼梧尹志跋後。

南宫奏謝録

范邦甸等《天一閣書目・詔令奏議類》 《南宫奏謝録》三卷。刊本。明嚴嵩撰。嘉靖二十一年壬寅禮部侍郎馬汝驥序。

嘉靖奏對録

黄虞稷《千頃堂書目・表奏類》 嚴嵩《嘉靖奏對録》十六卷。

南宫奏議

范邦甸等《天一閣書目・詔令奏議類》 《南宫奏議》三十卷。刊本。明介谿嚴嵩撰。嘉靖二十四年乙巳，禮部尚書南郡張璧，兵部尚書蘭谿唐龍，吏部尚書華亭徐階，詹事府少卿江汝璧俱有序。

黄虞稷《千頃堂書目・表奏類》 嚴嵩《南宫奏議》三十卷。

安南奏議

黄虞稷《千頃堂書目・表奏類》 嚴嵩《安南奏議》一卷。

歷官表奏

黃虞稷《千頃堂書目·表奏類》 嚴嵩《歷官表奏》□卷。

安邊疏要

范邦甸等《天一閣書目·詔令奏議類》 《安邊疏要》一卷。刊本。明嘉靖二十二年癸卯胡松撰。又《謝表》一道。

張賢田奏稿

范邦甸等《天一閣書目·詔令奏議類》 《張賢田奏稿》一卷。鈔本。明吏部聽選監生張爵撰。嘉靖二十二年，癸卯樂天居易鸞跋。

諫垣奏議

范邦甸等《天一閣書目·詔令奏議類》 《諫垣奏議》四卷。刊本。明户科給事樊深撰。嘉靖二十三年甲辰，姚江孫陞序，許應亨跋後。

少保李康惠公奏草

范邦甸等《天一閣書目·詔令奏議類》 《少保李康惠公奏草》十三卷。刊本。明李某撰。嘉靖二十三年甲辰古黄劉采跋後曰：「侍御少岳陳公持斧粤西，公餘出少保李康惠翁《奏草》示藩臬諸僚。蓋公在内臺曰：『與司諫潙陽周氏、介石尹氏正色立朝論世尚友，因及明之先民所共摭拾編行者也。』嘉靖甲辰督學餘姚龔輝序首。」

桂文襄公奏議

范邦甸等《天一閣書目·詔令奏議類》 《桂文襄公奏議》八卷。刊本。明桂某奏。嘉靖二十三年甲辰，男輿識後。嘉靖甲辰三水廖珦序首。

黃虞稷《千頃堂書目·表奏類》 桂萼《桂文襄公奏議》八卷。

《四庫全書總目提要·詔令奏議類存目》 《桂文襄奏議》八卷。江西巡撫採進本。明桂萼撰。萼字子實，安仁人。正德辛未進士，嘉靖初以議禮驟貴，官至吏部尚書，武英殿大學士，謚文襄。事蹟具《明史》本傳。是集冠以《大禮疏》。案其初議，但稱興獻帝曰皇考，而別立廟於大内，未及入廟稱宗，如末流之甚。其後何淵希旨，遂請入興獻帝神主於太廟。萼上《請罷非議以全大禮疏》，斥爲「破壞典章，姦邪陷君」云云。則初意亦未甚決裂。厥後希旨固寵，循聲附和，遂以數載之榮華，博千秋之詬厲。凡所建白，均爲讀史者所厭觀矣。衡以彰癉之公，此集固在所必斥也。

歷官表奏

范邦甸等《天一閣書目·詔令奏議類》 《歷官表奏》。明嘉靖二十四年乙巳，豐城郭希賢序。蘭谿唐龍有後序。

渭涯疏要

范邦甸等《天一閣書目·詔令奏議類》 《渭涯疏要》上、下二卷。刊本。明兵部主事霍韜疏。嘉靖二十四年乙巳豫章朱拱樋、吴郡黄省曾，戊戌江都葛澗，隆慶己巳豫章陳棟俱有序。

黃虞稷《千頃堂書目·表奏類》 霍韜《渭厓疏略》二卷。

都諫田公奏議

張萱等《内閣藏書目録・奏疏部》 《都諫田公奏議》一册。嘉靖間田秋著。

黄虞稷《千頃堂書目・表奏類》 田秋《都諫田公奏議》□卷。

彭給事奏議

范邦甸等《天一閣書目・詔令奏議類》 《彭給事奏議》一册。明南京吏部給事中彭洳寔撰。嘉靖二十四年乙巳潯陽何貫後序曰：「嘉州四諫各有奏議，初亭程公《西臺稿》先已鋟梓。其安、徐、彭三公稿遺于家，皆未之刻。專祠之請創于黄溪劉公，成于三石喬公。貫董其事，然立祠以崇賢，因人以考實，舍奏議將焉求之？公乃蒐輯訂正，得若干篇，分爲三册付貫刻之板，置于祠。」

張萱等《内閣藏書目録・奏疏部》 《彭公奏議》一册。全。鈔本。蜀彭汝寔著。一名《兑陽集》。

蠢遇録

范邦甸等《天一閣書目・詔令奏議類》 《蠢遇録》，明吴世忠懋貞撰。嘉靖二十五年丙午，邑人黄直後序曰：「西沱先生吴公懋貞鄉先生也，以易游邑庠。弘治己酉試于江西，中第三，爲易魁。庚戌試于南宫禮闈，中第六，爲聯魁。再試于大廷，中二甲第九，爲高第。故説者爲吾邑科第自伯宗吴先生三魁之後，又稱先生爲三高。云先生既第進士，即給事内廷，爲近侍。歷吏、户、兵、刑四科，自輯在諫垣前後，所存奏稿不敢以直臣自居，名之曰《蠢遇録》。」

黄虞稷《千頃堂書目・表奏類》 吴世忠《蠢遇録》金谿人。巡撫延綏，僉都御史。自輯奏議。

南宫疏略

范邦甸等《天一閣書目・詔令奏議類》 《南宫疏略》八卷。刊本。明嘉靖間群臣所議廟制，嚴嵩彙輯。二十六年丁未序，戊申吏部婺源潘潢、丁未禮郎泰和歐陽德俱有序，僉事府嶺南黄佐序。

翀峰奏議

范邦甸等《天一閣書目・詔令奏議類》 《翀峰奏議》二卷。刊本。明兵科給事中戴銑撰。姪綬校豐城楊廉序。銑，婺源舊族，弘治丙辰進士。選翰林庶吉士，改部曹别號翀峰。嘉靖二十六年丁未，男綮有識。

黄虞稷《千頃堂書目・表奏類》 戴銑《翀峰奏議》□卷。

議禮略

張萱等《内閣藏書目録・奏疏部》 《議禮略》一册。全。鈔本。嘉靖甲申，上命諸臣議大禮，給事中毛玉建言不稱，旨被杖死。其子霸州知州，編輯《議禮始末》。

大禮輯略揭帖

張萱等《内閣藏書目録・奏疏部》 《大禮輯略揭帖》一册。全。鈔本。嘉靖間，上林苑監丞何淵爲太學生時，曾上議大禮六事及群議既定，上命纂修《要略》等書。未及收載，淵復録前疏以備采擇。

大禮續奏議

張萱等《内閣藏書目録・奏疏部》《大禮續奏議》二册。何淵。

觀風輯略

范邦甸等《天一閣書目・詔令奏議類》《觀風輯略》一卷。刊本。明巡按直隸饒天民撰。嘉靖二十八年己酉，山東按察新建魏良貴序。

湛若水獻納稿

黄虞稷《千頃堂書目・表奏類》《湛若水獻納稿》三卷。

浚川奏議

范邦甸等《天一閣書目・詔令奏議類》《浚川奏議》十卷。刊本。明王廷相撰。嘉靖三十六年丁巳，永嘉孫昭後序。

王圻《續文獻通考・經籍考・章表》《浚川奏議》。

黄虞稷《千頃堂書目・表奏類》王廷相《浚川奏議》十卷。

《明史・藝文志・别集類》《王廷相奏議》十卷。

按晉疏草

黄虞稷《千頃堂書目・表奏類》王廷相《按晉疏草》一卷。

史館獻納

黄虞稷《千頃堂書目・表奏類》《史館獻納》。

南省奏議

黄虞稷《千頃堂書目・表奏類》吕柟《南省奏議》一卷。

章恭毅公進思録

范邦甸等《天一閣書目・詔令奏議類》《章恭毅公進思録》一册。刊本。明章綸撰。卷首有氏族實紀云：「公本吴姓，中更襲章姓。而重於復至曾孫廣西參議朝鳳入仕，籍始克承先志，奏歸本宗。」嘉靖三十七年戊午并刻是集。

治齋奏議

范邦甸等《天一閣書目・詔令奏議類》《治齋奏議》四本。刊本。明嘉靖四十二年癸亥治齋萬鏜撰并序。

督撫江西奏議

范邦甸等《天一閣書目・詔令奏議類》《督撫江西奏議》四卷。刊本。明周相撰。嘉靖四十四年乙丑何鏜序。

督撫奏議

范邦甸等《天一閣書目・詔令奏議類》《督撫奏議》一卷。刊本。上卷闕。明鳳陽巡撫唐龍撰。嘉靖庚寅廬陵黄國用跋後。嘉靖四十四年乙丑嘉禾陶儼序後。

南贛督撫奏議

范邦甸等《天一閣書目・詔令奏議類》《南贛督撫奏議》五卷。刊本。明吴堯山撰。嘉靖四十五年丙寅，新安汪道昆序。

薊門奏議

張萱等《内閣藏書目録・奏疏部》《薊門奏議》四册。隆慶間總督楊兆著。

督撫奏議

張萱等《内閣藏書目録・奏疏部》《督撫奏議》七册。全。萬曆初，薊遼總督楊兆著。

蔣公南臺奏議

張萱等《内閣藏書目録・奏疏部》《蔣公南臺奏議》二册。萬曆間御史蔣科著。

黄虞稷《千頃堂書目・表奏類》《蔣科南臺奏議》□卷。二册。

琢庵奏議

張萱等《内閣藏書目録・奏疏部》《琢庵奏議》二册。鈔本。正德間吏垣毛玉著。

黄虞稷《千頃堂書目・表奏類》毛玉《琢庵奏議》四卷。

東湖内奏

高儒《百川書志・章奏》《東湖内奏》一卷。皇明太保大司寇平湖屠勳元勳撰，凡十五章。

古城奏議

高儒《百川書志・章奏》《古城奏議》一卷。皇明餘干張吉克修，自工部主事至轉貴州布政之奏也。

一菴奏議

高儒《百川書志・章奏》《一菴奏議》三卷。明浙江僉事劉清之撰。

少保于公奏議

高儒《百川書志・章奏》《少保于公奏議》十卷。皇明兵部尚書于謙撰。

范邦甸等《天一閣書目・詔令奏議類》《少保于公奏議》十卷。刊本。明兵部尚書贈少保于謙撰。福清陳仕賢刊温陽李賓序。監察御史王紳序。

《明史・藝文志・別集類》《于謙奏議》十卷。

忠肅公奏牘

黃虞稷《千頃堂書目・表奏類》于謙《忠肅公奏牘》十卷。一作十八卷。

肅愍公奏牘

王圻《續文獻通考・經籍考・章表》《肅愍公奏牘》兵部尚書于謙著。

余肅愍公奏議

高儒《百川書志・章奏》《余肅愍公奏議》六卷。皇明司馬余子俊巡撫本部總督所奏。凡百二十八篇。

謝文肅公桃溪奏議

高儒《百川書志・章奏》《謝文肅公桃溪奏議》四卷。皇明國子祭酒少宗伯太平謝鐸鳴治撰。十五章。

《明史・藝文志・別集類》《謝鐸奏議》四卷。

少谷奏議

高儒《百川書志・章奏》《少谷奏議》一卷。皇明南京吏部驗封司郎中閩人鄭善夫繼之撰。五章。

黃虞稷《千頃堂書目・表奏類》鄭繼之《鄭少谷奏議》一卷。

《明史・藝文志・別集類》《鄭善夫奏議》一卷。

五塢奏議

高儒《百川書志・章奏》《五塢奏議》一卷。陝西參議吴郡盧襄撰。凡六章。

武舉奏議

高儒《百川書志・章奏》《武舉奏議》一卷。武宗時，在延大臣及大司馬王瓊等并科道等官，會議武舉設科歷代因革，列爲條格疏奏之。

真儒奏議

高儒《百川書志・章奏》《真儒奏議》一卷。嘉靖庚子，翰林院詹事府經歷局左右春坊國子諸臣，上議前禮部侍郎謚文清薛瑄從祀孔廟事，并禮部前後題覆。

青崖奏議

范邦甸等《天一閣書目・詔令奏議類》《青崖奏議》七卷。附録《敕書》三道。刊本。明王萱撰。邑庠生嗣子道純編弟。嘉靖進士莫序云：「公以弱冠舉進士，選翰林吉士。初擢刑給坐忤逆瑾廢瑾誅。起兵科，歷事孝廟、武廟兩朝，爲諫官凡四年。其在科與視師，在蜀前後所上百餘疏，集中録其大者。」

吴桂芳奏議

《明史・藝文志・別集類》《吴桂芳奏議》十六卷。

守揚疏議

范邦甸等《天一閣書目・詔令奏議類》《守揚疏議》四卷。刊本。明直隸揚州府吴桂芳撰。江都縣知縣麻城周思久刊并後序。

督撫奏稿

范邦甸等《天一閣書目・詔令奏議類》《督撫奏稿》四卷。刊本。明中丞徐栻鎮撫江右時稿。江西提學邵夢麟督同新建縣教諭林元棟、訓導黄約校刊并序。

彭澤幸庵行藁

黄虞稷《千頃堂書目・表奏類》《彭澤幸庵行藁》十二卷。

《明史・藝文志・別集類》《彭澤幸庵行稿》十二卷。

關中奏議

范邦甸等《天一閣書目・詔令奏議類》《關中奏議》十八卷。又一部同。刊本。明少師邃菴楊一清撰。憲副齊宗道少參劉世用校刊。嘉靖二十九年庚戌少保王以旂序。巡撫陝西傅鳳翔序。楊守謙序。蒲坂虞坡、楊博、苑洛韓邦奇、盧郡劉崙、漁石唐龍均有序。劉世用跋。

王圻《續文獻通考・經籍考・章表》《關中奏議》楊一清著。

黄虞稷《千頃堂書目・表奏類》楊一清《關中奏議》十八卷。

《四庫全書總目提要・詔令奏議類》《關中奏議》十卷。直隸總督採進本。明楊一清撰。一清字應寧，安寧人。成化壬辰進士，官至華蓋殿大學士，謚文襄。事蹟具《明史》本傳。此編以其生平章疏分爲五類。卷一、卷二曰馬政類，卷三曰茶馬類，弘治十五年以副都御史督理陝西馬政時所上。卷四、卷五、卷六曰巡撫類，則寇入花馬池，命巡撫陝西時所上。卷七、卷八、卷九曰總制類，則正德初寇犯固原、隆德，一清以延綏、甘肅、寧夏有警不相援，患無所統攝，請遣大臣領之，即命一清總制時所上。第十卷曰後總制類，則其忤劉瑾致仕後，以安化王寘鐇反復起時所上也。以所陳多陝甘邊事，故以關中爲名。嘉靖初始刊行於南京。其間所載，不盡皆一清奏稾。凡當時部臣覆疏，及前後所奉諭旨，悉編入之，故於時事本末頗爲詳盡。史稱一清官陝西提學副使時，即詳究邊情利弊。嘗當羽書旁午，一夕草十疏，悉中機宜。其才一時無兩，或比之姚崇云。

楊一清奏議

《明史・藝文志・別集類》《楊一清奏議》三十卷。

吏部題藁

黄虞稷《千頃堂書目・表奏類》楊一清《吏部題藁》五卷。

吏部獻納稿

范邦甸等《天一閣書目・詔令奏議類》《吏部獻納稿》十四條。明吏部尚書楊一清撰。蘭谿唐龍序。

黄虞稷《千頃堂書目・表奏類》 楊一清《吏部獻納稾》一卷。

綸扉奏議

黄虞稷《千頃堂書目・表奏類》 楊一清《綸扉奏議》三卷。

督府奏議

黄虞稷《千頃堂書目・表奏類》 楊一清《督府奏議》八卷。

制府經略三疏

黄虞稷《千頃堂書目・表奏類》 楊一清《制府經略三疏》一卷。

督撫奏疏

范邦甸等《天一閣書目・詔令奏議類》《督撫奏疏》十六卷。刊本。明副都御史兼兵部左侍郎劉天和撰。

安南奏議

范邦甸等《天一閣書目・詔令奏議類》《安南奏議》鈔本。明嘉靖間毛伯温征安南具奏，及議處安南事宜，淮右徐楠題。

秀峯石公奏議

范邦甸等《天一閣書目・詔令奏議類》《秀峯石公奏議》上、下二卷。刊本。明石天柱撰。嘉靖楊慎序。

皆山堂稿

范邦甸等《天一閣書目・詔令奏議類》《皆山堂稿》七卷。刊本。明吕光洵撰。卷一至卷二爲河南時所奏，卷三至卷七巡撫雲南時所奏，餘姚趙錦序首，弟吕光演序後。

黄虞稷《千頃堂書目・表奏類》 吕光洵《皆山堂奏稾》七卷。

本朝奏疏

范邦甸等《天一閣書目・詔令奏議類》《本朝奏疏》十二册。棉紙藍絲闌鈔本。明嘉靖年間題奏事件，不著編書人名姓。

梁儉菴疏義

范邦甸等《天一閣書目・詔令奏議類》《梁儉菴疏義》十卷。刊本。明嘉靖間刊。

馬市奏議

范邦甸等《天一閣書目・詔令奏議類》《馬市奏議》一册。鈔本。明兵部尚書趙錦等撰。

王宗沐奏疏

《明史・藝文志・别集類》《王宗沐奏疏》四卷。

敬所王先生漕撫奏疏

張萱等《内閣藏書目録・奏疏部》《敬所王先生漕撫奏疏》四册。全。嘉靖間大中丞王宗沐著。

又四册。不全。

黄虞稷《千頃堂書目・表奏類》王宗沐《敬所先生漕撫奏疏》十卷。

閱視三鎮録

《禁毁書目》《閱視三鎮録》四本。查《閱視三鎮録》，明王宗沐撰。三鎮者，宣府、大同、山西也。第一本有指斥之詞，應請銷燬。

張文忠公奏疏

張萱等《内閣藏書目録・奏疏部》太師《張文忠公奏疏》八册。全。嘉靖間太學士張公孚敬著。内附《詩集》三册。

又八册。全。

又五册。全。同前。無《詩集》。

黄虞稷《千頃堂書目・表奏類》張孚敬《張文忠公奏議》七卷。

馮子仁奏疏

黄虞稷《千頃堂書目・表奏類》馮恩《馮子仁奏疏》一卷。

《明史・藝文志・别集類》《馮恩奏疏》一卷。

翠巖奏議

黄虞稷《千頃堂書目・表奏類》黄洪毗《翠巖奏議》一卷。

王襄敏公奏議

黄虞稷《千頃堂書目・表奏類》王邦瑞《王襄敏公奏議》八卷。

三曹奏議

黄虞稷《千頃堂書目・表奏類》許讚《三曹奏議》。

三捷録

黄虞稷《千頃堂書目・表奏類》許論《三捷録》三卷。

許莊敏奏議

黄虞稷《千頃堂書目・表奏類》許誥《許莊敏奏議》二卷。

《明史・藝文志・别集類》《許誥奏議》二卷。

道統奏議

黄虞稷《千頃堂書目・表奏類》 許誥《道統奏議》一卷。

巡邊録

黄虞稷《千頃堂書目・表奏類》 胡瓚《巡邊録》八卷。永年人，南京工部尚書。

奏　議

黄虞稷《千頃堂書目・表奏類》 胡瓚《奏議》四卷。

李公奏議

黄虞稷《千頃堂書目・表奏類》 李承勳《李公奏議》□卷。四册。

東穀奏議

黄虞稷《千頃堂書目・表奏類》 孫應奎《東穀奏議》二卷。河南衛籍，長洲人。南京户部尚書。

秋厓奏議

黄虞稷《千頃堂書目・表奏類》 朱紈《秋厓奏議》十卷。長洲人。巡撫閩浙，都御史。

督府江西奏議

黄虞稷《千頃堂書目・表奏類》 翁大立《督撫江西奏議》二卷。

審録江西奏議

黄虞稷《千頃堂書目・表奏類》 翁大立《審録江西奏議》五卷。

總理河道奏議

黄虞稷《千頃堂書目・表奏類》 翁大立《總理河道奏議》二卷。

本兵疏藁

黄虞稷《千頃堂書目・表奏類》 李遂《本兵疏藁》一卷。尚有《操江疏藁》一卷，《祠部疏藁》二卷，《軍門節制》、《兵部營規》、《援應節制》各一卷。

督府經略

黄虞稷《千頃堂書目・表奏類》 李遂《督府經略》八卷。

《四庫全書總目提要・詔令奏議類存目》 《督撫經略疏》八卷。浙江巡撫採進本。明李遂撰。遂字邦良，號克齋，豐城人。嘉靖丙戌進士，官至南京參贊機務，兵部尚書，謚襄敏。事蹟具《明史》本傳。是編乃其以右僉都御史巡撫鳳陽四府時所上奏疏，起嘉靖三十六年，至三十八年遷秩還京，因裒輯成帙。史稱「遂官巡撫時，淮揚三中倭，歲復大水，且日役民輓大木輸京師。遂請餉增兵，恤民節用，次第畫戰守計。」劉景韶序亦稱「其時值凋弊之秋，獨以急病厚生爲念，請蠲恤之疏不下數十章」。今觀集中請恤疏止數篇，餘皆言倭寇事。序弁書前，不應顯相矛盾，或有所删汰歟。

公移

黄虞稷《千頃堂書目・表奏類》 李遂《公移》八卷。

圉漕疏要

黄虞稷《千頃堂書目・表奏類》 陳紹儒《圉漕疏要》二卷。

西野奏議

黄虞稷《千頃堂書目・表奏類》 黄中《西野奏議》二卷。嘉靖中御史。

諫垣奏議

黄虞稷《千頃堂書目・表奏類》 薛廷寵《諫垣奏議》四卷。字汝承，福清人。嘉靖壬辰進士，吏科都給事中。

祖孫臺諫奏議

黄虞稷《千頃堂書目・表奏類》 張選、張纘曾《祖孫臺諫奏議》二卷。

督府奏議

黄虞稷《千頃堂書目・表奏類》 何棟《督府奏議》。

青瑣奏議

黄虞稷《千頃堂書目・表奏類》 張達《青瑣奏議》二卷。

張太常奏議

黄虞稷《千頃堂書目・表奏類》 張翀《張太常奏議》二卷。潼川州人。

奏對藁

《四庫全書總目提要・詔令奏議類存目》 《奏對藁》十二卷。江蘇巡撫採進本。明張孚敬撰。孚敬有《諭對録》，已著録。其《諭對録》中乃備載世宗密諭，即當時奏草亦併載於中，共三十四卷，篇帙頗夥。是編乃萬曆中巡按浙江御史楊鶴所選，凡十一卷，視原集汰三之二。第十二卷附刻序文十九篇，蓋删繁舉要以便流傳。然李綱《奏議》六十九卷爲世所貴不病其多而難讀也。田錫《奏議》一卷，爲世所貴，亦非取其少而易竟也。

平倭四疏

《四庫全書總目提要・詔令奏議類存目》 《平倭四疏》三卷。浙江鄭大節家藏本。明張煥撰。煥字揚華，一字茂實，長洲人。嘉靖戊戌進士，官至督理南京倉儲右副都御史。煥初由刑部主事改吏部，擢南京太僕寺卿。值倭犯兩浙諸郡，乃上平倭疏凡十二策。及轉光禄寺卿，復上安攘八事。旋擢右僉都御史巡撫福建，又陳明職守授成算二疏。前後四疏，皆爲倭事而發。此本乃嘉靖己未煥由河南巡撫拜督漕之命，將去汴時，周藩鎮國中尉睦㮮爲序而刻之者也。

存笥録

《四庫全書總目提要・詔令奏議類存目》 《存笥録》一卷。江西巡撫採進本。明張檟撰。檟字叔養，號心吾，江西新城人。嘉靖己未進士，官至南京工部右侍郎。事蹟附見《明史・鄒應龍傳》。是編乃其曾孫道登所刻，首載誥敕，末録墓碑、誌銘。所載檟文惟奏疏六篇而已：一《爲救論嚴嵩言官吴時來》、一《復召上論三事》、一《薦王世貞》、一《薦石星》、一《劾内監滕祥》、一《劾大學士高拱》。卷首標題之下，側註「摘要」二字，蓋非完本也。

勘處播州事情疏

丁丙《八千卷樓書目・詔令奏議類》 《勘處播州事情疏》一卷。明何喬新撰。《紀録彙編》本。

陽明先生别録

丁丙《八千卷樓書目・詔令奏議類》 《陽明先生别録》十卷。明錢德洪、王畿編。明刊本。

太常遺草

丁丙《八千卷樓書目・詔令奏議類》 《太常遺草》一卷。明洪文衡撰。刊本。重刊本。

臺省疏稿

丁丙《善本書室藏書志・詔令奏議類》 《臺省疏稾》八卷。明刊本。疏分四類：一卷曰賀謝，二、三卷曰前後關中，四、五卷曰漕運，六、七、八卷曰兩廣。皆當時案牘之文，而刻於廬州郡齋者也。萬曆二年，賜進士出身，總督漕運軍務、巡撫、都察院右副都御史臨海王宗沐爲《序》。明大冢宰仁和謚恭懿元洲張公所著。公名瀚，事蹟具《明史》本傳。

丁丙《八千卷樓書目・詔令奏議類》 《臺省疏稿》八卷。明張瀚撰。明刊本。

鳴臯存稿

張萱等《内閣藏書目録・奏疏部》 《鳴臯存稿》一册。全。隆慶間何以尚奏議。

黄虞稷《千頃堂書目・表奏類》 何以尚《鳴臯存稿》□卷。

諫垣疏草

張萱等《内閣藏書目録·奏疏部》 《諫垣疏草》三册。隆慶間工部都給事孫枝著。

黄虞稷《千頃堂書目·表奏類》 孫枝《諫垣疏草》□□卷。工部都給事中。

御史大夫思質王公奏議

范邦甸等《天一閣書目·詔令奏議類》 《御史大夫思質王公奏議》二十六卷。刊本。明王忬撰。隆慶己巳華亭徐階序云:「《御史大夫思質王公奏議》,以類分者七,以卷次者二十二,以篇計者三百七十有奇。其子藩參元美儀制,敬美付梓。」

鳳竹先生奏疏稿

范邦甸等《天一閣書目·詔令奏議類》 《鳳竹先生奏疏稿》二卷。刊本。明徐栻撰。隆慶丁卯仲山王問序。

館省書疏

范邦甸等《天一閣書目·詔令奏議類》 《館省書疏》三卷。刊本。明鄭一鵬抑齋疏,子應麟裒次。隆慶二年,林潤序。隆慶戊辰,友人希齋柯維祺序首。

河南疏議

張萱等《内閣藏書目録·奏疏部》 《河南疏議》四册。隆慶間都御史周鑑撫河南時諸奏。

黄虞稷《千頃堂書目·表奏類》 周鑑《河南疏議》□卷。隆慶間都御史。

高文端公奏議

張萱等《内閣藏書目録·奏疏部》 《高文端公奏議》十一册。全。隆慶間大學士高公儀著。内附《存稿》一册。

黄虞稷《千頃堂書目·表奏類》 高儀《高文端奏議》十卷。字子象,錢塘人。文淵閣大學士兼禮部尚書,贈太子太保。

《明史·藝文志·别集類》 《高儀奏議》十卷。

掌銓題藁

黄虞稷《千頃堂書目·表奏類》 高拱《掌銓題藁》三十四卷。

《四庫全書總目提要·詔令奏議類存目》 《掌銓題稿》十四卷。安徽巡撫採進本。明高拱撰。拱於隆慶己巳復召入内閣,兼掌吏部事者凡二年。是編皆其疏稾也。史稱拱在吏部,欲徧識人材,授諸司以籍,使署賢否,誌爵里姓氏,月要而歲會之。倉卒舉用,無不得人,蓋其才固有足取者矣。

南宫奏牘

黄虞稷《千頃堂書目·表奏類》 高拱《南宫奏牘》四卷。

《四庫全書總目提要・詔令奏議類存目》《南宮奏牘》二卷。安徽巡撫採進本。明高拱撰。拱有《春秋正旨》，已著録。嘉靖壬戌，拱爲禮部左侍郎，改吏部，進禮部尚書，召入直廬，皆在一年之中。《自序》云：「視篆南宮未久，故奏牘無多。然一二有關處分者，皆自屬草，故特存之」云。

綸扉内藁

《四庫全書總目提要・詔令奏議類存目》《綸扉内稿》一卷。安徽巡撫採進本。明高拱撰。拱於嘉靖丙寅入閣，隆慶丁卯罷，己巳復召還。是編乃其先後在閣時疏稾也。前有《自序》，稱内閣有關機密，人不與知者不敢洩。惟言外事及辭免諸疏則存之」云。

綸扉外藁

黄虞稷《千頃堂書目・表奏類》高拱《綸扉外藁》二卷。

《四庫全書總目提要・詔令奏議類存目》《外稾》一卷。高拱撰。

獻忱集

黄虞稷《千頃堂書目・表奏類》高拱《獻忱集》五卷。

《明史・藝文志・别集類》高拱《獻忱集》五卷。

《四庫全書總目提要・詔令奏議類存目》《獻忱集》二卷。安徽巡撫採進本。明高拱撰。所載皆賀謝奏疏。自序云：「國制，廷臣賀謝皆無疏。近歲章奏寖盛，節賀無俟言，凡有瑞應必疏賀，而大僚遷官及有譴有賜無不疏謝者。乃次第成帙，名《獻忱集》。」《明史・藝文志》作五卷，豈先有别行之本五卷，後編入文集，乃删併爲二卷耶？

館閣表奏

黄虞稷《千頃堂書目・表奏類》嚴訥《館閣表奏》二卷。

《明史・藝文志・别集類》《嚴訥表奏》二卷。

歷任疏藁

黄虞稷《千頃堂書目・表奏類》吴鵬《歷任疏藁》十一卷。一作三十卷。

石渚奏議

黄虞稷《千頃堂書目・表奏類》馬坤《石渚奏議》四卷。直隸通州人。嘉靖癸未進士，户部尚書。

鄭端簡公奏議

丁丙《善本書室藏書志・詔令奏議類》《鄭端簡公奏議》十四卷。明刊本。門人項篤壽校梓。明鄭曉撰。此書卷一至十爲淮陽類，乃議築濬、籌兵餉、以戰以守、弭災濟變諸政也。卷十一爲兵部類，十二至十四爲刑部類，乃簡領戎政、協贊經畫、晉陟司寇，兼署樞務時建白者。曉之子壻項篤壽叙而梓之，末有「隆慶庚午九月雕工畢」一條。是書未進《四庫》，《天一閣書目》止載曉《謝恩疏》一卷，不及其餘，則爲罕覯可知矣。

丁丙《八千卷樓書目・詔令奏議類》《鄭端簡公奏議》十四卷。明鄭曉撰。明刊本。

馬太僕奏略

丁丙《八千卷樓書目·詔令奏議類》《馬太僕奏略》二卷。明馬孟貞撰。刊本。

郭給諫疏稿

丁丙《八千卷樓書目·詔令奏議類》《郭給諫疏稿》二卷。明郭尚賓撰。《嶺南遺書》本。

漕撫奏疏

丁丙《八千卷樓書目·詔令奏議類》《漕撫奏疏》四卷。明王宗沐撰。明刊本。

端簡公奏疏

黄虞稷《千頃堂書目·表奏類》鄭曉《端簡公奏疏》十四卷。

淮揚奏藁

黄虞稷《千頃堂書目·表奏類》鄭曉《淮揚奏藁》十卷。

芝園别集

黄虞稷《千頃堂書目·表奏類》張時徹《芝園别集》十一卷。

西槎疏草

黄虞稷《千頃堂書目·表奏類》龔輝《西槎疏草》二卷。字實卿，餘姚人。嘉靖癸未進士，工部左侍郎。

穀原奏議

黄虞稷《千頃堂書目·表奏類》蘇祐《穀原奏議》十二卷。

漕河奏議

黄虞稷《千頃堂書目·表奏類》顧寰《漕河奏議》十卷。

兩廣奏議

黄虞稷《千頃堂書目·表奏類》顧寰《兩廣奏議》二十卷。

京營奏議

黄虞稷《千頃堂書目·表奏類》顧寰《京營奏議》十二卷。鎮遠侯。

林富奏議

黄虞稷《千頃堂書目·表奏類》《林富奏議》二卷。

兩廣疏略

黄虞稷《千頃堂書目·表奏類》林富《兩廣疏略》二卷。

馬從謙奏疏

黄虞稷《千頃堂書目·表奏類》《馬從謙奏疏》一卷。二册。

林希元奏疏

黄虞稷《千頃堂書目·表奏類》《林希元奏疏》□卷。二册。

水西諫疏

黄虞稷《千頃堂書目·表奏類》沈漢《水西諫疏》二卷。

趙諫議疏藁

黄虞稷《千頃堂書目·表奏類》趙漢《趙諫議疏藁》四卷。字鴻逵，平湖人。

正德辛未進士，選授給事中。劾蕭敬、谷大用等，多著直聲。出爲□西參議。

茅瓚密勿論

黄虞稷《千頃堂書目·表奏類》《茅瓚密勿論》一卷。

蹟山疏藁

黄虞稷《千頃堂書目·表奏類》周天佐《蹟山疏藁》一卷。

訥溪疏草

黄虞稷《千頃堂書目·表奏類》周怡《訥溪疏草》一卷。

《四庫全書總目提要·詔令奏議類》《訥谿奏疏》一卷。浙江巡撫採進本。明周怡撰。怡字順之，號都峰，改號訥谿，太平人。嘉靖戊戌進士，授順德府推官，擢吏科給事中。【略】是集爲其弟恪所編，許穀爲之序。凡吏科奏疏十一篇，太常奏疏二篇。雖卷帙無多，而生氣凜然，猶足以見其梗概也。

韶山奏議

黄虞稷《千頃堂書目·表奏類》黎貫《韶山奏議》二卷。從化人，嘉靖中御史。

蕭岳峰奏議

黄虞稷《千頃堂書目·表奏類》蕭大亨《蕭岳峰奏議》十卷。

督撫奏疏

黄虞稷《千頃堂書目・表奏類》 温純《督撫奏疏》十一卷。

大司徒張公撫遼奏議

黄虞稷《千頃堂書目・表奏類》 張學顔《大司徒張公撫遼奏議》十六卷。

又 張學顔《撫遼奏議》十卷。

司馬司農奏議

黄虞稷《千頃堂書目・表奏類》 張學顔《司馬司農奏議》二十卷。

雲中奏議

黄虞稷《千頃堂書目・表奏類》 王基《雲中奏議》益都人。南京户部尚書。

撫蜀奏議

黄虞稷《千頃堂書目・表奏類》 徐元太《撫蜀奏議》。

顧養謙撫遼奏議

黄虞稷《千頃堂書目・表奏類》 《顧養謙撫遼奏議》四卷。

顧中丞撫遼疏議

黄虞稷《千頃堂書目・表奏類》 顧養謙《顧中丞撫遼疏議》一卷。

沖菴撫遼奏議

《四庫全書總目提要・詔令奏議類存目》 《沖菴撫遼奏議》二十卷。江蘇周厚堉家藏本。明顧養謙撰。養謙字益卿，南通州人。嘉靖乙丑進士，官至户部侍郎，總督薊遼兼經略，以議倭封貢事被劾去。《撫遼奏議》乃巡撫遼東時所上，凡九十餘疏。

督撫奏議

《四庫全書總目提要・詔令奏議類存目》 《督撫奏議》八卷。明顧養謙撰。《督撫奏議》乃總督薊遼時所上，凡三十餘疏。

經略朝鮮奏議

黄虞稷《千頃堂書目・表奏類》 宋應昌《經略朝鮮奏議》十二卷。

東征公議

黄虞稷《千頃堂書目・表奏類》 邢玠《東征公議》十四卷。

蕭司馬奏議

黃虞稷《千頃堂書目・表奏類》 蕭廩《蕭司馬奏議》八卷。萬安人，嘉靖乙丑進士。兵部右侍郎，贈尚書。

督撫天中奏疏

黃虞稷《千頃堂書目・表奏類》 曾如春《督撫天中奏疏》三十四卷。臨川人，嘉靖乙丑進士。總督河道，工部右侍郎。

張應治奏疏

黃虞稷《千頃堂書目・表奏類》 《張應治奏疏》四卷。字體微，秀水人。嘉靖壬戌進士，官南京户科都給事中，陞山東副使。

敬事草

黃虞稷《千頃堂書目・表奏類》 沈一貫《敬事草》十九卷。

《四庫全書總目提要・詔令奏議類存目》 《敬事草》十九卷。山西巡撫採進本。明沈一貫撰。一貫有《易學》，已著録。是書乃其歷官所上奏疏揭帖，始於萬曆四年正月初充講官，迄於三十四年七月以大學士乞休。一貫當國，頗爲清議所不滿。如《明史》本傳所載楚獄、妖書二案，所不待言。即京察一事，集中深自辨白，然終無以解免於物論也。本傳稱「一貫位至建極殿大學士」，據此編所書銜名乃中極殿，蓋史家偶異詞云。

趙志皋奏議

黃虞稷《千頃堂書目・表奏類》 趙志皋《趙文懿公奏議》十六卷。

《明史・藝文志・别集類》 《趙志皋奏議》十六卷。

内閣奏題藁

黃虞稷《千頃堂書目・表奏類》 趙志皋《奏題藁》十卷。

《四庫全書總目提要・詔令奏議類存目》 《内閣奏題稿》十卷。浙江巡撫採進本。明趙志皋撰。志皋字汝邁，蘭谿人。隆慶戊辰進士，官至建極殿大學士，謚文懿。事蹟具《明史》本傳。史稱「志皋身在牀褥，於罷礦建儲諸大政，數力疾草疏争。在告四年，疏八十餘上」。此本乃其在内閣十年之奏稾，於萬曆二十八年手自編定者也。《明史・藝文志》作十六卷，與此本卷數不合。殆志皋尚有他奏議，《明史》總舉其數歟？

虞山奏議

黃虞稷《千頃堂書目・表奏類》 陳察《虞山奏議》十卷。

館閣疏揭

黃虞稷《千頃堂書目・表奏類》 張位《館閣疏揭》二卷。

朱文懿公奏議

黄虞稷《千頃堂書目・表奏類》 朱賡《朱文懿公奏議》十三卷。一作八卷。

吴復庵奏疏

黄虞稷《千頃堂書目・表奏類》 吴中行《吴復庵奏疏》一卷。

粤西疏稾

《四庫全書總目提要・詔令奏議類存目》 《粤西疏稾》三卷。浙江巡撫採進本。

明吴文華撰。文華字子彬，連江人。嘉靖丙辰進士，官至南京兵部尚書，謚襄惠。事蹟附見《明史・鄒應龍傳》。此集乃其巡撫廣西時所上諸疏，凡二十一首。葉向高作《文華濟美堂集序》，稱「其督粤西所削平林箐巨憝，累世爲患害者，不可勝紀」。今集中《叙報雕勦人員疏》、《地方賊情疏》、《勦平上下四屯疏》、《勦平北山等處地方疏》、《題報地方賊情疏》，皆其事也。然史稱河池咘咳北三猺未爲逆，總督淩雲翼喜事，殺戮甚慘，得廕襲，文華亦受賞遷户部侍郎。則向高所云，不免有所文飾矣。

督撫奏議

黄虞稷《千頃堂書目・表奏類》 吴文華《督撫奏議》。

留都疏稾

黄虞稷《千頃堂書目・表奏類》 吴文華《留都疏稾》。

《四庫全書總目提要・詔令奏議類存目》 《留都疏稾》一卷。浙江巡撫採進本。

明吴文華撰。文華於萬曆十五年任南京工部尚書，十六年進兵部尚書，旋以病乞歸。此其兩年之中所上諸疏，凡十一首。謝恩者三，乞休者二，爲人請廕者一，其四皆營伍常事。惟《乞誅内監張鯨》一疏，尚見風力云。

林潤願治疏稾

黄虞稷《千頃堂書目・表奏類》 《林潤願治疏稾》八卷。莆田人，嘉靖丙辰進士。巡撫應天，都御史。

歷官奏議

黄虞稷《千頃堂書目・表奏類》 曾同亨《歷官奏議》八卷。

舒化淮峰諫疏

黄虞稷《千頃堂書目・表奏類》 《舒化淮峰諫疏》三卷。

沈節甫奏議

黄虞稷《千頃堂書目・表奏類》 《沈節甫奏議》八卷。字以安，烏程人。嘉靖己未進士，工部左侍郎。

代庖公案

黄虞稷《千頃堂書目・表奏類》 沈節甫《代庖公案》八卷。

葉春及應詔書

黃虞稷《千頃堂書目・表奏類》 《葉春及應詔書》一卷。字化甫，歸善舉人。隆慶初，官閩清教諭。應求言詔上書二十五篇，凡三萬餘言。

龐尚鴻戇言

黃虞稷《千頃堂書目・表奏類》 《龐尚鴻戇言》一卷。南海人。萬曆初，以候選訓導上言天壽山陵寢。後官鉛山知縣。

綸扉奏草

黃虞稷《千頃堂書目・表奏類》 申時行《綸扉奏草》十四卷。

《明史・藝文志・別集類》 申時行《綸扉奏草》十卷。

綸扉笥草

黃虞稷《千頃堂書目・表奏類》 申時行《綸扉笥草》四卷。

王文肅公奏議

黃虞稷《千頃堂書目・表奏類》 王錫爵《王文肅公奏議》二十卷。

《四庫全書總目提要・詔令奏議類存目》 《王文肅奏草》二十三卷。江蘇巡撫採進本。明王錫爵撰。錫爵字元馭，號荊石，太倉人。嘉靖壬戌進士，官至建極殿大學士，謚文肅。事蹟具《明史》本傳。是集乃其綸扉進御之詞，自萬曆十三年訖三十八年，以歲月先後編次，其子衡所輯，其孫時敏所刊也。

密揭辨議

黃虞稷《千頃堂書目・表奏類》 王錫爵《密揭辨議》一卷。

請儲瀝疏

黃虞稷《千頃堂書目・表奏類》 王錫爵《請儲瀝疏》二卷。

督府奏議

黃虞稷《千頃堂書目・表奏類》 蹇達《督府奏議》十二卷。

陳有年奏議

黃虞稷《千頃堂書目・表奏類》 《陳有年奏議》。

薊門奏議

黃虞稷《千頃堂書目・表奏類》 張國彥《薊門奏議》六卷。

督撫奏議

黄虞稷《千頃堂書目·表奏類》 王崇古《督府奏議》五卷。一作十卷。

《明史·藝文志·别集類》 《王崇古奏議》五卷。

陳修邊務疏

黄虞稷《千頃堂書目·表奏類》 王崇古《陳修邊務疏》一卷。

督府奏議

黄虞稷《千頃堂書目·表奏類》 方逢時《督撫奏議》六卷。

漕河奏議

黄虞稷《千頃堂書目·表奏類》 朱衡《漕河奏議》五卷。

前川曹先生奏議

黄虞稷《千頃堂書目·表奏類》 曹忭《前川曹先生奏議》二卷。

《四庫全書總目提要·詔令奏議類存目》 《前川奏疏》二卷。江西巡撫採進本。明曾忭撰。忭號前川，泰和人。嘉靖丙戌進士，官至兵部都給事中。《千頃堂書目》載《前川奏疏》二卷，與此本合。其作曹抃，則以字形相近而譌也。忭《明史》無傳，惟《劉源清傳》附載其申救源清下詔獄事。其疏今在集中，然疏中陳處置大同事宜頗詳，申救源清，特其中之一事。則未審爲史文之略，爲其後人有所潤色也。卷末有跋，不署名氏，核其語意，似忭族人所作，稱忭叔監察御史翀。嘉靖乙未，亦以劾汪鋐廷杖死。泰和東門内有叔姪諫臣坊，即爲翀、忭所建云。

呂司直奏議

黄虞稷《千頃堂書目·表奏類》 呂懷《呂司直奏議》一卷。

譚襄敏公奏議

黄虞稷《千頃堂書目·表奏類》 譚綸《譚襄敏公奏議》十卷。

《明史·藝文志·别集類》 《譚綸奏議》十卷。

《四庫全書總目提要·詔令奏議類》 《譚襄敏奏議》十卷。兩江總督採進本。明譚綸撰。綸字子理，宜黄人。嘉靖甲辰進士，官至兵部尚書，襄敏其謚也。事蹟具《明史》本傳。此編乃其歷官疏草，分爲三集：曰《閩稾》，嘉靖四十二年再起爲右僉都御史，巡撫福建時所上也；曰《蜀稾》，嘉靖四十四年起爲陝西巡撫，會大足民作亂，陷七城，調任四川以後所上也；曰《薊遼稾》，隆慶元年至四年，由兵部右侍郎進左侍郎，兼右僉都御史，總督薊遼、保定軍務時所上也。

趙端肅公奏議

黄虞稷《千頃堂書目·表奏類》 趙錦《趙端肅公奏議》九卷。餘姚人。

三邊奏議

黄虞稷《千頃堂書目·表奏類》 石茂華《三邊奏議》益都人，嘉靖甲辰進士。總督三邊，兵部尚書。贈太子少保，謚恭襄。

甘肅奏議

黄虞稷《千頃堂書目·表奏類》 石茂華《甘肅奏議》。

督撫兩廣奏議

黄虞稷《千頃堂書目·表奏類》 吴桂芳《督撫兩廣奏議》十六卷。

陸光祖奏議

黄虞稷《千頃堂書目·表奏類》 《陸光祖奏議》。

王遴疏草

黄虞稷《千頃堂書目·表奏類》 《王遴疏草》八卷。

奏議

黄虞稷《千頃堂書目·表奏類》 王遴《奏議》十卷。

諫草焚餘

黄虞稷《千頃堂書目·表奏類》 裴應章《諫草焚餘》八卷。

春曹奏議

黄虞稷《千頃堂書目·表奏類》 于慎行《春曹奏議》。

士風文體疏

黄虞稷《千頃堂書目·表奏類》 馮琦正《士風文體疏》一卷。

余懋學禮垣疏草

黄虞稷《千頃堂書目·表奏類》 《余懋學禮垣疏草》五卷。

余中宇奏議

黄虞稷《千頃堂書目·表奏類》 余懋學《余中宇奏議》六卷。

趙參魯端簡奏疏

黄虞稷《千頃堂書目·表奏類》 《趙參魯端簡奏疏》六卷。字宗傳，鄞縣人。隆慶辛未進士，南京刑部尚書。

撫閩奏疏

黄虞稷《千頃堂書目·表奏類》 金學曾《撫閩奏疏》六卷。字子曾，錢塘人。

隆慶戊辰進士，巡撫福建，副都御史。

郭中丞撫黔奏疏

黄虞稷《千頃堂書目·表奏類》 郭子章《郭中丞撫黔奏疏》十六卷。

比部奏議

黄虞稷《千頃堂書目·表奏類》 管志道《比部奏議》四卷。一作《刑曹疏議》五卷。

司農奏議

黄虞稷《千頃堂書目·表奏類》 趙世卿《司農奏議》□□卷。八册。

賀文南奏疏

黄虞稷《千頃堂書目·表奏類》 賀一桂《賀文南奏疏》一卷。廬陵人，嘉靖乙丑進士。大理寺卿。

撫遼疏草

黄虞稷《千頃堂書目·表奏類》 李化龍《撫遼疏草》六卷。

遼東奏議

《禁燬書目》 《遼東奏議》十二本。查《遼東奏議》，明李化龍撰。第三卷内有指斥之語，應請銷燬。

治河奏疏

《四庫全書總目提要·詔令奏議類存目》 《治河奏疏》四卷。直隸總督採進本。明李化龍撰。化龍有《平播全書》，已著録。是編奏疏乃萬曆三十一年化龍以工部右侍郎總督河道時所上。時黄河横決，化龍徧行淮徐，得泇河遺蹟，乃奏請疏鑿。凡開二百六十丈，工訖而爲流沙所阻。化龍持之益力，復改鑿嵋頭一路，運道遂通。故此編於泇河一事，最爲注意，言之尤爲懇切云。

漕撫小草

黄虞稷《千頃堂書目·表奏類》 李三才《漕撫小草》十五卷。一作《奏草》十七卷。

督撫奏疏

黄虞稷《千頃堂書目·表奏類》 楊時寧《督撫奏疏》十五卷。

撫畿奏疏

黄虞稷《千頃堂書目·表奏類》 汪應蛟《撫畿奏疏》十卷。

海防奏議

黃虞稷《千頃堂書目·表奏類》 汪應蛟《海防奏議》一卷。

計部奏議

黃虞稷《千頃堂書目·表奏類》 汪應蛟《計部奏議》二卷。

王文端奏疏

《四庫全書總目提要·詔令奏議類存目》 《王文端奏疏》四卷。兩江總督採進本。明王家屏撰。家屏字仲伯，山西山陰人。隆慶戊辰進士，官至東閣大學士，謚文端。事蹟具《明史》本傳。家屏輔政在萬曆中年，奏疏多爲册儲之事，餘皆占謝之詞。本傳稱其「柄國僅半載而去，朝野惜之。閲八年，儲位始定。遣官存問，齎金幣羊酒」。是編終以此篇，明其志也。諸疏已載入所著《文端集》。此蓋初出别行之本，目録作二卷，而書實四卷。蓋目録之誤，其編校亦可謂疏矣。

奏議

《四庫全書總目提要·詔令奏議類存目》 《奏議》二卷。江西巡撫採進本。明李頤撰。頤字維貞，號及泉，餘干人。隆慶戊辰進士，官至總督河漕都察院右都御史兼工部侍郎。事蹟具《明史》本傳。是編皆其歷官時所上奏疏，與《明史》相合。《獻徵録》載頤行狀，稱《奏議》十卷，今止二卷，乃國朝段藻所重刊。末附《重建儒學祭器庫記》一首，而以誌傳、行狀、制誥及諭祭敕葬文冠於卷首。

掖垣題藁

《四庫全書總目提要·詔令奏議類存目》 《掖垣題稾》三卷。刑部員外郎顧葵家藏本。明顧九思撰。九思字與睿，長洲人。隆慶辛未進士，官至通政司右通政。是編皆其爲給事中時所上奏疏，在户科者一，在禮科者十三，在兵科者二十。其間如持宗藩之冒封，劾邊將之驕詐，皆具有風節。《江南通志》亦謂其條奏多關切軍國大計，時咸推其讜值云。

諫垣疏藁

《四庫全書總目提要·詔令奏議類存目》 《諫垣疏稾》四卷。兩江總督採進本。明姚學閔撰。學閔字順山，武陵人。隆慶辛未進士，由知縣歷官禮、刑、兵三科給事中。嘗一視京營，一閲宣大山西邊務。以其前後奏疏，彙爲此編。卷首有陳所藴序稱「當時不察，有以枌榆故相爲口實者」。今疏稾具在，有一左袒相君語乎？又有其門人吴中明序，亦云「先生當柄國時，世或蘄爲同而能不爲同。迨其後也，世或蘄爲異而能不爲異」。蓋學閔官諫垣時，在萬曆初，正其鄉人張居正獨相之日，故二人竝爲辨别心蹟云。

海防奏議

《四庫全書總目提要·詔令奏議類存目》 《海防奏議》四卷。江蘇周厚堉家藏本。明萬世德撰。世德，山西偏頭千户所人。隆慶辛未進士，歷官右都御史，總督薊遼。萬曆二十五年，倭寇朝鮮，議設海防巡撫，以世德爲都察院僉都御史，管理天津、登萊、旅順等處海務。至二十六年，改世德經理朝鮮，而以汪應蛟爲代。是編所載，自二十五年九月至二十六年六月。一年之中，條上一切海防事宜，凡爲疏四十八篇。

黄門集

《四庫全書總目提要・詔令奏議類存目》《黄門集》三卷。浙江巡撫採進本。明陳與郊撰。與郊有檀弓集註，已著録。是編爲其奉常佚稾之第二種，皆其爲給事中時奏疏。與郊黨附大學士申時行、王錫爵，其論大峪壽宫事，詆李植、江東之，其疏今載集中。《明史・萬國欽傳》又載，給事中李春開劾趙南星、張士昌，與郊助之，亦以二人糾政府私人也。

閲視三鎮奏議

范邦甸等《天一閣書目・詔令奏議類》《閲視三鎮奏議》一卷。刊本。明萬曆元年閲視宣大、山西邊務，兵部右侍郎兼都察院右僉都御史吴堯山撰。

督撫江西奏議

范邦甸等《天一閣書目・詔令奏議類》《督撫江西奏議》四卷。刊本。明江西巡撫徐栻撰。萬曆元年永陽邵孟麟序。

臺省疏稿

范邦甸等《天一閣書目・詔令奏議類》《臺省疏稿》八卷。刊本。明張元洲撰。萬曆二年王宗沐序。

黄虞稷《千頃堂書目・表奏類》張瀚《臺省疏稾》八卷。

《四庫全書總目提要・詔令奏議類存目》《臺省疏稾》八卷。江西巡撫採進本。明張瀚撰。瀚字元洲，仁和人。嘉靖乙未進士，官至吏部尚書，謚恭懿。事蹟具《明史》本傳。是集分門編次，一卷曰賀謝類，二卷、三卷曰前後關中類，四卷、五卷曰漕運類，六卷、七卷、八卷曰兩廣類，咸當時案牘之文。

督撫奏議

黄虞稷《千頃堂書目・表奏類》張瀚《督撫奏議》十六卷。

江右督撫奏議

范邦甸等《天一閣書目・詔令奏議類》《江右督撫奏議》六卷。刊本。明姑蘇徐栻撰。萬曆二年古閩林烇序。

督撫奏議

范邦甸等《天一閣書目・詔令奏議類》《督撫奏議》十四卷。附《南恒疏議》一卷。刊本。明楚人劉堯誨疑齋撰。萬曆九年辛巳龐尚鵬序首。萬曆壬午廣西提學袁昌祚後序。

芹溪議藁

范邦甸等《天一閣書目・詔令奏議類》《芹溪議藁》二卷。殘。明淩某撰。從子東淮校正。莆田歐志學序。

祖孫臺諫奏疏

范邦甸等《天一閣書目・詔令奏議類》《祖孫臺諫奏疏》二卷。刊本。明崑山朱氏撰。

胡莊肅公奏議

范邦甸等《天一閣書目・詔令奏議類》《胡莊肅公奏議》三卷。又《續》一卷。明胡松撰。

黄虞稷《千頃堂書目・表奏類》《胡松莊肅公奏疏》五卷。

督府江西奏議

黄虞稷《千頃堂書目・表奏類》胡松《督撫江西奏議》二卷。

奏對稿

范邦甸等《天一閣書目・詔令奏議類》《奏對稿》不全。明大岳張居正撰。

黄虞稷《千頃堂書目・表奏類》張居正《奏對藁》十卷。

《明史・藝文志・別集類》張居正《奏對稿》十卷。

撫虔奏稿

范邦甸等《天一閣書目・詔令奏議類》《撫虔奏稿》三卷。刊本。明吴興隆穩撰。

雲中撫平奏疏稿

范邦甸等《天一閣書目・詔令奏議類》《雲中撫平奏疏稿》三卷。刊本。明樊繼祖撰劉汝松序。

羅山奏疏

范邦甸等《天一閣書目・詔令奏議類》《羅山奏疏》七卷。刊本。明太師張某撰。

南陵王奏議

范邦甸等《天一閣書目・詔令奏議類》《南陵王奏議》一册。刊本。明周府南陵王朱睦㮮撰。

審録疏稿

范邦甸等《天一閣書目・詔令奏議類》《審録疏稿》三卷。刊本。明孫宏試撰。

毛東塘安南疏稿

范邦甸等《天一閣書目・詔令奏議類》《毛東塘安南疏稿》一卷。刊本。明毛伯温撰。

東塘奏議

黄虞稷《千頃堂書目・表奏類》毛伯温《東塘奏議》二十卷。

《明史・藝文志・別集類》《毛伯温奏議》二十卷。

《四庫全書總目提要・詔令奏議類存目》《毛襄懋奏議》二十卷。江西巡撫採進本。明毛伯温撰。伯温字汝厲，吉水人。正德戊辰進士，官至僉都御史，巡撫寧夏、山西、順天，晉工部尚書，改兵部尚書。天啓初，追謚襄懋。事蹟具《明史》本傳。是集乃其歷任奏疏，以一官爲一集。凡《臺中》、《撫臺》、《内臺》、《總邊》、《宫賓》、《平南》、《總憲》、《樞垣》八集。其籌邊諸議，頗詳晰當時利弊云。

顧太僕寺奏議

范邦甸等《天一閣書目・詔令奏議類》《顧太僕寺奏議》一卷。刊本。明顧存仁撰。

奏謝録

范邦甸等《天一閣書目・詔令奏議類》《奏謝録》三卷。刊本。明夏言撰。

黄虞稷《千頃堂書目・表奏類》夏言《奏謝録》二卷。

謝恩疏

范邦甸等《天一閣書目・詔令奏議類》《謝恩疏》一卷。刊本。明鄭曉撰。

伏闕稿

范邦甸等《天一閣書目・詔令奏議類》《伏闕稿》刊本。明王世貞撰。

章恭毅公奏議

范邦甸等《天一閣書目・詔令奏議類》《章恭毅公奏議》一卷。刊本。首尾殘闕。

敬事草

范邦甸等《天一閣書目・詔令奏議類》《敬事草》刊本。殘。名氏、卷數無查。

肅敏奏議

范邦甸等《天一閣書目・詔令奏議類》《肅敏奏議》二卷。前後殘闕，名氏無查。

明疏鈔

范邦甸等《天一閣書目・詔令奏議類》《明疏鈔》七十卷。刊本。每卷首有「天一閣」、「司馬之章」二圖章。明萬曆東萊孫旬彙輯并序。

張萱等《内閣藏書目録・奏疏部》《皇明疏鈔》三十六册。全。萬曆間御史孫旬輯。

黄虞稷《千頃堂書目・表奏類》孫旬《明疏議鈔》七十卷。萊陽人，萬曆甲戌進士。由行人擢御史，累官操江都御史。

《明史・藝文志・總集類》孫旬《明疏議》七十卷。

皇明名臣經濟録

范邦甸《天一閣書目・詔令奏議類》《皇明名臣經濟録》五十三卷。刊本。

明新安黄訓集同邑汪雲程校并序。

黄虞稷《千頃堂書目・表奏類》 黄訓《名臣經濟録》五十二卷。

《四庫全書總目提要・詔令奏議類》《名臣經濟録》五十三卷。浙江巡撫採進本。明黄訓編。訓，歙縣人。嘉靖己丑進士，官至副都御史。是書輯洪武至嘉靖九朝名臣經世之言。中闕建文一朝，以革除諱之也。分十門：凡開國一卷，保治十卷，内閣四卷，吏部四卷，户部五卷，禮部七卷，兵部十三卷，刑部三卷，工部五卷，都察院通政司大理寺共一卷。每門各有子目。開國、保治二門，以時代爲序。吏、禮、兵、工四部各以所屬四司分四類。户部分圖志、田土、賦役、給賜、黄册、屯田、婚姻、糧運、禄俸、鹽法、茶法、課程、賑恤十三類。刑部分律例、論奏、題奏、雜論四類。以二部諸司，皆以省分，無專掌一事者故也。内閣無子目，百司之總，無不該也。都察院、通政司、大理寺亦無子目，篇帙寡也。明永樂間，敕黄淮等編《歷代名臣奏議》，至元而止。雖門目浩繁，不無冗雜，而二千年訏謨碩畫，歷歷可徵。是編所載，如《陶安傳》、《劉基行狀》、《蹇義墓誌》、《李東陽年譜》諸篇，兼紀言行；漢府、趙府、石亨、曹吉、祥之變諸篇，併録時事；以及謝鐸《焉用彼相説》、何依《休庵詩序》之類，採及雜文；邱濬《大學衍義補》之類，至節取所著之書，不純爲奏議之體，故但以經濟録爲名。其實奏議居十之九，與淮等所編時代相接，頗足以資考鏡。今附之奏議類中，其間如《湖廣碑録》之類，間有濫收，或亦朱子《名臣言行録》取吕惠卿，趙汝愚《名臣奏議》不遺章惇、秦檜之意歟？分别觀之可矣。

皇明經濟文録

范邦甸等《天一閣書目・詔令奏議類》《皇明經濟文録》四十一卷。刊本。

明都督僉事鎮守淮安總兵官四明萬表編輯。杭郡貳守曲入繩梓。萬序曰：「《經濟文録》者，國朝經濟之文也。初，得徽刻前武選郎中黄君訓所集《名臣經濟録》，録其若干篇次。得前廣西僉事章君樊所藏《九邊十三省録》，録其若干篇。聞此亦黄君所集，殆未刻之半也。并録往歲所輯《漕暇録》又若干篇，亦已成書。近得大名新刻《疏義輯略》，今督學浙江副使阮公鶚所集，又録其若干篇。合四帙以成，復續采羣集以益之，視初稍備矣。門類則仍黄君之舊而少減，末增兩京、直隸、九邊、十三省，類，分三十有一卷，總四十有一。名《經濟文録》」云。

黄虞稷《千頃堂書目・表奏類》 萬表《經濟文録》四十四卷。

李忠穆公奏議

錢謙益等《絳雲樓書目・奏議類》《李忠穆公奏議》。

劉忠公奏議

錢謙益等《絳雲樓書目・奏議類》《劉忠公奏議》。

吴許公奏議

錢謙益等《絳雲樓書目・奏議類》《吴許公奏議》。

赤城論諫

范邦甸等《天一閣書目・詔令奏議類》《赤城論諫》十九卷。刊本。存九卷。

明黄巖、謝鐸輯。集赤城諸公論諫：宋十人，明六人，爲文六十六首。莆田周瑛序。卷後謝鐸序。

赤城論諫録

錢謙益等《絳雲樓書目・奏議類》 《赤城論諫録》十卷。此書與《赤城詩集》并《方遜志集》。弘治間，謝方石校定刊行。見《蔡介夫與謝書》。

黄虞稷《千頃堂書目・表奏類》 謝鐸《赤城論諫録》十卷。鐸與郡人黄孔昭同輯，天台人文之有關治道者。宋十人，明六人，凡六十六首。

《明史・藝文志・集類》 謝鐸《赤城論諫録》十卷。鐸與黄孔昭同輯天台人文之有關治道者，宋十人，明六人。

《四庫全書總目提要・詔令奏議類存目》 《赤城論諫録》十卷。浙江巡撫採進本。明謝鐸、黄孔昭同編。鐸字鳴治，天順甲申進士。官至禮部侍郎，兼國子監祭酒，謚文肅。孔昭，字世顯，天順庚辰進士。官至工部侍郎，謚文毅。事蹟具《明史》本傳。二人皆天台人。是編裒其鄉先輩奏議，自南宋至明初，凡十四人，文六十六篇。又吴芾、葉夢鼎二人在宋末亦以言事著稱，而奏稾不可復得，亦附名於後，略載其出處行事，以存其人焉。

虞忠肅公奏議

錢謙益等《絳雲樓書目・奏議類》 《虞忠肅公奏議》二百二十七篇。

名臣寧攘要編

《禁毁書目》 《名臣寧攘要編》一部六本。查《名臣寧攘要編》係明項德楨輯。取諸家所記明初以迄隆慶間邊疆用兵事蹟，裒爲一書。大抵皆指楚粤蠻司及交趾、土魯番、朵顔三衛諳答等款剿之事，並无干碍。應請毋庸銷燬，惟間有字句偏駁處。仍應酌删。

皇明名臣經濟録

范邦甸等《天一閣書目・詔令奏議類》 《皇明名臣經濟録》十八卷。刊本。明欒城陳九德删次。常熟嚴訥校正。嘉靖乙酉饒天民序常熟令羅洪壽梓。

黄虞稷《千頃堂書目・表奏類》 陳九德删次《名臣經濟録》十八卷。號遜齋，欒城人，監察御史。

《禁毁書目》 《明名臣經濟録》一部八本。查《明名臣經濟録》，係明陳九德删次。以開國保治及内閣六部各衙門列爲十目，取奏疏事蹟之有資治道者分係其下。自明初，迄正德末而止。中間惟宋濂《諭中原檄》及他文内，詞意偏謬者，應行删燬。外其餘尚无干碍，應請毋庸全燬。

明經濟文輯

《禁毁書目》 《明經濟文輯》一部八本。查《明經濟文輯》，係明陳其愫編。取明人之文有裨寔用者，分類編録。凡十有七目，略依《六典》爲次序。其九邊門内所言防守事宜，多係指西北關隘而言。惟中間有語涉偏謬之處，仍應删燬。其餘應請毋庸全燬。

名臣邊疆題要

范邦甸等《天一閣書目・詔令奏議類》 《名臣邊疆題要》十二卷。藍絲闌鈔本。卷首殘缺。明成化二年起，嘉靖十七年止，一百六十六條，不著編輯人名氏。

奏疏摘録

范邦甸等《天一閣書目・詔令奏議類》 《奏疏摘録》八卷。刊本。明尚書長興顧應祥歷任條陳奏疏。自序已殘。

録公摘要

范邦甸等《天一閣書目・詔令奏議類》《録公摘要》七卷。鈔本。係摘録《明名臣奏疏》。不著撰人名氏。

朱子奏議

楊士奇等《文淵閣書目・經濟》《朱子奏議》一部二册。殘缺。

《四庫全書總目提要・詔令奏議類存目》《朱子奏議》十五卷。兩江總督採進本。明朱吾弼編。吾弼字諧卿，號密林，高安人。萬曆己丑進士，官至南京太僕寺卿。事蹟具《明史》本傳。是編皆自《晦菴集》中鈔出，凡章奏十卷、書狀、劄子五卷。《朱子文集》家絃户誦，此刻可謂屋下屋，牀上牀矣。

重鋟文公先生奏議

丁丙《善本書室藏書志・詔令奏議類》《重鋟文公先生奏議》十五卷。明刊本。宗後學監察御史高安朱吾弼編，十三世孫庠生朱崇沐校梓。卷一、二爲《封事》，卷三、四、五爲《奏劄》，卷六至十爲《奏狀》，卷十一至十三爲《申請》，十四五爲《辭免》。萬曆甲辰，南京吏部右侍郎閩中後學葉向高序。稱「朱生崇沐既刻《朱子語類》，兹復裒《奏議》刻之，仍屬余序」云云。按：崇沐爲萬曆間庠生，而每卷標題首行又稱「宗後學高安朱吾弼」，崇沐有世次可叙，而吾弼但稱後學，則非與崇沐爲同里者矣。吾弼字諧卿，萬安人，萬曆十七年進士，累官南京太僕寺卿。

臺憲奏議

朱睦㮮《萬春堂書目・奏議類》《臺憲奏議》軒輗。

平虜疏議三十二事

朱睦㮮《萬春堂書目・奏議類》《平虜疏議》三十二事。一卷。田世威。

主一徐公奏議

朱睦㮮《萬春堂書目・奏議類》《主一徐公奏議》九卷。徐恪。

王華山人疏稿

朱睦㮮《萬春堂書目・奏議類》《王華山人疏稿》四卷。

經進治河三疏

朱睦㮮《萬春堂書目・奏議類》《經進治河三疏》。一册。張鼒。

漕河撮要疏

朱睦㮮《萬春堂書目・奏議類》《漕河撮要疏》五卷。

趙函江奏議

朱睦㮮《萬春堂書目・奏議類》《趙函江奏疏》五卷。趙文華。

徐華原奏議

朱睦㮮《萬春堂書目・奏議類》《徐華原奏議》。一卷。徐南星。

龜湖奏議

朱睦㮮《萬春堂書目・奏議類》《龜湖奏議》一卷。李時春。

治安要議

朱睦㮮《萬春堂書目・奏議類》《治安要議》一卷。陳建。

備邊八策

朱睦㮮《萬春堂書目・奏議類》《備邊八策》一卷。王守仁。

明留臺奏議

黄虞稷《千頃堂書目・表奏類》 朱吾弼《明留臺奏議》二十卷。字諧卿，高安人。萬曆己丑進士，爲南京監察御史。有直聲，後官太僕寺卿。

《明史・藝文志・總類類》 朱吾弼《明留臺奏議》二十卷。

《四庫全書總目提要・詔令奏議類存目》《留臺奏議》二十卷。浙江巡撫採進本。明朱吾弼、李雲鵠、蕭如松、孫居相同編。取正、嘉、隆、萬間南京御史所上奏疏，分二十門。所載諸疏四人自撰者爲多。露才揚己，蓋所不免焉。吾弼有《朱子奏議》，已著録。雲鵠字黄羽，内鄉人，萬曆壬辰進士；如松字鶴侶，内江人；居相字伯輔，沁水人，並萬曆壬辰進士。時皆官南京御史，故與吾弼同輯是編也。

朱侍御留臺奏議

黄虞稷《千頃堂書目・表奏類》 朱吾弼《朱侍御留臺奏議》二卷。

嘉隆疏鈔

黄虞稷《千頃堂書目・表奏類》 張鹵《嘉隆疏鈔》二十卷。

《明史・藝文志・總集類》 張鹵《嘉隆疏鈔》二十卷。

《四庫全書總目提要・詔令奏議類存目》《嘉隆疏鈔》二十卷。内府藏本。明張鹵編。鹵字召和，儀封人。嘉靖乙未進士，歷官右副都御史，調南京太常寺卿。是編專録嘉靖、隆慶兩朝臣僚奏疏，分三十七類，凡四百餘篇，蓋續張瀚《疏議輯略》而作。故類例雖稍有出入，而大致略相仿佛云。

明代名臣奏疏

黄虞稷《千頃堂書目・表奏類》 張國綱《明代名臣奏疏》二十卷。安定人。萬曆中舉人，南陽府推官。

《明史・藝文志・總集類》 張國綱《明代名臣奏疏》二十卷。

萬曆疏鈔

黃虞稷《千頃堂書目・表奏類》 吳亮《萬曆疏鈔》五十卷。字采于，武進人。萬曆辛丑進士，巡撫宣大、御史。采輯萬曆癸酉迄己酉諸臣奏疏。

《明史・藝文志・總集類》 吳亮《萬曆疏鈔》五十卷。

神宗留中奏議

黃虞稷《千頃堂書目・表奏類》 莊莅政《神宗留中奏疏》四十卷。

唐策　明策

黃虞稷《千頃堂書目・表奏類》 馮琦《唐策》十卷，又《明策》三卷。

經國鴻謨

黃虞稷《千頃堂書目・表奏類》 李廷機《經國鴻謨》八卷。

昭代經濟言

黃虞稷《千頃堂書目・表奏類》 陳子壯《昭代經濟言》十四卷。

熙朝奏議

黃虞稷《千頃堂書目・表奏類》 《熙朝奏議》十二卷。不知編次姓氏。

古今諫議集疏

黃虞稷《千頃堂書目・表奏類》 王莫《古今諫議集疏》金谿人。正德辛未進士，官浙江提學副使，武宗時官刑部主事。疏請擇宗子之賢而年少者一人，育之宮中，俟皇子生。然後封以親藩，禮遣之國，如宋仁宗故事，不報。又屢數諫武宗巡游，剴切忠直。人皆壯之。

張佳胤奏議

《明史・藝文志・別集類》 《張佳胤奏議》七卷。

督撫江南疏草

張萱等《內閣藏書目録・奏疏部》 《督撫江南疏草》三册。全。萬曆間張佳胤著。

太保銅梁張公南北督撫奏議

張萱等《內閣藏書目録・奏疏部》 《太保銅梁張公南北督撫奏議》四册。全。萬曆間張佳胤著。又四册。全。

西臺疏稿

張萱等《内閣藏書目録·奏疏部》《西臺疏稿》四册。全。萬曆間，□□雪林林□□著。

撫滇疏草

張萱等《内閣藏書目録·奏疏部》《撫滇疏草》二册。萬曆間都御史蕭彦著。

黄虞稷《千頃堂書目·表奏類》蕭彦《撫滇疏草》三卷。涇縣人，隆慶辛未進士。

諫垣疏草

黄虞稷《千頃堂書目·表奏類》蕭彦《諫垣疏草》。

褚公從政録

張萱等《内閣藏書目録·奏疏部》《褚公從政録》十八册。全。萬曆間，晉陽褚鐵《臺中疏稿》及按河南時文移條約并後《督撫奏議》。

褚鐵臺中疏藁

黄虞稷《千頃堂書目·表奏類》褚鐵《臺中疏藁》八卷。

荒政輯略

張萱等《内閣藏書目録·奏疏部》《荒政輯略》二册。全。萬曆十五年，河南、陝西等處災傷，户部尚書宋纁等條奏事宜。

太學條陳覆鈔

張萱等《内閣藏書目録·奏疏部》《太學條陳覆鈔》一册。大學士張公位著。

皇明奏議輯略

王圻《續文獻通考·經籍考·章表》《皇明奏議輯略》定遠黄金輯。

皇明經濟録

王圻《續文獻通考·經籍考·章表》《皇明經濟録》。

文恪奏議

王圻《續文獻通考·經籍考·章表》《文恪奏議》四卷。楊濂著。

總督漕河疏

張萱等《内閣藏書目録・奏疏部》《總督漕河疏》十一册。全。尚書凌雲翼題稿。

又十一册。全。

撫漕奏議

張萱等《内閣藏書目録・奏疏部》《撫漕奏議》二册。全。總督漕運馬卿著。

又二册。全。

黄虞稷《千頃堂書目・表奏類》馬卿《撫漕奏議》十卷。

何文簡公疏議

王圻《續文獻通考・經籍考・章表》《何文簡公疏議》，何孟春著，郴州人，吏部侍郎。

張萱等《内閣藏書目録・奏疏部》《何文簡公疏議》五册。全。南工部侍郎何孟春著。

黄虞稷《千頃堂書目・表奏類》何孟春《何文簡疏議》十卷。

《四庫全書總目提要・詔令奏議類》《何文簡疏議》十卷。兩淮馬裕家藏本。

明何孟春撰。孟春字子元，郴州人。弘治癸丑進士，授兵部主事，累官右副都御史，巡撫雲南。入爲吏部左侍郎，以争大禮，左遷南京工部左侍郎，尋削籍。隆慶初，贈禮部尚書，謚文簡。事蹟具《明史》本傳。孟春没後，遺稿散佚。萬曆初，巡撫湖廣僉都御史汝陽趙賢始搜輯其詩文，刻之永州。又别録其奏議爲一集，刊於衡州，即此本也。前二卷爲官兵部時作，第三卷爲官河南參政入爲太僕寺卿時作，第四卷至八卷爲巡撫雲南時作，末二卷爲官侍郎時作。孟春少游李東陽之門，學問該博，而詩文頗拙，卒不能自成一家。惟生平以氣節自許，歷官所至，於時事得失，敷奏剴切，章疏乃卓然可傳。本傳所載，如救言官龐泮等；請停萬歲山工役；清寧宫災，陳八事；出理陝西馬政，上釐弊五事；諫武宗幸宣府；嘉靖初以旱潦相仍，條奏八事，皆侃侃鑿鑿，有關大計。然此集所載，讜論尚多。史特舉其最著者爾。

唐漁石奏議

王圻《續文獻通考・經籍考・章表》《唐漁石奏議》，蘭溪唐龍著。

鄭淡泉奏議

王圻《續文獻通考・經籍考・章表》《鄭淡泉奏議》，鄭曉著。

鄭曉奏議

《明史・藝文志・别集類》《鄭曉奏疏》十四卷。

從吾奏議

王圻《續文獻通考・經籍考・章表》《從吾奏議》一卷。彭惠安著。

黄虞稷《千頃堂書目・表奏類》彭韶《從吾奏議》五卷。

《明史・藝文志・别集類》《彭韶奏議》五卷。

介菴奏議

王圻《續文獻通考・經籍考・章表》《介菴奏議》，王恕著。

夢虹奏議

王圻《續文獻通考・經籍考・章表》《夢虹奏議》，御史鄧顯麟著。奉新人。

黃虞稷《千頃堂書目・表奏類》鄧顯麒《夢虹奏議》二卷。字文瑞，奉新人。正德甲戌進士。行人司副，諫南巡被杖。

《四庫全書總目提要・詔令奏議類存目》《夢虹奏議》二卷。江西巡撫採進本。明鄧顯麒撰。顯麒字文瑞，奉新人，夢虹其號也。正德甲戌進士，授行人司副。時諸臣共諫南巡，其疏稾爲顯麒所擬，故再予廷杖，謫國子監學正。嘉靖初，擢監察御史。是集爲其子夷惠所編，凡三十一篇，有嘉靖甲寅李楨序。後舊版漫漶，其裔孫繡又重刊之，前有凡例，稱「以事之大小，時之先後，改易舊次」。考顯麒以正德時諫疏得名，其《嘉靖講學疏》不過循例陳言，體同策論。而此本乃列諫疏於《講學疏》後，蓋明人以講學爲至榮，故視爲第一大事，取以冠編，而不計其年月顛倒也。卷首載《一統志・顯麒傳》，稱其劾戚畹陳萬言及論蔚州買木二事。此本乃無其疏，殆原稾散佚歟。

東曹奏牘

王圻《續文獻通考・經籍考・章表》《東曹奏牘》，徐廷用著。

東洲奏議

王圻《續文獻通考・經籍考・章表》《東洲奏議》，參政龍誥著。攸縣人。

黃門奏章

王圻《續文獻通考・經籍考・章表》《黃門奏章》，右通政黃驥著。全州人。

鎮山奏議

王圻《續文獻通考・經籍考・章表》《鎮山奏議》，朱衡著。江西人，工部尚書。

南宮奏題稿

王圻《續文獻通考・經籍考・章表》《南宮奏題稿》，嘉定徐學謨著。

黃虞稷《千頃堂書目・表奏類》徐學謨《南宮題奏稾》十卷。

侍祠代對録

王圻《續文獻通考・經籍考・章表》《侍祠代對録》，徐學謨著。

名奏精英

王圻《續文獻通考・經籍考・章表》《名奏精英》，新都楊慎輯。

黃虞稷《千頃堂書目・表奏類》楊慎《名奏菁英》□卷。

歷代名臣奏議類編

張萱等《内閣藏書目録・奏疏部》 《歷代名臣奏議類編》二十六册。不全。鈔本。永樂間，敕儒臣編輯。内皆采名臣奏議分類編之自君德至夷狄，凡六十卷。内闕二十三、二十四、四十一至四十四、五十七、五十八共三册。

東漢策

張萱等《内閣藏書目録・奏疏部》 《東漢策》二册。全。鈔本。集東漢人奏疏。莫詳姓氏。

張棟可庵奏疏

黄虞稷《千頃堂書目・表奏類》 《張棟可庵奏疏》六卷。字伯任，崑山人。萬曆丁丑進士，兵科都給事中。

掖垣疏草　出山疏草

黄虞稷《千頃堂書目・表奏類》 林熙春《掖垣疏草》一卷，又《出山疏草》一卷。海陽人。□□□□進士，户部左侍郎。

方齋奏議

黄虞稷《千頃堂書目・表奏類》 趙珣《方齋奏議》二卷。萬曆己酉陳所蘊序。

西征疏草

黄虞稷《千頃堂書目・表奏類》 梅國楨《西征疏草》二卷。

黔中疏草

黄虞稷《千頃堂書目・表奏類》 江東之《黔中疏草》一卷。

三垣摘藳

黄虞稷《千頃堂書目・表奏類》 王士昌《三垣摘藳》一卷。

三垣疏稿

周中孚《鄭堂讀書記・奏議類》 《三垣疏稿》三卷。《藝海珠塵》本。明許譽卿撰。譽卿字公貫，號霞城，華亭人。萬曆癸丑進士，官至工科都給事中。霞城在啟、禎時，敢直言無忌，是以屢起屢蹶。是編乃其官給諫時所上，凡吏垣十二疏，兵垣五疏，工垣六疏，各分爲卷。疏末俱有詔旨，或出于其所自編次也。吴稷堂刊入《叢書》，附以《明史》本傳。

督撫中州學正書

黄虞稷《千頃堂書目・表奏類》 鍾化民《督撫中州學正書》七卷。

撫梁奏疏

黄虞稷《千頃堂書目・表奏類》 周世延《撫梁奏疏》十卷。

小司馬奏草

黄虞稷《千頃堂書目・表奏類》 項篤壽《小司馬奏草》六卷。

《四庫全書總目提要・詔令奏議類存目》 《小司馬奏草》六卷。兩江總督採進本。明項篤壽撰。篤壽字子長，秀水人。嘉靖壬戌進士，官至兵部郎中。是編即篤壽官兵部時議覆内外陳奏之文，凡《駕部稾》一卷，《職方稾》五卷。其曰「小司馬」者，蓋取《周禮》夏官之屬。然明無此職，以古名題後世之奏牘，似有據而實不典也。

戴士衡奏疏

黄虞稷《千頃堂書目・奏議類》 《戴士衡奏疏》二卷。

東嘉問夜草

黄虞稷《千頃堂書目・表奏類》 項應祥《東嘉問夜草》七卷。

周中丞疏稾

黄虞稷《千頃堂書目・表奏類》 周孔教《周中丞疏稾》十八卷。字明行，臨川人。萬曆庚辰進士，巡撫應天，副都御史。

《四庫全書總目提要・詔令奏議類存目》 《周中丞疏稾》十六卷。江西巡撫採進本。明周孔教撰。孔教字明行，臨川人。萬曆庚辰進士，官至右都御史，總理河道。是集凡《西臺疏稾》二卷，《中州疏稾》五卷，《江南疏稾》九卷。其《西臺疏》内極論趙志皋、石星等封日本棄朝鮮之非，《江南疏》内《停織造》、《止加派》及《丁未救荒》諸疏，尤具見風力，其餘則案牘之文爲多。據趙南星序，此集乃孔教由應天巡撫遷總督河道時所刊。其時吴中士民請留孔教，言者劾爲孔教陰使之。孔教由此去國，乃裒刊平日之疏，使南星序之，而顧憲成、高攀龍亦爲之序。三人皆一代名臣，所言當不假借。然當嫌疑交起之際，而急刻疏稾以自表。日相激薄，黨禍遂成。是則東林諸人負氣求勝之過，難盡委諸命數也。

西臺疏稾

黄虞稷《千頃堂書目・表奏類》 周孔教《西臺疏稾》二卷。

江南疏稾

黄虞稷《千頃堂書目・表奏類》 周孔教《江南疏稾》九卷。

中州疏稾

黄虞稷《千頃堂書目・表奏類》 周孔教《中州疏稾》五卷。

春曹書疏

黄虞稷《千頃堂書目・表奏類》 于孔兼《春曹書疏》五卷。

方侍御二疏

黃虞稷《千頃堂書目・表奏類》方大鎮《方侍御二疏》一卷。

寧澹居奏議

黃虞稷《千頃堂書目・表奏類》方大鎮《寧澹居奏議》六卷。

王侍御疏藁

黃虞稷《千頃堂書目・表奏類》王萬祚《王侍御疏藁》四卷。

慎庵奏議

黃虞稷《千頃堂書目・表奏類》沈裕《慎庵奏議》一卷。字以寧，浙江人。萬曆壬辰進士，廣東道御史。

掖垣疏草

黃虞稷《千頃堂書目・表奏類》姚文蔚《掖垣疏草》五卷。

翁憲祥奏議

黃虞稷《千頃堂書目・表奏類》《翁憲祥奏議》十二卷。萬曆時掌科，官至太常寺卿。

王元翰未焚草

黃虞稷《千頃堂書目・表奏類》《王元翰未焚草》二卷。字伯舉，雲南寧州人。辛丑進士。工科右給事中，謫刑部檢校，稍遷工部主事。

掖垣奏牘

黃虞稷《千頃堂書目・表奏類》喬胤《掖垣奏牘》一卷。字世昌，萬曆戊子解元。己丑進士。寧陵人，刑科都給事中。

嵩陽奏議

黃虞稷《千頃堂書目・表奏類》劉繪《嵩陽奏議》二卷。
《明史・藝文志・別集類》《劉繪奏議》二卷。

襄毅公奏疏

黃虞稷《千頃堂書目・表奏類》楊溥《襄毅公奏疏》四卷。

歷官奏議

黃虞稷《千頃堂書目・表奏類》楊溥《歷官奏議》十七卷。

經略疏稿

范邦甸等《天一閣書目・詔令奏議類》《經略疏稿》上、下二卷。刊本。明兵部侍郎楊博撰。嘉靖三十二年癸丑，豐城雷禮序。户部主事屈諫跋後。

黄虞稷《千頃堂書目・表奏類》 楊溥《經略疏議》二卷。

職方郎官疏

黄虞稷《千頃堂書目・表奏類》 楊溥《職方郎官疏》六卷。

撫臺奏議

范邦甸等《天一閣書目・詔令奏議類》《撫臺奏議》二卷。刊本。明虞坡楊公撰。嘉靖二十七年戊申御史攜李包節寓允吾序。

張萱等《内閣藏書目録・奏疏部》《撫臺奏議》二册。全。嘉靖間太宰楊博撫甘肅時著。

黄虞稷《千頃堂書目・表奏類》 楊溥《撫臺疏議》二卷。

本兵疏議

黄虞稷《千頃堂書目・表奏類》 楊溥《本兵疏議》二十四卷。

《四庫全書總目提要・詔令奏議類存目》《本兵疏議》二十四卷。江西巡撫採進本。明楊博撰。博字惟約，蒲州人。嘉靖己丑進士，官至吏部尚書，謚襄毅。事蹟具《明史》本傳。此集爲其子士俊所編，始嘉靖三十四年，迄隆慶六年，皆博爲兵部尚書時所上，故名曰《本兵疏議》。是時倭寇亂於南，諳達侵於北。請餉請兵，羽檄旁午，故案牘之繁，至於如是。考本傳，稱博於肅州奏金塔之功，薊鎮著馬蘭之績，大同有牛心之捷。西北兵機，爲所素習，宜其言之頗悉。然當時倭患之不熄，由經略内倚權相，顛倒是非，博身居本兵，不能糾趙文華之姦，辨張經之枉，其依違牽就，抑亦不無可議矣。

太宰楊公獻納藁

黄虞稷《千頃堂書目・表奏類》 楊溥《太宰楊公獻納藁》十卷。

《明史・藝文志・别集類》 楊博《獻納稿》十卷。

楊博奏議

黄虞稷《千頃堂書目・表奏類》《楊溥奏議》十七卷。

《明史・藝文志・别集類》《楊博奏議》七十卷。

輿川奏疏

黄虞稷《千頃堂書目・表奏類》 葛守禮《輿川奏疏》□卷。一册。

古和疏藁

黄虞稷《千頃堂書目・表奏類》 雷禮《古和疏藁》。

吴劍泉奏議

黄虞稷《千頃堂書目・表奏類》 吴□《吴劍泉奏議》三卷。

毛愷奏議

黄虞稷《千頃堂書目・表奏類》《毛愷奏議》八卷。

趙炳然歷官奏議

黄虞稷《千頃堂書目・表奏類》《趙炳然歷官奏議》。

吴嘉會奏議

黄虞稷《千頃堂書目・表奏類》《吴嘉會奏議》十卷。代州人。嘉靖乙未進士。兵部右侍郎。

胡應文疏草

黄虞稷《千頃堂書目・表奏類》《胡應文疏草》十卷。

禮垣六事疏

黄虞稷《千頃堂書目・表奏類》陳棐《禮垣六事疏》二卷。

大同撫臺奏議

黄虞稷《千頃堂書目・表奏類》陳棐《大同撫臺奏議》六卷。

督撫奏議

黄虞稷《千頃堂書目・表奏類》胡宗憲《督撫奏議》六卷。

續督府奏議

黄虞稷《千頃堂書目・表奏類》胡宗憲《續督撫奏議》六卷。

三巡奏議

黄虞稷《千頃堂書目・表奏類》胡宗憲《三巡奏疏》□卷。

平倭奏議

黄虞稷《千頃堂書目・表奏類》胡宗憲《平倭奏議》。

詞曹題疏藁

黄虞稷《千頃堂書目・表奏類》鮑應鼇《詞曹題疏藁》五卷。

銓諫草

黄虞稷《千頃堂書目・表奏類》梅守峻《銓諫草》三卷。

西臺疏稾

黄虞稷《千頃堂書目・表奏類》 錢一本《西臺疏稾》二卷。

掖垣諫草

黄虞稷《千頃堂書目・表奏類》 楊天民《掖垣諫草》四卷。□□人。萬曆中官禮科給事中。

楊全甫諫草

《四庫全書總目提要・詔令奏議類存目》 《楊全甫諫草》四卷。山西巡撫採進本。明楊天民撰。天民號全甫，山西太平人。萬曆己丑進士，官至禮科右給事中，降永從縣典史，後贈光禄寺少卿。事蹟具《明史》本傳。天民在諫垣，敢於言事。建儲之疏至十二上，卒以是謫死。其鄉人爲梓先後疏稾共成四卷，後附贈官制及諭祭文。贈官在天啓二年九月，諭祭在三年十月。而卷首許維新序作於天啓元年十一月，已有臺臣請加卹録之語。蓋奏請在前得允在後耳。

西臺奏議

黄虞稷《千頃堂書目・表奏類》 徐文華《西臺奏議》二卷。

册立疏草

黄虞稷《千頃堂書目・表奏類》 朱國祚《册立疏草》一卷。

王司勳代庖録

黄虞稷《千頃堂書目・表奏類》 王士騏《王司勳代庖録》四卷。

言事記略

黄虞稷《千頃堂書目・表奏類》 李植《言事記略》五卷。

疏議檄書

黄虞稷《千頃堂書目・表奏類》 伍袁萃《疏議檄書》四卷。

西臺疏草

黄虞稷《千頃堂書目・表奏類》 楊光訓《西臺疏草》二卷。字汝若，渭南人。萬曆丙戌進士，順天府府丞。

草堂諫草

黄虞稷《千頃堂書目・表奏類》 郝敬山《草堂諫草》二卷。

安攘疏草

黄虞稷《千頃堂書目・表奏類》 沈儆炌《安攘疏草》八卷。

職方疏草

黄虞稷《千頃堂書目·表奏類》　徐鑾《職方疏草》十三卷。

撫楚奏議

黄虞稷《千頃堂書目·表奏類》　熊尚文《撫楚奏疏》六卷。豐城人。萬曆乙未進士。刑部右侍郎。

從祀疏草

黄虞稷《千頃堂書目·表奏類》　熊尚文《從祀疏草》。

督撫楚臺奏議

黄虞稷《千頃堂書目·表奏類》　熊尚文《督撫楚臺奏》。

綸扉奏草

黄虞稷《千頃堂書目·表奏類》　葉向高《綸扉奏草》三十卷。

《明史·藝文志·别集類》　葉向高《綸扉奏草》三十卷。

綸扉奏草

黄虞稷《千頃堂書目·表奏類》　吴道南《綸扉奏草》一卷。

南宫續草

黄虞稷《千頃堂書目·表奏類》　吴道南《南宫續草》一卷。

大政議

黄虞稷《千頃堂書目·表奏類》　吴道南《大政議》一卷。

南宫奏草

黄虞稷《千頃堂書目·表奏類》　翁正春《南宫奏草》四卷。

計部奏疏

黄虞稷《千頃堂書目·表奏類》　李汝華《計部奏疏》三十六卷。

祝鳩氏奏議

黄虞稷《千頃堂書目·表奏類》　李宗延《祝鳩氏奏議》十五卷。

鄒忠介公奏疏

黄虞稷《千頃堂書目·表奏類》 鄒元標《鄒忠介公奏疏》五卷。

《明史·藝文志·别集類》 《鄒元標奏疏》五卷。

掖垣疏藁

黄虞稷《千頃堂書目·表奏類》 鍾羽正《掖垣疏藁》。

毛士龍疏藁

黄虞稷《千頃堂書目·表奏類》 《毛士龍疏藁》一卷。

王昺摘進名臣奏議略

黄虞稷《千頃堂書目·表奏類》 《王昺摘進名臣奏議略》一卷。駙馬都尉。

天垣疏草

黄虞稷《千頃堂書目·表奏類》 林材《天垣疏草》四卷。閩縣人。萬曆癸未進士，南京通政使。

東巡疏略

黄虞稷《千頃堂書目·表奏類》 嚴一鵬《東巡疏略》四卷。

西臺疏草

黄虞稷《千頃堂書目·表奏類》 江秉謙《西臺疏草》一卷。

孫瑋奏草

黄虞稷《千頃堂書目·表奏類》 《孫瑋奏草》三十四卷。渭南人。南京吏部尚書，贈太保。

部院奏草

黄虞稷《千頃堂書目·表奏類》 孫瑋《部院奏草》六卷。

周仲覲疏草

黄虞稷《千頃堂書目·表奏類》 周炳謨《周仲覲疏草》一卷。

司空奏議

黄虞稷《千頃堂書目·表奏類》 張輔之《司空奏議》四卷。

西臺疏草

黃虞稷《千頃堂書目·表奏類》 馮從吾《西臺疏草》一卷。

《明史·藝文志·別集類》 《馮從吾疏草》一卷。

王耑泉先生歷朝奏議

黃虞稷《千頃堂書目·表奏類》 王德完《王耑泉先生歷朝奏議》十二卷。

南中奏牘

黃虞稷《千頃堂書目·表奏類》 鄧渼《南中奏牘》十八卷。

西臺建白疏

黃虞稷《千頃堂書目·表奏類》 金忠士《西臺建白疏》二卷。

粵西疏草

黃虞稷《千頃堂書目·表奏類》 陳邦瞻《粵西疏草》四卷。

工垣疏草

黃虞稷《千頃堂書目·表奏類》 歸子顧《工垣疏草》四卷。字貞復，嘉定人。萬曆戊戌進士，刑部侍郎。

孫承宗奏議

黃虞稷《千頃堂書目·表奏類》 《孫承宗奏議》三十卷。

《明史·藝文志·別集類》 《孫承宗奏議》三十卷。

張忠烈公奏疏

黃虞稷《千頃堂書目·表奏類》 張銓《張忠烈公奏疏》三卷。

按遼疏藁

黃虞稷《千頃堂書目·表奏類》 熊廷弼《按遼疏藁》六卷。

經略疏藁

黃虞稷《千頃堂書目·表奏類》 熊廷弼《經略疏藁》六卷。

按遼書牘

黃虞稷《千頃堂書目·表奏類》 熊廷弼《按遼書牘》六卷。

經略書牘

黄虞稷《千頃堂書目・表奏類》 熊廷弼《經略書牘》六卷。

經理牂牁奏議

黄虞稷《千頃堂書目・表奏類》 王象乾《經理牂牁奏議》十四卷。

督府奏議

黄虞稷《千頃堂書目・表奏類》 王象乾《督撫奏議》□卷。

行邊奏疏

黄虞稷《千頃堂書目・表奏類》 王象乾《行邊奏疏》□卷。四册。山東新城人，隆慶辛未進士。

何士晉疏藁

黄虞稷《千頃堂書目・表奏類》 《何士晉疏藁》一卷。

孫文介公奏議

黄虞稷《千頃堂書目・表奏類》 孫慎行《孫文介公奏議》二卷。

《明史・藝文志・别集類》 《孫慎行奏議》二卷。

葉初春疏藁

黄虞稷《千頃堂書目・表奏類》 《葉初春疏藁》一卷。

左忠毅公奏疏

黄虞稷《千頃堂書目・表奏類》 左光斗《左忠毅公奏疏》三卷。

《明史・藝文志・别集類》 《左光斗奏疏》三卷。

文震孟奏疏

黄虞稷《千頃堂書目・表奏類》 《文震孟奏疏》一卷。

周忠毅公奏議

黄虞稷《千頃堂書目・表奏類》 周宗建《周忠毅公奏議》四卷。

《明史・藝文志・别集類》 《周宗建奏議》四卷。

兩朝奏議

黄虞稷《千頃堂書目・表奏類》 周朝瑞《兩朝奏議》□卷。

撫閩疏草

黃虞稷《千頃堂書目・表奏類》 徐學聚《撫閩疏草》三卷。蘭谿人，萬曆癸未進士，副都御史。

公　移

黃虞稷《千頃堂書目・表奏類》 徐學聚《公移》十卷。

樞曹奏議

黃虞稷《千頃堂書目・表奏類》 鄒維璉《樞曹奏疏》二卷。

撫閩奏疏政藁

黃虞稷《千頃堂書目・表奏類》 鄒維璉《撫閩奏疏政藁》十卷。

治平言

黃虞稷《千頃堂書目・表奏類》 曾大奇《治平言》二卷。字端甫，泰和人。萬曆中諸生。

江南平役疏藁

黃虞稷《千頃堂書目・表奏類》 徐民式《江南平役疏藁》一卷。

撫齊疏藁

黃虞稷《千頃堂書目・表奏類》 王在晉《撫齊疏藁》八卷。

總部疏藁

黃虞稷《千頃堂書目・表奏類》 王在晉《總部疏藁》八卷。

經略疏藁

黃虞稷《千頃堂書目・表奏類》 王在晉《經略疏藁》六卷。

復命疏藁

黃虞稷《千頃堂書目・表奏類》 王在晉《復命疏藁》二卷。

署部疏藁

黃虞稷《千頃堂書目・表奏類》 王在晉《署部疏藁》二卷。

綸扉奏草

黃虞稷《千頃堂書目・表奏類》 錢士升《綸扉奏草》。

地官集

黃虞稷《千頃堂書目・表奏類》 楊嗣昌《地官集》十七卷。

中樞奏議

黃虞稷《千頃堂書目・表奏類》 楊嗣昌《中樞奏議》□卷。

司馬疏草

黃虞稷《千頃堂書目・表奏類》 申用懋《司馬疏草》十四卷。

薊門奏議

黃虞稷《千頃堂書目・表奏類》 劉應節《薊門奏議》八卷。

南臺奏疏

黃虞稷《千頃堂書目・表奏類》 徐栻《南臺奏疏》四卷。

垂楊館奏疏

黃虞稷《千頃堂書目・表奏類》 宋儀望《垂楊館奏疏》七卷。

撫粵疏草

黃虞稷《千頃堂書目・表奏類》 李祐《撫粵疏草》八卷。字吉甫，清平人，嘉靖丁未進士。巡撫廣東，右僉都御史。

督撫奏議

黃虞稷《千頃堂書目・表奏類》 張佳胤《督撫奏議》七卷。字肖甫，銅梁人。

潘季馴歷官奏疏

黃虞稷《千頃堂書目・表奏類》 《潘季馴潘大司空歷官奏疏》二十卷。

《明史・藝文志・別集類》 《潘季馴奏疏》二十卷。

潘司空奏疏

《四庫全書總目提要・詔令奏議類》 《潘司空奏疏》六卷。浙江巡撫採進本。

明潘季馴撰。季馴字時良，烏程人。嘉靖庚戌進士，官至總督河道、工部尚書、兼右都御史。事蹟具《明史》本傳。此集凡《巡按廣東奏疏》一卷，《督撫江西奏議》四卷，《兵部奏疏》一卷。季馴巡按廣東在嘉靖三十八年，奏疏後有其子大復附記，稱

「原稾幾三寸許，散佚不存，僅從掖垣覓之，故所録止此」。其督撫江西在萬曆四年，奏疏之前有李遷、萬恭二序。其爲南京尚書則在萬曆九年，舊本列在兵部之前，編次誤也。季馴雖以治河顯，而所至皆有治績。集中如《查議弓兵工食》及《損益南京兵政諸疏》皆足補《明會典》所未備。又《查解兵衞存留糧餉濟邊》諸奏，亦深切當時弊政，足與史志相參考云。

兩河經略

《四庫全書總目提要·詔令奏議類》 《兩河經略》四卷。浙江范懋柱家天一閣藏本。明潘季馴撰。萬曆初，河決高家堰，淮、揚、高、寶皆爲巨浸。季馴建議築隄防，疏淤塞，論水勢之强弱，復黄河之故道，條上六事，詔如議行。書中所載，皆其時相度南北兩河奏疏。首冠以圖，末附書一通，不著所上者爲何人。書中有「奉大司空之教，親往閱視」之語。考是時工部尚書李幼滋，始終主張其事，殆即其人歟？季馴先後總河務二十七年，晚輯《河防一覽》。其大旨在以隄束水，以水刷沙，卒以此奏功。此集所載諸疏，竝規度形勢，利弊分明，足以見一時施工之次第，與所作《河防一覽》均爲有裨實用之言。不但補史志之疏略，備輿圖之考證已也。

兩垣奏議

《四庫全書總目提要·詔令奏議類》 《兩垣奏議》一卷。山東巡撫採進本。明逯中立撰。中立有《周易劄記》，已著録。是書凡奏議六篇，皆中立爲給事中時所上。以歷官吏、兵二科，故稱兩垣。其中《論公用舍》、《論修史用人》及《論會推閣臣》三疏，本末略具《明史》本傳。蓋中立以是三疏，一忤旨停俸，一見忌輔臣，一被貶外授，故史特摘録於本傳。其《請罷織造》、《論東倭》及《請停例金》三疏，雖事不施行，然亦皆錚錚不阿，無愧封駁之職，不得以卷帙之少廢之矣。舊本附刻中立所作《周易劄記》後。今既分隸四庫，則列於經部爲不倫，故析出別著録焉。

周忠愍奏疏

《四庫全書總目提要·詔令奏議類》 《周忠愍奏疏》二卷。福建巡撫採進本。明周起元撰。起元字仲先，號綿貞，海澄人。萬曆辛丑進士，官至右僉都御史，巡撫江南。以忤璫魏忠賢被害。崇禎初，追贈兵部侍郎，謚忠愍，改謚忠惠。事蹟具《明史》本傳。是集凡《西臺奏疏》十一首，爲一卷，乃擢湖廣道御史巡漕時所上。曰《撫吳奏疏》十九首，爲一卷，乃巡撫江南時所上。原本第一卷所載皆起元之傳。第四卷爲《蘭言録》，皆係題贈詩文。第五卷爲《崇祀録》，皆呈詞碑記，後又録諸人贈祭詩文及起元遺詩七首。蓋出其後裔搜輯開雕，故隨得隨增，無復次第。又明末積習，好以譁訐取名。其奏議大抵客氣浮詞，無裨實用。起元諸疏，尚多有關國計民生，非虚矜氣節者比。其人其言，足垂不朽。今録其奏疏二卷，以遺詩七首附後。至起元名光史册，初不藉傳誌以傳。兹竝從删汰，以省繁複焉。

郭應聘奏議

黄虞稷《千頃堂書目·表奏類》 《郭應聘奏議》三十六卷。

粤西奏議

黄虞稷《千頃堂書目·表奏類》 郭應聘《粤西奏議》。

總制兩廣疏議

黄虞稷《千頃堂書目·表奏類》 郭應聘《總制兩廣疏議》。

留樞疏草

黄虞稷《千頃堂書目・表奏類》 郭應聘《留樞疏草》。莆田人，南京兵部尚書。

董傳策奏議輯略

黄虞稷《千頃堂書目・表奏類》 《董傳策奏議輯略》一卷。

《明史・藝文志・别集類》 《董傳策奏議》一卷。

《四庫全書總目提要・詔令奏議類存目》 《奏疏輯略》一卷。兩江總督採進本。明董傳策撰。傳策字原漢，上海人。嘉靖庚戌進士，授刑部主事，以疏劾嚴嵩，謫戍南寧。隆慶初復故官，萬曆初官至南京禮部右侍郎。事蹟具《明史》本傳。是編有其弟傳文識後云：「伯子由常博至右宗伯，疏草半逸，今輯梓者寥寥十餘疏耳。」考傳策始以論嚴嵩欺君誤國，遣戍南寧，乃其生平大節，宜以弁集，而乃冠以《極陳時政疏》，實則未上之稟，附録之尚爲空言矕直，況首列乎。此則編次之失也。

督撫奏議

黄虞稷《千頃堂書目・表奏類》 王一鶚《督撫奏議》十卷。

遼陽奏議

黄虞稷《千頃堂書目・表奏類》 魏學曾《遼陽奏議》。

三撫奏議

黄虞稷《千頃堂書目・表奏類》 孟重《三撫奏議》四卷。字汝器，渭南人。嘉靖癸丑進士，官兵部右侍郎。

百可亭奏議

黄虞稷《千頃堂書目・表奏類》 龐尚鵬《百可亭奏議》十四卷。

楊兆奏議

黄虞稷《千頃堂書目・表奏類》 《楊兆奏議》三集。十四卷。

天臺疏略

黄虞稷《千頃堂書目・表奏類》 耿定向《天臺疏略》一卷。

督臺疏略

黄虞稷《千頃堂書目・表奏類》 耿定力《督臺疏略》一卷。

宫保奏議

黄虞稷《千頃堂書目・表奏類》 李世達《宫保奏議》四卷。

畢懋康疏草

黄虞稷《千頃堂書目・表奏類》《畢懋康疏草》二十卷。

蔬水堂疏稾

黄虞稷《千頃堂書目・表奏類》丘禾嘉《蔬水堂疏稾》一卷。

按秦奏疏

黄虞稷《千頃堂書目・表奏類》畢□□《按秦奏疏》十卷。

陳子廷摘稾

黄虞稷《千頃堂書目・表奏類》《陳子廷摘稾》一卷。

錢士晉經濟録

黄虞稷《千頃堂書目・表奏類》《錢士晉經濟録》十卷。

焚餘疏草

黄虞稷《千頃堂書目・表奏類》鄭三俊《焚餘疏草》六卷。

奏疏遺稾

《四庫全書總目提要・詔令奏議類存目》《奏疏遺稾》無卷數。江蘇巡撫採進本。明吴達可撰。達可字安節，宜興人。萬曆丁丑進士，官至通政司左通政。是集爲其孫洪裕等所編，分西臺、冏寺、勳寺、銀臺四類，詞氣頗多率易。惟官御史時《劾兵部尚書田樂等》一疏，頗爲切直，疏中極數樂子爾耕開門納賄之罪。爾耕即後以世廕官錦衣，黨附魏忠賢，鍛鍊楊漣、左光斗諸人，流毒天下者。達可可云先見矣。

青瑣藎言

《四庫全書總目提要・詔令奏議類存目》《青瑣藎言》二卷。江西巡撫採進本。明楊東明撰。東明字啟昧案《明史》作字啟修，號晉安，虞城人。萬曆庚辰進士，官至刑部右侍郎。事蹟附見《明史・王紀傳》。東明爲禮科給事中時，正當萬曆間朝政紕繆，東明多所建白。如《停逮譚一召安希范》及《東事》、《播事》諸疏，持論頗正而不激。後卒以抗論被斥，家居二十六年，因裒其前後疏稾爲一集，寧陵喬允序之。允亦嘗官御史，與東明同以言罷者也。

掖垣諫草

《四庫全書總目提要・詔令奏議類存目》《掖垣諫草》五卷。兩江總督採進本。明張貞觀撰。貞觀字惟誠，別號惺宇，沛縣人。萬曆癸未進士，官至禮科給事中。萬曆甲午，以請皇長子出閣講讀，罷職爲民。此其歷年疏草也。凡在兵垣者二卷，工垣者一卷，禮垣者二卷。

蘭臺奏疏

《四庫全書總目提要・詔令奏議類存目》《蘭臺奏疏》無卷數。直隸總督採進本。明馬從聘撰。從聘有《四禮輯疑》，已著録。是集爲從聘所自編，凡二十六疏。前有自序，稱萬曆戊戌題於兩淮公署，蓋其爲江西道御史出理鹽課時所刊也。

畿南奏議

《四庫全書總目提要・詔令奏議類存目》《畿南奏議》六卷。山西巡撫採進本。明王紀撰。紀字惟理，號憲葵，芮城人。萬曆己丑進士，官至刑部尚書。事蹟具《明史》本傳。此其自萬曆四十一年至四十五年巡撫保定時所上奏疏也，於閭閻災病，言頗詳盡。史亦稱其居四年，部内大治云。

督撫疏草

《四庫全書總目提要・詔令奏議類存目》《督蜀疏草》十二卷。浙江巡撫採進本。明朱燮元撰。燮元字懋和，浙江山陰人。萬曆壬辰進士，歷官兵部尚書，總督四川、貴州軍務，晉左柱國，少師。謚襄毅。事蹟具《明史》本傳。燮元久膺閫寄，歷樹邊功，威望著於西南。史稱其治事明果，軍書絡繹，不假手幕佐。此編乃其總督四川時經理苗疆事宜，及舉劾僚屬諸疏，其曾孫人龍校刻者也。

朱襄毅疏草

《四庫全書總目提要・詔令奏議類存目》《朱襄毅疏草》十二卷。浙江巡撫採進本。明朱燮元撰。是書皆其總督雲貴時論平定諸苗奏疏與督蜀諸疏。始末均具《明史》本傳中。其事蹟委曲，年月先後，則較史爲詳。

朱少師奏疏

《四庫全書總目提要・詔令奏議類存目》《朱少師奏疏》八卷。兩江總督採進本。明朱燮元撰。此編爲其曾孫世衛所重刊。冠以倪元璐所撰行狀及劉宗周所撰墓誌銘。末有世衛跋，稱「燮元奏疏原鐫成二十四卷案：此即以《督蜀疏草》十二卷，《朱襄毅疏草》十二卷合而計之，非别有二十四卷之本以版留家塾。又别鈔一百三十餘疏，合《蜀事紀略》共爲一帙」。其《蜀中疏草》删爲四卷，《黔中疏草》删爲三卷，《蜀事紀略》又自爲一卷，冠於《蜀中疏草》之前。

留垣奏議

《四庫全書總目提要・詔令奏議類存目》《留垣奏議》四卷。福建巡撫採進本。明黄起龍撰。起龍字應興，號雨石，莆田人。萬曆戊戌進士，官至南京吏科給事中。是編爲起龍所自刊，分十六類：曰儲講、曰藩封、曰國典、曰聖政、曰修省、曰賑恤、曰糧儲、曰錢法、曰財用、曰謚典、曰起廢、曰用人、曰考選、曰糾邪、曰時事、曰請告，共計疏三十六首。而以户部議覆三疏附其後。曰「留垣奏議」者，以當時稱南京爲留都也。

留垣疏草

《四庫全書總目提要・詔令奏議類存目》《留垣疏草》無卷數。兩江總督採進本。明黄建中撰。建中字良輔，揚州興化人。萬曆戊戌進士，官至南京户科給事中。是集凡疏二十四篇。其中若《論舊撫疏》，劾李三才論救劉光復原爲自救。考《明史・李三才傳》，稱光復坐事下獄，三才陽請釋之，則與建中疏意相符。而建中疏劾之事，則不見於三才傳中，此疏實可以補其闕。又若《惡監狂逞疏》，劾税璫高案，尤見風力。至於《案臣輕去疏》，劾應天巡按御史荆養喬而申理熊廷弼。考《明史》廷弼督學南畿，嚴明有聲，以杖死諸生事，與荆養喬相訐奏，養喬投劾去，廷弼亦聽勘，不及詳其始末。據《定陵註略》，則湯賓尹奪人聘妻，逼貞女自盡，諸生芮應元等不平而鳴之官，廷弼爲賓尹所取士，因杖應元殺之，其事曲在廷弼。建中此疏，顛倒是非實甚。建中《明史》無傳，《江南通志》載其初授南陽府推官，下車即置姦掾於法。邑令餽金，笞其使，令解綬去。爲給事中時，遇事敢言，中内計罷去。則其人非附宣黨者，殆一時意見之偏耶？

湖湘五略

《四庫全書總目提要·詔令奏議類存目》《湖湘五略》十卷。浙江巡撫採進本。明錢春撰。春字梅谷，武進人。萬曆甲辰進士，官至户部尚書。事蹟附見《明史·錢一本傳》。萬曆四十年春，以監察御史巡按湖廣，至四十二年代還。因輯其在官時所作章疏文移，彙爲此編。凡疏略三卷、牘略一卷、檄略二卷、詳略二卷、讞略二卷，大都案牘之文。其中《請釋滿朝薦》一疏，自言當時具草未上，而亦載之編中。殆與董傳策刻《極陳時政》一疏，其事等矣。

兵垣奏疏

《四庫全書總目提要·詔令奏議類存目》《兵垣奏疏》一卷。陝西巡撫採進本。明劉懋撰。懋字養中，別號渭溪，臨潼人。萬曆癸丑進士，官至兵科給事中。是集凡奏疏十二篇。案：《平寇志》稱「崇禎元年，給事中劉懋、御史毛羽健請裁驛站，以足國用。非敕使不得給郵符，歲省費無算，謂蘇驛累也。而燕、趙、秦、晉輪蹄孔道，游手之民多仰食驛糈，至是益無賴。又歲儉無所得食，遂羣聚爲盜」云云。考天、崇之間，政亂而民困，重以饑歲，即不裁驛站，亦必亂。未可專以咎二人，况天下之驛皆裁，而亂獨起於秦，是亦不由裁驛之明徵矣。《平寇志》又載「懋崇禎三年《論流寇》二疏，於當日情形極切」，而此集佚之，則不知其何故也。

吳侍御奏疏

《四庫全書總目提要·詔令奏議類存目》《吳侍御奏疏》一卷。山西巡撫採進本。明吳玉撰。玉，壽陽人。天啓壬戌進士，官至河南布政司參議。此編乃其崇禎初官廣西道監察御史時所上之疏，凡十篇：劾魏忠賢餘黨者三，劾輔臣者二，劾本兵者三，清釐國用者一，其末一篇則懇辭加銜者也。

按晉疏草

《四庫全書總目提要·詔令奏議類存目》《按晉疏草》無卷數。兩江總督採進本。不著撰人名氏。亦無卷次目録，惟分四巨册，皆明崇禎五年六年奏疏。每篇首署巡按山西監察御史李，而不書其名，末各載所奉諭旨。疑皆當時胥吏鈔録副本，未經重繕者。案《山西通志》，崇禎間巡按御史有李嵩者，棗强人。《畿輔通志》載嵩字影石，天啓壬戌進士，官至布政使，是此書即嵩按晉時疏稾也。時流賊勢已猖獗，故疏中言兵事者十之八九。其五年八月《急請移兵厚餉》一疏，稱「寧武兵驕而狡，一遇大敵，非鼓譟即脫逃。標營兵悍而猾，經過地方，横索如虎，避盜如鼠，即有一二守法者，又遲迴不用命」。明季軍政敝壞至此，固不待獻、闖竝熾，而亡徵先見矣。

治河奏疏

《四庫全書總目提要·詔令奏議類存目》《治河奏疏》二卷。侍講劉亨地家藏本。明周堪賡撰。堪賡字仲聲，號五峯，寧鄉人。天啓乙丑進士，官至工部侍郎。集中有崇禎十六年十二月《陞南京户部尚書乞賜骸骨疏》。《三藩紀事本末》亦載「福王時起用户部尚書周堪賡，以疾不赴」。則堪賡雖未南京任事，實以尚書歸里也。《明史·河渠志》載「崇禎十五年流賊決河灌城，民盡溺死。總河侍郎黄希憲以身居濟寧，不能攝汴，請特設重臣督理，命工部侍郎周堪賡督修汴河」。此《治河奏疏》蓋即是時所上。然史載「十六年六月堪賡言，河之大勢盡歸於東，運道已通，陵園無恙。疏甫上，決口再潰。帝趣鳩工，未奏績而明亡」云云，而集中有十六年十二月《汴工築塞已完歲修防守宜豫》一疏，與史不符，未詳何故也。

真定奏疏

《四庫全書總目提要・詔令奏議類存目》《真定奏疏》一卷。《附刻》一卷。陝西巡撫採進本。明衛楨固撰。楨固字紫嵐，韓城人。崇禎甲戌進士，歷官雲南道監察御史。此其巡按真定時所上疏稾也，凡二十六篇。其《論劾白廣恩淫掠》及《領兵官潘鳳閣擅責縣官》諸疏，於明季軍政不修，可以槩見一二。其子執蒲跋而刻之。執蒲字禹濤。國朝順治辛丑進士，官至左都御史，其初授監察時，適亦得雲南道，遂以己疏一册附刻其後。

兩朝疏鈔

《四庫全書總目提要・詔令奏議類存目》《兩朝疏鈔》十二卷。浙江范懋柱家天一閣藏本。明顧爾行编。爾行，歸安人。萬曆甲戌進士，官大名府推官。初，張瀚撰《疏議輯略》，所載止武宗以前，故爾行復録世宗、穆宗朝諸疏，以續其書。明至世宗以後，紀綱日弛，議論日多。當時諸疏，或忿争詬戾，使聽者不平，或支蔓冗沓，使讀者欲臥，士大夫淳厚忠樸之風，自是漸壞。其間忠義激發，非爲名計者，亦參雜其中，混淆而不能别矣，是則世運爲之也。

右編補

《四庫全書總目提要・詔令奏議類存目》《右編補》十卷。直隸總督採進本。明姚文蔚編。文蔚字元素，錢塘人。萬曆壬辰進士，官至太僕寺卿。初，唐順之爲《右編》，其書未完，劉曰寧補而輯之，尚多闕略。文蔚因取永樂中所修《名臣奏議》，拾其所遺。其門目則仍從《奏議》之舊，分四十二類。大抵皆習見之文，特於順之所不録者覆爲掇拾，以成一編耳。

古奏議

《四庫全書總目提要・詔令奏議類存目》《古奏議》無卷數。兩江總督採進本。明黄汝亨編。汝亨字貞父，仁和人。萬曆戊戌進士，官至江西提學僉事，轉布政司參議。此書輯古人奏議，自戰國迄於唐、宋，共一百一十首，每首系以評論。然若蘇秦、范睢、韓非輩，不過辨士功利之談。論文則當取其工，論奏議則當斥其詭，奈何託始於是也。

三李先生奏議

《四庫全書總目提要・詔令奏議類存目》《二李先生奏議》二卷。副都御史黄登賢家藏本。明徐宗夔所編。李夢陽、李三才二人奏議也。夢陽以風節振一世。三才結納東林，亦負當代之望，而智數用事，不及夢陽之伉直，其爲人不甚相類。宗夔以二人俱産關中，故合刻之。末各附詩數首，於體例亦爲不倫。宗夔字僌虞，蘇州人。

山草堂諫草

丁丙《八千卷樓書目・詔令奏議類》《山草堂諫草》二卷。明郝敬撰。《山草堂集》本。

熊大司馬疏稿

丁丙《八千卷樓書目・詔令奏議類》《熊大司馬疏稿》五卷。明熊廷弼撰。明刊本。

淩忠介公奏疏

丁丙《八千卷樓書目・詔令奏議類》《淩忠介公奏疏》六卷。明淩義渠撰。重刊本。

劉凝齋奏議

丁丙《八千卷樓書目・詔令奏議類》《劉凝齋奏議》十五卷。明劉堯誨撰。明刊本。

盧忠肅公奏議

丁丙《八千卷樓書目・詔令奏議類》《盧忠肅公奏議》十二卷。明盧象昇撰。重刊本。

王少司馬奏議

丁丙《八千卷樓書目・詔令奏議類》《王少司馬奏議》二卷。明王家楨撰。《乾坤正氣集》本。

逆旅集奏議

《玉函山房藏書簿録・奏議類》《逆旅集奏議》四卷。惜陰軒本。明宣府巡撫三原焦溥涵一撰。前二卷《臺疏》，後二卷《撫疏》。分目各十，有崇禎癸未自序。

黄侍御疏草

《玉函山房藏書簿録・奏議類》《黄侍御疏草》三卷。並明刊本。明湖廣司監察御史東海黄宗昌撰。懷宗時，璫燄甚熾，黄爲令時，即與璫忤，在言路首糾殿功矯僞，劾奏六十餘人。荆溪謀柄政，又劾奏之。又糾烏程於閣詔之日，風節振一時。虞山歸允肅孝儀序刊。

吴履中疏藁

黄虞稷《千頃堂書目・表奏類》《吴履中疏藁》二卷。金壇人，天啓乙丑進士，大理寺丞。

津門奏草

黄虞稷《千頃堂書目・表奏類》李繼貞《津門奏草》。

中樞集略

黄虞稷《千頃堂書目・表奏類》熊明遇《中樞集略》十卷。

許如蘭奏議

黄虞稷《千頃堂書目・表奏類》《許如蘭奏議》十卷。

曹時聘奏議

黄虞稷《千頃堂書目・表奏類》《曹時聘奏疏》五卷。

撫閩疏

黄虞稷《千頃堂書目・表奏類》南居益《撫閩疏》四卷。字思受，憲仲子。

撫閩奏疏文移

黄虞稷《千頃堂書目・表奏類》熊文燦《撫閩奏疏文移》七卷。

回奏復社疏

黄虞稷《千頃堂書目・表奏類》倪元珙《回奏復社疏》一卷。號三蘭，上虞人。天啓壬戌進士，光禄寺丞。

樞垣疏藁

黄虞稷《千頃堂書目・表奏類》魏呈潤《樞垣疏藁》二卷。號倩石，龍谿人。崇禎戊辰進士，兵部給事中。言事外謫。

三垣疏藁

黄虞稷《千頃堂書目・表奏類》顔繼祖《三垣疏藁》四卷。

入垣疏草

黄虞稷《千頃堂書目・表奏類》何楷《入垣疏草》二卷。

寒光堂疏草

黄虞稷《千頃堂書目・表奏類》湯開遠《寒光堂疏草》。

華允成疏藁

黄虞稷《千頃堂書目・表奏類》《華允成疏藁》一卷。

盧象昇忠烈公疏略

黄虞稷《千頃堂書目・表奏類》《盧象昇忠烈公疏略》忠烈有《鄖陽奏疏》一卷、《總理奏疏》一卷、《三楚奏疏》一卷、《宣大奏疏》三卷。

張之洞《書目答問・詔令奏議》《盧忠肅公奏議》□卷。明盧象昇。刻本。

孫傳庭撫奏疏草

黄虞稷《千頃堂書目·表奏類》《孫傳庭撫奏疏草》。

督師奏議

黄虞稷《千頃堂書目·表奏類》孫傳庭《督師奏議》。

謀國集

黄虞稷《千頃堂書目·表奏類》孫傳庭《謀國集》。

罪　言

黄虞稷《千頃堂書目·表奏類》范景文《罪言》一卷。

味玄堂疏藁

黄虞稷《千頃堂書目·表奏類》范景文《味玄堂疏藁》一卷。

李邦華奏議

黄虞稷《千頃堂書目·表奏類》《李邦華李忠肅公奏議》六卷。

《明史·藝文志·别集類》《李邦華奏議》六卷。

諫垣奏議

黄虞稷《千頃堂書目·表奏類》淩義渠《諫垣奏議》□卷。

倪元璐奏牘

黄虞稷《千頃堂書目·表奏類》《倪元璐奏牘》三卷。

《明史·藝文志·别集類》《倪元璐奏牘》三卷。

王家彦奏議

黄虞稷《千頃堂書目·表奏類》《王家彦王忠端公奏議》五卷。

《明史·藝文志·别集類》《王家彦奏議》五卷。

石齋藏業

黄虞稷《千頃堂書目·表奏類》黄道周《石齋藏業》一卷。

解齊環

黄虞稷《千頃堂書目·表奏類》黄道周《解齊環》二卷。

解遼環

黄虞稷《千頃堂書目·表奏類》 黄道周《解遼環》一卷。

葉廷秀奏疏

黄虞稷《千頃堂書目·表奏類》 《葉廷秀奏疏》一卷。

總理奏議

黄虞稷《千頃堂書目·表奏類》 王家楨《總理奏議》七卷。

撫浙疏草

黄虞稷《千頃堂書目·表奏類》 陸完學《撫浙疏草》八卷。

忠襄公撫晉疏草

黄虞稷《千頃堂書目·表奏類》 蔡懋德《忠襄公撫晉疏草》五卷。

祕垣疏草

黄虞稷《千頃堂書目·表奏類》 陳龍正《祕垣疏草》四卷。

秉丹堂奏議

黄虞稷《千頃堂書目·表奏類》 劉士禎《秉丹堂奏議》二卷。號須彌，萬安人。天啓壬戌進士，工部右侍郎。

西臺奏草

黄虞稷《千頃堂書目·表奏類》 李日宣《西臺奏草》四卷。吉水人，萬曆癸丑進士，吏部尚書。

吴中奏議

黄虞稷《千頃堂書目·表奏類》 李日宣《吴中奏藁》十二卷。

祀戎奏議

黄虞稷《千頃堂書目·表奏類》 李日宣《祀戎奏議》十六卷。

《明史·藝文志·别集類》 《李日宣奏議》十六卷。

按豫勿喜録

黄虞稷《千頃堂書目·表奏類》 李日宣《按豫勿喜録》二十卷。

銓曹奏藁

黄虞稷《千頃堂書目・表奏類》 李日宣《銓曹奏藁》八卷。

河東文告

黄虞稷《千頃堂書目・表奏類》 李日宣《河東文告》三卷。

保邦十策

黄虞稷《千頃堂書目・表奏類》 陳新甲《保邦十策》一卷。

邦政紀略

黄虞稷《千頃堂書目・表奏類》 陳新甲《邦政紀略》一卷。

名家表選

黄虞稷《千頃堂書目・表奏類》 陳塏《名家表選》八卷。餘姚人，廣東提學。

崇禎朝詔疏

黄虞稷《千頃堂書目・表奏類》 朱東觀《崇禎朝詔疏》九卷。《詔》一卷、《疏》八卷。崇禎十六年止。

危素奏議

黄虞稷《千頃堂書目・表奏類》 《危素奏議》二卷。

太平十三策

黄虞稷《千頃堂書目・表奏類》 桂彦良《太平十三策》一卷。

武事綱目

黄虞稷《千頃堂書目・表奏類》 葉兑《武事綱目》一卷。

周鑣奏疏

黄虞稷《千頃堂書目・表奏類》 《周鑣奏疏》一卷。字仲馭，金壇人。崇禎戊辰進士，禮部員外郎。

留垣封事存略

黄虞稷《千頃堂書目・表奏類》 徐憲卿《留垣封事存略》一卷。字邦亮，太倉人。

程世昌疏摘

黄虞稷《千頃堂書目·表奏類》 《程世昌疏摘》二卷。光山人，崇禎辛未進士。巡撫都御史。

直　綫

黄虞稷《千頃堂書目·表奏類》 程世昌《直綫》一卷。

臯　草

黄虞稷《千頃堂書目·表奏類》 程世昌《臯草》一卷。

兩浙摘略

黄虞稷《千頃堂書目·表奏類》 路振飛《兩浙摘略》。號皓月，曲周人。天啓乙丑進士，總督漕運，都御史。

漕撫奏議

黄虞稷《千頃堂書目·表奏類》 路振飛《漕撫奏議》。

閩吴疏草

黄虞稷《千頃堂書目·表奏類》 路振飛《閩吴疏草》。

保障東南藁

黄虞稷《千頃堂書目·表奏類》 路振飛《保障東南藁》。

撫鄖奏議

黄虞稷《千頃堂書目·表奏類》 李若珪《撫鄖疏藁》六卷。

《禁毁書目》 《撫鄖疏稿》一部，六本。查《撫鄖疏稿》，明李若珪撰。中有指斥，應請銷燬。

沈侍御疏藁

黄虞稷《千頃堂書目·表奏類》 沈珣《沈侍御疏藁》四卷。字幼玉，吴江人。

按遼奏疏

黄虞稷《千頃堂書目·表奏類》 方震孺《按遼奏疏》二卷。字孩未，壽州人。萬曆癸丑進士，巡撫廣西，都御史。

西臺奏疏

黄虞稷《千頃堂書目・表奏類》 方震孺《西臺奏疏》二卷。

賫卹奏疏

黄虞稷《千頃堂書目・表奏類》 方震孺《賫卹奏疏》一卷。

幾灰草

黄虞稷《千頃堂書目・表奏類》 方震孺《幾灰草》一卷。

雲中疏草

黄虞稷《千頃堂書目・表奏類》 朱泰楨《雲中疏草》八卷。海鹽人，萬曆丙辰進士。御史外謫，後官兵部主事。

趙洪範奏疏

黄虞稷《千頃堂書目・表奏類》 《趙洪範奏疏》一卷。嘉定人，天啓壬戌進士，監察御史。

按粵疏草

黄虞稷《千頃堂書目・表奏類》 葉紹顒《按粵疏草》二卷。字慶繩，吴江人。天啓乙丑進士，大理寺卿，湖廣副使。

按秦奏疏

黄虞稷《千頃堂書目・表奏類》 吴焕《按秦奏疏》四卷。吴江人，萬曆丙辰進士。

西臺奏疏

黄虞稷《千頃堂書目・表奏類》 吴焕《西臺奏疏》一卷。

留計奏議

黄虞稷《千頃堂書目・表奏類》 錢春《留計奏議》六卷。

總河疏草

黄虞稷《千頃堂書目・表奏類》 周鼎《總河疏草》六卷。

蔣侍御疏草

黄虞稷《千頃堂書目・表奏類》 蔣允儀《蔣侍御疏草》四卷。宜興人。萬曆丙辰進士，巡撫鄖陽，都御史。

西臺疏草

黄虞稷《千頃堂書目・表奏類》 李喬崙《西臺疏草》一卷。

總河奏議

黄虞稷《千頃堂書目・表奏類》 李若星《總河奏議》一卷。息縣人。萬曆甲辰進士，總督川、貴，侍郎。

總督川貴奏議

黄虞稷《千頃堂書目・表奏類》 李若星《總督川貴奏議》一卷。

留省焚餘

黄虞稷《千頃堂書目・表奏類》 陳堯年《留省焚餘》一卷。永嘉人，萬曆己未進士。陝西参議。

陸清源疏略

黄虞稷《千頃堂書目・表奏類》 《陸清源疏略》一卷。字岫青，平湖人。崇禎甲戌進士，雲南道御史。

督撫鄖中疏藁

黄虞稷《千頃堂書目・表奏類》 戴東旻《督撫鄖中疏藁》二卷。

金雙巖中丞封事集

黄虞稷《千頃堂書目・表奏類》 金光宸《金雙巖中丞封事集》凡九種。

錢嘉徵疏草

黄虞稷《千頃堂書目・表奏類》 《錢嘉徵疏草》一卷。嘉興人，貢生。

典謨遺旨

黄虞稷《千頃堂書目・表奏類》 劉誠《典謨遺旨》。取漢、唐、宋詔、令、章、疏可爲訓者。

都憲奏議

黄虞稷《千頃堂書目・表奏類》 章律《都憲奏議》一卷。常熟人。景泰甲戌進士，巡撫雲南，都御史。

程宗奏議

黄虞稷《千頃堂書目・表奏類》 《程宗奏議》二十卷。常熟人。景泰辛未進士，南京工部尚書。

鄭紀奏議

黄虞稷《千頃堂書目・表奏類》 《鄭紀奏議》四卷。仙游人。南京户部右侍郎，進尚書，致仕。

禁垣奏議

黄虞稷《千頃堂書目・表奏類》 劉瑞《禁垣奏議》。

范兆祥奏議

黄虞稷《千頃堂書目・表奏類》 《范兆祥奏議》一卷。號半松，豐城人。弘治丙辰進士，由檢討出爲王府長史。

吏部奏藁

黄虞稷《千頃堂書目・表奏類》 楊子器《吏部奏藁》三卷。

琴堂奏草

黄虞稷《千頃堂書目・表奏類》 楊子器《琴堂奏草》一卷。

東曹奏議

黄虞稷《千頃堂書目・表奏類》 龍誥《東曹奏議》一卷。攸縣人，正德戊辰進士。

文僖奏議

黄虞稷《千頃堂書目・表奏類》 周倫《文僖奏議》二卷。

奏陳録

黄虞稷《千頃堂書目・表奏類》 傅頤《奏陳録》一卷。

歷官表奏鈔

黄虞稷《千頃堂書目・表奏類》 梁夢龍《歷官表奏鈔》。

趙用賢文懿奏議

黃虞稷《千頃堂書目・表奏類》《趙用賢文懿奏議》一卷。

《明史・藝文志・別集類》《趙用賢奏議》一卷。

天垣疏略

黃虞稷《千頃堂書目・表奏類》侯震暘《天垣疏略》一卷。嘉定人。萬曆庚戌進士，吏科都給事中。贈太常寺少卿。

陸澄源奏疏

黃虞稷《千頃堂書目・表奏類》《陸澄源奏疏》一卷。字芝芳，平湖人。天啓乙丑進士，職方司員外郎。

南庚奏疏

黃虞稷《千頃堂書目・表奏類》吕維祺《南庚奏疏》三卷。

南樞奏疏

黃虞稷《千頃堂書目・表奏類》吕維祺《南樞奏疏》一卷。

啓禎朝奏疏

黃虞稷《千頃堂書目・表奏類》朱東觀《啓禎朝奏疏》九卷。《詔》一卷、《疏》八卷，崇禎十六年上。

開疆奏疏

《禁毀書目》《開疆奏疏》一部，四十八本。查《開疆奏疏》，不知何人所編。皆逆賊吴三桂，自四川入黔滇時所上奏疏。未便存留，應請銷燬。

督戎疏紀

《禁毀書目》《督戎疏紀》一部，六本。查《督戎疏紀》，係明李守錡撰，乃其於崇禎間提督京營戎政時所上奏疏。中多指斥字句，奏疏亦無可採，應請銷燬。

奏　疏

《禁毀書目》《奏疏》一部，四册，合一本。查《奏疏》，四册，明馬嘉植撰。凡《壬午封事》一册、《癸未封事》一册、《甲申封事》二册，俱嘉植爲給事中時所上。甲册有崇禎十七年五月至九月等篇，則福王時也，語多狂，應銷燬。

掖垣封事

《禁毀書目》《掖垣封事》一部，八本。查《掖垣封事》，明宋一韓撰。語多悖妄，應請銷燬。

吾徵録

《禁燬書目》《吾徵録》六本。查《吾徵録》，係明吴元輯。元名列《天鑒録》中，係屬閹黨。是書皆載萬曆、天啓間諸臣奏疏，各爲評斷。所列如王德、方詩教、唐世濟、范濟世、霍維華、傅櫆、顧秉謙、李蕃、張訥、陳九疇、門克新、郭興治、周維持、石三畏等悉同類，而於當時正人並加醜詆，蓋爲曲媚魏忠賢而作，不足傳信。觸悖字句尤多，應銷燬。

遼　籌

《禁燬書目》《遼籌》二本。查《遼籌》，明張鼎撰。皆其所上奏疏並擬詔，論及書札之文。大都紙上空談，不足徵信。且中多悖犯之語，應請銷燬。

甲乙記政録續丙記政録

《禁燬書目》《甲乙記政録續丙記政録》共兩本。查《甲乙記政録續丙記政録》，皆明徐肇台撰。所録皆天啓四年至六年章疏、批答，按日編載，蓋據當時邸報而作。肇台爲趙南星劾罷，故于魏忠賢亂政之時作此書以報復。且以媚璫其跋，稱忠賢時公道大明，寔爲病狂喪心。其中指斥語尤多，應請銷燬。

石筍清風録

黄虞稷《千頃堂書目・總集類》 王柏《石筍清風録》十卷。

倪燦等《宋史藝文志補・總集類》《石笋清風録》十卷。

兩河文告選

軍機處奏《禁燬書目》《兩河文告選》一部三本。查《兩河文告選》不著名姓，題曰「吴相國」。考明崇禎時大學士五十人，吴姓惟有吴甡一人，當即甡作也。語多狂悖，應請銷燬。

中興頌治

軍機處奏《禁燬書目》《中興頌治》二本。查《中興頌治》，明福王時顧紳編。皆一時文移章奏之類，與馮夢龍《中興從信録》相出入。語多悖，應請銷燬。

葉文莊公行實類編

高儒《百川書志・雜集》《葉文莊公行實類編》一卷。

帝王之制

楊士奇等《文淵閣書目・文集》《帝王之制》一部四册。闕。

欽定明臣奏議

《四庫全書總目提要・詔令奏議類》《欽定明臣奏議》二十卷。乾隆四十六年奉敕編。以皇子司選録，而尚書房入直諸臣預繕寫。每成一卷，即恭呈御覽，斷以睿裁。蓋敷陳之得失，足昭法戒。而時代既近，殷鑒尤明。將推溯勝國之所以亡，與昭代之所以興者，以垂訓於無窮，故重其事也。考有明一代，惟太祖以大略雄才，混一海内，一再傳後，風氣漸移，朝論所趨，大致乃與南宋等。故二百餘年之中，士大夫所敷陳者，君子置國政而論君心，一劄動至千萬言，有如策論之體；小人舍公事而争私黨，一事或至數十疏，全爲訐訟之詞。迨其末流，彌增詭薄，非惟小人牟利，即君子亦不過争名。臺諫鬨於朝，道學譁於野。人知其兵防吏治之日壞，不知其所以壞者由閣臣奄豎爲之奥援。人知閣臣奄豎之日訌，不知其所以訌者由門户朋黨爲之煽構。蓋宋人之弊，猶不過議論多而成功少。明人之弊，則直以議論亡國而已矣。然一代之臣，多賢姦竝進，無人人皆忠之理，亦無人人皆佞之理。即一人之身，多得失互陳，無言言皆是之事，亦無言言皆非之事。是以衆芳蕪穢之時，必有名臣碩輔，挺出於其間；羣言淆亂之日，必有讜論嘉謨，措拄於其際，所謂披沙簡金，在乎謹爲持擇也。是編禀承訓示，辨别瑕瑜，芟薙浮文，簡存偉議，研求史傳，以後效驗其前言。考證情形，以衆論歸於一是。譬諸童謡婦唱，一經尼山之删定，而列在六經。一代得失之林，即千古政治之鑒也。至於人非而言是，不廢蒐羅，論正而詞乖，但爲删潤。聖德之廣，一善不遺。聖度之宏，大公無我。尤非尋常所可測量矣。

張之洞《書目答問・詔令奏議》《明名臣奏議》二十卷。乾隆四十六年敕編。聚珍本。福本。

張襄壯奏疏

《四庫全書總目提要・詔令奏議類》《張襄壯奏疏》六卷。浙江巡撫採進本。國朝張勇撰。勇字飛熊，上元人。積功官至靖逆將軍、提督甘肅軍務，封靖逆侯，加少傅兼太子太師。是集爲其子雲翼所編，始於順治六年《謝實授甘肅總兵官疏》，終於康熙二十三年《甘州遺疏》，凡百二十篇。勇初任甘肅總兵官時，即内值肅州回民作亂，外值昂漢夷人窺邊，日事攻討。中間奉調南征，旋回甘肅，復值王輔臣之亂。往來征剿，日無寧晷。其没也，猶以防禦麥力幹之故，力疾出師，卒於軍營。計始終兵間四十餘年，王進寶、趙良棟等皆由其偏裨起爲名將。自康熙十三年以後，箭創病足，以肩輿督師者十年。屢乞解職，皆荷優詔，慰留卧理。蓋兩朝受知之深，諸將無逾於勇者。今觀集中諸疏，大抵皆兵間所作，竝剴切詳明，言無不盡。讀之可見開國之初，底定秦隴之方略。竝可見列聖知人善任，風雲際會，極千載一時之盛焉。

文襄公奏疏

《四庫全書總目提要・詔令奏議書目》《文襄公奏疏》十五卷，附《年譜》一卷。山東巡撫採進本。國朝李之芳撰。之芳字鄴園，武定人。順治丁亥進士，官至文華殿大學士，謚文襄。是編奏疏前十一卷，爲總督浙江時所上。又《臺諫集》二卷，爲監察御史時所上。康熙甲申，耿精忠之變，《經理征勦疏稾》，亦具載集中。末附《年譜》一卷，淄川唐夢賚所編也。

李文襄奏疏

丁丙《八千卷樓書目・詔令奏議類》《李文襄奏疏》十二卷。國朝李之芳撰。原刊本。

平岳疏議　平海疏議

《四庫全書總目提要・詔令奏議類存目》《平岳疏議》一卷，《平海疏議》一卷，附《平海咨文》一卷，《師中小札》一卷。山西巡撫採進本。國朝萬正色撰。正色號中菴，晉江人。康熙十三年，正色以岳州水師總兵官征吴三桂，累立戰功。《平岳疏議》作於是時。尋提督福建水師，同總督姚啟盛平海壇及金、厦兩島，《平海疏議》及《咨文》作於是時。《小札》亦是時師中作也。

郝恭定集

《四庫全書總目提要・詔令奏議類存目》《郝恭定集》五卷。直隸總督採進本。國朝郝惟訥撰。惟訥字敏公，霸州人。順治丁亥進士，官至吏部尚書。此集凡都察院奏疏八篇，刑部奏疏四篇，禮部奏疏一篇，户部奏疏九篇，吏部奏疏六篇。其《禮部請行釋奠疏》、《户部税銀款目疏》，皆註「疏存部案」字。蓋當時同官公議，而惟訥具草，故仍刻之私集也。

靳文襄奏疏

《四庫全書總目提要・詔令奏議類》

《靳文襄奏疏》八卷。直隸總督採進本。

國朝靳輔撰。輔字紫垣，鑲紅旗漢軍。初授翰林院修撰，官至總督河道，兵部尚書，文襄其謚也。是編皆前後治河奏疏，其子治豫彙刊之。輔自安徽巡撫擢授河道總督時，值河患方棘，洪流逆溢。高堰横潰，合淮水而東注，故道反湮。輔疏言：「河水挾沙而行，易於壅閼。惟賴清水助刷，始能無滯。當審其全局，徹首尾而合治之。不可漫爲施工，堵使東築西決，終歸無益。」因條具八事八告，聖祖仁皇帝悉俞其請。於是疏濬運河及清口，以至海口河道，又開白洋清河以東引水河，而黄流始暢。開清口瀾汎淺諸引河，而淮水始出敵黄。築河崖遥隄縷隄，修高堰，堵翟壩，置減水六壩，而宣洩咸有所恃。至開中河、皂河諸役，尤其設施之大者，其持論以築隄崖，疏下流、塞決口，有先後而無緩急數語爲綱領。故在事十年，具著成績。諸疏竝在集中，無不指陳原委，言之鑿鑿，至今論治河者猶稱輔焉。末附輔官巡撫時奏疏三篇，其極論騷擾驛站，亦具見風力云。

于山奏牘

《四庫全書總目提要・詔令奏議類存目》

《于山奏牘》七卷，附《詩詞》一卷。江蘇周厚堉家藏本。

國朝于成龍撰。成龍字北溟，永寧人。前明拔貢生，入國朝，授廣西羅城縣知縣，官至湖廣總督。此集刊於康熙癸亥，自卷一至卷七，皆載其歷任所上奏疏，及詳文、牌示竝一時同官往來書牘，第八卷則詩詞，而終之以制藝一首。其後政書之刻，即因此本而增損之。此編蓋猶其初稿，至於詩詞，本非所長。制藝一首，尤不入格。亦不如政書之刊除潔净也。

清忠堂奏疏

《四庫全書總目提要・詔令奏議類》

《清忠堂奏疏》無卷數。江蘇周厚堉家藏本。

國朝朱宏祚撰。宏祚字徽蔭，高唐人。是編乃其官廣東巡撫時奏疏，始於康熙二十六年十二月，終於三十一年八月，凡七十五篇。前有梁佩蘭序，稱其在粵五年，凡上一百六十有五疏。則此刻亦選擇而存之者也。

西臺奏議　京兆奏議

《四庫全書總目提要・詔令奏議類存目》

《西臺奏議》一卷，《京兆奏議》一卷，附《曲徙録》一卷。陝西巡撫採進本。

國朝楊素藴撰。素藴字筠湄，宜君人。順治壬辰進士，官至湖廣巡撫。《西臺奏議》，其爲四川道監察御史時所上。《京兆奏議》，其官順天府尹時所上。《曲徙録》則東明劉祚昌集其劾奏吴三桂疏及謫官復起始末也。然三桂逆蹟一形，素藴即邀擢用，未可謂之曲突徙薪無恩澤也。祚昌之命名，亦不思之甚矣。

楊黄門奏疏

《四庫全書總目提要・詔令奏議類存目》

《楊黄門奏疏》無卷數。浙江巡撫採進本。

國朝楊雍建撰。雍建字自西，一字以齋，海寧人。順治乙未進士，官至兵部侍郎。此編乃其官給事中時所上奏疏，故以黄門爲名。前有康熙元年胡兆龍序，謂雍建壬寅假歸，梓其前後疏章三十餘篇。又自序云：「歷吏、禮、兵、刑四垣，章凡三十餘上」。今卷内實五十一篇。末四篇稱「西臺奏議」，蓋康熙十八年官左副都御史時也。目録後有自識云：「余以内陞，復入垣署，章奏及西臺諸疏原稾散失無存。賴吾姪存理中發留心蒐輯，得以續梓」。然則此所載者蓋合前後所刻通爲一編矣。

撫黔奏疏

《四庫全書總目提要・詔令奏議類存目》《撫黔奏疏》八卷。浙江巡撫採進本。國朝楊雍建撰。雍建自康熙十八年巡撫貴州，凡在任六年。內陞兵部侍郎，閱一年有餘，告請終養。是編合載貴州及兵部奏疏共五百四十一篇。

華野疏藁

《四庫全書總目提要・詔令奏議類》《華野疏稾》五卷。山東巡撫採進本。國朝郭琇撰。琇，即墨人，華野其字也。康熙庚戌進士，官至湖廣總督。此編乃其歷官奏疏，起康熙二十七年，迄四十一年，凡四十四篇。疏末多載原奉諭旨，蓋琇所恭録，而其後人併敬刊也。琇初由吴江知縣行取八臺，即劾罷大學士明珠、余國柱等。聖祖仁皇帝嘉其敢言，洊擢左僉都御史，進左都御史。復劾奏王鴻緒、高士奇、徐乾學等黨援交通，亦皆譴退。後緣事鐫秩，復起爲湖廣總督。在官四年，别以紅苗搶掠一事褫職歸。蓋當其彈抨得實，則拔擢以旌其忠。當其貽誤封疆，則罷斥以明其罪。仰見聖祖仁皇帝行政用人，大公獨斷。賞罰悉視其自取，而無一毫畸輕畸重於其間。前者纂輯《五朝國史列傳》，特命於《明珠傳》中載琇劾疏全文，毋庸删削。嗣復命於王鴻緒、高士奇、徐乾學諸傳中補載琇之劾疏，毋庸隱諱。並復頒示綸音，闡明其進退之由。俾共知琇之擢用，無人能排擠報復。琇之罷官亦非由有人傾軋。百爾臣工，仰承誥誡，已無不曉然共喻。臣等謹録琇此編，並恭録前奉諭旨冠諸卷端。庶彝訓昭然，永垂成憲，益共知所警勵焉。

張之洞**《書目答問・詔令奏議》**《華野疏稿》五卷。郭琇。家刻本。

河防疏略

《四庫全書總目提要・詔令奏議類存目》《河防疏略》二十卷。兩淮馬裕家藏本。國朝朱之錫撰。之錫字孟九，號梅麓，義烏人。康熙壬辰進士，官至兵部尚書，都察院右副都御史，總督河道。是編即其《治河奏稾》也。

督漕疏草

《四庫全書總目提要・詔令奏議類存目》《督漕疏草》二十二卷。山東巡撫採進本。國朝董訥撰。訥字兹重，號默菴，平原人。康熙丁未進士，官至江南總督。是編乃其督理漕河時所上疏草，皆吏牘之文。

奏議稾

《四庫全書總目提要・詔令奏議類存目》《奏議稾》無卷數。江西巡撫採進本。國朝江蘩撰。蘩有《四譯館考》，已著録。是編冠以康熙二十五年十月蘩由靈寶縣知縣擢御史時御試策二道，次爲陝西道御史時疏三篇，次爲巡視東城時疏二篇，次爲協理江西道時疏三篇，次爲巡視北城時疏一篇，次爲巡視長蘆鹽課時疏三篇，次爲掌山東道時疏一篇，掌京畿道時疏一篇。

撫豫宣化録

《四庫全書總目提要・詔令奏議類存目》《撫豫宣化録》四卷。內府藏本。國朝田文鏡撰。文鏡，正黄旗漢軍。官至河東總督，謚端肅。是編乃文鏡官河南巡撫時奏疏一卷、條奏一卷、文移一卷、告示一卷。內文移又分一子卷。均始於雍正二年七月，迄五年九月。惟告示迄於五年正月。前有河南布政使費金吾、按察使彭維新、分守開歸河道楊夢琬、河務兵備道祝兆鵬、分守河北兵備道朱藻、分巡南汝光道孫蘭芬會請刊刻詳文一道及文鏡批詞。

注陸宣公奏議

周中孚《鄭堂讀書記・奏議類》 《注陸宣公奏議》十五卷。舊刊本。不著撰人名氏。按《陸宣公奏議》《新唐志》載有《議論表疏集》十二卷。《讀書志》作「《奏議》十二卷。」《通考》同《書録解題》併《翰苑集》十卷在内，《唐志》、《崇文目》、《讀書志》俱另載「《翰苑集》十卷」。總作《陸宣公集》二十二卷，蓋據當時槧本。《宋志》作二十卷，疑脱去「二」字也。《四庫全書》著録作「《翰苑集》二十二卷」，乃據錢氏《讀書敏求記》載所見宋槧大字本。余所見明刊本及雍正初年重刊本，皆稱《唐陸宣公集》，此本即全集中所載奏草奏議七卷之文，凡六十二篇。另編爲十五卷，都爲一帙，而詳注其事實。上闌間有評語，當出于萬曆以後人。所爲前後俱無序跋，惟冠以權德輿所撰《序》，及宋元祐八年《進讀劄子》、紹興二年《經進表文》而已。所注事實或著出處，或不著出處，例無一定，而注時事頗詳。攷奏議自唐、宋以來，即有單行本，是本專取奏議，注而刊之，亦未始不可也。

丁丙《善本書室藏書志・詔令奏議類》 《注陸宣公奏議》十五卷。元至正翠巖精舍刊本。前有權德輿《陸宣公文集》序、蘇軾《進讀奏議劄子》，又紹興二年八月初七日迪功郎紹興府嵊縣主簿臣瞱《經進表文》。又本記云：「中興奏議，本堂舊刊，盛行於世。近因回禄之變，所幸元收謝疊山先生經進批點正本猶存，於是重新繡梓。切見棘闈天開，策以經世時務。是書也，陳古今之得失，酌時務之切宜，故願與天下共之。幼學壯行之士倘熟乎此，則他日敷奏大廷，禹皋陳謨，不外是矣。至正甲午仲夏，翠巖精舍謹誌。」阮氏元撫浙時，寫以進御。《揅經室外集・提要》云：此編所注，惟採經史爲多，無泛搜博引之失。不特選擇得當，節録亦多精審，使讀者易見端倪云。惟瞱不署姓，又《表》中稱至尊壽聖皇帝，而末署紹興二年，殊爲牴牾。案：《清波雜志》：輝友人郎瞱晦之，杭人，嘗注三蘇文及《陸宣公奏議》投進。是瞱實姓郎氏，紹興實爲紹熙之誤。嘉興錢泰吉《曝書雜志》考定郎爲張子韶九成之甥，又輯《横浦日記》云。

大觀堂文集

《四庫全書總目提要・詔令奏議類存目》 《大觀堂文集》三卷。浙江巡撫採進本。國朝余縉撰。縉字仲紳，號浣公，諸暨人。順治壬辰進士，官至河南道監察御史。是集即其官御史時所上諸疏，凡四十三篇。其外官告病諸疏，皆縉私擬未上之稾，未嘗見之施行，不當一例附入也。

疏　稾

《四庫全書總目提要・詔令奏議類存目》 《疏稾》一卷。兩江總督採進本。國朝胡文學撰。文學字卜言，鄞縣人。順治壬辰進士，官至福建道監察御史。此即爲御史時題奏之稾也，自順治十七年起，至康熙元年巡視兩淮鹽政止，凡十六篇。

存菴奏疏

《四庫全書總目提要・詔令奏議類存目》 《存菴奏疏》無卷數。江蘇巡撫採進本。國朝徐越撰。越字山琢，山陽人。順治壬辰進士，官至監察御史，遷兵部督捕左理事官，仍留御史之任。是集皆其所上奏疏，自順治十七年至康熙十二年止，凡五十四篇。皆具年月，併恭載諭旨。《江南通志》稱其在臺十有三年，所條奏皆有關時政之大者。言漕河事先後凡十六疏，歷陳淮、黄分合變遷，及兩河衝決狀尤悉。

奏議稽詢

《四庫全書總目提要・詔令奏議類存目》 《奏議稽詢》四十四卷。湖北巡撫採進本。國朝曹本榮編。本榮，黄岡人。順治己丑進士，官至侍講學士。是書仿《歷代名臣奏議》之體，彙輯自周訖明諸臣奏疏，分六十六門。然自「君德」至「弭盜」六十五門，止二十六卷。其中「律歷」一門，又有録無書，最後「禦邊」一門，自二十七卷起至四十四卷止，共十八卷。未免繁簡不倫，體例未能盡善，疑草刱未全之本也。

平藩奏議　平蠻奏議

周中孚《鄭堂讀書記・奏議類》《平藩奏議》一卷，《平蠻奏議》二卷。常熟錢氏藏書鈔本。明王守仁撰。守仁仕履見四書類。《平藩奏議》即《文成全書・擒獲宸濠捷音》一疏。此本較集中所載稍詳，蓋當時傳鈔之本，不免冗漫，故自刪凈以入集也。《平蠻奏議》上卷，即《文成全書・辭免重任乞恩養病》一疏、《赴任謝恩遂陳膚見》一疏、《奏報田州思恩平復》一疏。下卷即《全書・處置平復地方以圖久安》一疏。所載俱與集中所載相同，惟上卷《赴任謝恩疏》後增入聖旨六字，及兵部覆題後聖旨八行而已。亦當時偶爾傳鈔者，合《平藩》一疏爲一帙，每疏俱列全銜，及爲事，別無標題篇名。錢遵王偶得邵僧彌所藏本，遂蓋一藏書印，本不矜爲創獲，故《讀書敏求記》、《述古堂書目》俱不載，可知遵王尚有學識。攷《文成全書》所載平藩奏議不止一篇，平蠻奏議亦不止四篇，知當時遵王得此本，固曾檢閲《全書》，知其爲殘缺之本，所以視同敝屣耳。

己庚編

丁丙《八千卷樓書目・詔令奏議類》《己庚編》二卷。國朝祁韻士撰。振綺堂本。

吕文節公奏疏

《清朝文獻通考・經籍考・詔令奏議類》《吕文節公奏疏》一卷。吕賢基撰。賢基字鶴田，安徽旌德人。道光乙未進士，官至工部侍郎。謚文節。

曾文正公奏議

張之洞《書目答問・詔令奏議》《曾文正公奏議》十卷。薛氏編。蘇州刻本。

曾文正公奏議補編

張之洞《書目答問・詔令奏議》《曾文正公奏議補編》二卷。薛氏編。蘇州刻本。

胡文忠公集

張之洞《書目答問・詔令奏議》《胡文忠公集》八十八卷。胡林翼。武昌局本。初刻止十卷，此同治五年重編《奏議》之外書牘，皆言政事，故附此類。

皇朝經世文編

張之洞《書目答問・詔令奏議》《皇朝經世文編》一百二十卷。賀長齡、魏源編。長沙原刻本。繙本多譌，此書最切用。是書不盡奏議，此兩體爲多。陸燿《切問齋文鈔》實開其先，不如此詳。

左恪靖伯奏稿

丁丙《八千卷樓書目・詔令奏議類》《古恪靖伯奏稿》三十六卷。國朝左宗棠撰。原刊本。

傃庵野鈔

丁丙《八千卷樓書目·詔令奏議類》《傃庵野鈔》十卷。明蔡士慎編。明刊本。

慈湖聞見録

丁丙《八千卷樓書目·詔令奏議類》《慈湖聞見録》不分卷。不著撰人名氏。鈔本。

奏疏分類便覽

丁丙《八千卷樓書目·詔令奏議類》《奏疏分類便覽》七卷。國朝潘駿德撰。活字板本。

奏議摘鈔

丁丙《八千卷樓書目·詔令奏議類》《奏議摘鈔》不分卷。不著撰人名氏。鈔本。

克復金陵奏議

丁丙《八千卷樓書目·詔令奏議類》《克復金陵奏議》一卷。國朝官文、曾國藩同撰。刊本。

潤于集

《清朝文獻通考·經籍考·詔令奏議類》《潤于集》六卷。張佩綸撰。佩綸字幼樵，直隸豐潤人。同治辛未進士，官至翰林院侍講學士。

饒崧生奏譜

丁丙《八千卷樓書目·詔令奏議類》《饒崧生奏譜》一卷。國朝饒旬宣撰。本刊。

袁太常奏議

《清朝文獻通考·經籍考·詔令奏議類》《袁太常奏議》一卷。袁昶撰。昶字重黎，一字爽秋，浙江桐廬人。光緒丙子進士，官至太常寺卿，謚忠節。臣謹案：庚子拳匪之禍，昶侃侃力諍，謂在廷諸臣親而天潢，尊而師保，蔽塞。宸聰橫挑邊釁三百年，宗社不絶如綫。疏三上不省，秋七月十六日，遂與徐尚書用儀、許侍郎景澄朝衣東市矣。迄今讀昶諸奏，猶凛凛有生氣也。

袁昶奏摺原稿 《影印袁昶奏摺原稿》一卷。袁爽秋三摺，在拳變時爲重要文獻。此爲其第一摺之影印本，係草稿，改削圈點，足以見其寫作時憤激之情。大小一依原稿本。

傳記部

總傳分部

本朝人物志

尤袤《遂初堂書目·姓氏類》《本朝人物志》。

人物志

朱睦㮮《萬卷堂書目·譜傳》《人物志》□卷。劉邵。

國朝列傳

趙琦美《脈望館書目·傳記》《國朝列傳》。廿本。二套。

皇明人物要考

祁承㸁《澹生堂藏書目·國朝史》《皇明人物要考》。二册。四卷。

人物考

祁承㸁《澹生堂藏書目·國朝史》《人物考》。十册。四十卷。王世貞著。

誌傳雜集

祁承㸁《澹生堂藏書目·國朝史》《誌傳雜集》。六册。十二卷。

皇明十六小傳

徐𤊹《徐氏家藏書目·人物傳》《皇明十六小傳》□卷。江盈科。

徐𤊹《徐氏家藏書目·本朝史類》《皇明十六小傳》□卷。江盈科。

黄虞稷《千頃堂書目·傳記類》江盈科《明臣小傳》十六卷。

《明史·藝文志·傳記類》江盈科《明臣小傳》十六卷。

《四庫全書總目提要·傳記類存目四》《明十六種小傳》四卷。浙江巡撫採進本。

明江盈科撰。盈科字進之，號緑蘿山人，湖廣桃源人。萬曆壬辰進士，官至四川提學副使。是書採輯明代軼事，分四綱十六目：一曰四維，分忠、孝、廉、節四目，二曰四常，分慈、寬、明、慎四目，三曰四奇，分隱、怪、機、俠四目，四曰四凶，分姦、諂、貪、酷四目，大抵委巷之談。自序曰，因閲國乘，摘出三百餘年新異事者，妄也。如方孝儒之滅族，由殺蛇之報，國史安有是事哉？其分配諸目如薛瑄入節類，于謙入廉類，姚廣孝姊入隱類，亦往往無義例也。

七十二朝人物考

徐𤊹《徐氏家藏書目·人物傳》《七十二朝人物考》。

國朝人物奇編

徐𤊹《徐氏家藏書目·人物傳》《國朝人物奇編》。

國琛集

徐𤊹《徐氏家藏書目・人物傳》 《國琛集》二卷。唐樞。

黄虞稷《千頃堂書目・傳記類》 唐樞《國琛集》二卷。

《明史・藝文志・傳記類》 唐樞《國琛集》二卷。

《四庫全書總目提要・傳記類存目三》 《國琛集》二卷。浙江汪啟淑家藏本。

明唐樞撰。樞有《易修墨守》，已著録。是書紀明初以來迄於嘉靖人物，大旨以聖人、君子、善人、有恒分爲四科。不以時次，不以類從，錯出雜陳。上自宰輔，下至隸卒，人各一小傳，寥寥數語，殊不詳備。傳後間附以論斷，然亦不定其孰爲聖人、君子，孰爲善人、有恒，體例尤不分明。其曰《國琛集》者，蓋取國家以人爲寶之意。前有王畿序并樞自序，樞學宗良知，故於王守仁推崇甚至云。

稗史集傳

徐𤊹《徐氏家藏書目・人物傳》 《稗史集傳》一卷。福溪徐顯。

錢謙益等《絳雲樓書目・史傳記類》 《稗史集傳》。

尚友編

徐𤊹《徐氏家藏書目・姓氏》 《尚友編》二十二卷。

國史列傳

錢謙益等《絳雲樓書目・傳記》 《國史列傳》。二十册。

獻徵録

錢謙益等《絳雲樓書目・傳記》 焦竑《國朝獻徵録》三百六十卷。

黄虞稷《千頃堂書目・傳記類》 焦竑《國史獻徵録》一百二十卷。《經籍志》作三百六十卷。

《明史・藝文志・傳記類》 焦竑《國史獻徵録》一百二十卷。《經籍志》作三百六十卷。

英廉奏《摧毁書目》 《獻徵録》。九十本。查《獻徵録》係明焦竑輯。是書以明代王公諸臣傳分類編載，各自爲篇。其卷五《成國公朱希忠神道碑》、卷十《威甯伯傳》、卷二十四《王翱傳》、卷三十八《余肅敏公傳》、卷三十九《大司馬譚公綸傳》、卷四十二《資德大夫程公信墓誌銘》、卷一百十七《汪直傳》、卷一百二十朝鮮、女直《傳》兩篇，俱有違礙誣妄語，應請抽燬。

《四庫全書總目提要・傳記類存目四》 《獻徵録》一百二十卷。浙江巡撫採進本。

明焦竑撰。竑有《易鑒》，已著録。是書採明一代名人事蹟。其體例以宗室、戚畹、勳爵、内閣、六卿以下各官分類標目，其無官者則以孝子、義人、儒林、藝苑等目分載之。自洪武迄於嘉靖，蒐採極博，然文頗泛濫，不皆可據。又於引據之書或註或不註，亦不免疎略。考竑在萬曆中，嘗應陳于陛聘，同修國史，既而罷去。此書殆即當時所輯録歟？

皇明史乘通録

錢謙益等《絳雲樓書目・傳記》 《皇明史乘通録》。六十三册。

黄虞稷《千頃堂書目・傳記類》 《皇明史乘通録・宗室内閣》六十三卷。

皇明人物考

黄虞稷《千頃堂書目・傳記類》 薛應旂《皇明人物考》七卷。饒鄭以偉注評。

《明史·藝文志·傳記類》 薛應旂《皇明人物考》七卷。鄭以偉註。

軍機處奏《焚毁書目》 《明人物考》。一部二本。查《明人物考》係題明焦竑、翁正春撰，蓋當時坊間所刊行，所録皆明臣小傳。據外省原簽御名字様，查係明代刻本，應毋庸議外。其餘簽出之處亦俱係《明史》現載事蹟尚無干碍，應請毋庸銷燬，惟内有應删字句，仍請抽燬。

近代人物志

黄虞稷《千頃堂書目·傳記類》 董宜陽《近代人物志》。

國朝直省分郡人物考

黄虞稷《千頃堂書目·傳記類》 過庭訓《國朝直省分郡人物考》一百十五卷。平湖人，贈順天府尹。

《明史·藝文志·傳記類》 過庭訓《直省分郡人物考》一百十五卷。

軍機處奏《焚毁書目》 《明分省人物考》。一部三十六本。查《明分省人物考》係明過庭訓撰。採諸書所載名臣舊傳各加纂次，分省編録，自洪武以迄萬曆初年，頗爲詳備。内第三十八卷《詹沂傳》、第五十八卷《劉顯傳》俱有狂悖詞句，必應抽出銷燬。又他《傳》内間涉偏謬者，亦應删燬。外至其餘各《傳》尚無干碍，即偶叙戰功事蹟，亦俱《明史》所有，似不相妨，應請毋庸全燬。

皇明尚友集

黄虞稷《千頃堂書目·傳記類》 張壐《皇明尚友集》十六卷。

《明史·藝文志·傳記類》 張壐《明尚友集》十六卷。

尚友編

黄虞稷《千頃堂書目·傳記類》 張明卿《尚友編》五卷。天台人。

尚友編

黄虞稷《千頃堂書目·傳記類》 范訢《尚友編》。

明人物志

黄虞稷《千頃堂書目·傳記類》 陳茂《義明人物志》。慈谿人。

七國人物志

黄虞稷《千頃堂書目·傳記類》 陳泰交《七國人物志》。嘉興人。

歷朝人物志略

黄虞稷《千頃堂書目·傳記類》 蔡瓚《歷朝人物志略》六卷。

明倫傳

黄虞稷《千頃堂書目·傳記類·楊三傑》 楊三傑《明倫傳》五十卷。字曼卿，蜀

都人。書九十五類，自君臣父子以至交友知遇。元末御史進其書於朝，詔江浙行省刊行。（盧補）

倪燦等《補遼金元藝文志·傳記類》 楊三傑《明倫傳》五十卷。字曼卿，蜀郡人。

錢大昕《補元史藝文志·傳記類》 楊三傑《明倫傳》五十卷。字曼卿，蜀人。

史傳三編

《四庫全書總目提要·傳記類二》 《史傳三編》五十六卷。江西巡撫採進本。國朝朱軾撰。軾有《周易傳義合訂》，已著録。是編凡《名儒傳》八卷、《名臣傳》三十五卷，又《續編》五卷、《循吏傳》八卷，成於雍正戊申。

春秋列傳

《四庫全書總目提要·傳記類存目三》 《春秋列傳》五卷。副都御史黄登賢家藏本。明劉節撰。節字介夫，號梅國，大庾人。弘治乙丑進士。官至刑部侍郎。是編取《春秋内外傳》所載列國諸臣，類次行事，各爲之《傳》。始祭公謀父，終蔡朝吴，凡二百有二人。全本舊文，無所考證。鄒縣潘榛爲之訓釋，亦頗疎略。

類傳分部

三輔決録

《隋書·經籍志·雜傳》 《三輔決録》七卷。漢太僕趙岐撰，摯虞注。

《舊唐書·經籍志·雜傳》 《三輔決録》七卷。趙岐撰，摯虞注。

《新唐書·藝文志·雜傳記》 趙岐《三輔決録》十卷。摯虞注。

鄭樵《通志·藝文略·傳記》 《三輔決録》七卷。漢太僕趙岐撰，摯虞注。

姚振宗《後漢藝文志·雜傳記類》 趙岐《三輔決録》七卷。范《書》本傳，岐字邠卿，京兆長陵人也。初名嘉，字臺卿，娶扶風馬融兄女。仕州郡，辟司空掾。其後爲大將軍梁冀所辟，舉理劇，爲皮氏長。西歸，京兆尹延篤復以爲功曹。

文廷式《補晉書藝文志·雜傳類》 摯虞注趙岐《三輔決録》七卷。《史通·補注篇》曰，若摯虞之《三輔決録》、陳壽之《季漢輔臣》、周處之《陽羨風土》、常璩之《華陽士女》，文言美詞列於章句，委曲叙事存於細書。張澍二酉山房輯本二卷。

海内先賢傳

《隋書·經籍志·雜傳》 《海内先賢傳》四卷。魏明帝時撰。

《舊唐書·經籍志·雜傳》 《海内先賢傳》四卷。魏明帝撰。

《新唐書·藝文志·雜傳記》 《海内先賢傳》五卷。魏明帝時撰。

鄭樵《通志·藝文略·傳記》 《海内先賢傳》四卷。魏明帝時撰。

姚振宗《三國藝文志·雜傳記類》 《海内先賢傳》四卷。章宗源《隋志考證》曰，《世説·德行篇》注、《北堂書鈔·政術部》並引《海内先賢傳》，其書所紀多東海先賢。《御覽·職官部》引魏明帝《先賢傳》，省「海内」二字。侯《志》曰，《世説注》、《後漢書注》、《藝文》、《御覽》俱引之，其中記申屠蟠事、許劭事，足補史傳之闕。記王允死難事與史不同，記李膺宗、陳稺叔、荀淑、鍾皓三君，嘗言荀君清識難尚，陳、鍾至德可師。比史傳多稺叔一人，皆足以備參考者也。

四海耆舊傳

《隋書·經籍志·雜傳》 《四海耆舊傳》一卷。

《舊唐書·經籍志·雜傳》 《四海耆舊傳》一卷。李氏撰。

《新唐書・藝文志・雜傳記》韋氏《四海耆舊傳》一卷。

鄭樵《通志・藝文略・傳記》《四海耆舊傳》一卷。韋氏撰。

海内士品

《隋書・經籍志・雜傳》《海内士品》一卷。

《舊唐書・經籍志・雜傳》《海内士品録》二卷。魏文帝撰。

《新唐書・藝文志・雜傳記》魏文帝《海内士品録》三卷。

鄭樵《通志・藝文略・傳記》《海内士品録》三卷。魏文帝撰。

姚振宗《三國藝文志・雜傳記類》魏文帝《海内士品録》三卷。《隋書・經籍志》,《海内士品》一卷,不著撰人。

章宗源《隋志考證》曰,《海内士品》一卷,無撰名。《唐志》:魏文帝,三卷。《藝文類聚・服飾部》、《北堂書鈔・儀飾部》、《太平御覽・服用部》並引之。

先賢集

《隋書・經籍志・雜傳》《先賢集》三卷。

兖州先賢傳

《隋書・經籍志・雜傳》《兖州先賢傳》一卷。

鄭樵《通志・藝文略・傳記》《兖州先賢傳》一卷。

徐州先賢傳

《隋書・經籍志・雜傳》《徐州先賢傳》一卷。

《舊唐書・經籍志・雜傳》《徐州先賢傳》一卷。

《新唐書・藝文志・雜傳記》又一卷。

徐州先賢傳

《唐書・藝文志・雜傳記》王羲度《徐州先賢傳》九卷。

鄭樵《通志・藝文略・傳記》《徐州先賢傳》九卷。王羲度撰。

徐州先賢傳贊

《隋書・經籍志・雜傳》《徐州先賢傳贊》九卷。劉義慶撰。

《舊唐書・經籍志・雜傳》《徐州先賢傳》九卷。

《唐書・藝文志・雜傳記》劉義慶《徐州先賢傳讃》八卷。

鄭樵《通志・藝文略・傳記・耆舊》《徐州先賢傳贊》九卷。劉義慶撰。

海岱志

《隋書・經籍志・雜傳》《海岱志》二十卷。齊前將軍記室崔慰祖撰。

《舊唐書・經籍志・雜傳》《海岱志》十卷。崔蔚祖撰。

《唐書・藝文志・雜傳記》崔蔚祖《海岱志》十卷。

鄭樵《通志・藝文略・傳記》《海岱志》二十卷。齊前將軍記室崔蔚祖撰。

交州先賢傳

《隋書・經籍志・雜傳》《交州先賢傳》三卷。晉范瑗傳。

《舊唐書・經籍志・雜傳》《交州先賢傳》四卷。范瑗撰。

《唐書・藝文志・雜傳記》范瑗《交州先賢傳》四卷。

鄭樵《通志・藝文略・傳記・耆舊》《交州先賢傳》三卷。晉范瑗撰。

文廷式《補晉書藝文志・雜傳類》范瑗《交州先賢傳》三卷。《唐志》四卷。

益部耆舊傳

《隋書・經籍志・雜傳》《益部耆舊傳》十四卷。陳長壽撰。

《舊唐書・經籍志・雜傳》《益部耆舊傳》十四卷。陳壽撰。

《唐書・藝文志・雜傳記》陳壽《益部耆舊傳》十四卷。

鄭樵《通志・藝文略・傳記》《益部耆舊傳》十四卷。陳壽撰。

文廷式《補晉書藝文志・雜傳類》陳壽《益部耆舊傳》十四卷。《漢書・張騫傳》亦引之。《隋志》題「陳長壽」。按：陳壽《魏名臣奏事》，《隋志》總集類亦題「陳長壽」。或承祚固有兩名歟？《晉書》本傳：壽撰《益部耆舊傳》十篇。《華陽國志》曰，益部自建武後，蜀郡鄭伯邑太尉及漢中陳申伯、祝元靈、廣漢王文表皆作《巴蜀耆舊傳》，陳壽以爲不足經遠，乃並巴漢，撰爲《益部耆舊傳》十篇。散騎常侍文立表呈其傳，武帝善之。

續益部耆舊傳

《隋書・經籍志・雜傳》《續益部耆舊傳》二卷。

鄭樵《通志・藝文略・傳記》《續益部耆舊傳》三卷。

文廷式《補晉書藝文志・雜傳類》常寬《續益部耆舊傳》二卷。《華陽國志》，常寬續陳壽《耆舊》，作《梁益篇》。《隋志》無。

諸國清賢傳

《隋書・經籍志・雜傳》《諸國清賢傳》一卷。

《舊唐書・經籍志・雜傳》《諸國先賢傳》一卷。

《唐書・藝文志・雜傳記》《諸國先賢傳》一卷。

鄭樵《通志・藝文略・傳記・耆舊》《諸國先賢傳》一卷。

文廷式《補晉書藝文志・雜傳類》《諸國清賢傳》一卷。《隋志》列陳壽後，白褒前，蓋晉人書也。《唐志》「清」作「先」。

魯國先賢傳

《隋書・經籍志・雜傳》《魯國先賢傳》二卷。晉大司農白褒撰。

《唐書・藝文志・雜傳記》白褒《魯國先賢傳》十四卷。

鄭樵《通志・藝文略・傳記》《魯國先賢傳》三卷。晉大司農白褒撰。

文廷式《補晉書藝文志・雜傳類》白褒《魯國先賢傳》二卷。大司農。《藝文類聚》五十八引《魯國先賢志》記孔翊事。《唐志》十四卷。《太平寰宇記・河南道》引作白褒《魯記》。

楚國先賢傳贊

《隋書・經籍志・雜傳》《楚國先賢傳贊》十二卷。晉張方撰。

《舊唐書・經籍志・雜傳》《楚國先賢志》十二卷。楊方撰。

《唐書・藝文志・雜傳記》張方《楚國先賢傳》十二卷。

鄭樵《通志・藝文略・傳記》《楚國先賢傳》十二卷。晉張方撰。

文廷式《補晉書藝文志・雜傳類》張方《楚國先賢傳贊》十二卷。《初學記》十三引張方賢《楚國先賢傳》，曰古者先王日祭月享，時類歲祀，諸侯舍日，卿大夫舍月，庶人舍時。《御覽》七百三十九引《楚國先賢傳》記石偉事。《舊唐志》題「楊方」，誤。《新唐志》無「贊」字。

汝南先賢傳

《隋書・經籍志・雜傳》《汝南先賢傳》五卷。魏周斐撰。

《舊唐書・經籍志・雜傳》《汝南先賢傳》五卷。周裴撰。

《唐書・藝文志・雜傳記》 周斐《汝南先賢傳》五卷。

鄭樵《通志・藝文略・傳記》 《汝南先賢傳》五卷。魏周斐撰。

姚振宗《三國藝文志・雜傳記類》 周斐《汝南先賢傳》五卷。《隋書・經籍志》、《汝南先賢傳》五卷，魏周斐撰。

陳留耆舊傳

《隋書・經籍志・雜傳》 《陳留耆舊傳》二卷。漢議郎圈稱撰。

鄭樵《通志・藝文略・傳記》 《陳留耆舊傳》二卷。漢議郎圈稱撰。

姚振宗《後漢藝文志・雜傳記類》 圈稱《陳留耆舊傳》二卷。應劭《風俗通・姓氏篇》圈氏，楚鬻熊之後。《隋書・經籍志》、《陳留耆舊傳》二卷，漢議郎圈稱撰。《史通・雜述篇》曰，若圈稱《陳留耆舊》，此之謂郡書者也。

陳留耆舊傳

《隋書・經籍志・雜傳》 《陳留耆舊傳》一卷。魏散騎侍郎蘇林撰。

《舊唐書・經籍志・雜傳》 《陳留耆舊傳》三卷。蘇林撰。

《唐書・藝文志・雜傳記》 蘇林《陳留耆舊傳》三卷。

鄭樵《通志・藝文略・傳記》 《陳留耆舊傳》一卷。魏散騎侍郎蘇林撰。

姚振宗《三國藝文志・雜傳記類》 蘇林《陳留耆舊傳》一卷。林始末具經部孝經類。《隋書・經籍志》，《陳留耆舊傳》一卷，魏散騎常侍蘇林撰。《唐・經籍志》，《陳留耆舊傳》三卷，蘇林撰。《藝文志》，《蘇林陳留耆舊傳》三卷。

陳留先賢像贊

《隋書・經籍志・雜傳》 《陳留先賢像贊》一卷。陳英宗撰。

《舊唐書・經籍志・雜傳》 《陳留先賢像讚》一卷。陳英宗撰。

《唐書・藝文志・雜傳記》 陳英宗《陳留先賢傳像讚》一卷。

鄭樵《通志・藝文略・傳記》 《陳留先賢像贊》一卷。陳英宗撰。

陳留志

《隋書・經籍志・雜傳》 《陳留志》十五卷。東晉剡令江敞撰。

《舊唐書・經籍志・雜傳》 《陳留志》十五卷。江敞撰。

濟北先賢傳

《隋書・經籍志・雜傳》 《濟北先賢傳》一卷。

《舊唐書・經籍志・雜傳》 《濟北先賢傳》一卷。

《唐書・藝文志・雜傳記》 《濟北先賢傳》一卷。

鄭樵《通志・藝文略・傳記》 《濟北先賢傳》一卷。

文廷式《補晉書藝文志・雜傳類》 《濟北先賢傳》一卷。按：《陶淵明集》，《聖賢羣輔録》下引《濟北英賢傳》當即此。

盧江七賢傳

《隋書・經籍志・雜傳》 《盧江七賢傳》二卷。

《舊唐書・經籍志・雜傳》 《盧江七賢傳》一卷。

《唐書・藝文志・雜傳記》 《盧江七賢傳》一卷。

鄭樵《通志・藝文略・傳記》 《盧江七賢傳》二卷。

東萊耆舊傳

《隋書・經籍志・雜傳》《東萊耆舊傳》一卷。王基撰。

《唐書・藝文志・雜傳記》王基《東萊耆舊傳》一卷。

《通志・藝文略・傳記》《東萊耆舊傳》一卷。王基撰。

姚振宗《三國藝文志・雜傳記類》王基《東萊耆舊傳》一卷。基始末具經部詩類。《隋書・經籍志》，《東萊耆舊傳》一卷，王基撰。《唐・藝文志》，王基《東萊耆舊傳》一卷。

襄陽耆舊記

《隋書・經籍志・雜傳》《襄陽耆舊記》五卷。習鑿齒撰。

《舊唐書・經籍志・雜傳》《襄陽耆舊傳》五卷。習鑿齒撰。

《唐書・藝文志・雜傳記》習鑿齒《襄陽耆舊傳》五卷。

鄭樵《通志・藝文略・傳記・耆舊》《襄陽耆舊傳》五卷。習鑿齒撰。

晁公武《郡齋讀書志・傳記類》《襄陽耆舊記》五卷。右晉習鑿齒撰。前載襄陽人物，中載其山川城邑，後載其牧守。《隋・經籍志》曰《耆舊記》，《唐・藝文志》曰《耆舊傳》。觀其書紀録叢脞，非傳體也，名當從《經籍志》云。

尤袤《遂初堂書目・雜傳類》《襄陽耆舊傳》。

陳振孫《直齋書録解題・傳記類》《襄陽耆舊傳》五卷。晉滎陽太守襄陽習鑿齒彥威撰。

馬端臨《文獻通考・經籍考・史・傳記》《襄陽耆舊記》五卷。晁氏曰：晉習鑿齒撰。前載襄陽人物，中載其山川城邑，後載其牧守。《隋・經籍志》曰《耆舊記》，《唐・藝文志》曰《耆舊傳》，觀其書，紀録叢脞，非傳體也，名當從《經籍志》云。

《宋史・藝文志・傳記類》習鑿齒《襄陽耆舊記》五卷。

錢謙益等《絳雲樓書目・史傳記類》《襄陽耆舊傳》五卷。習鑿齒撰。

黃丕烈《蕘圃藏書題識・史類二》《重校襄陽耆舊傳》二卷。《襄陽耆舊傳》五卷，晉滎陽太守襄陽習鑿齒彥威撰。

張金吾《愛日精廬藏書志・傳記類》《襄陽耆舊傳》一卷。明五雲溪活字本。不著撰人名氏。所叙人物上起周秦，下迄五代，蓋宋人因習鑿齒原本重編者。板心有「五雲溪活字」兩行。

張之洞《書目答問・傳記》《襄陽耆舊記》三卷。晉習鑿齒。任兆麟校刻心齋十種本，有脱誤。

文廷式《補晉書藝文志・雜傳類》習鑿齒《襄陽耆舊記》五卷。《唐志》作《耆舊傳》。《郡齋讀書志》，一卷，曰記，五卷。前載襄陽人物，中載其山川、城邑，後載其牧守。記録叢雜，非傳體也。當從《隋志》。據張金吾《藏書志》，今存一卷。

會稽先賢傳

《隋書・經籍志・雜傳》《會稽先賢傳》七卷謝承撰。

《舊唐書・經籍志・雜傳》《會稽先賢傳》五卷。謝承撰。

《唐書・藝文志・雜傳記》謝承《會稽先賢傳》七卷。

鄭樵《通志・藝文略・傳記》《會稽先賢傳》七卷。謝承撰。

尤袤《遂初堂書目・雜傳類》《會稽先賢傳》。

姚振宗《三國藝文志・雜傳記類》謝承《會稽先賢傳》七卷。承始末具正史類。《隋書・經籍志》，《會稽先賢傳》七卷，謝承撰。《唐經籍志》，《會稽先賢傳》五卷，謝承撰。《藝文志》，謝承《會稽先賢傳》七卷。

會稽後賢傳記

《隋書・經籍志・雜傳》《會稽後賢傳記》二卷。鍾離岫撰。

《舊唐書・經籍志・雜傳》《會稽後賢傳》三卷。鍾離岫撰。

《唐書・藝文志・雜傳記》鍾離岫《會稽後賢傳》三卷。

鄭樵《通志・藝文略・傳記・耆舊》《會稽後賢傳記》二卷。鍾離岫撰。

文廷式《補晉書藝文志・雜傳類》 鍾離岫《會稽後賢傳記》二卷。方正門注引無「傳」字。《通志・氏族略》曰，鍾離岫，楚人。《世説注》屢引《會稽後賢記》，當即此書。

會稽典録

《隋書・經籍志・雜傳》 《會稽典録》二十四卷。虞豫撰。

《舊唐書・經籍志・雜傳》 《會稽典録》二十四卷。虞預撰。

《唐書・藝文志・雜傳記》 虞預《會稽典録》二十四卷。

鄭樵《通志・藝文略・傳記》 《會稽典録》二十四卷。虞預撰。

文廷式《補晉書藝文志・雜傳類》 虞預《會稽典録》二十四卷。本傳預著《會稽典録》二十篇。

會稽先賢像贊

《隋書・經籍志・雜傳》 《會稽先賢像贊》五卷。

《舊唐書・經籍志・雜傳》 《會稽先賢像讚》四卷。賀氏撰。

《唐書・藝文志・雜傳記》 賀氏《會稽先賢傳像讚》四卷。

鄭樵《通志・藝文略・傳記》 《會稽先賢像贊》四卷。賀氏撰。

文廷式《補晉書藝文志・雜傳類》 賀氏《會稽先賢傳像讚》四卷。見兩《唐志》。《隋志》，《會稽先賢像讚》五卷，不著撰人名氏。

吴先賢傳

《隋書・經籍志・雜傳》 《吴先賢傳》四卷。吴左丞相陸凱撰。

《唐書・藝文志・雜傳記》 陸凱《吴國先賢傳》五卷。

鄭樵《通志・藝文略・傳記》 《吴先賢傳》四卷。吴左丞相陸凱撰。

姚振宗《三國藝文志・雜傳記類》 陸凱《吴先賢傳》四卷。《吴志》本傳：凱字敬風，吴郡吴人。丞相遜族子也。黄武初，爲永興諸暨長，拜建武都尉。赤烏中，除儋耳太守，建武校尉。五鳳二年，拜巴丘督偏將軍武昌右部督，累遷盪魏綏遠將軍。孫休即位，拜征北將軍，假節領豫州牧。孫晧立，遷鎮西大將軍，都督巴丘，領荆州牧，進封嘉興侯。寶鼎元年，爲左丞相。建衡元年，卒。時年七十二。《隋書・經籍志》，《吴先賢傳》四卷，吴左丞相陸凱撰。《唐・藝文志》，陸凱《吴國先賢傳》五卷。《唐經籍志》有《吴國先賢傳贊》三卷，不著撰人，疑即此書。

東陽朝堂像讚

《隋書・經籍志・雜傳》 《東陽朝堂像讚》一卷。晉南平太守留叔先撰。

《唐書・藝文志・雜傳記》 留叔先《東陽朝堂畫讚》一卷。

鄭樵《通志・藝文略・傳記》 《東陽朝堂像贊》一卷。晉南平太守留叔先撰。

文廷式《補晉書藝文志・雜傳類》 留叔先《東陽朝堂像讚》一卷。南平太守。按：高似孫《史略》作「太山太守」。《唐志》作「畫讚」。

豫章烈士傳

《隋書・經籍志・雜傳》 《豫章烈士傳》三卷。徐整撰。

《唐書・藝文志・雜傳記》 徐整又《豫章烈士傳》三卷。

鄭樵《通志・藝文略・傳記》 《豫章烈士傳》三卷。徐整撰。

姚振宗《三國藝文志・雜傳記類》 徐整《豫章烈士傳》三卷。整始末具經部詩類。《隋書・經籍志》，《豫章烈士傳》三傳，此「傳」字似寫誤。徐整撰。《唐藝文志》徐整《豫章烈士傳》三卷。

章宗源《隋志考證》曰，《初學記・人事部》，《北堂書鈔》政術部設官部，《太平御覽・資産部》並引《豫章烈士傳》。

豫章舊志

《隋書・經籍志・雜傳》《豫章舊志》三卷。晉會稽太守熊默撰。

鄭樵《通志・藝文略・傳記》《豫章舊志》三卷。熊默撰。

文廷式《補晉書藝文志・雜傳類》 熊默《豫章舊志》三卷。會稽太守。章宗源曰，《續漢郡國志》注引新吳上蔡永修縣、江淮南昌縣、建城縣葛鄉、昌邑城漑口四事。又匡俗事以《世説・規箴篇》注、《水經・廬江注》所引爲詳。《後漢書・馮衍傳》注，周生豐爲豫章太守，清約儉惠。《藝文類聚・祥瑞部》，太守孔竺臨郡三月，白雀出南宮。夏侯嵩臨郡六年，白雀見女羅。《鳥部》，太守李儀臨郡二年，白烏見南昌。並引《豫章舊志》。

豫章舊志後撰

《隋書・經籍志・雜傳》《豫章舊志後撰》一卷。熊欣撰。

文廷式《補晉書藝文志・雜傳類》 熊欣《豫章舊志後撰》一卷。王謨《豫章十代文獻略》云，按：謝志引《南昌耆舊記》，載熊默而不載欣。白志《經籍》載欣此書，作《豫章舊志後撰》，於義爲長。

零陵先賢傳

《隋書・經籍志・雜傳》《零陵先賢傳》一卷。

《舊唐書・經籍志・雜傳》《零陵先賢傳》一卷。

《唐書・藝文志・雜傳記》《零陵先賢傳》一卷。

鄭樵《通志・藝文略・傳記》《零陵先賢傳》一卷。

尤袤《遂初堂書目・雜傳類》《零陵先賢傳》。

文廷式《補晉書藝文志・雜傳類》《零陵先賢傳》一卷。《三國志注》《水經注》、《藝文類聚》並引之。又《書鈔》一百十八引此書曹操攻柳城事，一百二十三引此書劉璋將懷楊事。

長沙耆舊傳讚

《隋書・經籍志・雜傳》《長沙耆舊傳讚》三卷。晉臨川王郎中劉彧撰。

《舊唐書・經籍志・雜傳》《長沙舊邦傳讚》三卷。劉彧撰。

《唐書・藝文志・雜傳記》 劉彧《長沙舊邦傳讚》四卷。

鄭樵《通志・藝文略・傳記》《長沙舊邦傳贊》三卷。晉臨川王郎中劉彧撰。

文廷式《補晉書藝文志・雜傳類》 劉彧《長沙耆舊傳讚》三卷。臨川王郎中。《舊唐志》作劉成《舊邦讚》，誤。《新唐志》四卷。

桂陽先賢畫贊

《隋書・經籍志・雜傳》《桂陽先賢畫贊》一卷。吳左中郎張勝撰。

《舊唐書・經籍志・雜傳》《桂陽先賢畫讚》五卷。張勝撰。

《唐書・藝文志・雜傳記》 張勝《桂陽先賢畫讚》五卷。

鄭樵《通志・藝文略・傳記》《桂陽先賢畫贊》五卷。吳左中郎張勝撰。

姚振宗《三國藝文志・雜傳記類》 張勝《桂陽先賢畫贊》一卷。《隋書・經籍志》，《桂陽先賢書贊》一卷，「書贊」是「畫贊」之誤。吳左中郎張勝撰。《唐・經籍志》，《桂陽先賢畫贊》五卷，張勝撰。《藝文志》，張勝《桂陽先賢畫贊》五卷。嚴可均《全三國文編》曰，吳張勝爲左中郎，有《桂陽先賢畫贊》一卷。《御覽》四百二十一引《羅陵畫贊》，《類聚》八十五引《成武丁畫贊》，凡二條。

章宗源《隋志考證》曰，《水經・汝水注》、《北堂書鈔・酒食部》、《藝文類聚・百穀部》、《太平御覽》兵部、人事部、藥部並引《桂陽先賢傳》。

武昌先賢志

《隋書・經籍志・雜傳》《武昌先賢志》二卷。宋天門太守郭緣生撰。

《舊唐書・經籍志・雜傳》《武昌先賢傳》三卷。郭緣生撰。

《唐書・藝文志・雜傳記》郭緣生《武昌先賢傳》三卷。

鄭樵《通志・藝文略・傳記》《武昌先賢志》二卷。宋郭緣生撰。

蜀文翁學堂像題記

《隋書・經籍志・雜傳》《蜀文翁學堂像題記》二卷。

鄭樵《通志・藝文略・傳記》《蜀文翁學堂像題記》二卷。

聖賢高士傳贊

《隋書・經籍志・雜傳》《聖賢高士傳贊》三卷。嵇康撰，周續之注。

《舊唐書・經籍志・雜傳》《高士傳》三卷。嵇康撰。

《唐書・藝文志・雜傳記》嵇康《聖賢高士傳》八卷。

鄭樵《通志・藝文略・傳記》《聖賢高士傳贊》三卷。嵇康撰。

姚振宗《三國藝文志・雜傳記類》嵇康《聖賢高士傳贊》三卷。康始末具經部易類。《魏志・王粲附傳》注引康兄喜爲康《傳》曰，撰録上古以來聖賢隱逸遁心遺名者，集爲《傳贊》，自混沌至于管寧，凡百一十有九人，蓋求之于宇宙之内而發之乎千載之外者矣。故世人莫得而名焉。

文廷式《補晉書藝文志・雜傳類》《聖賢高士傳贊》三卷。嵇康撰，周續之注。《唐志》作《上古以來聖賢高士傳》。《通志・藝文略三》云《上古以來聖賢高士傳贊》，周續之撰。《隋志》作續之注。

高士傳

《隋書・經籍志・雜傳》《高士傳》六卷。皇甫謐撰。

《舊唐書・經籍志・雜傳》《高士傳》七卷。皇甫謐撰。

錢東垣等輯《崇文總目輯釋・傳記類》《高士傳》十卷。皇甫謐撰。

《唐書・藝文志・雜傳記》皇甫謐《高士傳》十卷。

鄭樵《通志・藝文略・傳記》《高士傳》十卷。晉皇甫謐撰。

晁公武《郡齋讀書志・傳記類》《高士傳》十卷。右晉皇甫謐撰。纂自陶唐至魏八代二千四百餘載世士高節者，其或以身狥名，雖如夷齊、兩龔，皆不録。凡九十六人，而東漢之士居三之一。自古名節之盛，議者獨推焉，觀此尤信。

尤袤《遂初堂書目・雜傳類》《高士傳》。

陳振孫《直齋書録解題・傳記類》《高士傳》十卷。晉徵士安定皇甫謐士安撰。序稱自堯至魏咸熙，二千四百餘載，得九十餘人。今自被衣至管寧惟八十七人。

馬端臨《文獻通考・經籍考・史・傳記》《高士傳》十卷。

《宋史・藝文志・傳記類》皇甫謐《高士傳》十卷。

范邦甸等《天一閣書目・傳記類》《高士傳》十卷。刊本。晉皇甫謐撰。

《四庫全書總目提要・傳記類一》《高士傳》三卷。江蘇巡撫採進本。晉皇甫謐撰。謐字士安，自號元晏先生，安定朝那人。漢太尉嵩之曾孫。嘗舉孝廉，不行。事蹟具《晉書》本傳。

張之洞《書目答問・傳記》《高士傳》三卷。晉皇甫謐。《漢魏叢書》本。嚴可均輯嵇康《高士傳》，未刊。

文廷式《補晉書藝文志・雜傳類》皇甫謐《高士傳》六卷。《宋志》十卷，今存本三卷。

逸士傳

《隋書・經籍志・雜傳》《逸士傳》一卷。皇甫謐撰。

《唐書・藝文志・雜傳記》 皇甫謐又《逸士傳》一卷。皇甫謐撰。

鄭樵《通志・藝文略・傳記》 《逸士傳》一卷。皇甫謐撰。

文廷式《補晉書藝文志・雜傳類》 皇甫謐《逸士傳》一卷。《魏志注》卷一引此書王儁事。《御覽》三百八十四百七十五。《三國志注》、《文選注》並引之。《世説》品藻門、排調門並引《逸士傳》，不著撰人。《御覽》四百九十六引皇甫謐《達士傳》記繆裴事，恐是「逸士」之誤。

逸民傳

《隋書・經籍志・雜傳》 《逸民傳》七卷。張顯撰。

鄭樵《通志・藝文略・傳記》 《逸民傳》七卷。張顯撰。

文廷式《補晉書藝文志・雜傳類》 張顯《逸民傳》七卷。《唐志》三卷。《水經・潁水篇注》引之。案：《涼後主李歆傳》有從事中郎張顯，當即此人。

高士傳

《隋書・經籍志・雜傳》 《高士傳》二卷。虞槃佐撰。

《舊唐書・經籍志・雜傳》 《高士傳》二卷。虞盤佐撰。

《唐書・藝文志・雜傳記》 虞盤佐又《高士傳》二卷。

鄭樵《通志・藝文略・傳記》 《高士傳》二卷。虞盤佐撰。

文廷式《補晉書藝文志・雜傳類》 虞槃佐《高士傳》二卷。《御覽》卷五百十引此傳皇甫士安、朱沖、劉兆、伍朝、郭文舉五條，皆晉時人。

至人高士傳讚

《隋書・經籍志・雜傳》 《至人高士傳讚》二卷。晉廷尉卿孫綽撰。

鄭樵《通志・藝文略・傳記》 《至人高士傳贊》二卷。晉孫綽撰。

文廷式《補晉書藝文志・雜傳類》 孫綽《至人高士傳贊》二卷。廷尉卿。

高隱傳

《隋書・經籍志・雜傳》 《高隱傳》十卷。阮孝緒撰。

《舊唐書・經籍志・雜傳》 《高隱傳》二卷。阮孝緒撰。

《唐書・藝文志・雜傳記》 阮孝緒《高隱傳》十卷。

鄭樵《通志・藝文略・傳記》 《高隱傳》十卷。阮孝緒撰。《高隱傳》三篇。阮孝緒撰。見本傳。《梁書》同。《隋・經籍志》，《高隱傳》十卷，阮孝緒撰。按：《南史・孝緒傳》，著《高隱傳》，上自炎皇，終于天監末，斟酌分爲三品，言行超逸，名氏弗傳爲上篇；始終不耗，姓名可録爲中篇；挂冠人世，棲心塵表爲下篇。

高隱傳

《隋書・經籍志・雜傳》 《高隱傳》十卷。

止足傳

《隋書・經籍志・雜傳》 《止足傳》十卷。

《舊唐書・經籍志・雜傳》 《止足傳》十卷。王子良撰。

《唐書・藝文志・雜傳記》 齊竟陵文宣王子良《止足傳》十卷。

鄭樵《通志・藝文略・傳記》 《止足傳》十卷。齊竟陵文宣王子良撰。

續高士傳

《隋書・經籍志・雜傳》 《續高士傳》七卷。周弘讓撰。

《舊唐書・經籍志・雜傳》《續高士傳》八卷。周弘讓撰。
《唐書・藝文志・雜傳記》周弘讓《續高士傳》八卷。
鄭樵《通志・藝文略・傳記》《續高士傳》七卷。周弘讓撰。

孝子傳讚

《隋書・經籍志・雜傳》《孝子傳讚》三卷。王韶之撰。
《唐書・藝文志・雜傳記》王韶之又《讚》三卷。
鄭樵《通志・藝文略・傳記》《孝子傳贊》三卷。王韶之撰。

孝子傳

《隋書・經籍志・雜傳》《孝子傳》十五卷。晉輔國將軍蕭廣濟撰。
《舊唐書・經籍志・雜傳》《孝子傳》十五卷。蕭廣濟撰。
《唐書・藝文志・雜傳記》蕭廣濟《孝子傳》十五卷。
鄭樵《通志・藝文略・傳記》《孝子傳》十五卷。晉輔國將軍蕭廣濟撰。
文廷式《補晉書藝文志・雜傳類》蕭廣濟《孝子傳》十五卷。輔國將軍。

孝子傳

《隋書・經籍志・雜傳》《孝子傳》十卷。宋員外郎鄭緝之撰。
《舊唐書・經籍志・雜傳》《孝子傳讚》十卷。鄭緝之撰。
《唐書・藝文志・雜傳記》鄭緝之《孝子傳讚》十卷。
鄭樵《通志・藝文略・傳記》《孝子傳》十卷。宋員外郎鄭緝之撰。

孝子傳

《隋書・經籍志・雜傳》《孝子傳》八卷。師覺授撰。
《舊唐書・經籍志・雜傳》又八卷。師覺授撰。
《唐書・藝文志・雜傳記》師覺授《孝子傳》八卷。
鄭樵《通志・藝文略・傳記》《孝子傳》八卷。師覺授撰。

孝子傳

《隋書・經籍志・雜傳》《孝子傳》二十卷。宋躬撰。
《舊唐書・經籍志・雜傳》《孝子傳》十卷。宗躬撰。
《唐書・藝文志・雜傳記》宗躬《孝子傳》二十卷。
鄭樵《通志・藝文略・傳記》《孝子傳》二十卷。宗躬撰。

孝子傳略

《隋書・經籍志・雜傳》《孝子傳略》二卷。

孝德傳

《隋書・經籍志・雜傳》《孝德傳》三十卷。梁元帝撰。
《舊唐書・經籍志・雜傳》《孝德傳》三十卷。梁元帝撰。
《唐書・藝文志・雜傳記》梁元帝《孝德傳》三十卷。
鄭樵《通志・藝文略・傳記》《孝德傳》三十卷。梁元帝撰。

孝友傳

《隋書・經籍志・雜傳》《孝友傳》八卷。

《舊唐書・經籍志・雜傳》《孝友傳》八卷。梁元帝撰。

忠臣傳

《隋書・經籍志・雜傳》《忠臣傳》三十卷。梁元帝撰。

《舊唐書・經籍志・雜傳》《忠臣傳》三十卷。梁元帝撰。

《唐書・藝文志・雜傳記》梁元帝又《忠臣傳》三十卷。

鄭樵《通志・藝文略・傳記》《忠臣傳》三十卷。梁元帝撰。

楊士奇等《文淵閣書目・史附》《忠臣傳》。一部，一册。闕。

顯忠録

《隋書・經籍志・雜傳》《顯忠録》二十卷。梁元懌撰。

《舊唐書・經籍志・雜傳》《顯忠録》二十卷。元懌撰。

《唐書・藝文志・雜傳記》元懌《顯忠録》二十卷。

鄭樵《通志・藝文略・傳記》《顯忠録》二十卷。梁元帝撰。

英蕃可録

《隋書・經籍志・雜傳》《英蕃可録》二卷。張萬賢撰，邵武侯新注。

鄭樵《通志・藝文略・傳記》《英藩可録事》三卷。張萬賢撰，邵武侯新注。

高才不遇傳

《隋書・經籍志・雜傳》《高才不遇傳》四卷。後齊劉晝撰。

《舊唐書・經籍志・雜傳》《高才不遇傳》四卷。劉晝撰。

《唐書・藝文志・雜傳記》劉晝《高才不遇傳》四卷。

鄭樵《通志・藝文略・傳記》《高才不遇傳》四卷。後齊劉晝撰。

良吏傳

《隋書・經籍志・雜傳》《良吏傳》十卷。鍾岏撰。

《舊唐書・經籍志・雜傳》《良吏傳》十卷。鍾岏撰。

《唐書・藝文志・雜傳記》鍾岏《良吏傳》十卷。

鄭樵《通志・藝文略・傳記》《良吏傳》十卷。鍾岏撰。

海内名士傳

《隋書・經籍志・雜傳》《海内名士傳》一卷。

鄭樵《通志・藝文略・傳記》《海内名士傳》一卷。

正始名士傳

《隋書・經籍志・雜傳》《正始名士傳》三卷。袁敬仲撰。

錢東垣等輯《崇文總目輯釋・傳記類》《正始名士傳》三卷。袁氏撰。【原釋】其中卷竹林名士三逸，上卷增荀粲，下卷增阮脩。見《玉海・藝文類》。

鄭樵《通志・藝文略・傳記》《正始名士傳》三卷。袁宏撰。

尤袤《遂初堂書目・雜傳類》《正始名士傳》。

《宋史・藝文志・傳記類》 袁宏《正始名士傳》三卷。

文廷式《補晉書藝文志・雜傳類》 袁宏《正始名士傳》三卷。《竹林名士傳》三卷。

江左名士傳

《隋書・經籍志・雜傳》《江左名士傳》一卷。劉義慶撰。

鄭樵《通志・藝文略・傳記》《江左名士傳》一卷。劉義慶撰。

竹林七賢論

《隋書・經籍志・雜傳》《竹林七賢論》二卷。晉太子中庶子戴逵撰。

《舊唐書・經籍志・雜傳》《竹林七賢論》二卷。戴逵撰。

《唐書・藝文志・雜傳記》 戴逵《竹林七賢論》二卷。

鄭樵《通志・藝文略・傳記》《竹林七賢論》二卷。晉戴逵撰。

文廷式《補晉書藝文志・雜傳類》 戴逵《竹林七賢論》二卷。太子中庶子。

《聖賢羣輔録》列竹林七賢云袁宏、戴逵爲之傳，孫統又爲之讚。

七賢傳

《隋書・經籍志・雜傳》《七賢傳》五卷。孟氏撰。

《舊唐書・經籍志・雜傳》《七賢傳》七卷。孟仲暉撰。

《唐書・藝文志・雜傳記》 孟仲暉《七賢傳》七卷。

鄭樵《通志・藝文略・傳記》《七賢傳》五卷。孟氏撰。

文士傳

《隋書・經籍志・雜傳》《文士傳》五十卷。張騭撰。

《舊唐書・經籍志・雜傳》《文士傳》五十卷。張騭撰。

錢東垣等輯《崇文總目輯釋・傳記類》《文士傳》十卷。張隱撰。

《唐書・藝文志・雜傳記》 張騭《文士傳》五十卷。

鄭樵《通志・藝文略・傳記》《文士傳》五十卷。張騭撰。

尤袤《遂初堂書目・雜傳類》《文士傳》。

《宋史・藝文志・傳記類》 張隱《文士傳》五卷。

文廷式《補晉書藝文志・雜傳類》 張隱《文士傳》五十卷。一作張騭。

《崇文總目》尚著録十卷，云終謝靈運，似誤。《玉海》引《中興書目》云載六國文人，起楚芊原，終魏阮瑀，較爲得之。《新唐志》作「張騭」。《羣書》所引或作「隱」，或作「騭」。《魏志・王粲傳》注譏騭虚僞妄作，不可勝紀。《宋志》著録五卷。

列士傳

《隋書・經籍志・雜傳》《列士傳》二卷。劉向撰。

《唐書・藝文志・雜傳記》 劉向《列士傳》二卷。

鄭樵《通志・藝文略・傳記》《烈士傳》二卷。劉向撰。

陰德傳

《隋書・經籍志・雜傳》《陰德傳》二卷。宋光禄大夫范晏撰。

《舊唐書・經籍志・雜傳》《陰德傳》二卷。范晏撰。

《唐書・藝文志・雜傳記》 范晏《陰德傳》二卷。

鄭樵《通志・藝文略・傳記》《陰德傳》二卷。范晏撰。

悼善傳

《隋書・經籍志・雜傳》《悼善傳》十一卷。

《舊唐書・經籍志・雜傳》《悼善列傳》四卷。

《唐書・藝文志・雜傳記》《悼善列傳》四卷。

鄭樵《通志・藝文略・傳記》《悼善列傳》四卷。

孔子弟子先儒傳

《隋書・經籍志・雜傳》《孔子弟子先儒傳》十卷。

鄭樵《通志・藝文略・傳記》《孔子弟子先儒傳》十卷。

列女傳

《隋書・經籍志・雜傳》《列女傳》十五卷。劉向撰，曹大家注。

《舊唐書・經籍志・雜傳》《列女傳》二卷。劉向撰。

錢東垣等輯《崇文總目輯釋・傳記類》《列女傳》十五卷。【原釋】曹大家注。見《南豐文集》。陳嬰母等十六傳後人所附。《郡齋讀書志》引，見《文獻通攷》。王回、曾鞏皆敘之。見《郡齋讀書志》。

《唐書・藝文志・雜傳記》劉向《列女傳》十五卷。曹大家注。

鄭樵《通志・藝文略》《列女傳》十五卷。劉向撰，曹大家注。

晁公武《郡齋讀書志・傳記類》《古列女傳》八卷，《續列女傳》一卷。

尤袤《遂初堂書目・雜傳類》《列女傳》。

陳振孫《直齋書録解題・傳記類》《古列女傳》九卷。

馬端臨《文獻通考・經籍考・史・傳記》《古列女傳》八卷，《續列女傳》一卷。

楊士奇等《文淵閣書目・史附》劉向《列女傳》。一部，一冊。闕。劉向《列女傳》。一部，一冊。闕。劉向《列女傳》。一部，一冊。闕。

范邦甸等《天一閣書目・傳記類》《古列女傳》八卷。刊本。漢劉向撰。明黃魯曾贊并序。

劉若愚《内板經書紀略》《列女傳》。三本，一百三十五葉。

錢謙益等《絳雲樓書目・史傳記類》《宋板古列女傳顧凱之圖》十五卷。

黃丕烈《蕘圃藏書題識・史類一》《古列女傳》八卷。明刊校宋本。

吳壽暘《拜經樓藏書題跋記》卷二《列女傳》。吳中顧氏仿宋刻本。先君子以明黃刻本校。巢飲先生亦曾勘閱，夾簽數十條。

張之洞《書目答問・古史》《附圖列女傳》七卷，《續》一卷。漢劉向。元刻仿宋本。顧之逵小讀書堆本。亦精，無圖。

列女傳

《隋書・經籍志・雜傳》《列女傳》七卷。趙母注。

《唐書・藝文志・雜傳記》趙母《列女傳》七卷。

鄭樵《通志・藝文略・傳記》《列女傳》七卷。趙母注。

姚振宗《三國藝文志・雜傳記類》趙母《列女傳注》七卷。《世説・賢媛》篇注引《列女傳》曰，趙姬者，桐鄉令東郡虞韙妻，潁川趙氏女也。才敏多覽。韙既没，大皇帝敬其文才，詔入宮省，上欲自征，公孫淵姬上疏以諫，作《列女傳解》，號趙母注，賦數十萬言。赤烏六年卒。《隋書・經籍志》《列女傳》七卷，趙母注。《唐藝文志》，趙母《列女傳》七卷。

列女傳

《隋書・經籍志・雜傳》《列女傳》八卷。高氏撰。

鄭樵《通志・藝文略・傳記》《列女傳》八卷。高氏撰。

列女傳頌

《隋書・經籍志・雜傳》《列女傳頌》一卷。劉歆撰。

鄭樵《通志・藝文略・傳記》《列女傳頌》一卷。劉歆撰。

列女傳頌

《隋書・經籍志・雜傳》《列女傳頌》一卷。曹植撰。

《唐書・藝文志・雜傳記》曹植《列女傳頌》一卷。

鄭樵《通志・藝文略・傳記》《列女傳頌》一卷。曹植撰。

姚振宗《三國藝文志・雜傳記類》曹植《列女傳頌》一卷。植始末具經部樂類。《隋書・經籍志》，《列女傳頌》一卷，曹植撰。《唐・藝文志》，曹植《列女傳頌》一卷。

嚴可均《全三國文編》曰，陳王植有《列女傳頌》一卷。《文選・石闕銘》注引之。《初學記》卷十引《母儀頌》、《賢明頌》。

列女傳讚

《隋書・經籍志・雜傳》《列女傳讚》一卷。繆襲撰。

鄭樵《通志・藝文略・傳記》《列女傳贊》一卷。繆襲撰。

姚振宗《三國藝文志・雜傳記類》繆襲《列女傳讚》一卷。襲始末具經部樂類。《隋書・經籍志》，《列女傳讚》一卷，繆襲撰。

列女後傳

《隋書・經籍志・雜傳》《列女後傳》十卷。項原撰。

《舊唐書・經籍志・雜傳》《列女後傳》十卷。顔原撰。

《唐書・藝文志・雜傳記》項宗《列女後傳》十卷。

鄭樵《通志・藝文略・傳記》《列女後傳》十卷。項原撰。《唐志》作「項宗」。

文廷式《補晉書藝文志・雜傳類》項原《列女後傳》十卷。《唐志》作「項宗」。《後漢書列女傳》注引之。

列女傳

《隋書・經籍志・雜傳》《列女傳》六卷。皇甫謐撰。

《舊唐書・經籍志・雜傳》《列女傳》六卷。皇甫謐撰。

《唐書・藝文志・雜傳記》皇甫謐《列女傳》六卷。

鄭樵《通志・藝文略・傳記》《列女傳》六卷。皇甫謐撰。

列女傳

《隋書・經籍志・雜傳》《列女傳》七卷。綦毋邃撰。

《舊唐書・經籍志・雜傳》《列女傳》七卷。綦毋邃撰。

《唐書・藝文志・雜傳記》綦毋邃《列女傳》七卷。

鄭樵《通志・藝文略・傳記》《列女傳》七卷。綦毋邃撰。

文廷式《補晉書藝文志・雜傳類》綦毋邃《列女傳》七卷。《元和姓纂》云，江左有綦毋邃爲邵陽大守。裴駰《史記集解》兩引之。

列女傳要録

《隋書・經籍志・雜傳》《列女傳要録》三卷。

女記

《隋書・經籍志・雜傳》《女記》十卷。杜預撰。

《舊唐書・經籍志・雜傳》《女記》十卷。杜預撰。

《唐書・藝文志・雜傳記》杜預《列女記》十卷。

鄭樵《通志・藝文略・傳記》《女記》十卷。杜預撰。

文廷式《補晉書藝文志・雜傳類》杜預《女記》十卷。《新唐傳》作《列女記》，本傳作《女記讚》。按：《集聖賢羣輔録》引汝南太守李佷妻事，云見杜元凱《女戒》，當即此書。《太平御覽》引四事。章氏《考證》已録之。

美婦人傳

《隋書・經籍志・雜傳》《美婦人傳》六卷。

鄭樵《通志・藝文略・傳記》《美婦人傳》六卷。

海内先賢行狀

《舊唐書・經籍志・雜傳》《海内先賢行狀》三卷。李氏撰。

《唐書・藝文志・雜傳記》李氏《海内先賢行狀》三卷。

鄭樵《通志・藝文略・傳記》《海内先賢行狀》三卷。李氏撰。

文廷式《補晉書藝文志・雜傳類》《海内先賢行狀》三卷。章宗源《考證》曰，《唐志》著題李氏。《世説・德行》篇注引荀淑、鍾皓、陳紀三事，稱《先賢行狀》。《化書》所引亦多，省「海内」二字。惟《御覽・人事部》引王烈、戴良、徐孺子、仇覽四事，稱《海内先賢行狀》，《職官部》引故宗正南陽劉奉先爲督郵事，稱《漢魏先賢行狀》。余按：稱《漢魏先賢》則晉人書也。《後漢書・鍾皓傳》注稱《海内先賢傳》。《初學記》十一引稱《先賢傳行狀》。

廣州先賢傳

《舊唐書・經籍志・雜傳》《廣州先賢傳》七卷。陸胤撰。

《唐書・藝文志・雜傳記》陸胤志《廣州先賢傳》七卷。

鄭樵《通志・藝文略・傳記》《廣州先賢傳》一卷。陸胤志撰。

姚振宗《三國藝文志・雜傳記類》陸胤《廣州先賢傳》一卷。

文廷式《補晉書藝文志・雜傳類》陸胤《廣州先賢傳》七卷。

豫章舊志

《舊唐書・經籍志・雜傳》《豫章舊志》八卷。徐整撰。

《唐書・藝文志・雜傳記》徐整《豫章舊志》八卷。

廣陵列士傳

《舊唐書・經籍志・雜傳》《廣陵列士傳》一卷。華隔撰。

《唐書・藝文志・雜傳記》華隔《廣陵烈士傳》一卷。

鄭樵《通志・藝文略・傳記》《廣陵烈士傳》一卷。華隔撰。

文廷式《補晉書藝文志・雜傳類》華隔《廣陵烈士傳》一卷。見《唐志》。

會稽記

《舊唐書・經籍志・雜傳》《會稽記》四卷。朱育撰。

《唐書・藝文志・雜傳記》朱育《會稽記》四卷。

鄭樵《通志・藝文略・傳記》《會稽記》四卷。朱育撰。

會稽太守像讚

《舊唐書・經籍志・雜傳》《會稽太守像讚》二卷。賀氏撰。

《唐書・藝文志・雜傳記》賀氏《會稽太守像讚》二卷。

鄭樵《通志・藝文略・傳記》《會稽太守像贊》二卷。賀氏撰。

文廷式《補晉書藝文志・雜傳類》賀氏《會稽太守像讚》二卷。見《新唐志》、《舊唐志》，入集部。

吴國先賢讚

《舊唐書・經籍志・雜傳》《吴國先賢讚》三卷。

《唐書・藝文志・雜傳記》《吴國先賢像讚》三卷。

鄭樵《通志・藝文略・傳記》《吴先賢像贊》三卷。

魯國先賢志

《舊唐書・經籍志・雜傳》《魯國先賢志》十四卷。白褒撰。

荆州先賢傳

《舊唐書・經籍志・雜傳》《荆州先賢傳》三卷。高範撰。

《唐書・藝文志・雜傳記》高範《荆州先賢傳》三卷。

鄭樵《通志・藝文略・傳記》《荆州先賢傳》三卷。高範撰。

文廷式《補晉書藝文志・雜傳類》高範《荆州先賢傳》三卷。《北堂書鈔》、《太平御覽》諸書並引之。《藝文類聚》六十八引羅獻事云泰始三年，則晉人也。或作《荆州先德傳》。

兖州山陽先賢讚

《舊唐書・經籍志・雜傳》《兖州山陽先賢讚》一卷。仲長統撰。

《唐書・藝文志・雜傳記》仲長統《山陽先賢傳》一卷。

鄭樵《通志・藝文略・傳記》《山陽先賢傳》一卷。仲長統撰。

姚振宗《後漢藝文志・雜傳記類》仲長統《山陽先賢贊》一卷。

文廷式《補晉書藝文志・雜傳類》長仲穀《山陽先賢傳》山陽人。

吴郡錢塘先賢傳

《舊唐書・經籍志・雜傳》《吴郡錢塘先賢傳》五卷。吴均撰。

《唐書・藝文志・雜傳記》吴均《吴郡錢塘先賢傳》五卷。

鄭樵《通志・藝文略・傳記》《吴郡錢塘先賢傳》五卷。吴均撰。

幽州古今人物志

《舊唐書・經籍志・雜傳》《幽州古今人物志》十三卷。陽休之撰。

《唐書・藝文志・雜傳記》陽休之《幽州古今人物志》三十卷。

鄭樵《通志・藝文略・傳記》《幽州古今人物志》三十卷。陽休之撰。

王圻《續文獻通考・經籍考・傳記》《古今人物志》。楊休之輯。

張鵬一《隋書經籍志補・雜傳》《幽州人物志》。北齊右北平陽休之。《新唐書志》作三十卷，《舊書志》作十二卷。

孝子傳讚

《舊唐書・經籍志・雜傳》《孝子傳讚》十五卷。王韶之撰。

《唐書・藝文志・雜傳記》王韶之《孝子傳》十五卷。

雜孝子傳

《舊唐書・經籍志・雜傳》《雜孝子傳》二卷。

《唐書・藝文志・雜傳記》《雜孝子傳》二卷。

孝子傳

《舊唐書・經籍志・雜傳》《孝子傳》一卷。虞盤佐撰。

《唐書・藝文志・雜傳記》虞盤佐《孝子傳》一卷。

文廷式《補晉書藝文志・雜傳類》虞槃佐《孝子傳》一卷。見《唐志》。

孝子傳

《舊唐書・經籍志・雜傳》《孝子傳》又三卷。徐廣撰。

《唐書・藝文志・雜傳記》徐廣《孝子傳》三卷。

鄭樵《通志・藝文略・傳記》《孝子傳》三卷。徐廣撰。

文廷式《補晉書藝文志・雜傳類》徐廣《孝子傳》三卷。見《唐志》。

忠孝圖傳讚

《舊唐書・經籍志・雜傳》《忠孝圖傳讚》二十卷。李襲譽撰。

《唐書・藝文志・雜傳記》李襲譽《忠孝圖傳讚》二十卷。

鄭樵《通志・藝文略・傳記》《忠孝圖贊》二十卷。李襲譽撰。

英藩可録事

《舊唐書・經籍志・雜傳》《英藩可録事》二卷。殷系撰。

《唐書・藝文志・雜傳記》殷系《英藩可録事》三卷。一云張萬賢撰。

自古諸侯王善惡録

《舊唐書・經籍志・雜傳》《自古諸侯王善惡録》二卷。魏徵撰。

《唐書・藝文志・雜傳記》魏徵《自古諸侯王善惡録》二卷。

鄭樵《通志・藝文略・傳記》《自古諸侯王善惡録》二卷。魏徵撰。

列藩正論

《舊唐書・經籍志・雜傳》《列藩正論》三十卷。章懷太子撰。

《唐書・藝文志・雜傳記》章懷太子《列藩正論》三十卷。

鄭樵《通志・藝文略・傳記》《列藩正論》三十卷。章懷太子撰。

上古以來聖賢高士傳讚

《舊唐書·經籍志·雜傳》《上古以來聖賢高士傳贊》三卷。周續之撰。

《唐書·藝文志·雜傳記》周續之《上古以來聖賢高士傳讚》三卷。

鄭樵《通志·藝文略·傳記》《上古以來聖賢高士傳贊》三卷。周續之撰，《隋志》作續之注。

逸人傳

《舊唐書·經籍志·雜傳》《逸人傳》三卷。張顯撰。

《唐書·藝文志·雜傳記》張顯《逸人傳》三卷。

逸人高士傳

《舊唐書·經籍志·雜傳》《逸人高士傳》八卷。習鑿齒撰。

《唐書·藝文志·雜傳記》習鑿齒又《逸人高士傳》八卷。

文廷式《補晉書藝文志·雜傳類》習鑿齒《逸人高士傳》八卷。見《唐志》。章宗源曰，《太平御覽·禮儀部》習鑿《逸人高士傳》曰董威輦不知何許人，忽見於洛陽白社中。按：《書鈔》八十七引此條，題習鑿齒《逸民傳》。

名士傳

《舊唐書·經籍志·雜傳》《名士傳》三卷。袁宏撰。

《唐書·藝文志·雜傳記》袁宏《名士傳》三卷。

真隱傳

《舊唐書·經籍志·雜傳》《真隱傳》二卷。袁淑撰。

《唐書·藝文志·雜傳記》袁淑《真隱傳》二卷。

鄭樵《通志·藝文略·傳記》《真隱傳》二卷。袁淑撰。

春秋列國名臣傳

《舊唐書·經籍志·雜傳》《春秋列國名臣傳》九卷。孫敏撰。

《唐書·藝文志·雜傳記》孫敏《春秋列國名臣傳》九卷。

鄭樵《通志·藝文略·傳記》《春秋列國名臣傳》九卷。孫敏撰。

四科傳讚

《舊唐書·經籍志·雜傳》《四科傳讚》四卷。姚澹撰。

《唐書·藝文志·雜傳記》姚澹《四科傳讚》四卷。

七國敘讚

《舊唐書·經籍志·雜傳》《七國敘讚》十卷。

《唐書·藝文志·雜傳記》《七國敘讚》十卷。

益州文翁學堂圖

《舊唐書·經籍志·雜傳》《益州文翁學堂圖》一卷。

《唐書・藝文志・雜傳記》《益州文翁學堂圖》一卷。

鄭樵《通志・藝文略・傳記》《益州文翁學堂圖》一卷。《隋志》作《蜀文翁學堂像題記》二卷。

孔子弟子傳

《舊唐書・經籍志・雜傳》《孔子弟子傳》五卷。

《唐書・藝文志・雜傳記》《孔子弟子傳》五卷。

先儒傳

《舊唐書・經籍志・雜傳》《先儒傳》五卷。

《唐書・藝文志・雜傳記》《先儒傳》五卷。

鄭樵《通志・藝文略・傳記》《先儒傳》五卷。

文館詞林文人傳

《舊唐書・經籍志・雜傳》《文館詞林文人傳》一百卷。許敬宗撰。

《唐書・藝文志・雜傳記》許敬宗《文館詞林文人傳》一百卷。

鄭樵《通志・藝文略・傳記》《文館詞林文人傳》一百卷。許敬宗撰。

列女傳序讚

《舊唐書・經籍志・雜傳》《列女傳序讚》一卷。孫夫人撰。

《唐書・藝文志・雜傳記》孫夫人《列女傳序讚》一卷。

后妃記

《舊唐書・經籍志・雜傳》《后妃記》四卷。虞通之撰。

《唐書・藝文志・雜傳記》虞通之《后妃記》四卷。

鄭樵《通志・藝文略・傳記》《后妃記》四卷。虞通之撰。

列女傳

《舊唐書・經籍志・雜傳》《列女傳》一百卷。大聖天后撰。

《唐書・藝文志・雜傳記》武后《列女傳》一百卷。

鄭樵《通志・藝文略・傳記》《列女傳》一百卷。唐武后撰。

保傅乳母傳

《舊唐書・經籍志・雜傳》《保傅乳母傳》一卷。大聖天后撰。

《唐書・藝文志・雜傳記》《保傅乳母傳》七卷。

鄭樵《通志・藝文略・傳記》《保傅乳母傳》七卷。唐武后撰。

閩川名士傳

錢東垣等輯《崇文總目輯釋・傳記類》《閩川名士傳》一卷。黃璞撰。

《唐書・藝文志・雜傳記》黃璞《閩川名士傳》一卷。字紹山，大順中進士第。

鄭樵《通志・藝文略・傳記》《閩川名士傳》一卷。黃璞撰。

晁公武《郡齋讀書志・傳記類》《閩川名士傳》一卷。袁本前志卷二下傳記類第九。右唐黃璞撰。録唐神龍以來閩人知名於世者。效《楚國先賢傳》爲之。

陳振孫《直齋書録解題・傳記類》《閩川名士傳》一卷。唐崇文館校書郎黄璞所記人物，自薛令之而下，凡五十四人。

馬端臨《文獻通考・經籍考・史・傳記》《閩川名士傳》三卷。

臨川聖賢名迹傳

錢東垣等輯《崇文總目輯釋・傳記類》《臨川聖賢名迹傳》三卷。《通志・略》，不著撰人。【原釋】闕。見天一閣鈔本。

鄭樵《通志・藝文略・傳記》《臨川聖賢名跡傳》三卷。

聖賢事迹

錢東垣等輯《崇文總目輯釋・傳記類》《聖賢事迹》三十卷。

歷代鴻名録

錢東垣等輯《崇文總目輯釋・傳記類》《歷代鴻名録》八卷。

鄭樵《通志・藝文略・傳記》《歷代鴻名録》八卷。僞蜀李遠撰，記帝王稱號。

豫章古今誌

錢東垣等輯《崇文總目輯釋・傳記類》《豫章古今誌》三卷。雷次宗撰。

選舉志

錢東垣等輯《崇文總目輯釋・傳記類》《選舉志》十卷。沈既濟撰。

科第録

錢東垣等輯《崇文總目輯釋・傳記類》《科第録》十六卷。姚康撰。【原釋】闕。見天一閣鈔本。

《唐書・藝文志・雜傳記》姚康《科第録》十六卷。字汝諧，南仲孫也。兵部郎中，金吾將軍。

鄭樵《通志・藝文略・傳記》《科第録》十六卷。唐姚康撰，起武德，盡長慶，科第入仕者。

唐顯慶登科記

錢東垣等輯《崇文總目輯釋・傳記類》《唐顯慶登科記》五卷。崔氏失名撰。

《唐書・藝文志・雜傳記》崔氏《唐顯慶登科記》五卷。失名。

鄭樵《通志・藝文略・傳記》《唐顯慶登科記》五卷。崔氏撰。

《宋史・藝文志・傳記類》《唐顯慶登科記》五卷。

唐登科記

錢東垣等輯《崇文總目輯釋・傳記類》《唐登科記》二卷。李奕傳。

《唐書・藝文志・雜傳記》李弈《唐登科記》二卷。

鄭樵《通志・藝文略・傳記》《唐登科記》二卷。李弈撰。

《宋史・藝文志・傳記類》李奕《唐登科記》一卷。

重定科第録

錢東垣等輯《崇文總目輯釋・傳記類》《重定科第録》十卷。樂史撰。【原釋】闕。見天一閣鈔本。

鄭樵《通志・藝文略・傳記》《重定科第録》十卷。宋朝樂史撰。

諱行録

錢東垣等輯《崇文總目輯釋・傳記類》《諱行録》一卷。諸家書目並不著撰人。

鄭樵《通志・藝文略・傳記》《諱行録》一卷。唐由進士中第者姓名，起貞元，訖中和。

尤袤《遂初堂書目・姓氏類》《諱行録》。

《宋史・藝文志・傳記類》《諱行録》一卷。

皇宋登科録

錢東垣等輯《崇文總目輯釋・傳記類》《皇宋登科録》一卷。

聖朝登科記

錢東垣等輯《崇文總目輯釋・傳記類》《聖朝登科記》三卷。樂史撰。

鄭樵《通志・藝文略・傳記》《宋朝登科記》三卷。樂史撰。

晁公武《郡齋讀書志・傳記類》《宋登科記》三卷。右皇朝登科人名氏。未詳何人所撰。

馬端臨《文獻通考・經籍考・史・傳記》《宋登科記》三卷。晁氏曰：皇朝登科人名氏，未詳何人所撰。

貢舉事迹

錢東垣等輯《崇文總目輯釋・傳記類》《貢舉事迹》二十卷。【原釋】闕。見天一閣鈔本。

重修登科記

錢東垣等輯《崇文總目輯釋・傳記類》《重修登科記》三卷。樂史撰。

鄭樵《通志・藝文略・傳記》《重修登科記》三十卷。樂史撰，起唐訖五代。

晁公武《郡齋讀書志・傳記類》《登科記》三十卷。袁本後志卷一傳記類第六。右皇朝樂史撰。記進士及諸科登名者，起唐武德，迄天祐末。

馬端臨《文獻通考・經籍考・史・傳記》《登科記》三十卷。

《宋史・藝文志・傳記類》樂史《登科記》三十卷。

江南登科記

錢東垣等輯《崇文總目輯釋・傳記類》《江南登科記》一卷。樂史撰。【原釋】闕。見天一閣鈔本。

鄭樵《通志・藝文略・傳記》《江南登科記》一卷。樂史撰。

文場盛事

錢東垣等輯《崇文總目輯釋・傳記類》《文場盛事》一卷。諸家書目並不著撰人。

《唐書・藝文志・雜傳記》《文場盛事》一卷。

鄭樵《通志・藝文略・傳記》《唐文場盛事》一卷。

《宋史・藝文志・傳記類》《文場盛事》一卷。

唐孝悌録

錢東垣等輯《崇文總目輯釋・傳記類》《唐孝悌録》十五卷。樂史撰。【原釋】闕。見天一閣鈔本。

鄭樵《通志・藝文略・傳記》《唐孝悌録》十五卷。宋朝樂史撰。

孝悌録

錢東垣等輯《崇文總目輯釋・傳記類》《孝悌録》二十卷。樂史撰。【原釋】闕。見天一閣鈔本。

鄭樵《通志・藝文略・傳記》《孝悌録》二十卷。樂史撰，起唐及五代至宋朝。

《宋史・藝文志・傳記類》樂史《孝悌録》二十卷，《讚》五卷。

廣孝□新書

錢東垣等輯《崇文總目輯釋・傳記類》《廣孝□新書》五十卷。樂史撰。【原釋】闕。見天一閣鈔本。

鄭樵《通志・藝文略・傳記》《廣孝新書》五十卷。樂史撰。

《宋史・藝文志・傳記類》《廣孝悌書》五十卷。

孝子拾遺

錢東垣等輯《崇文總目輯釋・傳記類》《孝子拾遺》七卷。危臯撰。【原釋】闕。見天一閣鈔本。

鄭樵《通志・藝文略・傳記》《孝子拾遺》七卷。宋朝危臯撰。

《宋史・藝文志・傳記類》危高《孝子拾遺》十卷。

六氏英賢徵記

錢東垣等輯《崇文總目輯釋・傳記類》《六氏英賢徵記》三卷。【原釋】闕。見天一閣鈔本。

吴湘事迹録

錢東垣等輯《崇文總目輯釋・傳記類》《吴湘事迹録》一卷。

晁公武《郡齋讀書志・傳記類》《吴湘事迹録》一卷。右唐大中中，李紳鎮揚州，陷吴湘以罪抵死。後其兄汝納辨訴其枉狀，録總載焉。

馬端臨《文獻通考・經籍考・史・傳記》《吴湘事迹録》一卷。

六賢圖讚

錢東垣等輯《崇文總目輯釋・傳記類》《六賢圖讚》一卷。李渤撰。【原釋】闕。見天一閣鈔本。

《唐書・藝文志・雜傳記》李渤《六賢圖讚》一卷。

鄭樵《通志・藝文略・傳記》《六賢圖贊》一卷。唐李渤撰，前代夫婦偕隱者六人。

鄭樵《通志・藝文略・傳記》《六賢圖贊》一卷。李渤撰。

江淮異人録

錢東垣等輯《崇文總目輯釋・傳記類》《江淮異人録》三卷。吴淑撰。

尤袤《遂初堂書目・雜傳類》《江淮異人傳》。

錢謙益等《絳雲樓書目・史傳記類》《江淮異人録》二卷。宋吴淑撰。記道流俠客術士之類，凡二十五人。

翰林盛事

錢東垣等輯《崇文總目輯釋・傳記類》《翰林盛事》一卷。【原釋】唐張著撰。記唐朝儒臣美事，凡三十八。見《玉海・藝文類》。

英雄録

錢東垣等輯《崇文總目輯釋・傳記類》《英雄録》一卷。【原釋】闕。見天一閣鈔本。

《唐書・藝文志・雜傳記》《英雄録》一卷。

國寶傳

錢東垣等輯《崇文總目輯釋・傳記類》《國寶傳》一卷。《唐志》、《書録解題》並不著撰人。【原釋】闕。見天一閣鈔本。

《唐書・藝文志・雜傳記》《國寶傳》一卷。

陳留風俗傳

《唐書・藝文志・雜傳記》圏稱《陳留風俗傳》三卷。

陳留人物志

《唐書・藝文志・雜傳記》江敞《陳留人物志》十五卷。

鄭樵《通志・藝文略・傳記》《陳留人物志》十五卷。東晉剡令江敞撰。

文廷式《補晉書藝文志・雜傳類》江敞《陳留人物志》十五卷。東晉剡令。《類聚》五十八引《陳留志》記范喬事。《舊唐志》作「江微」。《初學記・人部》亦引作「江微」。《世説注》則作「江敞」。《元和姓纂》卷五曰，陳留耆舊有王孫滑治三禮，爲博士。亦當出此書。

廣州先賢傳

《唐書・藝文志・雜傳記》劉芳《廣州先賢傳》七卷。

鄭樵《通志・藝文略・傳記》《廣州先賢傳》七卷。劉芳撰。

益州耆舊雜記

《唐書・藝文志・雜傳記》《益州耆舊雜傳記》二卷。

姚振宗《三國藝文志・雜傳記類》陳術《益部耆舊傳》二卷。

文廷式《補晉書藝文志・雜傳類》《益州耆舊雜傳記》二卷。見《唐志》。《蜀志注》引作「益部」。

江表傳

《唐書・藝文志・雜傳記》 虞溥《江表傳》三卷。

鄭樵《通志・藝文略・傳記》 《江表傳》三卷。虞溥撰。

止足傳

《唐書・藝文志・雜傳記》 宗躬又《止足傳》十卷。

孝子傳

《唐書・藝文志・雜傳記》 梁武帝《孝子傳》三十卷。

鄭樵《通志・藝文略・傳記》 《孝子傳》三十卷。梁武帝撰。

孝友傳

《唐書・藝文志・雜傳記》 申秀《孝友傳》八卷。

鄭樵《通志・藝文略・傳記》 《孝友傳》八卷。申秀撰。

逸人傳

《唐書・藝文志・雜傳記》 鍾離儒《逸人傳》七卷。

鄭樵《通志・藝文略・傳記》 《逸人傳》七卷。鍾離儒撰。

友義傳

《唐書・藝文志・雜傳記》 崔玄暐《友義傳》十卷。

鄭樵《通志・藝文略・傳記》 《友義傳》十卷。崔元暐撰。

義士傳

《唐書・藝文志・雜傳記》 崔玄暐又《義士傳》十五卷。

鄭樵《通志・藝文略・傳記》 《義士傳》十五卷。崔元暐撰。

高識傳

《唐書・藝文志・雜傳記》 傅弈《高識傳》十卷。

鄭樵《通志・藝文略・傳記》 《高識傳》十卷。傅弈撰。

孝子後傳

《唐書・藝文志・雜傳記》 郎餘令《孝子後傳》三十卷。

鄭樵《通志・藝文略・傳記》 《孝子後傳》三十卷。郎餘令撰。

養德傳

《唐書・藝文志・雜傳記》 平貞眘《養德傳》卷亡。

大隱傳

《唐書・藝文志・雜傳記》 徐堅《大隱傳》三卷。

鄭樵《通志・藝文略・傳記》 《大隱傳》三卷。徐堅撰。

續文士傳

《唐書・藝文志・雜傳記》 裴朏《續文士傳》十卷。開元中懷州司馬。

鄭樵《通志・藝文略・傳記》 《續文士傳》十卷。裴朏撰。

友悌録

《唐書・藝文志・雜傳記》 王方慶《友悌録》十五卷。

鄭樵《通志・藝文略・傳記》 《友悌録》十五卷。王方慶撰。

唐代衣冠盛事録

《唐書・藝文志・雜傳記》 蘇特《唐代衣冠盛事録》一卷。

鄭樵《通志・藝文略・傳記》 《唐代衣冠盛事録》一卷。蘇持撰。

《宋史・藝文志・傳記類》 蘇特《唐代衣冠盛事録》一卷。

孝行志

《唐書・藝文志・雜傳記》 趙琉《孝行志》二十卷。字盈之，晉州岳陽人，會昌中。

鄭樵《通志・藝文略・傳記》 《孝行志》二十卷。趙琉撰。

自古忠臣傳

《唐書・藝文志・雜傳記》 武誼《自古忠臣傳》二十卷。字子思，楚州盱眙人。咸通中州從事。

鄭樵《通志・藝文略・傳記》 《自古忠臣傳》二十卷。武謹。

列女傳

《唐書・藝文志・雜傳記》 劉熙《列女傳》八卷。

姚振宗《後漢藝文志・雜傳記類》 劉熙《列女傳》八卷。熙始末見經部禮類。

《唐書・藝文志》劉熙《列女傳》八卷。

按：《唐志》列是書于趙母注本之前，又八卷，與劉中壘原本八篇合，疑亦注劉氏書。

貞絜記

《唐書・藝文志・雜傳記》 諸葛亮《貞絜記》一卷。

鄭樵《通志・藝文略・傳記》 《貞絜記》一卷。諸葛亮撰。

姚振宗《三國藝文志・雜傳記類》 諸葛亮《貞潔記》一卷。亮始末具正史類。

《唐書・藝文志》諸葛亮《貞潔記》一卷。

案：張介侯輯《諸葛集目録》云，澍案：《隋書・經籍志・女訓》有諸葛武侯《貞潔記》一卷。今案《隋志》實無此文。《唐經籍志》亦不著。惟《藝文志》始于傳記類後別爲女訓之目，張説誤也。

列女傳略

《唐書·藝文志·雜傳記》 魏徵《列女傳略》七卷。

鄭樵《通志·藝文略·傳記》 《列女傳略》七卷。魏徵撰。

孝女傳

《唐書·藝文志·雜傳記》 武后又《孝女傳》二十卷。

鄭樵《通志·藝文略·傳記》 《孝女傳》二十卷。唐武后撰。

王氏女記

《唐書·藝文志·雜傳記》 王方慶《王氏女記》十卷。

鄭樵《通志·藝文略·傳記》 《王氏女記》十卷。王方慶撰。

王氏王嬪傳

《唐書·藝文志·雜傳記》 王方慶又《王氏王嬪傳》五卷。

鄭樵《通志·藝文略·傳記》 《王嬪傳》五卷。王方慶撰。

南陽先民傳

鄭樵《通志·藝文略·傳記》 《南陽先民傳》二十卷。王氏撰。

陳振孫《直齋書録解題·傳記類》 《南陽先民傳》二十卷。題南陽王襄元祐癸酉歲序。所記鄧州人物自百里奚、直不疑而下至唐范傳正、韓翃，凡一百六十人。

馬端臨《文獻通考·經籍考·史·傳記》 《南陽先民傳》二十卷。

《宋史·藝文志·傳記類》 王襄《南陽先民傳》二十卷。

釣臺耆舊傳

鄭樵《通志·藝文略·傳記》 《釣臺耆舊傳》三卷。

遺士傳

鄭樵《通志·藝文略·傳記》 《遺士傳》一卷。

《宋史·藝文志·傳記類》 孫仲《遺士傳》一卷。

孝感義聞録

鄭樵《通志·藝文略·傳記》 《孝感義聞録》三卷。曹希達撰。

《宋史·藝文志·傳記類》 曹希達《孝感義聞録》三卷。

功臣録

鄭樵《通志·藝文略·傳記》 《功臣録》三十卷。自太公至郭子儀。

凌煙功臣故事

鄭樵《通志·藝文略·傳記》 《凌煙功臣故事》四卷。令狐德棻撰。

忠烈圖

鄭樵《通志·藝文略·傳記》《忠烈圖》一卷。僞吴徐温客記安金藏等二十六人。

凌煙功臣秦府十八學士史臣等傳

鄭樵《通志·藝文略·傳記》《凌煙功臣秦府十八學士史臣等傳》四十卷。蔣乂撰。

英雄録

鄭樵《通志·藝文略·傳記》《英雄録》一卷。記秦漢至唐佐命功臣。

英雄録

鄭樵《通志·藝文略·傳記》《英雄録》一卷。

續高識傳

鄭樵《通志·藝文略·傳記》《續高識傳》十卷。

唐十八學士真贊

鄭樵《通志·藝文略·傳記》《唐十八學士真贊》一卷。

幕府故吏録

鄭樵《通志·藝文略·傳記》《幕府故吏録》一卷。哥舒翰撰。

《宋史·藝文志·傳記類》《哥舒翰幕府故吏録》一卷。

彤管懿範

鄭樵《通志·藝文略·傳記》《彤管懿範》七十卷。王欽若編，后妃事。

宋朝登科記

鄭樵《通志·藝文略·傳記》《宋朝登科記》一卷。建隆至景祐。

五代登科記

鄭樵《通志·藝文略·傳記》《五代登科記》一卷。趙偺修撰。

陳振孫《直齋書録解題·傳記類》《五代登科記》一卷。不著名氏。前所謂崔氏書至周顯德止者，殆即此耶？館中有此書。洪丞相以國初卿相多在其中，故併傳之。

馬端臨《文獻通考·經籍考·史·傳記》《五代登科記》一卷。

登科小録

鄭樵《通志·藝文略·傳記》《登科小録》二卷。文嵩撰。

大遼登科記

鄭樵《通志·藝文略·傳記》《大遼登科記》一卷。

周顯德二年小録

鄭樵《通志·藝文略·傳記》《周顯德二年小録》一卷。

唐取士詔科目

鄭樵《通志·藝文略·傳記》《唐取士詔科目》一卷。

唐衣冠盛事圖

鄭樵《通志·藝文略·傳記》《唐衣冠盛事圖》五卷。竇氏撰。

蜀桂堂編事

鄭樵《通志·藝文略·傳記》《蜀桂堂編事》二十卷。僞蜀楊九齡撰。

《宋史·藝文志·傳記類》楊九齡《桂堂編事》二十卷。

宋朝衣冠盛事

鄭樵《通志·藝文略·傳記》《宋朝衣冠盛事》一卷。錢明逸撰。

制舉編事

鄭樵《通志·藝文略·傳記》《制舉編事》八卷。

制舉備對

鄭樵《通志·藝文略·傳記》《制舉備對》二卷。

國相成名圖

鄭樵《通志·圖譜略·記有》《國相成名圖》。

歷代君臣圖

鄭樵《通志·圖譜略·記有》《歷代君臣圖》。

唐朝功臣配享圖

鄭樵《通志·圖譜略·記有》《唐朝功臣配享圖》。

大宋紹宗圖

鄭樵《通志·圖譜略·記有》《大宋紹宗圖》。

衣冠盛事圖

鄭樵《通志・圖譜略・記有》 《衣冠盛事圖》。

大宋配享功臣圖

鄭樵《通志・圖譜略・記有》 《大宋配享功臣圖》。

唐宰相表

鄭樵《通志・圖譜略・記有》 《唐宰相表》。

歷代帝王圖

鄭樵《通志・圖譜略・記有》 閻立本《歷代帝王圖》。

歷代聖賢圖

鄭樵《通志・圖譜略・記有》 《歷代聖賢圖》。

楊士奇等《文淵閣書目・史》 《歷代帝王圖》。一幅，闕。

秦府十八學士圖

鄭樵《通志・圖譜略・記有》 《秦府十八學士圖》。

列女圖

鄭樵《通志・圖譜略・記有》 顧凱之《列女圖》。

文廷式《補晉書藝文志・雜傳類》 顧愷之《列女圖》。宋黄伯思《東觀餘論》卷下云，顧長康畫《列女圖》，有蘧伯玉車形。阮元《文選樓叢書》有影宋刻顧愷之畫《列女傳》。《史通・雜述篇》有《趙宋忠臣傳》，未知是晉人否，俟考。

帝王真僞圖

鄭樵《通志・圖譜略・記無》 《帝王真僞圖》。

唐宰輔譜

鄭樵《通志・圖譜略・記無》 《唐宰輔譜》。

大唐宰相表

鄭樵《通志・圖譜略・記無》 柳芳《大唐宰相表》。

文武百官圖

鄭樵《通志・圖譜略・記無》 萬當世《文武百官圖》。

本朝名臣録

《宋史·藝文志·傳記類》《宋名臣録》八卷。不知作者。

本朝勳德傳

《宋史·藝文志·傳記類》《宋勳德傳》一卷。不知作者。

兩朝名臣傳

《宋史·藝文志·傳記類》《宋兩朝名臣傳》三十卷。不知作者。

咸平諸臣傳

《宋史·藝文志·傳記類》《咸平諸臣録》一卷。不知作者。

熙寧諸臣傳

《宋史·藝文志·傳記類》《熙寧諸臣傳》四卷。不知作者。

大和辨謗録

《宋史·藝文志·傳記類》李德裕又《大和辨謗略》三卷。

崔氏登科記

《宋史·藝文志·傳記類》《崔氏登科記》一卷。不知作者。

孔子弟子贊傳

《宋史·藝文志·傳記類》李畋《孔子弟子贊傳》六十卷。

廉吏傳

陳振孫《直齋書録解題·傳記類》《廉吏傳》十卷。成都費樞伯樞撰。自春秋至唐，凡百十有四人。宣和乙巳爲序。

馬端臨《文獻通考·經籍考·史·傳記》《廉吏傳》十卷。

《宋史·藝文志·傳記類》費樞《廉吏傳》十卷。

楊士奇等《文淵閣書目·史附》《廉吏傳》。一部，二册。闕。

錢謙益等《絳雲樓書目·史傳記類》《廉吏傳》十卷。宋費樞撰。自秦至唐，凡百十有四人，宣和乙巳爲序。

錢曾《讀書敏求記·傳記》《費樞廉吏傳》二卷。

《四庫全書總目提要·傳記類一》《廉吏傳》二卷。浙江巡撫採進本。宋費樞撰。樞字伯樞，成都人。

忠臣逆臣傳

晁公武《郡齋讀書志·傳記類》《忠臣逆臣傳》三卷。袁本前志卷二下傳記類第二十七。右皇朝楊堯臣撰。忠臣謂李若水也，逆臣謂劉豫也。

嘉祐名臣傳

晁公武《郡齋讀書志・傳記類》《嘉祐名臣傳》五卷。袁本前志卷二下傳記類第二十五。右皇朝張唐英傳仁宗朝賢臣五十餘人。

馬端臨《文獻通考・經籍考・史・傳記》《嘉祐名臣傳》五卷。晁氏曰：張唐英傳仁宗朝賢臣五十餘人。

王氏《揮麈録》曰：唐英，天覺同胞兄，仕至殿中侍御史，嘗述仁宗政要上於朝。所謂《嘉祐名臣傳》，特政要中一門耳。

民表録

晁公武《郡齋讀書志・傳記類》《民表録》三卷。右皇朝胡納撰。録國朝循吏善政。李淑以爲雖淺俗，亦可備廣記云。納，瑗之父，天聖中，偕《賢惠録》上之。

馬端臨《文獻通考・經籍考・史・傳記》《民表録》三卷。

《宋史・藝文志・傳記類》胡訥《民表録》三卷。

賢惠録

晁公武《郡齋讀書志・傳記類》《賢惠録》三卷。右皇朝胡納撰。録國朝賢惠之女。後一卷，瑗嗣成之。

馬端臨《文獻通考・經籍考・史・傳記》《賢惠録》三卷。

《宋史・藝文志・傳記類》胡訥又《賢惠録》二卷。

英宗朝諸臣傳

晁公武《郡齋讀書志・雜史類》《英宗朝諸臣傳》三卷。右不知何人於《英廟實録》中摘出，凡四十二人。

元和朋黨録

晁公武《郡齋讀書志・雜史類》《元和朋黨録》一卷。右唐馬永易記牛、李朋黨始末，自牛僧孺試賢良，迄令狐綯去位。

馬端臨《文獻通考・經籍考・史・傳記》《元和朋黨録》一卷。

陳氏曰：池州石埭縣尉維揚馬永易明叟撰。自元和三年牛、李對策，以至大中十三年令狐綯罷相，唐朋黨本末具矣。永易嘗著《唐職林》、《實賓録》等書，崇、觀、政和間人也。又有馬永卿大年者，從劉元城游，大觀三年進士，當是其群從。《館閣書》以永易爲唐人，大誤也。

百將傳

趙希弁《讀書附志・傳記類》《百將傳》十卷。右東光張預公立所進也。由太公而下，至于五代之劉鄩，凡史辭泛漫而不切於兵者，一刪去之。或非兵略而可以資人之智慮者，間亦存焉。各以《孫子兵法》題其後，次以行事合之。

胡師安等《元西湖書院重整書目》《百將傳》。

張萱等《內閣藏書目録・傳記部》《百將傳》。四册，全。宋東光張預撰。集古今名將，起於周齊太公，至五代劉鄩，凡十卷。

四將傳

趙希弁《讀書附志・傳記類》《四將傳》四卷。右建炎中興名將劉錡、岳飛、李顯忠、魏勝之傳也。史官章穎撰而上之。

黄丕烈《蕘圃藏書題識・史類一》《中興四將傳》四卷。舊鈔本。

張金吾《愛日精廬藏書志・傳記類》《中興四將傳》四卷。舊抄本。汲古閣藏書。

十二朝名臣言行録

趙希弁《讀書附志・傳記類》《十二朝名臣言行録》七十二卷。右八朝朱文公所編也，四朝乃後人所續者。

歷代氏族言行類藁

趙希弁《讀書附志拾遺・傳記類》《歷代氏族言行類藁》六十卷。右武夷章定以歷代迄本朝名賢言行之迹，類姓成編，凡一千一百八十九姓云。

楊士奇等《文淵閣書目・姓氏》《氏族言行類稾》。一部，十六册。殘缺。

孝　史

尤袤《遂初堂書目・雜傳類》《孝史》。

陳振孫《直齋書録解題・傳記類》《孝史》五十卷。太學博士新喻謝諤昌國撰集。曰君紀五、后德一、宗表五、臣傳三十五、文類二、夷附一。諤後至御史中丞，淳熙名臣，樂易君子也。

馬端臨《文獻通考・經籍考・史・傳記》《孝史》五十卷。

楊士奇等《文淵閣書目・史附》《孝史》。一部，八册。闕。《孝史》。一部，十册。闕。

錢曾《讀書敏求記・傳記》 謝諤《孝史》五十卷。謝諤《孝史》君紀五卷、后德一卷、宗表四卷、臣傳三十五卷、婦則二卷、文類二卷、夷附一卷，總計五十卷并序目。

會稽先賢贊

尤袤《遂初堂書目・雜傳類》《會稽先賢贊》。

别本高士傳

尤袤《遂初堂書目・雜傳類》《别本高士傳》。

本朝名臣言行録

尤袤《遂初堂書目・雜傳類》《本朝名臣言行録》。

名賢遺範録

尤袤《遂初堂書目・雜傳類》《名賢遺範録》。

中興忠義録

尤袤《遂初堂書目・雜傳類》《中興忠義録》。

陳振孫《直齋書録解題・傳記類》《中興忠義録》三卷。龔頤正撰。自建炎至紹興辛巳，上自李若水、劉韐貴臣、名士，下及一婦人、卒伍之微，皆録之。

馬端臨《文獻通考・經籍考・史・傳記》《中興忠義録》三卷。陳氏曰：龔頤正撰。自建炎至紹興辛巳，上自李若水、劉韐貴臣名士，下及一婦人卒伍之微，皆録之。

楊士奇等《文淵閣書目・史附》《中興忠義録》。一部，一册。闕。

四朝臣傳藁

尤袤《遂初堂書目・國史類》 史館修《四朝臣傳藁》。

黨人記

尤袤《遂初堂書目・國史類》《黨人記》。

《宋史・藝文志・傳記類》 蔡京《黨人記》一卷。

唐登科記

陳振孫《直齋書録解題・傳記類》《唐登科記》十五卷。丞相鄱陽洪适景伯編集。按《唐藝文志》有崔氏《顯慶登科記》五卷，姚康《科第録》十六卷，李奕《登科記》二卷。崔氏書有趙儋序，而失崔名。所載至周顯德，固非崔氏本書。而李奕書亦不存。洪忠宣得姚康書五卷於北方，而丞相又得別本起武德終太和於毗陵錢氏，乃以三本輯爲一書，而用姚氏爲正。三書皆有序。姚字汝諧，南仲孫也，元和十五年進士。本書録武德至長慶爲十一卷。其曰十六卷者，亦後人所續。

馬端臨《文獻通考・經籍考・史・傳記》《唐登科記》十五卷。

大宋登科記

陳振孫《直齋書録解題・傳記類》《大宋登科記》三十二卷。案：題解云二十一卷，《宋史・藝文志》同，此蓋誤作三十二卷。洪适編。始吴興郡學有鋟板，不分卷第，止述進士一科。适始倣姚康録制舉詞科，自建隆庚申，迄紹興庚辰，二萬三千六百人有奇，爲二十一卷。自後皆續書之。

馬端臨《文獻通考・經籍考・史・傳記》《大宋登科記》三十二卷。

《宋史・藝文志・傳記類》 洪适《宋登科記》二十一卷。

中興登科小録　姓類

陳振孫《直齋書録解題・傳記類》《中興登科小録》三卷，《姓類》一卷。通判徽州江都李椿撰。新安舊有《登科記》，但逐榜全録姓名而已。椿家藏《小録》，自建炎戊申至嘉熙戊戌，節取名字、鄉貫及三代諱刊之後，以韻類其姓，凡一萬五千八百人有奇。太守吴興倪祖常子武刻之，以備前記之闕文。

馬端臨《文獻通考・經籍考・史・傳記》《中興登科小録》三卷，《姓類》一卷。

八朝名臣言行録

陳振孫《直齋書録解題・傳記類》《八朝名臣言行録》二十四卷。侍講朱熹撰。以近代文集及傳記所載本朝名臣言行，掇取其要，輯爲此録。前五朝五十五人，後三朝四十二人。

馬端臨《文獻通考・經籍考・史・傳記》《八朝名臣言行録》二十四卷。

孝行録

陳振孫《直齋書録解題・傳記類》《孝行録》三卷。京兆胡訥撰。始得此書，不知訥何人也。所記多國初人，已而知其爲安定先生翼之之父，仕爲寧海節度推官。

馬端臨《文獻通考・經籍考・史・傳記》《孝行録》三卷。

《宋史・藝文志・傳記類》 胡訥《孝行録》二卷。

古今孝悌録

陳振孫《直齋書録解題・傳記類》《古今孝悌録》二十四卷。廬陵王紹珪唐卿撰。

馬端臨《文獻通考・經籍考・史・傳記》《古今孝悌録》二十四卷。

典刑録

陳振孫《直齋書録解題・傳記類》《典刑録》十二卷。苕溪吴宏編。凡五十二門，大略於《言行録》中鈔出。

馬端臨《文獻通考・經籍考・史・傳記》《典刑録》十二卷。

先賢施仁濟世録

陳振孫《直齋書録解題・傳記類》《先賢施仁濟世録》一卷。奉化丞山陰諸葛興編。凡十門，皆本朝諸賢事實也。

馬端臨《文獻通考・經籍考・史・傳記》《先賢施仁濟世録》一卷。

莆陽人物志

陳振孫《直齋書録解題・傳記類》《莆陽人物志》三卷。知興化軍永嘉林紘文伯撰。以圖志不叙人物，故特爲是編。莆壤地褊小，而人物特盛。

馬端臨《文獻通考・經籍考・史・傳記》《莆陽人物志》三卷。

元祐黨籍列傳譜述

馬端臨《文獻通考・經籍考・史・傳記》《元祐黨籍列傳譜述》一百卷。陳氏曰：龔頤正撰。以諸臣本傳及誌狀、家傳、遺事之類集成之。其事跡微晦，史不可見者，見采拾諸書，爲之補傳。凡三百九人，其闕者四人而已。淳熙中，史院取其書，以修《四朝國史》，洪邁奏乞甄録補和州文學，後賜出身，詳見編年類，頤正，給事中原之曾孫也。

嵇璜等《續通志・圖譜略・記無・論贊》龔頤正《元祐黨籍譜述》。

紹興正論

馬端臨《文獻通考・經籍考・史・傳記》《紹興正論》二卷。陳氏曰：序稱瀟湘野夫，不著名氏。録文武官不附和議，及忤秦檜得罪者。

《四庫全書總目提要・傳記類存目三》《紹興正論》一卷。江蘇巡撫採進本。

舊本題湘山樵夫撰。不著名氏。

紹興正論小傳

馬端臨《文獻通考・經籍考・史・傳記》《紹興正論小傳》二十卷。陳氏曰：宗正寺主簿鄞樓昉暘叔撰。以《正論》中姓名，倣《元祐黨傳》爲之。

王圻《續文獻通考・經籍考・傳記》《紹興正論小傳》。婁昉著。

國朝實録列傳舉要

馬端臨《文獻通考・經籍考・史・傳記》《國朝實録列傳舉要》十二卷。

皇朝宰輔拜罷録

馬端臨《文獻通考・經籍考・史・傳記》《皇朝宰輔拜罷録》一卷。

續百官公卿表　質疑

馬端臨《文獻通考・經籍考・史・傳記》《續百官公卿表》二十卷，《質疑》十卷。

兩朝諸臣傳

《宋史・藝文志・傳記類》《兩朝諸臣傳》三十卷。

宋名臣傳

《宋史・藝文志・傳記類》 張唐英《宋名臣傳》五卷。

王圻《續文獻通考・經籍考・傳記》 《宋名臣傳》。張塘英著。塘英新津人，商英之兄，登進士第，累官殿中侍御史。

國朝名臣敘傳

《宋史・藝文志・傳記類》 葛炳奎《國朝名臣敘傳》二十卷。

隋靖列傳

《宋史・藝文志・傳記類》 魏徵《隋靖列傳》一卷。

東城父老傳

《宋史・藝文志・傳記類》 陳鴻《東城父老傳》一卷。

名醫傳

《宋史・藝文志・傳記類》 甘伯宗《名醫傳》七卷。

臨川名士賢跡傳

《宋史・藝文志・傳記類》 《臨川名士賢迹傳》三卷。

六賢傳

《宋史・藝文志・傳記類》 李叔《六賢傳》一卷。

賢牧傳

《宋史・藝文志・傳記類》 《賢牧傳》十五卷。

大唐列聖園陵記

《宋史・藝文志・傳記類》 李氏《大唐列聖園陵記》一卷。不知名。

登科記

《宋史・藝文志・傳記類》 徐鍇《登科記》十五卷。

登科記

《宋史・藝文志・傳記類》 《登科記》一卷。

登科記

《宋史·藝文志·傳記類》《登科記》二卷。起建隆至宣和四年。

紹興名臣正論

《宋史·藝文志·傳記類》《紹興名臣正論》一卷。題瀟湘樵夫序。

會稽先賢祠傳贊

《宋史·藝文志·傳記類》史浩《會稽先賢祠傳贊》二卷。

王圻《續文獻通考·經籍考·傳記》《會稽先賢祠傳贊》。史浩著。

閩中名士傳

《宋史·藝文志·傳記類》黄璞《閩中名士傳》一卷。

五代登科記

《宋史·藝文志·傳記類》洪适《五代登科記》一卷。

唐登科記

《宋史·藝文志·傳記類》姚康《唐登科記》十五卷。

廣州十賢贊

《宋史·藝文志·傳記類》蔣之奇《廣州十賢贊》一卷。

洛陽搢紳舊聞記

《宋史·藝文志·傳記類》張齊賢《洛陽搢紳舊聞記》五卷。

國朝名將行狀

《宋史·藝文志·傳記類》《國朝名將行狀》四卷。不知作者。

學士年表

《宋史·藝文志·傳記類》《學士年表》一卷。

潁濱遺老傳

《宋史·藝文志·傳記類》蘇轍《潁濱遺老傳》二卷。

孝行録

《宋史·藝文志·傳記類》劉棐《孝行録》二卷。

道護録

《宋史·藝文志·傳記類》 胡珵《道護録》一卷。

皇族登科題名

《宋史·藝文志·傳記類》 洪邁《皇族登科題名》一卷。

孝悌類鑑

《宋史·藝文志·傳記類》 俞觀能《孝悌類鑑》七卷。

五朝名臣言行録

《宋史·藝文志·傳記類》 朱熹《五朝名臣言行録》十卷。

楊士奇等《文淵閣書目·史附》 《五朝名臣言行録》。一部，六册。闕。

范邦甸等《天一閣書目·傳記類》 《五朝名臣言行録》十四卷。刊本。宋晦庵朱子編并序。

于敏中等《天禄琳瑯書目·元版史部》 《五朝名臣言行録》。一函，二册。《前集》十卷，《後集》十四卷。宋朱子撰，李衡校正。前朱子自序，李居安序。此朱子所輯前後集單行之本。振孫所指即爲是書，獨惜非宋槧耳。闕補《後集》卷四。

三朝名臣言行録

《宋史·藝文志·傳記類》 朱熹又《三朝名臣言行録》十四卷。

楊士奇等《文淵閣書目·史附》 《三朝名臣言行録》。一部，十册。闕。

四朝名臣言行録

《宋史·藝文志·傳記類》 《四朝名臣言行録》十六卷。不知何人編。

楊士奇等《文淵閣書目·史附》 《四朝名臣言行録》。一部，二十四册。闕。《四朝名臣言行録》。一部，五册。闕。《四朝名臣言行録》。一部，十七册。闕。《四朝名臣言行録》。一部，三册。闕。《四朝名臣言行録》。一部，五册。闕。

四朝名臣言行續録

《宋史·藝文志·傳記類》 《四朝名臣言行續録》十卷。不知何人編。

遼登科記

《宋史·藝文志·傳記類》 《遼登科記》一卷。不知作者。

清江三孔先生列傳譜述

《宋史·藝文志·傳記類》 龔頤正《清江三孔先生列傳譜述》一卷。

濂湘師友録

《宋史·藝文志·傳記類》 賀成大《濂湘師友録》三十三卷。

歷代君臣事實

楊士奇等《文淵閣書目·國朝》《歷代君臣事實》。一部，一册。闕。

貞烈事實

楊士奇等《文淵閣書目·國朝》《貞烈事實》。一部，二册。完全。

張萱等《内閣藏書目録·雜部》《貞烈事實》。二册，全。莫詳著人姓氏。始啓母明訓，終岳氏自經，凡八十八條，條系以詩，凡上下二卷。

精誠録

楊士奇等《文淵閣書目·國朝》《精誠録》。一部，一册。完全。

忠義録

楊士奇等《文淵閣書目·國朝》《忠義録》。一部，一册。完全。《忠義録》。一部，一册。完全。《忠義録》。一部，一册。完全。

范邦甸等《天一閣書目·傳記類》《忠義録》一卷。刊本。明太常寺丞四明袁珙同子尚寶少卿袁忠徹撰。卷首有宋袁忠臣像。正統五年三山鄭珞序曰，右《忠義録》尚寶少卿袁公忠徹爲其高祖德祐忠臣之所輯録也。忠臣諱鏞，字天與，宋咸淳辛未進士。丙子，宋亡。元兵至鄞，天與死之。其家人驚悼，同日赴水而死者十有七人。《郡乘》、《宋史》皆未書。永樂初，珙父子既貴，丐搢紳，爲文若詩而表章之。乃以諸所述作彙爲一編，題曰《忠義録》，鋟梓以行。

古今列女傳

楊士奇等《文淵閣書目·國朝》《古今列女傳》。一部，三册。闕。《古今列女傳》。一部，三册。完全。

范邦甸等《天一閣書目·傳記類》《古今列女傳》三卷。刊本。卷首有東明山人壬辰進士之印。

黄虞稷《千頃堂書目·傳記類》《古今列女傳》三卷。永樂元年十二月書成。先是高后在時，每聽女史讀書，至《列女傳》，謂宜加討論刪定。及上即位，尊謚高后，乃命儒臣解縉、黄淮、胡廣、胡儼、楊榮、□金幼孜、楊士奇、王洪、蔣驥、沈度等同編。及是成上進，帝自爲文序之。

《明史·藝文志·傳記類》《古今列女傳》三卷。永樂中，解縉等編。

《四庫全書總目提要·傳記類二》《古今列女傳》三卷。兩江總督採進本。明解縉等奉敕撰。

直註古今列女傳稿

楊士奇等《文淵閣書目·國朝》《直註古今列女傳稾》。一部，三册。完全。塾本無「稾」字。

張萱等《内閣藏書目録·傳記部》《直注古今列女傳稿》。三册。永樂元年，命儒臣編次古今后妃、諸侯、士大夫、庶人妻之事，分爲三卷，頌之六宮，文皇帝御製序。

諸王事要

楊士奇等《文淵閣書目·國朝》《諸王事要》。一部，一册。完全。

張萱等《内閣藏書目録·雜部》《諸王事要》。一册，全。雜采歷代諸王事蹟以訓小學者，莫詳姓氏。鈔本。

歷代公主録

楊士奇等《文淵閣書目・國朝》《歷代公主録》。一部，一册。完全。《歷代公主録》。一部，一册。闕。

張萱等《内閣藏書目録・傳記部》《歷代公主録》。一册，全。莫詳編輯姓氏。始隋蘭陵公主，終唐襄陽公主。分善惡二類，以爲勸戒。又一册，全。鈔本。

外戚傳

楊士奇等《文淵閣書目・國朝》《外戚傳》。一部，一册。完全。

張萱等《内閣藏書目録・傳記部》《外戚傳》。一册，全。成祖文皇帝命儒臣纂輯自漢以下外戚善可爲法，惡可爲戒者，輯爲書，凡二卷。仁宗皇帝御製序。鈔本。

黄虞稷《千頃堂書目・傳記類》成祖編輯《外戚傳》三卷。葺漢以後善惡可爲法戒者。御製序。

《明史・藝文志・傳記類》《外戚傳》三卷。永樂中，編輯漢以後可爲法戒者。成祖製序。

宋道學名臣言行録

楊士奇等《文淵閣書目・性理》《宋道學名臣言行録》。一部，三册。闕。

京口耆舊傳

楊士奇等《文淵閣書目・史》《京口耆舊傳》。一部，四册。闕。

《四庫全書總目提要・傳記類一》《京口耆舊傳》九卷。永樂大典本。不著撰人名氏。明楊士奇《文淵閣書目》、焦竑《國史經籍志》皆載其名，亦不云誰作。

張金吾《愛日精廬藏書志・傳記類》《京口耆舊傳》九卷。文瀾閣傳抄本。不著撰人名氏。

番陽名臣事略

楊士奇等《文淵閣書目・史附》《番陽名臣事略》。一部，三册。闕。

楊士奇等《文淵閣書目・史雜》《番陽名臣事略》。一部，三册。闕。

慶元黨禁録

楊士奇等《文淵閣書目・史附》《慶元黨禁録》。一部，一册。闕。

《四庫全書總目提要・傳記類一》《慶元黨禁》一卷。永樂大典本。不著撰人名氏。《宋史・藝文志》亦不著録。惟見《永樂大典》中，題曰滄州樵叟撰。蓋與《紹興正論》均出一人之手。

嘉定狀元及第圖

楊士奇等《文淵閣書目・史附》《嘉定狀元及第圖》。一部，一册。闕。

嘉定宰相慶會圖

楊士奇等《文淵閣書目・史附》《嘉定宰相慶會圖》。一部，一册。闕。

中興百官題名

楊士奇等《文淵閣書目・史附》《中興百官題名》。一部，十五册。闕。

忠傳

楊士奇等《文淵閣書目・史附》《忠傳》。一部，一册。闕。

《四庫全書總目提要・傳記類存目三》《忠傳》四卷。永樂大典本。不著撰人名氏。載於《永樂大典》中，題云《國朝忠傳》，則明初人所作也。其書集古今事蹟，各繪圖繫説。語皆鄙俚，似委巷演義之流。殆亦明太祖時官書歟。

孝子傳

楊士奇等《文淵閣書目・史附》《孝子傳》。一部，一册。完全。

古列女傳直説

楊士奇等《文淵閣書目・史附》《古列女傳直説》。一部，一册。闕。

列女傳

楊士奇等《文淵閣書目・史附》《列女傳》。一部，一册。闕。《列女傳》。一部，二册。闕。

唐才子傳

楊士奇等《文淵閣書目・史附》《唐才子傳》。一部，三册。闕。

黄虞稷《千頃堂書目・傳記類》辛文房《唐才子傳》十卷。

《四庫全書總目提要・傳記類二》《唐才子傳》八卷。永樂大典本。元辛文房撰。文房字良史，西域人。其始末不見於史傳。惟陸友仁《研北雜志》稱其能詩，與王執謙齊名。

錢大昕《補元史藝文志・傳記類》辛文房《唐才子傳》十卷。字良史，西域人。

張之洞《書目答問・傳記》《唐才子傳》十卷。元辛文房。日本人刻佚存叢書足本，指海足本。

宋名臣言行録

楊士奇等《文淵閣書目・史附》《宋名臣言行録》。一部，二十册。闕。《宋名臣言行録》。一部，四册。闕。

范邦甸等《天一閣書目・傳記類》《宋名臣言行録》十四卷。刊本。宋晦庵朱子編并序。

徐𤊹《徐氏家藏書目・人物傳》《宋名臣言行録》。

宋朝名臣編要

楊士奇等《文淵閣書目・史附》《宋朝名臣編要》。一部，二册。闕。

宋朝名臣事略

楊士奇等《文淵閣書目・史附》《宋朝名臣事略》。一部，四册。闕。

唐宰輔記

楊士奇等《文淵閣書目・史雜》《唐宰輔記》。一部，一册。闕。

壬午功臣爵賞録

都穆《南濠居士文跋》卷二《壬午功臣爵賞録》。賞賜國之盛典，禮部主客一司實掌其事。正德壬申秋，穆爲主客郎中。理故牘，得洪武壬午九月爵賞功臣名數。惜其繕寫失次，因略爲修整，勒成一卷，名之曰《壬午功臣爵賞録》。蓋將以備私家之閲，若夫諸臣事功，則有史氏之筆在焉。

壬午功賞別録

都穆《南濠居士文跋》卷二《壬午功賞別録》。穆爲主客郎中之一月，于故牘得洪武壬午功臣爵賞者三十有三人，既次第之，爲録。後二月，復得指揮而下功賞之數，仍爲次第，筆而藏之，名曰《壬午功賞別録》，用補前録之闕。後之欲知當時之事者，或于是乎有攷。

孔孟聖蹟圖

范邦甸等《天一閣書目・傳記類》《孔孟聖蹟圖》二卷。刊本。明戴光脩刊，王憲校正，謝秉秀輯。

名臣碑傳宛炎集上　中　下

范邦甸等《天一閣書目・傳記類》《名臣碑傳宛炎集》上二十七卷，中五十五卷，下二十五卷。紅絲闌鈔本。宋眉州進士杜大珪編。

徐𤊹《徐氏家藏書目・人物傳》《宋名臣琰琬録》一百七卷。蜀杜大珪。

《四庫全書總目提要・傳記類一》《名臣碑傳琬炎集》一百七卷。浙江孫仰曾家藏本。宋杜大珪編。大珪，眉州人。其仕履不可考。自署稱進士，而《序》作於紹熙甲寅，則光宗時人矣。墓碑最盛於東漢，別傳則盛於漢魏之間。

孫星衍《平津館鑒藏書籍記續編・宋版》《新刊名臣碑傳琬琰之集》上廿七卷，中五十五卷，下廿五卷。題眉州進士杜大珪編。

顧廣圻《思適齋書跋・史部》《名臣碑傳琬琰集》八十卷。宋刻本。

張金吾《愛日精廬藏書志・傳記類》《新刊名臣碑傳琬炎之集前集》二十七卷，《中集》五十五卷，《下集》二十五卷。抄本。

潘祖蔭《滂喜齋藏書記・史部》《宋刻名臣碑傳琬琰集殘本》二十七卷。一函，五册。此宋刻小字本也。每半葉十五行，行二十五字。較前一本爲精，惜僅存《中集》卷二十九至末，凡二十七卷。馬笏齋藏書。附藏印。「馬玉堂」、「笏齋」。《宋刻名臣碑傳琬琰集》一百七卷。題眉川進士杜大珪編。目録分上中下，上二十七卷，中五十五卷，下二十五卷。宋朝名臣事實略具於此。舊爲項藥師藏書，近時鮑子年亦經收藏。附藏印，攜李項藥師藏，浙西世家，萬卷堂藏書記，鮑康讀過，鮑氏，曾在鮑子年處，子年所藏，臆園主人，觀古閣印。

名臣言行録前集　後集　續集　別集　外集

范邦甸等《天一閣書目・傳記類》《名臣言行録前集》十卷，《後集》十四卷，《續集》八卷，《別集》十三卷，《外集》十七卷。刊本，卷首皆有古司馬萬古同心之學二圖章。《前集》、《後集》竝朱子撰，《續集》、《別集》、《外集》，李幼武補編。

錢謙益等《絳雲樓書目・史傳記類》《宋名臣言行録》。四册。二十四卷。朱子編。

于敏中等《天禄琳瑯書目・元版史部》《宋名臣言行録》。十函，六十册。

《四庫全書總目提要・傳記類一》《名臣言行録前集》十卷，《後集》十四卷，《續集》八卷，《别集》二十六卷，《外集》十七卷。浙江鄭大節家藏本。《前集》、《後集》竝朱子撰。《續集》、《别集》、《外集》李幼武所補編。

彭元瑞等《天禄琳琅書目後編・明版史部》《宋名臣言行録》。二函，十三册。明張采彙刻。《前集》十卷，朱熹撰。自趙普至蘇洵，五十五人。有熹自序，采《讀前集》一篇。《後集》十四卷，亦朱熹撰。自韓琦至陳師道，四十一人。有寶祐戊午李居安序，采《讀後集》一篇。《續集》八卷，李幼武撰。自黄庭堅至吕祉，二十九人。有景定辛酉趙崇硂序，采《讀續集》一篇。《别集》十三卷，亦李幼武撰。自李邴至胡銓，六十五人。有采《讀别集》一篇。《外集》十七卷，亦李幼武撰。崇正戊辰進式，官禮部員外郎。

張之洞《書目答問・傳記》《名臣言行録前集》十卷，《後集》十四卷。宋朱子。顧廣圻校。洪瑩仿宋刻本，同治戊辰桂氏補刻本。

元名臣事略

范邦甸等《天一閣書目・傳記類》《元名臣事略》十五卷。鈔本。元趙郡蘇伯脩紀。至順辛未南鄭王理有叙，天曆己巳冀郡歐陽元序首。

錢謙益等《絳雲樓書目・史傳記類》蘇天爵《元名臣事略》。十五卷。字伯修，真定人。元末爲江浙行省參政總兵饒信，以勞瘁致疾卒。學者稱滋溪先生。

黄虞稷《千頃堂書目・傳記類・補元》蘇天爵《國朝名臣事略》十五卷。

倪燦等《補遼金元藝文志・傳記類》［元］蘇天爵《國朝名臣事略》十五卷。

《四庫全書總目提要・傳記類二》《元朝名臣事略》十五卷。大學士于敏中家藏本。元蘇天爵撰。天爵字伯修，真定人。由國子學生試第一。釋褐授從仕郎，蘇州判官，終浙江行省參知政事。事蹟具《元史》本傳。

錢大昕《補元史藝文志・傳記類》蘇天爵《國朝名臣事略》十五卷。

黄丕烈《蕘圃藏書題識・史類一》《國朝名臣事略》十五卷。校鈔本。

黄丕烈《蕘圃藏書題識再續録》卷一《國朝名臣事略》十五卷。舊鈔本。道光癸未，照校元刻本，每半葉十三行，行二十四字，此第十一卷，計脱一百五十六、七行。以元刻行款核之，爲六葉多一少三行，兹校補手録之。蕘夫。自二十迄二十四畢工校補。

張金吾《愛日精廬藏書志・傳記類》《國朝名臣事略》十五卷。元元統刊本。元趙郡蘇天爵伯修輯。目録後有元統乙亥余志安刊於勤有書堂一條，中多闕文，據淡生堂抄本校補。

張之洞《書目答問・傳記》《元名臣事略》十五卷。元蘇天爵。聚珍本福本。

唐忠臣録

范邦甸等《天一閣書目・傳記類》《唐忠臣録》一册。刊本。新安鄭瑄編集。

皇朝中州列女傳

范邦甸等《天一閣書目・傳記類》《皇朝中州列女傳》一卷。刊本。明朱睦㮮撰。

續高士傳編目

范邦甸等《天一閣書目・傳記類》《續高士傳編目》十卷。藍絲闌鈔本。明皇甫涍撰。

殿閣詞林

范邦甸等《天一閣書目・傳記類》《殿閣詞林》二十二卷。刊本。明廖道南撰并叙。

《四庫全書總目提要・傳記類二》《殿閣詞林記》二十二卷。浙江范懋柱家天一閣藏本。明廖道南撰。道南有《楚紀》，已著録。

潤州先賢事實録

范邦甸等《天一閣書目・傳記類》《潤州先賢事實録》六卷。刊本。明四明姚堂編輯，鄭靈序。

續吴先賢贊

范邦甸等《天一閣書目・傳記類》《續吴先賢贊》十五卷。刊本。卷首有「天一閣」、「古司馬氏」二印。明沛國劉鳳撰并序。

黄虞稷《千頃堂書目・傳記類》 劉鳳《續吴先賢贊》十五卷。沛縣人，按察司僉事。

《明史・藝文志・傳記類》 劉鳳《續吴先賢贊》十五卷。

《四庫全書總目提要・傳記類存目三》《續吴先賢贊》十五卷。浙江吴玉墀家藏本。明劉鳳撰。鳳字子威，長洲人。嘉靖甲辰進士。官至河南按察使僉事。鳳所撰述，刻意奥僻。或至於飽飣堆積，晦昧詰屈，不可句讀。是編論贊，亦復如是。所録皆明人，自六卷以前不分門目。七卷以下分《節義》、《死事》、《孝友》、《儒林》、《文學》、《辟命》、《隱逸》、《藝事》、《道術》、《寄寓》十門。《自序》謂自《節義》以上不爲題目者，所以效於用，亦各因時或未可以概之也。然開卷即爲高啟，概以《文學》，有何不可。總之，好怪而已矣。

中州人物志

范邦甸等《天一閣書目・傳記類》《中州人物志》十六卷。刊本。明朱睦㮮撰。

黄虞稷《千頃堂書目・傳記類》 朱睦㮮《中州人物志》十六卷。

《明史・藝文志・傳記類》 朱睦㮮《中州人物志》十六卷。

明儒傳

范邦甸等《天一閣書目・傳記類》《明儒傳》三卷。鈔本。不著撰人名氏。其諸儒之傳始於曹端而終於金鉉，皆有明一代大儒也。

皇朝名臣録贊

范邦甸等《天一閣書目・傳記類》《皇朝名臣録贊》一卷。刊本。明成化戊戌莆田彭韶撰并序。云此解憲西川將之廣藩寓舟東下荆江，因記憶遠近名臣，凡三十人，人爲之贊，且列其誌、銘、狀、傳大概於後。

王圻《續文獻通考・經籍考・傳記》《皇明名臣録贊》。莆陽彭韶著。

錢謙益等《絳雲樓書目・傳記》 彭韶《皇明名臣録贊》。

黄虞稷《千頃堂書目・傳記類》 彭韶《皇明名臣録贊》二卷。凡三十一人。

《明史・藝文志・傳記類》 彭韶《名臣録贊》二卷。

皇朝名臣言行通録

范邦甸等《天一閣書目・傳記類》《皇朝名臣言行通録》十二卷。刊本。

黄虞稷《千頃堂書目・傳記類》 尹直《皇明名臣言行通鑑》。

皇朝名臣言行録

范邦甸等《天一閣書目・傳記類》《皇朝名臣言行録》。刊本。明豐城楊廉撰。嘉靖辛卯海鹽鄭曉跋。

王圻《續文獻通考・經籍考・傳記》《皇明名臣言行録》。豐城楊廉輯。

黃虞稷《千頃堂書目・傳記類》 楊廉《皇明名臣言行録》四卷。凡五十四人。

《明史・藝文志・傳記類》 楊廉《名臣言行録》四卷。

皇朝名臣言行録

范邦甸等《天一閣書目・傳記類》《皇朝名臣言行録》十四卷。刊本。嘉靖辛卯海鹽徐咸撰。序云，我皇明名臣昉于莆田彭公鳳儀《録贊》，後泰和尹公正言有《通録》，豐城楊公方震有《言行録》，莆田林公從學有《補贊》，述作多矣，而近代名臣未有録之者。咸不自揆，通加搜訪，共得四十有八人，亦爲《言行録》，是皆我英、憲、孝、武四朝之所培植者也。豐城楊廉有序，臨海王宗沐識後。

明名臣言行録

范邦甸等《天一閣書目・傳記類》《明名臣言行録》二十四卷。刊本。徐咸重纂，鄭曉校，施漸刊。

黃虞稷《千頃堂書目・傳記類》 徐咸《皇明名臣言行録前集》十二卷，《後集》十二卷。海鹽人，正德辛未進士，襄陽知府。

《明史・藝文志・傳記類》 徐咸《名臣言行録前集》十二卷，《後集》十二卷。

《四庫全書總目提要・傳記類存目三》《名臣言行録前集》十二卷，《後集》十二卷。浙江范懋柱家天一閣藏本。明徐咸撰。咸，海鹽人。正德辛未進士。官至襄陽知府。先是，豐城楊廉本彭韶《名臣録贊》撰《名臣言行録》四卷，所載凡五十五人。咸亦纂《近代諸臣言行録》凡四十八人。餘姚魏有本官河南巡撫時，嘗合刻之。及咸歸里之後，病其未備，重爲纂輯。於楊《録》增十六人，於己所《録》者亦增二十五人，分爲前後二集，自爲《序》，記其始末。而仍以魏有本初刻之《序》弁於書首云。

皇朝名臣宛炎録

范邦甸等《天一閣書目・傳記類》《皇朝名臣宛炎録》二十四卷。刊本。又一部，同。明晉陵徐朝文著。弘治十八年乙丑南海張詡序。

明理學名臣言行録

范邦甸等《天一閣書目・傳記類》《明理學名臣言行録》二卷。刊本。明嘉靖月湖楊廉撰并題辭。

徐𤊹《徐氏家藏書目・人物傳》《皇明理學名臣言行録》二卷。月湖楊廉集。

黃虞稷《千頃堂書目・傳記類》 楊廉又《理學名臣言行録》二卷。

《明史・藝文志・傳記類》 楊廉《理學名臣言行録》二卷。

名臣列傳

范邦甸等《天一閣書目・傳記類》《名臣列傳》。一册。紅絲闌鈔本。不著撰人名氏。始於《陸参政容傳》，程敏政撰；終於刑部尚書《白昂傳》，李東陽撰。

皇朝名臣言行通録

范邦甸等《天一閣書目・傳記類》《皇朝名臣言行通録》二卷。刊本。殘闕卷下。

皇明名臣言行録新編

范邦甸等《天一閣書目・傳記類》《皇明名臣言行録新編》三十四卷。刊本。

明常熟沈應魁校并序。

徐𤊹《徐氏家藏書目・人物傳》《皇朝新編名臣言行録》三十四卷。常熟沈應魁編。

錢謙益等《絳雲樓書目・傳記》《名臣言行録新編》三十四卷。序文嘉靖癸丑年作。

黃虞稷《千頃堂書目・傳記類》沈應奎《名臣言行録新編》三十四卷。

《明史・藝文志・傳記類》沈庭奎《名臣言行録新編》三十四卷。

忠孝集

范邦甸等《天一閣書目・傳記類》《忠孝集》一卷。刊本。明何自學編，吴餘慶識。

忠義實紀

范邦甸等《天一閣書目・傳記類》《忠義實紀》。一册。刊本。明楊二和著，湛若水序。

三士録

范邦甸等《天一閣書目・傳記類》《三士録》四卷。刊本。李碧棲編，李濂校刊。

雙忠録

范邦甸等《天一閣書目・傳記類》《雙忠録》二卷。刊本。上卷闕。明正德間孫許二公忠烈事。建昌檢校陸焕章、南昌教諭方朝元、學生傅宏戴校正。

二忠傳

范邦甸等《天一閣書目・傳記類》《二忠傳》一卷。刊本。明東陂居士朱睦㮮撰。

純孝編

范邦甸等《天一閣書目・傳記類》《純孝編》四卷。刊本。明朱睦㮮編次。

四明文獻志

范邦甸等《天一閣書目・傳記類》《四明文獻志》十卷。刊本。明郡人李堂編。

吴中往哲記　補遺

范邦甸等《天一閣書目・傳記類》《吴中往哲記》一卷，《補遺》一卷。刊本。明楊循吉撰，黃魯曾《補遺》并序。

徐𤊹《徐氏家藏書目・人物傳》《吴中往哲記》一卷。楊循吉。

黃虞稷《千頃堂書目・傳記類》楊循吉《吴中往哲記》一卷。《吴中往哲記補遺》四册。不知撰人。

《明史・藝文志・傳記類》楊循吉《吴中往哲記》一卷。

《四庫全書總目提要・傳記類存目三》《吴中往哲記》一卷，《續吴中往哲記》一卷，《續吴中往哲記補遺》一卷。浙江汪啟淑家藏本。《吴中往哲記》，明楊循吉撰。《續記》、《補遺》，皆黃魯曾撰。循吉有《蘇州府纂修志略》，已著録。魯曾字得之，吴縣人。正德丙子舉人。循吉書見《明史・藝文志》，卷數與此相符。記明初蘇州府人物，自勳德至冠衲，分七目，凡四十一人。《續記》自忠節至散逸，分十七目，凡四十人。《補遺》自審進至釋行，分十九目，凡三十一人。其《補遺》原目本一卷，此本分作二卷。又改其《釋行第十七》爲第一，則刊刻者之誤也。書中所列小傳，皆寥寥數言，未見端末。又如徐有貞以險忮敗，而循吉稱爲四海物望，蓋未免鄉曲之私。吴寬位終禮部尚書，而魯曾乃題作東閣大學士，尤顯然譌謬。則亦不足徵信矣。

莆陽文獻

范邦甸等《天一閣書目・傳記類》 《莆陽文獻》十三卷。刊本。明鄭山齋撰。嘉靖甲申林俊序。

徐𤊹《徐氏家藏書目・人物傳》 《莆陽文獻録》十三卷。鄭岳。

《四庫全書總目提要・傳記類存目三》 《莆陽文獻》十三卷，《列傳》七十五卷。福建巡撫採進本。明鄭岳編，黄起龍重訂。岳字汝華，弘治癸丑進士，官至兵部左侍郎。事蹟具《明史》本傳。起龍，萬曆戊戌進士，莅莆田人。是書取莆田、仙遊二縣自梁陳迄明著作詩文，輯爲十三卷。又取名人事蹟成《列傳》七十四卷。文以體分，傳則不分門目。後燹變書燬，起龍爲之重鋟。并附柯維騏所作《岳傳》一首，爲卷第七十五。岳書採摭繁富，義例頗仿史裁。然起龍譏其文內不載楊琅、林誠兩御史之奏疏，及黄仲元之《郭孝子祠記》、《墓表》。傳內載仕梁之徐寅、翁承贊及永樂初梯榮獻策之林環。而於《林光朝傳》但紀其文集，而不及所著之《易解》、《尚書解》、《語録》、《説詩》等書。去留不無遺憾，則固確論也。

國寶新編

范邦甸等《天一閣書目・傳記類》 《國寶新編》一卷。刊本。明顧璘撰并序。其書録李夢陽以下或仕、或隱，合若干人，叙其名氏、爵里及其行業，大都爲一卷，名《亡友録》。門人請更曰《國寶新編》。

徐𤊹《徐氏家藏書目・人物傳》 《國寶新編》一卷。顧璘。

黄虞稷《千頃堂書目・傳記類》 顧璘《國寶新編》一卷。

《明史・藝文志・傳記類》 顧璘《國寶新編》一卷。

《四庫全書總目提要・傳記類存目三》 《國寶新編》一卷。浙江巡撫採進本。明顧璘撰。璘字華玉，吴縣人。弘治丙辰進士。官至刑部尚書。事蹟具《明史・文苑傳》。是書凡録李夢陽、何景明、祝允明、徐禎卿、朱應登、趙鶴、鄭善夫、都穆、景暘、王韋、唐寅、孫一元、王寵十三人。人爲之《傳》，《傳》爲之《贊》。蓋感於知交凋謝而作。略綴數語以存其人，亦柳宗元《先友記》類也。

群忠録

范邦甸等《天一閣書目・傳記類》 《羣忠録》三卷。刊本。正德十五年唐龍撰。係録宸濠時被劫不屈死者四人事實并自序。

錢謙益等《絳雲樓書目・傳記》 《羣忠録》。

《四庫全書總目提要・傳記類存目三》 《羣忠録》二卷。浙江汪啟淑家藏本。明唐龍撰。龍有《易經大旨》，已著録。是編紀明太祖征陳友諒時諸臣姓名行實。凡祀於餘干縣康郎山廟者，有丁普郎等三十五人。祀於南昌府廟者，有趙得勝等十四人。又附載孫燧等五人，皆殉宸濠之難，後賜祀於旌忠祠者。其題旌各疏并祭謁詩文亦附於後焉。

廣州人物傳

范邦甸等《天一閣書目・傳記類》 《廣州人物傳》二十四卷。刊本。明黄佐撰。倫以訓序。

黄虞稷《千頃堂書目・傳記類》 黄佐《廣州人物傳》二十四卷。南海人。

《明史・藝文志・傳記類》 黄佐《廣州人物志》二十四卷。

《四庫全書總目提要・傳記類存目三》 《廣州人物傳》二十四卷。浙江范懋柱家天一閣藏本。明黄佐撰。佐有《泰泉鄉禮》，已著録。是書採自漢迄明廣州人物之散見諸書者，以類區分，各爲之傳。共一百五十餘人。

紀善録

范邦甸等《天一閣書目・傳記類》《紀善録》一卷。緜紙藍絲闌鈔本。明杜瓊撰。

徐𤊹《徐氏家藏書目・人物傳》《紀善録》一卷。杜瓊。

黄虞稷《千頃堂書目・傳記類》杜瓊《紀善録》一卷。

《明史・藝文志・傳記類》杜瓊《紀善録》一卷。

《四庫全書總目提要・傳記類存目三》《紀善録》一卷。浙江范懋柱家天一閣藏本。明杜瓊撰。瓊字用嘉，吴縣人。以孝聞。知府况鍾兩薦之，固辭不出，自號鹿冠老人。是書皆載吴中循東先賢，其列女有操行可紀者亦竝見焉。自洪武迄正統，凡四十人。蓋隨所見聞録之，故多節取一事，不爲全傳。亦表微闡幽之意也。

善行録

范邦甸等《天一閣書目・傳記類》《善行録》。刊本。明四明張時徹編。叙云，簿書之隙，獵采史傳，取先哲行誼之高者，萃次成編，名曰《善行録》。凡八卷，二百九十人。

黄虞稷《千頃堂書目・傳記類》張時徹《善行録》八卷。

《四庫全書總目提要・傳記類存目三》《善行録》八卷，《續録》二卷。内府藏本。明張時徹編。時徹字維静，鄞縣人。嘉靖癸未進士。官至南京兵部尚書。《明史》附見《張邦奇傳》。此書獵採史傳，取先哲行誼之高者萃次成編。《正編》起春秋至明代，凡二百九十人。《續編》起漢迄宋，凡一百四十五人。

國朝祥符文獻志

范邦甸等《天一閣書目・傳記類》《國朝祥符文獻志》十七卷。刊本。明李濂撰并序。

徐𤊹《徐氏家藏書目・人物傳》《祥符文獻志》十七卷。李濂。

《四庫全書總目提要・傳記類存目三》《祥符文獻志》十七卷。兩淮鹽政採進本。明李濂撰。濂於嘉靖壬寅嘗輯《祥符鄉賢傳》。其後二年甲辰，又推廣前所未載及其人之履歷梗概略存者，輯爲此書。每人每條之下，皆註出某碑、某傳、某集，蓋倣《名臣言行録》之例。每《傳》之後或偶附録詩文，則濂之變例也。所録皆明一代之人，而至於盈十七卷。時彌近則易詳，亦時太近則易濫，固志乘之通病耳。

國朝祥符鄉賢傳

范邦甸等《天一閣書目・傳記類》《國朝祥符鄉賢傳》八卷。刊本。明李濂撰并序。

徐𤊹《徐氏家藏書目・人物傳》《祥符鄉賢傳》八卷。李濂。

錢謙益等《絳雲樓書目・史傳記類》《祥符鄉賢傳》。

黄虞稷《千頃堂書目・傳記類》李濂《祥符鄉賢傳》八卷。

《四庫全書總目提要・傳記類存目三》《祥符鄉賢傳》八卷。兩淮鹽政採進本。明李濂撰。濂字川父，祥符人。正德甲戌進士。官至山西按察司僉事。事蹟具《明史・文苑傳》。是編以《祥符縣志》所載人物僅有名氏而行實未詳，乃一一稽考，自明初至於嘉靖，得二十九人。撰其事蹟，附以《論贊》。又安然、馬昂、張泰三人自祥符移籍他方者，竝附列焉。從《唐書》所載士大夫遷徙四方者俱標其舊貫之例也。

碩輔寶鑑要覽

范邦甸等《天一閣書目・傳記類》《碩輔寶鑑要覽》四卷。刊本。明嘉靖乙丑耿定向輯。自序云，天臺生日，與二三弟子員考德之暇博及載籍，上述虞夏，下逮唐宋，得碩輔凡若干人，各爲贊述，俟宏覽淵識者正焉。

《四庫全書總目提要・傳記類存目三》《碩輔寶鑑要覽》四卷。浙江巡撫採進本。明耿定向撰。定向字在倫，麻城人。嘉靖丙辰進士。官至户部尚書，總督倉場。謚恭簡。事蹟具《明史》本傳。

循良彙編

范邦甸等《天一閣書目・傳記類》《循良彙編》十二卷。刊本。明桂林李仲撰。景陵魯彭校正。嘉靖己酉余允緒序云，景陵令静齋李子公餘博古，采歷代循良并聖賢格言，類爲十二卷，名曰《循良彙編》。

徐𤊹《徐氏家藏書目・人物傳》《歷代循良彙編》十二卷。

黄虞稷《千頃堂書目・傳記類》李仲撰《循良彙編》四卷。

建寧人物傳

范邦甸等《天一閣書目・傳記類》《建寧人物傳》四卷。刊本。明李默撰。建陽縣李東光校刊。

黄虞稷《千頃堂書目・傳記類》李默《建寧人物志》三卷。郡人，雲南提學。

《明史・藝文志・傳記類》李默《建寧人物志》三卷。

《四庫全書總目提要・傳記類存目三》《建寧人物傳》四卷。浙江巡撫採進本。明李默撰。默字時言，甌寧人。正德辛巳進士。官至吏部尚書，兼翰林學士。爲趙文華誣陷，下詔獄瘐死。萬曆中追謚文愍。事蹟具《明史》本傳。是書專記建寧人物，起唐建中迄明景泰，凡四百十七人。以諸邑分載，而一邑之中又以時代爲先後。每條之下，各註所引原書。自《唐書》、《南唐書》、《五代史》、《宋史》而外，大抵皆本之舊志，未爲信史。疎略之處尤多。如謂吴棫爲處士，而述所著書惟及《韻補》，則舛漏可知矣。

兩浙名賢録

范邦甸等《天一閣書目・傳記類》《兩浙名賢録》。刊本。存卷十一至十六卷，十九至三十。

范邦甸等《天一閣書目補遺・傳記類》《兩浙名賢録》八卷。刊本。明東海徐象梅撰。海鹽姚士粦校。與前册異。

黄虞稷《千頃堂書目・傳記類》徐象梅《兩浙名賢録》五十四卷，又《外録》八卷。錢唐人。

《明史・藝文志・傳記類》徐學聚《兩浙名賢録》五十四卷，《外録》八卷。

英廉奏《摧毁書目》《兩浙名賢録》。二十四本。查《兩浙名賢録》係明徐象梅撰。輯皆浙江人物小傳，書前楊師孔序内有指斥狂悖語，應撤出銷燬。其本書内卷前叙目、卷九内《方鎰傳》、卷十四内《呂本傳》、卷十八内《倪岳録》、卷二十四内《鮑輝傳》、卷二十八内《沈性傳》、卷四十二内《徐自得傳》亦均有偏謬之語，應請抽燬。

《四庫全書總目提要・傳記類存目四》《兩浙名賢録》五十四卷，《外録》八卷。浙江巡撫採進本。明徐象梅撰。象梅字仲和，錢塘人。其書取兩浙先賢自唐虞迄明隆慶，别爲二十二門。又《外録》元元、空空二門，以載釋道二家。名目既多，體遂冗雜。如輔弼經濟，無故區分。文苑儒碩，過加軒輊。又諸傳皆標題官爵，獨道學一門稱先生而不書其官，於體例亦未畫一。至所列之人，本正史者十僅二三，本地志者乃十至六七。以鄉間粉飾之語，依據成書，殆亦未盡核實矣。

紹興名宦鄉賢讚

范邦甸等《天一閣書目・傳記類》《紹興名宦鄉賢讚》一卷。刊本。明山陰王涏纂并序。

黄虞稷《千頃堂書目・傳記類》王綖《紹興名宦鄉賢傳》。山陰人。

中州名賢文獻表

范邦甸等《天一閣書目・傳記類》《中州名賢文獻表》。刊本。明劉昌撰。

新安文獻志

范邦甸等《天一閣書目・傳記類》《新安文獻志》一百卷。刊本。明弘治三年休寧程敏政撰。自序并跋後。

博物策會

范邦甸等《天一閣書目・傳記類》《博物策會》十七卷。刊本。明屏石戴璟撰。共一百三十六篇。張對霍侍御屬西安同知高鳳鳴刊。嘉靖戊戌滸西康海德涵序、洪洞對霍山人張治道序、太微山人關中李復初序。

皇明獻實

范邦甸等《天一閣書目・傳記類》《皇明獻實》四十卷。刊本。明司馬公題籤。明袁袠撰。

金華文統

范邦甸等《天一閣書目・傳記類》《金華文統》十三卷。刊本。明正德金華府江都趙鶴續輯并序。

甬上耆舊集

范邦甸等《天一閣書目・傳記類》《甬上耆舊集》三十卷。刊本。皇朝胡文學輯選。李鄴嗣叙傳。

旌孝編

范邦甸等《天一閣書目・傳記類》《旌孝編》。刊本。國朝李宜之撰。

招隱十友傳

范邦甸等《天一閣書目・傳記類》《招隱十友傳》一卷。刊本。明樊雙巖撰。

彤管遺編

范邦甸等《天一閣書目・傳記類》《彤管遺編》二十卷。刊本。明酈琥采集并序。

姑蘇新刻彤管遺編後集

范邦甸等《天一閣書目・傳記類》《姑蘇新刻彤管遺編後集》二十卷。刊本。

宋寶祐四年登科録

范邦甸等《天一閣書目・傳記類》《宋寶祐四年登科録》。一册。文文山先生登是年榜。

徐𤊹《徐氏家藏書目・科目》《宋寶祐四年登科録》一卷。

同年録

范邦甸等《天一閣書目・傳記類》《同年録》一卷。宋紹興十八年晦菴朱先生登狀元王佐榜第五甲第九十人同年録也。明弘治肯中鄭紀識後云，紹興在宋南渡之初，于今三百有餘年矣。其中科甲之録不知有幾，而是本獨存于世。狀元不知若而人，而王佐獨見稱于今，殆必有故矣。科甲果足恃耶？兹以欽差巡視學校，侍御王君明仲將梓以示南畿士子，故著之有志科目者尚勉圖之。

同年敦誼録

范邦甸等《天一閣書目・傳記類》《同年敦誼録》。一册。刊本。明嘉靖戊戌科海鹽朱應雲撰并序。

湛甘泉先生同門録

范邦甸等《天一閣書目・傳記類》《湛甘泉先生同門録》二卷。明嘉靖丁巳門人趙旻撰。

浙江戊子科同年録

范邦甸等《天一閣書目・傳記類》《浙江戊子科同年録》一卷。刊本。明呂鑾李本司馬公同年也。

明登科録

范邦甸等《天一閣書目・傳記類》《明登科録》。洪武一册、建文一册、永樂四册、宣德二册、正統五册、景泰二册、天順三册、成化八册、弘治六册、正德四册、嘉靖二十三册、隆慶三册、萬曆六册。

明會試録

范邦甸等《天一閣書目・傳記類》《明會試録》。洪武一册、建文一册、永樂一册、宣德二册、正統五册、景泰二册、天順三册、成化八册、弘治六册、正德五册、嘉靖二十一册、隆慶三册、萬曆四册。

順天鄉試録

范邦甸等《天一閣書目・傳記類》《順天鄉試録》。成化四册、弘治五册、正德四册、嘉靖十八册、隆慶三册、萬曆四册。

萬曆庚子順天鄉試録

祁承㸁《澹生堂藏書目・譜録》《萬曆庚子順天鄉試録》。十册。十卷。

庚子順天序齒録

祁承㸁《澹生堂藏書目・譜録》《庚子順天序齒録》。二册。二卷。

浙江鄉試録

范邦甸等《天一閣書目·傳記類》《浙江鄉試録》。永樂一册、天順一册、成化四册、弘治七册、正德五册、嘉靖八册。

江西鄉試録

范邦甸等《天一閣書目·傳記類》《江西鄉試録》。天順一册、成化三册、弘治三册、正德三册、嘉靖十八册、隆慶二册、萬曆四册。

福建鄉試録

范邦甸等《天一閣書目·傳記類》《福建鄉試録》。永樂二册、宣德二册、景泰二册、弘治二册。

山東鄉試録

范邦甸等《天一閣書目·傳記類》《山東鄉試録》。天順一册、成化四册、弘治二册、正德四册、嘉靖十六册、隆慶二册、萬曆五册。

山西鄉試録

范邦甸等《天一閣書目·傳記類》《山西鄉試録》。天順一册、成化一册、弘治一册、正德四册、嘉靖十册、隆慶二册、萬曆四册。

河南鄉試録

范邦甸等《天一閣書目·傳記類》《河南鄉試録》。成化四册、正德三册、嘉靖十七册、隆慶二册。

湖廣鄉試録

范邦甸等《天一閣書目·傳記類》《湖廣鄉試録》。成化二册、弘治二册、正德二册、嘉靖十二册、隆慶二册、萬曆四册。

廣東鄉試録

范邦甸等《天一閣書目·傳記類》《廣東鄉試録》。正統三册、成化五册、弘治二册、嘉靖十册。

廣西鄉試録

范邦甸等《天一閣書目·傳記類》《廣西鄉試録》。成化一册、弘治一册、正德三册、嘉靖十二册、隆慶二册、萬曆六册。

陝西鄉試録

范邦甸等《天一閣書目·傳記類》《陝西鄉試録》。成化四册、弘治六册、正德四册、嘉靖十四册、隆慶四册、萬曆十册。

陝西鄉試録

范邦甸等《天一閣書目·傳記類》《陝西鄉試録》一卷。刊本。國朝順治八年。正主考潞公諱光文，副主考梁知先均有序。

河南舉人録

范邦甸等《天一閣書目·傳記類》《河南舉人録》一册。洪武起嘉靖止。

明同年録

范邦甸等《天一閣書目·傳記類》《明同年録》一册。

明吉安進士録

范邦甸等《天一閣書目·傳記類》《明吉安進士録》一册。

武舉録

范邦甸等《天一閣書目·傳記類》《武舉録》。嘉靖二十三册、隆慶三册、萬曆七册。

四川鄉試録

范邦甸等《天一閣書目·傳記類》《四川鄉試録》一卷。刊本。國朝康熙二十三年。

中州題詠集

范邦甸等《天一閣書目·傳記類》《中州題詠集》十卷。刊本。不著撰人名氏。

六科仕籍

范邦甸等《天一閣書目·傳記類》《六科仕籍》。六册。刊本。不著撰人名氏。

江陵五君子傳

朱睦㮮《萬卷堂書目·譜傳》《江陵五君子傳》一卷。種蓮子。

鎮江先賢事實

朱睦㮮《萬卷堂書目·譜傳》《鎮江先賢事實》六卷。姚堂。

聖朝恩宥録

朱睦㮮《萬卷堂書目·譜傳》《聖朝恩宥録》一卷。鄭宗。

褒忠録

朱睦㮮《萬卷堂書目·譜傳》《褒忠録》一卷。馮寶。

萃忠編

朱睦㮮《萬卷堂書目·譜傳》《萃忠編》三卷。于玄思。

新慕編

朱睦㮮《萬卷堂書目·譜傳》《新慕編》一卷。陳鳳。

名德編

朱睦㮮《萬卷堂書目·譜傳》《名德編》三卷。

饒陽雙異集

朱睦㮮《萬卷堂書目·譜傳》《饒陽雙異集》。

遺行集

朱睦㮮《萬卷堂書目·譜傳》《遺行集》一卷。高汝熙。

忠義集

朱睦㮮《萬卷堂書目·譜傳》《忠義集》一卷。危山。

皇明名臣像録

朱睦㮮《萬卷堂書目·譜傳》《皇明名臣像録》。

國朝列卿年表

朱睦㮮《萬卷堂書目·譜傳》《國朝列卿年表》一百五十九卷。

五美名家録

朱睦㮮《萬卷堂書目·譜傳》《五美名家録》一卷。雲東。

賢相録

朱睦㮮《萬卷堂書目·譜傳》《賢相録》一卷。殷鏊。

崇功録

朱睦㮮《萬卷堂書目・譜傳》《崇功録》二卷。楊雯。

勳績録

朱睦㮮《萬卷堂書目・譜傳》《勳績録》一卷。

昭德録

朱睦㮮《萬卷堂書目・譜傳》《昭德録》四卷。李侃。

忠節録

朱睦㮮《萬卷堂書目・譜傳》《忠節録》二卷。莊儁。

忠誠録

朱睦㮮《萬卷堂書目・譜傳》《忠誠録》二卷。劉元叟。

賢王傳

朱睦㮮《萬卷堂書目・譜傳》《賢王傳》一卷。樂善齊。

名臣傳

朱睦㮮《萬卷堂書目・譜傳》《名臣傳》一卷。

實氏貞烈傳

朱睦㮮《萬卷堂書目・譜傳》《實氏貞烈傳》一卷。

河南名賢録

朱睦㮮《萬卷堂書目・譜傳》《河南名賢録》二册。

忠義集

朱睦㮮《萬卷堂書目・譜傳》《忠義集》一册。

皇明臣謚類抄

朱睦㮮《萬卷堂書目・譜傳》《皇明臣謚類抄》。

宋狀元録

趙琦美《脈望館書目・傳記》《宋狀元録》。四本。

本朝狀元録

趙琦美《脈望館書目·傳記》《本朝狀元録》。四本。共一套。

四功臣純忠録

趙琦美《脈望館書目·傳記》《四功臣純忠録》。一本。

褒忠事紀

趙琦美《脈望館書目·傳記》《褒忠事紀》。一本。

名賢事行纂略

趙琦美《脈望館書目·傳記》《名賢事行纂略》。一本。

表烈録

趙琦美《脈望館書目·傳記》《表烈録》。一本。

名媛璣囊

趙琦美《脈望館書目·傳記》《名媛璣囊》。一本。

唐天寶協忠録

趙琦美《脈望館書目·傳記》《唐天寶協忠録》。一本。

累朝恩命録

趙琦美《脈望館書目·傳記》《累朝恩命録》。二本。

青樓十二傳

趙琦美《脈望館書目·傳記》《青樓十二傳》。一本。

續青樓傳

趙琦美《脈望館書目·傳記》《續青樓傳》。一本。

七十二賢像贊

祁承爜《澹生堂藏書目·記傳》《七十二賢像贊》。二卷。

宋賢事彙

祁承爜《澹生堂藏書目·記傳》《宋賢事彙》。二册。二卷。李廷機。

全史吏鑒

祁承㸁《澹生堂藏書目・記傳》《全史吏鑒》四册。四卷。徐元太輯。

貂璫史鑒

祁承㸁《澹生堂藏書目・記傳》《貂璫史鑒》四册。四卷。

中官中鑒録

祁承㸁《澹生堂藏書目・記傳》《中官中鑒録》三册。七卷。王畿。

奉新人物録

祁承㸁《澹生堂藏書目・記傳》《奉新人物録》一册。二卷。《澹生堂餘苑》本。

鷺洲書院名賢志

祁承㸁《澹生堂藏書目・記傳》《鷺洲書院名賢志》六册。十三卷。吴士奇輯。亦名《三祀志》。

遐外高隱傳

祁承㸁《澹生堂藏書目・記傳》《遐外高隱傳》一卷。周履靖。

詩女史

祁承㸁《澹生堂藏書目・記傳》《詩女史》。四册。

旌德觀先賢祠録

祁承㸁《澹生堂藏書目・記傳》《旌德觀先賢祠録》一册。二卷。夏時正。

旌德新志

祁承㸁《澹生堂藏書目・記傳》《旌德新志》二册。二卷。顧鈴重修。

兩山崇祀録

祁承㸁《澹生堂藏書目・記傳》《兩山崇祀録》一册。一卷。王晉在。

朱子門人譜

祁承㸁《澹生堂藏書目・譜録》《朱子門人譜》一卷。

皇明歷科殿試録

祁承㸁《澹生堂藏書目・譜録》《皇明歷科殿試録》。七十册。七十卷。

皇明歷科進士考
祁承㸁《澹生堂藏書目·譜録》《皇明歷科進士考》。四册。二十卷。

南國賢書
祁承㸁《澹生堂藏書目·譜録》《南國賢書》。六册。七卷。張朝瑞輯。

吉安貢舉考
祁承㸁《澹生堂藏書目·譜録》《吉安貢舉考》。四册。四卷。

成化戊戌會試録
祁承㸁《澹生堂藏書目·譜録》《成化戊戌會試録》。一册。一卷。

成化戊戌殿試録
祁承㸁《澹生堂藏書目·譜録》《成化戊戌殿試録》。一册。一卷。

成化甲辰會試録
祁承㸁《澹生堂藏書目·譜録》《成化甲辰會試録》。一册。一卷。

成化甲辰殿試録
祁承㸁《澹生堂藏書目·譜録》《成化甲辰殿試録》。一册。一卷。

嘉靖庚子鄉試録
祁承㸁《澹生堂藏書目·譜録》《嘉靖庚子鄉試録》。一册。一卷。

嘉靖丁未會試録
祁承㸁《澹生堂藏書目·譜録》《嘉靖丁未會試録》。一册。一卷。

嘉靖丁未殿試録
祁承㸁《澹生堂藏書目·譜録》《嘉靖丁未殿試録》。一册。一卷。

隆慶丁卯南畿鄉試録
祁承㸁《澹生堂藏書目·譜録》《隆慶丁卯南畿鄉試録》。一册。一卷。

萬曆庚子甲辰三試録
祁承㸁《澹生堂藏書目·譜録》《萬曆庚子甲辰三試録》。十五册。十五卷。

萬曆甲辰會試録

祁承爜《澹生堂藏書目・譜録》《萬曆甲辰會試録》。十册。十卷。

萬曆戊午浙江鄉試録

祁承爜《澹生堂藏書目・譜録》《萬曆戊午浙江鄉試録》。二册。二卷。

嘉靖丁未重修世講録

祁承爜《澹生堂藏書目・譜録》《嘉靖丁未重修世講録》一卷。

丁未分省同年録

祁承爜《澹生堂藏書目・譜録》《丁未分省同年録》二册。一卷。

嘉靖庚子重修序齒録

祁承爜《澹生堂藏書目・譜録》《嘉靖庚子重修序齒録》。一册。一卷。

庚子浙江序齒録

祁承爜《澹生堂藏書目・譜録》《庚子浙江序齒録》。二册。二卷。

萬曆甲辰序齒録

祁承爜《澹生堂藏書目・譜録》《萬曆甲辰序齒録》二册。二卷。

萬曆戊午浙江序齒録

祁承爜《澹生堂藏書目・譜録》《萬曆戊午浙江序齒録》。一册。一卷。

余太常問姓名録

祁承爜《澹生堂藏書目・譜録》《余太常問姓名録》。六册。十二卷。余寅《補録》一卷。

孫黄門同姓名録

祁承爜《澹生堂藏書目・譜録》《孫黄門同姓名録》。一册。四卷。孫羽侯輯。

重輯國朝名臣録

祁承爜《澹生堂藏書目・國朝史》《重輯國朝名臣録》。四册。四卷。

嘉隆臣略

祁承㸁《澹生堂藏書目·國朝史》《嘉隆臣略》一卷。范守已《御龍子集》本。

闇然堂名賢類纂

祁承㸁《澹生堂藏書目·國朝史》《闇然堂名賢類纂》三卷。潘士藻。

名卿績紀

祁承㸁《澹生堂藏書目·國朝史》《名卿績紀》四卷。王世貞《紀録彙編》本。

國朝列卿表

祁承㸁《澹生堂藏書目·國朝史》《國朝列卿表》。二册。二卷。

國朝進士名號謚爵考

祁承㸁《澹生堂藏書目·國朝史》《國朝進士名號謚爵考》二册。十卷。

國朝金陵人物志

祁承㸁《澹生堂藏書目·國朝史》《國朝金陵人物志》一卷。陳鎬。

善行摘録

祁承㸁《澹生堂藏書目·國朝史》《善行摘録》一卷。《徵信叢録》本。

國朝三異人傳

祁承㸁《澹生堂藏書目·國朝史》《國朝三異人傳》。一册。一卷。俞允諧集。方正學、于忠肅、楊忠愍。

浙江三大功臣傳

祁承㸁《澹生堂藏書目·國朝史》《浙江三大功臣傳》一卷。劉文成公、于忠肅公、王文成公。

國朝四臣傳

祁承㸁《澹生堂藏書目·國朝史》《國朝四臣傳》一卷。王靖遠、楊興濟、徐武功、王威寧。

弘治三臣傳

祁承㸁《澹生堂藏書目·國朝史》《弘治三臣傳》一卷。倶别集史料本。王端毅公、馬端肅公、文升劉忠宣公大夏。

都城故老傳

祁承㸁《澹生堂藏書目·國朝史》《都城故老傳》一卷。李東陽。《徵信叢録》本。

五同傳

祁承㸁《澹生堂藏書目·國朝史》《五同傳》一卷。司馬泰。《徵信叢録》本。

群貞傳

祁承㸁《澹生堂藏書目·國朝史》《群貞傳》。一册。五卷。

理學三先生履歷

祁承㸁《澹生堂藏書目·國朝史》《理學三先生履歷》。一册。三卷。

欵識録

祁承㸁《澹生堂藏書目·國朝史》《欵識録》一卷。金大車。《徵信叢録》本。

四謚録

祁承㸁《澹生堂藏書目·國朝史》《四謚録》一册。一卷。

左史傳

王圻《續文獻通考·經籍考·傳記》《左史傳》。唐閲撰。

中興小傳

王圻《續文獻通考·經籍考·傳記》《中興小傳》。婁昉著。

敬鄉前後録

王圻《續文獻通考·經籍考·傳記》《敬鄉前後録》。吴師道著。

黄虞稷《千頃堂書目·傳記類·補元》 吴師道《敬鄉前後録》二十三卷。

倪燦等《補遼金元藝文志·傳記類》 吴師道《敬鄉前後録》二十三卷。

錢大昕《補元史藝文志·傳記類》 吴師道《敬鄉前後録》二十三卷。

浦陽先民傳

王圻《續文獻通考·經籍考·傳記》《浦陽先民傳》。謝翱著。

錢大昕《補元史藝文志·傳記類》 謝翱《浦陽先民傳》一卷。

帝紀贊

王圻《續文獻通考·經籍考·傳記》《帝紀贊》。謝翱著。

廣孝傳

王圻《續文獻通考・經籍考・傳記》《廣孝傳》五十卷。知黄州樂廣目著。

至孝通神集

王圻《續文獻通考・經籍考・傳記》《至孝通神集》三十卷。豐城顧昱，考古人。勉於孝者，類成三十卷。

黄虞稷《千頃堂書目・傳記類》顧昱《至孝通神集》二十卷。豐城人。

《明史・藝文志・傳記類》顧昱《至孝通神集》三十卷。

道山記聞

王圻《續文獻通考・經籍考・傳記》《道山記聞》。林之奇著。

樂平廣記

王圻《續文獻通考・經籍考・傳記》《樂平廣記》。樂平李士會著。士會穎悟博學，貫子史百家説而歸宿於六經，爲文軋先秦兩漢。

類編漢唐君臣圖

王圻《續文獻通考・經籍考・傳記》《類編漢唐君臣圖》。晉江陳權編。

嵇璜等《續通志・圖譜略・記無・編纂》陳權《類編漢唐君臣圖》。

孔門弟子傳

王圻《續文獻通考・經籍考・傳記》《孔門弟子傳》。都昌馮椅著。

孔門弟子列傳

王圻《續文獻通考・經籍考・傳記》《孔門弟子列傳》。眉山蘇過編。過乃軾之幼子也。

孟子弟子列傳

王圻《續文獻通考・經籍考・傳記》《孟子弟子列傳》二卷。浦江吴萊著。

倪燦等《補遼金元藝文志・傳記類》吴萊《孟子弟子列傳》三卷。

遼三臣行事

王圻《續文獻通考・經籍考・傳記》《遼三臣行事》。耶律孟簡著。孟簡，屋質五世孫。太康中，詣闕上表云，自本朝之興，凡二百年，宜有國史以垂後世，乃編《三臣行事》以進。

王仁俊《遼史藝文志補證・傳記類》耶律孟簡《遼三臣行事》。《文學傳・下》曰：耶律孟簡編耶律曷魯、屋質、休哥三人行事以進。

黄任恒《補遼史藝文志・傳記類》《遼三臣行事》一卷，耶律孟簡撰。

按出《續通考・文學傳》，太康中上表曰：「本朝之興，幾二百年，宜有國史，以垂後世，乃編耶律赫嚕、烏哲、休格三人行事以進，上命置局編修。」據此，則今史三臣傳皆孟簡所編。

清臺記

王圻《續文獻通考・經籍考・傳記》《清臺記》。金張行簡著。

孫德謙《金史藝文略・傳記》《清臺記》。張行簡撰。見《金史》本傳。

皇華記

王圻《續文獻通考・經籍考・傳記》《皇華記》。金張行簡著。

孫德謙《金史藝文略・傳記》《皇華記》。張行簡撰。見《金史》本傳。

戒嚴記

王圻《續文獻通考・經籍考・傳記》《戒嚴記》。金張行簡著。

爲善記

王圻《續文獻通考・經籍考・傳記》《爲善記》。金張行簡著。

孫德謙《金史藝文略・傳記》《爲善記》。張行簡撰。見《金史》本傳。

自公記

王圻《續文獻通考・經籍考・傳記》《自公記》。金張行簡著。

孫德謙《金史藝文略・傳記》《自公記》。張行簡撰。見《金史》本傳。

元勳傳

王圻《續文獻通考・經籍考・傳記》《元勳傳》。金韓玉著。玉，漁陽人，以經義、詞賦兩科進士入翰林，爲應奉應制，一日百篇，文不加點。作《元勳傳》，章宗嘆曰，勳臣何幸得此！

龔顯曾《金藝文志補録・傳記類》《金元勳傳》十卷，韓玉。

孫德謙《金史藝文略・傳記》《金元勳傳》十卷。鳳翔府判相人韓玉温甫撰。見《世善堂書目》。玉明昌五年經義詞賦兩科進士，入翰林爲應奉應制。一日百篇，文不加點。所作《元勳傳》，章宗嘆曰：勳臣何幸得此家作傳耶？事詳《金史》本傳。

至大諸臣列傳

王圻《續文獻通考・經籍考・傳記》《至大諸臣列傳》。詹思著。

端本堂經訓要義

王圻《續文獻通考・經籍考・傳記》《端本堂經訓要義》。李好文著。集歷代帝王故事，凡百有六篇，分爲四目：一曰聖慧，如漢昭、明二帝，幼敏之類。二曰孝友，如舜文、唐玄宗，友愛之類。三曰恭儉，如漢文却千里馬，罷露臺之類。四曰聖學，如殷宗緝熙陳隋諸君，不善學之類。

大寶録

王圻《續文獻通考・經籍考・傳記》《大寶録》。李好文著。其《大寶録》取古史迄金、宋，國祚久速，治亂興廢爲書。

大寶龜鑑

王圻《續文獻通考・經籍考・傳記》《大寶龜鑑》。李好文著。其《大寶龜鑑》則取前代帝王善惡當法戒者爲書。

忠義録

王圻《續文獻通考・經籍考・傳記》《忠義録》。張翥集至正兵興以來死節、死事之人爲此書。

徐𤇆《徐氏家藏書目・人物傳》《歷代忠義録》十四卷。

錢謙益等《絳雲樓書目・史傳記類》《歷代忠義録》。

黃虞稷《千頃堂書目・傳記類・補元》張翥《忠義録》三卷。記元末兵興死義之人。

倪燦等《補遼金元藝文志・傳記類》張翥《忠義録》三卷。記元末兵興死義之人。

錢大昕《補元史藝文志・傳記類》張翥《忠義録》三卷，集兵興以來死節死事之人。

皇明開國忠臣録

王圻《續文獻通考・經籍考・傳記》《皇明開國忠臣録》。定遠黃金輯。

遜國忠臣録

王圻《續文獻通考・經籍考・傳記》《遜國忠臣録》。太和黃佐著。

皇明名臣言行全録

王圻《續文獻通考・經籍考・傳記》《皇明名臣言行全録》。常熟沈應奎輯。

皇明近代名臣録

王圻《續文獻通考・經籍考・傳記》《皇明近代名臣録》。海鹽徐咸輯。

彭元瑞等《天禄琳瑯書目後編・明版史部》《近代名臣言行録》。一函，四册。明徐咸撰。咸字子正，海鹽人。正德辛未進士，官襄陽知府。書十卷，自章綸至胡居仁四十八人，皆正統、成化、弘治、正德四朝人，故曰「近代」。先是豐城楊方震有言行録，至是咸補輯此書。前有嘉靖辛卯咸自序，後有鄭曉跋，又咸自跋。曉字窒甫，亦海鹽人。嘉靖癸未進士，官刑部尚書，謚端簡，《明史》有傳。

革朝遺忠録

王圻《續文獻通考・經籍考・傳記》《革朝遺忠録》。姑蘇祝允明著。

壬午賞功録

王圻《續文獻通考・經籍考・傳記》《壬午賞功録》。姑蘇都穆著。

殿閣詞林續記

王圻《續文獻通考・經籍考・傳記》《殿閣詞林續記》。黃佐同廖道南著。

内閣行實

王圻《續文獻通考·經籍考·傳記》《内閣行實》。豐城雷禮著。

錢謙益等《絳雲樓書目·傳記》《内閣行實》。四册。八卷。雷禮。

《四庫全書總目提要·傳記類存目三》《内閣行實》二卷。兩淮馬裕家藏本。不著撰人名氏。亦無序跋。所載僅解縉、黄淮、胡廣、胡儼、楊士奇、楊榮、金幼孜、張英、陳山、楊溥、陳循、高穀、苗衷、馬愉、曹鼐十五人。今核其文，與雷禮《列卿紀》中《内閣行實》竝同。蓋書賈取不完之本，改其《目録》以售欺。併削去禮名，使若别一人所著者。其作僞頗巧。然禮原本具在，何可誣也。

碩輔寶鑑

王圻《續文獻通考·經籍考·傳記》《碩輔寶鑑》。豐城雷禮著。

吴中往哲記

王圻《續文獻通考·經籍考·傳記》《吴中往哲記》。古鄣陳敬則著。

名賢彙語

王圻《續文獻通考·經籍考·傳記》《名賢彙語》。李東陽著。

褒忠録

王圻《續文獻通考·經籍考·傳記》《褒忠録》。李東陽著。

辯姦録

王圻《續文獻通考·經籍考·傳記》《辯姦録》。宋濂撰。

遜國臣記

王圻《續文獻通考·經籍考·傳記》《遜國臣記》。方希古著。

黄虞稷《千頃堂書目·傳記類》《遜國臣記》三十卷。

皇明名臣琬琰録

王圻《續文獻通考·經籍考·傳記》《皇明名臣琬琰録》。王世貞著。

錢謙益等《絳雲樓書目·傳記》 王世貞《續增琬琰集》。

黄虞稷《千頃堂書目·傳記類》 王世貞《楊豫孫補輯名臣琬琰録》。一百十册。

《明史·藝文志·傳記類》 楊豫孫《補輯名臣琬琰録》一百十卷。

聖門人物志

徐𤊹《徐氏家藏書目·人物類》《聖門人物志》十二卷。郭子章。

《四庫全書總目提要·傳記類存目四》《聖門人物志》十二卷。江西巡撫採進本。明郭子章撰。子章有《蠙衣生易解》，已著録。是書則子章官晉陽時所輯。凡遊於聖門與私淑而得從祀廟廡者，各爲之小傳，附以贊論。首孔子世家，次先賢，次先儒，而以有明之會典祀儀終焉。其中雜以周汝登、羅汝芳諸人之論。其時心學横流，故子章多主張其説。《孟子傳論》，謂孔子之學，以從心所欲不踰矩爲的。

顏子從之末由，而孟子云能者從之。又云，心之官則思，即孔子從心之旨。猶主持門户之見也。

從祀四賢傳

徐𤊹《徐氏家藏書目・人物類》《從祀四賢傳》一卷。薛陳、王胡。

四書人物考

徐𤊹《徐氏家藏書目・人物類》《四書人物考》。薛應旂。

宋三大臣傳

徐𤊹《徐氏家藏書目・人物傳》《宋三大臣傳》。

宋五先生政蹟

徐𤊹《徐氏家藏書目・人物傳》《宋五先生政蹟》一卷。

《四庫全書總目提要・傳記類存目三》《宋五先生郡邑政績》一卷。浙江范懋柱家天一閣藏本。明李貴撰。貴字廷良，豐城人。嘉靖癸丑進士。改庶吉士。貴先嘗編次《程明道郡邑政績》一卷。此復增入周、張、朱、陸四子泣民之事，合爲一書。然皆史傳文集所已載，無庸貴之表章也。

國朝名臣言行録

徐𤊹《徐氏家藏書目・人物傳》《國朝名臣言行録》十卷。

黄虞稷《千頃堂書目・傳記類》李廷機《國朝名臣言行録》。

皇明開國功臣録

徐𤊹《徐氏家藏書目・人物傳》《皇明開國功臣録》二十卷。

國朝詞林人物考

徐𤊹《徐氏家藏書目・人物傳》《國朝詞林人物考》十二卷。

黄虞稷《千頃堂書目・傳記類》王兆雲《詞林人物考》十二卷。字元貞，麻城人。

《明史・藝文志・傳記類》王兆雲《詞林人物考》十六卷。

《四庫全書總目提要・傳記類存目四》《明詞林人物考》十二卷。浙江巡撫採進本。明王兆雲撰。兆雲字元楨，麻城人。是編録明一代文士，起於洪武，迄萬曆。仿《昭明文選》之例，其人見在者不登。每人各詳其事蹟與所著作，凡四百二十三人。又補遺四十四人，共四百六十七人。其敘述頗無法則。如《劉基一傳》至二千言，所記皆望氣占夢、委巷流傳之事。惟傳末附所著有《劉誠意伯集》一語，竝所著《黎眉公集》亦漏載。此自小説家言，何關文苑。又《凌稚隆傳》稱其纂輯《五車韻瑞》，大爲詞林諸公所鑒賞，亦未免濫美矣。

歷代逸民史

徐𤊹《徐氏家藏書目・人物傳》《歷代逸民史》二十二卷。陳繼儒。

徐𤊹《徐氏家藏書目・旁史類》《逸民史》二十二卷。陳繼儒。

黄虞稷《千頃堂書目・傳記類》陳繼儒《逸民史》二十二卷。

《明史・藝文志・傳記類》陳繼儒《逸民史》二十二卷。

《四庫全書總目提要・傳記類存目四》《逸民史》二十二卷。内府藏本。明陳繼儒編。繼儒有《邵康節外紀》，已著録。是書雜採自周至元史傳、郡志隱逸之士爲二十卷。其末二卷以元史隱逸不詳，搜取誌銘之類輯爲《元史・隱逸補》。然是書所載，如張良、兩龔之類，皆策名登朝，未嘗隱處者。若吾邱衍、王冕之類，皆淹蹇不遇，竝非高逸者。亦濫入之，未免擇之不精焉。

歷代逸民傳

徐𤊹《徐氏家藏書目・人物傳》《歷代逸民傳》二卷。皇甫涍。

《四庫全書總目提要・傳記類存目三》《逸民傳》二卷。浙江巡撫採進本。

舊本題明少元山人皇甫涍撰。考《明史・藝文志》載皇甫濂《逸民傳》二卷，《江南通志》亦同。則舊本傳寫誤也。濂字子約，一字道隆，長洲人。嘉靖甲辰進士。除工部主事。謫河南布政司理問，稍遷興化同知。《明史・文苑傳》附見其兄《涍傳》中。是編採歷代逸民事迹，人各爲傳。起晉孫登，迄宋林逋，凡百人。其去取義例，不甚可解。如《鄧郁》一傳，乃純述白日沖舉之事。則葛洪《神僊傳》以下何可勝收。其他表表在耳目者，乃或不載。殆偶然寄意，不求詳備，如皇甫謐《高士傳》例歟。即其託始於晉，亦似續謐書也。中庚易、明僧紹二人，有録無書。其爲傳寫者佚之，爲當時失於檢校，則均不可知矣。

二俠傳

徐𤊹《徐氏家藏書目・人物傳》《二俠傳》二十卷。浦城徐廣。

掾曹名臣録

徐𤊹《徐氏家藏書目・人物傳》《掾曹名臣録》一卷。王凝齋。

錢謙益等《絳雲樓書目・傳記》《掾曹名臣録》。

黄虞稷《千頃堂書目・傳記類》王鴻儒《掾曹名臣録》一卷。

《明史・藝文志・傳記類》王鴻儒《掾曹名臣録》一卷。

《四庫全書總目提要・傳記類存目三》《掾曹名臣録》一卷，《續集》一卷。浙江范懋柱家天一閣藏本。

明王瓊撰。瓊有《晉溪奏議》，已著録。是編乃瓊官南京户部侍郎時，見諸史中有知琴書可教誨者，因採録明興以來由掾曹而列名臣者，編爲此書，以示勸勉。凡劉敏等九人。又《續集》一卷，凡劉本等四人。前有正德甲戌瓊《自序》，後有南京户部郎中卞師敏《跋》。

今獻備遺

徐𤊹《徐氏家藏書目・人物傳》《今獻備遺》。

黄虞稷《千頃堂書目・傳記類》項篤壽《今獻備遺》四十二卷。

《明史・藝文志・傳記類》項篤壽《今獻備遺》四十二卷。

《四庫全書總目提要・傳記類二》《今獻備遺》四十二卷。浙江巡撫採進本。

明項篤壽撰。篤壽有《小司馬奏草》，已著録。是編採明代名臣事蹟，編爲列傳。起洪武，訖弘治，計二百四人，蓋本袁袠所著而稍增損之。《明史・藝文志》亦載其目。其曰「備遺」者，《自序》謂「姑備遺忘，蓋謙不以作史自任耳。」明人學無根柢，而最好著書，尤好作私史。其以累朝人物彙輯成編者，如雷禮之《列卿記》、楊豫孫之《名臣琬炎録》、焦竑之《國史獻徵録》，卷帙最爲浩博，而宂雜氾濫，不免多所牴牾。惟篤壽此書，頗簡明有法。其中所載，如劉基飲西湖上，見西北雲氣，謂是天子氣在金陵，我當輔之。此術家附會悠謬之談，篤壽乃著之《基傳》中，殊失別擇。又如徐有貞之悍鷙、李東陽之模稜、張孚敬之偏愎，皆未可稱一代完人，而篤壽推尊過甚。其進退亦爲寡識。然敘述詳贍，凡年月先後事蹟異同，皆可爲博考參稽之助，於史學亦未嘗無裨焉。

備遺録

徐𤊹《徐氏家藏書目・人物傳》《備遺録》一卷。張芹。紀建文時死難諸臣。

徐𤊹《徐氏家藏書目・本朝史類》《備遺録》一卷。張芹。

黄虞稷《千頃堂書目・傳記類》張芹《備遺録》一卷。

《明史・藝文志・傳記類》張芹《備遺録》一卷。

《四庫全書總目提要・傳記類存目三》《備遺録》一卷。浙江范懋柱家天一閣藏本。明張芹撰。芹,新淦人。明史作峽江人。蓋新淦其試籍也。弘治壬戌進士。官至浙江右布政使。事蹟具《明史》本傳。是書紀建文殉節諸臣姓名。前有《自序》,題「正德丙子五月」。目列四十六人。卷中有事實者二十人,無事實者二十六人。案:林塾《拾遺書》云:「近見南院御史張芹增入江右數人,共五十四人。」塾所見題「正德乙亥」。正此《録》前一年,而此《録》乃轉止於四十六人。又《學海類編》有張芹《建文忠節録》一卷,其《序》與此同,亦正德丙子所撰。而目次乃與此不同,且有七十人之多。《明藝文志》既有張芹《建文備遺録》二卷,又有張芹《備遺録》一卷。考芹《序》稱《録》中四十六人名氏,皆閩中宋君端儀嘗採輯爲録而未成者。疑芹初據宋氏原本而作,後又隨時續有增益,原非一本。傳録者各據所見,遂兩存之耳。

皇明寶善類編

徐𤊹《徐氏家藏書目・人物傳》《皇明寶善類編》四卷。蘇茂相。

貧士傳

徐𤊹《徐氏家藏書目・人物傳》《貧士傳》二卷。黄姬水。

錢謙益等《絳雲樓書目・史傳記類》黄姬水《貧士傳》。

黄虞稷《千頃堂書目・傳記類》黄姬水《貧士傳》二卷。

《明史・藝文志・傳記類》黄姬水《貧士傳》二卷。

《四庫全書總目提要・傳記類存目三》《貧士傳》二卷。内府藏本。明黄姬水撰。姬水字淳父,吴縣人。黄省曾之姪也。是編載自周至明初貧士七十五人,各爲之贊。漏略殊甚。至如莊周貸粟監河侯一事,亦列之貧士中。尤不倫也。

宋名臣言行録摘粹

徐𤊹《徐氏家藏書目・人物傳》《宋名臣言行録摘粹》一卷。新安程再伊。

援遼四將傳

徐𤊹《徐氏家藏書目・人物傳》《援遼四將傳》一卷。吴仕瑋。

歷代表忠録

徐𤊹《徐氏家藏書目・人物傳》《歷代表忠録》二卷。

蓮社高賢傳

徐𤊹《徐氏家藏書目・人物傳》《蓮社高賢傳》七卷。

皇朝經濟名臣録

徐𤊹《徐氏家藏書目・人物傳》《皇朝經濟名臣録》四卷。永新賀中男著。

英廉奏《摧毁書目》《經濟名臣録》。四本。查《經濟名臣録》,係明賀中男輯。卷一《于謙傳》,卷二《李賢傳》、《馬文升傳》、《馬鉉傳》,卷三《楊博傳》,卷四《李文忠傳》、《沐英傳》俱有偏謬語,應請抽燬。

《四庫全書總目提要・傳記類存目四》《明經濟名臣傳》四卷。江西巡撫採進本。明賀中男撰。中男,永新人。是編載明代名臣自洪武迄萬曆之季,凡文臣五十五人，武臣二十一人。據其子善來所述凡例，稱爲未竟之本。其挂漏猶爲有説。至於李東陽之固位取容，張孚敬、桂萼之希旨求媚，其經濟安在，而濫列於名臣，不亦傎乎。

東越文苑傳

徐𤊹《徐氏家藏書目·人物傳》《東越文苑傳》六卷。陳鳴隺。

黄虞稷《千頃堂書目·傳記類》陳鳴鶴《東越文苑傳》六卷。

《四庫全書總目提要·傳記類存目四》《東越文苑》六卷。兩淮馬裕家藏本。

明陳鳴鶴撰。鳴鶴字汝翔，侯官人。天崇間諸生。《福建通志》稱其早棄舉業，與徐熥兄弟共攻聲律。是編紀閩中文人行實，起唐神龍，迄明萬曆，爲四百十一篇。唐、五代五十人，宋、元三百八十五人，明百有六人。

續莆陽文獻録

徐𤊹《徐氏家藏書目·人物傳》《續莆陽文獻録》二十卷。柯維騏。

張萱等《内閣藏書目録·雜部》《續莆陽文獻》。四册。初，正德間，鄭善夫編唐以來至國朝正德諸名賢詩文及人物列傳爲《莆陽文獻》。嘉靖間，柯維騏續，凡二十卷。又四册，全。

清源文獻録

徐𤊹《徐氏家藏書目·人物傳》《清源文獻録》十八卷。何。

潭陽文獻録

徐𤊹《徐氏家藏書目·人物傳》《潭陽文獻録》八十二卷。何喬遷。

吴中人物志

徐𤊹《徐氏家藏書目·人物傳》《吴中人物志》十三卷。張昶。

黄虞稷《千頃堂書目·傳記類》張昶《吴中人物志》十三卷。字景春，長洲人。曾孫獻翼論贊。

《明史·藝文志·傳記類》張昶《吴中人物志》十三卷。

《四庫全書總目提要·傳記類存目四》《吴中人物志》十二卷。浙江巡撫採進本。

明張昶撰。昶字景春，長洲人。是編成於隆慶庚午。所輯吴中人物，上自成周，迄於明代。分孝友、忠義、吏治、薦舉、宦蹟、儒林、文苑、閨秀、逸民、流寓、列仙、方外十二門，各系以論贊。同郡皇甫汸爲之序。吴中人物，自王賓、楊循吉、祝允明、朱存理等遞有撰述。此本因而廣之，較諸家稍備。然事皆不著出典，未免無徵不信也。

姑蘇名賢小紀

徐𤊹《徐氏家藏書目·人物傳》《姑蘇名賢小紀》二卷。文震孟。

黄虞稷《千頃堂書目·傳記類》文震孟《姑蘇名賢小紀》二卷。

《四庫全書總目提要·傳記類存目四》《姑蘇名賢小記》二卷。兩淮馬裕家藏本。明文震孟撰。震孟字文起，長洲人。天啓壬戌進士第一。官至東閣大學士。謚文肅。事蹟具《明史》本傳。是書大意，以當世目吴人爲輕柔浮靡，而不知清修苦節之士可爲矜式者不少。故擇長洲、吴縣人物卓絶者各爲之傳，而系以贊。首高啟，終王敬臣，凡五十人。蓋既以表前賢，又以勵後進也。震孟以天啓二年及第，而是書成於萬曆甲寅。蓋其未遇時命意已如此。其立朝清介，有自來矣。

吴中人物表微

徐𤊹《徐氏家藏書目·人物傳》《吴中人物表微》一卷。左兆斗。

吴郡二科志

徐𤊹《徐氏家藏書目·人物傳》《吴郡二科志》一卷。閻秀卿。

黄虞稷《千頃堂書目·傳記類》 閻秀卿《吴郡二科志》一卷。

江右名賢編

徐𤊹《徐氏家藏書目·人物傳》《江右名賢編》二卷。喻均。

《四庫全書總目提要·傳記類存目四》《江右名賢編》二卷。浙江巡撫採進本。明喻均、劉元卿同撰。均，新建人。隆慶戊辰進士。官至按察使副使。元卿有《易大象觀》，已著録。萬曆中，巡按江西御史臨清陳大夔議修通志。因先欲輯名賢一門，屬均與元卿司其事。分名臣、節義、理學、忠諫、方正、清介、隱逸、儒行、治功、文學、孝友十一目。所紀凡二百四十有八人。門類太多，頗涉瑣碎。又所載有明一代人物，尤爲泛濫。前有巡撫都御史邊維垣及大夔序。後有元卿序。元卿謂理一而已，安得紛紛區目。則知分目冗複，出於均意，即元卿亦心非之矣。

吉州正氣

徐𤊹《徐氏家藏書目·人物傳》《吉州正氣》四卷。

黄虞稷《千頃堂書目·傳記類》 劉陽《吉州正氣》四卷。字一舒，安福人。嘉靖四年舉人，福建道御史。

臨江先哲言行録

徐𤊹《徐氏家藏書目·人物傳》《臨江先哲言行録》二卷。

黄虞稷《千頃堂書目·傳記類》 龔守愚《臨江先哲言行録》二卷。字師賢，清江人。正德辛未進士，湖廣參政。

《明史·藝文志·傳記類》 龔守愚《臨江先哲言行録》二卷。

昆陵忠義録

徐𤊹《徐氏家藏書目·人物傳》《昆陵忠義録》四卷。

金陵訴慕篇

徐𤊹《徐氏家藏書目·人物傳》《金陵訴慕篇》一卷。陳鳳。

吴郡新倩籍

徐𤊹《徐氏家藏書目·人物傳》《吴郡新倩籍》一卷。徐禎卿。

錢謙益等《絳雲樓書目·史傳記類》《新倩籍》。

黄虞稷《千頃堂書目·傳記類》 徐禎卿《新倩籍》一卷。序吴中人物。

吴郡金石契

徐𤊹《徐氏家藏書目·人物傳》《吴郡金石契》一卷。祝肇。

閩中友聲集

徐𤊹《徐氏家藏書目·人物傳》《閩中友聲集》一卷。曹蕃。

三山社評

徐𤊹《徐氏家藏書目・人物傳》《三山社評》一卷。永嘉張昭。

明狀元考

徐𤊹《徐氏家藏書目・姓氏》《明狀元考》二卷。

宋紹興十八年登科録

徐𤊹《徐氏家藏書目・科目》《宋紹興十八年登科録》一卷。

皇明進士登科録

徐𤊹《徐氏家藏書目・科目》《皇明進士登科考》十二卷。無錫俞憲。

皇明進士履歷

徐𤊹《徐氏家藏書目・科目》《皇明進士履歷》二十卷。

閩省賢書

徐𤊹《徐氏家藏書目・科目》《閩省賢書》六卷。邵捷春。

浙江登科考

徐𤊹《徐氏家藏書目・科目》《浙江登科考》六卷。陳汝元。

吉州貢舉考

徐𤊹《徐氏家藏書目・科目》《吉州貢舉考》四卷。甘兩。

福建鄉試小録

徐𤊹《徐氏家藏書目・科目》《福建鄉試小録》一卷。

福州四學鄉試題名記

徐𤊹《徐氏家藏書目・科目》《福州四學鄉試題名記》一卷。

閩省歷科同年録

徐𤊹《徐氏家藏書目・科目》《閩省歷科同年録》四卷。

宗傳詠古

徐𤊹《徐氏家藏書目・旁史類》《宗傳咏古》一卷。

歷代帝王圖像

徐𤊹《徐氏家藏書目・旁史類》《歷代帝王圖像》一卷。

表忠録

徐𤊹《徐氏家藏書目・本朝史類》《表忠録》二卷。

張萱等《内閣藏書目録・傳記部》《表忠録》。一册，全。録古今死節之臣，至宋文天祥止。莫詳編輯姓氏。闕首尾數帙。

黄虞稷《千頃堂書目・傳記類》《表忠録》一卷。録古今死節之臣，至宋文天祥止。不詳撰人。

藩獻記

徐𤊹《徐氏家藏書目・本朝史類》《藩獻記》四卷。朱謀㙔。

黄虞稷《千頃堂書目・傳記類》朱謀㙔《藩獻記》四卷。

《明史・藝文志・傳記類》朱謀㙔《藩獻記》四卷。

靖難功臣録

徐𤊹《徐氏家藏書目・本朝史類》《靖難功臣録》一卷。

錢謙益等《絳雲樓書目・本朝國紀》《靖難功臣録》。

黄虞稷《千頃堂書目・傳記類》《靖難功臣録》□□卷。不知撰人。

《四庫全書總目提要・傳記類存目三》《靖難功臣録》一卷。左都御史張若淮家藏本。不著撰人名氏。黄虞稷《千頃堂書目》有此書，而闕其卷數。此本爲明嘉靖中魯藩宗人當沔編入《明朝典故》者。衹此一卷，未知爲完書否也。所載姚廣孝、李友直、譚淵、朱能、張玉、武勝、顧成、李彬、孫巖、陳珪、劉中孚、徐忠、薛禄、陳賢、陳瑄、吴中、金忠、徐增壽凡十八人。後又附以封爵名數凡三十四人。敘述簡略，不足以資考證也。

昭鑒録

張萱等《内閣藏書目録・傳記部》《昭鑒録》。一册。全。洪武六年，詔秦府右傳文原吉等類集歷代諸王事蹟善司爲法，惡可爲戒者，凡二卷，太子贊善宋濂爲之序。又二册。全。又二册。全。又二册。全。鈔本。

劉若愚《内板經書紀略》《昭鑒録》。一本，一百五十二葉。

相鑒

張萱等《内閣藏書目録・傳記部》《相鑒》。八册，全。洪武十三年，罷中書省。命儒臣與國子監生取歷代史所載宰相賢者，自蕭何至文天祥八十二人，各爲傳，凡十六卷。不肖者，自田蚡至賈似道二十六人，各爲傳，凡四卷。編修吴沈有序。高皇帝御製二序冠焉。又六册，不全。

黄虞稷《千頃堂書目・傳記類》《相鑒》二十卷。洪武十三年罷中書省，命儒臣與國子生取歷代史所載相臣賢者，自蕭何至文天祥八十二人，爲傳十六卷；不肖者自田蚡至賈似道凡二十六人，爲四卷，命編修吴沈序之，太祖亦製序冠焉。

《明史・藝文志・傳記類》《相鑒》二十卷。洪武十三年罷中書省，詔儒臣採歷代史所載相臣，賢者自蕭何至文天祥八十二人，爲傳十六卷；不肖者自田蚡至賈似道二十六人，爲傳四卷。太祖製序。

世臣總録

張萱等《内閣藏書目録・傳記部》《世臣總録》。一册，全。莫詳編纂姓氏。

自魯周公至唐初劉藺止，内皆節略史傳，附以斷義。又一册，全。又一册，全。

忠節録

張萱等《内閣藏書目録・傳記部》《忠節録》。一册。鈔本。載唐忠節之臣，凡二十四人。莫詳編輯姓氏。

黄虞稷《千頃堂書目・傳記類》《忠節録》一卷。載唐忠節之臣，凡二十四人。亦不詳撰人。

歷代將書

張萱等《内閣藏書目録・傳記部》《歷代將書》。五册，全。鈔本。莫詳編次姓氏。皆十七史内諸將列傳也。

歷代姦臣備傳

張萱等《内閣藏書目録・傳記部》《歷代姦臣備傳》。一册，全。雜采晉里克至宋劉正彦諸人事蹟，未詳撰著姓氏。

志戒録

張萱等《内閣藏書目録・傳記部》《志戒録》。一册，全。即上《歷代姦臣備傳》。

小隱書

張萱等《内閣藏書目録・傳記部》《小隱書》。一册。采集古隱者巢許以下三十人，各爲小傳。其序自稱敬虚子，莫詳姓氏，嘉靖間人。

皇明全椒文獻

張萱等《内閣藏書目録・傳記部》《皇明全椒文獻》。二册，全。鈔本。嘉靖乙未吴湘編。皆全椒人物傳也。

名臣鄉賢節孝事實

張萱等《内閣藏書目録・傳記部》《名臣鄉賢節孝事實》。共一束。

彰德癉惡録

張萱等《内閣藏書目録・雜部》《彰德癉惡録》。二册，全。洪武二十五年，命吏科將歷年爲善受賞，爲惡受刑者類集成書，刊布之以示勸戒。又二册全。

癉惡續録

張萱等《内閣藏書目録・雜部》《癉惡續録》。一册，全。洪武間，録訓導景德暉等譏侮誹謗，累惡不悛諸罪狀。又一册，全。

逆臣録

張萱等《内閣藏書目録·雜部》《逆臣録》。五册。内載藍玉等各黨罪狀。

錢謙益等《絳雲樓書目·本朝制書實録》《逆臣録》五卷。

莆陽逸老會録

張萱等《内閣藏書目録·雜部》《莆陽逸老會録》。二册，全。嘉靖初，莆人林茂達等七人皆年七十餘，致政間居爲逸老會，又益以李廷梧等三十爲續會，并後附諸君子和詩。

朱文公登科録

張萱等《内閣藏書目録·雜部》《朱文公登科録》。一册，全。宋紹興十七年狀元董德元也。文公中四甲第九十人。初奏名德元居首，朝典以德元曾授正遠心傳，改王佐爲第一。後高宗特敕德元，仍居首，時稱曰「恩榜」。狀元第一甲十人，第二甲十九人，第三甲三十七人，第四甲一百二十二人，第五甲一百四十二人，末又特奏名一人曰俞舜凱。

名臣事略

張萱等《内閣藏書目録·雜部》《名臣事略》。一册，不全。載勝國名臣事蹟，莫詳姓氏、卷數。

黃虞稷《千頃堂書目·傳記類》謝鐸《國朝名臣事略》二十卷。《前集》洪武時人，《别集》永樂時人，《後集》洪熙宣德以至成化時人。

《明史·藝文志·傳記類》謝鐸《名臣事略》二十卷。洪武至成化時人。

高安三先生事實

張萱等《内閣藏書目録·雜部》《高安三先生事實》。二册。宋寶祐間雪坡先生姚勉、方湖先生胡仲雲、山居先生劉元高也。皆瑞州之高安人。郡人胡希是編。

黃虞稷《千頃堂書目·傳記類》胡希賢《高安三先生事實》二卷。編宋寶祐間高安雪坡先生姚勉、方湖先生胡仲雲、山居先生劉允高事實。

古今聖賢像

張萱等《内閣藏書目録·圖經部》《古今聖賢像》。三册。畫本。天順四年，上遣太監裴當送貯閣中者，皆孔廟從祀諸賢也。末有殘闕。

外戚事鑒

劉若愚《内板經書紀略》《外戚事鑒》。一本，六十八葉。

帝鑑圖説

劉若愚《内板經書紀略》《帝鑑圖説》。六本，三百五十六葉。

烏臺詩案

錢謙益等《絳雲樓書目·雜史類》《烏臺詩案》。一册。

《四庫全書總目提要・傳記類存目六》 《烏臺詩案》一卷。編修汪和藻家藏本。舊本題宋朋九萬編。即蘇軾御史臺獄詞也。案：周必大《二老堂詩話》曰，元豐己未，東坡坐作詩訕謗，追赴御史獄。當時所供詩案，今已印行，所謂烏臺詩案是也。

春秋臣傳

錢謙益等《絳雲樓書目・史傳記類》 王當《春秋臣傳》六十三卷。此書當入經類。

忠義集

錢謙益等《絳雲樓書目・史傳記類》 劉如村《忠義集》。一册，七卷。

草莽私乘

錢謙益等《絳雲樓書目・史傳記類》 陶九成《草莽私乘》。一册，三卷。

黄虞稷《千頃堂書目・傳記類・補元》 陶九成《草莽私乘》一卷。

《四庫全書總目提要・傳記類存目三》 《草莽私乘》一卷。浙江鮑士恭家藏本。舊本題明陶宗儀編。宗儀有《國風尊經》，已著録。是書凡録胡長孺、王惲、許有壬、虞集、劉因、李孝光、金炯、楊維楨、林清源、龔開、周仔肩、揭傒斯、貢師泰、汪澤民十四人雜文二十首。皆紀當時忠孝節義之作。《王世貞集》有此書《跋語》云：係宗儀手鈔。然孫作《滄螺集》載有《宗儀小傳》，紀所作書目有《説郛》一百卷、《書史會要》九卷、《四書備遺》二卷、《輟耕録》三十卷。無此書名，疑好事者依託也。

黄丕烈《蕘圃藏書題識・史類一》 《草莽私乘》一卷。明鈔本。《私乘》存公道鴻文二十篇。綱常留大節，草莽示微權。感慨宋元際表揚臣妾賢，讀之如有媿，掩卷淚凄然。老蕘讀書有感而作。

宋名臣琬琰集

錢謙益等《絳雲樓書目・史傳記類》 杜大珪《宋名臣琬琰集》。

節義林

錢謙益等《絳雲樓書目・史傳記類》 《節義林》。

黄虞稷《千頃堂書目・傳記類》 桑喬《節義林》六卷。

《明史・藝文志・傳記類》 桑喬《節義林》六卷。

國寶新編

錢謙益等《絳雲樓書目・史傳記類》 徐禎卿《國寶新編》。

宋遺民録

錢謙益等《絳雲樓書目・史傳記類》 《宋遺民録》十五卷。程克勤編。止載王鼎翁、謝皋羽十一人，殆未成之書。今流俗所刊本。乃是後人自以其意爲之。

黄虞稷《千頃堂書目・傳記類》 程敏政《宋遺民録》十五卷。

《明史・藝文志・傳記類》 程敏政《宋遺民録》十五卷。

《四庫全書總目提要・傳記類存目三》 《宋遺民録》十五卷。副都御史黄登賢家藏本。明程敏政撰。敏政字克勤，休寧人。成化丙戌進士。官至禮部右侍郎。事蹟具《明史・文苑傳》。

名賢氏族言行録

錢謙益等《絳雲樓書目・譜牒類》《名賢氏族言行録》。

開國群雄事跡自輯

錢謙益等《絳雲樓書目・本朝國紀》《開國羣雄事跡自輯》。

英廉奏《全燬書目》《國初羣雄事略》。二本。錢謙益撰。

公侯襲封底簿

錢謙益等《絳雲樓書目・本朝國紀》《公侯襲封底簿》。

革除忠臣録

錢謙益等《絳雲樓書目・本朝國紀》《革除忠臣録》。西亭王孫。有《遜國褒忠録》。

革除遺忠録

錢謙益等《絳雲樓書目・本朝國紀》《革除遺忠録》。郁襄。

黄虞稷《千頃堂書目・傳記類》郁襄《革除遺忠録》二卷。

《四庫全書總目提要・傳記類存目三》《革朝遺忠録》二卷。浙江范懋柱家天一閣藏本。明郁衮撰。衮，嘉興人。其書撰述年月無可考。黄佐《革除遺事》已稱因郁衮原本，則當在正德以前矣。所列一百六十《傳》，皆明惠帝時死難諸臣。而《附録》一卷，則降燕諸臣如胡廣黄福之類後至大官者亦在焉。每《傳》後或附以《贊》語，又間有所附註。然其精要，已皆採入《革除遺事》中矣。

革除名臣録

錢謙益等《絳雲樓書目・本朝國紀》《革除名臣録》。

内閣首臣傳原本

錢謙益等《絳雲樓書目・本朝國紀》《内閣首臣傳原本》。王世貞。

寧藩諸王事實

錢謙益等《絳雲樓書目・本朝國紀》《寧藩諸王事實》。

國朝功臣封爵考

錢謙益等《絳雲樓書目・傳記》《國朝功臣封爵考》。

皇明恩明録

錢謙益等《絳雲樓書目・傳記》《皇明恩明録》。四册。

毓慶勳懿集

錢謙益等《絳雲樓書目・傳記》《毓慶勳懿集》。八册。

黄虞稷《千頃堂書目・傳記類》郭良《毓慶勳懿集》八卷。

鎮遠光猷集

錢謙益等《絳雲樓書目・傳記》《鎮遠光猷集》。八册。

二忠録

錢謙益等《絳雲樓書目・傳記》《二忠録》。王禕、吴友雲。

黄虞稷《千頃堂書目・傳記類》唐龍又二《忠録》二卷。記王禕、吴雲死節事。

《明史・藝文志・傳記類》唐龍《二忠録》二卷。紀王禕、吴雲事。

闡幽録

錢謙益等《絳雲樓書目・傳記》黄覲《闡幽録》。

黄虞稷《千頃堂書目・傳記類》《闡幽録》。録萬曆中建言被黜諸臣等。高攀龍序。

名卿續記

錢謙益等《絳雲樓書目・傳記》《名卿續記》。《弇州史料》中之一種。

黄虞稷《千頃堂書目・傳記類》王世貞又《名卿續記》六卷。

開國功臣録

錢謙益等《絳雲樓書目・傳記》黄金《開國功臣録》三十四卷。黄，定遠人。

黄虞稷《千頃堂書目・傳記類》黄金《開國功臣録》三十一卷，《續録》一卷。字良貴，定遠人。成化甲辰進士，吏部郎中，歷廣西布政司參議。自徐達至指揮李觀，凡五百九十一人。

《明史・藝文志・傳記類》《開國功臣録》三十一卷。黄金編次。自徐達至指揮李觀，凡五百九十一人。

皇明名臣琬琰集

錢謙益等《絳雲樓書目・傳記》《皇明名臣琬琰集》五十四卷。徐紘撰。

黄虞稷《千頃堂書目・傳記類》徐紘《國朝名臣琬琰録》五十四卷。字朝文，武進人，弘治庚戌進士，雲南按察司副使。

《明史・藝文志・傳記類》徐紘《名臣琬琰録》五十四卷。

《四庫全書總目提要・傳記類二》《明名臣琬炎録》二十四卷，《續録》二十二卷。浙江孫仰曾家藏本。明徐紘編。紘字朝文，武進人。弘治庚戌進士。以刑部郎中出爲廣東按察司僉事，分巡嶺東。終於雲南按察司副使。是書乃仿宋杜大珪《名臣碑傳琬琰集》而作，所輯自洪武迄弘治九朝諸臣事蹟。《前録》所載一百十有七人，《續録》所載九十五人，凡碑銘誌傳以及地志言行録之類悉具焉。

皇明史乘科録

錢謙益等《絳雲樓書目・傳記》《皇明史乘科録》一百五十卷。

黄虞稷《千頃堂書目・傳記類》《皇明史乘科録》一百十五卷。

列卿傳

錢謙益等《絳雲樓書目・傳記》 雷禮《列卿傳》。二十四册。一百四十四卷。

列卿年表

錢謙益等《絳雲樓書目・傳記》 雷禮《列卿年表》。六册。

史閣萬年

錢謙益等《絳雲樓書目・傳記》 李贄《史閣萬年》。

黄虞稷《千頃堂書目・傳記類》 李贄《史閣萬年》。

國朝進士列卿年表

錢謙益等《絳雲樓書目・傳記》《國朝進士列卿年表》。

續列卿年表

錢謙益等《絳雲樓書目・傳記》 徐鑒《續列卿年表》。十册。

續輔世編

錢謙益等《絳雲樓書目・傳記》 唐鶴徵《續輔世編》。六册。

殿閣部院大臣年表

錢謙益等《絳雲樓書目・傳記》《殿閣部院大臣年表》。許重熙。

唐宋遺民録

錢謙益《絳雲樓題跋》《廣宋遺民録》。元人吴立夫讀龔聖予撰文履善、陸君實二傳，輯祥興以後忠臣志士遺事，作《桑海餘録》，有序而無其書。明朝程學士克勤。取立夫之意，撰《宋遺民録》，謝皋羽已下凡十有一人。余惜其僅止于斯，欲增而廣之，爲《續桑海餘録》，亦有序而無書。淮海李小有。更陸沉之禍，自以先世相韓，輯《廣遺民録》以見志。取清江《谷音》、桐江《月泉吟社》，以益克勤所未備。

開國功臣書略

黄虞稷《千頃堂書目・傳記類》 錢謙益《開國功臣書略》。一作《羣雄事略》。

理學名臣言行録

黄虞稷《千頃堂書目・傳記類》 孟化鯉《理學名臣言行録》。

勳賢琬琰集

黄虞稷《千頃堂書目・傳記類》 何喬新《勳賢琬琰集》。

《明史・藝文志・傳記類》 何喬新《勳賢琬琰集》二卷。

皇明名臣琬琰録　續録

黄虞稷《千頃堂書目・傳記類》 王道《皇明名臣琬琰録》二卷，又《琬琰續録》二卷。

《明史・藝文志・傳記類》 王道《名臣琬琰録》二卷，《續録》二卷。

琬琰廣録

黄虞稷《千頃堂書目・傳記類》 沈節甫《琬琰廣録》。

名相贊

黄虞稷《千頃堂書目・傳記類》 尹直又《名相贊》一卷。

《四庫全書總目提要・傳記類存目三》 《名相贊》一卷。浙江范懋柱家天一閣藏本。明尹直撰。直字正言，泰和人。景泰甲戌進士。官至華蓋殿大學士。謚文和。事蹟具《明史》本傳。是書取漢、唐、宋相業足稱者，始蕭何，終文天祥，凡八十七人。採摭事實，各爲之贊。

吴壽暘《拜經樓藏書題跋記》卷二 《名相贊》五卷。明尹直著。起漢蕭相國，迄宋文丞相。前有弘治甲子直自序，後有弘治十八年歐陽雲序，首頁有曹溶潔躬二圖記，蓋秋岳先生舊藏也。

國朝列卿記

黄虞稷《千頃堂書目・傳記類》 雷禮《國朝列卿記》一百六十五卷。始洪武迄嘉靖，隆慶一朝則子映灤所補。

《明史・藝文志・傳記類》 雷禮《列卿記》一百六十五卷。起洪武，訖嘉靖。禮子映補隆慶一朝。

《四庫全書總目提要・傳記類存目三》 《列卿記》一百六十五卷。浙江巡撫採進本。明雷禮撰。禮有《六朝索隱》，已著録。是書臚列明代職官姓名，起自洪武初，終於嘉靖四十五年。凡内而内閣、部院以至府、司、寺、監長官，外而總督、巡撫，皆以拜罷年月爲次。上標人名，而各著其出身里籍於下爲《年表》。又於《年表》之後附載其居官事蹟爲《行實》。

閣臣行實

黄虞稷《千頃堂書目・傳記類》 雷禮又《閣臣行實》八卷。

《明史・藝文志・傳記類》 雷禮《閣臣行實》八卷。

嘉靖以來首輔傳

黄虞稷《千頃堂書目・傳記類》 王世貞《嘉靖以來首輔傳》八卷。

《明史・藝文志・傳記類》 王世貞《嘉靖以來首輔傳》八卷。

《四庫全書總目提要・傳記類二》 《嘉靖以來首輔傳》八卷。浙江汪啓淑家藏本。明王世貞撰。世貞有《弇山堂别集》，已著録。是編乃紀世宗、穆宗、神宗三朝閣臣事蹟。

張之洞《書目答問・傳記》 《嘉靖以來首輔傳》八卷。明王世貞。守山閣本。

皇明閣臣録

黄虞稷《千頃堂書目・傳記類》 李廷機《皇明閣臣録》六卷。一名《皇明閣史》。

《明史・藝文志・傳記類》 李廷機《閣臣録》六卷。

内閣名臣事略

黄虞稷《千頃堂書目・傳記類》 吴伯與《内閣名臣事略》十六卷。

《明史・藝文志・傳記類》 吴伯與《内閣名臣事略》十六卷。

國朝名臣事實

黄虞稷《千頃堂書目・傳記類》 錢薇《國朝名臣事實》三十卷。海鹽人，嘉靖壬辰進士，禮科給事中。

《明史・藝文志・傳記類》 錢薇《名臣事實》三十卷。

續藏書

黄虞稷《千頃堂書目・傳記類》 李贄《續藏書》二十七卷。

皇明輔世編　續編

黄虞稷《千頃堂書目・傳記類》 唐鶴徵《皇明輔世編》六卷。自李善長至胡宗憲凡四十二人，采其有裨經濟者輯之。又《續編》五卷。

《明史・藝文志・傳記類》 唐鶴徵《輔世編》六卷，《續編》五卷。

《四庫全書總目提要・傳記類存目四》 《輔世編》六卷。江蘇巡撫採進本。明唐鶴徵撰。鶴徵有《周易象義》。已著録。是書取明代諸臣，次其行事。起洪武初李善長、劉基，訖嘉靖中曾銑、胡宗愈，凡五十二人。

昭代明良録

黄虞稷《千頃堂書目・傳記類》 童時明《昭代明良録》二十卷。

《明史・藝文志・傳記類》 童時明《昭代明良録》二十卷。

聖朝名世録

黄虞稷《千頃堂書目・傳記類》 劉夢雷《聖朝名世録》四卷。

《明史・藝文志・傳記類》 劉夢雷《名臣考》四卷。

皇明名臣録

黄虞稷《千頃堂書目・傳記類》 林塾重修《皇明名臣録》二卷。

《明史・藝文志・傳記類》 林塾《重輯名臣録》二卷。

明臣論世

黄虞稷《千頃堂書目・傳記類》 李裁《明臣論世》四卷。福清人。萬曆中貢士，崇陽訓導。

《明史・藝文志・傳記類》 李裁《明臣論世》四卷。

國朝名臣履歴

黄虞稷《千頃堂書目・傳記類》 張問仁《國朝名臣履歴》。字子兼，句容人。

貢士，合肥訓導。

皇明應謚名臣傳

黄虞稷《千頃堂書目·傳記類》 林之盛《皇明應謚名臣傳》十二卷。字貞伯，錢塘人。自洪武迄萬曆凡二百八十七人。

《明史·藝文志·傳記類》 林之盛《應謚名臣傳》十二卷。

皇明文徵論録

黄虞稷《千頃堂書目·傳記類》 黄居中《皇明文徵論録》□□卷。

皇明臣略纂聞

黄虞稷《千頃堂書目·傳記類》 瞿汝説《皇明臣略纂聞》十二卷。

《明史·藝文志·傳記類》 瞿汝説《臣略纂聞》十二卷。

先賢事略

黄虞稷《千頃堂書目·傳記類》 馮復京《先賢事略》十卷。

《明史·藝文志·傳記類》 馮復京《先賢事略》十卷。

國朝名臣傳

黄虞稷《千頃堂書目·傳記類》 劉同升《國朝名臣傳》。自洪武至崇禎。

國朝五達編

黄虞稷《千頃堂書目·傳記》 劉上卿《國朝五達編》五卷。

歷代五達編

黄虞稷《千頃堂書目·傳記類》 劉上卿又《歷代五達編》一卷。

皇明名臣類編

黄虞稷《千頃堂書目·傳記類》 蘇茂相《皇明名臣類編》二卷。

《明史·藝文志·傳記類》 蘇茂相《名臣類編》二卷。

維風編

黄虞稷《千頃堂書目·傳記類》 史旌賢《維風編》二卷。

《明史·藝文志·傳記類》 史旌賢《維風編》二卷。

東林諸賢言行録

黄虞稷《千頃堂書目·傳記類》 鄒期禎《東林諸賢言行録》五卷。無錫人。

《明史·藝文志·傳記類》 鄒期禎《東林諸賢言行録》五卷。紀明代人物。

名臣録略

黃虞稷《千頃堂書目・傳記類》 蔡瓚明《名臣録略》二卷。温州平陽人。

明名臣言行録

黃虞稷《千頃堂書目・傳記類》 劉廷元《明名臣言行録》。

軍機處奏《禁毀書目》 《明名臣言行録》。一部，八本。本《明名臣言行録》係明徐咸撰，仿朱子《宋名臣言行録》之例，纂集明初以後諸臣嘉言懿行。分前後二集，前集始於徐達，終於羅倫。後集始於章綸，終於胡居仁，皆正德以前之人。書成於嘉靖己酉，並無干礙，應請毋庸銷燬，惟書内間有紀述偏謬處，仍應删燬。

名臣類纂

黃虞稷《千頃堂書目・傳記類》 過庭訓《名臣類纂》。

名臣品騭

黃虞稷《千頃堂書目・傳記類》 賀萬祚《名臣品騭》。

明弼直録

黃虞稷《千頃堂書目・傳記類》 項德楨《明弼直録》。

明名士志

黃虞稷《千頃堂書目・傳記類》 陳茂義又《明名士志》。

昭代名臣志抄

黃虞稷《千頃堂書目・傳記類》 吴孝章《昭代名臣志抄》二十四卷。

《四庫全書總目提要・傳記類存目四》 《名臣志鈔》二十四卷。浙江巡撫採進本。明吴孝章撰。孝章字平子，嘉興人。是書前有天啓癸亥吴中偉序，謂其鈔鄭曉《吾學編》、王世貞《四部稿》而稍節之。然如《孫一元傳》乃殷雲霄所作，則亦不全據鄭主矣。所録始於洪武，迄於隆慶，凡一百五十三人。卷中有自爲贊詞者，如《李善長傳》末是也。有《襲弇州史稿》者，如《湯信傳》末是也。然若劉基與李善長同卷，而贊詞獨不及於劉。馮勝、傅友德、藍玉同卷，而贊詞獨不及於馮藍。則未知命意之所存。其所載事實，頗爲闕略。而《徐達傳》之附增壽，《李文忠傳》之附景隆，此自史家備詳世系之體。若惟志名臣，烏容及此。至《于謙傳》之附石亨，益無理矣。中偉序全仿《史記自序》、《漢書敘傳》之例，行以韻語，殊乖體裁。謂之不善學步可也。

畿輔人物志

黃虞稷《千頃堂書目・傳記類》 孫承澤《畿輔人物志》□□卷。

《四庫全書總目提要・傳記類存目五》 《畿輔人物志》二十卷。浙江吴玉墀家藏本。國朝孫承澤撰。承澤有《尚書集解》，已著録。是編專志有明一代畿輔人物。然如李東陽之類，究涉假借，不出地志之積習。又如成基命無所瑕疵，亦實無所樹立。承澤以其子克鞏方官大學士，而盛相推重，則亦非盡信史矣。

四朝人物志

黄虞稷《千頃堂書目・傳記類》 孫承澤又《四朝人物志》二十册。

《四庫全書總目提要・傳記類存目五》 《四朝人物略》六卷。副都御史黄登賢家藏本。國朝孫承澤撰。自漢至唐、宋爲五卷，全襲《名臣録》之文。明一代總爲一卷，皆用劉孟雷所爲《翊運》、《碩輔》、《名卿》、《正學》等傳爲之。蓋承澤所長在於習掌故，精賞鑒。故所撰《春明夢餘録》、《庚子銷夏記》諸書，皆考證詳明。而史筆敘述，則非其專門也。

雍　略

黄虞稷《千頃堂書目・傳記類》 《雍略》四卷。陳念生輯。

四明先賢記

黄虞稷《千頃堂書目・傳記類》 李本《四明先賢記》。

檇李往哲傳

黄虞稷《千頃堂書目・傳記類》 戚元佐《檇李往哲傳》一卷。尚寶卿，郡人。

《四庫全書總目提要・傳記類存目三》 《檇李往哲前編》一卷。浙江巡撫採進本。明戚元佐撰。元佐字希仲，嘉興人。嘉靖壬戌進士。官至尚寶司卿。是編取洪武至萬曆初年嘉興前哲自程本立以下共十四人，各爲一傳。王世貞爲之序。其稱前編者，則以國朝項玉筍有《續編》之刻，追題此名也。

吴興名賢録

黄虞稷《千頃堂書目・傳記類》 《吴興名賢録》□卷。陸崑撰。

吴興名賢續録

黄虞稷《千頃堂書目・傳記類》 王道隆《吴興名賢續録》六卷。

《明史・藝文志・傳記類》 王道隆《吴興名賢續録》六卷。

《四庫全書總目提要・傳記類存目三》 吴興名賢續録》六卷。江蘇巡撫採進本。明王道隆撰。道隆字客山，烏程人。其書分道學、儒行、文藝、勳業、宦績、孝友、節義、流寓、隱逸、名宦十門。各敘其事實，系以論贊。其名宦一門，採摭最廣，頗足補志乘之闕。然烏程潘季馴以治河功績爲明代名臣，應列勳業。錢鎮經史皆有著述，應列儒行。今具録其同時同邑之人，而二人獨不見收，未免疎漏。至如敘蔣瑶而不載其陳時弊七事，敘張永明而於永明改左都御史後一切整飭臺綱諸政績悉置不録，亦爲脱漏云。

西吴琬琰録

黄虞稷《千頃堂書目・傳記類》 沈節甫《西吴琬琰録》。

江右人文贊

黄虞稷《千頃堂書目・傳記類》 王撣《江右人文贊》。安福人。

景慕編

黄虞稷《千頃堂書目·傳記類》 王撣又《景慕編》。

豫人物記

黄虞稷《千頃堂書目·傳記類》 雷禮《豫人物記》。

豐城人物志

黄虞稷《千頃堂書目·傳記類》 雷禮又《豐城人物志》。

歷代江右名賢録

黄虞稷《千頃堂書目·傳記類》 劉元卿《歷代江右名賢録》二卷。

《明史·藝文志·傳記類》 劉元卿《江右歷代名賢録》二卷。

國朝江右名賢編

黄虞稷《千頃堂書目·傳記類》 劉元卿又《國朝江右名賢編》二卷。

廣信先賢事實

黄虞稷《千頃堂書目·傳記類》 姚堂《廣信先賢事實》六卷。

樂平人物傳

黄虞稷《千頃堂書目·傳記類》 程楷《樂平人物傳》一卷。

豫章耆舊傳

黄虞稷《千頃堂書目·傳記類》 朱謀㙔《豫章耆舊傳》三卷。

《明史·藝文志·傳記類》 朱謀㙔《豫章耆舊傳》三卷。

祥符人物志

黄虞稷《千頃堂書目·傳記類》 張遂《祥符人物志》四卷。本邑人。舉人，官浙江鹽運司使。

名將傳

黄虞稷《千頃堂書目·傳記類》 陳元素《名將傳》十七卷。

掾史芳規

黄虞稷《千頃堂書目·傳記類》 耿定向《掾史芳規》二十卷。

國士懿範

黄虞稷《千頃堂書目・傳記類》 耿定向又《國士懿範》二十卷。

古今長者録

黄虞稷《千頃堂書目・傳記類》 丁明登《古今長者録》八卷。字□□，浦江人。萬曆丙辰進士，衢州府知府。

《明史・藝文志・傳記類》 丁明登《古今長者録》八卷。

宋相譜

黄虞稷《千頃堂書目・傳記類》 吴震元《宋相譜》二百卷。（盧補）

《明史・藝文志・譜牒類》 吴震元《宋相譜》二百卷。

嵇璜等《續通志・圖譜略・記無・論贊》 明吴震元《宋相譜》。

忠貞集

黄虞稷《千頃堂書目・傳記類》 卞壺《忠貞集》四卷。

古今人物傳

黄虞稷《千頃堂書目・傳記類》 何璧《古今人物傳》十二卷。

歷代象賢録

黄虞稷《千頃堂書目・傳記類》 郭良翰《歷代象賢録》二十卷。

宋名臣言行節略

黄虞稷《千頃堂書目・傳記類》 向敎《宋名臣言行節略》。字景中，慈谿人。

宋名臣言行録

黄虞稷《千頃堂書目・傳記類》 劉廷元《宋名臣言行録》。平湖人。

歷代名臣芳躅

黄虞稷《千頃堂書目・傳記類》 金汝諧《歷代名臣芳躅》。字沖德，平湖人。

《四庫全書總目提要・傳記類存目四》 《歷代名臣芳躅》二卷。浙江巡撫採進本。明金汝諧撰。汝諧字啟宸，平湖人。萬曆甲辰進士。是編採摭前人事蹟，自周、秦以迄於明，分忠貞、節義、良吏、恬退、純孝、友于、範俗、仁恕、學術、言行九類。大抵詳於明人，而略於前代，挂漏已不待言。且排比失倫，品題多謬。學術類以子貢、師曠同稱，殊嫌龐雜。甚至以楊溥、李東陽歸之節義一門。溥固長者，東陽亦不失文士。然一則遷就於靖難革除之間，一則依違於奄竪擅權之日。目以節義，豈足厭後世之心乎。

名臣言行録

黄虞稷《千頃堂書目・傳記類》 馬權奇《名臣言行録》。會稽人。

百將傳略

黄虞稷《千頃堂書目・傳記類》 胡良臣《百將傳略》。山陰人。

廉吏傳

黄虞稷《千頃堂書目・傳記類》 黄汝亨《廉吏傳》。仁和人。參議。

《四庫全書總目提要・傳記類存目四》 《廉吏傳》無卷數。浙江巡撫採進本。

明黄汝亨撰。汝亨有《古奏議》，已著録。是書以宋費樞所作《廉吏傳》自春秋迄五季止百十有四人，尚爲闕略。因搜採諸史，五季以前增入三十三人。又考宋、元二史，續載六十四人。各以時代爲序。復以舊傳不分優劣，乃定爲三等，於傳首姓名之上各署上、中、下字以別之。正編之外又有《廉蠹》一編，所載爲郅都、張湯等十人，亦有評語。姓名之上則署以酷、譎、陋、忍、贓、姦諸字，體例頗爲杜撰。傳末附評一二語，亦皆膚淺。且汝亨既因費樞舊本增輯成編，自當以孰爲原書，孰爲續補，分別標識。乃混而爲一，但署己名，尤不免於掠美矣。

先賢言行録

黄虞稷《千頃堂書目・傳記類》 蔣宗澹《先賢言行録》。

金陵人物志

黄虞稷《千頃堂書目・傳記類》 陳鎬《金陵人物志》六卷。

《明史・藝文志・傳記類》 陳鎬《金陵人物志》六卷。

溧陽人物記

黄虞稷《千頃堂書目・傳記類》 史學《溧陽人物記》。

忻慕編

黄虞稷《千頃堂書目・傳記類》 陳鳳《忻慕編》二卷。

吴下名賢紀録

黄虞稷《千頃堂書目・傳記類》 王賓《吴下名賢紀録》。

《明史・藝文志・傳記類》 王賓《吴下名賢紀録》一卷。

吴郡獻徵録

黄虞稷《千頃堂書目・傳記類》 朱存理《吴郡獻徵録》。

蘇材小纂

黄虞稷《千頃堂書目・傳記類》 祝允明《蘇材小纂》六卷。

《明史・藝文志・傳記類》 祝允明《蘇材小纂》六卷。

《四庫全書總目提要・傳記類存目三》 《蘇材小纂》六卷。户部尚書王際華家藏本。明祝允明撰。允明字希哲，長洲人。弘治壬子舉人。官至應天府通判。《明史・文苑傳》附見《徐禎卿傳》中。是書記天順以後蘇州人物。前有《自序》，稱弘治改元，詔中外諸司，撰集事蹟，上史館爲實録，簡允明等數弟子員司其事。因私纂紀爲此書。第一曰《簪纓》，纂徐有貞以下十九人。第二曰《邱壑》，纂杜瓊以下五人。第三曰《孝德》，纂朱灝一人。第四曰《女憲》，纂王妙鳳以下三人。第五曰《方術》，纂張豫等二人。大約本之碑誌行狀，而稍爲考據異同，注於本文之下。其敘徐有貞事，頗有諱飾。蓋允明爲有貞外孫，親串之私，不能無所假借云。

吴中先賢傳

黄虞稷《千頃堂書目・傳記類》 袁袠《吴中先賢傳》十卷。

《明史・藝文志・傳記類》 袁袠《吴中先賢傳》十卷。

東吴名賢記

黄虞稷《千頃堂書目・傳記類》 周復俊《東吴名賢記》。

《四庫全書總目提要・傳記類存目三》 《東吴名賢記》二卷。江蘇巡撫採進本。明周復俊撰。復俊字子籲，崑山人。嘉靖壬辰進士。官至南京太僕寺卿。是編記吴中名賢自商相巫咸至明太常寺卿魏校，凡四十七人。各爲之傳贊，附傳者又十人。前有《自序》，歷舉所載諸賢而議論之。蓋略仿《華陽國志》之體。然所紀簡略，未足以資考證也。

崑山人物志

黄虞稷《千頃堂書目・傳記類》 方鵬《崑山人物志》十卷。邑人。

《明史・藝文志・傳記類》 方鵬《崑山人物志》八卷。

《四庫全書總目提要・傳記類存目三》 《崑山人物志》十卷。浙江巡撫採進本。明方鵬撰。鵬字子鳳，亦字時舉，崑山人。正德戊辰進士。官至太常寺卿。是書論次崑山先哲。首《名賢》六人，次《節行》二十八人，次《文學》三十七人，次《列女》三十人，次《藝能》三十一人，次《游寓》二十六人，而以《雜志》終焉。其爲十卷。《明史・藝文志》作八卷。傳寫誤也。

崑山人物志

黄虞稷《千頃堂書目・傳記類》 張大復《崑山人物志》八卷。

《四庫全書總目提要・傳記類存目三》 《崑山人物傳》十卷。浙江鮑士恭家藏本。明張大復撰。大復字元長，崑山人。與歸有光同時。是書舊本題曰《梅花草堂集》。而以《崑山人物傳》、《崑山名宦傳》爲子目，蓋皆編入集中，故總以集名，實則各一書也。先是，方鵬有《崑山人物志》六卷。此則斷自明代，起洪武至萬曆，得三百餘人。其間父子祖孫以類附傳，略如史體。

同里先哲記

黄虞稷《千頃堂書目・傳記類》 吴騤《同里先哲記》。吴江有同里鄉，騤記其鄉先哲。騤洪熙初官教諭，字材良。

毘陵人品記

黃虞稷《千頃堂書目・傳記類》 毛憲《毘陵人品記》四卷。一作十卷，給事中。

晉陵崇祀先賢傳

黃虞稷《千頃堂書目・傳記類》 歐陽東鳳《晉陵崇祀先賢傳》。自延陵季子至錢御史啓新，凡七十人。

歷代君臣圖鑑

黃虞稷《千頃堂書目・傳記類》 《歷代君臣圖鑑》。不知何人所繪，益王府刊。

歷代先賢像贊

黃虞稷《千頃堂書目・傳記類》 孫承恩《歷代先賢像贊》六卷。

漢唐宋名臣録

黃虞稷《千頃堂書目・傳記類》 李廷機《漢唐宋名臣録》五卷。

《明史・藝文志・傳記類》 李廷機《漢唐宋名臣録》五卷。

《四庫全書總目提要・傳記類存目四》 《漢唐宋名臣録》五卷。兩江總督採進本。明李廷機撰。廷機字爾張，晉江人。萬曆癸未進士。官至禮部尚書，東閣大學士，謚文清。事蹟具《明史》本傳。是書所録，自漢文翁至宋杜衍，凡六十人。董吉士序，謂其録取嚴而用意微。蓋借以諷勸當時廷臣，有爲而發，故不求全備云。

漢名臣言行録

黃虞稷《千頃堂書目・傳記類》 姜絅《漢名臣言行録》八卷。字幼章，金華人。正德丁丑進士，工部郎中。

《明史・藝文志・傳記類》 姜絅《漢名臣言行録》八卷。

唐宰相傳

黃虞稷《千頃堂書目・傳記類》 雷禮《唐宰相傳》。

南宋名臣言行録

黃虞稷《千頃堂書目・傳記類》 尹直《南宋名臣言行録》十六卷。

《明史・藝文志・傳記類》 尹直《南宋名臣言行録》十六卷。

《四庫全書總目提要・傳記類存目三》 《南宋名臣言行録》十六卷。浙江范懋柱家天一閣藏本。明尹直撰。此書續朱子《名臣言行録》而作。前有弘治癸亥《自序》，云取《宋史列傳》，自陳俊卿以下，芟繁節冗，撮採其要，得百二十有三人。然朱子所作《名臣言行録》，原以網羅舊聞，蒐載軼事，用備史氏之採擇。若徒鈔録史文，一無考證，則《宋史列傳》具在，亦何必徒煩筆墨乎。

宋名臣言行録補

黃虞稷《千頃堂書目・傳記類》 張釆《宋名臣言行録補》十六卷。

《明史・藝文志・傳記類》 張釆《宋名臣言行録》十六卷。

景行萃編

黄虞稷《千頃堂書目・傳記類》 王萁《景行萃編》。

宋名臣補遺

黄虞稷《千頃堂書目・傳記類》 王萁又《宋名臣補遺》。

名賢卓行

黄虞稷《千頃堂書目・傳記類》 孟化鯉《名賢卓行》。

名臣言行録

黄虞稷《千頃堂書目・傳記類》 章時鸞《名臣言行録》。青陽人。嘉靖甲午舉人，河南按察司副使。

名臣論贊

黄虞稷《千頃堂書目・傳記類》 張家玉《名臣論贊》。

今賢懿行

黄虞稷《千頃堂書目・傳記類》 王廷簡《今賢懿行》。邛州人。萬曆中官副使。

歷代相臣傳

黄虞稷《千頃堂書目・傳記類》 魏顯國《歷代相臣傳》一百六十八卷。

《明史・藝文志・傳記類》 魏顯國《歷代相臣傳》一百六十八卷。

《四庫全書總目提要・傳記類存目四》 《歷代相臣傳》一百六十八卷。直隸總督採進本。明魏顯國撰。顯國字汝忠，南昌人。隆慶丁卯舉人。是書《明史・藝文志》著録，卷數與此本相合。大抵全鈔史傳原文，無所襃貶，亦無所考正。所敘歷代相臣職名，如南朝制一條，以梁初罷相國置丞相，罷丞相置司徒，後又置相國，位列丞相上。不知置相國列丞相上乃陳制，非梁制。又謂唐魏徵以祕書監參預朝政，始有參議得失參知政事之名。不知其時先以吏部尚書杜淹參議朝政，故有是名。又謂開元以後宰相爲鹽鐵、轉運、延資庫使，名尤不正。不知其時以宰相兼攝是官，非以是官爲宰相。況其時太微宮使、太清宮使多以宰相兼之，不僅延資庫使也。又以李光弼列於宰相。不知光弼爲河中節度，惟加平章，不治政事，乃唐之使相。唐末節度加侍中、中書令、三公、三師者甚多，皆使相，非宰相。載於史志者甚詳。元之參議中書省事，乃六曹管轄，官止四品，亦非宰相。故《元史・宰相表》不列是官。又元制三公非相職，故別立《三公三師表》。今俱列於宰相，舛謬既甚，挂漏尤多。至於各史宰相列傳，或採或置，茫無義例，更未免踈脱矣。

歷代守令傳

黄虞稷《千頃堂書目・傳記類》 魏顯國又《歷代守令傳》二十四卷。

《明史・藝文志・傳記類》 魏顯國《守令傳》二十四卷。

《四庫全書總目提要・傳記類存目四》 《歷代守令傳》二十四卷。兩淮馬裕家藏本。明魏顯國撰。自宓不齊、仲由至劉秉直，爲歷代循吏二十一卷。又自郅都至敬羽，爲歷代酷吏三卷。於史傳原文之外，閒有所增，而亦多蕪雜。

儒林全傳

黃虞稷《千頃堂書目・傳記類》 魏顯國又《儒林全傳》二十卷。

《明史・藝文志・傳記類》 魏顯國《儒林傳》二十卷。

《四庫全書總目提要・傳記類存目四》 《儒林全傳》二十卷。浙江汪啟淑家藏本。明魏顯國撰。所録自孔子至元吴澄。皆採録前史，與相臣傳同。

名相行略

黃虞稷《千頃堂書目・傳記類》 丁旦《名相行略》。

錫山先賢録

黃虞稷《千頃堂書目・傳記類》 華雲《錫山先賢録》。

澄江先賢録

黃虞稷《千頃堂書目・傳記類》 周李鳳《澄江先賢録》。字公儀，寧州人。弘治癸丑進士，右都御史。

潤州先賢録

黃虞稷《千頃堂書目・傳記類》 姚堂《潤州先賢録》六卷。四明人。郡守。

《四庫全書總目提要・傳記類存目三》 《潤州先賢録》六卷。浙江汪啟淑家藏本。明姚堂撰。堂字彦容，慈谿人。正統己未進士。官至鎮江府知府。是編成於天順癸未。録鎮江先賢自周迄宋，分《高風》、《忠節》、《相業》、《直諫》、《德望》、《文學》六門。列其人之事實，并後人所爲記讚詩文，間及其人之著述。所載僅二十人，不及《京口耆舊傳》十之一也。

維揚人物志

黃虞稷《千頃堂書目・傳記類》 黄瓚《維揚人物志》八卷。

鑾江人物志

黃虞稷《千頃堂書目・傳記類》 黄瓚又《鑾江人物志》。

廣陵十先生傳

黃虞稷《千頃堂書目・傳記類》 歐大任《廣陵十先生傳》一卷。嶺南人，隆慶四年李攀龍序。十先生者，南京吏部左侍郎泰州儲巏、參贊機務南京兵部尚書江都王軏、山東提學副使江都趙鶴、布政使參政寶應朱應登、國子司業儀真景暘、廣西布政使參政儀徵蔣山卿、兵部侍郎贈尚書江都曾銑、監察御史贈光禄寺少卿江都桑喬、九江府知府寶應朱曰藩、福建按察司提學副使興化宗臣。萬曆二十九年江都王滂刊行。

維揚人物續志

黃虞稷《千頃堂書目・傳記類》 張榘《維揚人物續志》二十卷。字範仲，儀徵人。嘉靖丙午舉人。

太平人物傳

黄虞稷《千頃堂書目・傳記類》 謝理《太平人物傳》。

休寧理學先賢傳

黄虞稷《千頃堂書目・傳記類》 范淶《休寧理學先賢傳》一卷。

宛陵人物傳

黄虞稷《千頃堂書目・傳記類》 梅守德《宛陵人物傳》。

桐　彝

黄虞稷《千頃堂書目・傳記類》 方學漸《桐彝》三卷。桐城人。

《四庫全書總目提要・傳記類存目三》 《桐彝》三卷。浙江巡撫採進本。明方學漸撰。學漸字達卿，號本菴，桐城人。以子大鎮貴，贈大理寺少卿。是編取其鄉忠孝、義烈之行凡耳目所及者，各爲立傳。自序謂風世莫如彝，充彝莫如學，故以「桐彝」爲名。凡五十人，爲傳二十三篇。

涿鹿先賢傳

黄虞稷《千頃堂書目・傳記類》 頓鋭《涿鹿先賢傳》一卷。

宣府昭德祠十二公傳

黄虞稷《千頃堂書目・傳記類》 吕枏《宣府昭德祠十二公傳》一卷。自李儀至王雲鳳，凡十二人，皆巡撫其地。

浦江人物記

黄虞稷《千頃堂書目・傳記類》 宋濂《浦江人物記》二卷。

《明史・藝文志・傳記類》 宋濂《浦江人物記》二卷。

《四庫全書總目提要・傳記類二》 《浦陽人物記》二卷。浙江范懋柱家天一閣藏本。明宋濂撰。濂有《洪武聖政記》，已著録。是書凡五目，曰《忠義》、曰《孝友》、曰《政事》、曰《文學》、曰《貞節》。所紀共三十有九人，而以《進士題名》一篇附於後。歐陽元《序》稱其至公甚當，不以私意爲予奪。蓋濂本以文章名世，故所作皆具有史法。其書本成於元時，後人編輯濂集者，止採録其論贊，而全書則仍别行。此本爲明弘治中歷陽王珍所重刻。卷末有濂《自跋》，稱始立稿，而廉侯景淵遽取刊布，牴牾者多。今補定五十餘處，視舊行爲小勝。末題至正十三年。此《跋》濂集亦未收，蓋濂元時所作，集多失載。今所傳未刻稿皆至正時之遺文，可以互證也。

金華名賢傳

黄虞稷《千頃堂書目・傳記類》 劉徵《金華名賢傳》。劉辰子。

《明史・藝文志・傳記類》 劉徵《金華名賢傳》三卷。

金華賢達傳

黄虞稷《千頃堂書目・傳記類》 鄭柏《金華賢達傳》十二卷。浦江人。

《四庫全書總目提要・傳記類存目三》 《金華賢達傳》十二卷。浙江范懋柱家天一閣藏本。明鄭柏撰。柏字叔端，浦江人。宋濂之門人也。是書輯金華一郡人物，各爲小傳，系之以贊。凡三百六十餘人。分《忠義》、《孝友》、《政事》、《儒學》、《卓行》五門，亦宋濂《浦陽人物記》之類。然如樓照迎合和議，曹冠爲秦檜門客，乃竝取之，殊不免鄉曲之私。第十一卷内又有《柏傳》一篇，附《鄭楷》之後。柏無自作傳之理，或其家子孫所增入歟。

補金華賢達傳

黄虞稷《千頃堂書目・傳記類》 楊璥《補金華賢達傳》一卷。東陽人。

金華賢達傳

黄虞稷《千頃堂書目・傳記類》 王稌《金華賢達傳》。

金華獻徵

黄虞稷《千頃堂書目・傳記類》 徐與泰《金華獻徵》二十二卷。

金華淵源録

黄虞稷《千頃堂書目・傳記類》 董遵《金華淵源録》二卷。字道卿，蘭谿人。章懋門人，盛恩知縣。

《明史・藝文志・傳記類》 董遵《金華淵源録》二卷。

金華鄉賢志

黄虞稷《千頃堂書目・傳記類》 薛敬之《金華鄉賢志》。字顯思，渭南人。成化己丑進士，雷州知府。

義烏人物志

黄虞稷《千頃堂書目・傳記類》 金江《義烏人物志》二卷。

《明史・藝文志・傳記類》 金江《義烏人物志》二卷。

《四庫全書總目提要・傳記類存目三》 《義烏人物志》二卷。浙江范懋柱家天一閣藏本。明金江撰。江字孔殷，義烏人。是書成於嘉靖乙未。取史傳地志及諸家文集中所載義烏名人各爲之傳贊。所載凡四十七人，分忠義、孝友、政事、文學四類。蓋全倣宋濂《浦陽人物記》例。而敘述過於簡略，不及濂書博贍也。

永康先民傳

黄虞稷《千頃堂書目・傳記類》 應廷育《永康先民傳》。永康人。福建僉事。

富春人物志

黄虞稷《千頃堂書目・傳記類》 楊維禎《富春人物志》。

尊鄉録詳節

黄虞稷《千頃堂書目・傳記類》 謝鐸《尊鄉録詳節》十卷。

《明史・藝文志・傳記類》 謝鐸《尊鄉録》十卷。

尊鄉節録

黄虞稷《千頃堂書目・傳記類》 謝鐸又《尊鄉節録》四卷。

尊鄉録節要

黄虞稷《千頃堂書目・傳記類》 謝鐸《尊鄉録節要》五卷。

尊鄉續録

黄虞稷《千頃堂書目・傳記類》 王啓《尊鄉續録》。

永嘉先哲録

黄虞稷《千頃堂書目・傳記類》 王佐《永嘉先哲録》二十卷。

越中述傳

黄虞稷《千頃堂書目・傳記類》 南逢吉《越中述傳》四卷。

《明史・藝文志・傳記類》 南逢吉《越中述傳》四卷。

紹興先達傳

黄虞稷《千頃堂書目・傳記類》 吴騵《紹興先達傳》。字文英，山陰人。

鄉賢考

黄虞稷《千頃堂書目・傳記類》 劉宗周《鄉賢考》。

四明名賢記

黄虞稷《千頃堂書目・傳記類》 李孝謙《四明名賢記》。（别本補）

睢陽人物志

黄虞稷《千頃堂書目・傳記類》 劉瓚《睢陽人物志》。董其昌序。

莆陽名公事跡

黄虞稷《千頃堂書目・傳記類》 吴源《莆陽名公事迹》五卷。

莆陽人物志

黄虞稷《千頃堂書目・傳記類》 方槐生《莆陽人物志》三卷。字時舉，莆田人。

洪武初官府學訓導，被誣死。宋濂銘其墓。

《明史・藝文志・傳記類》 方槐生《莆陽人物志》三卷。

莆陽人物備志

黄虞稷《千頃堂書目・傳記類》 宋端儀《莆陽人物備志》。

鄉賢考證

黄虞稷《千頃堂書目・傳記類》 宋端儀又《鄉賢考證》。

漳獻備忘

黄虞稷《千頃堂書目・傳記類》 林祺《漳獻備忘》。

武夷人物志

黄虞稷《千頃堂書目・傳記類》 汪佃《武夷人物志》。

越　章

黄虞稷《千頃堂書目・傳記類》 史繼階《越章》六卷。明代八閩人物傳。

《明史・藝文志・傳記類》 史繼偕《越章》六卷。明代八閩人物傳。

沔陽人物考

黄虞稷《千頃堂書目・傳記類》 陳柏《沔陽人物考》。沔陽人。嘉靖庚戌進士，按察司副使。

興國縣四賢傳

黄虞稷《千頃堂書目・傳記類》 郭子章《興國縣四賢傳》一卷。

曲沃先賢事跡録

黄虞稷《千頃堂書目・傳記類》 李廷寳《曲沃先賢事迹録》。本邑人。舉人，官長史。

厚鄉録

黄虞稷《千頃堂書目・傳記類》 王承裕《厚鄉録》。

青州人物考

黄虞稷《千頃堂書目・傳記類》 鍾羽正《青州人物考》。

嶺南耆舊傳

黄虞稷《千頃堂書目・傳記類》 王漸逵《嶺南耆舊傳》。

百粵先賢志

黄虞稷《千頃堂書目・傳記類》 歐大任《百粵先賢志》四卷。

《明史・藝文志・傳記類》 歐大任《百粤先賢志》四卷。

蜀中人物記

黄虞稷《千頃堂書目・傳記類》 曹學佺《蜀中人物記》六卷。

《明史・藝文志・傳記類》 曹學佺《蜀中人物記》六卷。

吴興人物志

黄虞稷《千頃堂書目・傳記類》 嚴有穀《吴興人物志》十卷。

赤城人物志

黄虞稷《千頃堂書目・傳記類》 高紈《赤城人物志》。

東陽人物志

黄虞稷《千頃堂書目・傳記類》 杜儲《東陽人物志》十卷。

浦陽續人物記

黄虞稷《千頃堂書目・傳記類》 張應槐《浦陽續人物記》一卷。字汝植，浦江人。

浦陽人物補遺

黄虞稷《千頃堂書目・傳記類》 張德行《浦陽人物補遺》一卷。字用之，浦江人。

婺書

黄虞稷《千頃堂書目・傳記類》 吴之器《婺書》八卷。義烏人。

廣□□往哲傳

黄虞稷《千頃堂書目・傳記類》 陳懿典《廣□□往哲傳》十卷。

中州人物志

黄虞稷《千頃堂書目・傳記類》 何鏜《中州人物志》。

孝順事實

黃虞稷《千頃堂書目・傳記類》 成祖又《孝順事實》一卷。上命翰林儒臣采録古今載籍所紀孝順之事，上親製論斷及詩。又親序冠之。十八年六月辛丑成書，凡二百七十事。

孝　紀

黃虞稷《千頃堂書目・傳記類》 《孝紀》十二卷。

《四庫全書總目提要・傳記類存目三》 《孝紀》十六卷。江蘇巡撫採進本。明蔡保禎撰。保禎字瑞卿，漳浦人。是書以孝行事實區爲十六類。一曰帝王，二曰聖門，三曰純孝，四曰世孝，五曰禄養，六曰苦行，七曰神助，八曰通神，九曰尋親，十曰格暴，十一曰復仇，十二曰死孝，十三曰永慕，十四曰瑞應，十五曰童孝，十六曰女孝。

古今孝史

黃虞稷《千頃堂書目・傳記類》 潘振《古今孝史》十二卷。烏程人。崇禎庚午舉人。

《明史・藝文志・傳記類》 潘振《古今孝史》十二卷。

孝友傳

黃虞稷《千頃堂書目・傳記類》 郭凝之《孝友傳》二十四卷。海寧人，舉人。所紀四百餘人，以其父文範附焉。

《明史・藝文志・傳記類》 郭凝之《孝友傳》二十四卷。

《四庫全書總目提要・傳記類存目四》 《孝友傳》二十四卷。江蘇巡撫採進本。明郭凝之撰。凝之字正中，海寧人。天啓甲子舉人。官至充東兵備副使。是書採摭商至元末孝義事蹟，按代編次。然體例猥雜殊甚。如君陳絶無事蹟，以成王孝友一言列之，猶有説也。顔子立不專以孝稱，而亦虚載其名。晉文公對秦使乃舅犯之謀，而亦浪標厥目。至《論語》問孝四人，以子夏爲主，子游附傳，已屬妄分賓主。孟懿子、孟武伯亦與子游同附，則不知二人之孝以何爲據矣。

皇明孝友傳

黃虞稷《千頃堂書目・傳記類》 郭凝之又《皇明孝友傳》八卷。

《四庫全書總目提要・傳記類存目四》 《明孝友傳》八卷。浙江巡撫採進本。明郭凝之撰。此書採摭明代之事，以續所作《孝友傳》。上自士大夫，下迄沙彌乞匄，人各爲傳，共四百二十九人。

金淵節孝録

黃虞稷《千頃堂書目・傳記類》 史學《金淵節孝録》。

二孝子傳

黃虞稷《千頃堂書目・傳記類》 耿定向《二孝子傳》。

《明史・藝文志・傳記類》 耿定向《二孝子傳》一卷。

二孝子傳

黃虞稷《千頃堂書目・傳記類》 王叔英《二孝子傳》一卷。

孝行録

黄虞稷《千頃堂書目·傳記類》 鄭谿千《孝行録》。字五雲，嵊縣人。

廣孝録

黄虞稷《千頃堂書目·傳記類》 周珽《廣孝録》。海寧人。

孝史警世

黄虞稷《千頃堂書目·傳記類》 姚舜牧《孝史警世》。

四十八孝廣

黄虞稷《千頃堂書目·傳記類》 胡良臣《四十八孝廣》。山陰人。

孝順傳芳録

黄虞稷《千頃堂書目·傳記類》 竇文卿《孝順傳芳録》。秀水人。

世旌孝義集

黄虞稷《千頃堂書目·傳記類》 竇文照《世旌孝義集》。

忠義集

黄虞稷《千頃堂書目·傳記類》 賈斌《忠義集》四卷。山東商河人。景泰元年爲山西行都司天城衛令史。紀歷代直諫盡忠守節之士，爲是編進呈。

《明史·藝文志·傳記類》 賈斌《忠義集》四卷。

歷代忠孝録

黄虞稷《千頃堂書目·傳記類》 程誥《歷代忠孝録》。字欽之，樂平人。乙未進士，雷州知府。

歷代忠義録

黄虞稷《千頃堂書目·傳記類》 王蓂《歷代忠義録》十八卷。

《明史·藝文志·傳記類》 王蓂《歷代忠義録》十八卷。

《四庫全書總目提要·傳記類存目三》 《忠義録》十四卷。浙江范懋柱家天一閣藏本。明王蓂撰。蓂字時禎，金谿人。景泰辛未進士。官至浙江按察使。是書取史傳忠義之事，分類編輯。以伯夷以下五百九十七人爲上。張良以下五百七人次之。各節録事實。有祠墓可考者，竝詳其地。孟達等八十七人，或失節於前，或死不足贖。解文卿以下十人，或事非其主，或言非其時。皆不以忠義與之。持論頗正。其王兗以下一百四人，始終一姓，忠義皎然，乃以其爲遼、金、元之臣，私意區分，曲相排抑，則悖謬甚矣。又自謂此書旁搜諸子百家，庶幾全備。而唐宋閒如成三郎、蘇安恒、韓通、張旦輩，俱未及載，則亦未能無所遺漏也。

正氣録

黄虞稷《千頃堂書目・傳記類》 林命《正氣録》十卷。

河南忠臣集

黄虞稷《千頃堂書目・傳記類》 楊俊民《河南忠臣集》八卷。

《明史・藝文志・傳記類》 楊俊民《河南忠臣集》八卷。

忠臣烈女傳

黄虞稷《千頃堂書目・傳記類》 朱睦㮮《忠臣烈女傳》。

本朝生氣録

黄虞稷《千頃堂書目・傳記類》 徐與參《本朝生氣録》十六卷。字原性，蘭谿人。徐學聚子。

軍機處奏《禁毁書目》 《本朝生氣録》。一本。查《本朝生氣録》，係明徐與參撰。其所記雖係明代死節之臣，但諸臣事蹟俱史乘所有，書中不過抄撮舊文，無關考訂。其張承允、劉綎諸傳語多詆斥，應請銷燬。

康山群忠録

黄虞稷《千頃堂書目・傳記類》 唐龍《康山羣忠録》一卷。

《明史・藝文志・傳記類》 唐龍《康山羣忠録》一卷。

歷代忠義彙編

黄虞稷《千頃堂書目・傳記類》 郭良翰《歷代忠義彙編》二十六卷。

《明史・藝文志・傳記類》 郭良翰《歷代忠義彙編》二十六卷。

忠烈小傳

黄虞稷《千頃堂書目・傳記類》 盛稔《忠烈小傳》。字伯豐，儀徵人。萬曆丙戌進士，山東按察司副使。

節孝義忠集

黄虞稷《千頃堂書目・傳記類》 吕維祺《節孝義忠集》四卷。

《明史・藝文志・傳記類》 吕維祺《節孝義忠集》四卷。

忠孝廉節集

黄虞稷《千頃堂書目・傳記類》 徐標《忠孝廉節集》四十卷。

《明史・藝文志・傳記類》 徐標《忠孝廉節集》四十卷。

三朝昭忠録

黄虞稷《千頃堂書目・傳記類》 胡宗憲《三朝昭忠録》一卷。

忠貞合璧

黄虞稷《千頃堂書目·傳記類》 許有穀《忠貞合璧》三卷。存《褒什》一卷，《維風什》一卷。

皇明表忠録

黄虞稷《千頃堂書目·傳記類》 錢士升《皇明表忠録》二卷。

《明史·藝文志·傳記類》 錢士升《皇明表忠録》二卷。

遜國忠紀

黄虞稷《千頃堂書目·傳記類》 周鑣《遜國忠紀》。

《四庫全書總目提要·傳記類存目四》 《遜國忠紀》十八卷。浙江巡撫採進本。明周鑣撰。鑣字仲馭，金壇人。崇禎戊辰進士。官至刑部員外郎。福王時爲馬士英、阮大鋮所殺。事蹟附見《明史·姜曰廣傳》。是書統載建文死事諸臣，而以職官分類，體例小殊。然篤信從亡之事，於諸臣名姓，備録無遺。又如錢士升《表忠記》載，建文潛出西華門，沿河得空舟。而此載舟子夢高皇帝命艤舟以待，更神其説矣。

教坊司紀録文簿

黄虞稷《千頃堂書目·傳記類》 陳□□《教坊司紀録文簿》。

革除群忠事略

黄虞稷《千頃堂書目·傳記類》 《革除群忠事略》九卷。不知撰人。

忠義流芳

黄虞稷《千頃堂書目·傳記類》 《忠義流芳》。不知撰人。

精忠就義類編

黄虞稷《千頃堂書目·傳記類》 《精忠就義類編》。不知撰人。

池陽三忠傳

黄虞稷《千頃堂書目·傳記類》 余翹《池陽三忠傳》一卷。紀黄觀、金焦、陳敬宗事。

《明史·藝文志·傳記類》 余翹《池陽三忠傳》一卷。紀黄觀、金焦、陳敬宗事。

池陽二忠紀

黄虞稷《千頃堂書目·傳記類》 劉城《池陽二忠紀》一卷。記黄觀、金焦事。

遜國正氣記

黄虞稷《千頃堂書目・傳記類》 曹參芳《遜國正氣記》九卷。貴池人，字日贊，崇禎時布衣。

備遺録補贊

黄虞稷《千頃堂書目・傳記類》 張愷《備遺録補贊》一卷。

續遺録

黄虞稷《千頃堂書目・傳記類》 何孟春《續遺録》一卷。

《明史・藝文志・傳記類》 何孟春《續遺録》一卷。

備遺録

黄虞稷《千頃堂書目・傳記類》 敖英《備遺録》一卷。

死事備遺編

黄虞稷《千頃堂書目・傳記類》 馮汝弼《死事備遺編》二卷。

革朝五忠傳

黄虞稷《千頃堂書目・傳記類》 許相卿《革朝五忠傳》一卷。

桃源死事傳

黄虞稷《千頃堂書目・傳記類》 許相卿又《桃源死事傳》一卷。

革朝遺忠録

黄虞稷《千頃堂書目・傳記類》 杜思《革朝遺忠録》。四明人。

革除年前史失記五十四人

黄虞稷《千頃堂書目・傳記類》 林塾《革除年前史失記五十四人》一卷。正德乙亥記。

山東壬午年死事七忠傳

黄虞稷《千頃堂書目・傳記類》 周應治《山東壬午年死事七忠傳》。浙江人。紀鐵鉉等事。

忠賢奇祕録

黄虞稷《千頃堂書目·傳記類》 王詔《忠賢奇祕録》一卷。松陽人。

萃忠集録

黄虞稷《千頃堂書目·傳記類》 郎瑛《萃忠集録》二卷。

革朝遺忠列傳

黄虞稷《千頃堂書目·傳記類》 鄭應旂《革朝遺忠列傳》。福建人。

忠節録　考誤

黄虞稷《千頃堂書目·傳記類》 張朝瑞《忠節録》五卷，《考誤》一卷。一名《表忠彙録》。

《四庫全書總目提要·傳記類存目四》 《忠節録》六卷。浙江巡撫採進本。明張朝瑞撰。朝瑞字子禎，海州人。隆慶戊辰進士。官至南京鴻臚寺卿。朝瑞以宋端儀《革除録》至郎瑛《萃忠集》，記遜國諸臣事者凡十七家，互有舛漏，因輯此事。載當時湔雪之旨於卷首，明非私撰。自第一卷至第五卷，記徐輝祖以下凡一百六十三人，附録十六人。以官階爲敘，不分差等。第六卷曰《考誤》。如辨建文於天順中由滇至京，唯太監吴亮識之。當時三楊皆其舊臣，不應僅一吴亮能識舊主。而建文時年六十四，亦不得有九十餘歲。其考證最爲明確。所列十七家書外，尚有高璧之《幽光録》、陸時中之《逸史》、姜清之《祕史》、王會之《野史》、袁褧之《奉天刑賞録》諸書，朝瑞未及蒐考。然大概已備於此矣。

建文諸臣録

黄虞稷《千頃堂書目·傳記類》 徐即登《建文諸臣録》二卷。

《明史·藝文志·傳記類》 徐即登《建文諸臣録》二卷。

遜國忠節録

黄虞稷《千頃堂書目·傳記類》 焦竑《遜國忠節録》四卷。

《明史·藝文志·傳記類》 焦竑《遜國忠節録》八卷。

皇明表忠録

黄虞稷《千頃堂書目·傳記類》 汪宗伊《皇明表忠録》二卷。

西湖雙忠傳

黄虞稷《千頃堂書目·傳記類》 吴之鯨《西湖雙忠傳》二卷。岳武穆、于忠肅。

唐忠臣睢陽録

黄虞稷《千頃堂書目·傳記類》 鄭瑄《唐忠臣睢陽録》二卷。

《明史·藝文志·傳記類》 鄭瑄《唐忠臣睢陽録》二卷。

精忠類編

黄虞稷《千頃堂書目·傳記類》 徐縉芳《精忠類編》。

《四庫全書總目提要·傳記類存目二》 《精忠類編》八卷。左都御史張若桂家藏本。明徐縉芳撰。縉芳字奕開，晉江人。萬曆辛丑進士。官至監察御史。事蹟附見《明史·劉策傳》。是編輯録宋岳飛事實藝文。首爲表類，紀姓氏世系之屬。次爲傳類，記生平始末。次爲遺翰類，皆飛詩文。次爲宸綸類，皆高宗所賜，載於《金陀粹編》者。次爲褒贈類，皆歷代制誥案牘。次爲家集類，皆岳珂之文有關於飛者。次異感類，紀諸靈應。次詩類文類，則皆後人題述之作也。編次頗無條理。而異感類中如瘋魔行者罵秦檜，胡迪入冥之類，尤類傳奇演義。飛之忠烈，自與日月争光。不假此委巷之談，侈神怪以相耀也。

昭忠録

黄虞稷《千頃堂書目·傳記類》 周璟《昭忠録》五卷。仁和人。

《明史·藝文志·傳記類》 周璟《昭忠録》五卷。

忠臣録

黄虞稷《千頃堂書目·傳記類》 袁祥《忠臣録》。

忠孝傳

黄虞稷《千頃堂書目·傳記類》 尹夢璧《忠孝傳》。

群忠事略

黄虞稷《千頃堂書目·傳記類》 鄭禧《群忠事略》。

明表忠録

黄虞稷《千頃堂書目·傳記類》 錢士升《明表忠録》二卷。

古今義仆傳

黄虞稷《千頃堂書目·傳記類》 丁雄飛《古今義僕傳》。

高士頌

黄虞稷《千頃堂書目·傳記類》 黄省曾《高士傳頌》二卷。

續高士傳

黄虞稷《千頃堂書目·傳記類》 皇甫涍《續高士傳》十卷。録晉及宋元凡九十六人，以續士安之作。

《明史·藝文志·傳記類》 皇甫涍《續高士傳》十卷。

逸民傳

黄虞稷《千頃堂書目・傳記類》 皇甫濂《逸民傳》二卷。

《明史・藝文志・傳記類》 皇甫濂《逸民傳》二卷。

隱逸傳

黄虞稷《千頃堂書目・傳記類》 薛應旂《隱逸傳》二卷。

《明史・藝文志・傳記類》 薛應旂《隱逸傳》二卷。

高士傳

黄虞稷《千頃堂書目・傳記類》 薛應旂又《高士傳》四卷。

《明史・藝文志・傳記類》 薛應旂《高士傳》四卷。

憨士列傳

黄虞稷《千頃堂書目・傳記類》 屠本畯又《憨士列傳》二卷。

義士傳

黄虞稷《千頃堂書目・傳記類》 屠隆《義士傳》二卷。

《明史・藝文志・傳記類》 屠隆《義士傳》二卷。

遯世編

黄虞稷《千頃堂書目・傳記類》 錢一本《遯世編》十四卷。

《明史・藝文志・傳記類》 錢一本《遯世編》十四卷。

高士彙林

黄虞稷《千頃堂書目・傳記類》 沈堯中《高士彙林》二卷。

《明史・藝文志・傳記類》 沈堯中《高士彙林》二卷。

古今隱居録

黄虞稷《千頃堂書目・傳記類》 顧樞《古今隱居録》三十卷。

《明史・藝文志・傳記類》 顧樞《古今隱居録》三十卷。

壽者傳

黄虞稷《千頃堂書目・傳記類》 陳懋仁《壽者傳》三卷。

《明史・藝文志・傳記類》 陳懋仁《壽者傳》三卷。

古逸民傳贊

黄虞稷《千頃堂書目・傳記類》 蔣宗澹《古逸民傳贊》。嘉興人。

冰蘗薈

黄虞稷《千頃堂書目·傳記類》 王路《冰蘗薈》。嘉興人。集古安貧之士。

辨隱録

黄虞稷《千頃堂書目·傳記類》 趙鳳翀《辨隱録》四卷。號含齋，蘭谿人。

《四庫全書總目提要·傳記類存目四》 《辨隱録》四卷。浙江汪啟淑家藏本。

明趙鳳翀撰。鳳翀字文舉，爵里未詳。自序稱十載爲郎，一麾出守。蓋官至知府也。此書爲歸田後所作。列古人之隱居者，分龍隱、高隱、知隱、神隱、右隱、癡隱、仕隱七門。强生分别，殊無義例。高隱列張翥，殆忘其屈節蔡京。石隱列郭璞，殆忘其見戮王敦。癡隱以屈原、雪菴和尚與焦光、朱桃椎連名。仕隱以胡廣、譙周、馮道與柳下惠同傳。皆幾於黑白不分。至李泌入龍隱，張良又入神隱，莊周入高隱，列禦寇又入知隱，亦不知其何以分優劣也！

孝節録

黄虞稷《千頃堂書目·傳記類》 秦約《孝節録》。

古今彤史

黄虞稷《千頃堂書目·傳記類》 陳克仕《古今彤史》八卷。

《明史·藝文志·傳記類》 陳克仕《古今彤史》八卷。

潞州四貞傳

黄虞稷《千頃堂書目·傳記類》 《潞州四貞傳》一卷。

表烈外史

黄虞稷《千頃堂書目·傳記類》 王祖嫡《表烈外史》一卷。

四烈傳

黄虞稷《千頃堂書目·傳記類》 吴國倫《四烈傳》一卷。

奇女子傳

黄虞稷《千頃堂書目·傳記類》 吴震元《奇女子傳》五卷。

古今賢妾傳

黄虞稷《千頃堂書目·傳記類》 丁雄飛《古今賢妾傳》。

八貞女傳

黄虞稷《千頃堂書目·傳記類》 葉茂才《八貞女傳》。

女貞傳

黄虞稷《千頃堂書目・傳記類》 葛焜《女貞傳》。字仲韜，上虞人。

古俠女傳

黄虞稷《千頃堂書目・傳記類》 鄒之□《古俠女傳》六卷。

河南烈女集

黄虞稷《千頃堂書目・傳記類》 楊俊民《河南烈女集》五卷。

《明史・藝文志・傳記類》 楊俊民《烈女集》五卷。

續烈女傳

黄虞稷《千頃堂書目・傳記類》 邵正魁《續烈女傳》。休寧人。

女鏡

黄虞稷《千頃堂書目・傳記類》 夏樹芳《女鏡》八卷。起周太任，終于明之擣衣女，凡四百七十五人。萬曆戊申編。江陰人，舉人。

《明史・藝文志・傳記類》 夏樹芳《女鏡》八卷。

内則類編

黄虞稷《千頃堂書目・傳記類》 曹思學《内則類編》四卷。萬曆丙辰序。

《明史・藝文志・傳記類》 曹思學《内則類編》四卷。

貞節録

黄虞稷《千頃堂書目・傳記類》 馮孜《貞節録》。

古今宗藩懿行考

黄虞稷《千頃堂書目・傳記類》 朱常涝《古今宗藩懿行考》十卷。

《明史・藝文志・傳記類》 朱常涝《古今宗藩懿行考》十卷。

《四庫全書總目提要・傳記類存目四》 《古今宗藩懿行考》十卷。内府藏本。舊本題曰潞王編，不著其名。按《明史・諸王年表》，穆宗隆慶五年，封第四子翊鏐爲潞王。萬曆四十六年，翊鏐庶子常涝襲封。此書成於崇禎九年，則當爲常涝所輯也。所採皆歷代宗臣之賢者，自周迄明，凡百餘人。各著事蹟梗概，加以評論。中間如劉歆依附王莽，傾覆宗邦，而得與其數，殊乖衮鉞之公，又曹彰、司馬孚等雖非無可節取，而儼然與周召竝列，亦儗不於倫矣。

賢王傳

黄虞稷《千頃堂書目・傳記類》 鎮平恭靖王有爌《賢王傳》。起夏五子，迄于金元，凡百餘人。

丁巳同封録

黃虞稷《千頃堂書目・傳記類》 新樂王載壐《丁巳同封録》一卷。

公族傳略

黃虞稷《千頃堂書目・傳記類》 朱勤美《公族傳略》二卷。

《明史・藝文志・傳記類》 朱勤美《公族傳略》二卷。

皇系賢録

黃虞稷《千頃堂書目・傳記類》 《皇系賢録》三卷。

同姓諸王傳

黃虞稷《千頃堂書目・傳記類》 陳懿典《同姓諸王傳》二十卷。

睦州山水人物記

黃虞稷《千頃堂書目・傳記類・補宋》 謝翺《睦州山水人物記》一卷。

倪燦等《宋史藝文志補・傳記類》 謝翺《睦州山水人物記》一卷。

宋名臣言行類編舉要

黃虞稷《千頃堂書目・傳記類・補宋》 鍾堯俞《宋名臣言行類編舉要》十六卷。廬陵人。咸淳十四年以史編校，得旨赴殿，進士出身。

倪燦等《宋史藝文志補・傳記類》 鍾堯俞《宋名臣言行類編舉要》十六卷。廬陵人。

七賢傳

黃虞稷《千頃堂書目・傳記類・補遼》 《七賢傳》。取遼世名流七人爲之傳，耶律吼其一也。

倪燦等《補遼金元藝文志・傳記類》 ［遼］無名氏《七賢傳》。取遼世名流七人爲之傳，耶律吼其一也。

錢大昕《補元史藝文志・傳記類》 《七賢傳》。不著撰人名。七人皆遼世名流，耶律吼其一也。

王仁俊《遼史藝文志補證・傳記類》 《七賢傳》。倪、厲、錢、繆有。按《耶律吼傳》曰：「時有取當世名流作《七賢傳》，吼與其一。」

節義事實

黃虞稷《千頃堂書目・傳記類・補金》 鄭當時《節義事實》。洪洞人，明昌二年進士，河汾教授。

倪燦等《補遼金元藝文志・傳記類》 ［金］鄭當時《節義事實》。洪洞人，明昌二年進士，河汾教授。

錢大昕《補元史藝文志・傳記類》 鄭當時《節義事實》。金。

龔顯曾《金藝文志補録・傳記類》 《節義事實》鄭當時，洪洞人。進士，河汾教授。

忠史

黄虞稷《千頃堂書目・傳記類》 楊元《忠史》一卷。鄱陽人。

倪燦等《補遼金元藝文志・傳記類》 楊元《忠史》一卷。鄱陽人。

錢大昕《補元史藝文志・傳記類》 楊元《忠史》一卷。番陽人，起夏商至宋末，得八百餘人。

中興名臣言行録

黄虞稷《千頃堂書目・傳記類》 趙順孫《中興名臣言行録》。

倪燦等《宋史藝文志補・傳記類》 《中興名臣言行録》。此趙順孫著。其人已入元，而此書題「中興」，則在宋時所著，姑附此。

東陽人物表

黄虞稷《千頃堂書目・傳記類》 胡滅《東陽人物表》。

倪燦等《宋史藝文志補・傳記類》 胡滅《東陽人物表》。

錢大昕《補元史藝文志・傳記類》 《東陽人物表》。胡淢著。

西域異人傳

黄虞稷《千頃堂書目・傳記類》 贍思《西域異人傳》。

倪燦等《補遼金元藝文志・傳記類》 贍思《西域異人傳》。

錢大昕《補元史藝文志・傳記類》 贍思《西域異人傳》。

壽者録

黄虞稷《千頃堂書目・傳記類》 淩緯《壽者録》。

倪燦等《補遼金元藝文志・傳記類》 淩緯《壽者録》。

忠義集

黄虞稷《千頃堂書目・傳記類》 趙秉善《忠義集》七卷。宋南豐水村劉壎有《十忠補史詩》，如村劉麟瑞有《昭忠遺詠》，皆記宋末死難諸臣事。秉善合爲一編，而附以方虚谷、汪水雲傷時感事之什爲是書。明何喬新得而傳之。

倪燦等《補遼金元藝文志・傳記類》 趙秉善《忠義集》七卷。記宋末諸臣死難事。合劉壎、劉麟瑞兩書，又附方虚谷、汪水雲傷時感事之作。

古賢小字録

倪燦等《宋史藝文志補・譜牒類》 陳思《古賢小字録》一卷。

正大諸臣列傳

金門詔《補三史藝文志・傳記類》 贍思《正大諸臣列傳》。

東嘉先哲録

《明史・藝文志・傳記類》 王佐《東嘉先哲録》二十卷。

《四庫全書總目提要・傳記類存目三》《東嘉先哲録》二十卷。浙江鮑士恭家藏本。明王朝佐撰。朝佐字廷望，浙江平陽人。弘治丙辰進士。官南京工部員外郎。是編刻於正德初。蒐輯温州先賢事實，分類凡八。曰先達、曰程子門人、曰朱子門人、曰名儒、曰名臣、曰孝子、曰氣節、曰詞章。晉唐以來紀載無考，故所録託始於宋焉。

歷代聖賢像贊

《明史・藝文志・傳記類》 孫承恩《歷代聖賢像贊》六卷。

高士傳頌

《明史・藝文志・傳記類》 黄省曾《高士傳頌》二卷。

桑梓録

《明史・藝文志・傳記類》 顧憲成《桑梓録》十卷。

方士傳

汪師韓《文選注引群書目録上・史類》 《方士傳》。《七略》引。

女典

汪師韓《文選注引群書目録上・史類》 程曉《女典》。

女史

汪師韓《文選注引群書目録上・史類》 《女史》。杜預有《女記》，疑即此。

宗聖志

英廉奏《抽毀書目》 《宗聖志》。五本。查《宗聖志》，係明吕兆祥重修。書前項夢原序一篇，詞涉乖謬，應請抽燬。

《四庫全書總目提要・傳記類存目一》 《宗聖志》十二卷。浙江汪啟淑家藏本。

明吕兆祥撰，案曾子祠墓在今山東嘉祥縣。嘉靖中，詔録其後爲五經博士世襲。求得其裔孫賢粹，居江西之永豐。令還嘉祥，世守祠廟。而歷代崇祀本末，記載未備。兆祥始修訂成書。卷一爲《像圖志》，卷二爲《世家志》，卷三、卷四爲《追崇志》，卷五、卷六爲《恩典志》，卷七、卷八爲《事蹟志》，卷九至卷十二爲《藝文志》。書成於崇禎中，而《世家志》述其譜系，乃載及國朝康熙中事。《恩典志》内亦載及順治初年，不知何人所增。蓋非盡兆祥之舊矣。

崇禎五十宰相傳

英廉奏《抽毀書目》 《崇禎五十宰相傳》。一本。查《崇禎五十宰相傳》，係曹溶撰。書内有錢謙益名姓，應請删燬。

《四庫全書總目提要・傳記類存目五》 《崇禎五十宰相傳》一卷。浙江巡撫採進本。

國朝曹溶撰。溶字潔躬，號秋嶽，秀水人。前明崇禎丁丑進士。官監察御史。

崇禎閣臣行略

英廉奏《抽毁書目》《崇禎閣臣行略》。一本。查《崇禎閣臣行略》，係陳盟撰。書中《劉字亮傳》、《楊嗣昌傳》語有乖謬，應請抽燬。

《四庫全書總目提要・傳記類存目四》《崇禎閣臣行略》一卷。浙江巡撫採進本。明陳盟撰。盟號鶴灘，富順人。天啓壬戌進士。官至吏部右侍郎，兼翰林院學士。加禮部尚書。是編首列崇禎一朝五十閣臣年表，次各爲小傳。據其載及姜瓌叛逆，李建泰伏誅之事，則其書當成於桂王未滅時也。所列小傳，各有評斷，而大抵深致憾於門户。大明以門户亡國，其憾之是也。然稱温體仁小心謹毖，兢兢自持，既與門户不協，眈眈伺隙，遂絶私交，謝絶情面。稱薛國觀之賜死，士論冤之。稱李建泰以人望薦舉督師。無一貶詞。顛倒是非，至於如是，其褒貶尚可信乎。亦仍一門户而已矣。

聖門志

英廉奏《抽毁書目》《聖門志》。八本。查《聖門志》，係明吕元善輯。書前顧起元序，語有偏謬，應請抽燬。

《四庫全書總目提要・傳記類存目一》《聖門志》六卷。江蘇巡撫採進本。明吕元善撰。元善字季可，號冠洋，海鹽人。天啓中官山東布政司都事，後殉流寇難。其書一卷爲《聖門表傳》，二卷爲《從祀列傳》，三卷爲《四氏封典》，四卷爲《禮樂》，五卷爲《古蹟》，六卷爲《東野氏仲氏世系》，分子目六十有五。蓋元善官山東時，所得孔氏諸家譜牒爲詳。因輯其宗系，述爲此編。又取後代理學諸儒，附於弟子之後。然如魁名内閣，無關道統，而詳悉臚列，别次於從祀諸儒之末，殊爲不倫。又以諸儒未入祀典者，别載擬祀三十五人。中如岳飛之精忠，不在乎闡明理學；錢唐之直諫，亦未聞其銓釋聖經。乃欲例諸歷代儒林，擬議亦爲失當。元善書成未梓，其子兆祥重加校訂。海鹽令樊維城爲刻入《鹽邑志林》中。末附崇禎初曲阜祠祀元善及四氏子孫等給匾案牘，冗雜尤甚。

四朝人物略

英廉奏《抽毁書目》《四朝人物略》。九本。查《四朝人物略》，係明劉孟雷撰。所輯爲漢、唐、宋、明四代名臣事蹟。其許進、程信、楊繼盛等傳内，俱有乖謬字句，應請抽燬。

弇州史料

英廉奏《抽毁書目》《弇洲史料》。三十六本。查《弇洲史料》，係明王世貞撰。皆其所作史稿，董復表爲之裒輯成編，分作前、後二集。《前集》卷一内「衍聖公爵系表序」，卷六内成化三年李秉一條，成化十五年汪直一條，卷七成化三大功陞賞一條，卷十二内馬文升成四川」一條，卷十五内「楊廷和上疏」一條，卷二十二内「《宣平王世家》」一篇，卷二十八内《開國功臣贊》一首，卷二十六内《王越傳》一篇，《後集》卷三十内《南倭策》一篇，卷四十四内「臺臣斅歷督撫」一條，卷四十七内《異典述》一篇，均有偏駁語，應請抽燬。

楚　寶

英廉奏《抽毁書目》《楚、寶》。十二本。查《楚寶》係明周聖楷撰。其書以湖廣人物分類立傳。書中卷六《夏瑄評語》、《王竑傳》，卷十《趙范評語》，卷二十六《楊漣傳》内均有偏謬處，應請抽燬。

《四庫全書總目提要・傳記類存目四》《楚寶》四十五卷。湖南巡撫採進本。明周聖楷撰。聖楷字伯孔，湘潭人。是書編録楚中人物名勝，分二十五門。曰大臣，曰名臣，曰大將，曰智謀，曰諫諍，曰文苑，曰良史，曰命使，曰典故，曰真儒，曰諸子，曰孝友，曰忠義，曰獨行，曰真隱，曰列女，曰方伎，曰異人，曰宦績，曰遷寓，曰山水，曰名祀，曰列仙，曰名釋，曰祖燈。悉録史志原文，亦間有考證。前有總論四條。一曰定區域以尊王，二曰别人物以徵傳，三曰約論注以歸雅，四曰考遺勝以闕疑。高世泰序，稱其人物十九、名勝十一、古文十九、今文十一。大致以人物爲主，而稍以山水古蹟附之。既非傳記，又非輿圖，枉地志之中别爲一例。姑從其多者爲主，附之傳記類焉。

名臣像圖

嵇璜等《續通志・圖譜略・記有・論贊》 吴守大《名臣像圖》。

《四庫全書總目提要・傳記類存目三》 《名臣像圖》一卷。浙江鄭大節家藏本。明吴守大撰。守大字有君，崑山人。是書成於正德丙子。録徐達以下至楊繼宗，凡四十九人。人繪一圖，圖後各叙仕履，系之以《贊》。其書刻於廣西，紙版拙惡。四十九人面貌相同，惟以題名别識，殆如兒戲。

大臣譜

嵇璜等《續通志・圖譜略・記有・論贊》 范景文《大臣譜》。

《四庫全書總目提要・傳記類存目四》 《大臣譜》十六卷。内府藏本。明范景文撰。景文字夢章，一字質公，號思仁，吴橋人。萬曆癸丑進士。官至東閣大學士，殉流寇之難。國朝賜謚文忠。事蹟具《明史》本傳。其書皆紀明代大臣。内閣七卿各爲二卷。起自洪武，迄於泰昌，皆用編年之體而不分列傳。凡例稱一憑實録，不置褒貶。其銓除去就，國史有佚者，則採傳誌補之。或人非大臣，而章奏事與大臣相關者，亦附見焉。此本世罕流傳，前後無序跋，而有景文二私印。中多墨筆添改之處，蓋即其家初印覆校之稾本也。

唐宰相譜

嵇璜等《續通志・圖譜略・記無・論贊》 宋李燾《唐宰相譜》。

南薰殿奉藏列代帝后圖像

嵇璜等《清通志・圖譜略・御定史乘》 《南薰殿奉藏列代帝后圖像》。謹按：《列代帝后圖像》舊藏内府，歲久渝足，奉命重加裝潢。自太皥、伏羲氏而下帝后圖像，爲軸者六十有八，爲册者七，爲卷者三。《先聖名賢圖册》五。詳定位置，次第秩然，藏之紫禁。伏見我朝所以尊崇帝統，敬紹道源者，俱于者乎。在列代賢明妃后垂稱奕世者，取繪十二。

謹按：取繪十二賢明妃后如西陵教蠶，太姒誨子，姜后脱簪，樊姬諫獵，燕姞夢蘭，許后奉案，以及婕妤當熊，班姬辭輦，馬后練衣，徐妃直諫，昭容評詩，曹后重農，皆宸翰親系以贊，永爲後式焉。

聖帝明王圖

嵇璜等《清通志・圖譜略・御定史乘》 《聖帝明王圖》。謹按：是圖乃畫院臣冷枚奉敕恭繪，並載各書傳事實。

歷朝賢后故事圖

嵇璜等《清通志・圖譜略・御定史乘》 《歷朝賢后故事圖》。謹按：是圖自孝事周姜，葛覃親採，麟趾貽休，濯龍蠶織，身衣練服，並約束外家，戒飭宗族，教訓諸王，含飴弄孫，禁苑種穀，女中堯舜，親掖鸞輿，共十二事爲圖，有二係畫院臣冷枚恭繪，一係臣焦秉貞恭繪，藏諸御府，永爲千古極則。

平定準噶爾回部五十功臣像贊

嵇璜等《清通志・圖譜略・御定史乘》 《平定準噶爾回部五十功臣像贊》。

謹按：西陲底定，圖大學士將軍以下五十功於紫光閣。皇上親御丹鉛，各系以贊，其後五十功臣則儒臣奉命綴辭，仰見國家心膂之臣，宣力策勳，後先疏附以視著績雲臺淩煙者不更偉乎！

平定兩金川五十功臣像贊

嵇璜等《清通志・圖譜略・御定史乘》《平定兩金川五十功臣像贊》。謹按：兩金川平定，命倣西師蕆績之例，畫五十功臣像於紫光閣。上親灑宸翰，就其事實各爲之贊，併繪其次五十功臣，敕儒臣撰擬贊辭以示賞功，惟重之至意。

古今名將傳

軍機處奏《禁毀書目》《古今名將傳》。四本。查《古今名將傳》，係明陳元素撰。其書所叙歷代名將事蹟皆係剽竊史文，別無考訂。書前冠以綉像，全似坊刻小説，殊爲鄙。末載劉綎一傳，字面甚多指斥，應請銷燬。

仕國人文

軍機處奏《禁毀書目》《仕國人文》。一部。八本。查《仕國人文》係明范宏嗣輯，皆山西人物小傳。其明代諸人《傳》中，狂悖甚多，應請銷燬。

紹陶録

《四庫全書總目提要・傳記類一》《紹陶録》二卷。江蘇巡撫採進本。

宋王質撰。質有《詩總聞》，已著録。質於淳熙中奉祠山居，以陶潛、陶宏景皆棄官遺世，其同時唐汝舟、鹿何可繼其風，因作此書。上卷載栗里、華陽二譜，而各摘其遺文遺事爲題，別爲詞以咏之。下卷紀唐、鹿事而附以林居咏物之詩。其曰《山友詞》者，皆咏山鳥。曰《水友詞》者，皆咏水鳥。曰《山友續詞》者，皆咏山草。曰《水友續詞》者，皆咏水草。曰《山水友續詞》者，則雜咏禽蟲諸物。蓋質以耿直忤時，阨於權倖。晚歲欲絶人逃世，故以鳥獸草木爲友。蓋亦發憤之作。舊於《雪山集》外別行。國朝康熙中，商邱宋犖嘗摘録其《山友》諸詞，分爲五卷，改題曰《林泉結契》，亦取其有寄懷塵外之致也。今觀録中諸作，雖惟意所云，往往不甚入格，然人品既高，神思自別。誦其詞者，賞之於酸鹹之外可矣。

張金吾《愛日精廬藏書志・傳記類》《雲韓堂紹陶録》二卷。舊抄本。

宋泰山王質述。孔子之詠嘆鮮矣。夫一嘆顔子，賢哉回也，一簞食，一瓢飲，在陋巷，人不堪其憂，回也不改其樂。再歎曾子，莫春者，春服既成，冠者五六人，童子六七人，浴乎沂，風乎舞雩，詠而歸。喟然嘆曰，吾與點也。孔子間微宣其至情，飯疏食飲水，曲肱而枕之，樂亦在其中矣。不義而富且貴，於我如浮雲。夫惟忘世故能濟世，行夏之時，乘商之輅，服周之冕，樂則韶舞，在顔子固從容矣。鳳鳥不至，河不出圖，吾已矣。夫在孔子仰標末哉。好事功者，事功起而本身沉；好名義者，名義著而真心隱。聖賢超然遺之，數内在世，數外在天。世有推移，天無變遷，即死生觀聖賢然耶又況逆順成虧乎原始反終，故知死生之説。既知矣，何加焉。晝夜之道、幽明之故、死生之説一也。朝聞道，夕死可矣。非耶？予欲無言，此之故也。嘬簞瓢之所欣，玩沂雩之所適，默以曲肱，會之則紹陶之録，姑存可也。王質序。

春秋列國諸臣傳

《四庫全書總目提要・傳記類一》《春秋列國諸臣傳》三十卷。兩江總督採進本。

宋王當撰。當字子思，眉山人。元祐中，蘇軾以賢良方正薦。廷對策入四等，調龍游縣尉。蔡京知成都，舉爲學官，不就。及京爲相，遂不仕。事蹟具《宋史》本傳。

紹興十八年同年小録

《四庫全書總目提要·傳記類一》《紹興十八年同年小録》一卷。兩淮馬裕家藏本。宋王佐榜進士題名録也。考劉一清《錢塘遺事》，宋時廷試，放榜唱名後，謁先聖先師，赴聞喜宴，列敘名氏鄉貫三代之類具書之，謂之《同年小録》。是科爲紹興戊辰，南渡後第七科也。所取凡三百三十人。又特奏名四百五十七人。其四百五十六人原本佚闕，《録》内僅存一人。首載前一年御筆手詔，次載策問及執事官姓名，又次載進士榜名，末乃載諸進士字號鄉貫三代。後又有《附録》，記董德以下三十二人之事，而狀元王佐等三人對策之語，亦載其略。皆附會和議甚力，不知何人所記。疑宋元間相率而成，非出一人之手也。宋代同年小録，今率不傳。惟寶祐四年榜以文天祥、陸秀夫、謝枋得三人爲世所重，如日星河岳，亘古長留，足以搘拄綱常，振興風教。而是榜以朱子名在五甲第九十，講學之家亦自相傳録，得以至今。明弘治中，會稽王鑑之重刻於紫陽書院，改名曰《朱子同年録》。夫進士題名，統以狀頭，曰「某人榜進士」，國制也。標以年號，曰「某年登科小録」，亦國制也。故以朱子傳是書可也，以朱子冠是書而黜特選之大魁，進綴名之末甲，則不可。以朱子重是書可也，以朱子名是書而削帝王之年號，題儒者之尊稱，則尤不可。鑑之所稱，蓋徒知標榜門户，而未思其有害於名教。今仍以原名著録，存其真焉。

彭元瑞等《天禄琳琅書目後編·宋版史部》《紹興十八年同年小録》一函，一册。紹興戊辰王佐榜録也。首列十七年開科手詔，次十八年四月三日御試策問，次敕差與試諸官銜名，次期集所供事人名、日期，次録第一甲十人、第二甲十九人、第三甲三十七人、第四甲百二十二人、第五甲百四十二人、時奏名一人，每人下列名字、小名、小字、年甲、外氏、行第、兄弟、妻氏、三代籍貫、里户，蓋宋時每科例如此。是科以朱熹列第五甲第九十人。後來重之，并《小録》流傳不廢。宋代諸科惟此及寶祐乙卯文天祥榜兩録至今存。科名信以人重哉。

周亮工字元亮，號櫟園，祥符人。明崇正庚辰進士。入本朝，官户部侍郎。其子在浚，字雪客。

黄丕烈《蕘圃藏書題識·史類一》《紹興十八年同年小録》不分卷。校舊鈔本。

張金吾《愛日精廬藏書志·傳記類》《紹興十八年同年小録》一卷。明初刊本。《述古堂藏書》。宋紹興十八年王佐榜進士題名録也。卷末有虞山錢曾遵王藏書印記。

錢塘先賢傳贊

《四庫全書總目提要·傳記類一》《錢塘先賢傳贊》一卷。浙江鄭大節家藏本。宋袁韶撰。韶字彦純，慶元人。淳熙十三年進士，授吴江丞。歷參知政事，贈太師、越國公。事蹟具《宋史》本傳。

寶祐四年登科録

《四庫全書總目提要·傳記類一》《寶祐四年登科録》一卷。兩淮馬裕家藏本。宋文天祥榜進士題名也。首列御試策題一道，及詳定編排等官姓名。其覆考檢點試卷官爲王應麟。故《宋史·文天祥傳》，載考官王應麟奏其卷，稱古誼若龜鑑，忠肝如鐵石，敢爲國家得人賀也。其一甲第九人爲王應鳳，即應麟之弟。蓋當時法制猶疎，未有回避之例耳。天祥本列第五，理宗親擢第一。第二甲第一人爲謝枋得。第二十七人爲陸秀夫。與天祥竝以孤忠勁節，搘拄綱常。數百年後，睹其姓名，尚凜然生敬。則此《録》流傳不朽，若有神物呵護者，豈偶然哉。五甲第一百八十九人朱喇以下，原本脱去二十四人。今檢《録》中四甲二百二十七人趙與溥下，注「兄與鎮同榜」，而《録》無其名。又《括蒼彙紀》有趙時、陳堅，《衡州府志》有羅雷春，《萬姓統譜》有趙良金，竝稱寶祐四年進士，而此《録》亦無之。則皆在所闕内矣。後有天祥對策一道，理宗御製賜進士詩及天祥恭謝詩各一首。天祥是年登第後，即丁父憂歸。至己未始授簽書寧海節度判官廳公事。故謝表中有自叨異數，亦既三年之語。此《録》併載其表文，乃後人所增附者也。

張金吾《愛日精廬藏書志·傳記類》《寶祐四年登科録》一卷。明初刊本。宋寶祐四年文天祥榜進士題名録也。

昭忠録

《四庫全書總目提要・傳記類一》《昭忠録》一卷。兩淮馬裕家藏本。

不著撰人名氏。所記皆南宋末忠節事蹟,故以「昭忠」名篇。自紹定辛卯元兵克馬嶺堡,總管田璲等死節,迄於國亡徇義之陸秀夫、文天祥、謝枋得等,凡一百三十人。詳其詞義,蓋宋遺民之所作也。每條先列姓名官爵於前,而記其死難事實於後。其文間有詳略,而大都確實可據。以《宋史・忠義傳》互相校核,其爲史所失載者甚多。即史傳所有,亦往往與此書參錯不合。如紹定辛卯西和州徇難之陳寅,《宋史》亦有傳。而其同死之守將楊鋭則史竟失載其戰没事,且譌其姓爲「王鋭」。又《宋史・林空齋傳》,以空齋爲林同之子。考此書方知即同之號。史又誤以劉仝子爲劉同祖,併失載其被執自縊及其妻殉節等事。凡此皆當以是書爲得實。又張世傑在崖山及謝枋得被徵事,所載亦比諸書爲詳。考袁桷《清容居士集》、蘇天爵《滋溪文集》,均有修《元史》時採訪遺書之目,不載此名。孔齊《至正直記》所列修史應採諸書,亦無此名。知元時但民間傳録,未嘗上送史館。故至正間纂修諸臣無由見也。此本乃舊傳鈔帙,文字亦間有譌脱,而大略尚可考見。謹著之於録,庶一代忠臣義士未發之幽光,復得以彰顯於世。且俾讀《宋史》者亦可藉以考正其疎略焉。

錢大昕《補元史藝文志・傳記類》《昭忠録》一卷。記宋末事,不著撰人。

敬鄉録

《四庫全書總目提要・傳記類二》《敬鄉録》十四卷。浙江汪啟淑家藏本。

元吴師道撰。師道有《戰國策校註》,已著録。是編以宋婺守洪遵《東陽志》所記人物尚有遺漏,因蒐録舊聞,以補其闕。始自梁朝,迄於宋末。每人先次其行略,而附録其所著詩文。亦有止著其目者,或已散佚,或從删汰也。

張金吾《愛日精廬藏書志・傳記類》《敬鄉録》十四卷。文瀾閣傳抄本。元吴師道撰。

百越先賢志

《四庫全書總目提要・傳記類二》《百越先賢志》四卷。兩淮鹽政採進本。

明區大任撰。大任字楨伯,廣東順德人。嘉靖壬戌以歲貢除江都訓導,遷光州學正,又遷國子監博士。官至南京户部郎中。《明史・文苑傳》附見《黄佐傳》中。

元儒考略

《四庫全書總目提要・傳記類二》《元儒考略》四卷。浙江巡撫採進本。

明馮從吾撰。從吾字仲好,長安人。萬曆己丑進士,改庶吉士,又改御史。以上疏言事廷杖,歷遷左副都御史。以争紅丸、梃擊事乞歸。起工部尚書,以疾辭,後竟削奪。及奄黨敗,詔復官,謚恭定。事蹟具《明史》本傳。是編乃集元代諸儒事實,各爲小傳。大抵以《元史・儒學傳》爲主,而旁採志乘附益之。中有大書特傳者,亦有細書附傳者,皆據其學術之高下以爲進退,體例頗爲叢碎。又名姓往往乖舛,如歐陽元别號圭齋,今乃竟題作歐陽圭。既以號作名,又删去一字,校讎亦未免太疎。然宋儒好附門牆,於淵源最悉。明儒喜争同異,於宋派尤詳。語録學案,動輒災梨,不啻汗牛充棟。惟元儒篤實,不甚近名。故講學之書,傳世者絶少。亦無匯合諸家,勒爲一帙,以著相傳之系者。從吾掇拾殘剩,補輯此編,以略見一代儒林之梗概,存之亦足資考證。物有以少見珍者,此之謂歟。

欽定宗室王公功績表傳

《四庫全書總目提要・傳記類二》《欽定宗室王公功績表傳》十二卷。

欽定蒙古王公功績表傳

《四庫全書總目提要・傳記類二》《欽定蒙古王公功績表傳》十二卷。乾隆四十四年奉敕撰。體例與《宗室王公功績表傳》同。

欽定勝朝殉節録

《四庫全書總目提要・傳記類二》《欽定勝朝殉節諸臣録》十二卷。

中州人物考

《四庫全書總目提要・傳記類二》《中州人物考》八卷。浙江鮑士恭家藏本。

國朝孫奇逢撰。奇逢有《讀易大旨》，已著録。是編載河南人物，分爲七科。一《理學》，二《經濟》，三《忠節》，四《清直》，五《方正》，六《武功》，七《隱逸》，而文士不與焉。蓋意在黜華藻，勵實行也。所録皆明人，惟《忠節》之末附元蔡子英一人。人各爲《傳贊》，多者連數紙，少或僅一行，云無徵者則不詳，不以詳略爲褒貶也。後一卷曰《補遺》，曰《續補》，不復以七科標目。蓋不欲入之七科中，故託詞於補續云爾。然猶與七科一例，雖布衣以公稱。最後有名無傳者三十四人，則直書其名矣。其《贊》恕於常人而責備於賢者，頗爲不苟。惟《張玉傳贊》最爲紕繆。考玉以元樞密知院叛而歸明，而奇逢以爲善擇主。是六臣奉璽歸梁，皆善擇主也。玉後輔佐燕王，稱兵犯順，歿於鐵鉉濟南之戰，而奇逢以爲得死所。是李日月助李希烈隕身鋒鏑亦得死所也。且蔡子英義不忘元，間關出塞，卒歸故主以終。奇逢既列之《忠節》矣，而又獎張玉之叛亂不自相矛盾乎？至薛瑄本河津人，李夢陽本慶陽人，牽合而歸之中州，又其末節矣。奇逢雖以布衣終，而當時實負重望，湯斌至北面稱弟子。其所著作，非他郡邑傳記無足輕重者比。故存其書而具論之，俾讀是編者知其瑕瑜不相掩焉。

東林列傳

《四庫全書總目提要・傳記類二》《東林列傳》二十四卷。浙江巡撫採進本。

國朝陳鼎撰。鼎字定九，江陰人。明萬曆間，無錫顧憲成與高攀龍重修宋楊時東林書院，與同志講學其中。聲氣蔓延，趨附者幾遍天下。互相標榜，自立門户，流品亦遂糅雜。迨魏忠賢亂政之初，諸人力與搘拄，未始非謀國之忠。而同類之中，賢姦先混，使小人得伺隙而中之。於是黨禍大興，一時誅斥殆盡，籍其名頒示天下。至崇禎初，權閹既殛，公論始明。而餘孽尚存，競思翻案，議論益糾紛不定。其閒姦黠之徒，見東林復盛，競假借以張其鋒。水火交争，彼此報復。君子博虚名以釀實禍，小人託公論以快私讎。卒至國是日非，迄明亡而後已。是編所載一百八十餘人，蓋即東林黨人榜及沈漼、温體仁等《雷平》、《蠅蚋》諸録所著名者也。以節義炳著者，彙載於前。餘亦分傳竝列，臚敘事蹟頗詳。其中碩士端人，固所不乏。而依草附木者，實繁有徒。厥後樹幟分朋，干撓時政，禍患卒隱中於國家。足知聚徒講學，其流弊無所不至。雖剏始諸人，未必逆料及此。而推原禍本，一二君子不能不任其咎也。此書仿龔頤正《元祐黨籍傳》之例，於諸人之姓名履貫，無不本末燦然。俾讀者論世知人，得以辨別賢姦，而深思其熏蕕雜厠之所以然。前事不忘，後事之師，其亦千古炯鑑矣。

張之洞《書目答問・傳記》《東林列傳》二十四卷。陳鼎。刻本。

明儒言行録　續録

《四庫全書總目提要・傳記類二》《明儒言行録》十卷，《續録》二卷。浙江巡撫採進本。國朝沈佳撰。佳字昭嗣，號復齋，仁和人。康熙戊戌進士，官安化縣知縣。是編仿朱子《五朝名臣言行録》之例，編次有明一代儒者。各徵引諸書，述其行事，亦閒摘其語録附之。所列始於葉儀，迄於金鉉，凡七十五人。附見者七十四人。《續録》所列，始於宋濂，迄於黃淳耀，凡五十九人。附見者九人。佳之學出於湯斌。然斌參酌於朱、陸之閒。佳則一宗朱子。故是編大旨，以薛瑄爲明儒之宗，於陳獻章則頗致不滿。雖收王守仁於正集，而守仁弟子則删汰甚嚴，王畿、王艮咸不預焉。其持論頗爲淳謹。初，黄宗羲作《明儒學案》，採摭最詳。顧其學出於姚江，雖於河津一派，不敢昌言排擊。而於王門末流諸人，流於猖狂恣肆者，亦頗爲回護。門户之見，未免尚存。佳撰此《録》，蓋陰以補救其偏。鄞縣萬斯大，宗羲之弟子也。平生篤信師説，而爲佳作是録《序》，亦但微以過嚴爲説，而不能攻擊其失，蓋亦心許之也。學者以兩家之書互相參證，庶乎有明一代之學派可以得其平允矣。正不必論甘而忌辛，是丹而非素也。

孔顏孟三氏誌

《四庫全書總目提要・傳記類存目一》《孔顔孟三氏誌》六卷。兩江總督採進本。明劉濬編。濬，永嘉人。成化中官鄒縣教諭。鄒，孟子所生地，孟廟在焉。濬因考證孔、顔、孟三氏世系，以及褒崇諸典，彙輯成書。先以《地圖》，次以《世系年譜》，次以《廟制》，次以《誌事》。附《述聖》於卷後。而前列《提綱》一卷，則壬子四月紫陽楊奂所述《東遊記》也。壬子爲元憲宗二年。而濬於壬子下註云：「元憲宗淳祐十二年。」紀年既誤，而又以宋理宗年號移之於元，殊爲疎舛。即此一端，其他可概見矣。

孔孟事蹟圖譜

《四庫全書總目提要・傳記類存目一》《孔孟事蹟圖譜》四卷。浙江汪啟淑家藏本。明季本撰。本有《易學四同》，已著録。是書前説後譜，於孔孟事實頗有考核。如云孔子未嘗至楚見昭王，孟子先至齊而後梁，此一二條皆有所見。然其餘大抵習聞者多。

道統圖贊

《四庫全書總目提要・傳記類存目一》《道統圖贊》一卷。浙江巡撫採進本。不著撰人名氏。據卷首樊維城《序》，蓋衍聖公家所刻。維城爲萬曆己未進士，則此書出於明季也。即《聖蹟圖》舊本，而前增以伏羲、神農、黄帝、堯舜、禹、湯、文、武、周公十像，後附以顔、曾、思、孟林廟八圖。雖以《圖贊》爲名，而僅圖前有説數行，無所謂贊，尤不可解。

聖賢圖贊

《四庫全書總目提要・傳記類存目一》《聖賢圖贊》無卷數。兩江總督採進本。此書摹仁和縣學石刻而不著刊書人姓名。首冠以明宣德二年巡按浙江監察御史海虞吴訥《序》。

闕里書

《四庫全書總目提要・傳記類存目一》《闕里書》八卷。兩淮馬裕家藏本。明沈朝陽撰，陳之伸補。朝陽，江寧人。天啓間貢生。官池州府學教授。之伸，海鹽人。仕履未詳。是編雜採聖賢事蹟，湊合成篇。每篇各繫以《贊》，詞意膚淺，考訂甚疎。如《越絶書》所載子貢事之類，皆無所辨正。

孔子弟子傳略

《四庫全書總目提要・傳記類存目一》《孔子弟子傳略》二卷。兩江總督採進本。明夏洪基撰。其書合《家語》、《史記》所載孔門弟子，得八十人。

聖門志考略

《四庫全書總目提要・傳記類存目一》《聖門志考略》二卷。兩江總督採進本。不著撰人名氏。惟書中目稱其名曰淐。「檜樹」一條後稱崇禎三年庚午春，隨其大父登岱，謁孔林。「祀典」一條後稱康熙八年以廷對留京，則國朝人也。而考康熙庚戌進士題名碑，是科無名淐者，殆貢生也。其書雜鈔闕里諸志爲之，殊不足以資考證。

褒賢集

《四庫全書總目提要・傳記類存目二》 《褒賢集》五卷。浙江巡撫採進本。不題撰人名氏。取宋元人著作有關范仲淹者及朝廷所降文牒等類，合爲一書。一卷爲傳、碑、銘、祭文，二卷爲優崇典禮，三四卷爲碑記，五卷爲諸賢贊頌、論疏。中間載至元順帝至正間，則明初人所編也。

程朱闕里志

《四庫全書總目提要・傳記類存目二》 《程朱闕里志》八卷。兩淮馬裕家藏本。明趙滂編。滂，歙縣人。是書前有高攀龍《序》，則成於萬曆中也。大旨謂朱子系出新安，二程祖摹亦在焉，故合志之。分爲七門。案：闕里乃孔子里名，非推尊之號。宋咸淳五年詔婺源祠所稱文公闕里，已爲失實。今程子亦稱闕里，則尤承譌踵謬，習焉而不察者也。

漢末英雄記

《四庫全書總目提要・傳記類存目三》 《漢末英雄記》一卷。江蘇巡撫採進本。舊本題魏王粲撰。粲字仲宣，高平人。仕魏爲丞相掾。賜爵關内侯。事蹟具《三國志》本傳。

靖康小雅

《四庫全書總目提要・傳記類存目三》 《靖康小雅》一卷。江蘇巡撫採進本。不著撰人名氏。録靖康死事之臣傅察、种師中、主稟、劉翊、种師道、何慶彦、黄經臣、劉韐、李若水、徐揆、孫傅、張叔夜凡十二人。宗澤、張慤扼於黄潛善、汪伯彦而死者亦附焉。澤《傳》中稱潛善卒不嗌死而令公卒。則此書作於汪、黄秉政之日矣。傳末各系以四言詩，故以《小雅》爲名。其文散見《北盟會編》中。此本次序，似以徐夢莘所載鈔合之，非完書也。

南渡十將傳

《四庫全書總目提要・傳記類存目三》 《南渡十將傳》十卷。兩淮鹽政採進本。宋章穎撰。十將者，劉錡、岳飛、李顯忠、魏勝、韓世忠、張俊、虞允文、張子蓋、張宗顔、吴玠也。劉、岳、李、魏四《傳》，開禧二年表上。後六《傳》未上。核以《宋史》本傳，此所採摭，未爲詳核。且抑世忠於勝、顯忠後，似亦未安。子蓋、宗顔，戰功寥寥。允文亦僥倖不敗，乃與諸人竝數，皆未免不倫也。

宋遺民録

《四庫全書總目提要・傳記類存目三》 《宋遺民録》一卷。内府藏本。不著撰人名氏，乃洪武中鈔本，毛晉刻之，附於《忠義集》之後。或元人所作，或明初人所作，均未可知。後程敏政亦有《宋遺民録》。殆未見此本，故其名相複歟。

四明文獻録

《四庫全書總目提要·傳記類存目三》 《四明文獻録》一卷。浙江范懋柱家天一閣藏本。明黄潤玉撰。潤玉字孟清，鄞縣人。永樂庚子舉人。官至廣西提學僉事。事蹟具《明史》本傳。是編成於成化丙戌。以四明文獻分爲二類。一曰《鄉先生》，自漢夏里黄公以下三十五人，皆四明産也。一曰《鄉大夫》，自周文種以下九人，皆官於四明者也。人各有《傳》，并系以《贊》。據卷末其孫溥《跋》，蓋原本尚有諸人小像。後莫息重刊，以非真本削除之。《跋》又稱是書未出以前，有僞本託潤玉之名以行，潤玉知而燬之。其本前無《序》，後無《贊》云。

尊鄉録節要

《四庫全書總目提要·傳記類存目三》 《尊鄉録節要》四卷。浙江汪啟淑家藏本。明王弼撰。弼，黄巖人。成化乙未進士。官至興化府知府。初，謝鐸嘗著《尊鄉録》四十一卷，載其鄉先達事實。弼復以己意節其大略，取十大儒、五大臣、六忠臣、十五孝子，各爲之《贊》。卷末附《拾遺》二十事，事各爲詩。

鹿城書院集

《四庫全書總目提要·傳記類存目三》 《鹿城書院集》無卷數。浙江巡撫採進本。明鄧淮撰。淮，吉水人。成化辛丑進士。弘治中官温州府知府。以南宋時温州之士遊二程、張、朱之門者，有周行己等二十三人。乃命永嘉知縣汪循即鹿城建書院，祀二程、張、朱，而以行己等侑焉。復輯諸人誌銘、家傳及其遺事，緒論見於志書、諸録中者，彙爲此編。雖亦講學家標榜之書，然永嘉學派，頗異新安。淮不分門户於其間，則視黨同伐異者，其公私相去遠矣。

吴中故實記　續記　補遺

《四庫全書總目提要·傳記類存目三》 《吴中故實記》一卷，《續記》一卷，《補遺》一卷。浙江巡撫採進本。舊本題明楊循吉撰。檢勘其文，即循吉《吴中往哲記》、黄魯曾《往哲續記》、《補遺》原本。惟於標題中刊去「往哲」二字，易以「故實」二字。蓋書賈剷舊版，改易新名以舊欺者也。

拾遺書

《四庫全書總目提要·傳記類存目三》 《拾遺書》一卷。浙江范懋柱家天一閣藏本。明林塾撰。塾，莆田人。弘治壬戌進士。官至浙江布政司參議。此書載建文諸臣事蹟，文甚簡略。前有正德乙亥《自識》云：考前史失記者凡五十四人，故以「拾遺」名其書。然所載與諸書略同。其齊泰以下三十人，事實俱闕，亦未能考補也。

二科志

《四庫全書總目提要·傳記類存目三》 《二科志》一卷。江蘇巡撫採進本。明閻秀卿撰。秀卿，蘇州人。始末未詳。是書分《文學》、《狂簡》爲二科。所載自楊循吉以下凡七人，皆偶録一二事，不爲全傳。蓋一時互相標榜之書。其紀徐禎卿方登賢書，於文徵仲尚稱文璧，而以徵明字之，則猶弘治中所作也。

别本革朝遺忠録

《四庫全書總目提要·傳記類存目三》 《别本革朝遺忠録》二卷。兩江總督採進本。不著撰人名氏。惟題「青州府知府杜思子睿重刻」。思即撰《考信編》者也。黄虞稷《千頃堂書目》於《郁衮革除遺忠録》二卷外又别出杜思《革朝遺忠録》

二卷，蓋即指此本，然以郁衮本校之，則此《録》實郁衮書。惟衮於各《傳》後附以《贊》語，而此本有《傳》無《贊》爲少變其例。又書首冠以張芹《備遺録》、黄佐《革除遺事》、敖英《備遺續録》序三篇，皆與書不相應。世別有高廩刊本，卷首亦有三《序》，與此正同。蓋明代刊書者往往竄亂舊本而没所由來。諸版競出，混淆彌甚，其風熾於萬曆以後。今觀此本，則嘉靖中已有之矣。案：思登，嘉靖丙辰進士。

毘陵忠義祠録　附録

《四庫全書總目提要・傳記類存目三》《毘陵忠義祠録》四卷，《附録》一卷。江蘇巡撫採進本。明葉夔撰。夔字司韶，武進人。成化中以歲貢生官汝陽州訓導。是編第三卷中載夔《請祀典書》，稱宋德祐元年十一月，巴顔率師攻常州，屠其城，知府事姚訔，通判陳炤，俱不屈死。其先後殉難者又有王安節、劉師勇、胡應炎、尹玉、麻士龍、包圭、阮應得、方允武、徐道明、莫謙之、僧萬安諸人。自成化九年郡庠生段瑜等建言於同知柳某，始立訔、炤以下木主十一位，附於陳司徒廟。而文天祥、劉師勇、阮應得、僧萬安猶未與也。弘治十年，知府曾望宏乃別創忠義祠，請竝祀文天祥以下十四人，而附以元壬辰靖難之劉溶。巡按御史謝琛亦上書，請著於祀典。詔從之。夔因編其始末爲此書。首《圖考》，次《傳志》，次《詩》，次《贊》，次《文牒》。凡史傳所未載者，此皆補其佚闕，足相參證。惟此書載宋臣與祀者止十四人，則未祀文天祥等四人。其附於陳司徒廟者止當有十主耳。夔《請祀典書》云：「十一主」，未喻其故。又考《宋季三朝政要》，載元兵至常州，守臣王宗洙遁，權守王良臣以城降。今是書《姚訔傳》中謂良臣屢舉不第，流落無藉，寓常，與錢闇謀，竊符印詐稱郡官，詣巴顔軍前獻之。然則良臣未嘗權守，《三朝政要》誤書矣。是亦足訂史之譌也。此書作於正德初年。末《附録》一卷，載國朝順治十四年事，蓋後人所續。其姓名則不可考矣。

毘陵人品記

《四庫全書總目提要・傳記類存目三》《毘陵人品記》四卷。浙江范懋柱家天一閣藏本。明葉夔撰。其子金及同邑毛憲續成之。憲有《諫垣奏草》，已著録。金字誠齋，刻是書時官紹興府通判。其終於何官則未詳也。是書前有《自記》，稱常州古毘陵地，記人品冠以古名者，古可以統今。今常州之名，隋唐以前未有也。然隋唐以前無常州，不可繫以常州，隋唐以後無毘陵，獨可繫以毘陵乎！至其先列五縣沿革於前，使歷代殊名，瞭如指掌，則提綱挈領，固體例之最善者也。其書敘述頗簡核，然皆史傳所已載。末附夔、憲二《小傳》，則嘉靖壬寅刻是書時餘姚岑原道所補，見原道所作《序》中。

毘陵正學編

《四庫全書總目提要・傳記類存目三》《毘陵正學編》一卷。兩江總督採進本。明毛憲撰。是編所載凡十二人。首楊時，次鄒浩、周孚先、周恭先、唐彦思、鄒柄、喻樗、胡珵、尤袤、李祥、蔣重祥、謝應芳。自浩以下或籍晉陵，或籍宜興，或籍無錫，或籍武進。獨時爲劍州將樂人，於毘陵爲流寓。蓋以道南一脈，假借之以爲重云。

淮郡文獻志　補遺

《四庫全書總目提要・傳記類存目三》《淮郡文獻志》二十六卷，《補遺》一卷。兩淮馬裕家藏本。明潘塤撰。塤字伯和，山陽人。正德戊辰進士。官至右副都御史，巡撫河南。事蹟具《明史》本傳。是書前有《自序》，謂自春秋以來至明正德，上下數千年，德業文章，會於一書。今考其書撏撦陳編，未見決擇。其最謬者，至收入宋龔開所作宋江等三十六人之《贊》。此何關於文獻耶！

金華先民傳

《四庫全書總目提要・傳記類存目三》《金華先民傳》十卷。浙江巡撫採進本。明應廷育撰。廷育字仁卿，永康人。嘉靖癸未進士。官至按察司僉事。是書取金華歷代人物自漢迄明各爲之傳。分《道學》、《名儒》、《名臣》、《忠義》、《孝友》、《政事》、《文學》、《武功》、《隱逸》、《雜傳》爲十類。自正史外竝參以諸家文集及家狀碑記。於每《傳》之下，各註明用某書。蓋仿金履祥《通鑑前編》之例。所據舊籍共四十餘種，而其大概則本諸《敬鄉録》、《賢達傳》、《金華府志》三書云。

元祐黨人碑考

《四庫全書總目提要・傳記類存目三》《元祐黨人碑考》一卷。編修程晉芳家藏本。明海瑞撰。瑞字汝賢，號剛峯，瓊山人。由舉人官至南京右都御史。謚忠介。事蹟具《明史》本傳。

群忠備遺録

《四庫全書總目提要・傳記類存目三》《群忠備遺録》二卷。江蘇巡撫採進本。明羅汝鑑撰。汝鑑字明夫，新喻人。是書記建文殉節諸臣事迹，大致本張芹《備遺録》、鄭禧《羣忠事略》而稍附益之，遂合兩書以爲名。所録凡八十有四人。每傳後附尹直、謝鐸、何孟春、敖英、陳建諸論。其稱「外史氏」者，則汝鑑所自作也。其書初刻於楚雄，前有嘉靖辛亥《自序》。後十年庚申，以校讎未精，復增入數人而重刊之，見卷末《自識》中。

守令懿範

《四庫全書總目提要・傳記類存目三》《守令懿範》四卷。直隸總督採進本。明蔡國熙撰。國熙，永年人。嘉靖己未進士。官至山西提學副使。是編乃其官蘇州府知府時，輯古來守令事迹，自周至元，分儒牧、循牧二類。儒牧自子游而下三十人。循牧自公孫僑而下一百一十人。前有皇甫汸序，稱儒可以包乎循，而循未必皆合於儒。體用之間，蓋有辨焉云云。夫儒者之學，明體達用。道德事業，本無二源。岐而兩之，殊爲偏見。且唐韓愈、宋歐陽修所學不甚相遠，而列愈於儒牧，列修於循牧，亦不知其以何而分。楊備傳陸氏之學，黄震傳朱子之學，所著之書，釐然具在。乃升簡於儒牧以繼陸氏，而不升震於儒牧以繼朱子，豈非未見日鈔耶。循名失實，尊儒而不知所以尊，徒成其門户標榜而已。

古今廉鑑

《四庫全書總目提要・傳記類存目三》《古今廉鑑》八卷。江蘇巡撫採進本。明喬懋敬撰。懋敬字允德，上海人。嘉靖乙丑進士。官至湖廣右布政使。是書所載，自春秋季文子至明楊繼盛，皆以清操傳於世者。亦宋人《廉吏傳》之類，而鈔撮大略，挂漏尚多。前有萬曆戊寅自序，自稱其官爲閩封人，乃其宦閩時所輯也。

莆陽科第録

《四庫全書總目提要・傳記類存目三》《莆陽科第録》二卷。浙江巡撫採進本。明吴爵編。爵，湖南寧鄉人。嘉靖中官福建興化府訓導。因録興化一郡科第，自洪武庚戌至嘉靖己酉，其爵里亦皆縷載。前有郡人鄭岳序，後有傳自跋。

懷忠録

《四庫全書總目提要・傳記類存目三》《懷忠録》。無卷數。浙江范懋住家天一閣藏本。明鄭應旂撰。應旂，莆田人。嘉靖中貢生。是編前七卷皆應旂咏靖難諸人詩賦騷詞。後爲革朝遺忠列傳，不分卷數。每傳後附引諸家記載詩文以證之，略似名臣言行録之體。凡四十篇。而以外録補録終焉。大致與黄佐《革朝遺事》相仿。

（崑山）名宦傳

《四庫全書總目提要·傳記類存目三》《名宦傳》一卷。浙江鮑士恭家藏本。

明張大復撰。大復字元長，崑山人。與歸有光同時。又於宦是土者取十五人，爲《名宦傳》附之。敘述尚爲雅潔，而詞多揚詡。亦不免標榜之習。其《名宦傳》別有鈔本，題曰《玉峯名宦傳》，析爲二卷。佚其中《王南昌傳》一篇，僅有十四人。又佚其論尾數行。蓋傳鈔脱漏，不及集本之完整也。

元相臣傳

《四庫全書總目提要·傳記類存目四》《元相臣傳》十二卷。兩淮鹽政採進本。明魏顯國撰。其書紀元代丞相自耶律楚材至布延巴哈原作普顔不花，今改正。二十六人。各自爲傳，全襲元史之文，未嘗別有蒐討。又前後凌亂脱誤。如《元史·宰相表》載安圖原作安童，今改正。爲右丞相，始世祖至元二年乙丑，訖於二十七年庚寅。布呼密原作不忽木，今改正。爲平章政事，始至元二十八年辛卯，訖成宗元貞二年丙申。是布呼密後於安圖凡二十七年。此書列布呼密於安圖前，殊爲倒置。又如世祖庚申元年王文統、趙璧爲平章政事，尤枉史天澤諸人之前。其相業俱見本傳。而此書均汰之。蓋不特於正史之外無所徵引，且於正史之中亦多所挂漏矣。

國士懿軌

《四庫全書總目提要·傳記類存目四》《國士懿軌》十卷。浙江巡撫採進本。明余養蒙撰。養蒙，臨海人。自序謂稟大中丞耿公之命而爲之者。案：《明史·耿定向傳》，弟定力，隆慶辛未進士。官至南京兵部右侍郎。時方爲南京都御史，故稱大中丞也。書前有定力序，復有《諭官屬文》一首。大旨以當時專重科目，名實不副。故取古今來士子出於太學及以貲郎起家者，自列國迄明初，凡一百二十七人。删節諸史及志乘各爲之傳。意欲以矯偏重之弊。然舉一代之進士，概以籠鷹檻駒目之。殊不免於矯枉過直矣。

春秋名臣傳

《四庫全書總目提要·傳記類存目四》《春秋名臣傳》十三卷。浙江汪啟淑家藏本。明姚咨撰。咨字舜咨，無錫人。初，其邑人邵寶爲是書未畢，咨續成之。始於周之辛伯，迄於虞之宫之奇，凡一百四十八人。傳末各附以小讚。大旨與宋王當《春秋列國臣傳》相出入。而其義例乃譏當書用魯史編年之非。然既標以春秋，則自應用春秋之年月。若各從列國，轉致錯互難明。以是議當，未爲允也。

戰國人才言行録

《四庫全書總目提要·傳記類存目四》《戰國人才言行録》十卷。浙江范懋柱家天一閣藏本。明秦瀹撰。瀹，無錫人。是書成於隆慶中。類次戰國人物，起魏文侯，迄荆軻，凡一百四十九人。皆鈔録《戰國策》、《史記》之文而稍删節之。

貂璫史鑑

《四庫全書總目提要·傳記類存目四》《貂璫史鑑》四卷。兩淮鹽政採進本。明張世則撰。世則，諸城人。萬曆甲戌進士。官至四川安緜兵備副使。是書嘗於萬曆二十年進呈，得旨下禮部，禮部覆疏附焉。書凡六條。一曰主君，首載明太祖禁抑内臣不得干預外事，然後敘歷代寵閹之弊。二曰弼臣。載歷朝相臣與宦寺離合之迹。三曰妍範，載閹之賢者。四曰媸戒，載閹之惡者。五曰國祚，載秦漢以來寺人之尤能亂國者。六曰沿革，則閹宦職官志也。宦寺賢者，萬中不得一二。世則方指陳炯戒，將以啟迪君心。而所列「妍範」一條，如勃鞮之斬袪，繆賢之薦士，裴寂之宫人私侍，高力士之贊立太子，皆目爲佳事，殊多謬戾。又列及明代寺人，而以阮安預其間，益不可訓矣。

歷朝璫鑑

《四庫全書總目提要・傳記類存目四》《歷朝璫鑑》四卷。編修汪如藻家藏本。明徐學聚撰。學聚字敬輿，蘭谿人。萬曆癸未進士。官至副都御史，巡撫福建。是編輯録歷代宦官事蹟，自周秦以迄於明。分善可爲法，惡可爲戒二種，而於明代紀載尤詳。第所録僅至世宗朝而止，則仍不免有所避忌。又元李邦寧，即嘗入太學代祀孔子，至大風滅燭之異者，其狂妄可知。乃入之善可爲法中。進退亦未甚允也。

鹽梅志

《四庫全書總目提要・傳記類存目四》《鹽梅志》二十卷。内府藏本。明李茂春撰。茂春字蔚元，杞縣人。萬曆癸未進士。是編採取歷代賢相嘉言善行，録成一編。始於皐陶，終於范純仁，凡六十六人。

熙朝名臣實録

《四庫全書總目提要・傳記類存目四》《熙朝名臣實録》二十七卷。浙江巡撫採進本。明焦竑撰。此書《明史・藝文志》不著録。前有自序，謂明代諸帝有《實録》，而諸臣之事不詳，因撰此書。自王侯、將相及士庶人、方外緇黄、僮僕、妾伎無不備載。人各爲傳，蓋宋人《實録》之體。凡書諸臣之卒，必附列本傳，以紀其始末。而明代《實録》則廢此例，故竑補修之。其書郭子興諸子之死，及書靖難諸臣之事，皆略無忌諱。又如紀明初有通曉四書等科，皆《明史・選舉志》及《明會典》所未載。韓文劾劉瑾事，有太監徐智等數人爲之内應，亦史傳所未詳。頗足以資考證。然各傳中多引《寓圃雜記》及《瑣綴録》諸書，皆稗官小説，未可徵信。又或自序事，或僅列舊文，標其書目，於體裁亦乖。所附李贄評語，尤多妄誕，不足據爲定論也。

四侯傳

《四庫全書總目提要・傳記類存目四》《四侯傳》四卷。江蘇巡撫採進本。明王士騏撰。士騏有《馭倭録》，已著録。是編摭文成侯張良、忠武侯諸葛亮、武侯王猛、鄴侯李泌四人行事，以正史及稗官野乘相參而成。蓋隱寓尚友之意。

歷代内侍考

《四庫全書總目提要・傳記類存目四》《歷代内侍考》十卷。兩淮鹽政採進本。明毛一公撰。一公字震卿，遂安人。萬曆己丑進士。官至給事中。其書取古來閹寺事蹟輯爲一編。自春秋及宋，以時代次之。各序其善惡而加以論斷，大旨褒少而貶多。一公，天啓末蘇州巡撫一鷺之兄也。一鷺黨魏忠賢，事具《明史》。其兄此書，儻亦有爲而作乎。

友于小傳

《四庫全書總目提要・傳記類存目四》《友于小傳》二卷。兵部侍郎紀昀家藏本。明紀廷相撰。廷相字柱石。獻縣諸生。是書成於萬曆甲申。前有自序，稱孝友皆天性，而人情日薄，往往知愛其親而不推其愛於兄弟。故摭拾舊迹以感發其彝良。不録帝王之事，分位殊也。不録聖賢之事，亦不録奇行異節、舍生蹈義之事，不强以所不能也。分二卷。上曰循常，下曰處變，皆士庶人家庭細務。末有其子堯卿跋，稱族有鬩牆者，託詞避暑，借其書室，日日揮汗録此編，竟愧而復睦云。

夥壞封疆録

《四庫全書總目提要・傳記類存目四》《夥壞封疆録》一卷。江蘇巡撫採進本。明魏應嘉撰。應嘉，興化人。萬曆戊戌進士。官至兵部左侍郎。是書前有應嘉自序，稱取劉方壺所臚列未盡者，具名於左。皆天啓中諸臣之不附魏忠賢者也。其詞狂謬之甚。所列執政一人，司禮大璫一人，部堂五人，卿寺三人，翰林七人，臺諫十六人，部署二人。書後有跋，不知何人所作。詆應嘉爲京、卞、惇、確。然應嘉依附奄黨，代爲搏噬。觀其自序，殆不知世有廉恥事，實京、卞、惇、確之所不爲者也。

東林點將録

《四庫全書總目提要・傳記類存目四》《東林點將録》一卷。江蘇巡撫採進本。明王紹徽撰。紹徽，陝西咸寧人。萬曆戊戌進士。官至吏部尚書。事蹟具《明史・閹黨傳》。其書以《水滸傳》晁蓋、宋江等一百八人天罡、地煞之名，分配當時縉紳。今本闕所配孔明、樊瑞、宋萬三人，蓋後人傳寫佚之。卷末有跋，稱甲子乙丑於毗陵見此録，傳爲鄒之麟作。所列尚有沈應奎、繆希雍二人，與此本不同。蓋其時門户蔓延，各以恩怨爲增損，不足爲怪。又稱許其孝、陳保泰、楊茂春、郭鞏四人後列逆案，不知何以厠名。或作此書時，四人尚未附忠賢耶。閻若璩《潛邱劄記》亦有《與王宏撰書》曰，頃聞《點將録》果出貴鄉王紹徽手否？先生以此書實出阮大鋮。王偶失閹歡，謀所以解之術於阮。阮授以此書，而王上之，而世遂以名之。細思之，殊不然。兒時讀《點將録》，記没遮攔穆宏乃大鋮，豈有自作此録而竄入己姓名者云云。則當時已傳聞異詞。然崇禎欽定逆案，以此録屬之紹徽。於時公論方明，諒非誣衊。《明史》本傳亦以此書屬紹徽。然則輾轉傳寫，雖或有竄改。其造謀之人，要終不能以浮詞他説解也。

東林籍貫

《四庫全書總目提要・傳記類存目四》《東林籍貫》一卷。江蘇巡撫採進本。不著撰人名氏。所列北直八人，南直四十一人，浙江十一人，江西十六人，湖廣二十人，河南七人，福建五人，山東十三人，山西十五人，陝西十八人，四川五人，廣東、雲南、貴州各一人。其北直郭鞏，陝西薛貞，後皆名麗逆案。是又當考其究竟，不當以一時之記録爲斷矣。案：此書及《東林同志録》、《東林朋黨録》、《天鑒録》、《盜柄東林夥》皆天啓中書。其作者雖不可考，要皆萬曆時舊人也。今附諸魏應嘉、王紹徽後，從其類也。

東林同志録

《四庫全書總目提要・傳記類存目四》《東林同志録》一卷，江蘇巡撫採進本。不著撰人名氏。題下注曰《續點將録》。所列政府韓爌以下六人，詞林孫慎行以下十九人，部院李三才以下五十七人，卿寺顧憲成以下七十三人，臺省魏大中以下七十六人，部曹王象春以下四十一人，藩臬郡邑顧大章以下二十六人，貲郎武弁山人吴養春以下二十一人。

東林朋黨録

《四庫全書總目提要・傳記類存目四》《東林朋黨録》一卷。江蘇巡撫採進本。不著撰人名氏。前載趙南星等九十四人，後列東林脅從顧秉謙等五十三人。各繫以科分、籍貫、座主姓名，而注以「已處」、「未處」及「枉籍」、「現任」字。考《明史・閹黨傳》，稱盧承欽，餘姚人，由中書舍人擢御史，請以黨人姓名罪狀牓示海内。魏忠賢大喜，敕所司刊籍，凡黨人已罪未罪者悉編名其中。後承欽官至太僕寺少卿云云。此書中「已處」字與所言「已罪」、「未罪」相合，其是時之官本歟？

天監録

《四庫全書總目提要・傳記類存目四》《天監録》一卷。江蘇巡撫採進本。不著撰人名氏。題下註曰「真心爲國，不附東林，横被排斥，久抑林野，及冷局外轉者，凡一百三人」。皆魏忠賢之黨也。

盗柄東林夥

《四庫全書總目提要・傳記類存目四》《盗柄東林夥》一卷。江蘇巡撫採進本。不著撰人名氏。分初、盛、中、晚四門。詳列其姓名官爵，而各註其罪狀，詞極醜詆。楊漣、左光斗諸人名下，已注「斃獄」字，則此書成於天啓末年也。

事編内篇

《四庫全書總目提要・傳記類存目四》《事編内篇》六卷。江蘇巡撫採進本。明孫慎行撰。慎行字聞斯，武進人。萬曆乙未進士。官至禮部尚書。謚文介。事蹟具《明史》本傳。是書採史傳中名臣事跡，自公孫僑至王守仁，凡十八人。隱逸六人，以隱寓行藏之旨。附以張瑋、薛寀評語。慎行自序云，尚有《外篇》、《雜篇》。然檢其子士元所作凡例，則但刊《内篇》，其《外篇》、《雜篇》未刊也。

宰相守令合宙

《四庫全書總目提要・傳記類存目四》《宰相守令合宙》十三卷。江蘇巡撫採進本。明吴伯與撰。伯與字福生，宣城人。萬曆癸丑進士。官至廣東按察司副使。是書序文題曰《宰相守令合宙》。而此本十三卷，乃有宰相而無守令，蓋非完書矣。所録雖多採史傳，而不免雜以稗官。又删節本傳，往往遺其大而識其小，體例殊爲宂瑣。至於以李斯爲禮賢尚德，而以趙高附斯傳，尤爲乖舛。又唐初不載裴寂、劉文静、竇抗、陳叔達諸人，而先敘蕭瑀。宋曹彬同平章事，蓋沿唐、五代使相之制，實不預政。乃列於真宰相中，亦爲失考也。

毘陵人品記

《四庫全書總目提要・傳記類存目四》《毘陵人品記》十卷。兩淮鹽政採進本。明吴亮撰。亮字采于，武進人。吴中行之長子也。萬曆辛丑進士。官至大理寺少卿。事蹟附見《明史・中行傳》。是書因毛憲舊本而增修之。自商迄明，采摭頗富。然十卷之中，歷代居六而明乃居其四。雖曰時近易詳，亦少乖謹嚴之旨矣。至於泰伯、仲雍，未免借材。梁武子孫，亦殊泛載。皆未免地志之舊習也。

名世編

《四庫全書總目提要・傳記類存目四》《名世編》八卷。江蘇巡撫採進本。明吴亮撰。初，亮罷官歸田，嘗輯古高隱事爲《遯世編》。及再起，又輯此編。皆不採於史傳，惟剽劉唐順之《左編》、李贄《藏書》、李廷機《名臣記》三書而成。去取絶無義例，編次亦多顛倒。如首列大禹，乃帝王而非人臣。以例推之，何以刊除虞舜。程嬰乃趙氏之臣，魯仲連、侯嬴乃平原信陵之客，皆未登官籍。以例推之，此類何可勝收。百里奚、蹇叔列管仲前，蘧瑗列百里奚前，屈原列蘧瑗前，尤屬瞀亂而失次也。

安危注

《四庫全書總目提要・傳記類存目四》《安危注》四卷。兩江總督採進本。明吴甡編。甡字鹿友，南直隸興化人。萬曆癸丑進士。官至禮部尚書，兼東閣大學士。事蹟具《明史》本傳。是書輯漢、晉、唐、宋將相之事，用陸賈言「天下安，注意相；天下危，注意將」之語，以名其書。意枉諷時事也。

壺天玉露

《四庫全書總目提要·傳記類存目四》《壺天玉露》四卷。浙江巡撫採進本。明錢陞撰。陞字元履，海鹽人。萬曆戊午舉人。其書亦費樞《廉吏傳》之流，而兼收隱逸，爲例小殊。所載始於春秋，終於明之萬曆。所録凡二百九十六人。去取踳駁，頗無義例。如解揚、申包胥，當以忠論。尉遲敬德當以勇論。莊周、列禦寇當以隱論。田基當以節論。江上丈人、矦嬴當以俠論。趙括母當以識論。西門豹當以術論。概以廉稱，未當其實。又公孫宏之詐儉，揚雄之失節，華歆之佐逆，濫與斯列，亦殊混淆。至舟之僑、介之推合爲一事，則誤從《説苑》。嚴君平、嚴遵分爲二人，則不攷《後漢書》。尤疎舛之顯然者也。是書以《壺天玉露》爲名，而序文題爲《壺天玉露廉鑑》。每卷之首亦各别標「廉鑑」字，豈《壺天玉露》乃其著書之總名，「廉鑑」乃其一種歟？末又附《清士》一卷，自鬷缺而下六十餘人，各爲小傳，而繫以詩。卷端亦題「壺天玉露」字，殆其中之又一種也。

榕陰新檢

《四庫全書總目提要·傳記類存目四》《榕陰新檢》八卷。兩淮鹽政採進本。明徐𤊹撰。𤊹，初字惟起，更字興公，閩縣人。聚書數萬卷，竝手自丹黄。以博洽名一時，竟終於布衣。《明史·文苑傳》附見《鄭善夫傳》中。玆編採摭古事，分孝行、忠義、貞烈、仁厚、高隱、方技、名儒、神仙八門。所載多閩中事，大旨表章其鄉人也。

爲臣不易編

《四庫全書總目提要·傳記類存目四》《爲臣不易編》。無卷數。内府藏本。明黄廷鵠撰。廷鵠爵里未詳。據書前周延儒序，稱與廷鵠定交，此編即夙昔所共討論。則萬曆末人也。所録古來名臣自皋陶至文天祥，凡百人。各爲之傳，而系以序贊。

令史高山集

《四庫全書總目提要·傳記類存目四》《令史高山集》七卷。兩江總督採進本。舊本題曰臨川令江左吴用先體中編纂。不著時代。核其紙版，乃明萬曆中式也。其書輯古賢令事蹟，以寓高山景行之意。爲目十七，爲事三百八十有九，皆不註所出之書。其標目如循令、廉令之類，尚成文義。如自清令、薦舉令之類，則拙鄙甚矣。第一卷别名《令譜》，而隸事與諸卷例同，尤不可解。

晉陵先賢傳

《四庫全書總目提要·傳記類存目四》《晉陵先賢傳》二卷。浙江巡撫採進本。明歐陽東鳳編。東鳳字千仞，潛江人。萬曆己丑進士。官至常州府知府。謝病歸，起山西按察司副使，又起南京太僕寺少卿，竝不赴。事蹟附見《明史·顧憲成傳》。是編取常州先哲寓賢，自吴延陵季子訖明錢一本，共六十九人。採史傳郡志，人各爲傳。傳末各附以頌。其傳，於古人必詳所據之書，於近人則率註其文爲某撰，以明有據。體例頗謹嚴。然亦閒有不註者，疑爲疎漏云。

弇州史料

《四庫全書總目提要·傳記類存目四》《弇州史料》三十卷。左都御史張若淮家藏本。明董復表編。復表字章甫，華亭人。是書皆採掇王世貞文集説部中有關朝野記載者，裒合成書，無所考正。非集非史，四庫中無類可歸。約略近似，姑存其目於傳記中，實則古無此例也。然世貞本不爲史。强尊爲史，實復表之意。胡維霖《墨池浪語》稱，《弇州史料》，凡請弇州作傳誌者，雖中材亦得附名。未請傳誌，雖蓋代勳名節義亦所不載。後之耳食，未可以此爲定案云云。是又誤以爲出世貞之意，非其實矣。

古今貞烈維風什

《四庫全書總目提要・傳記類存目四》《古今貞烈維風什》四卷。兩淮馬裕家藏本。明許有穀撰。有穀字子仁，宜興人。其書大旨爲表揚貞烈而作。按輿志區分，各以人繫其地。由古迄明，每地分列傳標題、列名不標題二類。其標題者各題七言絶句，不標題者粗舉事蹟而已。凡例稱詞雖淺俚，意取勸揚。是書長短，有穀已自道之矣。

忠義存褒什

《四庫全書總目提要・傳記類存目四》《忠義存褒什》二卷。兩淮馬裕家藏本。明許有穀撰。是書記建文殉難諸臣事蹟，每一傳後繫七言絶句一首。

續列女傳

《四庫全書總目提要・傳記類存目四》《續列女傳》九卷。浙江鮑士恭家藏本。明邵正魁撰。正魁字長孺，休寧人。是書以續劉向《列女傳》，仍其體例，分別七門。唯其中節義、賢明各分一子卷。大抵採摭各史后妃、列女傳，分類彙敘。閒有略益以他書者，不過十之二三。每傳末必引諸經爲詠嘆之詞，以求肖向書之體，可謂王之學華，皆在形骸之外。末附汪匯所作《正魁母鄭氏傳》一篇，尤古無此例也。

歷代相業軍功考

《四庫全書總目提要・傳記類存目四》《歷代相業軍功考》二卷。浙江巡撫採進本。明沈夢熊撰。夢熊字兆揚，歸安人。是書成於天啓癸亥。所録歷代相業，自伊尹至陸秀夫，四十七人。軍功自吕望至孟珙，五十人。前載事實，末附評語。大抵節録史文，別無考證。評語亦皆陳因之談。

明代相業軍功考

《四庫全書總目提要・傳記類存目四》《明代相業軍功考》二卷。浙江巡撫採進本。明沈夢熊撰。夢熊字兆揚，歸安人。是書成於天啓癸亥。明代相業，自楊士奇至申時行，十三人。軍功自徐達至王崇古，三十人。前載事實，末附評語。大抵節録史文，別無考證。評語亦皆陳因之談。

銀鹿春秋

《四庫全書總目提要・傳記類存目四》《銀鹿春秋》一卷。浙江巡撫採進本。明陸嘉穎撰。嘉穎字子垂，又字明吾，嘉定人。天啓中嘗官主簿。是編輯古來義僕事蹟。其以「銀鹿」爲名者，銀鹿爲唐顔峴家僮，事顔真卿終身，至禍患不避去故也。然奴不負主，古來不止一銀鹿。銀鹿亦不必爲義僕第一。取以立石，不甚可解。殆以二字新穎，故採爲標目耳，殊無理也。所列自欒布以下凡七人，女奴十一人，頗多漏略。如蕭穎士僕，人人耳熟之事，而遺之不載，則無論他僻事也。其中有嘉穎裔孫鑽續補一十六條。然雜列其閒，不可分別，尤無義例。所載史漢後劉武，即嘉穎家僕。徐永清，即鑽家僕。事皆不足傳，而躋之古人之列，亦不倫甚矣。

衡門晤語

《四庫全書總目提要・傳記類存目四》《衡門晤語》六卷。兩江總督採進本。

明潘京南撰。京南自號壽櫟生，新都人。是編摘録古今隱逸閒適之事，分前、後、續、別四集。《前集》廣成子而下七十五人，自上古逮魏。《後集》孫登而下七十五人，自晉逮元。《續集》伯成子高而下百五十人。《別集》則摭其議論及所作詩賦。亦皇甫謐《高士傳》之支流。其曰晤語，則千載一堂之意云爾。

國殤紀略

《四庫全書總目提要・傳記類存目四》《國殤紀略》一卷。浙江巡撫採進本。

不著撰人名氏。以書中所自敘考之，蓋郭姓，湘鄉人，前明崇禎丙子舉人也。是編紀明末楚中死節之士。前爲何騰蛟、堵允錫、章曠、傅作霖四人遺事。各系以詩，蓋用《靖康小雅》之體。後附周兖、張世英、王士璞、何應瑞、李有斐五人小傳。允錫以病卒於軍，不得援死綏之義。士璞爲其弟士琳所搆，死於囹圄。亦非兖等四人死於張獻忠者比。未免爲例不純也。

五十輔臣編年録殘本

《四庫全書總目提要・傳記類存目五》《五十輔臣編年録殘本》一卷。浙江吴玉墀家藏本。

不著撰人名氏。版心有「檇李曹氏倦圃藏書」字，蓋曹溶家舊本。疑溶嘗作《崇禎五十輔臣傳》，此其稾本之一册爾。始於天啓七年八月，中閒惟崇禎元年一月差詳。崇禎二年則惟韓爌調停沈維炳、薛國觀申救任贊一事。而卷尾題曰《五十輔臣編年録》，殆不可曉。書中文理斷續，率不可讀。繕寫惡劣，亦幾不成字。

歷代循良録

《四庫全書總目提要・傳記類存目五》《歷代循良録》一卷。山東巡撫採進本。

國朝孫蕙撰。蕙字樹百，號泰巖，又號笠山，淄川人。順治辛丑進士。官至給事中。是書彙歷代循良事蹟，惟載縣令而不及他官，其意謂令與民最近也。自秦漢以迄近代，僅盈一卷。去取可謂謹嚴，然挂漏亦所不免。

古人幾部

《四庫全書總目提要・傳記類存目五》《古人幾部》六卷。兩江總督採進本。

國朝陳允衡撰。允衡字伯璣，南昌人。是書所録，皆明哲保身之士，與急流勇退之人。允衡自序云，平湖陸叔度著《古人幾部》，始管夷吾，終史天澤，凡八十一人。古之成大功，定大策者咸在焉。而其人亦有功成而身死，名立而毀至者。定是不變，無以語權。因更集古人，顔曰幾部。然其書首載堯舜，以堯之傳舜，舜之逃象，皆目爲知幾，亦淺之乎窺聖人矣。豈姑以寓防患之意，不規規於品題之當否耶。

歷代黨鑑

《四庫全書總目提要・傳記類存目五》《歷代黨鑑》五卷。浙江汪啓淑家藏本。

國朝徐賓撰。賓字用王，常熟人。是書蓋因明季朋黨之禍，爰採輯史傳，作爲此書。上自東漢黨錮，次及魏之曹爽，晉之賈充，唐之王伾、王叔文、牛僧孺、李德裕，宋之洛蜀朔三黨、元祐黨籍、慶元僞學，以及明之東林、魏黨，靡不詳載。又採各家論朋黨之語附之於後，而以范祖禹《唐鑑》終焉。卷首冠以《東林黨籍論》三篇，亦賓所自作也。

孔庭禱在録

《四庫全書總目提要・傳記類存目五》《孔庭神在録》八卷。江蘇巡撫採進本。國朝胡時忠撰。時忠原名時亨，字慎三，無錫人。崇禎丙子舉人。是録以祀典爲主，故先列位次，而於聖賢諸儒各爲著録。其第八卷則考證辨論之辭，凡十五篇。

益智録

《四庫全書總目提要・傳記類存目五》《益智録》二十卷。副都御史黄登賢家藏本。國朝孫承澤撰。起周迄明，凡聖賢名人言行可録者，詮次爲二十卷。而載明人事居三之一。間有敘事之後附以論斷者。承澤崇禎庚午鄉試，出姚希孟之門。辛未會試，出何如寵之門。故其附東林也甚力。是書爲萬曆、天啓間諸人傳尤詳。然承澤門户深固，大抵以異同爲愛憎，以愛憎爲是非，不必盡協於公道也。

檇李往哲續編

《四庫全書總目提要・傳記類存目五》《檇李往哲續編》一卷。浙江巡撫採進本。國朝項玉筍撰。玉筍字和父，秀水人。是書續戚元佐之傳而作，補萬曆以前元佐所未載者。又益以天啓崇禎兩朝凡十二人，而以孝子魏學洢附於其父大中傳。每傳各系以論，與元佐例小異。

金華徵獻略

《四庫全書總目提要・傳記類存目五》《金華徵獻略》二十卷。浙江巡撫採進本。國朝王崇炳撰。崇炳字虎文，東陽人。嘗於蘭溪唐氏輯其郡人著述爲《金華文略》。此其所採金華先賢事蹟也。分十有二類。曰孝友，曰忠義，曰儒學，曰名臣，曰文學，曰政績，曰車行，曰貞烈，曰仙釋，曰方技，曰來宦，曰遊寓。自元以前則本之史傳及吴師道《敬鄉録》、宋濂《人物志》。自明以後則更蒐採諸書以補之。然鄉曲之私，所録不免氾濫。其序例謂事蹟或無可稱而列之名臣者，乃序爵之義。不知鄉閭耆碩，原不當以禄秩爲重輕。若槩加採録，則是公卿表而非耆舊傳矣。

希賢録

《四庫全書總目提要・傳記類存目五》《希賢録》五卷。直隸總督採進本。國朝朱顯祖撰。顯祖號雪鴻，江都人。順治丙戌副榜貢生。其書載自周至明諸儒言行，各繫以論斷。其意蓋欲仿《伊洛淵源録》，然去取多不可解。退邵子、司馬光於朱子後，升張栻、吕祖謙於范仲淹前，未免輕於予奪。其列明儒以薛、曹、邱、胡爲冠，配宋之周、程、張、朱。邱者邱濬也，斯則更屬異聞矣。

續表忠記

《四庫全書總目提要・傳記類存目五》《續表忠記》八卷。副都御史黄登賢家藏本。國朝趙吉士撰。吉士字恒夫，號漸岸，又號寄園，休寧人。順治辛卯舉人。官至户科給事中。是書記明萬曆以後忠義之士。以明錢士升有《表忠記》記遜國諸臣，故此以續爲名。所載凡一百二十三人。然前所載皆死魏忠賢之禍者，後所載皆明末殉節者，而參雜以葉向高、顧憲成、趙南星、鄒元標、馮從吾諸傳，體例不純。蓋其時去明未遠，猶存標榜之風。不知諸人致命遂志，取義成仁，其事自足千古。正不必牽附東林而後足以爲重也。

天中景行集

《四庫全書總目提要・傳記類存目五》《天中景行集》。無卷數。江蘇周厚堉家藏本。國朝邵燈撰。燈字無盡，一字薪傳，常熟人。順治壬辰進士。官至河南河道。是編乃燈康熙九年奉檄防河，因取中州名宦鄉賢，上自春秋，下訖宋元，彙爲一編。或全録本傳，或摘鈔數事。無所考證，亦無所臧否。

古懽録

《四庫全書總目提要·傳記類存目五》《古懽録》八卷。江西巡撫採進本。國朝王士禎撰。士禎字貽上，號阮亭，又自號漁洋山人，山東新城人。順治乙未進士。官至刑部尚書。謚文簡。士禎原名下一字與世宗憲皇帝廟諱相同，故傳刻其書者皆改爲士正。乾隆丁酉，奉諭旨追賜今名。是編皆述上古至明林泉樂志之人，蓋皇甫謐《高士傳》之意。其自序稱取古詩「良人惟古懽」句爲名。案此句見《文選·古詩》第十六首，李善註曰，良人念昔之懽愛。則所謂良人者，乃棄妻指其故夫。所謂惟者思維也。古者舊時也。懽者夫婦之私昵也。不識士禎何據，乃以爲高隱之目。無乃解爲與古爲徒之意耶。果若是，則誤之甚矣。

續高士傳

《四庫全書總目提要·傳記類存目五》《續高士傳》五卷。浙江鮑士恭家藏本。國朝高兆撰。兆字雲客，侯官人。王晫《今世説》曰，高雲客少遭喪亂，自江左還舊鄉，布衣疏食，塊處蓬室中。採摭隱逸，輯爲《續高士傳》。鑒別精嚴，論者謂其才識不讓士安。即此編也。據卷首陶澂序，稱其始晉皇甫士安，斷於有明之穆廟，中閒千餘年，其得一百四十三人。微顯闡幽，循名責實。起辛丑八月，至壬寅二月始告成。蓋創稟於順治十八年，蕆事於康熙元年也。其去取頗不苟。故陳日浴序稱其凡名入仕籍後挂冠者黜，迷溺於老佛之學者黜。然宋种放隱節不終，反登簡牘。元褚伯秀實道士，所注《莊子義海纂微》，今尚著録也。

勝朝彤史拾遺記

《四庫全書總目提要·傳記類存目五》《勝朝彤史拾遺記》六卷。浙江巡撫採進本。國朝毛奇齡撰。奇齡有《仲氏易》，已著録。是書皆明一代后妃列傳。自稱初得其父所藏《宮闈紀聞》一卷，載事不確，文不雅馴。後預修《明史》，分撰天順、成化、弘治、正德四朝《后妃傳》，因搜考史宬，闕略特甚。乃仍取外史所紀，與《實録》參修，而掇其賸稾，合之《宮闈紀聞》，撰爲此書。凡六十五傳。其中如鄭金蓮、王滿堂，於史例不得立傳。崇禎末宮人費氏、青霞女子等，於史例當別入列女傳。即是書以「拾遺」爲名，不得拘以史例，亦應隨事附録，不得自爲一傳，雜於后妃中也。其敘述則頗有法。然大端已採入正史，此無庸複録矣。

明儒林録

《四庫全書總目提要·傳記類存目五》《明儒林録》十九卷。兩淮馬裕家藏本。國朝張恒撰。恒字北山，松江人。朱彝尊之中表也。而彝尊志在稽古，恒則志在講學，所見頗歧。是集紀明代兩浙諸儒言行，所載未爲詳備。而附採語録之類，亦過於繁冗。

錫山宦賢考略

《四庫全書總目提要·傳記類存目五》《錫山宦賢考略》三卷。江蘇周厚堉家藏本。國朝張夏、胡永禔同撰。永禔字鴻儀，與夏同里。是編取無錫名宦、鄉賢二祠及崇正書院所祀諸先儒。起宋迄明，皆詳其仕履，撮其事實，彙爲一編。上卷名宦，中卷崇禎諸儒，下卷鄉賢。書成於康熙甲子，在《雒閩源流録》後二年。

又尚集

《四庫全書總目提要・傳記類存目五》《又尚集》二卷。江西巡撫採進本。國朝何屬乾撰。屬乾字不息，江西廣昌人。由副榜貢生官永新縣訓導。是書纂輯永新名宦、鄉賢事蹟，以已入祀典者各撰小傳。自三國分疆，迄國朝康熙中，分爲上下二卷。其傳末論斷，多附見軼事，與傳意不相重複，頗得《史記》遺意云。

卓行録

《四庫全書總目提要・傳記類存目五》《卓行録》四卷。浙江巡撫採進本。國朝黄容撰。容子敘九，吴江人。是書成於康熙庚辰。所録多明末國初之事。後有自序，稱集中體例，主於表彰潛德，蒐輯逸事。其事蹟赫赫在天壤，他書具載者，反不多録。然而孫承宗之死節，史籍彰彰，似不在潛德之列。而「龔佩潛女」一條云，九龍龔佩潛，以進士遇國難，投秦淮以死，有才女能詩云云。此在佩潛爲卓行。其女能詩，未爲卓行也。

荆門耆舊紀略

《四庫全書總目提要・傳記類存目五》《荆門耆舊紀略》三卷。浙江巡撫採進本。國朝胡作柄撰。作柄，荆門人，始末未詳。荆門舊有志，明季散佚。作柄於康熙戊戌、己亥間，初爲《耆舊》一編，志其鄉人之物。自爲之序，其於老萊子後次以黄歇，但曰爲李園所制，不著所終。歇之怙權盜國，果可列鄉賢俎豆間乎。其「論宋王大用死難」一條，據土人祠廟以辨《宋史》記其降元之誣。固善善從長之義，然無徵不信也。

列女紀略

《四庫全書總目提要・傳記類存目五》《列女紀略》一卷。浙江巡撫採進本。國朝胡作柄撰。續又以宋以來列女別爲一編附焉。自爲之序。

嘉禾徵獻録

《四庫全書總目提要・傳記類存目五》《嘉禾徵獻録》四十六卷。兩淮馬裕家藏本。國朝盛楓撰。楓字丹山，秀水人。是書所紀皆明一代嘉興人物。冠以妃主一卷，後以職官分紀。凡京朝官二十二卷，外吏十八卷，世職及死事諸將三卷，附以儒學一卷，文苑一卷。其子孫不能自爲傳者則以史例附其祖父之下。若無事蹟顯著者，則備列其官階遷除而止。若人非善類，如施鳳來之附魏忠賢，吴昌時之黨周延儒者，則僅於目中列其名，而特闕其傳以示戒。如史仲彬之類，亦閒附以辨證之語。其《卜大同傳》末又附《洪武三年給頒户帖》一道，以資考訂，敘述亦爲詳贍。惟其録名徵獻，而首冠以妃主，殊乖義例。又如《趙文華傳》盛稱其平倭功績。又於其家祖父各爲立傳，盛加推挹。亦不免鄉曲之私也。

人瑞録

《四庫全書總目提要・傳記類存目五》《人瑞録》一卷。衍聖公孔昭焕家藏本。國朝孔尚任撰。尚任號東塘，又號云亭山人，曲阜人。官至户部郎中。是書記康熙二十七年天下奏報壽民自七十歲至百歲以上者統三十七萬有奇，以著太平生息之盛。

修史試筆

《四庫全書總目提要・傳記類存目五》《修史試筆》二卷。江西巡撫採進本。

國朝藍鼎元撰。鼎元有《平臺紀略》，已著録。是編凡爲傳三十六篇，起唐房杜，終五代王朴，各綴以論。前有雍正戊申衡山曠敏本序，謂鼎元欲修《宋史》而以此試筆。先敘有唐名臣，擇其忠節經濟之炳著者，列爲傳云。

節婦傳

《四庫全書總目提要・傳記類存目五》《節婦傳》十五卷。江西巡撫採進本。國朝楊錫紱撰。錫紱字方來，清江人。雍正丁未進士。官至漕運總督。謚勤慤。是編蒐採近時節烈事蹟，各爲小傳。惟據其耳目所及，故未能賅備。又每得一人，即爲續刊。故印行之本，卷帙多寡往往不同云。

釁祀紀蹟

《四庫全書總目提要・傳記類存目五》《釁祀紀蹟》十卷。福建巡撫採進本。國朝康偉然撰。偉然字中江，漳州人。由拔貢生官羅源縣教諭，遷興化府教授。是編取文廟崇祀先聖先賢各爲譜傳。後附以春秋祀典，禮樂器圖。自明以來，輯聖門事蹟者最多。此書成於雍正五年，正值釐正祀典之後。故所載位次，一遵本朝定制。校他本爲有體例。然所輯事略，實不出諸書之外，未能有所考訂也。

蜀碧

《四庫全書總目提要・傳記類存目五》《蜀碧》四卷。江西巡撫採進本。國朝彭遵泗撰。遵泗字磬泉，丹稜人。乾隆丁巳進士。官翰林院編修。是書紀蜀亂始末，及一時死節士女。其曰「蜀碧」者，取「萇宏之血三年化碧」意也。起明崇禎元年戊辰，至我朝康熙二年癸卯。末有附記及楊展、劉道貞、鐵脚板、余飛等傳。其書大旨以沈雲祚稱獻逆殘蜀，由風俗之惡。故爲此書，備書死難者姓名，以雪斯恥。而體例冗雜，如載桐城二老事，與蜀中無關。又如賊夢梓潼神以宗弟紅束來謁諸事，亦太涉神怪也。

太學典祀彙考

《四庫全書總目提要・傳記類存目五》《太學典祀彙考》十四卷。直隸總督採進本。國朝張瑃撰。瑃字玉衡，宛平人。官國子監典簿。是書自孔子而下，四配十哲以及先賢先儒，凡祀於太學者，悉裒其言行，各爲之傳。然意在務博，多失詳考。如子夏《易傳》、子貢《詩傳》皆後人僞作，而引作事實，槩無辨正。又歷代祀典如《金石録》所載後魏太和元年立孔子廟，延興四年太上皇帝祭孔子文之類，皆佚不録。元設管勾一官，見《元文類》歐陽元序，準此書附註百石史卒碑例，亦所當收。是亦不免於疎漏也。

循良前傳約編

《四庫全書總目提要・傳記類存目五》《循良前傳約編》四卷。江蘇巡撫採進本。國朝張先嶽撰。先嶽字北拱，晉江人。是書一名《歷代名吏録》。採諸史《循吏傳》，各以時代先後編次。亦有旁取於他書者，然爲數無幾也。其所論斷，亦罕新裁。

學宮輯略

《四庫全書總目提要・傳記類存目五》《學宮輯略》六卷。河南巡撫採進本。國朝余丙撰。丙字敬捷，禹州人。是書於先師孔子及從祀先賢、先儒俱考其事蹟及世系里居，編次成帙。其祀於崇聖祠者，皆併録其言行。其改祀於鄉者，自鄭衆以下三人，罷祀者公伯寮以下十三人，亦皆附入焉。間加案語，以志從祀進退歲月。然敘述頗爲簡略，蓋《四書人物考》之類也。

吉州人文紀略

《四庫全書總目提要・傳記類存目五》《吉州人文紀略》二十六卷。江蘇巡撫採進本。國朝郭景昌編。景昌字旭瑞，奉天人。是書仿《莆陽文獻志》之例，取吉安人物各爲之傳。又以諸人撰著，分類編次，故統名曰《人文列傳》。凡爲十三類。曰理學名臣，曰忠節名臣，曰經濟名臣，曰文學名臣，曰内閣輔臣，曰才力，曰孝義，曰死事，曰清正，曰儒行，曰隱逸，曰科名，曰列女。撰著凡爲十九類。曰詔，曰册，曰制，曰策，曰表，曰狀，曰疏，曰議，曰論，曰序，曰記，曰檄，曰書，曰跋，曰傳，曰贊，曰墓志銘、墓表，曰祭文，曰歌，賦，頌，説，雜著。

孝　史

《四庫全書總目提要・傳記類存目五》《孝史》十卷。兩江總督採進本。國朝錢尚衡撰。尚衡字雲林，烏程人。是書編次古人孝行，上自唐虞，下迄明季，以朝代先後爲次。其所採録，本之正史及《一統志》爲多。其子鳳文復蒐訪稗官小説，續補成編。各傳之後，亦或附以論斷。其自序謂割股、刲肝、卧冰、埋兒之類，雖於不敢毁傷之義有乖。然愚孝之人，忘身事親，又不忍使之泯没。是尚屬原情之論，善善從長。至於建德農人以踐虎約而甘蹈亡身之危，尚衡稱爲守信達命，則所見太偏矣。

焚椒録

錢大昕《補元史藝文志・傳記類》王鼎《焚椒録》一卷。遼觀書殿學士。

王仁俊《遼史藝文志補證・傳記類》王鼎《焚椒録》一卷。倪、厲、錢、繆有。

按：今存，疑僞。

列女傳圖像

錢大昕《補元史藝文志・傳記類》《列女傳圖像》。大德十一年刊行。

唐義士傳

錢大昕《補元史藝文志・傳記類》羅有開《唐義士傳》一卷。德興人。

忠孝録

錢大昕《補元史藝文志・傳記類》汪逢辰《忠孝録》。

節孝録

錢大昕《補元史藝文志・傳記類》黄一清《節孝録》。休寧人。

海隄録

錢大昕《補元史藝文志・傳記類》《海隄録》一卷。至元己卯，餘姚州判葉恒敬常築石隄子晉輯名賢述作以褒揚之。

廣信文獻録

錢大昕《補元史藝文志・傳記類》舒彬《廣信文獻録》。字文質，永豐人。

盧陵九賢事實

錢大昕《補元史藝文志・傳記類》 彭士奇《盧陵九賢事實録》。進士。

尚左編

錢大昕《補元史藝文志・傳記類》 張明卿《尚左編》五卷。

元統元年進士題名録

黄丕烈《蕘圃藏書題識・史類一》 《元統元年進士題名録》不分卷。元刻本。

此《元統元年進士録録》，前當有讀卷、監試、執事諸臣銜，今惟存監膳、供給、□造、公服數人，餘皆失之。

元統元年進士題名録

黄丕烈《蕘圃藏書題識・史類一》 《元統元年進士題名録》一卷。鈔本。

喜慶二年春正月，從郡城醋坊橋崇善堂書肆獲睹此元刊本，亟購歸，質諸錢竹汀先生。先生據之駮正《元史》數條，作跋見示。余因裝治成帙，播諸友人，而是《録》遂有聞於世矣。得書之後十日蕘翁記。

張金吾《愛日精廬藏書志・傳記類》 《元統元年進士題名録》一卷。蜀高元刊本。從吴門黄氏藏元刊本影寫。 元元統元年進士題名録也。一甲三名，二甲十五名，三甲三十二名。蒙古、色目人與漢人、南人分兩榜，合百人。進士增至百人自是科始，錢氏已言之。

五代登科記

顧櫰三《補五代史藝文志・小説類》 《五代登科記》一卷。徐鍇撰。

登科記

顧櫰三《補五代史藝文志・小説類》 《登科記》五卷。不著作者。

列女傳

侯康《補三國史藝文志・雜傳類》 《列女傳》。見《世説・賢媛篇》注稱，孫權爲大皇帝，又爲上，則吴人撰也。

孝傳

周中孚《鄭堂讀書記・傳記類》 《孝傳》一卷。《漢魏叢書》本。舊題晉陶潜撰。潜字元亮，一名淵明，潯陽柴桑人。義熙二年，官彭澤令。入宋不仕，世號「靖節先生」。是編仿《孝經》章次，分列天子、諸侯、卿太夫、士、庶人五等之孝，而於天子下繫虞舜、夏禹、殷高宗、周文王，諸侯下繫周公、魯孝公、河閒惠王，卿大夫下繫孔子、孟莊子、穎考叔，士下繫高柴、樂正、子春、孔奮、黄香，庶人下繫江革、廉範、汝郁、殷陶，總爲傳贊五篇，即從《淵明集》所附《聖賢羣輔録》中録出，文格不類晉、宋閒人，不知何時人所依託。然《天子篇》有「以孝烝烝」句，足以證《書僞孔傳》「克諧以孝」爲句，「烝烝」又爲句之非。《卿大夫篇》所稱「孝乎，惟孝友于兄弟」三句，足以證《君陳篇》之譌，并可證《論語集注》之誤，正未可以其僞撰而忽諸。

淳熙薦士録

周中孚《鄭堂讀書記・傳記類》　《淳熙薦士録》一卷。《函海》本。宋楊萬里撰。萬里，字廷秀，吉水人，舉進士。孝宗時，召爲國子監博士，後以寶文閣待制致仕。卒，進寶謨閣學士，謚文節。淳熙乙巳，誠齋爲吏部郎中時，王季海爲丞相。一日，季海問誠齋云，宰相何最急先務？誠齋答，薦士爲先。因呈《薦士録》，凡六十人，而前以朱文公、袁仲機爲稱，足見知人之明。其餘諸公各有評論，言皆簡而當。此即今之薦官考語之祖也。李雨邨調元《序》謂山公啟事不可得見，存此以爲持衡秉鑑之法云。

明洪武四年進士登科録

周中孚《鄭堂讀書記・傳記類》　《明洪武四年進士登科録》一卷。《藝海珠塵》本。不著編輯者名氏。乃明洪武辛亥第一次開科録也。先列制策，次列執事各官，次列榮恩次第，次列諸進士。凡一甲三名，二甲十七名，三甲一百名，俱詳其籍貫、年歲，所治何經，次詳其三代，母、妻，鄉、會名第及所授官職于名下。一甲首名授員外，二三名及二甲授主事，三甲授縣丞。其制已較唐、宋爲優，然即此二百人中卓卓可稱道者何少也。大都八股不足以得人，其首科已如此矣。攷之宋紹興、寶祐二《録》，以朱文公、文信國諸人而傳，不知是《録》因何而傳之至今也。殆以首科之故歟？

古今女範

周中孚《鄭堂讀書記・傳記類》　《古今女範》四卷。萬曆壬寅刊本。明黄尚文編，程起龍寫圖。尚文，字希周。起龍，字伯陽，俱休寧人。是編上溯成周，近及明代列女之可爲師範者，分聖后、母儀、繼母、孝女、賢女、辨女、文女、武女、貞女、烈女十門，凡一百二十人。前列圖，後列事蹟，俱出史傳、小學、故事諸書所載。閒有附録，亦出《明一統志》及耳目所親覩。旌奬者所繪諸圖亦祇以意爲之，不必有所規仿也。以此借閨門之循覽，亦未必無小補云。前有凡例及萬曆壬寅程涓、黄惟兆二序，後有吴從龍跋。

列女傳

周中孚《鄭堂讀書記・傳記類》　《列女傳》十六卷。知不足齋藏版本。明汪氏增輯，仇英補圖。汪氏佚其名，新安人。英字實甫，號十洲，長洲人。案：明高皇后以劉向《列女傳》宜加討論，儒臣承詔輯爲三卷。其書世罕得見，汪氏因增輯爲是編。其紀年至萬曆癸酉而止，其紀述近事則徽州一郡居多，又汪氏、程氏爲獨多，於向之本書去其頌義，而繫以己説，并删去孽嬖一門，自有虞二妃以迄明之熊烈女，凡三百十二則，不分門目，惟以時代爲次。雖則變亂大書，而條理尚屬井然。十洲各爲補圖於前，繪畫極工，剞劂既竣，未及印行。鮑渌飲廷博購得舊版，其增輯者之名已不知誰何所刊去，亦嘗徧攷之而卒未得也。前有乾隆己亥盧抱經文弨序。

毗陵節烈傳前編　後編

周中孚《鄭堂讀書記・傳記類》　《毗陵節烈傳前編》一卷，《後編》一卷。嘉慶庚午刊本。國朝汪和鼎、吴寧瀾、湯貽典同撰。和鼎等字號未詳，俱陽湖人。常州郡故有節孝祠而例無專祀。乾隆壬午，郡人錢人麟始於忠義祠旁建祠，祀唐以來之節烈，凡一百五十九人，各爲之傳。未及梓行，稾已散佚。和鼎等乃采録史志諸書彙爲《前編》。其有節烈婦女散見諸書，前此未經入祠者，且建祠後又經四十餘載，應增入者亦多，因復彙爲《後編》。自陳迄今，共得三百十四人，其死於孝者並著焉。倣范蔚宗録曹娥叔先雄之意也。所采之傳一一注明出處，以憑考證。其湮没于無攷者，則略其事而存其姓氏。既又添建祠宇，並以增祀之主補請入祠所有前後牌座人數具載于目録，所輯各傳皆詳稽博采，靡濫靡遺，庶足徵信于後世矣。前有學政玉麟、知府蔣榮昌、郡人趙懷玉三序，及祝文匾聯纂輯凡例，後有寧瀾跋。

後漢書儒林傳補

周中孚《鄭堂讀書記・傳記類》《後漢書儒林傳補》二卷。虎溪山房刊本。國朝李韋求撰。韋求號五峰，海鹽人。五峰以《後漢書・儒林傳》但録其能通經名家者，其自有列傳者則不兼書，目謂能通經名家者尚不止此四十二人，以《漢書・京房傳》例之，其自有傳者宜兼書，乃偏攷《東觀漢記》、謝承《後漢書》、袁山松《後漢書》、司馬彪《續漢書》、歐陽修《集古録》、趙明誠《金石録》、洪适《隸釋》、《隸續》及諸傳記等書，得百十餘人以補之。至于治經而無家法者，不録。其用心亦良善矣。但其人已見列傳者，務必引《京房傳》例仍行載入，雖所載多列傳所無，究以不載爲是。至所引書即分注于各傳下有何不可，乃總述于自序中，亦過于好異也。

聖賢像贊

周中孚《鄭堂讀書記補逸・傳記類》《聖賢像贊》三卷。明刊本。亦吕元善撰。是編本不著撰人名氏。前有崇禎壬申吕豫石維祺序，稱冠洋子著闕里諸志而又象列焉。故知爲冠洋撰。然冠洋有《聖門志》，非《闕里志》也。編中像贊，悉依孔廟所列，卷一自孔子以下，四聖十哲，又啓聖祠啟聖公以下，配享先賢四人，從祀先儒四人。卷二爲從祀兩廡先賢六十二人，改祀於鄉先賢二人。卷三爲從祀兩廡先儒三十三人。按《明史・藝文志》有孫承恩《歷代聖賢像贊》六卷，《四庫存目》中有《聖賢圖贊》一書，無卷數，亦不著名氏，係明人摹仁和縣學石刻，並録宣德二年吴訥題識爲序者，吴氏稱像爲李龍眠筆，而石則刊於宋高宗紹興十四年及二十五年，然其圖畫諸賢，多執書卷，非古簡策之制，至樊須名須，即作一多髯像。梁鱣字叔魚，即作手持一魚像。其妄可笑。此本像亦如之，知其亦從石刻摹出。

列朝盛事

周中孚《鄭堂讀書記補逸・傳記類》《列朝盛事》一卷。《借月山房彙鈔》本。亦王世貞撰。弇州以明代官爵之制，輕於前代，故公卿將相之位業，亦少遜前代，因自洪武至萬曆，取其科甲功臣之盛者，彙爲一編以記之，凡三十九條，各標題目而以類相從，亦唐人《卓異記》之類也。後有自撰《小引》。

碧血録 附血疏貼黄册

周中孚《鄭堂讀書記補逸・傳記類》《碧血録》二卷，附《血疏貼黄册》一卷。《知不足齋叢書》本。明黄煜編。煜，履貫未詳。是編蓋記明天啓乙丑，死奄禍諸忠也。首列諸忠姓氏，自萬元白燝以下，凡二十一人。次載楊大洪漣、魏廓園大中、顧塵客大章、繆西谿昌期、高景逸攀龍、李仲達廣昪六君子獄中遺書。末附《天人合徵紀實》、《天變雜記》、《人雙述略》三種。

敬修堂同學諸子出處記

吴壽暘《拜經樓藏書題跋記》卷四《敬修堂同學諸子出處記》。右鈔本一册。原有硃筆點次，先君照録並校正。

聖賢像贊

馬國翰《玉函山房藏書簿録・雜傳記類》《聖賢像贊》四卷。並明刊本。明吕維祺撰。有《韻學日月燈》，已著録經編。此編圖孔子聖像及四配十哲先賢，先賢像而各繫以贊。

貳臣傳

馬國翰《玉函山房藏書簿録・雜傳記類》《貳臣傳》八卷。乾隆中國史館撰。凡前明舊臣入我朝者悉編載之，以著其事君不純之罪。

逆臣傳

馬國翰《玉函山房藏書簿録・雜傳記類》 《逆臣傳》二卷。並來鹿堂校刊京師文盛書坊本。國史館撰。叛逆之臣大筆書之春秋，懼亂賊之微旨也。

表忠録

李慈銘《越縵堂讀書記・傳記類》 《表忠録》。清繆敬持輯。閲《表忠録》，本名《東林同難録》。崇禎初死閹禍者諸孤，輯其先人履歷事略，凡十七家，如《齒録》之式，桐城左氏刻之，前有鹿忠節公序。至國朝雍正中，江陰繆文貞後人名敬持者，又輯列傳二十一篇，附傳六篇，及周忠介《五友記略》、《五人傳》合爲一册。道光初某邑人葉廷甲又冠以南都請謚疏刻之，因易今名。

國初人傳

李慈銘《越縵堂讀書記・傳記類》 《國初人傳》。《國初人傳》一小册，不著撰人名氏，亦無目録，其首尾不可得詳。大旨主于儒林，而明之遺民爲多。有專傳，有合傳，有附傳，有論，蓋乾隆中吾越人所作。故其論學，頗左右于陽明蕺山，雖以湯文正與陸隴其並稱，而尤推重湯公。

雷塘盦主弟子記

李慈銘《越縵堂讀書記・傳記類》 雷塘盦主弟子記，清張鑑、阮常生、阮福、阮孔恩、柳興恩編。《雷塘盦主弟子記》八卷，前二卷烏程張鑑所編，至嘉慶十一年丙寅止。三卷四卷，文達長子直隸清河道常生所編，本文達族子，先立爲嗣。至嘉慶

十八年癸酉止。五卷六卷，文達次子甘肅平凉府知府福所編，實庶長子。至道光九年己丑止。七卷文達季子一品蔭生孔厚所編，孔夫人出，實嫡子也。至道光十七年丁酉九月文達予告回籍止。八卷鎮江柳興恩所編，至道光二十九年十月文達卒止。曰雷塘盦主者，文達以先墓皆在雷塘，故以自號也。朱阮兩公，皆經學重臣，立朝最久，其年譜可與國史相出入。而兩家紀載，皆多誇恩遇，僅識遷移，于文正立朝之大節，文達興學之盛心，皆無所發明；時事安危，亦俱從略，柳氏所譜尤陋。足見譜學同于史學，非才識兼長者不能爲也。

校舊鈔本錦里耆舊傳

楊紹和《楹書隅録續編・史部》 《校舊鈔本錦里耆舊傳》四卷。二册，《錦里耆舊傳》四卷，蓋不全書也。余舊藏爲馮氏藏本，相傳爲歷來鈔録之本，祇後四卷，故標題卷五至卷八。此本有竹垞老人記，未知即曝書亭集所跋本否。跋云三卷，又云至乾德三年止，殊不合也。昨以馮本校其異字於上下方，是者圈之，非者抹之，展卷可了然也。馮本亦有誤處，得此可正。書不嫌多，置職是故耳。立夏前一日復翁記。續案：竹垞翁跋云，尋有除目二十六人，此册所載卻合。如馮本多「王昭遠右領衛上將軍」一行，雖亦止二十六人，而王昭遠一人兼兩官，未知所多者果確否也。并記。均在末卷後。卷首有「竹垞老人」印。

列女傳注

張之洞《書目答問・古史》 《列女傳注》八卷。郝懿行妻王熙圓。《郝氏遺書》本。

列女傳校注

張之洞《書目答問・古史》 《列女傳校注》八卷。汪遠孫妻梁端。家刻本。

孔孟編年

張之洞《書目答問・傳記》《孔孟編年》八卷。狄子奇。自刻本。

古孝子傳

張之洞《書目答問・傳記》《古孝子傳》一卷。茆輯十種本。

明名臣言行録

張之洞《書目答問・傳記》《明名臣言行録》九十五卷。徐開仕。崑山徐氏刻本。

國朝滿漢名臣傳

張之洞《書目答問・傳記》《國朝滿漢名臣傳》八十卷。依國史鈔録。通行本。《滿》四十八卷，《漢》三十二卷。

國朝先正事略

張之洞《書目答問・傳記》《國朝先正事略》六十卷。今人。長沙刻本。初學便於檢閲。

從政觀法録

張之洞《書目答問・傳記》《從政觀法録》三十卷。朱方增。道光庚寅刻本。梁章鉅《國朝臣工言行記》十二卷，未刊。

文獻徵存録

張之洞《書目答問・傳記》《文獻徵存録》十卷。錢林。咸豐八年王藻刻本。

鶴徵録　後録

張之洞《書目答問・傳記》《鶴徵録》八卷。李集、李富孫、李遇孫。《後録》十二卷。李富孫。嘉慶刻同治補本。

詞科掌録　餘話

張之洞《書目答問・傳記》《詞科掌録》十七卷，《餘話》八卷。杭世駿。原刻本。

金源君臣言行録

龔顯曾《金藝文志補録・傳記類》《金源君臣言行録》元好問。據《堯山堂外紀》：「好問構野史亭記録此書，未就而卒」。

孫德謙《金史藝文略・雜史》《金源君臣言行録》。元好問撰。郝經《陵川集遺山先生墓銘》：爲《中州集》百餘卷。又爲《金源君臣言行録》，往來四方，采摭遺逸，有所得，輒以寸紙細字親爲記録，雖甚醉不忘于是，雜録近世事至百餘萬言，捆束委積，塞屋數楹，名之曰野史亭，書未就而卒。觀此則此書非即《壬辰雜編》矣，故兩列之。

歷代登科記

龔顯曾《金藝文志補録・傳記類》《歷代登科記》孫鎮。

列女後傳

丁國鈞《補晉書藝文志・雜傳類》《列女後傳》。王接。謹按：見本書《接傳》。此傳凡七十二人，永嘉之亂喪失。

良吏傳

丁國鈞《補晉書藝文志・雜傳類》《良吏傳》十卷。葛洪。謹按：見本書《洪傳》。

楚國先賢傳

丁國鈞《補晉書藝文志附録・史部》《楚國先賢傳》。鄒湛。謹按：陳氏《書録解題》《襄沔記》下言湛有此書，然阮《録》以下均不載，陳氏書目亦無之。

秦始先賢狀

秦榮光《補晉書藝文志・傳記類》《泰始先賢狀》。據《通志・氏族略・東里氏》注引。

烈女傳

秦榮光《補晉書藝文志・傳記類》《烈女傳》。據《國志・曹爽龐淯傳》注引，與上別出。

山陽先賢傳

秦榮光《補晉書藝文志・傳記類》《山陽先賢傳》。周斐撰。據《説郛》。

功臣行狀

秦榮光《補晉書藝文志・傳記類》《功臣行狀》。王銓撰。據本書《王隱傳》。

竹林七賢傳

秦榮光《補晉書藝文志・傳記類》《竹林七賢傳》。據陶潛《羣輔録》。袁宏撰。

竹林七賢贊

秦榮光《補晉書藝文志・傳記類》 《竹林七賢贊》。孫統撰。據《羣輔録》。

耆舊傳

秦榮光《補晉書藝文志・傳記類》 《耆舊傳》。王嘉撰。據《太平廣記引書目》作王子年。案：本書傳嘉字子年。

吴士人行狀名品

秦榮光《補晉書藝文志・傳記類》 《吴士人行狀名品》二卷。虞尚撰。據《舊唐志》。案：《新唐志》作虞禹。

永嘉流士

秦榮光《補晉書藝文志・傳記類》 《永嘉流士》十三卷。衛禹撰。據《舊唐志》。案：《新唐志》、《通志》並作二卷。

吴朝人士品秩狀

秦榮光《補晉書藝文志・傳記類》 《吴朝人士品秩狀》八卷。胡沖撰。據《唐志》。

晉過江人士目

秦榮光《補晉書藝文志・傳記類》 《晉過江人士目》一卷。

晉中興士人書

秦榮光《補晉書藝文志・傳記類》 《晉中興士人書》。

列女傳注

姚振宗《後漢藝文志・雜傳記類》 曹大家《列女傳注》十五卷。《范書》，《列女傳》扶風曹世叔妻者同郡班彪之女也。名昭，字惠班，一名姬，博學高才。世叔早卒，有節行法度。和帝數召入宫，令皇后諸貴人師事焉。號曰「大家」。及鄧太后臨朝，與聞政事，以出入之勤特封子成關内侯，官至齊相。昭年七十餘卒，皇太后素服舉哀，使者監護喪事。所著賦、頌、銘、誄、問、注，凡若干篇。

《隋書・經籍志》，《列女傳》十五卷，劉向撰，曹大家注。

唐《日本國見在書目》同《唐藝文志》劉向《列女傳》十五卷，曹大家注。

曾鞏《序録》曰，劉向叙《列女傳》凡八篇，《隋書》及《崇文總目》皆稱向《列女傳》十五篇，曹大家注，以頌義考之，蓋大家所注離其七篇爲十四，與頌義凡十五篇，而益以陳嬰母及東漢以來凡十六事，非向書本然也。

侯《志》曰，《顔氏家訓》卷六引大家注，《初學記》卷十三引大家注。

按：本傳載「所著賦、頌、銘、誄、問、注」，此即注之一也。

列女傳注

姚振宗《後漢藝文志・雜傳記類》 馬融《列女傳注》。融始末見經部易類。

《范書》本傳注《孝經》、《論語》、《詩》、《易》、《三禮》、《尚書》、《列女傳》。

逸民傳

姚振宗《後漢藝文志・雜傳記類》 梁鴻《逸民傳》。《范書》，《逸民傳》，梁鴻字伯鸞，扶風平陵人也。父讓，王莽時爲城門校尉，封脩遠伯，使奉少昊，後寓于北地而卒。鴻時尚幼，以遭亂世因卷席而葬，後受太學，家貧而尚節介，博覽無不通而不爲章句。與妻孟光共入霸陵山中，以耕織爲業，詠詩書彈琴以自娱。仰慕前世高士，而爲四皓以來二十四人作頌。後至吴，依大家皋伯通舍，卒葬于吴。妻子歸扶風。

《史通・雜述篇》若劉向《列女》、梁鴻《逸民》，此之謂別傳者也。

章宗源《隋志考證》曰，《文苑英華》許南容、李令琛對策並言梁鴻作《逸人傳》。

惠棟《後漢書補注》曰，鴻所作頌今不傳，唯李善《文選》十九卷引梁鴻《安邱嚴平頌》，此其一也。

嚴可均《全後漢文編》曰，此蓋頌安邱望之嚴君平二人也。皇甫謐《高士傳序》云「梁鴻頌逸民」，即指此。亦見《雪賦》注補亡詩注。

侯《志》曰，按本傳但稱爲二十四人作頌，而劉知幾謂之別傳，則當日每人各系以傳也。

三君八俊録

姚振宗《後漢藝文志・雜傳記類》 《三君八俊録》。袁山松書曰，桓帝時，朝廷日亂，李膺風格秀整，高自標尚，後進之士升其堂者以爲登龍門。太學生三萬餘人牓天下士，上稱三君，次八俊，次八顧，次八及，次八廚，猶古之八元八凱也。因爲七言謡曰，不畏彊禦陳仲舉，九卿直言有陳蕃，天下模楷李元禮云云。

《范書・黨錮列傳》曰，太學諸生三萬餘人郭林宗泰、賈偉節彪爲其冠，並與李膺、陳蕃、王暢更相褒重。學中語曰，天下模楷李元禮，不畏彊禦陳仲舉，天下俊秀王叔茂。海内希風之流遂共相標榜，指天下名士爲之稱號，上曰三君，次曰八俊，曰八顧，曰八及，曰八廚，又曰三君八俊等三十五人。

按：陶淵明《四八目》載竇武、陳蕃、劉淑三君而下三十五人，並云見《三君八俊録》，其中「八及」作「八友」。又「八顧」中有劉儒，無范滂。「八友」中有范滂，無翟超。「八廚」中有劉翊，無劉儒，並與《黨錮傳》所載異。據袁、范兩書，知是《録》起于太學諸生，或亦編入《漢末名士傳》、《海内士品録》諸書中。

京兆耆舊傳

姚振宗《後漢藝文志・雜傳記類》 《京兆耆舊傳》。《文苑英華策問》京兆耆舊之篇起于何代？許南容對，京兆耆舊光武創其篇。李令琛對，京兆耆舊之篇創于光武。

按：侯《志》云，京兆耆舊即三輔耆舊。今考《郡國志》，京兆、馮翊、扶風三郡並屬司隸校尉部。三輔可包京兆，京兆不可以包三輔。《隋志》稱沛三輔有耆舊節士之序者，與此別爲一書。

沛國耆舊傳

姚振宗《後漢藝文志・雜傳記類》 《沛國耆舊傳》。

三輔耆舊傳

姚振宗《後漢藝文志・雜傳記類》 《三輔耆舊傳》。

魯國先賢讚

姚振宗《後漢藝文志・雜傳記類》 《魯國先賢讚》。

盧江先賢讚

姚振宗《後漢藝文志·雜傳記類》 《盧江先賢讚》。《隋書·經籍志》曰，後漢光武始詔南陽撰作風俗，故沛三輔有耆舊節士之序，魯盧江有名德先賢之讚，郡國之書由是而作。又曰，魯、沛三輔序讚並亡。

按：侯《志》云，沛、魯、盧江諸書《隋志》但渾括其名，無從著録。今考《隋志》，有《魯國先賢傳》，蓋後人續編之書。又載諸郡國傳記以耆舊先賢名書者尤多，以後況前不甚相遠。《隋志》稱節士名德當在耆舊先賢之中。今以沛三輔稱耆舊傳，魯盧江稱先賢傳著于録。

陳留耆舊傳

姚振宗《後漢藝文志·雜傳記類》 袁湯《陳留耆舊傳》。

《范書·袁安傳》：安，汝南汝陽人也。子京，京子彭，彭弟湯，字仲河，少傳家學。袁氏家世孟氏易詳見易類諸儒稱其節，多歷顯位。桓帝初，爲司空，以豫議定策封安國亭侯，累遷司徒、太尉，以災異策免。卒謚曰康侯。

袁宏紀桓帝永興元年十一月，太尉袁湯致仕。湯初爲陳留太守，褒善叙舊以勸風俗。嘗曰不值仲尼，夷齊西山，餓夫柳下東國。黜臣致聲名不泯者，篇籍使然也。乃使户曹吏追録舊聞以爲《耆舊傳》。

巴蜀耆舊傳

姚振宗《後漢藝文志·雜傳記類》 鄭廑《巴蜀耆舊傳》。

《華陽國志·三州士女目録》曰，述作漢中太守鄭廑字伯邑，臨邛人也。作《耆舊傳》。

又《後賢志·陳壽傳》云，益部自建武後蜀郡。鄭伯邑太尉趙彦信及漢中陳申伯、祝元靈，廣漢王文表皆以博學洽聞作《巴蜀耆舊傳》。按：陳申伯名術，三國時人。

按：《范書·西羌傳》安帝永初四年春，羌寇褒中。漢中太守鄭勤移屯褒中，勤出戰，大敗。主簿段崇門下史王宗原展以身扞刃，與勤俱死，蓋即此鄭廑。《文選·長楊賦注》古今字「詁」曰「廑」，今「勤」字也。《三州士女目》稱臨邛人，漢中人士。《贊》又云，太守河間鄭廑，則以爲河間人。

巴蜀耆舊傳

姚振宗《後漢藝文志·雜傳記類》 趙謙《巴蜀耆舊傳》。《范書·趙典傳》典，蜀郡成都人也。兄子謙，字彦信。初平元年，代黄琬爲太尉。獻帝遷都長安，以謙行車騎將軍，爲前置。明年，病罷。復爲司隸校尉，轉爲前將軍，遣擊白波賊有功，封郫侯。李傕殺司徒王允後，代允爲司徒。數月，病免。拜尚書令，是年卒。謚曰「忠侯」。

常璩《後賢志·陳壽傳》云，太尉趙彦信作《巴蜀耆舊傳》。又《蜀郡士女目録》曰，侍御史常詡字孟元，江原人。在趙太尉公《耆舊傳》。

巴蜀耆舊傳

姚振宗《後漢藝文志·雜傳記類》 王商《巴蜀耆舊傳》。《范書·王堂傳》堂，廣漢郪人也。曾孫商，益州牧劉焉以爲蜀郡太守，有治聲。

《廣漢人士贊》王商字文表，廣漢人也。博學多聞，州牧劉璋辟爲治中，試守蜀郡太守。荆州牧劉表、大儒南陽宋仲子遠慕其名，皆與交好。許文休稱商中夏王景輿輩也。在官一十年而卒。又《三州士女目》曰，堂長子博，博子遵，並失官位。商，遵子也。亦見《蜀志·許靖傳》注引《益州耆舊傳》。

又《後賢志·陳壽傳》廣漢王文表作《巴蜀耆舊傳》。

漢中耆舊傳

姚振宗《後漢藝文志・雜傳記類》 祝龜《漢中耆舊傳》。《漢中人士贊》祝龜字元靈，南鄭人也。年十五遠學汝潁。及太學，通博蕩達，能屬文。州牧劉焉辟之不得，已行授葭萌長，撰《漢中耆舊傳》，以著述終。

常璩《序志》曰：漢末時，漢中祝元靈性滑稽，用州牧劉焉談調之末，與蜀士燕胥聊著翰墨，當時以爲極歡，後人有以爲惑。

侯《志》曰：按仙人唐公房碑陰有處士南鄭祝龜，蓋未授葭萌長以前之稱也。

山陽丁氏弟子籍

姚振宗《後漢藝文志・雜傳記類》 《山陽丁氏弟子籍》。春秋公羊家學。《范書・儒林傳》：丁恭字子然，山陽東緡人也。習公羊嚴氏春秋。恭學義精明，教授常數百人。建武初，爲諫議大夫、博士，封關内侯。十一年，遷少府。諸生自遠方至者，著録數千人。當世稱爲大儒，太常樓望、侍中承宫長水校尉樊儵等皆受業于恭。二十年，拜侍中、祭酒、騎都尉，卒于官。

河内張氏弟子籍

姚振宗《後漢藝文志・雜傳記類》 《河内張氏弟子籍》。春秋公羊家學。《范書・儒林傳》：張玄字君夏，河内河陽人也。少習嚴氏春秋，兼通數家法。建武初，舉明經，補弘農文學，遷陳倉縣丞。清浄無欲，專心經書。方其講問，乃不食終日，及有難者，輒爲張數家之説，令擇從所安，諸儒伏其多通，著録千餘人。後舉孝廉，爲郎，拜顔氏博士。居數月，諸生上言玄兼説嚴氏、宣氏，或云「宣氏」似「筦氏」之誤。不宜專爲顔氏博士，光武且令還署，未及遷而卒。

樂安牟氏弟子籍

姚振宗《後漢藝文志・雜傳記類》 《樂安牟氏弟子籍》。尚書歐陽家學。《范書・儒林傳》：牟長少習歐陽《尚書》。自爲博士，及在河内諸生講學者常有千餘人，著録前後萬人。子紆又以隱居教授門生千人。肅宗聞而徵之，欲以爲博士，道物故。牟長始末見經部尚書類。

淮陽薛氏弟子籍

姚振宗《後漢藝文志・雜傳記類》 《淮陽薛氏弟子籍》。韓詩學。《東觀記》曰：薛漢字子公，《范書》作公子。才高名遠，兼通《書》、《傳》，無不照覽，道術尤精，教授常數百弟子，自遠方至者著爲録。《范書・儒林傳》曰：漢弟子犍爲杜撫、會稽澹臺敬伯、鉅鹿韓伯高最知名。薛漢始末見經部詩類。

潁川張氏弟子籍

姚振宗《後漢藝文志・雜傳記類》 《潁川張氏弟子籍》易梁邱氏學。《范書・儒林傳》：張興字君上，潁川鄢陵人也。習梁邱《易》以教授。建武中，舉孝廉，爲郎，謝病去。復歸，聚徒。後辟司徒府，稍遷博士。永平初，遷侍中、祭酒。十年，拜太子少傅。顯宗數訪問經術，既而聲稱著聞。弟子自遠至者著録且萬人。爲梁邱家宗。著于籍録十四年，卒于官。子魴，張掖屬國都尉，傳興業。

任城魏氏弟子籍

姚振宗《後漢藝文志・雜傳記類》 《任城魏氏弟子籍》魯詩學。《范書・儒林傳》，魏應字君伯，任城人也。少好學。建武初，詣博士，受業習《魯詩》。閉門誦習，不交僚黨，京師稱之。後歸爲郡吏，舉明經，除濟陰王文學，以疾免官，教授山澤中，徒衆常數百人。永平初，爲博士，再遷侍中。十三年，遷大鴻臚。十八年，拜光禄大夫。建初四年，拜五官中郎將，詔入受千乘王伉，應經明行修，弟子自遠方至著録數千人。肅宗甚重之。數進見，論難于前。時會京師諸儒于白虎觀，講論五經同異，使應專掌難問。明年，出爲上黨太守，徵拜騎都尉，卒于官。

陳留樓氏弟子籍

姚振宗《後漢藝文志·雜傳記類》 《陳留樓氏弟子籍》。春秋公羊家學。《范書·儒林傳》，樓望字次子，陳留雍邱人也。少習嚴氏春秋，仕郡功曹。永平中，爲侍中，越騎校尉，入講省内。十六年，遷大司農。十八年，代周澤爲太常。建初中，爲左中郎將。教授不倦，世稱儒宗，諸生著録九千餘人，永元十三年，卒于官。門生會葬者數千人，儒家以爲榮。

汝南蔡氏弟子籍

姚振宗《後漢藝文志·雜傳記類》 《汝南蔡氏弟子籍》。五經學。《范書·儒林傳》，蔡玄字叔陵，汝南南頓人也。學通五經，門徒常千人，其著録者萬六千人。順帝特詔徵拜議郎，講論五經異同，甚合帝意。遷侍中，出爲弘農太守，卒官。

漢中官傳

姚振宗《三國藝文志·雜傳記類》 董巴《漢中官傳》巴始末具儀制類。

《太平御覽·職官部》守宫令條引董巴《漢中宫傳》曰，守宫禁内署令，秩千石。在省内，用中人，省外士人。

案：《初學記》二十一云，蔡倫擣故魚網作紙注云，見董巴《記》。蔡倫後漢和帝時中常侍。此所引董巴《記》倫造紙事，似即此書中語。「中宫」疑「中官」之譌。《御覽·圖書綱目》亦云董巴《漢中官傳》。

又案：《宋書·百官志》卷下引董巴《漢書》曰，禁門曰黄闥，中人主之，故號曰黄門令。《初學記·職官部》引此文，亦曰董巴《漢書》。《續漢·百官志》引此文，稱董巴曰《後漢書》。《宦者傳序》注引此文，則稱董巴《輿服志》。《御覽》二百廿一引此文，則曰《輿服志》，不標董巴姓名。或稱《漢書》，或稱《輿服志》，疑巴有《後漢書》，此《中官傳》與《輿服志》皆其書之佚存者。

又，《續漢志》言董巴撰《建武以來災異》。案：災異即《五行志》之異名，似亦所作《後漢書》之佚存者。

季漢輔臣贊

姚振宗《三國藝文志·雜傳記類》 楊戲《季漢輔臣贊》。《蜀志》本傳戲字文然，犍爲武陽人也。少知名，丞亮深識之。從州書佐，爲督軍從事，府屬主簿，亮卒，爲尚書右選部郎，刺史蔣琬請爲治中從事史。琬以大將軍開府，又辟爲東曹掾，遷南中郎參軍，領建寧太守，拜護軍監軍，出領梓潼太守，入爲射聲校尉。延熙二十年，隨大將軍姜維出軍。戲素心不服維，酒後言笑，每有傲弄之辭。維竟不能堪，軍還，有司承旨奏戲，免爲庶人。後景耀四年卒。戲以延熙四年著《季漢輔臣贊》。其所頌述今多載于蜀書，是以記之于左。其戲之所贊而今不作傳者，余皆注疏本末于其辭下，可以粗知其髣髴云爾。

《華陽國志》楊義校云當作羲字文然，武陽人也。輔漢將軍張裔薦爲丞相主簿，大司馬蔣琬辟東曹掾，歷二郡太守，爲射聲校尉，性簡略，未曾以甘言加人，酒後笑多慢詞，失大將軍姜維意，爲維所廢。延熙十八年，作《季漢輔臣贊》在蜀書。

交州人物志

姚振宗《三國藝文志·雜傳記類》 士燮《交州人物志》燮始末具經部春秋類。

《史通·雜説篇》交阯遠居南裔，越裳之俗也。燉煌僻處西域，昆戎之鄉也。

求諸人物，自古闕載。蓋由地居下國，路絶上京，史官注記所不能及也。既而士燮著録，劉昺裁書，則磊落英才粲然盈矚者矣。向使兩賢不出，二郡無記，彼邊隅之君子何以取聞于後世乎？是知著述之功其力大矣。豈與詩賦小技校其優劣者哉！

案：士燮是書劉子玄言之鑿鑿，其必實有所見明矣。考《隋志・舊事篇》有《交州雜事》九卷，記士燮及陶璜事。又別集有《士燮集》五卷，疑編入此二書中，今不可考，因節取《史通》文題曰《交州人物志》，録之于此。隋、唐《志》有晉范瑗《交州先賢傳》三卷，似即因士燮而續之者。《御覽・經史圖書綱目》有《交州名士傳》，不著撰人，亦或近似。

官族傳

姚振宗《三國藝文志・簿録類》 何晏《官族傳》十四卷。晏始末具經部易類。

《隋經籍志・職官篇》，《官族傳》十四卷，何晏撰。《唐藝文志・譜牒類》，《官族傳》十五卷，不著撰人。

章宗源《隋志考證》曰，《官族傳》十四卷，何晏撰。《唐志》十五卷，入譜牒類。

案：《通志・氏族略序》曰，魏立九品置中正，州大中正主簿、郡中正功曹各有簿狀以備選舉，晉、宋、齊、梁因之。《唐書・柳沖傳》宋劉湛爲選曹譔《百家譜》二卷，以助銓叙。《魏志・曹爽傳》云，爽以何晏爲尚書，典選舉。注引《魏略》曰，晏爲尚書主選舉，其夙與之有舊者多被拔擢。晏在正始中爲吏部尚書，凡十年。此書似即作于其時，爲劉湛之先聲云。又案：《隋志》是書之前有《吏部用人格》一卷，不著撰人。《唐志》似并合此一卷，故云十五卷。

馮翊耆舊序

曾樸《後漢書藝文志并考・雜傳》 馮翊《耆舊序》。卷數佚。

扶風耆舊序

曾樸《後漢書藝文志并考・雜傳》 《扶風耆舊序》。卷數佚。

沛國節士序

曾樸《後漢書藝文志并考・雜傳》 《沛國節士序》。卷數佚。

魯國名德讚

曾樸《後漢書藝文志并考・雜傳》 《魯國名德讚》。卷數佚。

江左名士表

吴士鑒《補晉書經籍志・雜傳類》 《江左名士表》。《世説・賞譽篇》注。

漢末名士録

沈家本《三國志注所引書目・雜傳》 《漢末名士録》《袁紹傳》。案：隋、唐《志》不著録。此傳注引胡母班、度尚、張邈等八人世謂之八廚。《劉表傳》注引表與陳翔、范滂、孔昱、苑康、檀敷、張儉、岑晊爲八友。《荀攸傳》注引何顒事，竝漢末人也。

文士傳

沈家本《三國志注所引書目・雜傳》 張衡《文士傳》。《荀彧傳》。案：隋、唐《志》不著録。疑張衡乃張騭之訛。

敦煌耆舊記

沈家本《續漢書志注所引書目・雜傳》 《敦煌耆舊記》。《郡國五》。

孔門傳道録

丁丙《善本書室藏書志・傳記類》 《孔門傳道録》十六卷。明刊本。明後學海州張朝瑞輯，明州余寅校。朝瑞，字子禎，海州人，隆慶戊戌進士，官至南京鴻臚寺卿。是書卷一至卷四曰《祀典源流考》，記歷代崇奉孔子典制。卷五曰《世家》，記至聖事蹟。卷六至十五曰《列傳》，記四配、十哲、先賢先儒及附祀啟聖祠諸人事蹟。卷十六曰《改祀罷祀》，記嘉靖中改祀林放等七人，及罷祀公伯寮等十五人事蹟也。前有萬曆甲午資政大夫、禮部尚書兼東閣大學士四明沈一貫《序》，及萬曆乙未余寅、萬曆戊戌張朝瑞二《序》。次列《凡例》十三條。此書因萬曆十二年詔以王守仁、陳獻章、胡居仁從祀孔子廟庭，朝瑞於守仁深致不滿，故著是《録》，於守仁多微詞，即一貫《序》謂新建之從祀也，余時職在翰林，予其祀不盡予其學云云。蓋其時講學家門户紛争牢不可破。此書《四庫》未收，傳本甚罕，因特存之。

名臣經世輯要

丁丙《善本書室藏書志・傳記類》 《名臣經世輯要》四卷。精鈔本。前有至正壬辰魏郡李好文《序》，云帝王之序雖有天命，然佐理功臣豈可少哉。予閲《宋史》不禁三歎焉。姦宄莫測者固無論矣。其間削平禍亂，坐致太平得若，而人即其南北各守，而繼世猶得百有餘年，非翼贊烏能若此。每欲於諸臣出處稍有評論，因輯其行事，如覩其氣節梗概，使後之爲人臣者奮乎知所興起焉。噫！君臣遇合難言之已。《録》皆相臣，上卷爲趙普、張齊賢、李昉、吕蒙正、吕端、李沆、向敏中、王旦、寇準、李迪、王曾、吕夷簡，中卷爲杜衍、文彦博、范仲淹、韓琦、富弼、歐陽修，下卷爲王安石、司馬光、吕公著、范純仁，末卷爲李綱、趙鼎、張浚、文天祥。略仿《朱子名臣言行録》，輯其行實若干條，書眉偶有評論。從前藏書家罕見著録。錢大昕《元史・藝文志》載李好文著述有《大寶録》、《大寶龜鑑》，不注卷數，豈後人得其殘帙而改題其名歟？有「琴溪草堂」、「時還軒藏書記」二印。

京闈小録

丁丙《善本書室藏書志・傳記類》 《京闈小録》一卷。舊鈔本。右明建文元年應天鄉試録也。前有翰林院侍講方孝孺序。是科攷官董學紀、方孝孺，合太學暨畿内之士千五百人，八月七日甲辰入院起，十四日丁巳而畢。第一場《四書義》三題，「行夏之時」四句，「親親而仁民」兩句，「可以託六尺之孤」五句。《易》、《書》、《詩》、《春秋》、《禮》各四題。《春秋》以「伐鄭戍虎牢，伐鄭會於蕭魚」爲一題，餘倣此，乃合題也。二場論、詔、誥、表各一，判語五。三場五問。中式舉人二百四十人。中式程文第一名劉政，「可以託六尺之孤」五句義一首。第二十一名錢蒙，「親親而仁民」義一首，其餘《易》二首、《書》二首、《詩》二首、《春秋》二首、《禮》一首、論二首、詔誥各一首、策五首，各擇其任者。其一百九名爲桐城方法，後官斷事，死遜國之難。其二十九名胡濙，後官尚書，稱名臣，然不如方斷事之不媿師門也。革除事多散失，志乘、科貢表尤闕略，得此可攷證明初遺制矣。

明成化弘治萬曆會試鄉試録

丁丙《善本書室藏書志・傳記類》 《明成化弘治萬曆會試鄉試録》十二册。

影鈔本。傳是樓、天一閣兩家《書目》均載有明各朝鄉、會《試録》若干種。此惟存成化五年乙丑、八年壬辰、十一年乙未、十四年戊戌、十七年辛丑、二十年甲辰、二十三年丁未、弘治三年庚戌、九年丙辰、十二年乙未十科《會試録》，與萬曆二十三年甲午一科《鄉試録》也。體例與今大略相同。

孔宅志

丁立中《八千卷樓書目·傳記類》《孔宅志》八卷。國朝葉方藹撰。刊本。

文廟事紀

丁立中《八千卷樓書目·傳記類》《文廟事紀》六卷。國朝柴杰撰。抄本。

文廟通考

丁立中《八千卷樓書目·傳記類》《文廟通考》六卷。國朝牛樹梅撰。刊本。

旌忠録

丁立中《八千卷樓書目·傳記類》《旌忠録》五卷。國朝陳祖確撰。刊本。

褒節録

丁立中《八千卷樓書目·傳記類》《褒節録》一卷。國朝李光久撰。忠武公集附刻本。

愍孝録

丁立中《八千卷樓書目·傳記類》《愍孝録》一卷。國朝王繼香撰。刊本。

造邦賢勳録

丁立中《八千卷樓書目·傳記類》《造邦賢勳録》一卷。明王禕撰。《廣百川》本。

成化五年會試録

丁立中《八千卷樓書目·傳記類》《成化五年會試録》一卷。不著編輯者名氏。抄本。

成化八年會試録

丁立中《八千卷樓書目·傳記類》《成化八年會試録》一卷。明萬安撰。刊本。抄本。

成化十一年會試録

丁立中《八千卷樓書目·傳記類》《成化十一年會試録》一卷。不著編輯者名氏。抄本。

成化十一年登科録

丁立中《八千卷樓書目・傳記類》《成化十一年登科録》一卷。不著編輯者名氏。明刊本。

成化十七年會試録

丁立中《八千卷樓書目・傳記類》《成化十七年會試録》一卷。不著編輯者名氏。抄本。

成化二十三年會試録

丁立中《八千卷樓書目・傳記類》《成化二十三年會試録》一卷。不著編輯者名氏。抄本。

弘治九年會試録

丁立中《八千卷樓書目・傳記類》《弘治九年會試録》一卷。不著編輯者名氏。抄本。

弘治十二年會試録

丁立中《八千卷樓書目・傳記類》《弘治十二年會試録》一卷。不著編輯者名氏。抄本。

開國臣傳

丁立中《八千卷樓書目・傳記類》《開國臣傳》十三卷。明朱國楨撰。明刊本。

遜國臣傳

丁立中《八千卷樓書目・傳記類》《遜國臣傳》五卷。明朱國楨撰。明刊本。

萬曆二十二年浙江鄉試録

丁立中《八千卷樓書目・傳記類》《萬曆二十二年浙江鄉試録》一卷。不著撰人名氏。刊本。

明狀元圖考

丁立中《八千卷樓書目・傳記類》《明狀元圖考》二卷。明湯賓尹撰。明刊本。

恩卹諸公志略

丁立中《八千卷樓書目・傳記類》《恩卹諸公志略》一卷。明孫慎行撰。荆駝逸史本。

宦寺考

丁立中《八千卷樓書目・傳記類》《宦寺考》八卷。明李騰芳撰。明刊本殘。

宋三大臣彙志

丁立中《八千卷樓書目・傳記類》《宋三大臣彙志》十九卷。明鄭鄤編。明刊本。

熹朝忠節死臣列傳

丁立中《八千卷樓書目・傳記類》《熹朝忠節死臣列傳》一卷。明吴應箕撰。荆駝逸史本。

婦人集

丁立中《八千卷樓書目・傳記類》《婦人集》一卷。國朝陳維崧撰。孫灝元手鈔本。刊本。海山仙館本。賜硯堂本。

康熙十八年鴻博履歷

丁立中《八千卷樓書目・傳記類》《康熙十八年鴻博履歷》一卷。不著撰人名氏。抄本。

狀元圖考

丁立中《八千卷樓書目・傳記類》《狀元圖考》六卷。國朝陳枚撰。刊本。

永康孝義集

丁立中《八千卷樓書目・傳記類》《永康孝義集》一卷。國朝徐鐕撰。刊本。

重編列女傳列

丁立中《八千卷樓書目・傳記類》《重編列女傳列》一卷。國朝魏于雲撰。《昭代叢書》本。

成人集

丁立中《八千卷樓書目・傳記類》《成人集》四卷。國朝胡瀛撰。刊本。

儒林傳經表

丁立中《八千卷樓書目・傳記類》《儒林傳經表》二卷。國朝周延寀撰。刊本。

逆臣傳

丁立中《八千卷樓書目・傳記類》《逆臣傳》四卷。不著撰人名氏。刊本。

明進士題名碑録

丁立中《八千卷樓書目·傳記類》《明進士題名碑録》不分卷。國朝王際華撰。刊本。

傳經表

丁立中《八千卷樓書目·傳記類》《傳經表》一卷。國朝畢沅撰。式訓堂本。

通經表

丁立中《八千卷樓書目·傳記類》《通經表》一卷。國朝畢沅撰。式訓堂本。

庚辛之間亡友列傳

丁立中《八千卷樓書目·傳記類》《庚辛之間亡友列傳》一卷。國朝章學誠撰。刊本。

蘇祠從祀議

丁立中《八千卷樓書目·傳記類》《蘇祠從祀議》一卷。國朝吴騫撰。《武林掌故叢編》本。

正氣閣志略

丁立中《八千卷樓書目·傳記類》《正氣閣志略》一卷。不著撰人名氏。抄本。

傳經表

丁立中《八千卷樓書目·傳記類》《傳經表》二卷。國朝洪亮吉撰。《全集》本。

通經表

丁立中《八千卷樓書目·傳記類》《通經表》二卷。國朝洪亮吉撰。《全集》本。

尊經閣祀典録

丁立中《八千卷樓書目·傳記類》《尊經閣祀典録》二卷。國朝金衍宗撰。刊本。

東軒吟社圖贊

丁立中《八千卷樓書目·傳記類》《東軒吟社圖贊》一卷。國朝汪遠孫編。刊本。

淡墨録

丁立中《八千卷樓書目·傳記類》《淡墨録》十卷。國朝李調元撰。函海本。

流芳集

丁立中《八千卷樓書目·傳記類》《流芳集》二卷。國朝鄭光煒撰。刊本。

兩漢傳經表

丁立中《八千卷樓書目·傳記類》《兩漢傳經表》二卷。國朝蔣日豫撰。刊本。

歷科典試題名録　附考官試題録

丁立中《八千卷樓書目·傳記類》《歷科典試題名録》一卷，附《考官試題録》四卷。國朝黄崇蘭、饒玉成撰。刊本。

明典試題名録

丁立中《八千卷樓書目·傳記類》《明典試題名録》二卷。國朝黄崇蘭、饒玉成撰。刊本。

復社姓氏傳略

丁立中《八千卷樓書目·傳記類》《復社姓氏傳略》十卷。國朝吴山嘉撰。刊本。

敬哀録

丁立中《八千卷樓書目·傳記類》《敬哀録》一卷。國朝羅以智撰。抄本。

國史杭人列傳

丁立中《八千卷樓書目·傳記類》《國史杭人列傳》一卷。不著編輯者名氏。抄本。

浙館鄉賢事實録

丁立中《八千卷樓書目·傳記類》《浙館鄉賢事實録》一卷。不著撰人名氏。四川刊本。

武林先賢傳

丁立中《八千卷樓書目·傳記類》《武林先賢傳》一卷。不著撰人名氏。抄本。

浙江名宦録

丁立中《八千卷樓書目·傳記類》《浙江名宦録》一卷。不著編輯者名氏。刊本。

浙江忠義傳

丁立中《八千卷樓書目·傳記類》《浙江忠義傳》一卷。國朝李溶撰。抄本。

杭郡詩人仕履

丁立中《八千卷樓書目·傳記類》《杭郡詩人仕履》不分卷。不著編輯者名氏。抄本。

彤管遺徽録

丁立中《八千卷樓書目·傳記類》《彤管遺徽録》一卷。不著編輯者名氏。刊本。

忠貞録

丁立中《八千卷樓書目·傳記類》《忠貞録》一卷。國朝顧雲撰。刊本。

富陽節孝録

丁立中《八千卷樓書目·傳記類》《富陽節孝録》一卷。國朝孫樹禮撰。刊本。

杭州府節孝全録

丁立中《八千卷樓書目·傳記類》《杭州府節孝全録》一卷。國朝孫樹禮撰。刊本。

眉山詩案廣證

丁立中《八千卷樓書目·傳記類》《眉山詩案廣證》六卷。國朝張鑑撰。刊本。

褒賢録

繆荃孫《藝風堂藏書記·傳記》《褒賢録》一卷。元刊本有天曆庚午八世孫國儁識。收藏有古鹽馬氏朱文「笏齋珍藏」之印，朱文兩方印。

陳留耆舊傳

文廷式《補晉書藝文志·雜傳類》陳長文《陳留耆舊傳》。《真誥·握真輔第一》楊羲書云，陳長文撰《耆舊》，亦七十二人。陶宏景注云，此《陳留耆舊》也。按：《隋志》有陳英宗《陳留先賢像贊》，未知英宗即長文否。

廣陵耆老傳

文廷式《補晉書藝文志·雜傳類》《廣陵耆老傳》。《御覽》八百六十七引此書。晉元帝時，有老姥鬻茗事。

隱逸傳

文廷式《補晉書藝文志・雜傳類》 葛洪《隱逸傳》十卷。《本傳》。

逸人傳

文廷式《補晉書藝文志・雜傳類》 孫盛《逸人傳》。《初學記・人事部》引此書丁蘭刻木事。《御覽》四百十四亦引之。「人」疑當作「民」。唐人避諱改耳。

三魏人士傳

文廷式《補晉書藝文志・雜傳類》 束晳《三魏人士傳》。《七代通記》。《本傳》。

列女後傳

文廷式《補晉書藝文志・雜傳類》 皇甫謐《列女後傳》六卷。《藝文類聚》三十五、《初學記》卷二十並引作《列女後傳》。《魏志・龐淯傳》注、《曹爽傳》注並作《烈女傳》。《御覽》四百八十二引謐《列女後傳》衛義嫗事。

潁川棗氏文士傳

文廷式《補晉書藝文志・雜傳類》 《潁川棗氏文士傳》。宋邵思《姓解》引三條。按：《類聚》二十五引《文士傳》記棗據嘲沙門於法龍事，疑亦出此書。

聖賢群輔録

文廷式《補晉書藝文志・雜傳類》 陶潛《聖賢群輔録》二卷。今存。

江左名士傳

文廷式《補晉書藝文志・雜傳類》 袁宏《江左名士傳》。按：此所引謂此盡出劉義慶書，俟考。

諸虞傳

文廷式《補晉書藝文志・雜傳類》 虞預《諸虞傳》十二篇。《本傳》。

烈女後傳

文廷式《補晉書藝文志・雜傳類》 王接《烈女後傳》。一作「列」。《本傳》云七十二人。

烈女後傳

文廷式《補晉書藝文志・雜傳類》 王愆期《烈女後傳》。接子。《本傳》。

列女傳注

文廷式《補晉書藝文志・雜傳類》 綦毋邃《列女傳注》。案：《永樂大典》二百六《列女傳》，晉平公使工人爲弓，三年乃成。不穿一札，公怒，將殺工。其妻，繁人之女也。見公曰，妾之夫造此弓，亦勞矣。幹生泰山之阿，一日三覩陽，三覩陰，傳以燕牛之角，纏以荆麋之筋，糊以河魚之膠，此四者，天下之選也，而不穿一札，是君不能射也，而反欲殺妾之夫，不亦謬乎。妾聞射之道，左手如拒，右手如附枝，右手發之，左手不知，此射之道也。公以其言爲儀而穿七札。弓工得出，賜金三鎰。綦毋遽按當作「邃」。注曰，繁人，官名。札，鎧札也。燕角善，楚筋細，河膠粘也。據此，則邃蓋注《列女傳》，明初猶存。《隋志》著録或脱「注」字。按：《御覽》七百七十一引《列女傳》趙簡子夫人事。注，其毋遽曰，河水激揚，濟之不易。「其毋遽」亦「綦毋邃」之譌也。

大列女圖　小列女圖

文廷式《補晉書藝文志・雜傳類》 荀勗《大列女圖》《小列女圖》。見《歷代名畫記》。《本傳》。

列女仁智圖

文廷式《補晉書藝文志・雜傳類》 王廙《列女仁智圖》。見張彦遠《歷代名畫記》卷五。

列女仁智圖

文廷式《補晉書藝文志・雜傳類》 戴逵《列女仁智圖》。見宋郭若虚《圖畫見聞志》卷一。《東觀餘論》跋《仁智圖》云，右《列女圖》自密康公母至趙將括母，凡十五圖，考於《劉向傳》，此乃畫仁智一卷像也。按：黄伯思不言戴逵作，當是別本。

古今明妃賢后

張鵬一《隋書經籍志補・雜傳》 《古今明妃賢后》四卷。後魏元孚。見《臨淮王傳》。

孝友録

張鵬一《隋書經籍志補・雜傳》 《孝友録》。北史作「傳」十卷。後魏昌黎韓憲宗。

徐州人地録

張鵬一《隋書經籍志補・雜傳》 《徐州人地録》二十卷。劉芳。

顯忠録

張鵬一《隋書經籍志補・雜傳》 《顯忠録》二十卷。後魏中山李孫皎。《北史・李先傳》先子孫皎爲清河王懌撰《輿地圖》及《顯忠録》。《魏書・孝文五王傳》清河王懌以忠而獲謗，乃鳩集古昔忠烈之士，爲《顯忠録》二十卷以見意焉。又《韓麒麟傳》子子熙與劉定、傅靈標、張子慎伏闕上書曰，清河王之忠誠款篤，節義純貞，非但蘊藏胸襟，實乃形於文翰。搜括史傳，撰《顯忠録》，區目十篇，分二十卷，既欲彰忠心於萬代，豈可爲逆亂於一朝云云。

中朝多士傳

張鵬一《隋書經籍志補・雜傳》《中朝多士傳》十卷。宋繪。

專傳分部

曾參傳

《隋書・經籍志・雜傳》《曾參傳》一卷。

鄭樵《通志・藝文略・傳記》《曾參傳》一卷。

丹陽尹傳

《隋書・經籍志・雜傳》《丹陽尹傳》十卷。梁元帝撰。

《舊唐書・經籍志・雜傳》《丹陽尹傳》十卷。梁元帝撰。

《唐書・藝文志・雜傳記》《丹楊尹傳》十卷。

鄭樵《通志・藝文略・傳記》《丹陽尹傳》十卷。梁元帝撰。

毌丘儉記

《隋書・經籍志・雜傳》《毌丘儉記》三卷。

《舊唐書・經籍志・雜傳》《毌丘儉記》三卷。

《唐書・藝文志・雜傳記》《毌丘儉記》三卷。

鄭樵《通志・藝文略・傳記》《毌邱儉記》三卷。

姚振宗《三國藝文志・雜傳記類》 毌丘儉記三卷

《隋書・經籍志》《毌丘儉記》三卷《唐・經籍志》同,《藝文志》同。

侯《志》曰,《魏志・明帝紀》注引《毌丘儉志記》云,時以儉爲宣王副也,宣王時伐遼東,當即出此書。未知爲儉記事之作,抑他人記儉事也。

案:儉字仲恭,河東聞喜人。襲父高陽鄉侯爵,爲平原侯文學。明帝時爲尚書郎,羽林監,洛陽典農,荆州、幽州刺史,加度遼將軍使持節護烏桓校尉。佐司馬懿討公孫淵定遼東,進封安邑侯,遷左將軍,監豫州諸軍事,領豫州刺史,轉鎮南鎮東將軍,都督揚州。正光二年矯太后詔討司馬師,兵敗射死,夷三族。《魏志》與王淩、諸葛誕、鄧艾、鍾會傳同卷。

文廷式《補晉書藝文志・雜傳類》《毌丘儉記》三卷。

《魏志・明帝紀》注《毌丘儉志記》云,時以儉爲宣王副也。

幼童傳

《隋書・經籍志・雜傳》《幼童傳》十卷。劉昭撰。

《舊唐書・經籍志・雜傳》《幼童傳》十卷。劉昭撰。

《唐書・藝文志・雜傳記》 劉昭《幼童傳》十卷。

鄭樵《通志・藝文略・傳記》《幼童傳》十卷。劉昭撰。

文廷式《補晉書藝文志・雜傳類》 劉劭《幼童傳》。劭見《劉隗傳》。《初學記・天部》引晉明帝事,《人事部》引夏侯恭事,並稱劉劭《幼童傳》。今《隋志》有劉昭書,無劉劭書。或徐氏誤引,姑録存其目,俟考。

梁冀傳

《舊唐書・經籍志・雜傳》《梁冀傳》二卷。

《唐書・藝文志・雜傳記》《梁冀傳》二卷。

鄭樵《通志・藝文略・傳記》《梁冀傳》二卷。

姚振宗《後漢藝文志・雜傳記類》《梁冀傳》二卷。《唐書・經籍志》、《梁冀傳》二卷，《藝文志》同。

章宗源《隋志考證》曰，《梁冀傳》二卷，見《唐志》、《通典·職官門》。元嘉二年，加冀禮儀引《梁冀別傳》。

侯《志》曰，《續漢·五行志》、《百官志》注俱引《梁冀別傳》，其事皆足與本傳互證。《御覽》亦屢引，事多與本傳同，惟二百三十二引、二百四十二引皆本傳所不載。

按：冀字伯卓，安定烏氏人。范書附見《梁統傳》，統玄孫也。冀一門前後七封侯，三皇后，六貴人，二大將軍夫人，女食邑稱君者七人，尚公主三人，其餘卿將尹校五十七人。延熹二年八月丁丑，自殺。內外宗親數十人皆伏誅。

何顒傳

《舊唐書·經籍志·雜傳》《何顒傳》一卷。

《唐書·藝文志·雜傳記》《何顒傳》一卷。

鄭樵《通志·藝文略·傳記》《何顒傳》一卷。

曹瞞傳

《舊唐書·經籍志·雜傳》《曹瞞傳》一卷。吴人作。

《唐書·藝文志·雜傳記》《曹瞞傳》一卷。

諸葛亮隱没五事

《舊唐書·經籍志·雜傳》《諸葛亮隱没五事》一卷。郭冲撰。

《唐書·藝文志·雜傳記》郭冲《諸葛亮隱没五事》一卷。

鄭樵《通志·藝文略·傳記》《諸葛亮隱没五事》一卷。郭冲撰。

文廷式《補晉書藝文志·雜傳類》郭冲《諸葛亮隱没五事》一卷。見《唐志》。

薛常侍傳

《舊唐書·經籍志·雜傳》《薛常侍傳》二卷。荀伯子撰。

《唐書·藝文志·雜傳記》荀伯子又《薛常侍傳》二卷。

桓玄傳

《舊唐書·經籍志·雜傳》《桓玄傳》二卷。

《唐書·藝文志·雜傳記》《桓玄傳》二卷。

鄭樵《通志·藝文略·傳記》《桓玄傳》二卷。

國親皇太子親傳

《舊唐書·經籍志·雜譜牒》《國親皇太子親傳》四卷。賈冠撰。

陶潛傳

錢東垣等輯《崇文總目輯釋·傳記類》《陶潛傳》一卷。梁昭明太子統撰。

鄭樵《通志·藝文略·傳記》《陶潛傳》一卷。梁昭明太子撰。

李密傳

錢東垣等輯《崇文總目輯釋·傳記類》《李密傳》三卷。賈閏甫撰。

《唐書·藝文志·雜傳記》賈閏甫《李密傳》三卷。閏甫，密舊屬。

鄭樵《通志・藝文略・傳記》《李密傳》三卷。賈閏甫撰。

《宋史・藝文志・傳記類》賈閏甫《李密傳》三卷。

李靖行狀

錢東垣等輯《崇文總目輯釋・傳記類》《李靖行狀》一卷。

尤袤《遂初堂書目・雜傳類》《李靖行狀》。

文正公事録

錢東垣等輯《崇文總目輯釋・傳記類》《文正公事録》一卷。王方慶撰。

【原釋】闕。見天一閣鈔本。

文正公故事

錢東垣等輯《崇文總目輯釋・傳記類》《文正公故事》三卷。劉禕之撰。

狄仁傑傳

錢東垣等輯《崇文總目輯釋・傳記類》《狄仁傑傳》三卷。李邕撰。

《唐書・藝文志・雜傳記》李邕《狄仁傑傳》三卷。

鄭樵《通志・藝文略・傳記》《狄仁傑傳》三卷。李邕撰。

遠祖越公行狀

錢東垣等輯《崇文總目輯釋・傳記類》《遠祖越公行狀》一卷。

鄭樵《通志・藝文略・傳記》《遠祖越國公行狀》一卷。鍾紹京撰。

張九齡事迹

錢東垣等輯《崇文總目輯釋・傳記類》《張九齡事迹》一卷。《唐志》，不著撰人。

顔氏行狀

錢東垣等輯《崇文總目輯釋・傳記類》《顔氏行狀》二卷。殷仲容撰。

《唐書・藝文志・雜傳記》殷仲容《顔氏行狀》一卷。真卿。

鄭樵《通志・藝文略・傳記》《顔氏行狀》一卷。殷亮，記魯公事。

顔公傳

錢東垣等輯《崇文總目輯釋・傳記類》《顔公傳》二卷。殷亮撰。

鄭樵《通志・藝文略・傳記》《顔公傳》二卷。唐殷亮撰，顔杲卿事。

杜悰事迹

錢東垣等輯《崇文總目輯釋・傳記類》《杜悰事迹》一卷。《唐志》、《宋志》並不著撰人。

尤袤《遂初堂書目・雜傳類》《杜悰事迹》。

彭城公故事

錢東垣等輯《崇文總目輯釋・傳記類》《彭城公故事》一卷。

尤袤《遂初堂書目・雜傳類》《彭城公故事》。

李渤事迹

錢東垣等輯《崇文總目輯釋・傳記類》《李渤事迹》一卷。《唐志》不著撰人。【原釋】闕。見天一閣鈔本。

安禄山事迹

錢東垣等輯《崇文總目輯釋・雜史類》《安禄山事迹》三卷。姚汝能撰。

馬端臨《文獻通考・經籍考・史・傳記》《安禄山事迹》三卷。陳氏曰：唐華陰尉姚汝能撰。

《宋史・藝文志・傳記類》姚汝能《安禄山事迹》三卷。

楊士奇等《文淵閣書目・史雜》《安禄山事迹》。一部，一册。闕。

錢謙益等《絳云樓書目・雜史類》《安禄山事迹》。一册。三卷。姚汝能撰。唐華陰尉。

《四庫全書總目提要・傳記類存目六》《安禄山事蹟》三卷。兩淮鹽政採進本。

唐姚汝能撰。汝能始末未詳。陳振孫《書録解題》稱其官華陰縣尉，未詳里居。則宋時已無可考矣。是書上卷序禄山始生，至元宗寵遇，起長安三年，盡天寶十二載事。中卷序天寶十三四載禄山搆亂事。下卷序禄山僭號被殺，竝安慶緒、史思明、史朝義事。下盡寶應元年，記述頗詳。世所傳禄山《櫻桃詩》即出此書。葉夢得《避暑録話》常摭以爲笑，其瑣雜可知矣。

李趙公行狀

《唐書・藝文志・雜傳記》王起《李趙公行狀》一卷。李吉甫。

鄭樵《通志・藝文略・傳記》《李趙公行狀》一卷。王起撰。

郭元振傳

鄭樵《通志・藝文略・傳記》《郭元振傳》一卷。

《宋史・藝文志・傳記類》《郭元振傳》一卷。

周延禧傳

鄭樵《通志・藝文略・傳記》《周延禧傳》一卷。

种太尉傳

鄭樵《通志・藝文略・傳記》《种太尉傳》一卷。

《宋史・藝文志・傳記類》《种諤傳》一卷。趙起撰。

范邦甸等《天一閣書目・傳記類》《种太尉傳》一卷。烏絲闌，鈔本。宋河汾散人趙起得君撰。

《四庫全書總目提要・傳記類存目一》《种太尉傳》一卷。浙江鄭大節家藏本。

宋趙起撰。起字得君，自稱河汾散人。河汾地廣，不知其里貫何所也。其書專記龍驤四衛指揮使知延州种諤事蹟。諤爲世衡次子，與兄古、弟診號「關中三种」，頗著威名。《宋史》附載《世衡傳》後。起所叙述，較史加詳。末云次其行事，作《种諤傳》，而此本前題《种太尉傳》。考史不言諤官大尉，此傳亦無此文。蓋自唐以後，武臣顯貴者往往加至太尉。遂習爲尊稱，不必實居是職。如李煜歸宋後祗爲特進隴西郡公，而徐鉉奉詔往謁，乃語閽者，稱願見太尉。蓋當時流俗有此等稱謂，意其猶宋人舊題也。史稱諤雖名將，而喜事貪功，實開永樂之釁。今《傳》中無貶詞，殆亦不無溢美矣。

張金吾《愛日精廬藏書志・傳記類》《种太尉傳》一卷。舊抄本。汲古閣藏書。宋河汾散人趙起得君撰。卷首有「毛子晉」、「毛斧季」印記。《种太尉傳》一卷。舊抄本。汲古閣藏書。宋河汾散人趙起得君撰。卷首有「毛子晉」、「毛斧季」印記。

陳明遠傳

鄭樵《通志・藝文略・傳記》《陳明遠傳》一卷。瞿慶撰。

王文正公言行録

鄭樵《通志・藝文略・傳記》《王文正公言行録》一卷。王皞撰。

晁公武《郡齋讀書志・傳記類》《王文正公言行録》三卷。袁本前志卷二下傳記類第十七。右皇朝王文正公曾相仁宗，其弟皞録其平生言行，凡六十七事。李清臣爲之序。

鄭畋事迹

鄭樵《通志・藝文略・傳記》《鄭畋事迹》一卷。

魏公桑維翰傳

鄭樵《通志・藝文略・傳記》《魏公桑維翰傳》三卷。宋朝范質撰。

《宋史・藝文志・傳記類》范質《桑維翰傳》三卷。

張公行狀

鄭樵《通志・藝文略・傳記》《張公行狀》一卷。張宗益撰。

萊公勳烈

晁公武《郡齋讀書志・傳記類》《萊公勳烈》一卷。袁本後志卷一傳記類第十一。右皇朝寇宗奭編。宗奭，準之曾孫也。編集仁宗祭準文及贈誥、墓碑、傳誌、贊詩等爲此書。

馬端臨《文獻通考・經籍考・史・傳記》《萊公勳烈》一卷。

王魏公遺事

晁公武《郡齋讀書志・傳記類》《王魏公遺事》四卷。袁本前志卷二下傳記類第十六右皇朝王魏公旦相真宗，其子素録遺事，凡五百條，分四卷。

馬端臨《文獻通考・經籍考・史・傳記》《王魏公遺事》四卷。晁氏曰：魏公旦相真宗，其子素録事，凡五百條。陳氏曰：《家録》一卷，即素所録遺事也。

諸葛忠武侯傳

趙希弁《讀書附志・傳記類》《諸葛忠武侯傳》一卷。右南軒先生張宣公栻所著也。

陳振孫《直齋書録解題・傳記類》《諸葛武侯傳》一卷。侍講張栻撰。以陳壽作史私且陋，裒集他傳及裴松之所注爲此傳，而削去管樂自許一則。朱晦翁以爲不然，又爲後論，以達其意。謂其體正大而學未至，使得游洙泗之門，所就不止此。

馬端臨《文獻通考・經籍考・史・傳記》《諸葛武侯傳》一卷。

《宋史・藝文志・傳記類》張栻《諸葛武侯傳》一卷。

楊士奇等《文淵閣書目・史附》《諸葛武侯傳》。一部，一册。完全。《諸葛武侯傳》。一部，一册。闕。《諸葛武侯傳》。一部，一册。闕。

范邦甸等《天一閣書目・傳記類》《漢丞相諸葛忠武侯傳》一卷。刊本。宋廣漢張栻撰。

張萱等《内閣藏書目録・傳記部》《漢丞相諸葛武侯傳》。一册，全。宋張栻撰。

阮元《四庫未收書目提要・傳記類》《諸葛武侯傳》一卷。《明辨齋叢書》本。

宋張栻撰。栻有《南軒易傳》、《四庫全書》已著録。此傳不載《南軒文集》，乃從宋刊單行本影寫。其闡發武侯生平，考證極確。自陳壽作《三國志》尊魏斥蜀，使後世莫明正僞，且言武侯志大而短于用。司馬光作《通鑑》，朱子作《綱目》，乃正其非。栻更摭拾舊聞，成此一卷，具明才學過于管樂，稱其有正大之體，且傳中述前、後《出師表》與今所傳字句間有異同。其後跋云，徵自文獻，不敢存疑。則其所見詳明，必有古書足據矣。

黄丕烈《蕘圃藏書題識・史類一》《諸葛忠武侯傳》。一册。宋刊本。此《漢丞相諸葛忠武侯傳》一册，計三十三番，宋刻精妙，裝潢古雅，吾郡文三橋藏書也。兹從武林購歸，與明刻本《練川志》並得，索白金八兩而去。余友陶蕴輝實玉成之。《練川志》雖明刻，然破損不堪觸手，無暇裝潢。此册稍有蠹眼，紙或脱漿，命工整理之，加以絹面，居然觸手如新矣。余讀《書録解題》，見此書入於傳記，而《述古堂書目》亦載之，近則罕有傳本，矧此宋刻，當是侍講初雕，登諸《所見古書録》中，不誠爲吉光片羽乎。庚申冬季蕘圃黄丕烈。

甲戌初秋，有裝潢工人從鋪首以青蚨五十六文買得破書一捆，内揀出舊鈔《漢丞相諸葛忠武侯傳》一册，持以質余。余取家藏宋刻勘之，疑非一本，蓋行款既不同，而字句間有歧異。此所擠入字，鈔皆無之，或舊鈔從未修本出也。遂用别紙校其異。至此本有破損全補字，可據以校其誤，而未全補者，更可據補。勿謂書有宋刻竟廢舊鈔也。復翁記。距裝此書時忽忽十五年矣。

黄丕烈《百宋一廛書録》《漢丞相諸葛忠武侯傳》。此《漢丞相諸葛忠武侯傳》一册，計三十三翻，宋刻精妙，裝潢古疋，吾郡文三橋藏書也。兹從武林購歸，稍有蠹痕或漿脱處，命工整理之，居然觸手如新矣。余讀《書録解題》，見此書入於傳記，而《述古堂書目》亦載之，近則罕有傳本，矧此宋刻，當是侍講初琱，入諸《所見古書録》中，不誠吉光片羽乎。

張金吾《愛日精廬藏書志・傳記類》《漢丞相諸葛忠武侯傳》一卷。舊抄本。

宋廣漢張栻撰。

豐清敏公遺事

趙希弁《讀書附志・傳記類》《豐清敏遺事》一卷。右李朴所編豐公稷之言行也。陳瓘叙次及復官賜謚制、尋訪子孫劄子、《國史列傳》附于後，朱文公爲云。

陳振孫《直齋書録解題・傳記類》《豐清敏遺事》一卷。給事中章貢李朴先之撰。記豐稷相之事，朱熹爲之後序。

馬端臨《文獻通考・經籍考・史・傳記》《豐清敏遺事》一卷。

《宋史・藝文志・傳記類》李朴《豐清敏遺事》一卷。

錢謙益等《絳雲樓書目・史傳記類》《豐清敏公遺事》。豐稷，字相之。李撲撰。朱子作後序。

《四庫全書總目提要・傳記類存目一》《豐清敏遺事》一卷。浙江范懋柱家天一閣藏本。

宋李朴撰。朴字先之，興國人。紹聖中進士，官至國子祭酒。事蹟具《宋史》本傳。是書編次其師禮部尚書豐稷事蹟。《宋志》著録一卷，與今本同。未有紹熙二年朱子《後序》，并附《墓誌》、《本傳》於後。稷歷仕神宗、哲宗、徽宗三朝，屢著讜論，時稱名臣。朴所叙録，較史傳爲詳。書末又有《稷註孟子》三章、《幸學詩》一首，及曾鞏所贈歌行、袁桷《祠記》，則明景泰中其十一世孫河南參政慶所搜討增入也。

張金吾《愛日精廬藏書志・傳記類》《豐清敏公遺事》一卷。舊抄本。菉竹堂藏書。

范太史遺事

趙希弁《讀書附志・傳記類》《范太史遺事》一卷。右范冲所編正獻公祖禹言行也。

陳振孫《直齋書録解題・傳記類》《范太史遺事》一卷。翰林學士范冲元長記其父事。

馬端臨《文獻通考・經籍考・史・傳記》《范太史遺事》一卷。

《宋史・藝文志・傳記類》《范太史遺事》一卷。范冲編。

趙豐公逸事

趙希弁《讀書附志・傳記類》《趙豐公逸事》一卷。右門人喻樗、方疇諸人所記也。

李忠定公行狀

趙希弁《讀書附志・傳記類》《李忠定公行狀》三卷。右公之弟綸所述也。太常博士兼實録院檢討官葉適所撰謚議附于後。

陳振孫《直齋書録解題・傳記類》《李忠定行狀》一卷。通判洪州李綸撰。其兄丞相綱伯紀事狀。葉適正則所作謚議附於後。

馬端臨《文獻通考・經籍考・史・傳記》《李忠定行狀》一卷。

胡文定公行狀

趙希弁《讀書附志・傳記類》《胡文定公行狀》一卷。右公之子寅、寧、宏所述也。其孫大壯手書而傳之，因附入曾玄諸孫名。

朱文公行狀

趙希弁《讀書附志・傳記類》《朱文公行狀》一卷。右門人黄榦所作也。

《宋史・藝文志・傳記類》《朱文公行狀》一卷。黄榦撰。

韓忠獻王遺事

趙希弁《讀書附志拾遺・傳記類》《韓忠獻王遺事》一卷。右羣牧判官、朝奉郎、尚書職方員外郎、上騎都尉强至編次韓魏王琦言行也。始韓忠彦編次《家傳》，王巖叟編次《別録》，至又編次其遺事云。

尤袤《遂初堂書目・本朝雜傳》韓魏公《遺事》。

陳振孫《直齋書録解題・傳記類》《韓忠獻遺事》一卷。羣牧判官錢塘强至幾聖撰。至，魏公之客也。

馬端臨《文獻通考・經籍考・史・傳記》《韓忠獻遺事》一卷。

范邦甸等《天一閣書目・傳記類》《忠獻韓魏王遺事》一卷。刊本。宋强至編。次張士隆重刊，程瑀表後。

徐𤊹《徐氏家藏書目・人物傳》《遺事》一卷。

《四庫全書總目提要・傳記類存目一》《韓忠獻遺事》一卷。内府藏本。宋强至撰，至字幾聖，錢塘人。諸書不詳其始末。此書結銜稱羣牧判官、尚書職方員外郎。以其祠部集中詩文考之，則登第之後，謁選得泗州掾。以薦歷浦江、東陽、元城三縣令。終於三司户部判官、尚書祠部郎中。其《上河北都運元給事書》所謂四歷州縣，三任部屬者，雖不盡可考。參以此書所題，尚可見其大略也。至嘗佐韓琦幕府，故此編叙琦遺事頗詳。世所傳琦《重陽詩》「不嫌老圃秋容淡，且看黄花晚節香」句，諸家詩話，遞相援引。其始表章者，實見至此編焉。

漢刁閒傳

尤袤《遂初堂書目・雜傳類》《漢刁閒傳》。

杜悰歷官録

尤袤《遂初堂書目・雜傳類》《杜悰歷官録》。

顏魯公行狀

尤袤《遂初堂書目・雜傳類》《顏魯公行狀》。

顏魯公歷官狀

尤袤《遂初堂書目・雜傳類》《顏魯公歷官狀》。

陶隱居傳

尤袤《遂初堂書目・雜傳類》《陶隱居傳》。

彭城公遺事

尤袤《遂初堂書目・雜傳類》《彭城公遺事》。

范文正遺事

尤袤《遂初堂書目・本朝雜傳》《范文正遺事》。

呂文靖事狀

尤袤《遂初堂書目・本朝雜傳》《呂文靖事狀》。

《宋史・藝文志・傳記類》《呂文靖公事狀》一卷。不知作者。

呂文穆綸告行狀

尤袤《遂初堂書目・本朝雜傳》《呂文穆綸告行狀》。

歐公履歷告命

尤袤《遂初堂書目・本朝雜傳》《歐公履歷告命》。

追榮考

尤袤《遂初堂書目・本朝雜傳》韓魏公《追榮考》。

呂正獻十事

尤袤《遂初堂書目・本朝雜傳》《呂正獻十事》。

唐質肅遺事

尤袤《遂初堂書目・本朝雜傳》《唐質肅遺事》。

陳振孫《直齋書録解題・傳記類》《唐質肅遺事》一卷。無名氏。所記唐介子方事也。

馬端臨《文獻通考・經籍考・史・傳記》《唐質肅遺事》一卷。

韓魏公事實

尤袤《遂初堂書目・本朝雜傳》《韓魏公事實》。

韓莊敏遺事

尤袤《遂初堂書目・本朝雜傳》《韓莊敏遺事》。

陳振孫《直齋書録解題・傳記類》《韓莊敏遺事》一卷。秘書丞韓宗武文若撰。記其父丞相縝玉汝事。末亦雜記他事。宗武，即少年遇洋客者也，年八十二乃卒。此編亦載其詩，云熙寧間得異疾，與神物遇。

馬端臨《文獻通考・經籍考・史・傳記》《韓莊敏遺事》一卷。

《宋史・藝文志・傳記類》《韓莊敏公遺事》一卷。韓宗武記。

了齋言行録

尤袤《遂初堂書目・本朝雜傳》《了齋言行録》。

《宋史・藝文志・傳記類》《了齋陳先生言行録》一卷。陳瓘男正同編。

徐𤊹《徐氏家藏書目・人物傳》《宋陳了齋言行録》。

豐相之遺事

尤袤《遂初堂書目・本朝雜傳》《豐相之遺事》。

韓儀公行狀

尤袤《遂初堂書目・本朝雜傳》《韓儀公行狀》。

孫温靖告并神道

尤袤《遂初堂書目・本朝雜傳》《孫温靖告并神道》。

龔原行狀

尤袤《遂初堂書目・本朝雜傳》《龔原行狀》。

周穜行狀

尤袤《遂初堂書目・本朝雜傳》《周穜行狀》。

范忠宣言行録

尤袤《遂初堂書目・本朝雜傳》《范忠宣言行録》。

劉元城言行録

尤袤《遂初堂書目・本朝雜傳》《劉元城言行録》。

胡安定言行録

尤袤《遂初堂書目·本朝雜傳》《胡安定言行録》。

陳振孫《直齋書録解題·傳記類》《安定先生言行録》二卷。雜録胡瑗翼之事及告祠、誌、表、祭文等。其間有《賢惠録》、《孝行録》，蓋其父訥所爲也。《孝行録》别見，《寶惠録》記婦人之賢者。

馬端臨《文獻通考·經籍考·史·傳記》《安定先王言行録》二卷。

楊士奇等《文淵閣書目·性理》《安定先生言行録》。一部，一册。闕。

王岐公家辨誣

尤袤《遂初堂書目·本朝雜傳》《王岐公家辨誣》。

邢恕自辨録

尤袤《遂初堂書目·本朝雜傳》《邢恕自辨録》。

章申公家辨誣

尤袤《遂初堂書目·本朝雜傳》《章申公家辨誣》。

張叔夜勤王記

尤袤《遂初堂書目·本朝雜傳》《張叔夜勤王記》。

陳規德安守潔録

尤袤《遂初堂書目·本朝雜傳》《陳規德安守潔録》。

滕公守台録

尤袤《遂初堂書目·本朝雜傳》《滕公守台録》。

陳振孫《直齋書録解題·傳記類》《滕公守台録》一卷。不著名氏。睢陽滕膺子勤爲台州户曹，方臘之亂，仙居人吕師囊應之，攻城甚急。膺佐太守備禦，卒全一城，郡人德之，至今廟食。行狀事實，聚見此編。膺後至直秘閣京西漕而終。

馬端臨《文獻通考·經籍考·史·傳記》《滕公守台録》一卷。

陳東事實

尤袤《遂初堂書目·本朝雜傳》《陳東事實》。

趙元鎮自述

尤袤《遂初堂書目·本朝雜傳》《趙元鎮自述》。

向伯恭行狀

尤袤《遂初堂書目·本朝雜傳》《向伯恭行狀》。

滕茂實大節集

尤袤《遂初堂書目·本朝雜傳》《滕茂實大節集》。

南軒行實

尤袤《遂初堂書目·本朝雜傳》《南軒行實》。

五峰行實

尤袤《遂初堂書目·本朝雜傳》胡安定《五峰行實》。

梁丞相行實

尤袤《遂初堂書目·本朝雜傳》《梁丞相行實》。

史彌大言行録

尤袤《遂初堂書目·本朝雜傳》《史彌大言行録》。

劉元城家傳神道碑

尤袤《遂初堂書目·本朝雜傳》《劉元城家傳神道碑》。

范覺民事實

尤袤《遂初堂書目·本朝雜傳》《范覺民事實》。

晏敦復行録

尤袤《遂初堂書目·本朝雜傳》《晏敦復行録》。

王文正遺事

尤袤《遂初堂書目·本朝雜傳》《王文正遺事》。

寇萊公遺事

尤袤《遂初堂書目·本朝雜傳》《寇萊公遺事》。

陳振孫《直齋書録解題·傳記類》《寇萊公遺事》一卷。不知何人作。

馬端臨《文獻通考·經籍考·史·傳記》《寇萊公遺事》一卷。

《宋史·藝文志·傳記類》《寇準遺事》一卷。不知作者。

徐𤊹《徐氏家藏書目·人物傳》《寇萊公遺事》一卷。寇準。

錢謙益等《絳云樓書目·史傳記類》《寇萊公遺事》。一卷。亡名氏撰。

南遷録

尤袤《遂初堂書目·本朝雜傳》張芸叟《南遷録》。

葉少蘊自序并制誥録

尤袤《遂初堂書目・本朝雜傳》《葉少蘊自序并制誥録》。

游師雄事迹

尤袤《遂初堂書目・本朝雜傳》《游師雄事迹》。

趙元鎮事實

尤袤《遂初堂書目・本朝雜傳》《趙元鎮事實》。

陳了齋自撰墓誌并序

尤袤《遂初堂書目・本朝雜傳》陳了齋自撰《墓誌》并《序》。

呂元直遺事

尤袤《遂初堂書目・本朝雜傳》《呂元直遺事》。

王沂公言行録

尤袤《遂初堂書目・本朝雜傳》《王沂公言行録》。

陳振孫《直齋書録解題・傳記類》《沂公言行録》一卷。天章閣待制王皡子融撰。沂公之弟也。前有葉清臣案：《文獻通攷》作「李清臣」。序文，後有晏殊、杜杞答書。

馬端臨《文獻通考・經籍考・史・傳記》《王沂公言行録》一卷。晁氏曰：沂公弟天章閣待制皡録公平生言行，凡三十七事。

張忠定語録

尤袤《遂初堂書目・本朝雜傳》《張忠定語録》。

安厚卿行實

尤袤《遂初堂書目・本朝雜傳》《安厚卿行實》。

張右史事實

尤袤《遂初堂書目・本朝雜傳》《張右史事實》。

劉拯行録

尤袤《遂初堂書目・本朝雜傳》《劉拯行録》。

邢恕行實

尤袤《遂初堂書目・本朝雜傳》《邢恕行實》。

御製蔡確傳

尤袤《遂初堂書目・國史類》 《御製蔡確傳》。

鳳池歷

陳振孫《直齋書録解題・傳記類》 《鳳池歷》二卷。不著名氏。記長孫無忌歷官本末及家世子孫。按《唐志》馮宇《鳳池録》五十卷，李淑《書目》惟存五卷。記宰相名次事跡，非此書。

馬端臨《文獻通考・經籍考・史・傳記》 《鳳池歷》二卷。

范忠宣言行録

陳振孫《直齋書録解題・傳記類》 《范忠宣言行録》二十卷。不著姓名，其家所録也。

馬端臨《文獻通考・經籍考・史・傳記》 《范忠宣言行録》二十卷。

宗忠簡遺事

陳振孫《直齋書録解題・傳記類》 《宗忠簡遺事》三卷。不著名氏。録留守開封宗澤汝霖事。亦其家子孫所爲也。

馬端臨《文獻通考・經籍考・史・傳記》 《宗忠簡公遺事》三卷。

後村劉氏序曰：公遺事行世已久。今連帥竇謨王公鎔，公之外孫，復稍採摭舊聞，以傳翼之。

吕忠穆公遺事

陳振孫《直齋書録解題・傳記類》 《遺事》一卷。

馬端臨《文獻通考・經籍考・史・傳記》 《遺事》一卷。

《四庫全書總目提要・傳記類存目一》 《吕忠穆公遺事》一卷。永樂大典本。不著撰人名氏。陳振孫《書録解題》載之，亦不云誰作。所記吕頤浩言行，每條必曰公於某事云云。蓋其後人所述也。

褒德集

陳振孫《直齋書録解題・傳記類》 《褒德集》二卷。邵伯温撰。録其父誥命、謚議、行狀、墓誌之屬。

馬端臨《文獻通考・經籍考・史・傳記》 《褒德集》二卷。

熙寧日録

陳振孫《直齋書録解題・傳記類》 《熙寧日録》四十卷。丞相王安石撰。本朝禍亂萌于此書，陳瓘所謂尊私史而壓宗廟者。其彊愎堅辯，足以熒惑主聽，鉗制人言。當其垂死，欲秉畀炎火，豈非其心亦有所愧悔歟！既不克焚，流毒遺禍至今爲梗，悲夫！書本有八十卷，今止有其半。

岳飛事實辨誣

陳振孫《直齋書録解題・傳記類》 《岳飛事實》六卷，《辨誣》五卷。飛之孫珂撰。

馬端臨《文獻通考・經籍考・史・傳記》 《岳飛事實》六卷，《辯誣》五卷。

丁卯實編

陳振孫《直齋書録解題・傳記類》《丁卯實編》一卷。成忠郎李珙撰。誅曦之功，楊巨源爲多，安丙忌而殺之。珙爲作傳上之於朝，以昭其功，而伸其冤。

馬端臨《文獻通考・經籍考・史・傳記》《丁卯實編》一卷。

韓文公曆官記

陳振孫《直齋書録解題・傳記類》《韓文公曆官記》一卷。新安張敦頤撰。頗疏略。其最誤者，序言擒吴元濟、出牛元翼爲一事，此大謬也。爲裴度行軍司馬，在憲宗元和時；奉使鎮州王庭湊，在穆宗長慶時。

馬端臨《文獻通考・經籍考・史・傳記》《韓文公曆官記》一卷。

歐公本末

陳振孫《直齋書録解題・傳記類》《歐公本末》四卷。吕祖謙編。蓋因觀《歐陽公集》，考其歷仕歲月，同官同朝之人，略著其事迹。而集中詩文亦隨時附見，非獨歐公本末，而時事、時賢之本末，亦大略可觀矣。故以入傳記類。

馬端臨《文獻通考・經籍考・史・傳記》《歐公本末》四卷。

《宋史・藝文志・傳記類》吕祖謙《歐公本末》四卷。

張萱等《内閣藏書目録・傳記部》《歐公本末》。十册，全。宋歐陽修生平撰述及其行實。吕祖謙編次。《金石録》附後。

孫威敏征南録

陳振孫《直齋書録解題・傳記類》《孫威敏征南録》一卷。學士睢陽滕甫元發撰。言平南之功，皆本孫沔元規，狄青之至，莫能出其右者。余靖歸美於青，非實也。甫時通判潮州。

馬端臨《文獻通考・經籍考・史・傳記》《孫威敏征南録》一卷。

《宋史・藝文志・傳記類》滕甫《征南録》一卷。

《四庫全書總目提要・傳記類二》《孫威敏征南録》一卷。浙江鄭大節家藏本。

宋滕元發撰。元發初名甫。後以避高魯王諱，以初字元發爲名，而更字曰達道。東陽人。舉進士。歷官龍圖閣學士。謚章敏。事蹟具《宋史》本傳。此本前有結銜題「承奉郎守大理評事通判湖州軍州事滕甫」，蓋猶未改名時所作也。其書乃記皇祐四年孫沔平儂智高事。其時沔爲安撫，狄青爲宣撫使。沔與青會兵計議，進被智高於歸仁鋪，沔留治後事。及師還，余靖勒銘長沙，專美狄青。朝廷亦以青爲樞密使，賞賚甚厚。沔止如秩一等。甫以爲南征之事，本出沔議。其措置先備，又能以身下狄青，卒攘寇難。因述爲此書，以頌沔之績。蓋沔知杭州時嘗奇甫才，授以治劇守邊方略。具有知己之分，故力爲之表暴如此。考《宋史》載征儂智高事，亦於《狄青傳》爲詳，而《沔傳》頗略。然此書備見於《宋史・藝文志》、陳振孫《書録解題》，當時皆不以爲誣，殆必有説。是亦考史者所宜兼存矣。

案：削平寇亂之事，宜入雜史。然此書爲表孫沔之功，非記儂智高之變，故入之傳記類中。

喃廝囉傳

陳振孫《直齋書録解題・傳記類》《喃廝囉傳》一卷。不著作者。

馬端臨《文獻通考・經籍考・史・傳記》《喃廝囉傳》一卷。

邊和録

陳振孫《直齋書録解題・傳記類》《邊和録》五卷。承議郎河東陳伯疆撰。載胡世將承公宣撫川陝事。

馬端臨《文獻通考・經籍考・史・傳記》《邊和録》五卷。

建炎德安守禦録

陳振孫《直齋書録解題・傳記類》《建炎德安守禦録》三卷。郡丞東平劉荀子卿編次。建炎初，高密陳規元則守德安禦羣盜事迹功狀。規後守順昌，與劉錡共成卻敵之功者也，以樞密直學士知廬州而卒。

馬端臨《文獻通考・經籍考・史・傳記》《建炎德安守禦録》三卷。

順昌破敵録

陳振孫《直齋書録解題・傳記類》《順昌破敵録》一卷。不著名氏。記劉錡信叔守禦戰勝本末。

馬端臨《文獻通考・經籍考・史・傳記》《順昌破敵録》一卷。

逆臣劉豫傳

陳振孫《直齋書録解題・傳記類》《逆臣劉豫傳》一卷。楊堯弼等撰。二楊事迹當考。前録題銜稱宣義郎、迪功郎，並爲大總管府官屬。此傳堯弼爲右從事郎，載爲右迪功郎。

馬端臨《文獻通考・經籍考・史・傳記》《逆臣劉豫傳》一卷。

許右丞行狀

陳振孫《直齋書録解題・傳記類》《許右丞行狀》一卷。吏部員外郎許忻撰。許公翰字崧老，襄邑人，爲尚書右丞。忻其弟也。

馬端臨《文獻通考・經籍考・史・傳記》《許右丞行狀》一卷。

葉丞相行狀

陳振孫《直齋書録解題・傳記類》《葉丞相行狀》一卷。閣學廬陵楊萬里廷秀撰。丞相莆田葉顒子昂乾道丁亥冬雷罷相，至建寧而薨。

馬端臨《文獻通考・經籍考・史・傳記》《葉丞相行狀》一卷。

謝修撰行狀墓誌

陳振孫《直齋書録解題・傳記類》《謝修撰行狀墓誌》一卷。昭武謝師稷務本奉使閩部，有惠愛，没而民祠之。行狀，里人黄適景聲撰，案：《文獻通攷》「黄適」作「黄遹」。《墓誌》，永嘉陳謙益之撰。其廟曰昭應。

馬端臨《文獻通考・經籍考・史・傳記》《謝脩撰行狀墓誌》一卷。

朱侍講行狀

陳振孫《直齋書録解題・傳記類》《朱侍講行狀》一卷。奉議郎三山黄幹直卿撰。其高第弟子且子壻也。

馬端臨《文獻通考・經籍考・史・傳記》《朱侍講行狀》一卷。

篤行事實

陳振孫《直齋書録解題・傳記類》《篤行事實》一卷。丞相趙汝愚子直編其父善應彦遠事狀，而羅願、朱熹所撰行狀、墓銘及諸賢哀詞、題跋之屬，萃爲一編。「篤行」者，陳福公題其墓云爾。呂太史跋語有云：「處者易持，出者難工。」朱侍講取其意以爲銘，所以勉其子之意深矣。

馬端臨《文獻通考・經籍考・史・傳記》《篤行事實》一卷。

趙丞相行狀附録

陳振孫《直齋書録解題・傳記類》《趙丞相行實》一卷，《附録》二卷。知静江府趙崇憲履常編集。忠定長子也。其一時諸賢祭文、輓歌與嘉定更化之後昭雪誣枉、改正史牒本末，皆見《附録》。

馬端臨《文獻通考・經籍考・史・傳記》《趙丞相行實》一卷，《附録》一卷。

趙忠定行狀謚議

陳振孫《直齋書録解題・傳記類》《趙忠定行狀》一卷，《謚議》一卷。知光州鄱陽柴中行與之撰。其《謚議》劉允濟全之、楊方子直所爲也。

馬端臨《文獻通考・經籍考・史・傳記》《趙忠定行狀》一卷，《謚議》一卷。

倪文節言行録

陳振孫《直齋書録解題・傳記類》《倪文節言行録》三卷，《遺奏誌狀碑銘謚議》一卷。户部郎中倪祖常子武輯其父尚書遺事。《行狀》，錫山蔣重珍良貴撰；《碑銘》，臨邛魏了翁華甫撰。

馬端臨《文獻通考・經籍考・史・傳記》《倪文節言行録》三卷，《遺奏誌狀碑銘謚議》一卷。

趙華文行狀

陳振孫《直齋書録解題・傳記類》《趙華文行狀》一卷。文林郎趙山李燔敬子撰。忠定之子，吏部崇憲履常也。

馬端臨《文獻通考・經籍考・史・傳記》《趙華文行狀》一卷。

昭明太子事實

陳振孫《直齋書録解題・傳記類》《昭明太子事實》二卷。知池州趙彦博富文編。昭明廟食於池，頗著靈響。元祐始賜額曰「文孝」。案：元祐賜額曰「文孝」，原本誤作「文序」，今改正。

馬端臨《文獻通考・經籍考・史・傳記》《昭明太子事實》二卷。

《宋史・藝文志・傳記類》 趙彦博《昭明事實》二卷。

張萱等《内閣藏書目録・雜部》《昭明事實》。一册。宋乾道間，梁昭明太子降神於廣東莞之秋浦，累有靈異。判院趙彦博請於朝，加以封號尸祝焉。廣人因輯生平事蹟及附以本廟謁祀詩文，凡上、下二卷。

錢謙益等《絳云樓書目・史傳記類》《昭明太子事實》二卷。宋池州守趙彦博編。昭明廟食於池，頗著靈響。

鄂國金陀粹編續編

陳振孫《直齋書録解題・傳記類》《鄂國金陀粹編》二十八卷，《續編》三十卷。岳珂撰。

馬端臨《文獻通考・經籍考・史・傳記》《鄂國金佗稡編》二十八卷，《續編》三十卷。

胡師安等《元西湖書院重整書目》《金陀粹編》。

《宋史・藝文志・傳記類》 岳珂《鄂國金佗粹編》二十八卷。

楊士奇等《文淵閣書目・史附》《鄂國金陀粹編》。一部，十册。闕。

范邦甸等《天一閣書目・傳記類》《金佗續編》三十卷。刊本。宋紹定改元岳珂編并序。云，先王佩佗綬於鄂家，故有《金佗編》，因先爵以叙遺烈。嘉定戊寅，嘗製之檇李矣。而辛巳之褒忠，乙酉之錫謚未續也。珂將裒亂，凡書四種，合三十卷，命曰《續編》，蓋合檇李舊刻同爲一編云。

錢謙益等《絳云樓書目・雜史類》 《金陀粹編》。十二册。二十八卷。岳珂撰。《金陀續編》。六册。三十卷。

《四庫全書總目提要・傳記類一》 《金陀稡編》二十八卷，《續編》三十卷。兩淮鹽政採進本。宋岳珂撰。珂有《九經三傳沿革例》，已著録。是編爲辨其祖岳飛之冤而作。珂別業在嘉興金陀坊，故以名書。《稡編》成於嘉定戊寅，《續編》成於紹定戊子。《稡編》凡《高宗宸翰》三卷、《鄂王行實編年録》六卷、《鄂王家集》十卷、《籲天辨誣》五卷、《天定録》三卷。《籲天辨誣》者，記秦檜等之鍛錬誣陷，每事引當時記載之文，如熊克《中興小歷》、王明清《揮麈録》之類，而珂各繫辨證。《天定録》者，則飛經昭雪之後，朝廷復爵褒封謚議諸事也。《續編》凡《宋高宗宸翰摭遺》一卷、《絲綸傳信録》十一卷、《天定別録》四卷、《百氏昭忠録》十四卷。《絲綸傳信録》者，飛受官制劄及三省文移劄付。《天定別録》者，岳雲、岳雷、岳霖、岳甫、岳琛等辨誣復官告制劄，及給還田宅諸制。《百氏昭忠録》者，飛歷陣戰功，及歷官政績，經綸於國史，及宋人劉光祖等所作碑刻行實，黄元振等所編事蹟，以次彙叙者也。其《宸翰拾遺》中《舞劍賦》，乃唐喬潭之作，因高宗御書以賜，故亦載焉。編首《自序》，稱況當規恢大有爲之秋，魚復之圖，穀城之略，豈無一二可俎豆於斯世。檢其所當行，稽其所可驗，而勿視之芻狗之已陳云云。殆開禧敗衄之後，端平合擊以前，時局又漸主戰，故珂云爾也。其書歲久散佚。元至正二十三年，重刻於江浙行省，陳基爲之序。又有戴洙《後序》，稱舊本佚闕，徧求四方，得其殘編斷簡，參互考訂，復爲成書。故書中脱簡闕文，時時而有。明嘉靖中刻本，並仍其舊。今無從考補，亦姑仍嘉靖舊刻録之焉。

彭元瑞等《天禄琳瑯書目後編・明版史部》 《金佗編》。二函，十二册。

張金吾《愛日精廬藏書志・傳記類》 《鄂公金佗稡編》二十八卷，《續編》三十卷。元刊本。

吳壽暘《拜經樓藏書題跋記》卷二 《金陀粹編》。《金陀粹編》二十八卷。舊刻本。按辛楣宫詹《潛研堂文集跋》云，《初編》刻於檇李，《續編》刻於南徐端平甲午，又合刻藏於庽塾，皆有倦翁自序。元季重刻於杭州西湖書院，則有臨海陳基、會稽戴洙二序。明嘉靖壬寅，晉江洪富刊於兩浙運司。後十七年，莆田黄日敬復修補其漫漶者。然中多斷簡，脱葉，惜無善本是正也。陳敬初序謂孝宗受禪，珂始以《籲天辨誣録》詣闕訴上，由是詔賜墳廟，復爵位，頒封謚，録遺孤。今攷孝宗受禪在紹興三十二年壬午，忠武得昭雪復官由於太學生程宏圖之上書，而倦翁之進《籲天辨誣》，乃在嘉泰四年丙寅，相去四十五載。又二十八年至端平甲午，倦翁尚里居無恙，然則孝宗受禪時，倦翁恐猶未生，安得有詣闕上疏之事！本書所述年月前後分明，易於尋檢，陳何不攷至此！此本有陳序，當即宫詹所稱元季刻本。前有虎林樵者、清時埜史高孚玉易居士諸圖記，中多朱筆點定，序内飛父子没餘二十年至以謝天下云云，改作没餘七十載，尚書史浩首言岳飛久冤詔賜云云是也。其孫珂實始以《籲天辨誣録》詣闕訴上，吾意宋君其北望舊京，必恨不誅秦檜以謝天下並書其上云，□□之辨於甯宗□□四年，蓋與孝□□禪相距四十餘□□此云云。豈非誤□撰。文時失於檢點，□□今改正之。其説適與宫詹同。

潘祖蔭《滂喜齋藏書記・史部》 《元刻金陀粹編》二十八卷，《續編》三十卷。四函，十六册。宋岳珂撰。珂自跋云，前刻於檇李，續刊於南徐。紹定癸巳冬，珂上東淮歸，宗族鄉黨願考先烈，及間排闥之始末，因命工剞梓爲副墨，藏於廟塾，凡六百二十二板，字小於舊。是珂及身已有三刻。此本元至正二十三年朱元祐刻於西湖書院。舊有陳基序，戴洙後序。今陳序佚。戴序云，朱君佑之得其殘編斷簡，參互考訂，始克成書。復得《續集》五卷於平江，蓋江西木也。所謂江西木者，又在倦翁三刻之外，不知何時刻也。朱元祐，吴門人。佑之其字。

涼公平蔡録

馬端臨《文獻通考・經籍考・史・傳記》 《涼公平蔡録》一卷。陳氏曰：唐山南東道掌書記鄭澥撰。涼國公者，李愬也。

《宋史・藝文志・傳記類》 鄭澥《涼國公平蔡録》一卷。

張萱等《内閣藏書目録・傳記部》 《平蔡録》。一册，全。唐書記鄭澥撰。紀李愬平吳元濟事。後附路振《乘軺録》。

錢謙益等《絳雲樓書目・傳記》 《涼國公平蔡録》。一册。鄭澥撰，涼公幕客。

朱梁興創遺編

馬端臨《文獻通考・經籍考・史・傳記》 《朱梁興創遺編》二十卷。陳氏曰：梁宰相敬翔子振撰。自廣明巢賊之亂，朱温事跡，訖於天祐弑逆，大書特書，不以爲愧也。其辭亦鄙俚。

王氏日録

馬端臨《文獻通考・經籍考・史・傳記》《王氏日録》八十卷。晁氏曰：皇朝王安石介甫撰。紹聖間，蔡卞合曾布獻於朝，添入《神宗實録》。陳瑩中謂安石既罷相，悔其執政日無善狀，乃撰此，歸過於上，掠美於己，且歷詆平生不悦者，欲以欺後世。於是著《尊堯集》、及《日録不合神道論》等十數書。此書起熙寧元年四月，終七年三月；再起於八年三月，終於九年六月，安石兩執國柄日也。然無八年九月以後至九年四月事，蓋安石攻吕惠卿時。瑩中謂蔡卞除去安石罵惠卿之語，其事當在此際也。

陳氏曰：本朝禍亂，萌於此書。陳瓘所謂尊私史而壓宗廟者，其彊愎堅辯，足以熒惑主聽，鉗制人言。當其垂殁時，欲以此書秉畀炎火，豈非其心有所愧悔歟？既不古焚，流毒遺禍，至今爲梗，悲夫！書本八十卷，今止有其半。

順昌録

馬端臨《文獻通考・經籍考・史・傳記》《順昌録》一卷。晁氏曰：紹興十年，劉錡破女真於順昌城下，其徒記其功云。

武侯傳

胡師安等《元西湖書院重整書目》《武侯傳》。

盧陵王列傳

《宋史・藝文志・傳記類》 徐浩《盧陵王傳》一卷。

越國公行狀

《宋史・藝文志・傳記類》《越國公行狀》一卷。唐鍾紹京事迹。

忠武公將佐略

《宋史・藝文志・傳記類》 陳翊又《忠武公將佐略》一卷。

顔真卿行狀

《宋史・藝文志・傳記類》 殷亮又《顔真卿行狀》一卷。

魏玄成傳

《宋史・藝文志・傳記類》 王方慶《魏玄成傳》一卷。

彭城公事跡

《宋史・藝文志・傳記類》 陳諫等《彭城公事迹》三卷。

李長吉小傳

《宋史・藝文志・傳記類》 李商隱《李長吉小傳》五卷。

王貴妃傳

《宋史·藝文志·傳記類》蔡京《王貴妃傳》一卷。

潘氏家録

《宋史·藝文志·傳記類》《潘氏家録》一卷。潘美行狀、告辭。

劉中州事跡

《宋史·藝文志·傳記類》《劉中州事迹》一卷。

魏玄成故事

《宋史·藝文志·傳記類》《魏玄成故事》三卷。

趙君錫遺事

《宋史·藝文志·傳記類》趙寅《趙君錫遺事》一卷。

咸寧王定難實序

《宋史·藝文志·傳記類》史演《咸寧王定難實序》一卷。

吕頤浩遺事

《宋史·藝文志·傳記類》《吕頤浩遺事》一卷。頤浩出處大概。

朱勝非行狀

《宋史·藝文志·傳記類》《朱勝非行狀》一卷。劉岑撰。

籲天辨誣

《宋史·藝文志·傳記類》岳珂《籲天辨誣》五卷。

張忠文節誼録

《宋史·藝文志·傳記類》李綱等《張忠文節誼録》一卷。

种師道事迹

《宋史·藝文志·傳記類》陳曄《种師道事迹》一卷。

种師道祠堂碑

《宋史·藝文志·傳記類》張琰《种師道祠堂碑》一卷。

史越王言行録

《宋史・藝文志・傳記類》周鑄《史越王言行録》十二卷。

陳瓘墓誌

《宋史・藝文志・傳記類》《陳瓘墓誌》一卷。自撰。

趙文定公遺事

《宋史・藝文志・傳記類》《趙文定公遺事》一卷。不知何人編。

常諫議長洲政事録

《宋史・藝文志・傳記類》《常諫議長洲政事録》一卷。常安民撰。

趙鼎行狀

《宋史・藝文志・傳記類》李臯《趙鼎行狀》三卷。

宗澤行實

《宋史・藝文志・傳記類》吴柔勝《宗澤行實》十卷。

劉鄜王事實

《宋史・藝文志・傳記類》劉球《劉鄜王事實》一十卷。

滕王廣傳

《宋史・藝文志・傳記類》安德裕《滕王廣傳》一卷。

潘美事迹

《宋史・藝文志・傳記類》《潘美事迹》一卷。不知作者。

郭贄傳略

《宋史・藝文志・傳記類》《郭贄傳略》一卷。不知作者。

王旦遺事

《宋史・藝文志・傳記類》《王旦遺事》一卷。王素撰。

韓琦遺事

《宋史・藝文志・傳記類》《韓琦遺事》一卷。不知作者。

孫沔遺事

《宋史・藝文志・傳記類》《孫沔遺事》一卷。不知作者。

儂智高

《宋史・藝文志・傳記類》曹叔卿《儂智高》一卷。

韓琦事實

《宋史・藝文志・傳記類》趙寅《韓琦事實》一卷。

曾鞏行述

《宋史・藝文志・傳記類》《曾鞏行述》一卷。曾肇撰。

曾肇行述

《宋史・藝文志・傳記類》《曾肇行述》一卷。楊時撰。

趙君錫遺事

《宋史・藝文志・傳記類》《趙君錫遺事》一卷。趙演撰。

韓文公曆官記

《宋史・藝文志・傳記類》《韓文公曆官記》一卷。程俱撰。

安燾行狀

《宋史・藝文志・傳記類》《安燾行狀》一卷。滎輯撰。

温陵張賢母傳

《宋史・藝文志・傳記類》何述《温陵張賢母傳》一卷。

韓琦定策事

《宋史・藝文志・傳記類》《韓琦定策事》一卷。韓肖胄撰。

農公逸事

《宋史・藝文志・傳記類》喻子材《豐公逸事》一卷。

胡瑗言行録

《宋史・藝文志・傳記類》《胡瑗言行録》一卷。闕注撰。

劉安世言行録

《宋史・藝文志・傳記類》《劉安世言行録》二卷。不知作者。

范純仁言行録

《宋史・藝文志・傳記類》《范純仁言行録》三卷。

洪厓先生傳

《宋史・藝文志・傳記類》《洪厓先生傳》一卷。

舒王日録

《宋史・藝文志・傳記類》王安石《舒王日録》十二卷。

御製徐武寧神道碑

楊士奇等《文淵閣書目・國朝》《御製徐武寧神道碑》。一部，一册。完全。

張萱等《内閣藏書目録・聖制部》《御製中山武寧王神道碑文》。一册，全。太祖高皇帝製。

孝慈高皇后傳

楊士奇等《文淵閣書目・國朝》《孝慈高皇后傳》。一部，一册。完全。《孝慈高皇后傳》。一部，一册。闕。

張萱等《内閣藏書目録・聖制部》《大明孝慈高皇后傳》。一册，全。永樂四年，仁孝文皇后撰。

劉若愚《内板經書紀略》《高皇后傳》。一本。四十七葉。

黄虞稷《千頃堂書目・傳記類》仁孝皇后撰《高皇后傳》一卷。永樂四年成。五年冬十月丙戌，以《高皇后傳》賜各王及百官。又《貞烈事實》一卷。始啓母明訓，終岳氏自縊，凡八十八條。

孔子實録

楊士奇等《文淵閣書目・性理》《孔子實録》。一部，五册。完全。

孔聖圖譜

楊士奇等《文淵閣書目・性理》《孔聖圖譜》。一部，三册。完全。《孔聖圖譜》。一部，三册。完全。

張萱等《内閣藏書目録・傳記部》《孔聖圖譜》。三册，全。莫詳編輯姓氏。元大德間孔子五十三代孫津刻。一圖譜、二年譜、三編年，凡三卷。

倪燦等《補遼金元藝文志・傳記類》孔津《孔聖圖譜》三卷。孔子五十三代孫。

錢大昕《補元史藝文志・譜牒類》《孔聖圖譜》三卷。大德間孔子五十三代孫澤刊。

素王事記

楊士奇等《文淵閣書目・性理》《素王事紀》。一部，四册。殘缺。

孔子世家譜

楊士奇等《文淵閣書目・性理》《孔子世家補》。一部，六册。完全。

張萱等《内閣藏書目録・傳記部》《孔子世家譜》。六册，全。宋寶祐間，歐陽士秀采集經書、子、史以補司馬遷《世家》之闕，凡十二卷。

倪燦等《宋史藝文志補・傳記類》 歐陽士秀《孔子世家補》十二卷。

《四庫全書總目提要・傳記類存目》《孔子世家補》十二卷。永樂大典本。宋歐陽士秀撰。士秀，廬陵人，仕履未詳。是書成於淳祐辛亥。大抵據《皇極經世》以駁《史記・孔子世家》之譌。然邵子精於數學，不聞精於史學。所書先聖事蹟，亦未必盡確。《自序》又稱慮夫事之精粗隱顯，大小本末，錯糅其間，而不易見。則著《年表》以提其綱，列《世本》以類其族，且綴《弟子年名》於其終。於以稽其是非，用決羣疑，而祛已惑。今考《永樂大典》所載，已無所謂《年表》、《世本》、《弟子年名》者，則已非完書矣。

尹和靖言行録

楊士奇等《文淵閣書目・性理》《尹和靖言行録》。一部，二册。完全。《尹和靖言行録》。一部，二册。完全。

朱文公傳

楊士奇等《文淵閣書目・性理》《朱文公傳》。一部，二册。完全。

張萱等《内閣藏書目録・傳記部》《宋文公傳》。二册，全。元至元間，吴夢炎采集舊史李秀嵓所爲傳，并載文公前後歷官誥詞及建學碑志諸文。

黄虞稷《千頃堂書目・傳記類・補元》 吴夢炎《朱文公傳》二卷。至元間人。采集舊史李燾所爲傳，並載文公前後歷官誥詞及建學碑誌諸文。

倪燦等《補遼金元藝文志・傳記類》 吴夢炎《朱文公傳》二卷。

錢大昕《補元史藝文志・傳記類》 吴夢炎《朱文公傳》二卷。

曹武惠王言行録

楊士奇等《文淵閣書目・史附》《曹武惠王言行録》。一部，二册。完全。

張萱等《内閣藏書目録・雜部》《曹武惠王言行録》。一册，全。莫詳編次姓氏。宋曹公彬也。又一册，全。

黄虞稷《千頃堂書目・傳記類》《曹武惠王言行録》一卷。

吕文穆公列傳

楊士奇等《文淵閣書目・史附》《吕文穆公列傳》。一部，一册。闕。

范文正公言行拾遺

楊士奇等《文淵閣書目・史附》《范文正公言行拾遺》。一部，一册。完全。

徐𤊹《徐氏家藏書目・人物傳》《范文正公言行拾遺》四卷。

范文正公遺跡

楊士奇等《文淵閣書目・史附》《范文正公遺跡》。一部，一册。完全。

張萱等《內閣藏書目録・雜部》《范文正公遺蹟》。一册，全。莫詳編輯姓氏。皆載文正公吴中山水及鄱陽、陜西、西夏、洛陽故居之遺跡也。

《四庫全書總目提要・傳記類存目一》《范文正遺蹟》一卷。浙江巡撫採進本。不著撰人名氏。輯范仲淹生平遊歷。自其出於吴中，長於山東，以及洛陽陜西睦池饒潤諸地爲仕宦所經，後人傳爲遺蹟者。採其名目，共爲一編。閒附以前人題咏碑刻。至於西夏堡寨，亦并載之。中有《文正書院》等六圖，爲仲淹裔孫安崧所繪，蓋亦其後人所編也。

孫星衍《平津館鑒藏書籍記・元版》《范文正公遺跡》。一册。不分卷數，亦不著撰人姓氏。分山東、吴中、西夏、洛陽公所至之處，各記其名勝碑記雜文并冠以圖。收藏有「毗陵九松迂叟藏書記」朱文長印、「周良金印」朱方文印、「顧元慶印」白文方印、「大有」朱文方印、「大石山人」白文方印、「吴郡顧元慶氏珍藏印」朱文方印。

東坡遺事

楊士奇等《文淵閣書目・史附》《東坡遺事》。一部，一册。闕。

慈湖先生行狀

楊士奇等《文淵閣書目・史附》《慈湖先生行狀》。一部，一册。闕。

張萱等《內閣藏書目録・傳記部》《慈湖先生行狀》。一册。先生楊簡也。宋寶慶閒嚴陵錢時撰。

崔清獻公言行録

楊士奇等《文淵閣書目・史附》《崔清獻公言行録》。一部，一册。完全。

張萱等《內閣藏書目録・傳記部》《崔清獻公言行録》。一册，全。宋嘉定閒崔與之言行及詩文。洪武初，六世孫崔子輯。

黃虞稷《千頃堂書目・傳記類》《崔清獻公言行録》三卷。洪武初，崔與之六世孫□編。

文丞相傳

楊士奇等《文淵閣書目・史附》《文丞相傳》。一部，一册。闕。《文丞相傳》。一部，一册。闕。

宋濂歷官記

楊士奇等《文淵閣書目・史附》《宋濂歷官記》。一部，一册。闕。

黃虞稷《千頃堂書目・傳記類》《宋濂歷官記》一卷。

桓温傳

楊士奇等《文淵閣書目・史雜》《桓温傳》。一部，一册。完全。

東平忠靖王傳

楊士奇等《文淵閣書目・史雜》《東平忠靖王傳》。一部，一册。完全。

張萱等《內閣藏書目録・傳記部》《東平忠靖王傳》。一册，全。王唐張巡也。許遠、雷萬春二傳附焉。

呂東萊大事記解題

楊士奇等《文淵閣書目・史雜》《呂東萊大事記解題》。一部，十二册。闕。

殷太史比干録

高儒《百川書志・紀蹟》《殷太史比干録》三卷。皇明華亭曹安編次八十八書及比干事，并碑文、弔詠。

黄虞稷《千頃堂書目・傳記類》曹安《殷太師比干録》十卷。

闞王事蹟義勇録

高儒《百川書志・紀蹟》《闞王事蹟義勇録》三卷。皇明巴陵胡琦編實録、説、圖制、神跡、詩文也。

錢大昕《補元史藝文志・傳記類》胡琦《闞王事蹟》一卷。

忠武録

高儒《百川書志・紀蹟》《忠武録》五卷。皇明鄢陵魏壽集録武侯遺文及歷代文獻也。

皇明忠誠伯録

高儒《百川書志・雜集》《皇明忠誠伯録》一卷。録奉天翊運守正文臣特進榮禄大夫柱國太子少保兼兵部尚書茹常始末文章之集也。

盡忠録

高儒《百川書志・雜集》《盡忠録》八卷，《補録》一卷。集宋陳東少陽奏議、遺稿，并詔勅諸公製作。

范邦甸《天一閣書目・傳記類》《宋陳少陽先生盡忠録》八卷。刊本。明陳沂撰。

錢謙益等《絳云樓書目・史傳記類》《陳東盡忠録》。東字少陽。

黄虞稷《千頃堂書目・傳記類》陳沂《盡忠録》八卷。陳東。

彭元瑞等《天禄琳瑯書目後編・明版史部》《陳少陽先生盡忠録》。一函，二册。

素王記事

范邦甸等《天一閣書目・傳記類》《素王記事》三十條。刊本。明知開封府西蜀王瓚公瑾輯録，浙江嚴州府通判太原傅汝楫校。成化二年商輅序云，《素王紀事》一帙，首世系，次小像，又次降誕之祥、生質之異，又次以歷代封謚，而備録制誥之文、古今廟祀，而詳具禮樂之數與先賢配從。年譜，履歷，闕里山川，靡不悉載，而以紫陽楊奂所述《東遊記》綴焉。宣聖大略見於此書。

《四庫全書總目提要・傳記類存目一》《素王記事》無卷數。浙江朱彝尊家曝書亭藏本。舊本卷首題明浙江嚴州府通判太原傅汝楫校正。則非汝楫所撰。卷末楊奂《東遊記》之首，又題河南開封府知府西蜀黄濬輯録。則似爲濬之所撰。然不列名於書首，而綴於書後。體例叢脞，殊不可曉。其書則摭拾《闕里志》爲之，亦茫然無緒。蓋當時書帕之本，本不以著書爲事者也。案：顧炎武《日知録》曰：昔時人覲之官，其饋遺一書一帕，謂之書帕。又曰：歷官任滿則必刻一書以充饋遺，此亦甚雅。而鹵莽就工，殊不堪讀。陸深《金臺紀聞》亦稱有司刻書，衹以供餽贐之用，其不工反出坊本下，今藏書家以書帕本爲最下，蓋由於此。

孔子通記

范邦甸等《天一閣書目・傳記類》《孔子通記》明上虞潘孔脩著。弘治十四年西蜀劉端序云，後夫子三百餘歲，司馬遷始爲世家。遷以後代有纂述，若古史列傳及紀年、編年、聖蹟圖、素王紀事、孔顔孟三氏志，其書愈衆，而荒誣夸陋視遷滋甚。吾友潘君孔脩質經考史，删繁舉要，爲正紀，凡三卷。蓋一本考亭朱子所訂世家，而遠宗春秋之遺法者也。既又述羲農以來傳授正統，而舉其要爲《前紀》一卷；書歷代封祀始末，書七十二弟子從祀諸儒所學，而著其取舍大意爲《後紀》四卷，而合以《通紀》名焉。

闕里志

范邦甸等《天一閣書目·傳記類》《闕里志》十三卷。刊本。明徐源脩。弘治乙丑，李東陽序。

陋巷志

范邦甸等《天一閣書目·傳記類》《陋巷志》八卷。刊本。明曹伯良撰，陳鎬序。

顔　子

范邦甸等《天一閣書目·傳記類》《顔子》二卷。刊。明武進薛應旂輯。嘉靖丙寅吴維岳後跋云，聖門多賢，孔子獨稱顔子爲好學，亦惟其心受心而無所不悦，故曰顔子潛心仲尼，且顔子所好學程正叔亦已立論矣。先生夙志於是，所以因惑而遂拜顔子也。先生在慈嘗改禪寺爲正學書院祠，文元公楊慈湖先生于其中。夫祠慈湖者，亦輯顔子意也。併敬識焉。

曾子誌

范邦甸等《天一閣書目·傳記類》《曾子誌》一卷。棉紙鈔本。不著撰人名氏。

晏子春秋

范邦甸等《天一閣書目·傳記類》《晏子春秋》二卷。刊本。卷首載劉向《進書表》，明吴懷保校梓。《四庫全書總目提要·傳記類一》《晏子春秋》八卷。編修勵守謙家藏本。

舊本題齊晏嬰撰。晁公武《讀書志》：嬰相景公，此書著其行事及諫諍之言。《崇文總目》謂後人採嬰行事爲之，非嬰所撰。然則是書所記，乃唐人魏徵《諫録》、李絳《論事集》之流。特失其編次者之姓名耳。題爲嬰者，依託也。其中如王士禎《池北偶談》所摘齊景公圉人一事，鄙倍荒唐，殆同戲劇。則妄人又有所竄入，非原本矣。劉向、班固俱列之儒家中。惟柳宗元以爲墨子之徒有齊人者爲之，其旨多尚兼愛，非厚葬久喪者。又往往言墨子聞其道而稱之。薛季宣《浪語集》又以爲孔叢子詰墨諸條今皆見《晏子》書中，則嬰之學實出於墨。蓋嬰雖略在墨翟前，而史角止魯，實在惠公之時，見《吕氏春秋·仲春記·當染篇》。故嬰能先宗其說也。其書自《史記·管晏列傳》已稱爲《晏子春秋》。故劉知幾《史通》稱晏子、虞卿、吕氏、陸賈，其書篇第本無年月，而亦謂之《春秋》。然《漢志》惟作《晏子》，《隋志》乃名《春秋》，蓋二名兼行也。《漢志》、《隋志》皆作八篇。至陳氏晁氏《書目》乃皆作十二卷。蓋篇帙已多有更改矣。此爲明李氏綿眇閣刻本。內篇分《諫上》、《諫下》、《問上》、《問下》、《雜上》、《雜下》六篇。《外篇》分上下二篇，與《漢志》八篇之數相合。若世所傳烏程閔氏刻本，以一事而《內篇》、《外篇》複見。所記大同小異者，悉移而夾註《內篇》下。殊爲變亂無緒。今故仍從此本著録，庶幾猶略近古焉。

案：《晏子》一書，由後人摭其軼事爲之。雖無傳記之名，實傳記之祖也。舊列「子部」，今移入於此。

顧廣圻《思適齋書跋》卷二　《晏子春秋》八卷。景元鈔本。甲戌九月校正付刊，澗蘋記。此本擬不示人，以樸然流傳於外，亦足見辦書之心苦矣，無不可也。乙亥閏月廿五日又記。以上書衣。

張金吾《愛日精廬藏書志·傳記類》《晏子春秋》八卷。元刊本。吴方山藏書周晏嬰撰。凡《內篇》六卷，《外篇》二卷，合八卷。卷首有吴岫印記。

劉向序。

吴氏手跋曰，顧英玉先生，南都清介丈夫也。以憲副罷官，而兄時爲大司寇，家旡長物。出宦日所得書，貨以給日，躬疊册門左，顔無怍色。予重其所爲，隨所質得二書。嗚呼！誦往哲之懿言，法時賢之景行，小子何幸於此，兼得二書。《晏子春秋》其一，《大唐六典》其一。蘇郡後學吴岫筆。

張之洞《書目答問・古史》 《晏子春秋》七卷。岱南閣本。經訓堂本。又吴鼒仿宋本。

潘祖蔭《滂喜齋藏書記・史部》 《元刻晏子春秋》八卷。一函四册。吴山尊刻本，出影元鈔，行款與此同，當是其祖本也。舊爲拜經樓藏書，盧抱經學士借以校勘，其異同載入《羣書拾補》。

附藏印

「款冬書屋」「馬叔静圖書記」。

魏鄭公諫録

范邦甸等《天一閣書目・傳記類》 《魏鄭公諫録》六卷。刊本。唐魏徵撰。明嘉靖丙午吴郡彭年跋後曰，按《資治通鑑》洎《唐書》列傳載鄭公諫疏十餘事，皆録中所無者。地官華補菴先生校刻此書，命予重校。敬録十條附簡末，另爲一卷，以補前人所遺云。

徐𤊹《徐氏家藏書目・人物傳》 《唐魏鄭公諫録》六卷。唐王方慶輯。彭年增刻。

《四庫全書總目提要・傳記類一》 《魏鄭公諫録》五卷。浙江鮑士恭家藏本。

唐王方慶撰。方慶名綝，以字行，其先自丹陽徙咸陽。武后時，官至鸞臺侍郎，同鳳閣鸞臺平章事。終於太子左庶子，封石泉縣公。謚曰貞。事蹟具《新唐書》本傳。此書前題尚書吏部郎中，蓋高宗時所居官。而本傳不載，則史文脱略也。傳稱方慶博學練朝章，著書二百餘篇，此乃所録魏徵事蹟。《唐書・藝文志》以爲《魏徵諫事》，司馬光《通鑑書目》以爲《魏元成故事》，標題互異。惟洪邁《容齋隨筆》作《魏鄭公諫録》，與此相合。方慶在武后時，嘗以言悟主，召還廬陵。後建言不斥太子名，以示復位之漸。皆人所難能。蓋亦思以伉直自見者。故於徵諫之語，摭録最詳。司馬光《通鑑》所記徵事，多以是書爲依據。其未經採録者，亦皆確實可信，足與正史相參證。元至順中，翟思忠又嘗作《續録》二卷，世罕流傳。明蘇州彭年採《通鑑》、《唐書》補爲一卷。今思忠所續録二卷已於《永樂大典》内裒輯成編。年書寥寥數條，殊爲贅設。今故删年所補，不復附綴此書之末焉。

張金吾《愛日精廬藏書志・傳記類》 《魏鄭公諫録》五卷。明正德刊本。唐王方慶撰。曾大有重刊序。正德二年。

是書字畫之疑，偏旁之誤，呼吸之譌，莫不讐正。至若闕文非史有所證，則姑存其舊，不敢增損，蓋春秋夏五郭公之意也。茂陵馬萬頃謹書。

李名闕跋曰，《魏鄭公諫録》五卷，《唐藝文志》以爲《魏徵諫事》，司馬文正《通鑑書目》以爲《魏元成故事》，蓋一書也。鄭公事太宗以諫争爲己任，前後二百餘奏，無不剴切當帝心。世徒聞其語，而見於史纔斑斑焉。至於問對乙辭，往往略去。問有登載，或文之太過。其君臣之間相與以誠，不事形跡，往復難詰，而詞語無所緣飾，則於是書乎見之，是爲有補世教，不可以不傳。陳叔進舍人得本以屬予客馬叔度校正，凡謬誤一百四十五字，刊於齋。淳熙己亥十月上澣吴興下闕。

杜啟重刊後序。正德二年。

翊運録

范邦甸等《天一閣書目・傳記類》 《翊運録》二卷。刊本。明誠意伯劉基誥、敕、奏、祭、記。《録》九世孫瑜刊。

徐𤊹《徐氏家藏書目・本朝史類》 《翊運録》二卷。劉基。

錢謙益等《絳云樓書目・傳記》 劉誠意《翊運録》。

《四庫全書總目提要・傳記類存目二》 《翊運録》二卷。江蘇周厚堉家藏本。

明劉廌編。廌，誠意伯基之孫也。是書成於永樂中。集其祖父所得御書、詔誥及行狀事實，以爲此録。取誥文中「開國翊運」之語爲名。同郡王景爲之存。成化中，巡按浙江御史戴用以版久漶漫，因增輯重梓，楊守陳爲之序。嘉靖初，從處州府知府潘潤之請，以基九世孫瑜襲爵。瑜因復增入襲封誥敕，及部議、題本、謝恩表之類，自爲《後序》。二卷之首，雜入基表頌五篇，頗爲不倫。以序文考之，即瑜所增入。蓋徒欲侈陳祖德，爲閥閲之光，而未知著述體例者也。

朱子實紀

范邦甸等《天一閣書目・傳記類》《朱子實紀》十二卷。刊本。闕首四卷。南京户科給事中戴翀峯先生編次，婺源汪愈序後。

黄虞稷《千頃堂書目・傳記類》 戴銑《朱子實紀》十二卷。

《明史・藝文志・傳記類》 戴銑《朱子實紀》十二卷。

《四庫全書總目提要・傳記類存目二》《朱子實紀》十二卷。江蘇巡撫採進本。明戴銑編。銑字寶之，婺源人。弘治丙辰進士。官至給事中。以疏彈太監高鳳，下詔獄。廷杖創甚而卒。事蹟具《明史》本傳。是書詳述朱子始末。首曰《道統源流》、《世系源流》，次《年譜》，次《行狀》、《本傳》，次《廟宅》，次《門人》，次《褒典》，次《讚述》，次《紀題》。其書本因《年譜》而作，其標曰《實紀》者，銑《自序》稱，謂之《年譜》則紹乎前、彰乎後者不足該。必曰《實紀》，然後并包而無遺。蓋《年譜》主於明朱子學問之序，出處之道。而銑是書則主於以推崇褒贈，誇耀世俗爲榮。其立意本各有取也。

傳尚書傳

范邦甸等《天一閣書目・傳記類》《傳尚書傳》一卷。刊本。明傳珪，清苑人。成化丁未，崔銑撰傳。李廷實刊。

楓山先生實紀

范邦甸等《天一閣書目・傳記類》《楓山先生實紀》二卷。刊本。先生少子接編次，唐龍序。

黄虞稷《千頃堂書目・傳記類》 徐袍《楓山實紀》。

商文毅公遺行集

范邦甸等《天一閣書目・傳記類》《商文毅公遺行集》。一册。刊本。不著撰人名氏。

錢謙益等《絳云樓書目・傳記》《商文毅公遺行録》。

黄虞稷《千頃堂書目・傳記類》《商文毅公遺行録》一卷。

夏忠靖公遺事

范邦甸等《天一閣書目・傳記類》《夏忠靖公遺事》一卷。明夏原吉撰。弘治辛酉，馬炳然序。

夏忠靖公遺事

范邦甸《天一閣書目・傳記類》《夏忠靖公遺事》又一册。刊本。不著撰人名氏。

岳集

范邦甸等《天一閣書目・傳記類》《岳集》。刊本。明徐階編并序云，階督學兩浙之三年，從黄山焦子請所輯武穆祠詩文而讀之，蓋自宋以下作者數百家得其正且純者，議論記叙二十七首，詞、樂府詩、古今體六十二篇，釐爲六類而次爲二卷，又取王本傳及其遺事以爲傳類。王前後所被制、詔、誥、劄，稍加删次，以爲制類。類各爲卷，並列議類之前。而王遺文別爲一卷，以附其後。題曰《岳集》云。

朱仙鎮岳廟集

范邦甸等《天一閣書目・傳記類》《朱仙鎮岳廟集》十二卷。刊本。明嘉靖大梁李濂輯并序云，朱仙鎮在汴城南四十五里。舊有鄂王廟。壁間留題甚多，余編輯之。首宋史列傳，次班師本末，次享祀，次論評，又次哀弔，終以昭雪。

關天帝紀

范邦甸等《天一閣書目・傳記類》《關天帝紀》四卷。刊本。明孫際可、李遵、黄嘉瑜、沈泰灝同輯爲一卷，陸世科、薛士珩、全大霖、張子蘭同輯爲二卷，周應龍、周昌晉、張秉元、陸寶同輯爲三卷，水佳允、張子序、史宗隆、水介同輯爲四卷。李遵序。

忠烈編

范邦甸等《天一閣書目・傳記類》《忠烈編》十卷。刊本。忠烈孫公死事本末。明孫堪編，嚴嵩序。

王圻《續文獻通考・經籍考・傳記》《忠烈編》。南海黄瑜著。

張萱等《内閣藏書目録・雜部》《忠烈編》。五册，全。正德閒孫公陞死於宸濠之難。諸名賢題贈諸篇也。

黄虞稷《千頃堂書目・傳記類》孫堪《忠烈編》九卷。

《四庫全書總目提要・傳記類存目二》《忠烈編》十卷。浙江范懋柱家天一閣藏本。

明孫堪、孫墀、孫陞同編。三人皆巡撫江西副都御史餘姚孫燧之子也。燧遇宸濠之變，抗節被戕。堪等彙其制誥、卷牘、碑狀、誌傳以及誄祭之文，編爲此集。曰忠烈者，嘉靖初所贈謚也。《序》爲嘉靖辛亥嚴嵩撰。其言不足爲燧榮。蓋其後人印行，偶失刊削耳。

孫忠烈公傳

范邦甸等《天一閣書目・傳記類》《孫忠烈公傳》一卷。刊本。明禮部侍郎崔銑撰。嘉靖蘭谿唐龍序，嚴序同。

晉平西將軍忠義集

范邦甸等《天一閣書目・傳記類》《晉平西將軍忠義集》一卷。刊本。明汝陽趙繼勳序云，周孝侯處隕命衛國，抵我朝已千餘年矣。古今揚以翰墨者殊衍。景泰壬申，好義者攟而集之曰忠義，且壽之梓。今又七十餘年，兹集已遺，併刻板亦遺。予搜之民間，得其一帙，特重梓之。

許忠節公録

范邦甸等《天一閣書目・傳記類》《許忠節公録》。刊本。明汪鋐序。

懷賢録

范邦甸等《天一閣書目・傳記類》《懷賢録》一卷。藍絲闌鈔本。明東崑倥侗生沈愚編集并序。是編載先賢劉龍洲先生事蹟，併元季諸公所作復墓詩文。兄沈魯有序。龍洲先生諱過，字改之。

黄虞稷《千頃堂書目・傳記類》沈愚《懷賢録》。爲劉改之墓作。愚字通理，崑山人。

陳恭愍公傳

范邦甸等《天一閣書目・傳記類》《陳恭愍公傳》。刊本。古歙王獻芝撰。附《陳選傳》，田汝成撰。

胡少司馬傳

范邦甸等《天一閣書目・傳記類》《胡少司馬傳》。刊本。子胡大順述。

章樸菴狀志銘傳

范邦甸等《天一閣書目・傳記類》《章樸菴狀志銘傳》。一册。公諱拯，字以道，蘭谿人。嘉靖子章霱録。

大傅呂文公葬録

范邦甸等《天一閣書目・傳記類》《大傅呂文安公葬録》一卷。刊本。明萬曆録梓。

余青旭先生忠節附録

范邦甸等《天一閣書目・傳記類》《余青陽先生忠節附録》二卷。刊本。明張毅集。弘治三年徐傑序。

忠勤録

范邦甸等《天一閣書目・傳記類》《忠勤録》五卷。刊本。明文徵明撰并識。云，參政張公於徵明初無雅故，然嘗蜀人道公平賊事，頗韙之。及是從其子淮得公所記日曆甚詳，因爲詮次如此。

旌功録

范邦甸等《天一閣書目・傳記類》《旌功録》五卷。刊本。明程敏政撰。

錢海石褒忠録

范邦甸等《天一閣書目・傳記類》《錢海石褒忠録》。不著撰人名氏。

雪夜墓歸記

范邦甸等《天一閣書目・傳記類》《雪夜墓歸記》二卷。刊本。明正德間杜遵事。同郡彭年序曰，懷親杜君，吴郡長洲人。名遵，字守之。少苦食貧，任力致養。年二十而父宗源、母張氏相繼没。營備棺斂，不欲以貧儉其親。祖墓位墓弗克葬，乃累積銖兩，買傍地數弓，手自穿窶，負土成墳。既窆而復土尚淺，甃殯弗繼，謀還舍取給。時日暮大雪，行至黄山下，雪益甚，去城之盤門猶二十里，蹊徑滅没，凍餒僵仆。忽簑笠二人調吴歌自山巓下，君聞聲哀叫，告以故。二人曰，吾亦欲入盤門，但隨吾後，當不誤。二人行甚疾，不獲更交一語，惟匍匐隨歌聲行。久之，望見一橋，歌聲遽絶，人亦莫知所之。時雞鳴辨色，乃身在盤之吴門橋圯上，而城闉啓鑰矣。二人意鬼神也。後以織縞起家，三子皆隸學官，幼弟達章孺而孤寄育，姊氏君迎歸，授室析貲。弟没，撫其子，尤有恩義。鄉之士大夫重君行，以懷親稱君，是野史所宜繫書焉者。爲作《雪夜墓歸記》。

范孝子傳

范邦甸等《天一閣書目・傳記類》《范孝子傳》。一帙。刊本。孝子名寅，字運吉，蒙化人。明嘉靖雲南學校馬平徐養正撰。

澄清集

范邦甸等《天一閣書目・傳記類》《澄清集》二卷。刊本。國朝兩浙紳士頌制府李公實聚事蹟。杜臻序。

希聖先生范公小傳

范邦甸等《天一閣書目・傳記類》《希聖先生范公小傳》。刊本。國朝嘉興紳士公撰。

袁柳庄傳

范邦甸等《天一閣書目・傳記類》《袁柳庄傳》一卷。藍絲闌鈔本。明天順二年里人黄潤玉撰。

徐蘇傳

范邦甸等《天一閣書目・傳記類》《徐蘇傳》一卷。刊本。明南昌李廷貴撰。

黄虞稷《千頃堂書目・傳記類》李廷貴《徐蘇傳》二卷。徐孺子、蘇雲卿。

宋氏傳芳録

范邦甸等《天一閣書目・傳記類》《宋氏傳芳録》八卷。刊本。明潘章校刊。王汶序云，右《宋氏傳芳録》，乃潛溪先生所被制、誥、敕、詩及公卿大夫贈送文辭，諸門人輯爲六卷。大父博士府君紳時游先生門，謹繕書一册以藏。今年春，四川提督學簽憲金華潘君栗夫走書索此録，將圖入梓。汶遂增輯先生没後行狀、墓誌、祭文諸作，并厥考厥子碑銘，爲第七、第八卷，遺之後世。欲知我高皇帝待先生之厚，與先生出處履歷及世系、生卒歲月之詳，於此考焉。

徐𤊹《徐氏家藏書目・族譜》《金華宋氏傳芳録》四卷。

黄虞稷《千頃堂書目・傳記類》鄭楷《宋氏傳芳録》五卷。

張氏世義録

范邦甸等《天一閣書目・傳記類》《張氏世義録》二卷。刊本。明杞人張廷恩世義事蹟并時人題贈詩文。分二帙。邊憲序。

曹彬言行録

朱睦㮮《萬卷堂書目・譜傳》《曹彬言行録》一卷。

宋忠簡公遺事

朱睦㮮《萬卷堂書目・譜傳》《宋忠簡公遺事》三十卷。宗澤。

岳武穆事跡

朱睦㮮《萬卷堂書目・譜傳》《岳武穆事跡》一卷。

魏國韓忠獻公德政碑

朱睦㮮《萬卷堂書目・譜傳》《魏國韓忠獻公德政碑》□卷。李遇春。

淮漢顔公行述

朱睦㮮《萬卷堂書目・譜傳》《淮漢顔公行述》一卷。顔熙海。

大理寺卿王公宇行狀

朱睦㮮《萬卷堂書目・譜傳》《大理寺卿王公宇行狀》一卷。馮維。

徐恭毅公行狀

朱睦㮮《萬卷堂書目・譜傳》《徐恭毅公行狀》二卷。徐莊。

史烈女行狀

朱睦㮮《萬卷堂書目・譜傳》《忠烈女行狀》一卷。邊彦駱。

趙烈女傳

朱睦㮮《萬卷堂書目・譜傳》《趙烈女傳》一卷。

項襄毅公録

朱睦㮮《萬卷堂書目・譜傳》《項襄毅公録》。項經。

論葬榮僖顧公

朱睦㮮《萬卷堂書目・譜傳》《諭葬榮僖顧公》二册。

薛文清行實

朱睦㮮《萬卷堂書目・譜傳》《薛文清行實》一册。

劉宣公言行録

朱睦㮮《萬卷堂書目・譜傳》《劉宣公言行録》一册。

誥封左參議李公行述

朱睦㮮《萬卷堂書目・譜傳》《誥封左參議李公行述》一册。

劉文成神道碑

朱睦㮮《萬卷堂書目·譜傳》《劉文成神道碑》一册。

明司馬喻公榮哀録略

朱睦㮮《萬卷堂書目·譜傳》《明司馬喻公榮哀録略》一册。

殷太師忠烈録

朱睦㮮《萬卷堂書目·譜傳》《殷太師忠烈録》四册。

王武侯傳

趙琦美《脈望館書目·傳記》《王武侯傳》。一本。

方正學先生傳

趙琦美《脈望館書目·傳記》《方正學先生傳》。一本。

張文成侯傳

趙琦美《脈望館書目·傳記》《張文成侯傳》。一本。

楊天游實記

趙琦美《脈望館書目·傳記》《楊天游實記》。一本。

楊忠愍公事跡

趙琦美《脈望館書目·傳記》《楊忠愍公事跡》。一本。

孔氏聖跡圖

趙琦美《脈望館書目·傳記》《孔氏聖跡圖》。一本。

劉炌行狀

趙琦美《脈望館書目·傳記》《劉炌行狀》。一本。

吴山人墓誌

趙琦美《脈望館書目·傳記》《吴山人墓誌》。一本。

許襄毅公經略

趙琦美《脈望館書目·傳記》《許襄毅公經略》。一本。

岑猛傳

趙琦美《脈望館書目・傳記》《岑猛傳》。一本。

納言徐公表誌銘

趙琦美《脈望館書目・傳記》《納言徐公表誌銘》。一本。

石洪傳

趙琦美《脈望館書目・傳記》《石洪傳》。一本。

許敬菴葬録

趙琦美《脈望館書目・傳記》《許敬菴葬録》。一本。又一本。

范運吉傳

趙琦美《脈望館書目・傳記》《范運吉傳》。一本。

朱子行狀

梅鷟《南廱志經籍考》《朱子行狀》二卷。脱壞者各十二面，存者四十三面。朱子門人黃幹撰。元至正間，江浙行省參知政事趙郡蘇伯修刊行。題其首言幹定爲草藳以諗同志反覆詰難，一言之喜亦必從，一義未妥亦不苟從，明白而不晦昧，平正而不艱澀，其於著世變明世教事君之大義，言論之梗概，靡不備書而詳記之，可謂纖悉備具矣。

季札傳

祁承㸁《澹生堂藏書目・記傳》《季札傳》。一卷。陸深輯。

删定蘇文忠公史

祁承㸁《澹生堂藏書目・記傳》《删定蘇文忠公史傳》一卷。陸深輯。

張乖崖言行録

祁承㸁《澹生堂藏書目・記傳》《張乖崖言行録》一卷。

邵康節先生餘録

祁承㸁《澹生堂藏書目・記傳》《邵康節先生餘録》一卷。

張横渠言行拾遺

祁承㸁《澹生堂藏書目・記傳》《張横渠言行拾遺》一卷。《本集》本。

舒文靖公言行考

祁承爜《澹生堂藏書目·記傳》《舒文靖公言行考》二册。二卷。

汪文定公行實

祁承爜《澹生堂藏書目·記傳》《汪文定公行實》一卷。樓鑰。《本集》本。

蘇雲卿逸事

祁承爜《澹生堂藏書目·記傳》《蘇雲卿逸事》一卷。即《南洲高士雜記》，《餘苑》本。

滄洲翁傳

祁承爜《澹生堂藏書目·記傳》《滄洲翁傳》一卷。

許忠節公傳

祁承爜《澹生堂藏書目·國朝史》《許忠節公傳》一卷。杜柟。

劉文成公行實

祁承爜《澹生堂藏書目·國朝史》《劉文成公行實》一卷。

楊文貞公傳録

祁承爜《澹生堂藏書目·國朝史》《楊文貞公傳録》一卷。楊士奇。

陳白沙先生遺事

祁承爜《澹生堂藏書目·國朝史》《陳白沙先生遺事》一卷。

趙莊靖公三朝實録

祁承爜《澹生堂藏書目·國朝史》《趙莊靖公三朝實録》。一册。一卷。

趙莊靖公祥節

祁承爜《澹生堂藏書目·國朝史》《趙莊靖公祥節》。一册。一卷。趙璜。

湛甘泉先生行實

祁承爜《澹生堂藏書目·國朝史》《湛甘泉先生行實》一卷。

李文達公行實

祁承爜《澹生堂藏書目·國朝史》《李文達公行實》一卷。程敏政。

朱中丞遺事

祁承㸁《澹生堂藏書目·國朝史》《朱中丞遺事》一卷。朱篁。

羅司馬史採疏鈔實録

祁承㸁《澹生堂藏書目·國朝史》《羅司成史採疏鈔實録》。一册。一卷。羅璟。

徐貞學先生行述

祁承㸁《澹生堂藏書目·國朝史》《徐貞學先生行述》。一册。一卷。

耿清惠公逸事

祁承㸁《澹生堂藏書目·國朝史》《耿清惠公逸事》一卷。

林貞肅公行實

祁承㸁《澹生堂藏書目·國朝史》《林貞肅公行實》一卷。

羅整菴履歷記

祁承㸁《澹生堂藏書目·國朝史》《羅整菴履歷記》一卷。

王元美行實

祁承㸁《澹生堂藏書目·國朝史》《王元美行實》一卷。陳繼儒。

殷尚書行實

祁承㸁《澹生堂藏書目·國朝史》《殷尚書行實》一卷。

兩峰先生行實

祁承㸁《澹生堂藏書目·國朝史》《兩峰先生行實》一卷。

東甌項先生實紀

祁承㸁《澹生堂藏書目·國朝史》《東甌項先生實紀》。項喬。

熊芝山三朝寵命録

祁承㸁《澹生堂藏書目·國朝史》《熊芝山三朝寵命録》一卷。

王三原純忠紀略

祁承㸁《澹生堂藏書目·國朝史》《王三原純忠紀略》一卷。林俊述。《徵信叢録》本。

懷魯周公墓録

祁承㸁《澹生堂藏書目·國朝史》《懷魯周公墓録》一册。一卷。

魯文恪公神道碑

祁承㸁《澹生堂藏書目·國朝史》《魯文恪公神道碑》。一册。

王圻《續文獻通考·經籍考·傳記》《武侯通傳》三卷。德安劉羽著。

黄虞稷《千頃堂書目·傳記類·補元》戴羽《武侯通傳》三卷。德安人，隱居不仕。

倪燦等《補遼金元藝文志·傳記類》戴羽《武侯通傳》三卷。德安人。

錢大昕《補元史藝文志·傳記類》戴羽《武侯通傳》三卷。德安人。

東和善政録

王圻《續文獻通考·經籍考·傳記》《東和善政録》。真寶著。寶，字朝用，蒙古人，爲政和達魯花赤。凡閩中諸郡疑獄難決者，行省必以屬於真寶，經其訊讞無弗允者。政和之民相與集録其政蹟爲書。

錢大昕《補元史藝文志·傳記類》《真定東和善政録》，字朝用，蒙古人，政和縣達魯花赤縣，人紀其事。

真陽共理集

王圻《續文獻通考·經籍考·傳記》《真陽共理集》二卷。黄邦俊著。邦俊，永福人。延祐中進士，知英州。此書載其郡事，與同僚倡和詩。

續東萊大事記

王圻《續文獻通考·經籍考·傳記》《續東萊大事記》七十九卷。王華川著。

孔聖通考

徐𤊹《徐氏家藏書目·人物類》《孔聖通考》四卷。

孔聖全書

徐𤊹《徐氏家藏書目·人物類》《孔聖全書》十四卷。

孔子世家

徐𤊹《徐氏家藏書目·人物類》《孔子世家》七卷。馮炡。

米襄陽志林

徐𤊹《徐氏家藏書目·人物傳》《米襄陽志林》十三卷。范長康。

錢謙益等《絳雲樓書目·史傳記類》《米襄陽志林》。

黄虞稷《千頃堂書目·傳記類》范明泰《米襄陽志林》十三卷。

《四庫全書總目提要·傳記類存目二》《米芾志林》十六卷。江西巡撫採進本。

亦題明范明泰撰。與襄陽外紀竝同，惟後附刻《襄陽遺集》一卷，爲明泰所輯。蓋未見《寶晉英光集》，故有是刻。又《海岳名言》、《寶章待訪録》、《研史》各一卷，則皆芾之遺書。然《書史》、《畫史》竟不編入，亦殊疏漏矣。

王文正公遺事

徐𤊹《徐氏家藏書目·人物傳》 《王文正公遺事》一卷。宋王旦。

《四庫全書總目提要·傳記類存目一》 《王文正公遺事》一卷。浙江巡撫採進本。

宋王素撰。素字仲儀，旦之幼子也。舉進士。官屯田員外郎，歷工部尚書。謚曰懿。事蹟具《宋史》本傳。是編所述旦事，雖子孫揚詡之詞，然大概與史傳相出入，旦本賢相故也。惟記真宗東封西祀之後，令近臣編録符瑞。旦言：兩爲大祀使，所奏符瑞，一一非臣目覩。令堂吏取司天監邢中和狀，稱有此瑞。乞令編修官實録臣奏，不可漏落一事云云。於事理殊爲不近。蓋旦於符瑞齋醮不能匡正，論者有遺議焉。故素以此陰解之，非實録也。晁公武《讀書志》作四卷，註稱凡五百條。此本僅一卷，蓋非完書。然陳振孫《書録解題》已稱一卷，即南宋末已行此節本矣。

邵康節外紀

徐𤊹《徐氏家藏書目·人物傳》 《邵康節外紀》四卷。陳繼儒。

黄虞稷《千頃堂書目·傳記類》 陳繼儒《邵康節外紀》四卷。

《四庫全書總目提要·傳記類存目二》 《邵康節外紀》四卷。兩江總督採進本。

明陳繼儒編。繼儒字仲醇，號眉公，華亭人。事蹟具《明史·隱逸傳》。是編取邵伯温聞見録所載邵子事蹟，略爲詮次始末。竝其自稱「伯温」，及稱「康節先公」諸字，亦未刊削，殆不免葛龔作奏之誚。又附載伯温《易學辨惑》與查顏散《先天方圓圖説》，余孟宣《經世要旨》，及家傳《心易數序》三篇，而終以邵子及伯温《本傳》。繼儒號爲隱君，其作此書，殆以自寓。然伯温之録具在，何必復述其文也。

倪雲林遺事

徐𤊹《徐氏家藏書目·人物傳》 《倪雲林遺事》一卷。吴顧元慶。

毛晉《汲古閣書跋》 《倪雲林遺事》語云，米顛之後，復有倪迂，即殘牋斷素，珍之不啻吉光片羽，至其詩文輒存而不論，何貴目而賤心也。然詩文特語言文字耳，若元章葬其親，不封不樹；元鎮欲母病速起，及奉養無嗣師，終其身一種不可緇磷之孳性，真堪敦薄。凡後世遊戲翰墨，自詫爲非顛即迂者，寧但逕庭耶。昔年從天竺僧寮見《雲林遺事》，如載飲食一條，似乎贊歎殺法。又載混厠諸事，俚陋之甚。今悉刪去。偶從《輟耕》諸書採拾種種，末附題畫詩百餘篇，展卷一過，覺雲山竹樹恍然座右，亦貧士几上一古玩也。

錢謙益等《絳雲樓書目·史傳記類》 顧元慶編《雲林遺事》。

黄虞稷《千頃堂書目·傳記類》 顧元慶《雲林遺事》一卷。

《四庫全書總目提要·傳記類存目二》 《雲林遺事》一卷。浙江巡撫採進本。

明顧元慶撰。元慶字大有，號大石山人，長洲人。都穆之門人也。此書皆紀倪瓚事蹟。分《高逸》、《詩畫》、《潔癖》、《游寓》、《飲食》五門。崇禎間，常熟毛晉別有刻本。云從天竺僧寮見之，不著作者名氏。較此本所載稍繁。而此本後附贈詩及誌銘二首，則毛本無之。江寧李蘅嘗刻其本於所輯《璅探》中，題云顧元慶撰。雖未知所據，然考元慶所著，尚有《瘞鶴銘考》、《夷白齋詩話》，蓋亦雅士。《蘇州府志》載其兄弟皆纖嗇治産，惟元慶以圖書自娛。王穉登往訪之，年七十五，猶酬對不倦。是其志趣與瓚相近。或輯此編以明所尚，亦事理所有矣。

蘇東城遺言

徐𤊹《徐氏家藏書目·人物傳》 《蘇樂城遺言》一卷。宋蘇籀。

陳白沙言行録附録

徐𤊹《徐氏家藏書目・人物傳》《陳白沙言行録》十卷,《附録》二卷。

商素菴遺行集

徐𤊹《徐氏家藏書目・人物傳》《商素菴遺行集》一卷。

徐天全遺事

徐𤊹《徐氏家藏書目・人物傳》《徐天全遺事》一卷。徐子陽。

錢謙益等《絳雲樓書目・史傳記類》《天全先生遺事》一卷。

錢謙益等《絳雲樓書目・傳記》《天全先生遺事》。見史傳記類。

黄虞稷《千頃堂書目・傳記類》祝允明《天全先生遺事》一卷。

張幼子自敘

徐𤊹《徐氏家藏書目・人物傳》《張幼子自叙》一卷。

東坡遺蹟

徐𤊹《徐氏家藏書目・人物傳》《東坡遺蹟》一卷。張大齡。

魏莊毅記略

徐𤊹《徐氏家藏書目・人物傳》《魏莊毅記略》一卷。撰之。

宋陳忠肅公言行録

張萱等《内閣藏書目録・傳記部》《宋陳忠肅公言行録》。三册,全。宋高宗朝陳瓘年譜、行實及諸著作。

錢謙益等《絳雲樓書目・史傳記類》《陳忠肅公瓘言行録》。

黄虞稷《千頃堂書目・傳記類》《陳忠肅公信行録》八卷。陳瓘。

趙時齋集

張萱等《内閣藏書目録・傳記部》《趙時齋集》。二册,全。宋神宗朝趙綸年譜及其墓志、家傳、輓詩。

王清獻神道碑

張萱等《内閣藏書目録・傳記部》《王清獻神道碑》。一册,全。清獻,元行省參知王都中也。碑文歐陽玄撰。

黄虞稷《千頃堂書目・傳記類・補元》歐陽玄《王清獻公神道碑》一卷。王都中。

倪燦等《補遼金元藝文志・傳記類》歐陽玄《王清獻公神道碑》一卷。王都中。

劉忠宣公言行録

張萱等《内閣藏書目録・傳記部》《劉忠宣公言行録》。一册，全。公名大夏。正德間兵部尚書。

黄虞稷《千頃堂書目・傳記類》《劉忠宣言行録》一卷。

康太史述

張萱等《内閣藏書目録・傳記部》《康太史述》。一册。太史名海。正德間及第。

御史周宣奏疏傳志

張萱等《内閣藏書目録・傳記部》《御史周宣奏疏傳志》。一册。宣，清江人。武宗皇帝南巡時建言者。

大中丞肅庵王公傳

張萱等《内閣藏書目録・傳記部》《大中丞肅庵王公傳》。一册，全。中丞名儀。正德間嘗爲都御史。其《傳》左都御史葛守禮撰。

黄虞稷《千頃堂書目・傳記類》葛守禮《大中丞肅庵王公傳》一卷。

少保陶恭介公垂休録

張萱等《内閣藏書目録・傳記部》《少保陶恭介公垂休録》。一册。公名琰。嘉靖間南大司馬。兹録皆其志狀也。

黄虞稷《千頃堂書目・傳記類》《少保陶恭介公垂休録》一卷。

賜謚簡肅孫公録

張萱等《内閣藏書目録・傳記部》《賜謚簡肅孫公録》。一册。公名植。嘉靖間刑部尚書。

刑部侍郎鄭大同遺稿

張萱等《内閣藏書目録・傳記部》《刑部侍郎鄭大同遺稿》。大同，嘉靖間人。南大司馬林雲同爲之傳。

鄭司馬公傳

張萱等《内閣藏書目録・傳記部》《鄭司馬公傳》。一册。公名岳。陳經邦爲之傳鈔本。

黄虞稷《千頃堂書目・傳記類》陳經邦《鄭司馬公傳》一卷。

朱彦修傳

張萱等《内閣藏書目録・傳記部》《朱彦修傳》。一册，全。鈔本。彦修名震，名醫也。

黄虞稷《千頃堂書目・傳記類》《朱彦修傳》一卷。

黄虞稷《千頃堂書目・傳記類・補元》《朱彦修傳》。

倪燦等《補遼金元藝文志・傳記類》《朱彦脩傳》一卷。失名。

宋忠肅公言行録

張萱等《内閣藏書目録・雜部》《宋忠肅公言行録》。三册，全。宋陳瓘言行也。其孫載輿編輯。

薛文清公行實録

張萱等《内閣藏書目録・雜部》《薛文清公行實録》。大學士薛公瑄。孫堉王鴻編。

黄虞稷《千頃堂書目・傳記類》《薛文清公行實録》五卷。河津王鴻編。

《四庫全書總目提要・傳記類存目二》《薛文清行實録》五卷。江蘇巡撫採進本。明王鴻撰。鴻，河津人。官石灰山關税大使。薛瑄之曾孫堉也。是編第一卷爲瑄像贊、行狀、神道碑、事實。二卷爲《請從祀疏》七篇。三卷爲祠堂、書院諸記六篇，祭文三篇。四卷爲《讀書録》、《文集》諸序四篇，詩五首。第五卷則雜録柱聯之類，而附以《薛氏歷世科貢傳芳圖》。前有喬宇《序》，作於正德辛未。而奏疏有隆慶五年，祭文有萬曆二十六年，所記科貢有崇禎壬午、癸未。則瑄後人以次續入，非鴻之舊也。

范公言行拾遺

張萱等《内閣藏書目録・雜部》《范公言行拾遺》。一册，全。未詳著人姓氏。雜載宋范文正公遺事。

雙江先生言行録

張萱等《内閣藏書目録・雜部》《雙江先生言行録》。一册。嘉靖間雲南右轄戴德孺著。

龍泉集

張萱等《内閣藏書目録・雜部》《龍泉集》。一册。宋朝文定公安國出處事蹟。

辜君政蹟

張萱等《内閣藏書目録・雜部》《辜君政蹟》。一册，全。元永豐令辜中政蹟。

錢大昕《補元史藝文志・傳記類》《永豐尹辜君政績》一卷。名中。

忠臣胡侍郎履歷

張萱等《内閣藏書目録・雜部》《忠臣胡侍郎履歷》。一册。鈔本。侍郎諱子昭，嘉定州人靖難死事。

郭襄靖公行蹟紀

張萱等《内閣藏書目録・雜部》《郭襄靖公行蹟紀》。三册，全。萬曆間都御史郭應聘行實。

黄虞稷《千頃堂書目・傳記類》《郭襄靖公行蹟記》。三册。

王臨川言行録

錢謙益等《絳雲樓書目・史傳記類》《王臨川言行録》。

宋丞相傳

錢謙益等《絳雲樓書目・史傳記類》 趙順孫《宋丞相傳》。

唐李衛公通纂

錢謙益等《絳雲樓書目・史傳記類》 《唐李衛公通纂》。

黃虞稷《千頃堂書目・傳記類》 王承裕《李衛公通纂》四卷。一作二卷。

《四庫全書總目提要・傳記類存目二》 《李衛公通纂》四卷。直隸總督採進本。明王承裕撰。承裕字天宇，三原人。吏部尚書恕之子。弘治癸丑進士。官至南京户部尚書。謚康僖。事蹟附見《明史》恕傳。承裕與唐李靖爲同里，故既爲建祠，又纂其遺事爲此書。《明史・藝文志》著録，作四卷。此本凡《史牒纂》一卷、《遺作纂》一卷、《文集纂》一卷、《存蹟纂》一卷，與《明志》合。所載皆習見之文。至《李衛公問對》一書，出自阮逸僞託，而一概列入。絶無辨證，可知其考訂之疏矣。

狄武襄公功行録

錢謙益等《絳云樓書目・史傳記類》 《狄武襄公青功行録》。

黃虞稷《千頃堂書目・傳記類》 《狄武襄公功行録》三卷。

海岳遺事

錢謙益等《絳雲樓書目・史傳記類》 《海岳遺事》一卷。

黃虞稷《千頃堂書目・傳記類・補元》 陸友仁《米海岳遺事》一卷。

倪燦等《補遼金元藝文志・傳記類》 陸友仁《米海岳遺事》一卷。

錢大昕《補元史藝文志・傳記類》 陸友《米海岳遺事》一卷。

蹈海録

錢謙益等《絳雲樓書目・史傳記類》 《陸丞相蹈海録》。一册。

黃虞稷《千頃堂書目・傳記類》 丁元吉《陸右丞蹈海録》一卷。京口人。

王士禛《漁洋書跋》 《蹈海録》。陸右丞《蹈海録》一卷。京口丁元吉撰。首《宋史・陸秀夫列傳》，次《熊開傳》，次《輓詩》，有龔《序》。五言，方回：「曾微一壤土，魚腹葬君臣。」龍仁夫：「無地參黃鉞，終天慘玉衣。」仇遠：「甘抱白日没，不知滄海深。」方鳳：「鰲背舟中國，龍胡水底天。」七言，湯炳龍：「人心自感興元詔，天意難同建武時。」盛彪：「平地已無行在所，丹心猶數中興年。」數聯最警策。末載吴萊《桑海遺録序》、右丞遺文《丹陽館記》一首。

《四庫全書總目提要・傳記類存目二》 《陸右丞蹈海録》一卷。浙江鮑士恭家藏本。明丁元吉編。元吉，鎮江人。是書成於成化中，記宋陸秀夫海上死難事蹟。採《宋史》本傳及龔開所作《傳》，黄溍所作《年譜》，益以諸家題咏，彙爲一編。竝載秀夫遺文二首。末附《桑海遺録序》、《大忠祠碑》及祭文一首。

伊嵩子傳

錢謙益等《絳雲樓書目・譜牒類》 《伊嵩子傳》。

黃虞稷《千頃堂書目・傳記類》 嚴本《伊嵩子傳》。

康長公世行叙述

錢謙益等《絳雲樓書目・譜牒類》 《康長公世行叙述》。

黃虞稷《千頃堂書目・傳記類》 《康長公世行叙述》。

滁陽王廟碑記

錢謙益等《絳雲樓書目・本朝國紀》《滁陽王廟碑記》。張羽。

建文皇帝事跡

錢謙益等《絳雲樓書目・本朝國紀》《建文皇帝事跡》一卷。

英風紀異

錢謙益等《絳雲樓書目・傳記》《胡閏英風紀異》。

黄虞稷《千頃堂書目・傳記類》《英風紀異録》。記鄱陽胡閔事。

羅璟事略

錢謙益等《絳云樓書目・傳記》《羅璟事略》。

黄虞稷《千頃堂書目・傳記類》《羅璟事略》。

韓襄毅公傳志

錢謙益等《絳雲樓書目・傳記》《韓襄毅公傳志》。

黄虞稷《千頃堂書目・傳記類》《韓襄毅公傳志兵部覆奏襄毅功續》。

葉文莊行實

錢謙益等《絳雲樓書目・傳記》《葉文莊行實》。

黄虞稷《千頃堂書目・傳記類》尹旻《葉文莊公行實類編》一卷。

徐侍郎恪行實

錢謙益等《絳雲樓書目・傳記》《徐侍郎恪行實》。

黄虞稷《千頃堂書目・傳記類》《徐侍郎恪行實》。

許忠節公實記

錢謙益等《絳雲樓書目・傳記》《許忠節公逵實記》。

留丹録

錢謙益等《絳雲樓書目・傳記》《沈梅岡留丹録》。名鍊，字純甫，浙江人。嘉靖戊戌進士。

黄虞稷《千頃堂書目・傳記類》《沈給諫留丹録》一卷。沈束。

沈青霞事記

錢謙益等《絳云樓書目・傳記》《沈青霞鍊事記》。

少保胡公行實

錢謙益等《絳雲樓書目・傳記》《少保胡公行實》。宗憲字汝欽，嘉靖戊戌進士。

大司寇俞公行實

錢謙益等《絳雲樓書目・傳記》《大司寇俞公行實》。士悦，長洲人。永樂乙未進士。

黄虞稷《千頃堂書目・傳記類》《大司寇俞公行實》。

張文定公實録

錢謙益等《絳雲樓書目・傳記》《張文定公實録》。

黄虞稷《千頃堂書目・傳記類》《張文定公實録》。

南城徐府君行實

錢謙益《絳雲樓題跋》《南城徐府君行實》。昔北齊劉獻子有言，百行殊塗，准之四科，德行爲首。若能入孝出弟，忠信仁讓，不待出户，天下自知。儻不能，雖復博聞强識，不過爲土龍乞雨，眩惑將來，于立身之道何益乎！南城徐銓部仲芳。叙次其尊府君行實。少服牛行賈，以紓其親。長束修鏃礪，以立其身。晚教忠訓廉，以成其子。今之士大夫，牆高基下，蠟言梔貌，爲土龍致雨者，視府君何如也。府君有勇知兵，馬上舞雙刀如輪，昏黑中能挾彈取物。其平居俯躬傴衣，齗齗如也。甲申後，舊京改元。歲時家祭，稱崇禎年如故。嗟乎！稱弘光猶不忍，況忍改王氏臘耶。記曰，戰陣無勇，非孝也。傳曰，死而無義，不登于明堂。府君之爲，勇與義兼之。節以一惠，宜謚之曰孝子。謹書其後，以信獻子之説。《有學集》卷四十九。

中山武甯王碑文

黄虞稷《千頃堂書目・傳記類》太祖御製《中山武甯王碑文》一卷。

黔寧行實

黄虞稷《千頃堂書目・傳記類》《黔寧行實》。（盧補）

青文勝遺愛録

黄虞稷《千頃堂書目・傳記類》《青文勝遺愛録》二卷。五世孫青時中輯。

尚書嚴公流芳録

黄虞稷《千頃堂書目・傳記類》《尚書嚴公流芳録》六卷。嚴震直曾孫思南推官績編。（盧補）

寧陽王行狀

黄虞稷《千頃堂書目・傳記類》《寧陽王行狀》。（盧補）

解春雨事略

黄虞稷《千頃堂書目·傳記類》《解春雨事略》一卷。

胡文穆公兩朝寵澤録

黄虞稷《千頃堂書目·傳記類》《胡文穆公兩朝寵澤録》一卷。

楊文貞公事實

黄虞稷《千頃堂書目·傳記類》《楊文貞公事實》一卷。

夏文靖公遺事

黄虞稷《千頃堂書目·傳記類》《夏文靖公遺事》一卷。孫尚寶承瑄輯。

楊文敏公遺録

黄虞稷《千頃堂書目·傳記類》楊可學《楊文敏公遺録》一卷。

楊文敏公事實

黄虞稷《千頃堂書目·傳記類》《楊文敏公事實》一卷。

（周文襄公）事實

黄虞稷《千頃堂書目·傳記類》又《事實》一卷。公長子仁俊編。

（周文襄公）思善録

黄虞稷《千頃堂書目·傳記類》又《思善録》一卷。

（周文襄公）遺愛録

黄虞稷《千頃堂書目·傳記類》又《遺愛録》一卷。俱記文襄公事。

李祭酒傳

黄虞稷《千頃堂書目·傳記類》《李祭酒傳》一卷。

袁廷玉傳

黄虞稷《千頃堂書目·傳記類》《袁廷玉傳》一卷。載良傳撰。

袁柳莊行實

黄虞稷《千頃堂書目·傳記類》《袁柳莊行實》二卷。

袁柳莊類編

黄虞稷《千頃堂書目·傳記類》《袁柳莊類編》一卷。

魏尚書紀年録

黄虞稷《千頃堂書目·傳記類》《魏尚書紀年録》一卷。

（魏尚書）遺事録

黄虞稷《千頃堂書目·傳記類》又《遺事録》一卷。

顧都憲公行録

黄虞稷《千頃堂書目·傳記類》顧曾魯《顧都憲公行録》一卷。

薛文清公事行録

黄虞稷《千頃堂書目·傳記類》梁格《薛文清公事行録》四卷。

薛先生行狀碑誌

黄虞稷《千頃堂書目·傳記類》《薛先生行狀碑誌》一卷。

劉忠愍公事蹟

黄虞稷《千頃堂書目·傳記類》《劉忠愍公事蹟》一卷。

于少保旌功録

黄虞稷《千頃堂書目·傳記類》于冕《于少保旌功録》五卷。

都御史羅公傳

黄虞稷《千頃堂書目·傳記類》《都御史羅公傳》一卷。羅通。

兵部覆奏輯襄毅公次

黄虞稷《千頃堂書目·傳記類》《兵部覆奏輯襄毅功次》。（盧補）

嗚湮録

黄虞稷《千頃堂書目·傳記類》《嗚湮録》一卷。記陳循事。

（項襄毅公）實紀　實紀補遺

黄虞稷《千頃堂書目·傳記類》《實紀》四卷，又《實紀補遺》四卷。

楊公清政録

黄虞稷《千頃堂書目·傳記類》 吴遇賢《楊公清政録》二卷。楊繼宗事實。

康懿陳公録

黄虞稷《千頃堂書目·傳記類》 汪來嘉《康懿陳公録》一卷。

大司寇徐公行狀

黄虞稷《千頃堂書目·傳記類》 周經《大司寇徐公行狀》一卷。

大理寺卿王宇行狀

黄虞稷《千頃堂書目·傳記類》 馬維《大理寺卿王宇行狀》一卷。

東海遺愛録

黄虞稷《千頃堂書目·傳記類》《東海遺愛録》。南安知府張弼。

陳子言行録

黄虞稷《千頃堂書目·傳記類》 何維柏《陳子言行録》。

醫閭言行録

黄虞稷《千頃堂書目·傳記類》 賀欽《醫閭言行録》八卷。

大司馬三原王公傳

黄虞稷《千頃堂書目·傳記類》 王倎《大司馬三原王公傳》一卷。

石渠老人履歷

黄虞稷《千頃堂書目·傳記類》《石渠老人履歷》。（盧補）

太師端毅公遺事　遺事外集

黄虞稷《千頃堂書目·傳記類》 王承裕《太師端毅公遺事》一卷，又《遺事外集》一卷。

太師馬端肅公傳并年譜

黄虞稷《千頃堂書目·傳記類》《太師馬端肅公傳并年譜》六卷。王鴻儒。

馬端肅公行狀

黄虞稷《千頃堂書目·傳記類》 賈詠《馬端肅公行狀》一卷。

劉忠宣實録
黄虞稷《千頃堂書目·傳記類》又《實録》二卷。

尚書黄公傳
黄虞稷《千頃堂書目·傳記類》李夢陽《尚書黄公傳》二卷。

許襄毅公傳
黄虞稷《千頃堂書目·傳記類》王俱《許襄毅公傳》一卷。

許襄毅公二傳異同
黄虞稷《千頃堂書目·傳記類》何瑭《許襄毅公二傳異同》一卷。

吴文定公考德録
黄虞稷《千頃堂書目·傳記類》吴奭《吴文定公考德録》二卷。

奉金鄢陵劉公傳
黄虞稷《千頃堂書目·傳記類》《奉金鄢陵劉公傳》一卷。

費文憲公遺德録
黄虞稷《千頃堂書目·傳記類》《費文憲公遺德録》十八卷。

太保劉文肅公遺録
黄虞稷《千頃堂書目·傳記類》劉存思《太保劉文肅公遺録》一卷。劉忠。

楊文忠公行狀
黄虞稷《千頃堂書目·傳記類》《楊文忠公行狀》一卷。楊廷和。

(陽明先生)遺事
黄虞稷《千頃堂書目·傳記類》又《遺事》一卷。

崔文敏公考終録
黄虞稷《千頃堂書目·傳記類》崔汲《崔文敏公考終録》一卷。

涇野行實録
黄虞稷《千頃堂書目·傳記類》《涇野行實録》二册。

舒梓溪傳

黄虞稷《千頃堂書目・傳記類》《舒梓溪傳》一卷。

馬百愚傳

黄虞稷《千頃堂書目・傳記類》馬理《馬百愚傳》一卷。

魏恭簡公奕世增光録

黄虞稷《千頃堂書目・傳記類》《魏恭簡公奕世增光録》八卷。

遲庵府君言行録

黄虞稷《千頃堂書目・傳記類》王樵又《遲庵府君言行録》。

翁襄敏紀略

黄虞稷《千頃堂書目・傳記類》《翁襄敏紀略》六卷。

方簡肅公遺行録

黄虞稷《千頃堂書目・傳記類》《方簡肅公遺行録》三卷。方良永。

沈青霞戍死始末

黄虞稷《千頃堂書目・傳記類》程正誼《沈青霞戍死始末》一卷。

王京兆遺愛録

黄虞稷《千頃堂書目・傳記類》《王京兆遺愛録》。黄巖王爌。

省吾林公威惠録

黄虞稷《千頃堂書目・傳記類》《省吾林公威惠録》二卷。林富。

胡少保行實

黄虞稷《千頃堂書目・傳記類》《胡少保行實》一卷。

戚少保實紀

黄虞稷《千頃堂書目・傳記類》又《戚少保實紀》一卷。

都督知同虞江俞公功行紀

黄虞稷《千頃堂書目・傳記類》李杜《都督知同虞江俞公功行紀》一卷。

海忠介公傳

黄虞稷《千頃堂書目·傳記類》《海忠介公傳》二卷。

尊賢録

黄虞稷《千頃堂書目·傳記類》《尊賢録》一卷。記羅汝芳事。

褒功録

黄虞稷《千頃堂書目·傳記類》《褒功録》一卷。記詹榮事。

榮壽録

黄虞稷《千頃堂書目·傳記類》《榮壽録》六卷。萬曆十年，少師徐階八十。朝廷賜以織金文幣，公卿賀贈之作。

太子太保張公葬録

黄虞稷《千頃堂書目·傳記類》《太子太保張公葬録》六册。張孟男。

管東冥壙記

黄虞稷《千頃堂書目·傳記類》管貞《管東冥壙記》一卷。

范方伯實録

黄虞稷《千頃堂書目·傳記類》《范方伯實録》一卷。范淶。

趙瀫陽行狀神道碑

黄虞稷《千頃堂書目·傳記類》《趙瀫陽行狀神道碑》一册。志皐。

葉文忠公行狀

黄虞稷《千頃堂書目·傳記類》何喬遠《葉文忠公行狀》二卷。

焦太史葬録

黄虞稷《千頃堂書目·傳記類》《焦太史葬録》一册。

許襄毅公異政録

黄虞稷《千頃堂書目·傳記類》《許襄毅公異政録》一册。

姜郡守温陵實政録

黄虞稷《千頃堂書目·傳記類》《姜郡守温陵實政録》一册。姜志禮。

昭燉録

黄虞稷《千頃堂書目·傳記類》《昭燉録》二卷。記余懋學事。

汪青湖先生事實

黄虞稷《千頃堂書目·傳記類》《汪青湖先生事實》一卷。不著撰人。

端峰遺範録

黄虞稷《千頃堂書目·傳記類》《端峰遺範録》。仁和邵鋭男存省集。

吴少君遺事

黄虞稷《千頃堂書目·傳記類》姚士粦《吴少君遺事》一卷。

續癯癯老人傳

黄虞稷《千頃堂書目·傳記類》李玥《續癯癯老人傳》。字朝元，縉雲人。

中山子自述

黄虞稷《千頃堂書目·傳記類》毛仲《中山子自述》。

郭濬譜傳略

黄虞稷《千頃堂書目·傳記類》《郭濬譜傳略》一卷。海寧人。

顔子列傳

黄虞稷《千頃堂書目·傳記類》林士元《顔子列傳》。

諸葛武侯全書

黄虞稷《千頃堂書目·傳記類》楊時偉《諸葛武侯全書》十卷。

《四庫全書總目提要·傳記類一》《諸葛忠武書》十卷。兩江總督採進本。明楊時偉編。時偉有《春秋編年舉要》，已著録。初，太倉王士騏撰《武侯全書》十六卷。時偉病其蕪累，更撰是書，存其連吴、南征、北伐、調御、法檢、遺事六卷，而增年譜、傳略、紹漢、雜述四卷。共爲十卷。昔陳壽所進《諸葛亮集》二十四篇，其文久佚。惟其目尚見《亮傳》末。今世所傳《亮集》四卷，由後人採摭而成，文多依託。如《梁父吟》、《黄陵廟記》之類，時偉皆釐正其譌。又如小説所載轉生韋皋之類，亦援據正史，糾其附會。較他本特爲詳審。其排比事迹，具有條理，可以見亮之始末。亦較士騏原本特爲精核。舊本與《陶潛集》合刻，題曰《忠武靖節二編》。蓋寓意於進則當爲亮，退則當爲潛。然潛之詩文自爲别集之流，亮之事迹自爲傳記之類，難以併爲一書。故今録此書於史部，而潛集則仍著録於集部焉。

義勇武安王集

黄虞稷《千頃堂書目·傳記類》吕枏《義勇武安王集》六卷，

錢曾《讀書敏求記・傳記》《重編義勇武安王集》二卷。

武安王全志

黃虞稷《千頃堂書目・傳記類》 呂柟又《武安王全志》二卷。

漢壽亭侯志

黃虞稷《千頃堂書目・傳記類》《漢壽亭侯志》八卷。

懷古録

黃虞稷《千頃堂書目・傳記類》 謝應芳《懷古録》三卷。爲顧雍作。

續編懷古録

黃虞稷《千頃堂書目・傳記類》 朱存理《續編懷古録》。（盧補）

唐李鄴侯傳

黃虞稷《千頃堂書目・傳記類》 朱右新修《唐李鄴侯傳》二卷。

忠靖王實録

黃虞稷《千頃堂書目・傳記類》 錢守常《忠靖王實録》二卷。

厲雪庵唐御史中丞録

黃虞稷《千頃堂書目・傳記類》《厲雪庵唐御史中丞録》一卷。皆爲唐張巡作。

張乖崖事文録

黃虞稷《千頃堂書目・傳記類》 顔端《張乖崖事文録》四卷。

《四庫全書總目提要・傳記類存目二》《張乖崖事文録》四卷。浙江范懋柱家天一閣藏本。

思賢録

黃虞稷《千頃堂書目・傳記類》 謝應芳《思賢録》六卷。爲鄒浩作。

《四庫全書總目提要・傳記類存目一》《思賢録》五卷，《續録》一卷。浙江范懋柱家天一閣藏本。

東溪遺澤編

黃虞稷《千頃堂書目・傳記類》 林祺《東溪遺澤編》。爲宋高登作。

明良慶會録

黃虞稷《千頃堂書目・傳記類》 程孟《明良慶會録》三卷。録宋程文鳳及理宗所賜御書。

唐仲友補傳

黃虞稷《千頃堂書目・傳記類》　宋濂《唐仲友補傳》一卷。

文丞相傳

黃虞稷《千頃堂書目・傳記類》　胡廣《文丞相傳》一卷。

文山紀年録

黃虞稷《千頃堂書目・傳記類》　《文山紀年録》一卷。

文天祥傳

黃虞稷《千頃堂書目・傳記類》　張彥方《文天祥傳》。字文鉅，龍泉人。

忠義録

黃虞稷《千頃堂書目・傳記類》　袁珙《忠義録》一卷。紀袁鏞死節事。（盧補）

黃孝子孝行集

黃虞稷《千頃堂書目・傳記類》　王華元《黃孝子孝行集》。江西南城人。成化乙未進士，廣西按察司副使。南城黃覺經五歲失母，行乞訪求二十八年得之。至治中旌表。華元編輯其事蹟爲書。

董孝子純德録

黃虞稷《千頃堂書目・傳記類》　《董孝子純德録》一卷。不知撰人。

忠節録

黃虞稷《千頃堂書目・傳記類》　徐溥《忠節録》。録吴尚書雲事。

方正學録

黃虞稷《千頃堂書目・傳記類》　劉宗周《方正學録》。

卓忠貞傳

黃虞稷《千頃堂書目・傳記類》　劉球《卓忠貞傳》。

顯忠録

黃虞稷《千頃堂書目・傳記類》　《顯忠録》二卷。記黃觀事。

程氏顯忠録

黃虞稷《千頃堂書目・傳記類》　程樞《程氏顯忠録》二卷。遼府長史程通事。

向忠節紀事

黃虞稷《千頃堂書目・傳記類》 《向忠節紀事》一卷。記向朴事。

陳洽忠節録

黃虞稷《千頃堂書目・傳記類》 《陳洽忠節録》一卷。

留坡録

黃虞稷《千頃堂書目・傳記類》 《留坡録》二卷。宣德間，思南土官李盤討鎮筸苗死難，後人名其地曰留坡，録一時哀輓之作。

葉禎表忠録

黃虞稷《千頃堂書目・傳記類》 《葉禎表忠録》。記禎死難事。

許忠節世行録

黃虞稷《千頃堂書目・傳記類》 《許忠節世行録》二卷。

（許忠節）實録

黃虞稷《千頃堂書目・傳記類》 又《實録》一卷。

直道編

黃虞稷《千頃堂書目・傳記類》 《直道編》二卷。記御史陳祚事。

《四庫全書總目提要・傳記類存目二》 《直道編》八卷。兩江總督採進本。

愍忠録

黃虞稷《千頃堂書目・傳記類》 《愍忠録》四卷。記楊繼盛事。

沈青霞褒忠紀事

黃虞稷《千頃堂書目・傳記類》 《沈青霞褒忠紀事》一卷。

憫忠録

黃虞稷《千頃堂書目・傳記類》 《憫忠録》一卷。嘉靖乙卯，倭犯南京，蕪湖丞陳一臣戰死哀輓之作。

劉侍御恤忠録

黃虞稷《千頃堂書目・傳記類》 《劉侍御恤忠録》七卷。

張忠烈褒忠録

黄虞稷《千頃堂書目·傳記類》《張忠烈褒忠録》一卷。

楊忠烈實録

黄虞稷《千頃堂書目·傳記類》《楊忠烈實録》。德安知府胡繼先爲楊漣作。

太傅吕公忠節録

黄虞稷《千頃堂書目·傳記類》《太傅吕公忠節録》。吕維祺。

毘陵忠義録

黄虞稷《千頃堂書目·傳記類》葉夔《毘陵忠義録》二卷。紀宋德祐末常州守將姚訔死節事。

烈婦孟姜女集

黄虞稷《千頃堂書目·傳記類》馬理泰《烈婦孟姜女集》一卷。

錢曾《讀書敏求記·傳記》《孟姜女集》二卷。世傳孟姜女爲范杞梁妻。予暇日考之，蓋所謂「俗語不寔，流爲丹青」者此類是也。《傳·襄公二十三年》：莒子獲杞梁。齊侯歸，遇杞梁之妻于郊，使弔之。辭曰，有先人之敝廬在。杜注：杞梁即杞植。劉向《列女傳》：莊公襲莒，杞梁戰死。妻無子，枕其夫之屍于城下而哭。十日而城爲之崩。既葬，曰：「吾何歸矣！」赴淄水死。君子稱其貞而知禮。是杞梁去于築城時，已三百四十餘年。安得以此牽合耶？考《孟子正義》，亦有「或云其妻孟姜」之説。謡以傳謡，知其來已久。然謂「或云」者，正疑而未必之辭，斷不得即以范姓加之杞梁也。今此集云，女姓姜，楚地澧人。行一，故曰孟姜。秦始皇築長城，夫范即往赴其役，久不歸，製寒衣躬往送之，至則范已死。痛哭城崩，瀝血求夫骨，函歸。行至同官山，力竭死。土人即其遺骸立祠以祀之。自元及明季，詩文盈帙，盡略杞梁之名而獨稱范郎者，殆有所考而云然歟？千百年來廟貌猶新，靈異如昨，一種貞烈之氣自在天壤間。予故録而存焉。

文節婦葛氏昭節録

黄虞稷《千頃堂書目·傳記類》《文節婦葛氏昭節録》一卷。嘉靖中人。

上饒鄭氏雙節集

黄虞稷《千頃堂書目·傳記類》《上饒鄭氏雙節集》一卷。正治中人，楊廉序。

王貞婦清風録

黄虞稷《千頃堂書目·傳記類》《王貞婦清風録》五卷。嘉靖壬辰鄭琛序。

寧獻王事實

黄虞稷《千頃堂書目·傳記類》朱統鐠《寧獻王事實》。

周定王行略

黃虞稷《千頃堂書目·傳記類》《周定王行略》一卷。

周敬王行録

黃虞稷《千頃堂書目·傳記類》《周敬王行録》一卷。

楚昭王行實纂

黃虞稷《千頃堂書目·傳記類》《楚昭王行實纂》一卷。

鎮平恭靖王行録

黃虞稷《千頃堂書目·傳記類》《鎮平恭靖王行録》一卷。周藩有鎮。

欽獎吉藩長沙王翊鋋賢行録

黃虞稷《千頃堂書目·傳記類》《欽獎吉藩長沙王翊鋋賢行録》一卷。

督府忠義傳

黃虞稷《千頃堂書目·傳記類·補宋》鄧光薦《督府忠義傳》一卷。

倪燦等《宋史藝文志補·傳記類》鄧光薦《督府忠義傳》一卷。

三朝言行録

黃虞稷《千頃堂書目·傳記類·補元》黃奇孫《三朝言行録》。字行素，宋尚書黃度孫。入元不仕，輯黃度事實爲此書。

倪燦等《補遼金元藝文志·傳記類》黃奇孫《三朝言行録》。字行素，宋尚書黃度孫。輯其祖之事實。

錢大昕《補元史藝文志·傳記類》黃奇孫《三朝言行録》。字行素，宋尚書黃度孫輯度事。

昭先録

黃虞稷《千頃堂書目·傳記類·補元》陳顯曾《昭先録》。記其祖宋常州通判陳炤死難事。

倪燦等《補遼金元藝文志·傳記類》陳顯曾《昭先録》。記其祖宋常州通判陳炤死難事。

錢大昕《補元史藝文志·傳記類》陳顯曾《昭先録》。記其祖父常州通判炤死難事。

文丞相傳

黃虞稷《千頃堂書目·傳記類·補元》劉岳申《文丞相傳》一卷。

倪燦等《補遼金元藝文志·傳記類》劉岳申文丞相傳一卷。

錢大昕《補元史藝文志·傳記類》劉岳申《文丞相傳》一卷。字高仲，吉水人，遼陽儒學副提舉。

陳氏崇孝集

黄虞稷《千頃堂書目・傳記類・補元》《陳氏崇孝集》一卷。至正間奉化陳儔銘傳。

倪燦等《補遼金元藝文志・傳記類》《陳氏崇孝集》一卷。至正閒奉化陳儔銘傳。

錢大昕《補元史藝文志・傳記類》《陳氏崇孝集》一卷。

鄱陽褒賢祠録

黄虞稷《千頃堂書目・傳記類・補元》《鄱陽褒賢祠録》三卷。宋范文正公祠。

倪燦等《補遼金元藝文志・傳記類》《鄱陽褒賢祠録》三卷。宋范文正公祠。失名。

孔氏實録

倪燦等《補遼金元藝文志・傳記類》施澤之《孔氏實録》十二卷。

錢大昕《補元史藝文志・譜牒類》施澤之《孔氏實録》十二卷。

闕里通載

倪燦等《補遼金元藝文志・傳記類》張頦《闕里通載》。

錢大昕《補元史藝文志・傳記類》張頦《闕里通載》。

歷仕録

王士禎《漁洋書跋》《歷仕録》三則。《歷仕録》一卷。先曾大父司徒公自記生平敭歷中外居官之概。平實坦易，無鋪張揚厲矜名衒才之語，而於平生師友間，尤三致意焉。其忠厚剴切之意，藹然形於楮墨之外，此子若孫世世當法守者也。其中大奸何心隱一事，蓋顔山農、何心隱皆假道學之名，恣爲奸利，而士大夫多爲其所惑。萬曆中，御史趙崇善者疏言其冤，且言心隱以譏江陵相奪情。江陵憾之，授意於公，爲之報復云云。《録》中所載，數年後尚有爲之稱冤具疏者，蓋指崇善也。

何心隱在萬曆間屢變姓名，詭迹江湖間，所脅金帛不可訾算。嘗游吴興，誘其豪爲不軌。又與一富室子善，偕之數百里外。忿曰：「天下惟汝能殺我，我且先殺汝。」紲之湖中，取其家數百金，然後縱之。其黨吕光者，力敵百夫，相與爲死友。又入蠻峒煽惑，以兵法教其酋長，事聞於朝。先曾祖時爲湖廣巡撫，捕之，獲於嶺北，罪狀昭然。迨江陵敗後，御史趙崇善者挾私憾，追劾先公殺心隱，以媚江陵，時先曾祖久以户部侍郎養親家居矣。雖事之本末。自有公議，而崇善捷捷幡幡，良可畏也。此事之詳，具載大宗伯周寅所先生應賓識小編《王弇州先生别集》。其所載顔山農挾詐趙文肅千金，與姦良家婦爲心隱所毆事，尤污齒頰，山農即心隱講學師也。道學狼藉至此，可爲浩歎。崇善此疏，刻入萬曆疏鈔。士大夫或未詳何、顔顛末者，恐輒信之，聊復述及。以質公論云。先曾祖大司徒府君。昔撫楚，誅何心隱一案，千古自有定論，前卷詳其顛末矣。近觀馮文敏公琦《北海集》，有寄府君一帖云，南中縉紳皆謂何心隱行兼三游，罪浮四凶，置之憲典，孰以爲非三尺之平。今中丞不辨其當罪而以罪之者不存己若將移事於臺下者，蓋季孫行父逐莒僕而自以爲於舜之功二十之一也。意在搆怨，而適足歸功於臺下何病焉。此書與弇州先生云云，皆公論。知趙崇善狂吠爲可恨也。

《四庫全書總目提要・傳記類存目六》《歷仕録》一卷。山東巡撫採進本。明王之垣撰。之垣號見峰，山東新城人。嘉靖壬戌進士。是編自記其歷官行事，自荆州府推官歷御史、給事中、太僕寺少卿、鴻臚卿、順天府尹、湖廣巡撫至户部左侍郎止。後《附録》二條，又紀友、紀夢、紀異各一條。之垣即劾誅何心隱者，是編詳紀其事。萬曆中，御史趙崇善論其殺心隱爲媚張居正，故其曾孫士禎雜著中屢辨之。是編之跋，亦惟争此事云。

王東皋先生紀略

王士禎《漁洋書跋》 《王東皋先生紀略》。古人於師弟子最重。東漢以來，猶有古之遺風。死生患難之際，去官行服，伏質上書者，比比而有。如朱博之於陳咸，廉范之於薛漢是已。東皋先生，一代名臣，未究其用以歿，天下惜之。而遺孤又孱弱，其門人白子仲調官京師，聞赴。既爲位而哭，又於慈仁僧舍要經受唁。予與户部侍郎魏公、學士葉公言之，每共相歎息。嗚呼！古道之不行久矣。白子既力行古道於舉世不爲之日，而又懼其師之言行湮没而不傳於後，於是又爲《紀略》一卷。既以報其師於地下，且以慰其垂白之母。煢煢之孤，而將來國史之書，太常之采。與夫天下後世慕東皋先生之風而思論其世者，皆於此有考焉。又不僅師弟子之誼而已也。

關帝紀定本

英廉奏《摧毁書目》 《關帝紀定本》。四本。查《關帝紀定本》，係明戴光啓輯。以關帝事實及歷代尊崇故典，分門纂次。書内薛三省序一篇，董其昌記一篇，俱有違悖，應請抽燬。

《四庫全書總目提要·傳記類存目二》 《關帝紀定本》四卷。兩江總督採進本。明戴光啓、邵潛同編。光啓，字方廷，潛，字潛夫，皆江都人。初，元至大間，胡琦曾輯關帝事蹟成書。明弘治、嘉靖、天啓間，吴濬、吕柟、薛三省諸人皆有纂録。光啓、潛因諸家之本，删補以成此編。首《世系》，次《年譜》，次《封號》，次《誥命》，次《實録》，次《遺蹟》，次《論辨頌贊》，次《奏疏碑記》，次《詩》，次《祭文》，次《靈異》。刻於崇禎戊辰，姚希孟爲之序。

督師紀略

軍機處奏《焚燬書目》 《督師紀略》三本。查《督師紀略》，係明茅元儀撰。元儀嘗在孫承宗幕府，此書所紀皆承宗督師時事蹟。承宗《明史》已有列傳，此乃元儀私行紀録，往往自誇其謀畫，未足憑信，且觸悖字句甚多，應請銷燬。

象臺首末

《四庫全書總目提要·傳記類一》 《象臺首末》五卷。浙江鄭大節家藏本。宋胡知柔編。

魏鄭公諫續録

《四庫全書總目提要·傳記類一》 《魏鄭公諫續録》二卷。永樂大典本。不著撰人名氏。案元伊足鼎原作亦祖丁今改正《魏鄭公諫録序》云：唐王綝《諫録》五卷，至順初下邳翟思忠爲常州知事，摭其餘爲《續録》二卷。其書刻於元統中，明初已罕流傳。故彭年蒐採遺文爲《續録》一篇，以補其闕。此本載《永樂大典》中，綴王綝所作《諫録》之後，篇數與伊足鼎所説合，蓋即翟思忠所續本也。王氏所輯《諫録》，僅據其所見聞，未能賅備。《唐書》魏徵本傳所云：前後凡二百餘奏，無不剴切當帝心者，已不盡傳。其他片語單詞，隨時獻納者，更爲史所不盡紀。此本雖捃拾衆説，與史傳間有異同。且有實非諫諍之事，而泛濫人之録中者。然大旨明白切要，於治道頗爲有補。要非他小説雜記比也。據伊足鼎《序》，稱思忠起家爲儒官，曾著易傳衍太元，蓋亦好學稽古之士。然朱彝尊《經義考》二書悉不著録。蓋不特著作散佚，并其名氏翳如矣。茲編得復見於世，豈非幸乎。

錢大昕《補元史藝文志·傳記類》 翟思忠《魏鄭公諫續録》二卷。

忠貞録　附録

《四庫全書總目提要·傳記類一》《忠貞録》三卷，《附録》一卷。江蘇巡撫採進本。明李維樾、林增志同編。維樾字蔭冒，增志字可任，俱吉州安福人。是編爲其同里卓敬而作。卷一爲《遺稾》，凡詩十九首、序二首、誌銘一首，而冠以《像讚》及《遺稾序》。卷二卷三爲後人記載題詠詩文，而附録黄養正、陳茂烈二傳，皆敬鄉人也。然養正爲敬門人，又死於土木之難，其附録爲宜。茂烈於敬別無淵源，而又以棄官養母終於鄉里，其事截然不類。附之《忠貞録》中，名實舛矣。敬非惟死節慷慨，震耀千古。即於乘燕王來朝之時，密請乘其不意，徙封之於南昌，計亦良善。其疏雖無完本，然劉球所作傳中，尚載其略。不録之於《遺稾》中，亦編次之疏也。敬在明初，不以詩名，而所作落落有氣格。如五言之「小舟衝浪出，幽鳥背人飛。」七言之「白雲忽去山在户，紅日乍晴人倚欄。」絶句《晚眺》云：「浣花溪上雙楠木，老杜草堂生夏寒。門外青山三十六，讀書終日倚欄杆。」《題山水》云：「長松雨過秋聲滿，日日攜琴自往回。安得扁舟乘晚興，載將山色過江來。」《栽梅》云：「風流東閣題詩客，瀟灑西湖處士家。雪冷江深無夢到，自鋤明月種梅花。」亦皆有致。惜其所傳不多，不能自爲一集。故仍從崔與之集例，入之傳記類焉。

寧海將軍固山貝子功績録

《四庫全書總目提要·傳記類一》《寧海將軍固山貝子功績録》一卷。内府藏本。不著撰人名氏。所記乃惠獻貝子富喇塔平定浙東之事。康熙十三年，耿精忠據福建反，聖祖仁皇帝命富喇塔爲寧海將軍，同大將軍康親王傑書統兵討之。是年至台州，破賊於黄瑞山。又連破之紫雲山、九里寺山。十四年，敗其衆於黄土嶺。賊將曾養性乘夜遁去。遂復黄巖縣，進取温州，浙東底定。其事具載《宗室王公功績表傳》及《八旗通志》中。是書蓋即台人所編，自十三年四月耿逆初叛，至十四年八月賊黨自台州遁還温州，凡所聞見，各舉崖略，隨條紀録。所述戰功次第，雖不若國史所載見於奏報者明晰賅備，而情事之委折，節目之纖悉，土人得諸目擊者，縷舉爲詳。以與本傳相校，亦時有足資參核者焉。書前原有《記略》一篇，別記貝子温台二郡戰績。又《撫嵊事實》一篇，紀嵊縣土寇應賊，貝子遣兵討定之事。亦俱不言何人所撰。又《平閩功績聞見録》一篇，爲閩人金泳所作，乃記貝子自浙進兵平閩之事，其文亦頗詳悉。謹各仍其舊，附録於末，以備互稽。惟原本各條下俱綴以七言絶句，凡九十六首。詞旨淺俚，無足採録，今竝從刊删云。

孔氏實録

《四庫全書總目提要·傳記類存目一》《孔氏實録》一卷。永樂大典本。不著撰人名氏。末一條云：大蒙古國領中書省耶律楚材奏准皇帝聖旨，於南京特取襲封孔元措令赴闕里奉祀。案元措以金承安二年襲封衍聖公。此書或即元措等所撰歟。首録歷代褒崇之典，凡碑文、詔旨皆載其略。末載孔氏鄉官甚詳。然敘次頗無體例。如首載聖母顔氏及聖配亓官氏，而孔子以上歷世之事獨不一敘。疑或傳寫佚脱，非完帙也。考明《文淵閣書目》有《孔子實録》一册，《永樂大典》所載則作《孔氏》，未詳孰是。然《文淵閣書目》傳寫多譌，未足盡據。今仍從《永樂大典》之名著於録焉。

龔顯曾《金藝文志補録·傳記類》《孔氏實録》一卷。《四庫附存目》採集《永樂大典》本。末一條云：「大蒙古國領中書省耶律楚材奏准皇帝聖旨於南京，特取襲封孔元措令赴闕里奉祀」。此書或即元措所撰歟。

闕里誌

《四庫全書總目提要·傳記類存目一》《闕里誌》二十四卷。浙江汪啟淑家藏本。明陳鎬撰。孔允植重纂。鎬，會稽人。成化丁未進士。官至右副都御史，巡撫湖廣。允植，孔子六十五世孫，襲封衍聖公。闕里向無志乘，僅有《孔庭纂要》、《祖庭廣記》諸書。弘治甲子，重修闕里孔廟成，李東陽承命致祭。時鎬爲提學副使，因屬之編次成志。崇禎中，允植重加訂補，是爲今本。以圖像、禮樂、世家、事蹟、祀典、人物、林廟、山川、古蹟、恩典、弟子、譔述、藝文分類排纂。而編次冗雜，頗無體例。如歷代誥敕、御製文贊，不入追《崇恩典志》，而另爲《提綱》。《碑記》本《藝文》中一類，乃別增譔述一門，均爲繁複。

孔聖全書

《四庫全書總目提要・傳記類存目一》《孔聖全書》三十五卷。衍聖公孔昭煥家藏本。明蔡復賞編。復賞，巴陵人。卷端自題恩貢出身，南京户部修職郎，不知其爲何官也。前有《自序》，稱是書始成，就正於兵部侍郎姜廷頤。廷頤迺次爲六卷。上卷曰《經書》，中卷曰《子史》，下卷曰《雜説》，首卷曰《帝王崇重盛典》，尾卷曰《經術經理世務》，六卷内復條分爲四十卷云云。案《序》稱上中下卷首尾卷祇有五卷，不應稱六卷。又書三十五卷與四十卷之數亦不合。其間鄙俚荒唐，龐雜割裂。鬼神怪誕之語，優伶褻諢之詞，無不載入，謂之侮聖人可也。

尊聖集

《四庫全書總目提要・傳記類存目一》《尊聖集》四卷。浙江范懋柱家天一閣藏本。明陳堯道編。堯道里籍未詳。嘉靖末，官大埔縣教諭。是書分圖像、世家、事蹟、遺澤、制敕、誤述、封事七門。多勦襲《祖庭纂要》諸書，無所考證。

仲　志

《四庫全書總目提要・傳記類存目一》《仲志》五卷。兩淮馬裕家藏本。明劉天和撰。天和字養和，麻城人。正德戊辰進士。官至兵部尚書，提督團營。謚莊襄。事蹟具《明史》本傳。是編乃天和官總督河道都御史時，以濟寧仲家淺有先賢仲子祠。故志其建置之由，而并及其生平行事大略，名之曰《令名志》。崇禎中，仲子裔孫于陛等復增損舊本，易以今名。又繪像列圖於卷首，殊不雅馴。

三遷志

《四庫全書總目提要・傳記類存目一》《三遷志》五卷。安徽巡撫採進本。明呂元善撰。蓋因史鶚、胡繼先二家舊本爲之訂補。未脱稿而元善殉寇難。其子兆祥、孫逢時，乃續成之。所載孟廟事蹟，每卷之中又各分三子卷，凡二十一類。每類前爲四言《贊》一首，紀載頗詳。而體例標目，俱未能雅馴。

闕里廣志

《四庫全書總目提要・傳記類存目一》《闕里廣志》二十卷。浙江汪啟淑家藏本。國朝宋際、慶長同撰。際字嶔修，慶長字簡臣，俱松江人。《闕里志》自前明陳鎬後，屢有修輯，皆蕪雜不足觀。康熙十二年，際爲孔廟司樂，慶長爲典籍，相與蒐求典故，因舊志而增損之。分圖像、世家、禮樂、林廟、山川、古蹟、恩典、弟子、職官、聖裔、賢裔、藝文十二門。所載於故實較詳，然亦不能有所考訂也。

三遷志

《四庫全書總目提要・傳記類存目一》《三遷志》十二卷。江蘇巡撫採進本。國朝孟衍泰、王特選、仲蘊錦同撰。書成於康熙壬寅。以呂元善舊志歲久漶漫，而國朝尊崇之典，及子孫世系、林廟增修，亦未纂録成編。乃以次輯補，分爲二十一門。特選，滕縣人。蘊錦，濟寧人。衍泰爲孟子六十五代孫，世襲五經博士。

別本晏子春秋

《四庫全書總目提要・傳記類存目一》《別本晏子春秋》六卷。內府藏本。

舊本題齊晏嬰撰。其書原本八卷，已著於録。此本爲烏程閔氏朱墨版。以《外篇》所載已見《内篇》者，悉移綴其文附於内篇各條之下。與梅士享所刻《管子》，同一竄亂古書。然今代所行，大抵此本。恐久而迷其原第，因附存其目，以著其失焉。

君臣相遇録

《四庫全書總目提要・傳記類存目一》《君臣相遇録》十卷。浙江汪啓淑家藏本。不著撰人名氏。載宋韓琦事蹟。考晁、陳二家書目，自今所傳《韓魏公家傳》、《韓魏公别録》、《韓忠獻遺事》外，尚有《韓魏公語録》一卷。又韓忠彦所撰《辨欺録》一卷。《語録》即《别録》之文，而顛倒其先後。惟卷末多一條。《辨欺録》爲忠彦記其父嘉祐末命事，與文富諸人辨。今雖未見其本，而書中大旨皆可考。惟此書晁、陳皆不著録，不知何人所作。蓋南宋時其家子孫所爲。合《辨欺録》、《别録》所載裒爲一書。觀書末載曾孫名十二人，而無侂胄，蓋諱而削之。知其成於開禧後矣。

言行拾遺事録

《四庫全書總目提要・傳記類存目一》《言行拾遺事録》四卷。編修程晉芳家藏本。不著撰人名氏。記范仲淹言行事蹟爲《行狀》、《墓誌》所未載者，故曰《拾遺》。大抵取諸《實録》、《長編》、《東都事略》、《九朝通略》諸書，而説部之可採者亦附列焉。其第四卷所録，則仲淹子純祐、純仁、純禮、純粹四人遺事也。

許魯齋考歲略

《四庫全書總目提要・傳記類存目一》《許魯齋考歲略》一卷。永樂大典本。元耶律有尚撰。有尚字伯强，號迂齋，東平人。以伴讀功授助教，歷昭文館大學士。謚文正。事蹟具《元史》本傳。世祖時，許衡除中書左丞，固辭不受。因上奏

取舊門生十二人爲伴讀，有尚其一也。是編載衡言行較史爲詳。然大端已具於史矣。

劉文靖公遺事

《四庫全書總目提要・傳記類存目一》《劉文靖公遺事》一卷。浙江范懋柱家天一閣藏本。元蘇天爵撰。天爵有《名臣事略》，已著録。是編乃所述容城劉因行實也。考天爵《名臣事略》第十五卷，即紀因事。然此卷所述，皆《事略》所未言。天爵於事略既成之後，别採舊聞，補其所闕，故命曰《遺事》。《元史》劉因本傳多採用此卷，亦以後來搜輯較爲詳備歟。

張金吾《愛日精廬藏書志・傳記類》《劉文靖公遺事》一卷。舊抄本。元中奉大夫浙江等處行中書省參知政事趙郡蘇天爵編次。板心有「怡顔堂鈔書」五字。

滁陽王廟歲祀册

《四庫全書總目提要・傳記類存目二》《滁陽王廟歲祀册》一卷。左都御史張若溎家藏本。不著撰人名氏。明初追封郭子興爲滁陽王，立廟滁州，令有司歲時奉祀。此本前列洪武十五年敕諭一通，具載祀典規條及守廟人户。次爲太常寺丞張羽所撰滁陽王廟碑文。蓋即從廟中碑刻鈔出别行者也。

鐘鼎逸事

《四庫全書總目提要・傳記類存目二》《鐘鼎逸事》一卷。浙江范懋柱家天一閣藏本。明李文秀撰。文秀，昆明人。黔寧王沐英之閹竪也。是編皆紀英行事。前列《祠堂碑記》三篇，後爲《言行拾遺録》十一條，各爲之論。末附唐愚士贈文秀詩一篇，而冠以張統、劉有年、王汝玉、王驥《序》四篇。驥《序》題洪武壬午，汝玉《序》則書元年十二月，而剷去年號二字。蓋汝玉作於革除以前，而刻於革除以後，

故削建文年號。驥《序》作於燕王篡立以後，故奉仍稱洪武三十五年之詔耳。閹寺之作，本不足録。而英本名臣，文秀所録尚與史傳相出入，無詭詞夸飾，變亂是非之事。故姑存其目焉。

崔清獻全録

《四庫全書總目提要・傳記類存目二》《崔清獻全録》十卷。兵部侍郎紀昀家藏本。明崔子璲編。其書成於永樂中。皆其五世祖與之之遺事、遺文也。與之字正子，廣州增城人。紹熙四年進士。理宗時累官廣東安撫使，拜參知政事右丞相。致仕卒。謚清獻。事蹟具《宋史》本傳。與之所著有《菊坡文集》，佚於兵火。又有《嶺海便民榜》、《海上澄清録》二書，皆記其當時政事，後亦不傳。僅存其《言行録》三卷、《奏劄詩文》五卷，子璲因裒爲一編。又以理宗御劄及諸家詩文爲《附録》二卷。其《言行録》三卷，林鉞《跋》稱宋太社司令李公裒輯，而不載其名。宋端儀《序》稱略爲更定。甘鏞《跋》又稱旁考史傳，補其脱略。然則已非原本矣。又蔣曾榮家別有寫本，分爲二集。《内集》二卷，前卷爲《言行録》，後卷爲《奏劄詩文》。《外集》三卷，上卷爲所賜詔札，中卷爲《宋史》本傳及《續通鑑綱目》諸書所記與之事，下卷爲題贈詩文。題其十世孫熉所重編，成於嘉靖庚申。前有《測引》一篇，稱重編先録既成，有謂不當以行先言者，有謂不當以臣先君者。從見舊版篇次記號，乃知新本爲後人剷改。熉所重編，實還其舊。今觀其書，雖併十卷爲五卷，而序次略與子璲本合。所謂還其舊者，確不誣也。

韓祠録

《四庫全書總目提要・傳記類存目二》《韓祠録》三卷。浙江巡撫採進本。明葉性、談倫同編。性，里籍未詳。官潮州府同知。倫，上海人。天順丁丑進士。官至工部右侍郎。然是編前有翰林院檢討盛端明《序》，稱性編録未成，以述職北上。倫時爲潮州知府，因續成之。考書成於正德甲戌，上距天順丁丑，已五十八年。且作《序》之盛端明爲弘治壬戌進士，上距天順丁丑，亦四十六年。與倫似不相及。即倫老而尚存，亦不應七八十歲尚爲知府，後乃忽至九卿。疑爲別一談倫，名姓偶同也。其書首載《韓愈遺像》及《韓山書院》、《鱷魚》、《韓木》諸圖，次《唐書》本傳及愈謫潮州時所作詩文，次記祠制、祭儀及後人碑記、詩讚。末附載趙鼎《得全書院記》、陸秀夫《馬發祠記》。以皆在潮地，故并録之。其《南珠亭記》一篇，則又以潮之人物代興，歸美於愈云。

奕世增光録

《四庫全書總目提要・傳記類存目二》《奕世增光録》八卷。浙江巡撫採進本。明王道行編。道行字明南，陽曲人。嘉靖庚戌進士。官至左布政使。是爲續五子之一。《明史・文苑傳》附見《王世貞傳》中是書乃其官常鎮兵備副使時爲魏校所刊也。第一卷至五卷載敕命、祭文以及同時諸人贈荅書啟。第六卷載校行狀、誄詞及遺事。七卷八卷則文稾備遺也。因校誥敕中有「永增奕世之光」語，遂以名其書焉。

商文毅公行實

《四庫全書總目提要・傳記類存目二》《商文毅公行實》一卷。浙江范懋柱家天一閣藏本。明商汝頤編。汝頤，商輅孫也。以輅遺集兩燬於火，恐先德不傳，乃裒爲是書。凡王獻所作《行實》一篇，尹直所作《墓誌銘》一篇，楊子器所作《神道碑》一篇。末有正德十年汝頤《自跋》。正德十六年刊版，王子言又爲之《跋》。

夏忠靖遺事

《四庫全書總目提要・傳記類存目二》《夏忠靖遺事》一卷。浙江范懋柱家天一閣藏本。明夏崇文撰。崇文字廷章，湘陰人。成化戊戌進士。官至南京太僕寺少卿。蓋夏原吉之孫也。是編追述原吉歷官始末甚詳。於世所傳慈感蚌珠事，刪之不載，體例頗爲嚴謹。然原吉治水，功在東南，其方略亦不備載。殆以事具國史耶。惟燕王篡立，原吉稱臣，此所謂范質生平惟欠周世宗一死者也。而此云或執之以獻燕王，是則子孫之詞矣。

旌孝録

《四庫全書總目提要・傳記類存目二》《旌孝録》一卷。浙江巡撫採進本。不著撰人名氏。載成化十一年旌表朱灝孝行事。考朱觀潛《跋朱存理遺文後》曰，野航先生著述甚富。自《鐵網珊瑚》世有刊本，《珊瑚木難》好事傳鈔外，祇購《樓居雜志》一卷、《旌孝録》一卷，并詩文數十篇云云。則此編存理所輯也。灝字景南，長洲人。即存理之父。親殁負土成墳，廬於其側，有馴烏之異，詔旌其門。存理字性甫，博雅工文，終於布衣。

岳廟集

《四庫全書總目提要・傳記類存目二》《岳廟集》四卷。編修汪如藻家藏本。舊本題明徐階編，張庭校，焦煜刊。而首載階《序》，稱從黄山焦子請所輯武穆祠詩文讀之。又云：「因不自量，謀於五山張子而去取之。」則煜之初稾，而階與庭爲之删定。庭《序》則云：黄山子謂少湖子與庭曰：「盍校之，我將刊焉。」因取汪氏所輯鈔本往復參校，則初稾又非煜作矣。大抵雜出衆手，不可名以一人也。原本凡《傳》一卷、《制》一卷、《議序記》一卷、《辭樂府詩》一卷，而附以《岳武穆遺文》一卷。今以《武穆遺文》析出，別入集部。故此本以四卷著録焉。階字子升，華亭人。嘉靖癸未進士。官至武英殿大學士。謚文貞。事蹟具《明史》本傳。庭自署曰眉山。煜自署曰宛陵。考太學進士題名碑，嘉靖癸未科有張庭，四川夾江人。焦煜，南直隸太平人。皆階之同年。當即此二人。至所謂汪氏者，則不可考矣。

吴疏山集

《四庫全書總目提要・傳記類存目二》《吴疏山集》十七卷。江南巡撫採進本。明吴悌撰。悌字思誠，疏山其別號也，金谿人。嘉靖壬辰進士，官至兵部侍郎。謚文莊。事蹟具《明史・儒林傳》。其學出於王守仁。然清苦剛介，卓然不愧於儒者。非姚江末流，提唱心學，恣爲横議者比。集止三卷。然據原《跋》，則尚有贋作《聶氏墓志》、《胡氏表》二篇竄入。第四卷爲《言行録》，乃悌門人李約所編。第五卷以下皆誥敕及表章頌美之文，其後人屢屢重刊，輾轉附益者。蓋原本名《紀實録》，乃傳記之流，體例不妨如是。此本改題曰《集》，遂使附録之文至十四卷。末大於本，失其初編之旨矣。今從《崔與之集》之例，仍入之傳記類焉。

胡梅林行實

《四庫全書總目提要・傳記類存目二》《胡梅林行實》無卷數。兩淮鹽政採進本。明胡桂奇編。桂奇，績溪人。兵部尚書宗憲之子。此書即紀宗憲行實。梅林者，宗憲別號也。宗憲平倭之功，載在史册，不容湮没。至其比附嚴嵩趙文華，公論亦不可掩。此書出其後人之手，固未可據爲徵信矣。

濂溪志

《四庫全書總目提要・傳記類存目二》《濂溪志》九卷。兩淮馬裕家藏本。明李楨撰。楨字維卿，安化人。隆慶辛未進士。官至南京刑部尚書。事蹟具《明史》本傳。是編雖以濂溪爲名，列乎地志。實則述周子之事實。首載《太極圖説》、《通書》。次墓志及諸儒議論，歷代襃崇之典。次古今紀述。次古今題詠泣祭告之文。

濂溪志

《四庫全書總目提要·傳記類存目二》《濂溪志》十三卷。河南巡撫採進本。明李嵊慈撰。嵊慈字元穎，龍城人。官道州知州。是編因李楨舊《志》稍爲緝補，無所考證闡明。

東方類語

《四庫全書總目提要·傳記類存目二》《東方類語》十六卷。浙江巡撫採進本。明朱維陛撰。維陛，海鹽人。其書皆類聚漢東方朔事蹟。自《列傳》、《别傳》、《外傳》以及《瑣語》、《神異經》、《十洲記》諸書，無不採撮。創立十目，分爲内外二篇。《内篇》記其常事，《外篇》則涉神仙家言。其條例内辨史記東郭先生爲臨淄人，與東方朔之爲厭次人，地各不同。自來引用多誤，亦稍有考核。然其徵引猥雜，究不能出小説之門徑，不足據也。

武侯全書

《四庫全書總目提要·傳記類存目二》《武侯全書》二十卷。江西巡撫採進本。明王士騏撰。士騏有《馭倭録》，已著録。是編述諸葛亮始末。首《三國志》本傳。次張栻《補傳》。次《鼎立》、《繼統》、《連吴》、《南征》、《北伐》、《遺命》、《調御》、《法簡》八篇，以補張《傳》。次《心書》。次《新書》。次《陣圖》。次《篇翰》。次《世系》。次《朱子綱目》。又附録後人評論、詩賦、雜文三卷終焉。按陳壽《進諸葛氏集表》云：删除重複，隨類相從，凡爲二十四篇，具列其目於傳後。今其書久不可見。是書搜羅完備，而《心書》、《新書》之類，真僞蕪雜，未能删汰。諸篇分隸，亦或未當。後楊士偉因士騏此本，别改定爲《諸葛書》，較爲精核。以創始者爲士騏，故仍存其目焉。

心齋類編

《四庫全書總目提要·傳記類存目二》《心齋類編》二卷。兩江總督採進本。明王元鼎編。元鼎，泰州人，王艮之後。書中《繪音首簡》、《廟謨首録》二跋，自稱艮之元孫。《策選標題跋》又自稱艮之曾孫。刊版必有一譌也。是書紀崇禎四年艮從祀孔廟始末。上卷爲《奏疏類篇》，録嘉靖間巡撫劉節、御史吴悌薦艮二疏，并諸廷臣請從祀三疏，請謚一疏。下卷爲《别傳類編》，録萬曆辛丑翰林館課以王艮傳命題，諸詞臣所擬傳十六篇。上卷之前，冠以崇禎三年諭旨一道，題曰《綸音首簡》。又載崇禎辛未會試策題一道，問明從祀文廟諸人數及艮名者，題曰《廟謨首録》。而以鄉紳揭帖尺牘附卷末。又列諸家著述之有涉於艮者曰《彙選標題》。列公私祠祀及艮者曰《禋祀類》，紀元鼎《聞邸報志喜詩》四首，亦編其中，體例頗爲繁碎。考《明史·儒林傳》，以艮附《王畿傳》中，紀其終始甚詳。然不載有從祀孔廟事。今兩廡俎豆，亦無艮位。不知元鼎何以有此書也。

周元公集

《四庫全書總目提要·傳記類存目二》《周元公集》十卷。編修朱筠家藏本。明周沈珂編。沈珂，吴縣人。周子裔也。是集卷一爲圖像，卷二爲世系年譜，卷三爲遺書，卷四爲雜著，卷五爲諸儒議論，卷六爲事狀，卷七爲褒崇優卹，卷八爲祠墓諸記，卷九、卷十皆附録後人詩文。雖以集爲名，實則周子手著僅五之一。今入之傳記類中，從其實也。

廱略

《四庫全書總目提要·傳記類存目二》《廱略》二卷。浙江巡撫採進本。明陳念先撰。念先，慈谿人。其八世祖敬宗，字光世。永樂甲申進士。宣德間由司業陞祭酒，官南廱者二十年。嚴重有師法，與北廱祭酒李時勉齊名，世稱「南陳北李」。念先於崇禎末至南廱，搜輯《廱志》所載，參以年譜、文集、編年紀録，以成是書。蓋惟備敬宗一人居官之始末，非紀南廱事也。

姑山事録

《四庫全書總目提要・傳記類存目二》《姑山事録》八卷。浙江巡撫採進本。國朝吴肅公、杜名齊同撰。肅公有《詩問》，已著録。名齊始末未詳。是編述明末沈壽民事實。壽民字眉生，宣城人。崇禎中，巡撫張國維以賢良方正薦，徵赴闕下。抗疏劾楊嗣昌奪情誤國，熊文燦不能制敵之罪。疏奏，留中不報，遂歸隱姑山。肅公、名齊皆其門人，因作此書以記其出處。卷一即劾楊嗣昌、熊文燦疏，及荅薦辟書數篇。卷二以下皆撫按薦疏公揭，及同時友人來往書啟，而終以投贈篇什。福王時，壽民又爲馬、阮所惡，幾遭毒手。別有書記其事，曰《甲乙存略》，見肅公所作《凡例》中。今未見傳本，其存佚不可知矣。

寧海將軍固山貝子保越平閩實績

《四庫全書總目提要・傳記類存目二》《寧海將軍固山貝子保越平閩實績》一卷。内府藏本。不著撰人名氏。所紀乃惠獻貝子富喇塔奉命討逆藩耿精忠，統兵在温州擊賊及暫回處州之事。起康熙十五年二月十四日，迄六月初九日，按日紀載。蓋即取寧海將軍行營塘報，湊集成帙。故詞句多不雅馴。且所録僅四月之事，首尾亦未完具。

保臺實績録

《四庫全書總目提要・傳記類存目二》《保台實績録》一卷。内府藏本。不著撰人名氏。紀台州兵巡道楊應魁政績。應魁字斗垣，射洪人。以兵部郎出巡台州。適閩逆耿精忠遣兵犯闕，囤台州，應魁從貝子富喇塔駐台。拊循兵民，條畫守禦，頗著惠愛。故郡人作此以志其功。自固根本，至修庶政，其分二十目，目各爲一篇云。

楊公政績記

《四庫全書總目提要・傳記類存目二》《楊公政績記》一卷。編修程晉芳家藏本。國朝黄家遴撰。家遴，奉天人。官至嘉興府知府。是編述明楊繼宗遺事。繼宗字承芳，陽城人。天順初進士。由刑部主事歷官雲南巡撫僉都御史。家遴以繼宗曾任嘉興府知府，號爲循吏。因裒其事蹟以成此書。末附《繼宗本傳》一篇，較《明史》列傳爲詳。然不及載其追謚，亦不知傳出誰手也。豈即家遴所作歟。

吴武誌

《四庫全書總目提要・傳記類存目二》《忠武誌》八卷。江西巡撫採進本。國朝張鵬翮撰。鵬翮字運青，遂寧人。康熙庚戌進士。官至大學士。謚文端。是編載漢諸葛亮始末。首《本傳》，次《年表》，次《世系》，次《心書》，次《新書》，次《遺文》，次《遺制》，次《遺事》，次《用人》，次《勝蹟》，次爲後人詩文。其《遺文》不收《黄陵廟記》之類，頗有甄別。而《心書》、《新書》確爲僞託，乃竝載之，則仍蕪雜也。既收《心書》、《新書》，姑存其舊，而十六策仍不載，則又疎漏也。《梁甫吟》詞意雖淺，然見於歐陽詢《藝文類聚》，其來已久。又增一《白鳩篇》，則不知其何來矣。

周忠介公遺事

《四庫全書總目提要・傳記類存目二》《周忠介公遺事》無卷數。兩江總督採進本。國朝彭定求撰。定求字訪濂，長洲人。康熙丙辰進士第一。官至翰林院侍講。是書述周順昌忤璫被逮本末。首載順昌歷官敕誥，次載順昌子茂蘭鳴冤請祠諡二疏，末載書傳碑記并《茂蘭傳》，兼附朱祖文及顔佩韋等五人《傳》於後。定求皆爲之跋。

王文成集傳本

《四庫全書總目提要・傳記類存目二》《王文成集傳本》二卷。浙江巡撫採進本。國朝毛奇齡撰。奇齡有《仲氏易》，已著録。王守仁之闢宋儒與奇齡合。又餘姚、蕭山爲同郡，有鄉黨誼，故奇齡特爲守仁作傳，上諸史館。後佚其半，奇齡子遠宗又摭拾足之。《傳》中凡低一格者，皆附録雜事。其標附字者，則辨論考證之詞也。末附門人名籍與襲爵始末。夫史傳非講學之書，守仁一代偉人，亦不必以講學始重。奇齡提唱良知，嘵嘵不已，不免門户之見。其辨諸附會標榜之事，以爲文成无妄，起於門人及諸記述，則至言也。

胡忠烈遺事

《四庫全書總目提要・傳記類存目二》《胡忠烈遺事》四卷。江西巡撫採進本。國朝史珥編。珥，鄱陽人。乾隆甲戌進士。官吏部主事。是編紀建文末大理寺少卿胡閏遺事，與後人題詠詩文，而閏女郡姐及連坐親屬竝載焉。珥十一世祖秉方爲閏之壻。閏既死節，壻家亦連坐。胡珥述其殉節始末，成此書。先是，紀閏事者有《英風紀異》，史桂芳所刊，而楊際會名之者也。又有《風忠録》，瞿鳳翥所刊，而文德翼序之者也。又有《忠義類編》，史秉古所名，其例言則屠叔方所纂者也。珥彙合諸書，考證頗詳。如閏妻「汪氏」非「方氏」。《貞姑傳》中所云王安人者，乃史氏之婦，非閏妻。頗有糾譌訂舛之功。惟舊《録》載萬曆十二年十月八日詔雪革除諸臣，張榜於縣門，忽風掣其榜入雲中，飛舞空中，自午至申，乃墮。故有風烈、瑛風諸名，紀其實也。而史桂芳所作《詩序》，乃謂閏之風異，放而往，周流六虚。卷而還，收攝完聚。明明有聖學景象，區區以忠臣目之，恐不足以慰在天之靈云。其説似高而實謬。文天祥不云乎：「孔曰成仁，孟曰取義，讀聖賢書，所學何事？」其言至爲明白。奈何以忠臣爲區區，而曰别有聖賢乎！

朱子文公傳道經世言行録

《四庫全書總目提要・傳記類存目二》《朱子文公傳道經世言行録》八卷。浙江巡撫採進本。國朝舒敬亭撰。敬亭字孝徵，銅山人。是書取朱子言行彙爲一編。前有朱子小像及父師題辭。又有自題贊及諸人先後題贊。卷一、卷二爲年譜、行狀。卷三爲道學淵源。其中《濂溪事實記》，盡取之《文公文集》。《明道行實》則取之《二程文集》。卷四爲伊川行狀及道體。卷五爲學存養克己。卷六教人儆戒。卷七觀聖賢，辨異端。卷八治道。皆取之《文集》、《近思録》，而以《讀書志不自棄》文終焉。皆鈔撮習見之文，於朱子之學不能有所發明也。

曹江孝女廟志

《四庫全書總目提要・傳記類存目二》《曹江孝女廟志》十卷。浙江汪啟淑家藏本。國朝沈志禮撰。志禮字範先，會稽人。官至廣東按察使。是編紀孝女曹娥事實。其《自序》謂有同里印文學君素初編，張明經噩續纂，俱未成。志禮乃因舊志重輯。孝女事在漢順帝漢安二年，見於邯鄲淳所撰碑。今法帖所傳本，與此志互有同異，可以相證。後二卷附志宋英宗時孝女朱娥與明初孝女諸娥事。二女亦皆以身救其親，又皆與曹娥同里，故以配食於廟。并録其傳志、歌詠之文於後焉。

視履類編

《四庫全書總目提要・傳記類存目六》《視履類編》二卷。浙江巡撫採進本。明李同芳撰。同芳字濟美，號晴原，崑山人。萬曆庚辰進士。官至山東巡撫。是編自録其生平善蹟，凡四十門。皆以佳名標目。自古以來，自作傳者有之，大抵叙述閲歷始末耳。至於著一書以自譽，則自有文籍未之前聞也。

念胎臢紀

《四庫全書總目提要・傳記類存目六》《念胎臢紀》一卷。侍講劉亨地家藏本。國朝周宣智編。宣智自號鏡亭老人，長沙人。初，張獻忠躪湖廣時，宣智曾祖繼聖，聚鄉勇自守。獻忠招授僞官，繼聖不從。劫繫其母馬氏、妻吴氏及其弟繼珩妻陳氏、繼隨妻項氏以脅之。馬氏及三婦皆駡賊死。繼聖亦被斷腕後潛逃以免。卒伺隙破賊復讐。湖廣總督何騰蛟上其功，授教授。事載《湖廣通志》中。乾隆壬午，宣智裒其行狀墓銘之類，共爲一編。而以繼聖遺詩十二首附焉。

張邦昌事略

《四庫全書總目提要・傳記類存目六》《張邦昌事略》一卷。編修程晉芳家藏本。舊本題宋王稱撰。核其文，即《東都事略》僭僞傳也。摘其一卷，別立名目，又改「王偁」爲「王稱」，可謂愈僞愈出。曹溶收之《學海類編》，蓋偶未考也。

僞豫傳

《四庫全書總目提要・傳記類存目六》《僞豫傳》一卷。兩淮鹽政採進本。宋楊克弼撰。述劉豫降金，僭號始末。其序稱以豫逆臣，不當稱僞齊，故削其國號而名稱之，以示貶也。傳中載豫阜昌八年，遣宣義郎楊克弼乞師大金，克弼他辭，乃改差韓元美。是克弼亦嘗仕豫，豫廢後乃復歸宋耳。陳振孫《書録解題》作《逆臣劉豫傳》，楊堯弼、楊載等撰，與此本不同。克堯字形相近，未知孰是也。

徐海本末

《四庫全書總目提要・傳記類存目六》《徐海本末》一卷。户部尚書王際華家藏本。明茅坤撰。坤字順甫，歸安人。嘉靖戊戌進士。官至大名兵備副使。事蹟具《明史・文苑傳》。坤好談兵，罷官後值倭事方急，嘗爲胡宗憲招入幕，與共籌兵計。此編乃紀宗憲誘誅寇首徐海之事。皆所親見，故叙述特詳，與史所載亦多相合。袁袠以此書與《汪直傳》合刻入《金聲玉振集》中，題曰《海寇後編》。今析出各著於録焉。

汪直傳

《四庫全書總目提要・傳記類存目六》《汪直傳》一卷。户部尚書王際華家藏本。不著撰人名氏。記嘉靖中汪直引倭入寇海上，及總督胡宗憲以計誘殺直事。所以歸功於宗憲者甚至，或其幕客所爲也。

劉豫事蹟

《四庫全書總目提要・傳記類存目六》《劉豫事蹟》一卷。兩淮鹽政採進本。國朝曹溶撰。溶有《崇禎五十宰相傳》，已著録。是書本楊克弼《僞豫傳》，又雜採他書附益之，視原傳所述較詳。

東坡事蹟

錢大昕《補元史藝文志・傳記類》　吴武子《東坡事蹟》。光山人。

文天祥傳

錢大昕《補元史藝文志・傳記類》　龔開《文天祥傳》一卷。

陸秀夫傳

錢大昕《補元史藝文志·傳記類》 龔開又《陸秀夫傳》。

瘦叟自誌

錢大昕《補元史藝文志·傳記類》 葉由庚《瘦叟自誌》一卷。

運使復齋郭公言行録

錢大昕《補元史藝文志·傳記類》 《運使復齋郭公言行録》一卷。福州路教授徐東編。紀福建都轉運鹽使郭郁事迹。

阮元《四庫未收書目提要·傳記類》 《運使復齋郭公言行録》一卷。元福州路儒學教授徐東撰。按《饒州府名宦志》郭郁字文卿，大梁人。皇慶末，以江浙省都事來知浮梁縣。善爲鈎距，自方趙廣漢，官終福建都轉運使。又《浙江通志·名宦類》引《至正四明續志》云，郭郁，泰定二年，任明州路總管，有才略。在郡正賦籍定役法，措置食鹽，綜理倉庫，皆有法。修孔子廟，飭弟子員徵逋租，損浮費，至學廪不能容。如兩《志》所書，則郁之宦蹟有足多也。是録因東適同官，故悉載其所歷仕（原本「仕」誤「任」，據巾箱本校。）途，由江南、江西、浙江、福建諸處，所在立政立事，愛士愛民，勸善懲惡，興利除害，各善政。後復附以建安進士張復題詞，及福建學陳御史臺狀牒文等件，以見當日人情愛戴之誠。各家書目均不著録，唯錢大昕《補元史藝文志》曾採入史部傳紀類。今録之。雖不盡可據，但亦有可備史家之事實者。

張金吾《愛日精廬藏書志·傳記類》 《復齋郭公言行録》一卷。元刊本。元福州路儒學教授徐東述。郭公名郁，汴之封邱人。金末，避兵徙大名。仕元，歷官至福建都轉運鹽使。敭歷中外，所至有聲。東採摭聞見，撮其切要，依朱子《名臣言行録》例，爲《郭公言行録》，備載居官治民事跡。自初掾都省至除福建鹽使，凡十條，後附福州路儒學陳御史臺狀，又舉狀暨郭公義田牒文。

《言行録》録復齋郭公言行也。公自初爲樞密史，至今嘉議大夫，凡掾中外省爲都事者二，爲牧守者三，檢校中書僉贊風紀兩職鹾運，向爲貳，今爲正。嘉言善行，炳炳人心；章章册牘，形諸歌詩，刊諸金石，合爲今《言行録》，誠爲政之範模，檢心之繩尺也。僕，閩人也。福星之所臨照，莫非言行之光華。澄源之訓，欺天之戒，惻然之情見乎？家喻户曉之餘，所謂德言而爲羣言之長也。削冗濫負百餘人，於亭户而除其豫辦之擾，於鹽徒而止坐事發之家，所謂德行而爲羣行之宗也。若夫孝之於父子，學之於師友，義之於兄弟，宗族大本大原之可法天下，師百世者，則有言行全録在。三山林與祖謹書。

松雪齋殘本行狀

黄丕烈《蕘圃藏書題識·史類一》 《松雪齋殘本行狀》一卷。元刊本。嘉慶庚申秋，得元刊本行狀十二葉，手勘一過，正誤字如右。蕘圃。

嘉忠録

周中孚《鄭堂讀書記·傳記類》 《嘉忠録》五卷。葉氏菉竹堂藏初刊本。明葉汝華編。汝華，高要人。是編記其父確齋禎死節事。天順三年，確齋方官廣西慶遠同知，緣峒蠻作亂，兵敗被害。事聞贈廣西布政司參議。越五年，汝華因取誥詞及積歲所得官府奏疏、公文之略，祭奠碑志等文，弔輓等語，編爲四卷，而確齋平日所作詩文、公案亦閒鈔一二，置諸卷末，題曰《嘉忠録》。蓋識誥詞中語以示不忘云爾。前有莆田柯潛序，後有汝華跋。

維揚殉節紀略

周中孚《鄭堂讀書記·傳記類》 《維揚殉節紀略》一卷。借月山房彙鈔本。明史得威撰。得威，史可法嗣子，原任閣部標下總統內五營副總兵，官都督同知。是書乃誌弘光史道鄰可法危城授命始末，并録絶筆遺書。自四月初一日在揚得塘報起，迄二十五日授命於揚之南城上，暨明年清明後一日，舉衣冠袍笏葬於梅花嶺旁而止。後附殉難文武官員姓氏四十二人，并遺豫王書上太夫人書、遺夫人書、遺伯叔兄弟書、遺史得威書，共五通，皆四月十九日作也。其餘文武諸臣殉節者甚衆，未能盡識。乾隆四十一年，《欽定勝朝殉節諸臣録》於揚州殉難文武官員皆據是書及他書所載。賜謚建祠則是編亦當與道鄰之大節、諸臣之殉難並垂不朽矣。卷一目冠以高宗純皇帝御製書明臣史可法復書睿親王事一則，并《睿親王致明史閣部書》、《明史閣部答睿親王書》兩道，皆張若雲所加入也。末有若雲跋。

子劉子行狀

周中孚《鄭堂讀書記·傳記類》《子劉子行狀》二卷。原刊本。國朝黄宗羲撰。念臺通籍四十年，立朝僅四年，在家强半教授，梨洲爲其門人，故於其生平事實尤所深知，因爲撰是狀以備史館之采擇，而於其學術僅舉大略，蓋已備載於《明儒學案》矣。後梨洲門人萬季野草創《明史》，全本是狀爲之傳。攷文案、文定、文約諸集，俱不載。及是狀以其有單行本也。

關帝文獻會要

周中孚《鄭堂讀書記·傳記類》《關帝文獻會要》八卷。康熙庚寅刊本。國朝孫芑編。芑字澧有，松江人。澧有以舊本紀關帝事者殊欠典核，乃捃摭羣書以成是編，凡譜系、塚廟、爵謚、翰墨以及碑銘、傳記、贊序、詩文，靡不畢具。蒐采極博，刪定極嚴。不雅馴者，悉去之。於以發顯忠義，激勵人倫，固屬有餘，然以視周廣業《關帝徵信録》，采輯詳備，攷證精確爲絶無僅有之書，不覺瞠乎其後矣。前有凡例及康熙庚寅靈武師秉如懿德、海寧陳乾齋元龍二序。

岳廟志略

周中孚《鄭堂讀書記·傳記類》《岳廟志略》十卷。嘉慶癸亥刊本。國朝馮憮撰。憮字玉圃，號實庵，元和人。乾隆戊戌進士，官至户科給事中。實庵以明徐階等《岳廟集》四卷、徐縉芳《精忠類編》八卷其書罕見，而萬曆閒高舉、鄭繼芳合纂《忠烈廟志》八卷，又屬殘本，乃慎加蒐擇，纂成是編。恭録御製詩文于卷首，下分祠墓、敕告、祀典、行實、詩詞、序記、軼事爲七門。內行實分三卷，詩詞分二卷，共爲十卷。其中偶有所見爲之訂異同，剖真僞，頗有資于考證。曰志略者，體從簡質也。大都徵録事實以《宋史》本傳、章穎經進之傳爲主，而參之以岳珂《金陀粹編》、《續編》諸書，阮雲臺元序，稱其不矜奇，不争博，其得力于史例者甚深云。前又有自序及凡例，冠以圖像及廟墓二圖。

讀孟質疑

周中孚《鄭堂讀書記補逸·傳記類》《讀孟質疑》三卷。求己堂刊本。國朝施彦士撰。履貫見經部春秋類。上卷爲孟子年譜，中卷爲孟子事蹟，凡爲考三十四篇。下卷爲附録，凡考二篇、表一篇，末附姿孺山兆翀孟子篇叙十三條。前有嘉慶己卯自序謂：「讀婺源江氏永孔子年譜，考訂精確，惜亞聖行蹤歲月，書缺有閒，無以折其衷，因參互校勘，輯成是帙。」其詳核亦不亞江氏云。

宋太宗實録殘本

張金吾《愛日精廬藏書志·別史類》《宋太宗實録殘本》八卷。抄本。從陳君子準藏舊抄本傳録。宋錢若水等撰。原八十卷，今存卷二十六至三十卷、七十六卷、七十九、八十，共八卷。晁公武曰，楊億娶張洎女不終，故洎傳多醜辭。洎傳適在卷中，如曰性使佞能伺候人主意，又曰尤險陂好攻人之短，又曰善事黄門宦官，又曰性鄙吝，又曰在江表日多讒毁良善，誠爲醜詆流議之來有由致也。每卷末俱有書爲人某某，初對某某，覆封某某一條。

《郡齋讀書志》曰，《太宗實録》八十卷，皇朝錢若水等撰。至道三年，命若水監修，不隸史局。若水即引柴成務、宋度、吴淑、楊億爲佐，咸平元年書成，上於朝。起即位，至至道三年丁酉三月，凡二十年。初，太宗有馴犬常在乘輿側，及崩，犬輒不食。李至嘗作歌紀其事，以遺若水，其斷章曰，自麟赤厲君勿書，勸若書此徵浮俗。而若水不爲載。吕端雖爲監修，而未嘗涖局，書成不署端名，至抉其事以爲專美，若水援唐朝故事若此者甚衆，世人不能奪，又傳億子娶張洎女而不終，故洎傳多醜辭。嗚呼！若水及億，天下稱賢，尚不能免於流議若此，信乎執史筆者之難也。

《直齋書録解題》曰，錢若水等以至道三年十一月受命，咸平元年八月上之。九月而畢，人難共速。同修撰者給事中濟陰柴成務寶臣、秘閣校理丹陽吴淑正儀、直集賢院建安楊億大年。案億《傳》書，凡八十篇，而億獨草五十六卷。

顧令君政績卷

吴壽暘《拜經樓藏書題跋記》卷四　《顧令君政績卷》。右題跋歌詠一册，皆爲令君禱雨陳山龍君行祠而作。張文漁徵士見此卷，墨蹟録出，而先君子手書並有按語，跋文，已見《愚谷文存》。此册未附許雲邨給諫《顧令君頌》一篇，頌爲先君子所收藏，後以贈文漁徵君，詳見文存跋語中。

董令升遺事

吴壽暘《拜經樓藏書題跋記》卷四　《董令升遺事》。附《歸廬陵日記》。右鈔本《令升遺事》，首《李心傳繫年要録》、《宋史禮志》二篇，後列《書録解題》弁所著各種一條。先君子記云，弁所著又有《嚴陵集》九卷，天一閣藏本，見全書總目第一百八十七卷。又《直齋書録解題》有《待兒小名録》一卷，《續》一卷。序題朋溪居士，而不著名氏。始洪炎玉父集爲此書，王銍性之、温豫彦幾續補。今又因三家而增益之。或云董彦遠家子弟爲之。某按彦遠爲逌之字，則此二卷亦弁所著無疑。今此書未見有專行本，惟明商濬刻《稗海》中。有《待兒小名録拾遺》一卷，題宋晉陽張邦幾撰。但陳氏又曰且爲分類，其中多用古字。今《稗海》本不分類，亦不見有古字，似經後人竄削，非復令升之舊矣。卷末附朱翌和令升詩。跋云，某按《董令升集》罕傳，故原唱不可見。右數首從《灊山集》録附止，殆令升守新定時唱和之作，蓋長孺紹興中嘗僑居桐江也。令升又嘗有《淵明先生集跋》，惜未見。此册後又附鈔周益公《歸廬陵日記》，起隆興癸未三月甲辰，止是年六月壬申。先君子記云全集第一百六十五卷，摘録宜興事。

三遷志

馬國翰《玉函山房藏書簿録・雜傳記類》　《三遷志》十五卷。明山東按察司僉事成都史鄂撰。太學生海鹽吕兆祥聖符重修。承其父藩理季可手定《孟志》，序略云，孟氏也志孟而曰三遷，以孟子學實基始于斯。

忠烈朱公盡節録

馬國翰《玉函山房藏書簿録・雜傳記類》　《忠烈朱公盡節録》四卷。忠孝堂本。國朝單縣朱纁撰。録其父廷煥白中崇禎中爲大名道副使，闖寇陷城死節事，並輯海内諸公贈言。

静修先生本傳

馬國翰《玉函山房藏書簿録・雜傳記類》　《静修先生本傳》二卷。續業堂本。國朝饒陽劉含撰。叙其父元龍行事。元龍字凝焉，舉孝廉方正，門人私謚「静修先生」。含輯録其父自叙年譜、傳、碑及語録等，受業梁國興敬公校刊。

敏行録

瞿鏞《鐵琴銅劍樓藏書目録・傳記類》 《敏行録》一卷。元刊本。 題福州路儒學教授徐東撰《言行録》，紀郭公郁居官事。《敏行録》皆一時名人投贈詩文頌其政績也。此書自來諸家書目未著録。今見錢氏《補元史藝文志》、《養新録》及張氏《藏書志》、阮氏《經進書目》，各家題跋已詳本末，惟張氏、阮氏分載二書，不知敏行録即附刻於《言行録後》，亦徐東所編。阮氏誤以卷首有黄文仲、林興祖二序，遂疑爲二人所編也。

吴侍郎行狀

李慈銘《越縵堂讀書記・傳記類》 《吴侍郎行狀》。偶于友人寄存破篋中料檢文字，得吴其太廉訪所刻……吴縣吴鍾駿侍郎……行狀一本……隨閲之。……《吴侍郎行狀》，侍郎字欥聲，一字崧甫，號殅舫。父頤，嘉慶辛酉進士，户部主事軍機處行走，嘗主癸酉科廣西鄉試，號得士。侍郎道光壬辰進士第一，以修撰主甲午福建試，得黄宗漢少宰。乙未主湖南試，得胡林翼宫保、孫鼎臣侍讀、何紹基編修，皆以經濟文章名。嘗兩任浙江學政，識拔多允衆望，爲山陽汪文端後所僅見。嘗舉爲學之方，分經學、小學、史學、文學、詩學、字學六條，爲告教，頒所部郡縣學以詔諸生。其經學、小學二條，尤詳慎，得讀書之法。予之稍知向學，實源于此。先生詔人皆漢學，嘗以不得見先生著述爲憾。今行狀言，先生嘗謂經文多古音古義，非明于小學，不能審音定義，故于許氏《説文》參究最精。取近儒金壇段氏之説，刪繁録要，成《説文段注輯覽》四卷。他著有《羣經音辨録》七卷、《禹貢舉要》一卷、《駢雅輯證》七卷、《師漢齋經義雜識》十卷。生平無他嗜，藏書萬卷，經手校者過半，有《漢書・地理志校勘記》一卷、《唐文粹校勘記》四卷、《西漢文選》十二卷、《唐文薈鈔》十八卷、《唐詩選》八卷、《宋人律詩選》二卷、《劍南詩選》二卷、《元詩選》十卷，自著《悟雲書屋詩文集》六卷、《師漢齋試藝》二卷，俱未刻，藏于家。先生嘗爲陳碩父刻《詩毛傳疏》，而自著者概未刻，蓋先生于癸丑六月歿于福建學政署，其撰述之志固未竟。今吴中遭亂，先生遺書當已不保，可慨惜也。近來士夫稍知學者，無不言先生爲公卿中第一人，而皆以未見其書，遂疑其未嘗著作。予所交先生鄉人，如顧河之張問月，皆好古力學，而亦不知先生著書如此之多。先生官吾浙最久，遺愛滿士林，而浙人無知其學者。先生亦未嘗有所率厲提創，其不肯以根柢示人耶？抑薄待後生而以爲不足與學耶？是不可解也。

先生嘗直上書房，授瑞敏郡王讀，以文字受宣宗知最深，嘗呼爲老教讀師。乙未歲，以在假未與翰詹大考，宣宗語之曰：汝寫作俱佳，如與試未有不前列者。己酉歲，上書房考試試差，以方攝倉場總督，未與試，特詔視學浙江。謂曰：汝學問素好，朕早知之。丁未歲，禮部遵旨議文廟禮節，刪去自行一叩禮；更有議欲酌改移拜位至階上者。先生曰：文廟拜下，歷代相承，今欲從簡而議拜乎上，此正聖人所謂泰也。具疏力言其不可，遂止。今上御極，詔開言路，先生請慎擇州縣官；又請宫殿廟宇地名官名，宜避大行皇帝諱，皆報可。其自浙江學政移福建，時黄少宰方撫浙，餞于江干，先生贈以佩韋二字。及先生歿，少宰輓之云：韋佩敢忘兩字，心喪何止三年，此皆可記者也。

晏子春秋意義

張之洞《書目答問・古史》 《晏子春秋音義》二卷。孫星衍音義。岱南閣本。經訓堂本。又吴鼒仿宋本。

孔子世家補訂

張之洞《書目答問・傳記》 《孔子世家補訂》一卷。林春溥。竹柏山房十一種本。

孔子集語

張之洞《書目答問・傳記》 《孔子集語》十七卷。孫星衍、嚴可均輯。平津館本。遠勝宋薛據書。采集羣書。所引真僞不一，經部、子部皆不可隸，故附於編年之後。

闕里文獻考

張之洞《書目答問・傳記》《闕里文獻考》一百卷。孔繼汾。乾隆壬午刻本。

鄭學録

張之洞《書目答問・傳記》《鄭學録》四卷。鄭珍。遵義唐氏刻本。

諸葛忠武侯故事

張之洞《書目答問・傳記》《諸葛忠武侯故事》五卷。張澍。自刻本，沔縣武侯文集附刻本。互見。

王子小傳

龔顯曾《金藝文志補録・傳記類》《王子小傳》王鬱。

孫德謙《金史藝文略・傳記》《王子小傳》大興王鬱飛伯撰。載《歸潛志》，《金史》本傳。

新刊名臣紀述老蘇先生事實

陸心源《皕宋樓藏書志・傳記類》《新刊名臣紀述老蘇先生事實》一卷。宋刊本。不署撰人名氏。

石崇本事

丁國鈞《補晉書藝文志・雜傳類》《石崇本事》。謹按《藝文類聚・服飾部》，引《御覽・七百三服用部》則作《石季倫本事》。

徐江州本事

丁國鈞《補晉書藝文志・雜傳類》《徐江州本事》。謹按：見《世說・賞譽篇注》，本書《徐寧傳》遷吏部郎，左將軍江州刺史。

王粲傳

丁國鈞《補晉書藝文志・雜傳類》《王粲傳》。何劭。謹按：見《本書劭傳》。

會稽孝文王傳

丁國鈞《補晉書藝文志・雜傳類》《會稽孝文王傳》。謹按：見《世說・言語篇注》。

顧悅傳

丁國鈞《補晉書藝文志・雜傳類》《顧悅傳》。顧愷之。謹按：見《世說・言語篇注》。

王堪傳

丁國鈞《補晉書藝文志·雜傳類》《王堪傳》。謝朗。謹按：《世説·賞譽篇》引，原作謝胡兒撰。

趙畋傳

丁國鈞《補晉書藝文志·雜傳類》《趙畋傳》。謹按：見《宋書·氐胡傳》。

左思傳

丁國鈞《補晉書藝文志補遺·史部》《左思傳》。郭伯通、衛權撰。見《御覽》卷六百。

孔子讚

秦榮光《補晉書藝文志·傳記類》《孔子讚》一卷。

焦先傳

秦榮光《補晉書藝文志·傳記類》《焦先傳》。耿黼撰。

焦先傳

秦榮光《補晉書藝文志·傳記類》《焦先傳》。傅玄撰。

馬鈞序

秦榮光《補晉書藝文志·傳記類》《馬鈞序》。傅玄撰。

司馬朗序傳

秦榮光《補晉書藝文志·傳記類》《司馬朗序傳》。司馬彪撰。

山濤行狀

秦榮光《補晉書藝文志·傳記類》《山濤行狀》。

牽招碑

秦榮光《補晉書藝文志·傳記類》《牽招碑》。孫楚撰。

成公智瓊傳

秦榮光《補晉書藝文志·傳記類》《成公智瓊傳》。張敏撰。據《太平廣記》。

魏末傳

秦榮光《補晉書藝文志・傳記類》 《魏末傳》二卷。

李固德行

姚振宗《後漢藝文志・雜傳記類》 趙承等《李固德行》一篇。《范書・李固傳》，固字子堅，漢中南鄭人，司徒郃之子也。少好學，究覽墳籍，結交英賢，四方有志之士多慕其風而來學。以順帝陽嘉二年對策，拜議郎。爲大將軍梁商從事中郎，荆州刺史，太山太守，將作大匠，大司農。冲帝即位，以太尉與梁冀參録尚書事。及質帝遇弒，固引司徒胡廣、司空趙戒、大鴻臚杜喬皆以爲清河王蒜明德著聞，又屬最尊親宜立爲嗣。冀不從，竟立蠡吾侯，志是爲桓帝。後歲餘，甘陵劉文、魏郡劉鮪各謀立蒜爲天子，梁冀因此誣固與文、鮪共爲妖言，下獄。門生勃海王調貫械上書，證固之枉，河内趙承等數十人亦要鈇鑕詣闕通訴，太后明之，乃赦焉。及出獄，京師市里皆稱萬歲。冀聞之大驚，畏固名德終爲己害，乃更據奏前事，遂誅之，時年五十四。弟子趙承等悲歎不已，乃共論固言迹以爲德行一篇。《桓帝本紀》建和元年十一月，清河劉文反，殺國相謝暠，欲立清河王蒜爲天子，事覺伏誅。蒜坐貶爲尉氏侯，徙桂陽，自殺。前太尉李固、杜喬皆下獄死。謝承《書》曰，固所授弟子潁川杜訪、汝南鄭遂、河内趙承等七十二人，相與哀歎、悲憤，以爲眼不復瞻固形容耳。不復聞固嘉訓，乃共論集德行一篇。

龐娥傳

姚振宗《後漢藝文志・雜傳記類》 梁寬《龐娥傳》。《魏志・龐淯傳注》：皇甫謐《列女傳》曰，酒泉烈女龐娥親者表氏，龐子夏之妻，禄福趙君安之女也。君安爲同縣李壽所殺，娥親有男弟三人，皆遭疫死。壽聞相慶賀。至光和二年二月，娥親殺壽於都亭，歸罪有司，會赦得免。涼州刺史周洪、酒泉太守劉班共表上，稱其義烈，刊石立碑，顯其門閭。太常弘農張奂按：奂本酒泉人，内徙弘農。詳見經部書類。貴尚所履，以束帛禮之。故黄門侍郎安定梁寬追述娥親爲其作傳。

按：龐娥報讎事《范書・列女傳》、《魏志・龐淯傳》並載之。淯之母也。《范書》云字娥，《魏志》亦云淯母娥，淯外祖父趙安。卷首目録注云淯母娥英與皇甫氏稱娥親、趙君安並異，當從正史。又「禄福」當作「福禄」，酒泉縣郡所治也。梁寬始末未詳，或當是獻帝時人。

王閎本事

姚振宗《後漢藝文志・雜傳記類》 《王閎本事》。《東觀記》曰，王閎者，王莽叔父平阿侯譚之子也。莽篡位，潛忌閎，乃出爲東郡太守。閎懼誅，嘗繫藥手内。莽敗，漢兵起，閎獨完全。按：此從《御覽》九百八十四抄出者其語未畢。

《范書・張步傳》：莽敗，漢兵起，閎獨完全東郡三十餘萬户，歸降更始。又曰，更始遺魏郡王閎爲琅琊太守。又曰，步待以上賓之禮，令閎關掌郡事。又曰，建武五年，帝自幸劇張步，降王閎，亦詣劇降。又曰，王閎者，哀帝時爲中常侍。

侯《志》曰，《御覽》三百六十八引之云，閎爲琅琊太守，張步欲誅之，出東武城門，馬奔，墮車，折齒，閎心惡，移病歸附，遂得免。康按：王閎《范書》附《張步傳》，又見前書。《董賢傳》不載此事。

按：王閎實乃心漢室者。自建武五年歸降後，不復見其事蹟。《御覽》七百十六引《漢名臣奏》曰，王莽斥出王閎，太后憐之，閎伏泣失聲，太后親自以手巾拭閎泣。前、後《書》不載此事，當亦在本事中。

荀采傳

姚振宗《後漢藝文志・雜傳記類》 《荀采傳》。章宗源《隋志考證》曰，《荀采傳》見《藝文類聚》。

侯《志》曰，《御覽》八百七十引之，其事與《范書・列女傳》同，而文異，蓋別傳也。

按：《范書・列女傳》南陽陰瑜妻者，潁川荀爽之女也。名采，字女荀，年十九而瑜卒，後同郡郭奕喪妻，爽以采許之，采不屈，遂自縊于郭氏。

文廷式《補晉書藝文志・雜傳類》《荀采傳》。

鍾會母傳

姚振宗《三國藝文志・雜傳記類》《鍾會母傳》。章宗源《隋志考證》曰，鍾會爲其母傳，見《三國志注》，亦見《太平御覽》。

侯《志》曰，《鍾會母傳》，鍾會撰。見《會傳》注。

案：會母張氏，字昌蒲，太原兹氏人，太傅定陵成侯之妾。有賢行。黄初六年，生會。甘露二年，卒。天子手詔厚加賵贈議者，以爲宜崇典禮稱成侯命婦云。《隋志考證》又載有生母傳，蓋誤以傳注所引兩節爲二傳，此兩節實一篇也。

宋濂溪周元公先生集

丁丙《善本書室藏書志・傳記類》《宋濂溪周元公先生集》十三卷。明刊本。汪魚亭藏書。春陵拙吏、龍城後學、航普李嵊慈纂修。嵊慈字元穎，龍城人，官道州知州，因李維卿司寇楨述周子事實，首載《太極圖説》、《通書》，次《墓志》及諸儒議論、歷代褒崇祭告典禮、古今紀述題詠，撰爲《濂溪志》九卷，重加緝補，改增卷帙，自爲之序。懷遠增生李嵊萱元旭、州判學正、訓導吏目、甯遠衛經歷等同爲編訂，有汪魚亭藏閲書印。

聖蹟全圖

丁立中《八千卷樓書目・傳記類》《聖蹟全圖》一卷。明邵以仁撰。刊本。

魏鄭公諫録註

丁立中《八千卷樓書目・傳記類》《魏鄭公諫録註》五卷。國朝王先恭撰。刊本。

張樂全行狀

丁立中《八千卷樓書目・傳記類》《張樂全行狀》一卷。宋王鞏撰。抄本。

岳忠武行實

丁立中《八千卷樓書目・傳記類》《岳忠武行實》二卷。宋岳珂撰。明辨齋本。

魏鄭公諫續録註

丁立中《八千卷樓書目・傳記類》《魏鄭公諫續録註》二卷。國朝王先恭撰。刊本。

開州政績

丁立中《八千卷樓書目・傳記類》《開州政績》八卷。明李呈祥撰。明刊本。

東坡傳略

丁立中《八千卷樓書目・傳記類》《東坡傳略》一卷。不著編輯者名氏。明刊本。

關公志

丁立中《八千卷樓書目・傳記類》《關公志》十二卷。明丁鏞撰。刊本。

關夫子聖蹟圖

丁立中《八千卷樓書目・傳記類》《關夫子聖蹟圖》一卷。國朝孫百齡撰。刊本。

胡公事蹟録

丁立中《八千卷樓書目・傳記類》《胡公事蹟録》一卷。國朝程鳳山撰。刊本。

平南王元功垂範　續編

丁立中《八千卷樓書目・傳記類》《平南王元功垂範》二卷，《續編》一卷。國朝尹源撰。刊本。

經太夫人行述

丁立中《八千卷樓書目・傳記類》《經太夫人行述》一卷。國朝英和撰。刊本。

陸清獻公遺跡

丁立中《八千卷樓書目・傳記類》《陸清獻公遺跡》三卷。國朝黄維玉撰。刊本。

王果毅公行述

丁立中《八千卷樓書目・傳記類》《王果毅公行述》一卷。國朝王朝綱撰。刊本。

張中丞事實集録

丁立中《八千卷樓書目・傳記類》《張中丞事實集録》三卷。國朝王德茂撰。刊本。

洪子泉先生事略　附遺箸

丁立中《八千卷樓書目・傳記類》《洪子泉先生事略》一卷，附《遺箸》一卷。不著編輯者名氏。刊本。

宋儒袁正獻公從祀録

丁立中《八千卷樓書目・傳記類》《宋儒袁正獻公從祀録》六卷。國朝陳僅編。刊本。

劉果敏公榮哀録

丁立中《八千卷樓書目・傳記類》《劉果敏公榮哀録》三卷。不著編輯者名氏。刊本。

徐節母勁節樓圖記

丁立中《八千卷樓書目・傳記類》《徐節母勁節樓圖記》二卷。國朝徐惪原撰。刊本。

萬篪軒墓誌銘

丁立中《八千卷樓書目・傳記類》《萬篪軒墓誌銘》一卷。國朝梅啓照撰。刊本。

趙孝子思親録

丁立中《八千卷樓書目・傳記類》《趙孝子思親録》一卷。國朝趙彦輝撰。刊本。

李孺人表貞録

丁立中《八千卷樓書目・傳記類》《李孺人表貞録》一卷。國朝沈景修編。刊本。

左文襄誄詞

丁立中《八千卷樓書目・傳記類》《左文襄公誄詞》二卷。不著編輯者名氏。刊本。

岑襄勤公勳德介福圖

丁立中《八千卷樓書目・傳記類》《岑襄勤公勳德介福圖》一卷。國朝趙藩編。石印本。

李黼堂事略

丁立中《八千卷樓書目・傳記類》《李黼堂事略》一卷。國朝李輔燿撰。刊本。

干越明三不朽圖讚

丁立中《八千卷樓書目・傳記類》《干越明三不朽圖讚》三卷。國朝張岱撰。刊本。

賢良祠王大臣小傳

丁立中《八千卷樓書目・傳記類》《賢良祠王大臣小傳》一卷。不著撰人名氏。抄本。

周列士傳

丁立中《八千卷樓書目・傳記類》《周列士傳》一卷。國朝顧壽楨撰。刊本。

安定言行録

丁立中《八千卷樓書目・傳記類》《安定言行録》一卷。國朝許正綬撰。《月河精舍叢鈔》本。

孫愷陽殉城論

丁立中《八千卷樓書目・傳記類》《孫愷陽殉城論》一卷。明蔡鼎撰。《荆駝逸史》本。

孫高陽督師略

丁立中《八千卷樓書目・傳記類》《孫高陽督師略》一卷。明蔡鼎撰。《荆駝逸史》本。

盧司馬殉忠録

丁立中《八千卷樓書目・傳記類》《盧司馬殉忠録》一卷。明許德士撰。《荆駝逸史》本。

(王靖毅公)列傳

劉錦藻《清續文獻通考・經籍考・傳記》《列傳》一卷。王家勤等撰。

(王靖毅公)行述

劉錦藻《清續文獻通考・經籍考・傳記》《行述》一卷。王家勤等撰。

吕跛子傳

孫德謙《金史藝文略・傳記》《吕跛子傳》。大興吕子羽唐卿撰。《中州集》:晚年感末疾,又號吕跛子,自作傳以見志。

張侯言行録

孫德謙《金史藝文略・傳記》《張侯言行録》。徒單公履撰。文見蘇天爵元文類。然莊仲方《金文雅》、張金吾《金文最》皆取之。莊氏並以公履列《作者姓名考略》,故附著于此。

雜傳分部

世本

《七略别録佚文・春秋》《世本》十五篇。《世本》,古史官明於古事者之所説也。録黄帝已來諸侯及公卿、大夫系、謚、名號，凡十五篇，與《左氏》合也。嚴本、馬本。

《漢書・藝文志・春秋》 《世本》十五篇。古史記黄帝以來訖春秋時諸侯、大夫。

張之洞《書目答問・古史》 《世本》一卷。孫馬翼輯。問經堂本。又高郵茆氏輯刻十種古書本。

姚振宗《漢書藝文志條理・春秋》 《世本》十五篇。古史官記黄帝以來訖春秋時諸侯大夫。

劉向《別録》曰，《世本》古史官明于古事者之所記也。録黄帝以來帝王諸侯及卿大夫系、謚、名號，凡十五篇，與《左氏》合也。

司馬遷《傳贊》：孔子作《春秋》，左邱明爲之傳，又纂異同爲《國語》，又有《世本》，録黄帝以來至春秋時帝王、公侯、卿大夫祖世所出。故司馬遷據《左氏》、《國語》，采《世本》。

《顔氏家訓・書證篇》：《世本》出左邱明所書，原注此説出皇甫謐《帝王世紀》。而有燕王喜、漢高祖皆由後人所羼，非本文也。按：顔氏所見似即《史通》所謂楚漢之際好事者所録別本與？此劉中壘所録訖于春秋時者，各不相同。

《隋書・經籍志》：《世本》二卷，劉向撰。又曰，氏姓之書其所由來遠矣。《書》稱「別生分類」。傳曰，天子建德，因生以賜姓。周家小史，定繫世，辨昭穆，則亦史之職也。秦兼天下，剗除舊迹，公侯子孫失其本繫。漢初，得《世本》，叙黄帝已來祖世所出。按：兩唐《志》有宋衷、宋均注《世本》，亦似楚漢之際好事者所録別本也。

王謨輯本敍録曰，此書本極斷爛，易致混淆，轉寫多誤，尤難釐正。今所鈔輯率據《史記》與《正義》、《索隱》參互考訂，略仿原書體例，編爲二卷，而以帝王、諸侯、卿大夫世系爲上卷，氏姓篇、居篇、作篇爲下卷。

張澍《世本集注序》曰，《春秋正義》云，今之《世本》與司馬遷言不同。《唐書・柳冲傳》載柳芳言亦然。按：唐人所見亦似楚漢之際好事者所録別本，故與史公所引之本不同。顔之推據皇甫謐説，爲左邱明所纂。劉恕《通鑑外紀》以爲《世本》經秦漢儒者改易。《尚書正義》以《世本》經暴秦爲儒者所亂，要之係秦漢以前書，中壘孟堅以爲出古史官者。近之《王侯大夫譜》云，趙孝成王丹生悼襄王偃，偃生今王遷。是作者猶值趙王遷時。其書自宋時已不傳，余繙閲緗帙，有引用者輒著録之，乃集得《作篇》、《居篇》、《氏姓篇》、《帝繫篇》、《王侯大夫譜篇》，共五篇，聊以管穴裨益宋注。

江都秦嘉謨《世本輯補序》曰，古來述《世本》者，莫如司馬遷、韋昭、杜預。今以《史記》及《國語》韋注、《左傳》杜解三書爲本，復得孫氏星衍所藏澹生堂鈔輯《世本》二卷，洪氏飴孫所編《世本》四卷，詳加增校，補輯成編。曰帝繫篇，曰紀，曰王侯譜，曰世家，曰大夫譜，曰傳，曰氏姓，曰居篇，曰作篇，曰謚法，凡十篇云。又有錢氏大昭、孫氏馮翼合輯本，在《問經堂叢書》中。又高郵茆泮林輯本，在茆輯《十種古逸書》中。

漢世要記

《隋書・經籍志・雜傳》 《漢世要記》一卷。

雜　傳

《隋書・經籍志・雜傳》 《雜傳》三十六卷。任昉撰。本一百四十七卷，亡。

《唐書・藝文志・雜傳記》 任昉《雜傳》一百二十卷。

鄭樵《通志・藝文略・傳記》 《雜傳》三十六卷。任昉撰。

管輅傳

《隋書・經籍志・雜傳》 《管輅傳》三卷。管辰撰。

《舊唐書・經籍志・雜傳》 《管輅傳》二卷。管辰撰。

《唐書・藝文志・雜傳記》 管辰《管輅傳》二卷。

鄭樵《通志・藝文略・傳記》 《管輅傳》三卷。管辰撰。

文廷式《補晉書藝文志・雜傳類》 管辰《管輅別傳》三卷。按：辰仕至州主簿部從事。太康初，物故。《魏志注》、《世説注》屢引之。

雜傳

《隋書·經籍志·雜傳》《雜傳》四十卷。賀蹤撰。本七十卷，亡。
《舊唐書·經籍志·雜傳》又四十卷。
《唐書·藝文志·雜傳記》又四十卷。
鄭樵《通志·藝文略·傳記》《雜傳》四十卷。賀縱撰。

雜傳

《隋書·經籍志·雜傳》《雜傳》十九卷。陸澄撰。
鄭樵《通志·藝文略·傳記》《雜傳》十九卷。陸澄撰。

雜傳

《隋書·經籍志·雜傳》《雜傳》十一卷。
《舊唐書·經籍志·雜傳》《雜傳》十卷。

童子傳

《隋書·經籍志·雜傳》《童子傳》二卷。王瑱之撰。

訪來傳

《隋書·經籍志·雜傳》《訪來傳》十卷。來奧撰。
鄭樵《通志·藝文略·傳記》《訪來傳》十卷。來奧撰。

懷舊志

《隋書·經籍志·雜傳》《懷舊志》九卷。梁元帝撰。
《唐書·藝文志·雜傳記》《懷舊志》九卷。
鄭樵《通志·藝文略·傳記》《懷舊志》九卷。

知己傳

《隋書·經籍志·雜傳》《知己傳》一卷。盧思道撰。
《舊唐書·經籍志·雜傳》《知己傳》一卷。盧思道撰。
《唐書·藝文志·雜傳記》盧思道《知己傳》一卷。
鄭樵《通志·藝文略·傳記》《知己傳》一卷。盧思道撰。

全德志

《隋書·經籍志·雜傳》《全德志》一卷。梁元帝撰。
《舊唐書·經籍志·雜傳》《全德志》一卷。梁元帝撰。
《唐書·藝文志·雜傳記》《全德志》一卷。

交遊傳

《舊唐書·經籍志·雜傳》《交遊傳》二卷。鄭世翼撰。
《唐書·藝文志·雜傳記》鄭世翼《交遊傳》二卷。
鄭樵《通志·藝文略·傳記》《交遊傳》二卷。鄭世翼撰。

祕録

《舊唐書・經籍志・雜傳》《祕録》二百七十卷。元暉等撰。

《唐書・藝文志・雜傳記》元暉等《祕録》二百七十卷。

畫讚

《舊唐書・經籍志・雜傳》《畫讚》五十卷。漢明帝撰。

《唐書・藝文志・雜傳記》漢明帝《畫讚》五十卷。

雜傳

《舊唐書・經籍志・雜傳》《雜傳》六十五卷。

《唐書・藝文志・雜傳記》《雜傳》六十九卷。

鄭樵《通志・藝文略・傳記》《雜傳》六十九卷。

《舊唐書・經籍志・雜傳》《雜傳》又九卷。

集記

《舊唐書・經籍志・雜傳》《集記》一百卷。王孝恭撰。

《唐書・藝文志・雜傳記》王孝恭《集記》一百卷。

李固別傳

《舊唐書・經籍志・雜傳》《李固別傳》七卷。

《唐書・藝文志・雜傳記》《李固別傳》七卷。

鄭樵《通志・藝文略・傳記》《李固別傳》七卷。

姚振宗《後漢藝文志・雜傳記類》《李固別傳》七卷。《唐書・經籍志》：《李固別傳》七卷。《藝文志》同。

章宗源《隋志考證》曰，《李固別傳》七卷，見《唐志》。《御覽》職官部、人事部、禮儀部並引《固別傳》。

侯《志》曰，《御覽》二百六十五引之。云，益州及司隸辟，皆不就。門徒或稱從事掾，固曰，未曾受其位，不能獲其號。此事本傳不載，餘多見本傳。又四百二十八引《李固外傳》，當即一書。

按：固始末見前《范書》，與《杜喬傳》同卷。固弟子趙承等所集德行一篇及《御覽》所引《外傳》或皆編入此七卷中。

文林館記

《舊唐書・經籍志・雜傳》《文林館記》十卷。鄭忱撰。

《唐書・藝文志・雜傳記》鄭忱《文林館記》十卷。

鄭樵《通志・藝文略・傳記》《文林館記》十卷。鄭忱撰。

世本

《舊唐書・經籍志・雜譜牒》《世本》四卷。宋衷撰。

姚振宗《後漢藝文志・譜系類》宋衷《世本》四卷。衷始末具經部易類。《隋書・經籍志》：《世本》四卷，宋衷撰。《唐經籍志》同。《藝文志》：宋衷《世本》四卷。

《史記・燕召公世家索隱》曰，按今系，本無燕代系。宋衷依《太史公書》以補其闕。

高似孫《史略》曰，《世本》凡三，其一曰《世本》，劉向所作者二卷。其一亦曰《世本》，宋衷所作者四卷。

章宗源《隋志考證》曰，諸書多徵引宋衷世本注，「衷」又作「忠」，或稱宋仲子注。

張澍二酉堂輯本序，曰《隋志》又有《世本》四卷，宋衷撰。衷蓋注而廣之也。

侯《志》曰，諸書引《世本》多，兼引宋衷注，故存者尚夥。

世本別録

《舊唐書・經籍志・雜譜牒》《世本別録》一卷。

姚振宗《後漢藝文志・譜系類》 宋衷《世本別録》一卷。《唐書・經籍志》：《世本》四卷，宋衷撰。《世本別録》一卷，不著撰人。《唐藝文志》：宋衷《世本》四卷。《世本別録》一卷。

侯《志》曰，《唐志》載此書文承宋衷之下，未知是衷撰否，姑存之。

按：此一卷稱《別録》者，似乎即小司馬所謂補燕世系之圖。《新唐志》之例，凡一人有數書者，皆類聚其間。他類常有之，不特此類爲然。然惟于此類此書亦正不能無疑。

帝譜世本

《舊唐書・經籍志・雜譜牒》《帝譜世本》七卷。宋均撰。

姚振宗《三國藝文志・譜系類》 宋均注《帝譜世本》七卷。均始末具經部孝經類。《唐書・經籍志》：《帝譜世本》七卷，宋均注。《藝文志》宋均注《帝譜世本》七卷。

高似孫《史略》曰，《世本》凡三，其一曰《帝譜世本》，宋均所作者七卷。按：《世本》敍歷代君臣世系，是書不復見。猶有傳者，劉向、宋衷、宋均三家而已。予閱諸經疏，惟《春秋左氏傳疏》所引《世本》者不一，因采掇彙次爲一書，題曰《古世本》。

章宗源《隋志考證》曰，《文選・西京賦注》隸首，黄帝史也。《史記・五帝紀索隱》伏羲、神農、黄帝爲三皇，少昊、高陽、高辛爲五帝。《始皇紀索隱》言如魚之爛自内而出。《太平御覽・服章部》黄帝作旃冕通帛爲旃冕，魯昭公作弁制素弁也。並引宋均《世本注》。

侯《志》曰，諸書引《世本》宋衷注者多，宋均注者少。今據王謨輯本引出者，凡五條。云，女媧，黄帝臣也。原注見《北堂書鈔》《文選注》，下同。祝融，顓頊臣，爲高辛氏火正。《初學記》。翣，武飾也。《莊子》釋文。暴辛，平王時諸侯，作塤，有三孔。《文選注》。蘇臣公，平王時諸侯。《北堂書鈔》。

案：《隋志・漢氏帝王譜》三卷之下注云，梁有《宋譜》四卷，亡。《宋譜》疑即此書，合《漢氏帝王譜》三卷，正七卷也。

世本譜

《舊唐書・經籍志・雜譜牒》《世本譜》二卷。

孔子系葉傳

錢東垣等輯《崇文總目輯釋・傳記類》《孔子系葉傳》三卷。黄恭之撰。

鄭樵《通志・藝文略・傳記》《孔子系葉傳》三卷。唐王恭之撰。

段公別傳

錢東垣等輯《崇文總目・傳記類》《段公別傳》二卷。馬宇撰。

《唐書・藝文志・雜傳記》 馬宇《段公別傳》一卷。秀實。宇，元和祕書少監，史館脩撰。

鄭樵《通志・藝文略・傳記》《段公別傳》二卷。唐馬宇撰，段秀實事。

《宋史・藝文志・傳記類》 馬宇《段公別傳》二卷。

尚書故實

錢東垣等輯《崇文總目輯釋・傳記類》《尚書故實》一卷。李綽撰。【原釋】

尚書即張延賞也。綽記延賞所談。故又題曰《尚書談録》。見《郡齋讀書志》。

《唐書・藝文志・雜傳記》 李綽《尚書故實》一卷。尚書即張延賞。

鄭樵《通志・藝文略・傳記》 《尚書故實》一卷。唐李綽爲張延賞客，因録延賞事。

《宋史・藝文志・傳記類》 李綽《張尚書故實》一卷。

李德裕南行録

錢東垣等輯《崇文總目輯釋・傳記類》 《李德裕南行録》四卷。

皇獻録

錢東垣等輯《崇文總目輯釋・傳記類》 《皇獻録》一卷。

皇家親故事

錢東垣等輯《崇文總目輯釋・傳記類》 《皇家親故事》二卷。

國朝傳記

錢東垣等輯《崇文總目輯釋・傳記類》 《國朝傳記》三卷。劉餗撰。

《唐書・藝文志・雜傳記》 劉餗《國朝傳記》三卷。

《宋史・藝文志・傳記類》 劉諫《國朝傳記》三卷。

國朝舊事

錢東垣等輯《崇文總目輯釋・傳記類》 《國朝舊事》四十卷。《唐志》、《通志略》並不著撰人。【原釋】闕。見天一閣鈔本。

《唐書・藝文志・雜傳記》 《國朝舊事》四十卷。

封禪故事

錢東垣等輯《崇文總目輯釋・傳記類》 《封禪故事》五卷。

集説

錢東垣等輯《崇文總目輯釋・傳記類》 《集説》一卷。【原釋】闕。見天一閣鈔本。

景龍文館記

錢東垣等輯《崇文總目輯釋・傳記類》 《景龍文館記》十卷。武平一撰。

《唐書・藝文志・雜傳記》 武平一《景龍文館記》十卷。

鄭樵《通志・藝文略・傳記》 《景龍文館記》十卷。李嶠、宗楚客等二十四學士。

陳振孫《直齋書録解題・傳記類》 《景龍文館記》八卷。唐修文館學士武甄平一撰。中宗初置學士以後館中雜事，及諸學士應制、倡和篇什雜文之屬。亦頗記中宗君臣宴褻無度，以及暴崩。其後三卷，爲諸學士傳。今闕二卷。平一，以字行。

異域歸忠傳

錢東垣等輯《崇文總目輯釋・傳記類》《異域歸忠傳》二卷。李德裕撰。

《唐書・藝文志・雜傳記》 李德裕《異域歸忠傳》二卷。

鄭樵《通志・藝文略・傳記》《異域歸忠傳》三卷。唐李德裕撰，起由余至尚可孤。

陳振孫《直齋書録解題・傳記類》《異域歸忠傳》二卷。李德裕撰。會昌二年，嗢没斯内附。德裕奉詔采秦、漢以來由絶域歸中國，以名節自著、功業始終者，凡三十人，爲之傳。

馬端臨《文獻通考・經籍考・史・傳記》《異域歸忠傳》二卷。

《宋史・藝文志・傳記類》 李德裕《異域歸忠傳》二卷。

晉武平吴記

錢東垣等輯《崇文總目輯釋・傳記類》《晉武平吴記》一卷。張昭撰。

馬端臨《文獻通考・經籍考・史・傳記》《晉太康平吴記》二卷。陳氏曰：周史部尚書張昭撰。世宗將討江南，昭采晉武平孫皓事迹，爲書上之。

《宋史・藝文志・傳記類》 張昭《太康平吴録》二卷。

傳載

錢東垣等輯《崇文總目輯釋・傳記類》《傳載》一卷。《宋志》不著撰人。

天祚永歸記

錢東垣等輯《崇文總目輯釋・傳記類》《天祚永歸記》一卷。蕭叔和撰。

《唐書・藝文志・雜傳記》 蕭叔和《天祚永歸記》一卷。睿宗事。

《宋史・藝文志・傳記類》 蕭叔和《天祚永歸記》一卷。

遣使録

錢東垣等輯《崇文總目輯釋・傳記類》《遣使録》一卷。陸贄撰。

《唐書・藝文志・雜傳記》 陸贄《遣使録》一卷。

《宋史・藝文志・傳記類》 陸贄《遣使録》一卷。

武成王廟配享事迹

錢東垣等輯《崇文總目輯釋・傳記類》《武成王廟配享事迹》三十卷。【原釋】闕。見天一閣鈔本。

鄭樵《通志・藝文略・傳記》《武成王廟配享事迹》三十卷。宋朝乾德三年修，自太公及張良以下七十三人。

北荒君長録

錢東垣等輯《崇文總目輯釋・傳記類》《北荒君長録》三卷。李繁撰。

《宋史・藝文志・傳記類》 李繁《北荒君長録》三卷。

太原事迹

錢東垣等輯《崇文總目輯釋・傳記類》《太原事迹》十四卷。李璋撰。

《宋史・藝文志・傳記類》 李璋《太原事蹟雜記》十三卷。

成都幕府石幢録

錢東垣等輯《崇文總目輯釋·傳記類》《成都幕府石幢録》二卷。【原釋】闕。見天一閣鈔本。

鄭樵《通志·藝文略·傳記》《成都幕府石幢記》二卷。記賓佐姓名，起貞元訖咸通。

潭州刺史大廳壁記

錢東垣等輯《崇文總目輯釋·傳記類》《潭州刺史大廳壁記》。【原釋】闕。見天一閣鈔本。

蜀記

錢東垣等輯《崇文總目輯釋·傳記類》《蜀記》三卷。鄭暐撰。

《宋史·藝文志·傳記類》鄭暐《蜀記》三卷。

嵩岳記

錢東垣等輯《崇文總目輯釋·傳記類》《嵩岳記》一卷。

《宋史·藝文志·傳記類》張景倹《嵩嶽記》三卷。

零陵録

錢東垣等輯《崇文總目輯釋·傳記類》《零陵録》一卷。韋宙撰。【原釋】闕。見天一閣鈔本。

吴興褉録

錢東垣等輯《崇文總目輯釋·傳記類》《吴興褉録》七卷。張文規撰。

鄴城新記

錢東垣等輯《崇文總目輯釋·傳記類》《鄴城新記》三卷。劉公鋭撰。

西蕃會盟記

錢東垣等輯《崇文總目輯釋·傳記類》《西蕃會盟記》三卷。《唐志》不著撰人。【原釋】闕。見天一閣鈔本。

《唐書·藝文志·雜傳記》《西蕃會盟記》三卷。

西戎記

錢東垣等輯《崇文總目輯釋·傳記類》《西戎記》二卷。《唐志》、《宋志》並不著撰人。【原釋】闕。見天一閣鈔本。

《唐書·藝文志·雜傳記》《西戎記》二卷。

《宋史·藝文志·傳記類》《西戎記》二卷。

賓佐記

錢東垣等輯《崇文總目輯釋·傳記類》《賓佐記》一卷。杜佑撰。

《唐書・藝文志・雜傳記》 杜佑《賓佐記》一卷。

鄭樵《通志・藝文略・傳記》 《賓佐記》二卷。杜佑撰。

《宋史・藝文志・傳記類》 杜佑《賓佐記》一卷。

先公談録

錢東垣等輯《崇文總目輯釋・傳記類》 《先公談録》一卷。

輔弼召對

錢東垣等輯《崇文總目輯釋・傳記類》 《輔弼召對》四十卷。劉顔撰。

許國公勤王録

錢東垣等輯《崇文總目輯釋・傳記類》 《許國公勤王録》三卷。

鄭樵《通志・藝文略・傳記》 《許國公勤王録》三卷。唐李巨川撰，記韓建迎昭宗東幸事。

尤袤《遂初堂書目・雜傳類》 《許國公勤王録》。

《宋史・藝文志・傳記類》 李巨川《許國公勤王録》三卷。

李氏朝陵記

錢東垣等輯《崇文總目輯釋・傳記類》 《李氏朝陵記》一卷。李遵勗撰。

【原釋】闕。見天一閣鈔本。

閫外春秋

錢東垣等輯《崇文總目輯釋・傳記類》 《閫外春秋》十卷。李筌撰。

漢書隱義

錢東垣等輯《崇文總目輯釋・傳記類》 《漢書隱義》一卷。**【原釋】**闕。見天一閣鈔本。

入洛記

錢東垣等輯《崇文總目輯釋・傳記類》 《入洛記》十卷。王仁裕撰。

陳振孫《直齋書録解題・傳記類》 《入洛記》一卷。王仁裕撰。仁裕仕前蜀。國亡入洛記行。

馬端臨《文獻通考・經籍考・史・傳記》 《入洛記》一卷。晁氏曰：蜀王仁裕撰。仁裕隨王衍降入洛陽，記往返塗中事并其所著詩。

《宋史・藝文志・傳記類》 王仁裕《入洛記》一卷。

王氏東南行記

錢東垣等輯《崇文總目輯釋・傳記類》 《王氏東南行記》一卷。《通志略》不著名。**【原釋】**闕。見天一閣鈔本。

南行記

錢東垣等輯《崇文總目輯釋・傳記類》《南行記》一卷。【原釋】王仁裕。見天一閣鈔本。

《宋史・藝文志・傳記類》王仁裕又《南行記》一卷。

南行記

錢東垣等輯《崇文總目輯釋・傳記類》《南行記》一卷。【原釋】李昉。闕。見天一閣鈔本。

蜀程記

錢東垣等輯《崇文總目輯釋・傳記類》《蜀程記》一卷。韋莊撰。

峽程記

錢東垣等輯《崇文總目輯釋・傳記類》《峽程記》一卷。韋莊撰。

遊蜀記

錢東垣等輯《崇文總目輯釋・傳記類》《遊蜀記》一卷。李用和撰。【原釋】闕。見天一閣鈔本。

燕吴行役記

錢東垣等輯《崇文總目輯釋・傳記類》張氏《燕吴行役記》一卷。

尤袤《遂初堂書目・雜傳類》《燕吴行役記》。

兄弟傳

《唐書・藝文志・雜傳記》裴懷貴《兄弟傳》三卷。

鄭樵《通志・藝文略・傳記》《兄弟傳》三卷。裴懷貴撰。

荆揚二州遷代記

《唐書・藝文志・雜傳記》《荆揚二州遷代記》四卷。

江東記

《唐書・藝文志・雜傳記》李襲譽又撰《江東記》三十卷。

宦游記

《唐書・藝文志・雜傳記》李義府《宦游記》七十卷。

鄭樵《通志・藝文略・傳記》《宦遊記》七十卷。李義府撰。

王氏尚書傳

《唐書・藝文志・雜傳記》 《王氏尚書傳》五卷。

魏文貞故書

《唐書・藝文志・雜傳記》 《魏文貞故書》十卷。

古文紀年新傳

《唐書・藝文志・雜傳記》 張昌宗《古文紀年新傳》三卷。昌宗，冀州南宮人，太子舍人。

永寧公輔梁記

《唐書・藝文志・雜傳記》 王緒《永寧公輔梁記》十卷。緒，開元人，僧辯兄孫也。永寧即僧辯所封。

鄭樵《通志・藝文略・傳記》 《永寧公輔梁記》十卷。王緒撰。

張巡姚誾傳

《唐書・藝文志・雜傳記》 李翰《張巡姚誾傳》二卷。

鄭樵《通志・藝文略・傳記》 《張巡姚誾傳》二卷。李翰撰。

西征記

《唐書・藝文志・雜傳記》 韋機《西征記》卷亡。

南征記

《唐書・藝文志・雜傳記》 韓琬《南征記》十卷。

邠　志

《唐書・藝文志・雜傳記》 淩準《邠志》二卷。

馬端臨《文獻通考・經籍考・史・傳記》 《邠志》三卷。陳氏曰：唐殿中侍御史淩準宗一撰。邠軍，即朔方軍也。此本從盱江晁氏借録，其末題曰：「文忠修唐史，求此書不獲，今得於忠憲范公之孫伯高。其中尚舛誤，當訪求正之。紹興乙丑，晁公鄮。」

《宋史・藝文志・傳記類》 淩准《邠志》二卷。

平戎記

《唐書・藝文志・雜傳記》 裴肅《平戎記》五卷。休父。

九鼎記

《唐書・藝文志・雜傳記》 許康佐《九鼎記》四卷。

王會圖

《唐書・藝文志・雜傳記》 顔師古《王會圖》卷亡。

柳氏家學

《宋史・藝文志・傳記類》 柳玭《柳氏家學》一卷。

飛龍故事

馬端臨《文獻通考・經籍考・史・傳記》 《龍飛日曆》一卷。晁氏曰：皇朝趙普撰。記顯德七年正月，藝祖受禪事。是年改建隆三月，普撰此書。時爲樞密學士。

《宋史・藝文志・傳記類》 趙普《飛龍記》一卷。

甘陵誅叛録

《宋史・藝文志・傳記類》 王起《甘陵誅叛録》一卷。

諱行後録

《宋史・藝文志・傳記類》 宋敏求又《諱行後録》五卷。

翊聖保德傳

晁公武《郡齋讀書志・傳記類》 《翊聖保德傳》三卷。右皇朝王欽若撰。建隆初，有神降於鳳翔民張守真家，開寶末徵守真詣闕，屬太宗踐祚，封神翊聖將軍，築宫於終南山。祥符中，詔欽若編次其事，御爲製序引。

揚雄別傳

晁公武《郡齋讀書志・傳記類》 晁以道《揚雄別傳》一卷。右從父詹事公撰。雜取諸書所載雄逸事爲一編，係之以贊。

馬端臨《文獻通考・經籍考・史・傳記》 晁以道《楊雄別傳》一卷。

張忠定公語録

晁公武《郡齋讀書志・傳記類》 《張忠定公語録》四卷。右皇朝張忠定公詠守蜀有善政，其門人李畋記其語論可以垂世者。

陳振孫《直齋書録解題・傳記類》 《乖崖政行語録》三卷。虞部員外郎成都李畋撰。述張忠定公詠治蜀政事及言行。

馬端臨《文獻通考・經籍考・史・傳記》 《張忠定公語録》四卷。

《宋史・藝文志・傳記類》 李畋又《乖崖語録》一卷。載張詠政績。

西李文正公談録

晁公武《郡齋讀書志・傳記類》 西李文正公《談録》一卷。右西李文正公昉也相太宗，其子宗諤録其平生所談十七事。

馬端臨《文獻通考・經籍考・史・傳記》《西李文正公談録》一卷。陳氏曰：所記凡三十七事。

魏國忠獻公别録

晁公武《郡齋讀書志・傳記類》《魏國忠獻公别録》三卷。右皇朝韓魏公琦相仁宗、英宗，其門人王嵓叟記其言論事實。然以《國史》考之，其歲月往往牴牾，蓋失之誣也。

尤袤《遂初堂書目・雜傳類・本朝雜傳》《韓魏公别録》。

陳振孫《直齋書録解題・傳記類》《魏公别録》四卷。樞密大名王巖叟彦霖撰。亦魏公客。

馬端臨《文獻通考・經籍考・史・傳記》《魏公别録》四卷。

《宋史・藝文志・傳記類》王巖叟《韓忠獻公别録》一卷。《韓琦别録》三卷。王嵓叟撰。

范邦甸等《天一閣書目・傳記類》《韓忠獻公别録》二卷。藍絲闌鈔本。

徐𤊹《徐氏家藏書目・人物傳》《别録》一卷。

《四庫全書總目提要・傳記類存目一》《韓魏公别録》三卷。浙江范懋柱家天一閣藏本。宋王巖叟撰。巖叟字彦霖，清平人。鄉舉、省試、廷對皆第一。調欒城簿。歷樞密直學士，簽書院事。事蹟具《宋史》本傳。巖叟嘗在韓琦幕府，每與琦語，輒退而書之。琦殁後，乃次爲《别録》三篇。上篇皆琦奏對之語，中篇乃琦平日緒言，下篇則雜記其所聞見也。《讀書志》稱以國史考之，歲月往往牴牾，蓋失之誣。其書《讀書志》作四卷。《書録解題》載有《語録》一卷，亦稱與《别録》小異而實同。《别録》分四卷。此總爲一篇，皆與此本三卷不合。其爲何時所併，不可考矣。

鍾山日録

晁公武《郡齋讀書志・傳記類》《鍾山日録》二十卷。右皇朝王安石撰。紹聖間，蔡卞同曾布獻於朝，添入《神宗實録》。陳瑩中謂安石既罷相，悔其執政日無善狀，乃撰此書，歸過於上，掠美於己，且歷詆平生不悦者，欲以欺後世，於是著《尊堯集》及《日録不合神道論》云。

降聖記

晁公武《郡齋讀書志・傳記類》《降聖記》五十卷。右皇朝丁謂撰。大中祥符五年十月十七日，聖祖降。七年，謂請編次事迹，詔李維、李綬、晏殊同編。天禧元年上之。

潛德録

晁公武《郡齋讀書志・傳記類》《潛德録》一卷。右皇朝吕誨獻可之孫撰。記其祖乞立英宗言章。

馬端臨《文獻通考・經籍考・史・傳記》《潛德録》一卷。

文潞公私記

晁公武《郡齋讀書志・傳記類》《文潞公私記》一卷。右皇朝文彦博所撰。元豐初，王堯臣之子同老，以其父至和中所撰立英宗爲皇子詔草上之，且曰：「時宰相文彦博、富弼知狀。」神宗以問彦博，彦博具以實對。至元祐中，賈易爲言官，因爲韓忠彦争辨其事，彦博乃著此。其後云：自古惟霍禹云：「縣官非我家將軍不得至此。」楊復恭自稱爲「定策國老」，謂昭宗爲門生天子，皆鞅鞅不道之語，卒被夷滅。

陳振孫《直齋書録解題・傳記類》《文潞公私記》一卷。記至和請建儲及元豐褒賞事。

馬端臨《文獻通考・經籍考・史・傳記》《文潞公私記》一卷。

兩朝獻替記

尤袤《遂初堂書目・雜傳類》《兩朝獻替記》。

馬端臨《文獻通考・經籍考・史・傳記》《兩朝獻替記》三卷。晁氏曰：唐李德裕撰。德裕相文宗、武宗，録當時奏對議論。

相國事狀

尤袤《遂初堂書目・雜傳類》《相國事狀》。

《宋史・藝文志・傳記類》韋琯《國相事狀》七卷。

三相遺事

尤袤《遂初堂書目・雜傳類》《三相遺事》。

昭義記室別録

尤袤《遂初堂書目・雜傳類》《昭義記室別録》。

顔常山別傳

尤袤《遂初堂書目・雜傳類》《顔常山別傳》。

段太尉別傳

尤袤《遂初堂書目・雜傳類》《段太尉別傳》。

中國春秋

尤袤《遂初堂書目・雜傳類》《中國春秋》。

勤王記

尤袤《遂初堂書目・雜傳類》《勤王記》。

馬端臨《文獻通考・經籍考・史・傳記》《吕忠穆勤王記》一卷。陳氏曰：左宣教郎臧梓撰。記建炎復辟事。

《四庫全書總目提要・傳記類存目六》《勤王記》一卷。《永樂大典》本。

舊本題宋臧梓撰。梓，里貫未詳。此書結銜題左宣教郎，荆湖南路安撫制置大使司幹辦公事，蓋作書時所居之官。其始末亦不可考矣。案原序稱紹興五年史館修纂《建炎日曆》，令勤王臣僚吕頤浩等，名録建炎三年金人攻泗州，諸路勤王事蹟。梓因即頤浩所述，以成此書。則梓特編次頤浩之文，非所自撰也。

逢辰記

尤袤《遂初堂書目・雜傳類》《逢辰記》。

陳振孫《直齋書録解題・傳記類》《逢辰記》一卷。

《宋史・藝文志・傳記類》《吕頤浩逢辰記》一卷。頤浩歷官次序。

楊士奇等《文淵閣書目・史附》《吕忠穆公逢辰記》。一部，三册。完全。

張萱等《内閣藏書目録・傳記部》《吕忠穆逢辰記》。三册，全。忠穆名希浩。《記》爲公後人所集，凡三卷。

錢謙益等《絳云樓書目・史傳記類》《吕忠穆公逢辰記》一卷。頤浩字元直。

《四庫全書總目提要・傳記類存目六》《逢辰記》一卷。《永樂大典》本。不著撰人名氏。《宋史・藝文志》著録，註云吕頤浩歷官次序。此書末有附記云，公平昔所爲文及奏議竝載之別集。此外又有公之《勤王記》及遺事可考，故爲家傳以紀事。則此記乃頤浩後人所撰矣。

警年録

尤袤《遂初堂書目·姓氏類》《警年録》。

北征雜記

陳振孫《直齋書録解題·傳記類》《北征雜記》一卷。唐宰相趙憬撰。貞元四年，咸安公主下降回紇，憬副關播爲册禮使，作此書紀行。

馬端臨《文獻通考·經籍考·史·傳記》《北征雜記》一卷。

陵園記

陳振孫《直齋書録解題·傳記類》《陵園記》一卷。唐宗正丞李原註：失其名。撰。光化元年序。

馬端臨《文獻通考·經籍考·史·傳記》《陵園記》一卷。

西南備邊録

陳振孫《直齋書録解題·傳記類》《西南備邊録》一卷。唐宰相李德裕文饒撰。太和中鎮蜀所作。内州縣、城鎮、兵食之數，大略具矣。

馬端臨《文獻通考·經籍考·史·傳記》《西南備邊録》一卷。

崔氏日録

陳振孫《直齋書録解題·傳記類》《崔氏日録》一卷。不著名氏。殘缺無始末。末有跋尾，不知何人，言此書出宋敏求家。考訂年月及所載人名姓甚詳。蓋廣明元年崔沆爲相，非其子弟即其門人爲之。字畫清麗，而其所記不過蒱飲、交通、評議，有以見唐末風俗之弊云。

馬端臨《文獻通考·經籍考·史·傳記》《崔氏日録》一卷。

奉使別録

陳振孫《直齋書録解題·傳記類》《奉使別録》一卷。丞相河南富弼彦國撰。慶曆使契丹，歸爲語録以進，機宜事節則具於此録。又一本有兩朝往來書附於末。

馬端臨《文獻通考·經籍考·史·傳記》《奉使別録》一卷。

《宋史·藝文志·傳記類》富弼又《奉使別録》一卷。

劉氏西行録

陳振孫《直齋書録解題·傳記類》《劉氏西行録》一卷。直昭文館保塞劉涣仲章撰。按康定二年，朝廷議遣使通河西唃氏。涣以屯田郎知晉州，請行。以十月十九日出界，慶曆元年三月十日回秦州。此其行紀也。唃氏自此與中國通，而元昊始病於牽制矣。涣後擢刺史，歷典數州至留後，以工部尚書致仕。

馬端臨《文獻通考·經籍考·史·傳記》《劉氏西行録》一卷。

《宋史·藝文志·傳記類》劉涣《西行記》一卷。

使遼見聞録

陳振孫《直齋書録解題·傳記類》《使遼見聞録》二卷。尚書膳部郎中李罕撰。

馬端臨《文獻通考・經籍考・史・傳記》《使遼見聞録》二卷。

宣和使金録

陳振孫《直齋書録解題・傳記類》《宣和使金録》一卷。太常少卿安陸連南夫鵬舉弔祭阿骨打奉使所記。時宣和六年。

馬端臨《文獻通考・經籍考・史・傳記》《宣和使金録》一卷。

奉使雜録

陳振孫《直齋書録解題・傳記類》《奉使雜録》一卷。紹興十二年，何鑄使金所録禮物、名銜、表章之屬。

馬端臨《文獻通考・經籍考・史・傳記》《奉使雜録》一卷。

館伴日録

陳振孫《直齋書録解題・傳記類》《館伴日録》一卷。無名氏。紹興二十四年。

馬端臨《文獻通考・經籍考・史・傳記》《館伴目録》一卷。

隆興奉使審議録

陳振孫《直齋書録解題・傳記類》《隆興奉使審議録》一卷。左奉議郎雍希稷堯佐撰。隆興二年，編修官胡昉、閤門祇候楊由義使金人軍前，審議海、泗、唐、鄧等事，不屈而歸。希稷，其禮物官也。所記抗辯應對之語，多出由義。

馬端臨《文獻通考・經籍考・史・傳記》《隆興奉使審議録》一卷。

攬轡録

陳振孫《直齋書録解題・傳記類》《攬轡録》一卷。參政吴郡范成大至能乾道六年使金所記聞見。

馬端臨《文獻通考・經籍考・史・傳記》《攬轡録》一卷。

《宋史・藝文志・傳記類》范成大又《攬轡録》一卷。

北行日録

陳振孫《直齋書録解題・傳記類》《北行日録》一卷。參政四明樓鑰大防，乾道己丑，待次温州教授，以書狀官從其舅汪大猷仲嘉使金紀行。

馬端臨《文獻通考・經籍考・史・傳記》《北行日録》一卷。

奉使執禮録

陳振孫《直齋書録解題・傳記類》《奉使執禮録》一卷。進士鄭儼撰。淳熙己酉中書舍人莆田鄭僑惠叔使金賀正，會其主雍病篤，欲令于閤門進國書，僑不可。已而雍殂，遂回。

馬端臨《文獻通考・經籍考・史・傳記》《奉使執禮録》一卷。

使燕録

陳振孫《直齋書録解題・傳記類》《使燕録》一卷。尚書户部郎龍游余嶸景瞻撰。嘉定辛未，嶸使金賀生辰，會有韃寇，行至涿州定興縣而回。

馬端臨《文獻通考・經籍考・史・傳記》《使燕録》一卷。

李公談録

陳振孫《直齋書録解題・傳記類》《李公談録》一卷。翰林學士饒陽李宗諤昌武撰。記其父昉之言，凡三十七事。

《宋史・藝文志・傳記類》《李昉談録》一卷。李宗諤撰。

曹武惠别傳

陳振孫《直齋書録解題・傳記類》《曹武惠别傳》一卷。知石州曹偃撰。武惠曾孫也。

馬端臨《文獻通考・經籍考・史・傳記》《曹武惠别傳》一卷。

《宋史・藝文志・傳記類》《曹彬别傳》一卷。曹彬之孫偃撰。

魏公語録

陳振孫《直齋書録解題・傳記類》《魏公語録》一卷。與《别録》小異而寔同。《别録》分四卷，此總爲一編。先後次第亦不同，而末一則《别録》所無，姑並存之。

馬端臨《文獻通考・經籍考・史・傳記》《魏公語録》一卷。

杜祁公語録

陳振孫《直齋書録解題・傳記類》《杜祁公語録》一卷。不知何人作。

馬端臨《文獻通考・經籍考・史・傳記》《杜祁公語録》一卷。

傳獻簡佳話

陳振孫《直齋書録解題・傳記類》《傳獻簡佳話》一卷。不知何人作。記傳堯俞所談。

馬端臨《文獻通考・經籍考・史・傳記》《傳獻簡佳話》一卷。

杜公談録

陳振孫《直齋書録解題・傳記類》《杜公談録》一卷。雷澤杜師益等録其父務滋之言。王廣淵作序。

馬端臨《文獻通考・經籍考・史・傳記》《杜公談録》一卷。

道鄉語録

陳振孫《直齋書録解題・傳記類》《道鄉語録》一卷。不知作者。記鄒浩志完語。

紹聖甲戌日録　元符庚辰日録

陳振孫《直齋書録解題・傳記類》《紹聖甲戌日録》一卷，《元符庚辰日録》一卷。丞相南豐曾布子宣撰。記在政府奏對施行及宫禁朝廷事。

馬端臨《文獻通考・經籍考・史・傳記》《紹聖甲戌日録》一卷，《元符庚辰日録》一卷。

辨欺録

陳振孫《直齋書録解題・傳記類》《辨欺録》一卷。韓忠彦記其父嘉祐末命事與文、富諸公辨。

馬端臨《文獻通考・經籍考・史・傳記》《辯欺録》一卷。

回天録

陳振孫《直齋書録解題・傳記類》《回天録》一卷。宣教郎秦湛處度撰。記呂好問圍城中事。好問除右丞，誥詞有「回天之力」語，故以名録。後有好問謝其祖公著復官表及遺表。

馬端臨《文獻通考・經籍考・史・傳記》《回天録》一卷。

盡忠補過録

陳振孫《直齋書録解題・傳記類》《盡忠補過録》一卷。修職郎穆伯芻撰。記張孝純在僞齊時所上本朝書。

馬端臨《文獻通考・經籍考・史・傳記》《盡忠補過録》一卷。

元豐平蠻録

陳振孫《直齋書録解題・傳記類》《元豐平蠻録》三卷。金部員外郎知鳳翔府家安國撰。記乞弟、韓存寶事。

馬端臨《文獻通考・經籍考・史・傳記》《元豐平蠻録》三卷。

元祐分疆録

陳振孫《直齋書録解題・傳記類》《元祐分疆録》三卷。直龍圖閣京兆游師雄景叔撰。元祐初，議棄西邊四寨，執政召師雄問之，對曰：「先帝棄之可也，主上棄之則不可。且示弱夷狄，反益邊患。」争之甚力，不聽，卒棄之。四寨者：葭蘆、米脂、浮屠、安疆也。案：《宋史》作「米脂」，原本作「乘脂」，今改正。夏人以事出望外，萌侵侮之心，連年犯順，皆如師雄所料。此書前三卷記當時論辨本末，後一卷行實，不知何人作也。是歲，師雄被命行邊，請以便宜行事。夏人與鬼章謀寇熙河。師雄説劉舜卿出師，种誼遂破洮州，擒鬼章以獻，其功偉矣。元祐諸老固欲休兵息民，師雄言既不行，功復不賞，殆以專反熙、豐，失于偏滯，終成紹述之禍，亦有以也。師雄，治平二年進士。

馬端臨《文獻通考・經籍考・史・傳記》《元祐分疆録》三卷。

淮西從軍記

陳振孫《直齋書録解題・傳記類》《淮西從軍記》一卷。不著名氏。記紹興十年金人敗盟，淮西諸帥守禦事。

馬端臨《文獻通考・經籍考・史・傳記》《淮西從軍記》一卷。

二楊歸朝録

陳振孫《直齋書録解題・傳記類》《二楊歸朝録》一卷。楊堯弼、楊載紹興八年所與達賚、烏珠書。時僞齊初廢也。末有探報金事數十條。

馬端臨《文獻通考・經籍考・史・傳記》《二楊歸朝録》一卷。

開成承詔録

馬端臨《文獻通考・經籍考・史・傳記》《開成承詔録》二卷。晁氏曰：唐李石撰。石與鄭覃、李固言相文宗，録當時延英奏對事。開成，年號。

《宋史・藝文志・傳記類》 李石《開成承詔録》二卷。

大和野史

馬端臨《文獻通考・經籍考・史・傳記》 《大和野史》三卷。陳氏曰：不著名氏。但稱大中戊辰陳郡袁濤序。自鄭注而下十七人，本共爲一軸，濤分之爲三卷。

《宋史・藝文志・傳記類》 《大和野史》三卷。

大和摧兇記

馬端臨《文獻通考・經籍考・史・傳記》 《大和摧兇記》一卷。陳氏曰：文與上同，而不分卷，豈其初本邪？

《宋史・藝文志・傳記類》 《太和摧兇記》一卷。

野史甘露記

馬端臨《文獻通考・經籍考・史・傳記》 《野史甘露記》二卷。陳氏曰：不著名氏。上卷記甘露之禍，下卷記諸臣本末。

《宋史・藝文志・傳記類》 《野史甘露新記》二卷。

乙卯記

馬端臨《文獻通考・經籍考・史・傳記》 《乙卯記》一卷。陳氏曰：唐布衣李潛用撰。末又有吴郡李實者述訓注本謀附益之。乙卯，太和九年也。

《宋史・藝文志・傳記類》 李潛用《乙卯記》一卷。

會昌伐叛記

馬端臨《文獻通考・經籍考・史・傳記》 《會昌伐叛記》一卷。陳氏曰：李德裕撰。記平澤潞事。

《宋史・藝文志・傳記類》 李德裕《會昌伐叛記》一卷。

貞陵遺事

馬端臨《文獻通考・經籍考・史・傳記》 《貞陵遺事》二卷，《續》一卷。陳氏曰：唐中書舍人令狐澄撰，吏部侍郎柳玭續之。澄所記十七事，玭所續十四事。

楊士奇等《文淵閣書目・史雜》 令狐澄《貞陵遺事》。一部，一册。闕。

莊宗召禍記

馬端臨《文獻通考・經籍考・史・傳記》 《莊宗召禍記》一卷。陳氏曰：後唐中書舍人黄彬撰。

《宋史・藝文志・傳記類》 黄彬《莊宗召禍記》一卷。

建隆遺事

馬端臨《文獻通考・經籍考・史・傳記》 《建隆遺事》一卷。晁氏曰：皇朝王禹偁記太祖事。按：太祖崩時，趙普已罷爲河南節度使，盧多遜亦是太宗太平興國元年始除平章事，今云「上將晏駕，前一日召趙、盧入宫」，其謬甚矣。世多以其所記爲然，不足信也。

王氏《揮麈録》曰：《建隆遺事》，世稱王元之所述，其間率多誣謗之詞。至於稱趙普、盧多遜受遺詔昌陵，尤爲舛繆。案《國史》，韓王以開寶六年八月免相，至太平興國六年九月，始再秉衡鈞。當太祖升遐時，普政在外，何緣前一日與盧丞相同見於寢邪？稱太祖長子德昭爲南陽王，又誤矣。初未嘗有此事，元之當時近臣，又秉史筆，豈不詳知？且載《秦王傳》中云云，安有淳化三年而見《三朝國史秦王傳》耶？可謂亂道，此特人託名爲之。又案元之自有《小畜集序》及《三黜賦》與《國史》本傳俱云：「淳化二年，自知制誥舍人貶商州。至道二年，自翰林學士黜守滁上。咸平二年，守本官知齊安郡。」而此序年月次序悉皆顛錯，其僞也明矣。

巽岩李氏曰：世傳王禹偁所記《建隆遺事》十三章，考其章句，大抵不類禹偁平日之文。其七章、十三章，鄙悖益可駭，幸而史官弗信，然學士大夫、不習朝廷之故者，猶以禹偁所作私信之。余常反復證驗，力排其誣，決知其不出於禹偁矣。蓋禹偁，世所謂名賢者，而數以直道廢，故群不逞輒假借竄寄，謂世可欺。殊不知普實愛重禹偁，而禹偁於普尤拳拳也。普遺藁四六表狀，往往見禹偁集，蓋禹偁代作也。彼小人，烏得識之。

陳氏曰：其記陳橋驛前戒誓諸將事，元出熙陵。而序文云：「近取實録入禁中，親自筆削。」然則此書之作，誠何謂也。《邵氏聞見録》亦嘗表而出之，而或者亦辯此書之僞，當考。

祖宗獨斷

馬端臨《文獻通考・經籍考・史・傳記》《祖宗獨斷》一卷。晁氏曰：皇朝陸經記祖宗獨斷事十事。

甘陵伐叛記

馬端臨《文獻通考・經籍考・史・傳記》《甘陵伐叛記》一卷。陳氏曰：題文升撰，不知何人。末有論，稱甘陵人。蘇朔爲余言：其大父慶曆中陷賊，親見賊初叛時事。按《中興書目》，有《甘陵誅叛録》，稱殿中丞王起撰。起時爲文彦博幕客。然則别自一書也。

吕忠穆答客問

馬端臨《文獻通考・經籍考・史・傳記》《吕忠穆答客問》一卷。陳氏曰：宰相濟南吕頤浩元直撰。

武功録

胡師安等《元西湖書院重整書目》《武功録》。

河洛行年記

《宋史・藝文志・傳記類》劉仁軌《河洛行年記》十卷。

河洛春秋

《宋史・藝文志・傳記類》包諝《河洛春秋》二卷。

明皇幸蜀廣記圖

《宋史・藝文志・傳記類》李匡文《明皇幸蜀廣記圖》二卷。

三朝遺事

《宋史・藝文志・傳記類》《三朝遺事》一卷。載張説、姚崇、宋璟事，不知作者。

張中丞外傳

《宋史・藝文志・傳記類》李翰《張中丞外傳》一卷。

睢陽得死集

《宋史·藝文志·傳記類》《睢陽得死集》一卷。載張巡、許遠事，不知作者。

平淮西記

《宋史·藝文志·傳記類》路隋《平淮西記》一卷。

邠　志

《宋史·藝文志·傳記類》路隋《邠志》三卷。

彭門紀亂

《宋史·藝文志·傳記類》鄭樵《彭門紀亂》三卷。

日　曆

《宋史·藝文志·傳記類》朱朴《日曆》一卷。

奉天記

《宋史·藝文志·傳記類》徐岱《奉天記》一卷。

上黨記叛

《宋史·藝文志·傳記類》《上黨記叛》一卷。

乾明會稽録

《宋史·藝文志·傳記類》《乾明會稽録》一卷。

英雄佐命録

《宋史·藝文志·傳記類》《英雄佐命録》一卷。

濠州干戈録

《宋史·藝文志·傳記類》《濠州干戈録》一卷。

開成紀事

《宋史·藝文志·傳記類》楊時《開成紀事》二卷。

槐庭濟美録

《宋史·藝文志·傳記類》王淹《槐庭濟美録》十卷。

英顯張侯平寇

《宋史·藝文志·傳記類》《英顯張侯平寇録》一卷。不知作者。

劉岳李魏傳

《宋史·藝文志·傳記類》《劉岳李魏傳》二卷。張顥撰。

皇華録

《宋史·藝文志·傳記類》《皇華録》一卷。

金亮講和事跡

《宋史·藝文志·傳記類》張棣《金亮講和事迹》一卷。

拓跋記

《宋史·藝文志·傳記類》《拓跋記》一卷。

河南記

《宋史·藝文志·傳記類》薛圖存《河南記》二卷。

西州使程記

《宋史·藝文志·傳記類》王延德《西州使程記》一卷。

奉使二浙雜記

《宋史·藝文志·傳記類》沈立《奉使二浙雜記》一卷。

王圻《續文獻通考·經籍考·傳記》《奉使二浙雜記》。沈立著。

議盟記

《宋史·藝文志·傳記類》《議盟記》一卷。不知作者。

奉使録

《宋史·藝文志·傳記類》寇瑊《奉使録》一卷。

奉使語録

《宋史·藝文志·傳記類》富弼《奉使語録》二卷。

楊士奇等《文淵閣書目·史附》《富鄭公使北語録》。一部，一册。闕。

戴斗奉使録

《宋史・藝文志・傳記類》 王曙《戴斗奉使録》一卷。

廣州牧守記

《宋史・藝文志・傳記類》 趙勰《廣州牧守記》十卷。

使北語録

《宋史・藝文志・傳記類》 劉敞《使北語録》一卷。

三川官下記

《宋史・藝文志・傳記類》 宋敏求《三川官下記》二卷。

入番録

《宋史・藝文志・傳記類》 宋敏求《入番録》二卷。

愛棠集

《宋史・藝文志・傳記類》 韓漳《愛棠集》二卷。

杜滋談録

《宋史・藝文志・傳記類》 《杜滋談録》一卷。杜師秦等撰。

王通元經薛氏傳

《宋史・藝文志・傳記類》 《王通元經薛氏傳》十五卷。

徐𤊹《徐氏家藏書目・旁史類》 《元經薛氏傳》十卷。唐薛收，阮逸注。

錢謙益等《絳云樓書目・雜史類》 《元經薛氏傳》。此書及《關子明易傳》、《李衛公問對》皆阮逸擬作。嘗以私稿示蘇明允，晁以道云，逸辯才莫敵，其擬《元經》等書，以欺一世之人不難也。見《邵氏聞見後録》中。《陳履常集》中亦載此事。阮以私稿示蘇云云，乃履常親聞之於子瞻者也。

孫星衍《平津館鑒藏書籍記・明版》 《元經薛氏傳》十卷。題阮逸注。前有河東薛收序。王通《元經》本九卷。末卷，收所續也。《元經》有明程榮刊本。《經》：元康二年，賈庶人殺太后於金墉城。永康元年癸酉，倫殺皇太孫。程本「殺」俱作「弑」。永康元年，立皇孫臧爲皇太孫。程本「臧」誤作「減」。永興二年，顒將方劫帝幸長安。程本「方」上有「張」字。案傳云，張去姓何也，則原本無張字，此單行本皆勝於程本。每葉廿四行，行廿二字。收藏有「辛巳」白文長印、「琴書自娱」朱文長印。

儋耳手澤

《宋史・藝文志・傳記類》 蘇轍《儋耳手澤》一卷。

劉安世譚録

《宋史・藝文志・傳記類》《劉安世譚録》一卷。韓瓘撰。

中山麟書

《宋史・藝文志・傳記類》汪若海《中山麟書》一卷。

使高麗事纂

《宋史・藝文志・傳記類》《使高麗事纂》二卷。不知作者。

三蘇言行

《宋史・藝文志・傳記類》《三蘇言行》五卷。不知作者。

安南邊説

《宋史・藝文志・傳記類》趙世卿《安南邊説》五卷。

海道記

《宋史・藝文志・傳記類》馮忠嘉《海道記》一卷。

淮西記

《宋史・藝文志・傳記類》《淮西記》一卷。

北遼遺事

《宋史・藝文志・傳記類》史愿《北遼遺事》二卷。

開運陷虜事跡

《宋史・藝文志・傳記類》《開運陷虜事迹》一卷。不知作者。

契丹事迹

《宋史・藝文志・傳記類》《契丹事迹》一卷。不知作者。

奉使語録

《宋史・藝文志・傳記類》金富軾《奉使語録》一卷。

北征録

《宋史・藝文志・傳記類》倪思《北征録》七卷。

靖蜀編

《宋史・藝文志・傳記類》 安丙《靖蜀編》四卷。

驂鸞録

《宋史・藝文志・傳記類》 范成大《驂鸞録》一卷。

范邦甸等《天一閣書目・傳記類》 《驂鸞録》一卷。藍絲闌鈔本。宋范成大撰。

《四庫全書總目提要・傳記類二》 《驂鸞録》一卷。浙江鮑士恭家藏本。宋范成大撰。成大字致能，號石湖居士，吴都人。紹興二十四年進士。孝宗時累官權吏部尚書，參知政事。進資政殿學士，提舉洞霄宫。卒謚文穆。事蹟具《宋史》本傳。此編乃乾道壬辰成大自中書舍人出知静江府時，紀途中所見。其曰「驂鸞」者，取韓愈詩「遠勝登仙去，飛鸞不暇驂」語也。書末有云：「若其風土之詳，則有桂海《虞衡志》焉。」考《虞衡志》作於自桂林移帥成都時，其初至粤時未有也。則此書殆亦追加删潤而成者歟。中間序次頗古雅。其辨元結《浯溪中興頌》一條，排黄庭堅等之刻論，尤得詩人忠厚之旨。其載仰山孚忠廟有楊氏稱吴時加封司徒竹册尚存，文稱「寶大元年」。又稱向得吴江村寺石幢所記，亦以寶大紀年。因疑錢氏有浙時或曾用楊氏正朔。以此二物爲證。然考之於史，錢、楊屢相攻擊，互有負勝。其勢殊不相下，斷無臣事淮南之理。而楊氏亦自有武義、順義、乾貞、太和諸年號。其吴越之寶大，正當順義四五年，亦不應有一國兩元之事。成大所見，或出自後人僞造也。吴任臣作《十國春秋紀元表》，於此事不加辨證，當由未檢此書歟。

吴船志

《宋史・藝文志・傳記類》 范成大《吴船志》一卷。

范邦甸等《天一閣書目・傳記類》 《石湖居士吴船録》二卷。藍絲闌鈔本。宋范成大撰。

《四庫全書總目提要・傳記類二》 《吴船録》二卷。浙江鮑士恭家藏本。宋范成大撰。成大於淳熙丁酉，自四川制置使召還。取水程赴臨安，因隨日記所閲歷，作爲此書。自五月戊辰，迄十月己巳。於古蹟形勝言之最悉，亦自有所考證。如釋繼業紀乾德二年太祖遣三百僧往西方求舍利貝多葉書路程，爲他説部所未載，頗足以廣異聞。又載所見蜀中古畫，如伏虎觀孫太古畫《李冰父子像》，青城山丈人觀孫太古畫《黄帝及三十二仙真》，長生觀孫太古畫《龍虎》，及玩丹石寺唐畫《羅漢》一版，皆可補黄休復《益州名畫記》所未及。又杜甫《戎州詩》「重碧拈春酒」句，印本「拈」或作「酤」，而成大謂敘州有碑本乃作「粘」字。是亦註杜集者所宜引據也。

湖山遺老傳

《宋史・藝文志・傳記類》 吴芾《湖山遺老傳》一卷。

王圻《續文獻通考・經籍考・傳記》 《湖山遺老傳》。吴芾著。

陶潛新傳

《宋史・藝文志・傳記類》 李燾《陶潛新傳》三卷。

趙普别傳

《宋史・藝文志・傳記類》 李燾《趙普别傳》一卷。

戊辰修史傳

楊士奇等《文淵閣書目・史附》 《戊辰修史傳》。一部，一册。

錢謙益等《絳云樓書目・史傳記類》 黄震《戊辰修史十三傳》。

黄虞稷《千頃堂書目・傳記類・補宋》 黄震《戊辰修史十三傳》一卷。（盧補）

倪燦等《宋史藝文志補・傳記類》 黄震《戊辰脩史十三傳》一卷。

世烈録前集

高儒《百川書志・雜集》 《世烈録前集》五卷。録浙江副使陶成、湖廣布政使陶魯死節定邊，父子之忠烈也。制書、傳記、奏文、移弔文、哀誄皆備，其曾孫錦衣千户鳳儀瑞之所集。

臨海仙巖文信公新詞録

范邦甸等《天一閣書目・傳記類》 《臨海仙巖文信公新詞録》二卷。刊本。明嘉靖臨海葉叏編次，王梅齡校輯。蔡雲程序云，仙巖爲吾台名勝之境，聿剏新詞者，乃通府太和胡侯濟世圖祀宋丞相文信公暨從行杜、張、胡、呂四義士録。爲上、下二帙。首記文公航海艱危之迹，義士有傳公牒，有稽祠田，有記儀品有式并諸縉紳詞篇具載焉。

釣臺集

范邦甸等《天一閣書目・傳記類》 《釣臺集》八卷。刊本。明嘉靖吴希孟編。南海霍韜序。

褒賢集

范邦甸等《天一閣書目・傳記類》 《褒賢集》二册。刊本。不著撰人名氏。

敕賜崇孝祠録

范邦甸等《天一閣書目・傳記類》 《敕賜崇孝祠録》一卷。刊本。明朱睦㮮編并識。

表忠記

范邦甸等《天一閣書目・傳記類》 《表忠記》。明崇禎甲申冬周而沛等焚衿文廟，囓指血書。四明沈崇埨記其事。

東祀録

范邦甸等《天一閣書目・傳記類》 《東祀録》一卷。刊本。明長沙李東陽撰并序。

《四庫全書總目提要・傳記類存目六》 《東祀録》一卷。兩淮馬裕家藏本。明李東陽撰。東陽有《燕對録》，已著録。此録乃弘治十七年重建闕里廟成，東陽奉使往祭，裒其途中所作記序、銘、文、奏疏、詩章等編，其爲一編。而冠以敕文祝祠，又以《記行志》附於後。已載《懷麓堂集》中。此其别行之本也。

七人聯句記

范邦甸等《天一閣書目・傳記類》 《七人聯句記》一卷。刊本。

《四庫全書總目提要・傳記類存目六》 《七人聯句詩記》一卷。江蘇巡撫採進本。明楊循吉撰。循吉有《蘇州府纂修識略》，已著録。是編乃循吉言與王仁甫、徐寛、陳章、王弼、侯直、趙寛六人會飲聯句，因成是記。後列六人小傳，而以自撰小傳附其後。復以《會中盛事》系之卷末。蓋偶然寄興作也。所載勝事，以六官一隱者爲大奇，亦未能免俗矣。

張氏至寶集

范邦甸等《天一閣書目·傳記類》《張氏至寶集》。刊本。明餘千張瑄撰。序云，弘治夏五月甲申，余奉敕督屯。沿福之古田，有張氏子訴其祖翠屏學士祭田爲人所奪者，敬詢其故而復之。越三日，詣學。其裔孫珏奉《翠屏集》二本以進。讀之，則先學士宋公濂、劉公三吾二大筆序之，心切敬慕。翼日，德慶州儒學分教曾孫淮齎捧我太祖高皇帝賜其祖學士公《奉使安南文》一道與當時輓詩一卷，余拜稽焚香伏讀再三，不勝雀躍。謹按：公諱以寧，字志道，號翠屏，以《春秋》登泰定丁卯進士。授黄巖州判官，後改六合尹。元歷告終隱跡維揚。洪武初，詔起公爲翰林學士，親制誥命，錫之遺使安南。時國王先逝國人，請以詔印，封其子，公守禮不可實封，奏聞聖祖，嘉其忠貞，降璽書褒之。及卒於安南驛，訃聞，上切嗟悼，命中書省差驛丞張禄齎文赴安南護柩至廣東省，轉送福建省有司擇地以葬。家小在京者，禮送還鄉，仍賜奉禄優給三年。一時名士咸惜其未獲大用而哀輓之。余乃屬淮以玉音在前，輓詩在後，哀成一集，命曰《至寶》，鋟梓以傳。天台楊澤書。

推恩裕國詩

范邦甸等《天一閣書目·傳記類》《推恩裕國詩》。一册。刊本。明伊藩讀《禮》之餘，見内史所藏乞貸左券無慮萬餘金，憮然曰，予豈屑此！以裕國將捐而弗取，安用券爲！盡出於庭，焚之。王都閫詩詠其事，僉和之裒爲一帙，題曰《推恩裕國》。陝西布政許諫序，湖廣按察洛陽孫應奎序後。

恩遇集

范邦甸等《天一閣書目·傳記類》《恩遇集》一卷。刊本。明嘉靖學士廖道南撰。

恩綸録

范邦甸等《天一閣書目·傳記類》《恩綸録》二卷。刊本。明萬曆張學顔刊并識。

姜節婦蔣氏遺稿

范邦甸等《天一閣書目·傳記類》《姜節婦蔣氏遺稿》。刊本。明萬曆六年姜寶序。

貞愍録乙卷

范邦甸等《天一閣書目·傳記類》《貞愍録》乙卷。刊本。明嘉靖南城胡世亨之女全姑李華之妻旌表章奏并傳記、詩辭輯録。金溪王袞撰序。

遺　事

范邦甸等《天一閣書目·傳記類》《遺事》。一册。刊本。不著撰人名氏。

恩恤録

范邦甸等《天一閣書目・傳記類》《恩恤録》。一册。刊本。不著撰人名氏。

漢晉三傳

朱睦㮮《萬卷堂書目・譜傳》《漢晉三傳》□卷。劉向。

黄文肅公附集

朱睦㮮《萬卷堂書目・譜傳》《黄文肅公附集》一卷。黄雍。

精忠録

朱睦㮮《萬卷堂書目・譜傳》《精忠録》四卷。袁純類。

匪躬録

朱睦㮮《萬卷堂書目・譜傳》《匪躬録》二卷。彭澤。

文山紀異録

朱睦㮮《萬卷堂書目・譜傳》《文山紀異録》一卷。

盡忠録

朱睦㮮《萬卷堂書目・譜傳》《盡忠録》十卷。

寵光録

朱睦㮮《萬卷堂書目・譜傳》《寵光録》一卷。顔隆任。

吴尚書忠節録

朱睦㮮《萬卷堂書目・譜傳》《吴尚書忠節録》一卷。吴儼。

恩慶録

朱睦㮮《萬卷堂書目・譜傳》《恩慶録》四卷。趙瑄。

文獻世編

朱睦㮮《萬卷堂書目・譜傳》《文獻世編》□卷。費氏。

忠純紀略

朱睦㮮《萬卷堂書目・譜傳》《忠純紀略》一卷。林俊。

徵信録

朱睦㮮《萬卷堂書目・譜傳》《徵信録》□卷。楊博。

山斗懷私

朱睦㮮《萬卷堂書目・譜傳》《山斗懷私》□卷。賈希朱。

流芳録

朱睦㮮《萬卷堂書目・譜傳》《流芳録》六卷。閔珪。

張氏餘慶録

朱睦㮮《萬卷堂書目・譜傳》《張氏餘慶録》四卷。張睿。

忠節録

朱睦㮮《萬卷堂書目・譜傳》《忠節録》二卷。莊僴。

忠誠録

朱睦㮮《萬卷堂書目・譜傳》《忠誠録》二卷。劉元斐。

企德録

朱睦㮮《萬卷堂書目・譜傳》《企德録》一卷。劉永淮。

漢唐四傳

趙琦美《脈望館書目・傳記》《漢唐四傳》。四本。

周平西集

趙琦美《脈望館書目・傳記》《周平西集》。一本。

遺忠録

趙琦美《脈望館書目・傳記》《遺忠録》。二本。

王蒼野哀忠録

趙琦美《脈望館書目・傳記》《王蒼野哀忠録》。一本。

古和事紀

趙琦美《脈望館書目・傳記》《古和事紀》。二本。

吴中丞三紀

趙琦美《脈望館書目·傳記》《吴中丞三紀》。一本。

文敏日程録

趙琦美《脈望館書目·傳記》《文敏日程録》。一本。

端木氏光裕録

趙琦美《脈望館書目·傳記》《端木氏光裕録》。一本。

伊高子集

趙琦美《脈望館書目·傳記》《伊高子集》。

楊趙二傳

趙琦美《脈望館書目·傳記》《楊趙二傳》。一本。

中貴芳摹

祁承爜《澹生堂藏書目·記傳》《中貴芳摹》一册。一卷。

大千生鑒

祁承爜《澹生堂藏書目·記傳》《大千生鑒》六册。六卷。

年歲紀

祁承爜《澹生堂藏書目·記傳》《年歲紀》一册。十二卷。郭子章。《澹生堂餘苑》本。

家居懿範

祁承爜《澹生堂藏書目·記傳》《家居懿範》二册。四卷。耿定向。

玉梅館品隲林

祁承爜《澹生堂藏書目·記傳》《玉梅館品隲林》二卷。徐來鳳《玉梅館集》本。

漢晉唐四傳

祁承爜《澹生堂藏書目·記傳》《漢晉唐四傳》六册。六卷。

王景略别傳

祁承爜《澹生堂藏書目·記傳》《王景略别傳》。一册。一卷。

裴迪先別傳

祁承㸁《澹生堂藏書目・記傳》《裴迪先別傳》一卷。

李鄴侯別傳

祁承㸁《澹生堂藏書目・記傳》《李鄴侯別傳》一册。一卷。以上六傳俱《古今說海》本。

文信國別傳

祁承㸁《澹生堂藏書目・記傳》《文信國別傳》。一卷。曾臯。

天定録

祁承㸁《澹生堂藏書目・記傳》《天定録》三卷。

天定別録

祁承㸁《澹生堂藏書目・記傳》《天定別録》四卷。

百氏昭忠録

祁承㸁《澹生堂藏書目・記傳》《百氏昭忠録》十四卷。岳珂。以上四種俱載《金陀粹編》內。

胡公報功祠録

祁承㸁《澹生堂藏書目・記傳》《胡公報功祠録》二册。三卷。

寶善編

祁承㸁《澹生堂藏書目・國朝史》《寶善編》四卷。馮時可。即《集》中《名公小傳》。

青館遺馨

祁承㸁《澹生堂藏書目・國朝史》《青館遺馨》。一册。一卷。劉垓輯。

潛光録

祁承㸁《澹生堂藏書目・國朝史》《潛光録》一册。一卷。記趙敏事。

三先生俎豆録

祁承㸁《澹生堂藏書目・國朝史》《三先生俎豆録》。一册。三卷。

正氣録

祁承㸁《澹生堂藏書目・國朝史》《正氣録》。一册。二卷。

殉身録

祁承㸁《澹生堂藏書目・國朝史》《殉身録》。一册。一卷。《稗乘》本。

敘貢奉録

王圻《續文獻通考・經籍考・傳記》《敘貢奉録》。

三蘇言行編

王圻《續文獻通考・經籍考・傳記》《三蘇言行編》。鄞縣魏杞輯。

田墨記

王圻《續文獻通考・經籍考・傳記》《田墨記》四十卷。同安吴術書。

西湖古今事實

王圻《續文獻通考・經籍考・傳記》《西湖古今事實》。傅牧著。

政和雜志

王圻《續文獻通考・經籍考・傳記》《政和雜誌》。淳熙間，袁采知政和縣著。

縣令小録

王圻《續文獻通考・經籍考・傳記》《縣令小録》。淳熙間，袁采知政和縣著。

唐書補傳

王圻《續文獻通考・經籍考・傳記》《唐書補傳》。謝翱著。

貴華録

王圻《續文獻通考・經籍考・傳記》《貴華録》。高安劉元高著。

人倫事鑑

王圻《續文獻通考・經籍考・傳記》《人倫事鑑》。胡一桂著。

寶範

王圻《續文獻通考・經籍考・傳記》《寶範》。吉水馬佐順著。元英宗所賜名。

至正近記

王圻《續文獻通考・經籍考・傳記》《至正近記》。吴源著。

馬端肅三記

王圻《續文獻通考・經籍考・傳記》《馬端肅三記》。馬文升著。

蘇東坡外紀

徐𤊹《徐氏家藏書目・人物傳》《蘇東坡外紀》十二卷。蘧之璞。

黃虞稷《千頃堂書目・傳記類》 璩之璞《蘇長公外紀》十二卷。

《明史・藝文志・傳記類》 璩之璞《蘇長公外紀》十二卷。

蔡端明別紀

徐𤊹《徐氏家藏書目・人物傳》《蔡端明別紀》十二卷。徐𤊹。

黃虞稷《千頃堂書目・傳記類》 徐𤊹《蔡端明別紀》十卷。

《明史・藝文志・傳記類》 徐𤊹《蔡端明別紀》十卷。

王氏父子却金傳

徐𤊹《徐氏家藏書目・人物傳》《王氏父子却金傳》一卷。王敬美。

《四庫全書總目提要・傳記類存目六》《却金傳》一卷。兩淮鹽政採進本。明王世懋撰。世懋字敬美，太倉人。世貞弟也。嘉靖己未進士。官至太常寺少卿。《明史・文苑傳》附見其兄世貞傳中。是編乃其官福建提學副使時值參政王懋德病革，同僚醵金贈之，懋德堅不受。及懋德卒，同官又括六百金遣使渡海致於家，其父良弼亦堅不受。世懋高其清節，爲敘始末作此傳。又以同時士大夫歌咏附之。蓋意以風示貪吏也。懋德，瓊州文昌人。隆慶戊辰由南京刑部郎中出守金華。擢江西按察司副使，遷福建布政使參政。所至皆以廉著云。

紫藤志

徐𤊹《徐氏家藏書目・人物傳》《紫藤志》十一卷。顧雪。

三國人物生卒考

徐𤊹《徐氏家藏書目・旁史類》《三國人物生卒考》一卷。耿汝忞。

八行遺事業

劉若愚《内板經書紀略》《八行遺事業》。一本，二十八葉。

蘇子瞻外紀

毛晉《汲古閣書跋》　《蘇子瞻外紀》。唐宋名集之最著者，無如八大家。八大家之尤著者，無如蘇長公。凡文集、詩集、全集、選集，不啻千百億本。而寓黄、寓惠、寓儋、志林、小品、艾子禪喜之類，又不啻千百億本。似可以無刻，然其小碎尚有脱遺。余己未春，閉關昆湖之曲。凡遇本集所不載者，輒書卷尾，得若干則；既簡題跋，又得若干則，聊存痂嗜，見者勿訝爲遼東白豕云。

家世舊聞

毛晉《汲古閣書跋》　《家世舊聞》。余於放翁逸詩遺文，凡史籍載記及稗官野册，摭拾幾盡，又訂正《南唐書》及《老學菴筆記》附之，意謂放翁小碎，亦無遺珠矣。既簡《説郛》、《學海》，又得家世舊聞若干則。喜而讀之，真不啻登積書巖者。第其卷末載蔡京述妖異事獨詳，不解何也。

先君交遊録

《紅雨樓題跋》卷一　《先君交遊録》。先君歷任南安、茂名、永甯，凡同官及過客有投刺宴會者，咸紀其姓名、爵里，恐日久而忘之也。先君殁二十餘年，録中所紀之人盡在鬼籙矣。棄之廢篋，蟲蝕塵昏。偶覓得之，重爲裝訂，雖其人無所考境而先君墨蹟存焉。烏可忽諸！萬曆癸丑午日中男𤊹謹識。

孝順日記

錢謙益等《絳云樓書目・史傳記類》　《孝順日紀》。

蘇長公外記

錢謙益等《絳云樓書目・史傳記類》　王世貞編《蘇長公外記》。

鄭氏麟溪集

錢謙益等《絳云樓書目・譜牒類》　《鄭氏麟溪集》二十二卷。所編皆一時名人投贈之詩。

古澹政略

錢謙益等《絳云樓書目・傳記》　《古澹政略》。

厚德録

錢謙益等《絳云樓書目・傳記》　吴文定《厚德録》。

厚德録

錢謙益等《絳云樓書目・傳記》　杜瓊《厚德録》。用嘉游於陳五經之門，其詩文皆爲牧翁所稱。何心友有張習手抄用嘉詩七卷，較刊本爲精且備。

米元章記顔魯公事

錢謙益《絳雲樓題跋》《米元章記顔魯公事》。忠臣誼士，殁而登真度，世往往有之，蓋當其見危授命，之死靡佗，脱離分段，生死如旅人之去其次舍耳。東坡云，顔平原握拳透爪，死不忘君，此正其修煉得力時也。劉聰自知爲遮須國王，且不畏死，而況如魯公者乎！讀米南宫所記魯公事，方攤書欲卧時，不覺悚然而起。《初學集》卷八十六。

羅近溪記張賓事

錢謙益《絳雲樓題跋》《羅近溪記張賓事》。盱江羅汝芳雜記云。

于廣文崇祀録

錢謙益《絳雲樓題跋》《于廣文崇祀録》。語有之，「桃李不言，下自成蹊」。于公爲廣文，恂恂不勝衣，舉杯浮白，聽然移日。一旦捐館舍，弟子廢講行服，縉紳先生及里巷細人。皆爲流涕，此豈非太史公所謂忠實心誠信於士大夫者歟！唐張旭爲嘗熟尉，志但載其與老父判牘一事，而草聖祠之祀。至於今不廢。公之酒德，與旭略相似。昔王無功所居，東南有盤石，立杜康祠祭之，尊爲師，以焦革配。他日附公草聖祠，比於杜康之焦革，有如王無功其人者，埽地而祭，吾知公必顧而享之，以爲賢於兩廡之餘瀝也。《初學集》卷八十四。

清夢録

黄虞稷《千頃堂書目・傳記類》 顧憲成《清夢録》一卷。

徽猷略

黄虞稷《千頃堂書目・傳記類》 過庭訓又《徽猷略》。

戡定略

黄虞稷《千頃堂書目・傳記類》 過庭訓又《戡定略》。

世恩録

黄虞稷《千頃堂書目・傳記類》 李臨淮《世恩録》五卷。

世德録

黄虞稷《千頃堂書目・傳記類》 陳静誠《世德録》。

毘陵胡氏家藏集

黄虞稷《千頃堂書目・傳記類》《毘陵胡氏家藏集》五卷。胡濙。

忠安録

黄虞稷《千頃堂書目・傳記類》 又《忠安録》一卷。胡濙。

持正録

黄虞稷《千頃堂書目・傳記類》 劉文介《持正録》二卷。

浙江按使軒楊二公始末行實

黄虞稷《千頃堂書目・傳記類》 《浙江按使軒楊二公始末行實》。

永錫録

黄虞稷《千頃堂書目・傳記類》 吕本《永錫録》十二卷。

定變録

黄虞稷《千頃堂書目・傳記類》 張岷峽《定變録》一卷。記定浙西兵變，及滑縣大盗事。

《四庫全書總目提要・傳記類存目六》 《定變録》六卷。浙江鄭大節家藏本。明許徽編。凡六種，皆副都御史銅梁張佳允事蹟也。《滑縣擒盗記》一卷，黎陽盧柟撰。《靖皖紀事》一卷，雲間莫如忠撰。《宣撫降罰記》一卷，太原王道行撰。《定浙二亂志》一卷，吴郡王世貞撰。《浙鎮民變傳》一卷，姑蘇錢有威撰。《浙鎮兵變始末》一卷，山陰鄭舜民撰。其中關於浙江者三。徽，浙人也，故序而彙梓焉。

自齊行要

黄虞稷《千頃堂書目・傳記類》 周琦《自齊行要》八卷。

宦遊歷記

黄虞稷《千頃堂書目・傳記類》 余寅《宦遊歷記》八卷。

冢宰曾公文徵

黄虞稷《千頃堂書目・傳記類》 《冢宰曾公文徵》四卷。曾同亨。

丁元宰薦三太宰傳

黄虞稷《千頃堂書目・傳記類》 《丁元宰薦三太宰傳》一卷。

端友録

黄虞稷《千頃堂書目・傳記類》 吴繼穉《端友録》。

歷官舊記

黄虞稷《千頃堂書目・傳記類》 孫承宗《歷官舊記》四卷。

憶記

黄虞稷《千頃堂書目・傳記類》 吴甡《憶記》四卷。

駱侍御忠孝辨

黃虞稷《千頃堂書目・傳記類》 胡應麟《駱侍御忠孝辨》一卷。

歷官紀録

黃虞稷《千頃堂書目・傳記類》 董光宏《歷官紀録》。

尊白堂外傳

黃虞稷《千頃堂書目・傳記類》 陳王石《尊白堂外傳》。海寧人。

梅墟先生別録

黃虞稷《千頃堂書目・傳記類》 《梅墟先生別録》二卷。周履靖事實。上卷李日華撰，下卷鄭琰撰。

《四庫全書總目提要・傳記類存目二》 《梅墟先生別録》二卷。兩淮鹽政採進本。明李日華、鄭琬同撰。日華字君實，號竹懶，嘉興人。萬曆壬辰進士。官至太僕寺少卿。《明史・文苑傳》附載《王維儉傳》中。琬字翰卿，自稱閩人。其始末未詳。是編爲嘉興周履靖而作。履靖字逸之，能詩好事。與其妻桑貞白自相唱和，多刊書籍以行。《夷門牘牘》即其所編。蓋亦趙宧光、陳繼儒之流，明季所謂山人者也。上卷爲日華所撰，載其生平甚悉。下卷爲琬所撰，亦略具事實，而録其詩中摘句尤多。

四侯傳

黃虞稷《千頃堂書目・傳記類》 王士騏《四侯傳》四卷。張文成、諸葛武侯、王景略、李鄴侯。

諸葛武侯別傳

黃虞稷《千頃堂書目・傳記類》 王士騏又《諸葛武侯別傳》一卷。

文山寓揚忠憤録

黃虞稷《千頃堂書目・傳記類》 趙鶴《文山寓揚忠憤録》。

世胄知名録

黃虞稷《千頃堂書目・傳記類》 王若之《世胄知名録》。

人鏡陽秋

黃虞稷《千頃堂書目・傳記類》 汪廷訥《人境陽秋》。字昌朝。

蓮花幕記

黃虞稷《千頃堂書目・傳記類》 姚士粦《蓮花幕記》。

李杜志林

黄虞稷《千頃堂書目・傳記類》 陳懋仁《李杜志林》。

羅江東外紀

黄虞稷《千頃堂書目・傳記類》 閔元衢《羅江東外紀》三卷。

《四庫全書總目提要・專記類存目二》 《羅江東外紀》三卷。兩淮鹽政採進本。國朝閔元衢撰。元衢字康侯，烏程人。自號歐餘生。自以終身不第，有似羅隱，故作此書。蓋一時寓意之作也。

趙清獻公淑清録

黄虞稷《千頃堂書目・傳記類》 丁明登《趙清獻公淑清録》。

人倫外史

黄虞稷《千頃堂書目・傳記類》 劉陽《人倫外史》。

式好傳

黄虞稷《千頃堂書目・傳記類》 東陽王祐檍《式好傳》。

敕褒忠孝彙録

黄虞稷《千頃堂書目・傳記類》 《敕褒忠孝彙録》六册。萬曆丁亥寧河王知□以賢孝敕褒，諸人贈送之作。

敦倫寶鑑

黄虞稷《千頃堂書目・傳記類》 來嘉謨《敦倫寶鑑》。蕭山人。

五倫志編

黄虞稷《千頃堂書目・傳記類》 徐奇《五倫志編》。會稽人。

靖難盡心録

黄虞稷《千頃堂書目・傳記類》 郁天民《靖難盡心録》。

宋三陳勤王死事傳

黄虞稷《千頃堂書目・傳記類》 《宋三陳勤王死事傳》陳文龍。

景賢録

黄虞稷《千頃堂書目・傳記類》 葉夔又《景賢録》。字司部，武進人。正德中歲貢，汝陽州訓導。

興忠私録

黄虞稷《千頃堂書目・傳記類》 胡世寧《興忠私録》五卷。

忠鯁録

黄虞稷《千頃堂書目・傳記類》 胡純《忠鯁録》。世寧子，肇慶府知府。

仁書

黄虞稷《千頃堂書目・傳記類》 吴爾壎《仁書》。字介子，崇德人。

傳潔典記

黄虞稷《千頃堂書目・傳記類》 屠本畯《傳潔典記》二卷。

十二故人傳

黄虞稷《千頃堂書目・傳記類》 羅治《十二故人傳》一卷。字敬叔，南昌人。

宋季雜傳

黄虞稷《千頃堂書目・傳記類・補宋》 方回《宋季雜傳》。

倪燦等《補遼金元藝文志・傳記類》 方回《宋季雜傳》。

人倫事鑑

黄虞稷《千頃堂書目・傳記類・補元》 胡一桂《人倫事鑑》。

白起故事

汪師韓《文選注引群書目録上・人物別傳》《白起故事》。何晏撰。

東方朔別傳

汪師韓《文選注引群書目録上・人物別傳》《東方朔別傳》。

劉曄傳

汪師韓《文選注引群書目録上・人物別傳》《劉曄傳》。裴松之注、《魏書》引之。

明先生別傳

汪師韓《文選注引群書目録上・人物別傳》《明先生別傳》。

嵇康别傳

汪師韓《文選注引群書目録上・人物别傳》《嵇康别傳》。

桓靈寶傳

汪師韓《文選注引群書目録上・人物别傳》《桓靈寶傳》。

桓元録

汪師韓《文選注引群書目録上・人物别傳》何法盛《桓元録》。

張錡狀

汪師韓《文選注引群書目録上・人物别傳》蔡洪《張錡狀》。

草堂傳

汪師韓《文選注引群書目録上・人物别傳》梁簡文帝《草堂傳》。

李相國論事集

《四庫全書總目提要・傳記類一》《李相國論事集》六卷。浙江孫仰曾家藏本。舊本題曰《李深之文集》，唐李絳撰。深之，絳字也，隴西人。擢進士。補渭南尉。歷中書門，下平章事。事蹟具《新唐書》本傳。

張金吾《愛日精廬藏書志・傳記類》《李相國論事集》六卷。文瀾閣傳抄本。

唐蔣偕撰。原七卷，今佚一卷，從《歷代名臣奏議》補録四條附後。又卷六上言德宗朝事條，「卿等當悉」之下脱七十餘字，論邊事條「選擇公忠清」下脱二十字，俱從《名臣奏議》校補。

蔣偕序。大中五年。

入蜀記

《四庫全書總目提要・傳記類二》《入蜀記》六卷。光禄寺卿陸錫熊家藏本。宋陸游撰。游，字務觀，號放翁，山陰人。佃之孫，宰之子。初以蔭補登仕郎。隆興初，賜進士出身。嘉泰初，官至寶謨閣待制。事蹟具《宋史》本傳。游以乾道五年授夔州通判。以次年閏六月十八日自山陰啓行，十月二十七日抵夔州。因述其道路所經，以爲是記。

西使記

《四庫全書總目提要・傳記類二》《西使記》一卷。兩淮鹽政採進本。元劉郁撰。郁，真定人。是書記常德西使皇弟錫里庫軍中，往返道途之所見。王惲嘗載入《玉堂雜記》中。此蓋别行之本也。

保越録

《四庫全書總目提要・傳記類二》《保越録》一卷。浙江吴玉墀家藏本。不著撰人名氏。載元順帝至正十九年明師攻紹興事。是時明將爲胡大海，禦之者張士誠將吕珍也。凡攻三月，卒不能下，乃還。是《録》稱士誠兵曰「我」軍，稱珍曰

「公」。殆士誠未亡時，紹興人所紀。其中稱明爲「大軍」，及「太祖高皇帝」字則疑士誠亡後，明人傳鈔所改耳。紹興自是以後，猶保守八年。及至正二十六年，始歸於明。珍亦至是年湖州之敗，乃降於徐達。雖初事非主，晚節不終，而在紹興則不爲無功矣。大海攻紹興挫衄，及其縱兵淫掠，發宋陵墓諸惡蹟，《明史》皆不載。所録張正蒙妻韓氏、女池奴、馮道二妻抗節事，《明史》亦皆不書。尤足補史傳之遺。

錢大昕《補元史藝文志·傳記類》 《保越録》一卷。記至正十八年浙江行樞密院副使吕珍守紹興本末。不著撰人名字。

吴壽暘《拜經樓藏書題跋記》 《保越録》。《保越録》一册，不著撰人名氏。《四庫目録》云，記元順帝正至十九年明胡大海攻紹興張士誠將吕珍守據事。所記胡大海縱兵淫掠及發宋陵墓諸惡迹，《明史》皆未書。張正蒙妻韓氏女池奴及馮道二妻抗節事，《明史·列女傳》亦未載。存之可補史闕也。

閩粵巡視紀略

《四庫全書總目提要·傳記類二》 《閩粵巡視紀略》六卷。浙江巡撫採進本。國朝杜臻撰。臻字肇余，秀水人。順治戊戌進士。官至禮部尚書。康熙二十二年，臺灣既平，諸逆殄滅，沿海人民，皆安堵復業。臻時爲工部尚書，奉詔與内閣學士石柱往閩粵撫視，畫定疆理。以十一月啓程，二十三年五月竣事。因述其所經理大略，爲此書。

扈從西巡日録

《四庫全書總目提要·傳記類二》 《扈從西巡日録》一卷。大學士英廉家藏本。國朝高士奇撰。士奇有《春秋地名考略》，已著録。康熙癸亥，聖祖仁皇帝巡幸山西，駐驛五臺山，士奇時以侍講供奉内廷，扈從往來。因記途中所聞見，始於二月十二日甲申，迄於三月初七日戊申。凡山川古蹟、人物風土，皆具考源流，頗爲詳核。而鑾輿時巡，太平盛典，亦一一具載。伏而讀之，猶仰見聖化咸熙，豫游和樂之象，洵足以傳示來兹。卷末載詩二十四首，皆其途中所作，彙附於後者也。士奇筆札本工，又幸際聖朝，預驂法從。因得以筆之簡牘，流佈至今。亦可謂遭逢之至幸，而文士之至榮矣。

松亭行紀

《四庫全書總目提要·傳記類二》 《松亭行紀》二卷。通行本。國朝高士奇撰。康熙辛酉二月癸酉，聖祖仁皇帝恭奉太皇太后行幸温泉。四月戊子，駕出喜峯口。士奇皆扈從，因紀其來往所經。謂喜峯口爲古松亭關，故以名書。然松亭關在喜峯口外八十里，士奇合而一之，未詳考也。所述灤河源流，亦不明確。至温泉有硃砂、礬石、硫磺三種，聖祖御製《幾暇格物編》中言之甚明。士奇日侍禁闈，典文翰之職，不應不睹，乃仍襲宋唐庚揣測之説，殆不可解。以其叙述山川風景，足資考證。而附載詩文，亦皆可觀。故所著《塞北小鈔》別存其目，而此編則仍録之焉。

夷齊録

《四庫全書總目提要·傳記類存目一》 《夷齊録》五卷。浙江范懋柱家天一閣藏本。明張玭撰。玭字席玉，石州人。嘉靖乙未進士。官至南京户部右侍郎。永平府城西十八里孤竹故城有清德廟，以祀夷齊。玭守永平時，因蒐輯歷代祀典、諸家藝文，編爲一帙。據《目録》，原本有圖。此本無之，蓋爲傳寫者所佚矣。

夷齊考疑

《四庫全書總目提要·傳記類存目一》 《夷齊考疑》四卷。浙江巡撫採進本。明胡其久撰。其久，崇德人。隆慶丁卯舉人。官龍南知縣。是編以好事者所傳《夷齊世系》，名字皆據《韓詩外傳》、《吕氏春秋》而附會之。竝以叩馬、恥粟等事亦多不實。因各爲駁正，而以先賢論定之語及傳記詩文附其後。其議論亦頗博辨。

然傳聞既久，往事無徵，疑以傳疑可矣，不必盡以臆斷也。

夷齊志

《四庫全書總目提要・傳記類存目一》《夷齊志》六卷。浙江巡撫採進本。明白瑜撰。瑜字紹明，永平人。萬曆乙未進士。官至刑部左侍郎。事蹟具《明史》本傳。此書乃因張玭《夷齊録》損益而成，所載視舊《録》加詳。

涪陵紀善録

《四庫全書總目提要・傳記類存目一》《涪陵紀善録》一卷。浙江巡撫採進本。宋馮忠恕撰。忠恕，臨汝人。紹興初官黔州節度判官。其父理，師事伊川程子，與尹焞爲同門友。忠恕又師事焞。焞自金人圍洛，脱身奔蜀。紹興四年止於涪。時忠恕官峽中，及還黔州，往來必過涪。紹興六年，焞被召赴都。明年，忠恕以鞫獄來涪，因紬繹舊聞，輯而録之，以成此編。

鄱陽遺事録

《四庫全書總目提要・傳記類存目一》《鄱陽遺事録》一卷。浙江巡撫採進本。宋陳貽範撰。貽範，天台人。初，范仲淹嘗守鄱陽，有善政，饒人爲之立祠。紹聖乙亥，貽範爲通判。因取仲淹在饒日所修創堂亭遺蹟，及其游賞吟咏之地，採而輯之，以志遺愛。自《慶朔堂》至《長沙王廟記》，凡十有三目。前有貽範《自序》。

陽明先生浮海傳

《四庫全書總目提要・傳記類存目二》《陽明先生浮海傳》一卷。浙江巡撫採進本。明陸相撰。相字良弼，餘姚人。弘治癸丑進士。官至長沙府知府。是書專紀王守仁正德初謫龍場驛丞，道經杭州，爲姦人謀害，投水中。因飄至龍宫，得生還之事。説頗詭誕不經。論者謂守仁多智數，慮劉瑾追害，故棄衣冠，僞託投江，而實陰赴龍場。故王世貞《史乘考誤》嘗力辨此事爲不實。而同時楊儀《高坡異纂》亦載此事，與相所紀略同。蓋文人之好異久矣。

傳信辨誤録

《四庫全書總目提要・傳記類存目二》《傳信辨誤録》一卷。浙江吴玉墀家藏本。明陳虞岳撰。虞岳，泰和人。正統閒輔臣陳循五世孫也。土木之變，循在内閣爲首揆。及景帝欲廢英宗太子，循依違不能匡正，以此爲當世所譏。陳建《通紀》載其事。虞岳以爲誣衊其祖，乃作此書以辨之。

米襄陽外紀

《四庫全書總目提要・傳記類存目二》《米襄陽外紀》十二卷。江蘇巡撫採進本。明范明泰撰。明泰字長康，嘉興人。萬曆庚子舉人。是編紀米芾遺事。

蘇米譚史　蘇米譚史廣

《四庫全書總目提要・傳記類存目二》《蘇米譚史》一卷，《蘇米譚史廣》六卷。江蘇周厚堉家藏本。明郭化撰。化字肩吾，宣城人。始末未詳。《譚史序》題辛亥，蓋萬曆三十九年也。是編雜採蘇軾、米芾軼事可資談柄者，各爲一卷。又廣蘇軾事爲四卷，米芾事爲二卷。皆摭拾小説，無他異聞。又皆不著所出，彌難依據。

海珠小志

《四庫全書總目提要·傳記類存目二》《海珠小志》五卷。兩淮馬裕家藏本。明李韡撰。韡，番禺人。萬曆中官至武定府知府。宋龍圖閣待制吏部侍郎李昴英之裔也。廣州城外珠江有海珠石，屹立水中。昴英常讀書其地，捐資剏寺曰慈度，後人即寺祠焉。明萬曆中，韡因考尋古迹，輯爲此志，凡四卷。

襄陽外編

《四庫全書總目提要·傳記類存目二》《襄陽外編》無卷數。浙江巡撫採進本。明顧道洪編。道洪字嗣圖，無錫人。是編作於萬曆中。首繪孟浩然像，竝録採史書《木傳》暨諸家贈荅題詠之作，復以古今詩話附列於後。所採上起於唐，下迄乎明。然王士元《浩然集序》，近在耳目之前，乃反佚之，何也？

蘇米志林

《四庫全書總目提要·傳記類存目二》《蘇米志林》三卷。內府藏本。明毛晉撰。晉有《毛詩陸疏廣要》，已著録。是書掇蘇軾瑣言碎事集中所遺者，編爲二卷。又以米芾軼閒編爲一卷。大概與《蘇米譚史》互相出入。

逐志齋外紀 續集

《四庫全書總目提要·傳記類存目二》《逐志齋外紀》二卷，《續集》二卷。安徽巡撫採進本。明姚履旋撰。履旋，上元人。是編採諸書所紀方孝孺殉難後事，及文移案牘之屬，彙爲一編。

靈衛廟志

《四庫全書總目提要·傳記類存目二》《靈衛廟志》一卷。兩淮馬裕家藏本。明夏賓撰。賓始末未詳。宋建炎三年，金兵攻臨安，守臣康允之棄城走。錢塘令朱蹕，偕縣尉金勝、祝威率民兵力戰死之。杭人賴其捍禦，得乘隙以逃。爲立祠於死所。是書以建廟封侯本末，竝祀典碑記彙爲一編。見有功必報之禮，亦風起忠列之志也。

宋四家外紀

《四庫全書總目提要·傳記類存目二》《宋四家外紀》四十九卷。內府藏本。不著編輯者名氏。四家者，蔡襄、蘇軾、黄庭堅、米芾也。《蔡紀》成於徐㶿，《蘇紀》成於王世貞，《黄紀》成於陳之伸，《米紀》成於范明泰，本各自爲書。此本蓋明季坊賈所合刻也。

賀監紀略

《四庫全書總目提要·傳記類存目二》《賀監紀略》四卷。兩淮鹽政採進本。國朝聞性善暨其弟性道同編。性善字與同，性道字天迺，寧波人。其書備摭賀知章遺文軼事及唱酬題詠之詞，彙爲一編，采擷頗富。

稗 傳

《四庫全書總目提要·傳記類存目三》《稗傳》一卷。浙江巡撫採進本。元徐顯撰。顯仕履無可考。觀其稱王艮爲鄉里，又稱居平江東城。則當爲紹興人，而寓於姑蘇者也。是編紀元末王艮、柯九思、陳謙、葛乾孫、潘純、陸友、王冕、王漸、楊椿、王德元、徐文中事。後載沈烈婦等十三人。叙述頗爲詳備。

明瑺彰癉録

《四庫全書總目提要・傳記類存目三》《明瑺彰癉録》一卷。兩淮鹽政採進本。明顧爾邁撰。爾邁，淮安人。始末未詳。是書採撮《實録》、《憲章録》、《中官考》諸書，而各加論斷。所記止成化中汪直擅政之事，似非完本。抑或於世近者有所諱歟。

宗聖譜

《四庫全書總目提要・傳記類存目四》《宗聖譜》十四卷。江蘇巡撫採進本。明鄒泉撰。泉字子静，常熟人。是書分八目。曰孔聖譜，曰四配譜，曰十哲譜，曰羣賢譜，曰理學譜，曰經儒譜，曰史氏譜，曰著作譜。蓋欲合儒林道學源流本末彙爲一書，以便檢閲。而體例叢脞，編次多乖。

大成通志

《四庫全書總目提要・傳記類存目五》《大成通志》十八卷。陝西巡撫採進本。國朝楊慶撰。慶有《古韻叶音》，已著録。是書成於康熙己酉。摭拾歷代制度，不盡關於孔庭。其年表、世家、列傳，大抵掇拾舊文。

留溪外傳

《四庫全書總目提要・傳記類存目五》《留溪外傳》十八卷。江蘇周厚堉家藏本。國朝陳鼎撰。鼎有《東林列傳》，已著録。是書凡分十三部。曰忠義，曰孝友，曰理學，曰隱逸，曰廉能，曰義俠，曰游藝，曰苦節，曰節烈，曰貞孝，曰闡德，曰神仙，曰緇流。所紀皆明末國初之事。

西征記

《四庫全書總目提要・傳記類存目六》《西征記》一卷。浙江巡撫採進本。宋盧襄撰。襄字贊元。觀其自序，蓋衢州人。此書載於《錦繡萬花谷前集》之末，不知何人鈔出別行。乃襄赴京春試時紀行之作。末題庚辰仲春元日。

乙巳泗洲録

《四庫全書總目提要・傳記類存目六》《乙巳泗州録》一卷。浙江巡撫採進本。宋胡舜申撰。舜申，績溪人。舜陟之兄。官至舒州通判。宣和乙巳，舜申在泗州，親見朱勔父子往來及徽宗幸泗州事，因爲此録。紀載寥寥，無可採擇。

己酉避亂録

《四庫全書總目提要・傳記類存目六》《己酉避亂録》一卷。浙江巡撫採進本。宋胡舜申撰。建炎己酉，金兵攻平江，宣撫周望出走。舜申之兄舜陟時爲參謀，舉家避難，舜申次爲此録。其言頗詆韓世忠，末復載世忠攜妓一事。似有宿憾之言，未必實録。

西征道里記

《四庫全書總目提要・傳記類存目六》《西征道里記》一卷。《永樂大典》本。

宋鄭剛中撰。剛中有《周易窺餘》，已著録。是書乃剛中爲左宣教郎試祕書少監充樞密行府參謀時記行之作。

使西域記

《四庫全書總目提要・傳記類存目六》《使西域記》一卷。編修程晉芳家藏本。明陳誠撰。誠，吉水人。洪武甲戌進士。永樂中官吏部員外郎。誠嘗副中使李達使西域諸國，所歷哈烈撒馬兒罕等凡十七國。述其山川風俗物産，撰成此記。

吴壽暘《拜經樓藏書題跋記》卷二 《奉使西域行程記》。右三卷。題行在吏部驗封清吏司員外郎臣陳誠，北京苑馬寺清河監副臣李暹謹進。前有正統十二年國史總裁王直序，後附胡廣周孟簡、鄒緝送行詩序。

誠交録

《四庫全書總目提要・傳記類存目六》《使交録》十八卷。浙江范懋柱家天一閣藏本。明錢溥撰。溥字原溥，華亭人。正統己未進士。官至南京吏部尚書。謚文通。是書乃其天順六年爲翰林院侍讀學士時出使安南所作。多載贈荅詩文，而其山川形勢，土俗人情乃略而不詳。

歸田雜識

《四庫全書總目提要・傳記類存目六》《歸田雜識》二卷。兩江總督採進本。明毛紀撰。紀有《密勿稾》，已著録。紀於成化丁未通籍，嘉靖甲申賜休。自以位登台輔，全節完名，製爲《四朝恩遇圖》一册，凡十有六幀。每幀皆先叙作圖始末，而以制詞敕旨具録左方。

歸閒述夢

《四庫全書總目提要・傳記類存目六》《歸閒述夢》一卷。浙江范懋柱家天一閣藏本。明趙璜撰。璜字廷實，號西峰，安福人。弘治庚戌進士。官至工部尚書。謚莊敏。事蹟具《明史》本傳。是書追述其平生居官事蹟。

斷碑集

《四庫全書總目提要・傳記類存目六》《斷碑集》一卷。編修汪如藻家藏本。明方豪撰。豪字思道，開化人。正德戊辰進士。官至湖廣按察司副使。《明史・文苑傳》附載《鄭善夫傳》中。此其知沙河縣事時案《明史》載豪由崑山縣知縣遷刑部主事，不言嘗知沙河縣，蓋偶然失載。重立顔真卿所書宋璟神道碑，而記其始末者也。

東觀録

《四庫全書總目提要・傳記類存目六》《東觀録》一卷。兩江總督採進本。明舒芬撰。芬有《周易箋》，已著録。此其所著《梓溪内集》之一也。芬於嘉靖二年被召復官，道出濟寧，謁闕里孔林，修釋菜禮。因録所撰《謁廟記》及《闕里形勝圖》、《夫子宫牆圖》，及《釋菜禮儀》、《士相見禮儀》，并附問荅五章，與伍餘福聯句三十韻，彙爲一帙。

滇程紀

《四庫全書總目提要・傳記類存目六》《滇程記》一卷。兩淮鹽政採進本。明楊慎撰。慎有《檀弓叢訓》，已著録。此編乃其謫戍永昌時紀程之作。

南内記

《四庫全書總目提要・傳記類存目六》《南内記》一卷。浙江范懋柱家天一閣藏本。不著撰人名氏。南内即明英宗所居之南城。復辟後增置殿宇，皆極華麗。此記乃嘉靖庚子所作，敘列規制頗備。與彭時《可齋筆記》、朱國楨《湧幢小品》所載，互有詳略。

奇遊漫記

《四庫全書總目提要・傳記類存目六》《奇遊漫記》四卷。浙江汪啟淑家藏本。明董傳策撰。傳策有《奏疏輯略》，已著録。此書之作，則其疏劾嚴嵩，爲所搆陷，謫戍南寧時也。

西遷注

《四庫全書總目提要・傳記類存目六》《西遷注》一卷。兩淮鹽政採進本。明張鳴鳳撰。鳴鳳字羽王，豐城人。嘉靖壬子舉人。官桂林府通判。此編乃鳴鳳謫官利州時，自京赴蜀，復自蜀還京，記其道路所見名勝古蹟。

黃粱遺蹟志

《四庫全書總目提要・傳記類存目六》《黃粱遺蹟志》一卷。兩淮馬裕家藏本。明楊四知撰。據太學題名碑，明有兩楊四知。其一萬曆甲戌進士，祥符人。其一崇禎戊辰進士，六安人。此書題巡按直隸御史開封楊四知，則萬曆中人也。黃粱遺蹟，已詳唐沈既濟《枕中記》。四知復增以明人序記數篇，元、明詩數十首，次成是書。殊寥寥無可採録。蓋當時書帕本耳。

饑民圖説

《四庫全書總目提要・傳記類存目六》《饑民圖説》一卷。江西巡撫採進本。明楊東明撰。東明有《青瑣藎言》，已著録。是編乃萬曆中東明官刑科右給事中時所上。《明史・王紀傳》稱，東明上河南饑民圖，即指此也。

宫省賢聲録

《四庫全書總目提要・傳記類存目六》《宫省賢聲録》四卷。兩淮馬裕家藏本。明高曰化撰。曰化，澄海人。萬曆中官楚府右長史。是書以楚府承奉嵫陽郭倫事楚王華奎佐理有功，因紀其前後乞休挽留之事。

繡斧西征録

《四庫全書總目提要・傳記類存目六》《繡斧西征録》一卷。兩江總督採進本。明何鏷編。鏷，泰興人。萬曆戊子舉人。是編載其祖何棐正德閒以御史監軍，征蜀寇鄢本恕、藍廷瑞之事。所録皆序記贈詠之類。

禮白岳記

《四庫全書總目提要・傳記類存目六》《禮白岳記》一卷。禮部尚書曹秀先家藏本。明李日華撰。日華有《梅墟先生別録》，已著録。是書自紀其萬曆庚戌禮神白岳之事。

璽召録

《四庫全書總目提要・傳記類存目六》《璽召録》一卷。禮部尚書曹秀先家藏本。明李日華撰。自記其天啓乙丑召爲尚寶司丞赴京途中所經。始二月二十四日，終四月十五日。略仿吴船録入蜀記之例，而寥寥無所記載。

兩宫鼎建記

《四庫全書總目提要・傳記類存目六》《兩宫鼎建記》三卷。編修程晋芳家藏本。明賀仲軾撰。仲軾字敬養，獲嘉人。萬曆庚戌進士。初，萬曆二十四年建乾清、坤寧兩宫，仲軾父工部營繕司郎中賀盛瑞董役。後京察坐冒銷工料罷官。仲軾因詳述其綜覈節省之數，作此書以鳴父冤。

鑒勞録

《四庫全書總目提要・傳記類存目六》《鑒勞録》一卷。山西巡撫採進本。明孫傳庭撰。傳庭字伯雅，小説或書其名爲傳庭，字之誤也。代州鎮武衛人。萬曆己未進士。官至兵部尚書。督師征流寇，没於柿園之戰。事蹟具《明史》本傳。傳庭自崇禎九年三月受命撫秦，至十一年十二月，其間攘寇清屯，自以爲所有勞績，無不仰邀帝鑒。隨時紀録，積以成帙，因題曰《鑒勞録》。

南征紀略

《四庫全書總目提要・傳記類存目六》《南征紀略》二卷。編修勵守謙家藏本。國朝孫廷銓撰。廷銓字伯度，又字次道，益都人。前明崇禎庚辰進士。入國朝，官至大學士。謚文定。順治辛卯，廷銓奉使祭告禹陵及南海。此乃其紀程之書。

李贄

《四庫全書總目提要・傳記類存目六》《李贄》一卷。兩江總督採進本。國朝胡文學撰。文學有《疏稾》，已著録。是編乃其爲真定推官日，自敘其政績十八事。推官稱司李，故題曰《李贄》。每事多先舉古人遺蹟一二條，而後自敘，使若先後媲美者。縱言不盡誣，亦頗嫌於自譽也。

蜀道驛程記

《四庫全書總目提要・傳記類存目六》《蜀道驛程記》二卷。内府藏本。國朝王士禎撰。士禎有《古懽録》，已著録。康熙壬子，士禎爲四川鄉試正考官，記其來往所經。

南來志

《四庫全書總目提要・傳記類存目六》《南來志》一卷。内府藏本。國朝王士禎撰。是編乃康熙甲子士禎官少詹事時奉使祭告南海，記其驛程所經。全仿范成大《吴船録體》。所載自京師至廣州而止，故曰「南來」。

北歸志

《四庫全書總目提要・傳記類存目六》《北歸志》一卷。内府藏本。國朝王士禎撰。是書乃士禎於康熙乙丑二月至廣州，四月初一日始還，記其歸途所經，至六月十六日至其家新城而止。是時其父與敕猶在，以便途歸省也。所記山水名勝，較《南來志》爲詳。蓋使事已竣，沿途得以遊覽云。

秦蜀驛程後記

《四庫全書總目提要·傳記類存目六》《秦蜀驛程後記》二卷。內府藏本。國朝王士禎撰。康熙丙子，士禎以户部左侍郎奉使祭告西岳西鎮江瀆，續記其往返所經，爲此書。

使琉球記

《四庫全書總目提要·傳記類存目六》《使琉球記》一卷。大學士英廉購進本。國朝張學禮撰。學禮字立菴，鑲藍旗漢軍。官至廣西道監察御史。是編乃康熙元年學禮以兵科副理事官與行人司行人王垓奉使册封琉球國王時所記。

治禾紀略

《四庫全書總目提要·傳記類存目六》《治禾紀略》五卷。內府藏本。國朝盧崇興撰。崇興字斗瞻，廣寧人。康熙二年官嘉興府知府，尋遷台州巡道。因輯其在郡文移條約讞語，及禾民籲留狀牒，合爲此編。

粤西偶記

《四庫全書總目提要·傳記類存目六》《粤西偶記》一卷。大學士英廉購進本。國朝陸祚蕃撰。祚蕃字武園，平湖人。康熙癸丑進士。官至貴州貴東道。是編多述其督學廣西時道路險阻之苦，及爲守土有司所不禮事。大抵皆瑣屑細故，不足紀載者也。

何御史孝子祠主復位録

《四庫全書總目提要·傳記類存目六》《何御史孝子祠主復位録》一卷。浙江巡撫採進本。國朝毛奇齡撰。奇齡有《仲氏易》，已著録。初，蕭山有德惠祠，祀宋縣令楊時，以報開湘湖之功。明尚書魏驥，以修築有勞，亦附祀於祠。後御史何舜賓以清釐侵佔被禍，其子競殺身以復讎，亦竝得袝祀。歲久祠圮，併僑祀於門廡下。迨修祠之後，楊、魏二主入祠，而何氏父子主未入。奇齡建議復舊章，魏氏子孫遂與奇齡互愬於官。此其案牘訟牒，奇齡録而存之者也。

塞程別紀

《四庫全書總目提要·傳記類存目六》《塞程別紀》一卷。通行本。國朝余宷撰。宷字同野，山陰人。其書記自京出古北口至喀爾倫一千五百餘里。其時道路初開，未能有所考證。僅述風土氣候，山川草木之屬而已。

塞北小鈔

《四庫全書總目提要·傳記類存目六》《塞北小鈔》一卷。大學士英廉購進本。國朝高士奇撰。士奇有《春秋地名考略》，已著録。是書乃康熙癸亥六月癸未士奇扈從聖駕北巡，會士奇遘疾，行至鞍匠屯而返。記其途中恩遇及往來所經，以成是編。

滇遊記　附記

《四庫全書總目提要·傳記類存目六》《滇遊記》一卷，《附記》一卷。兵部侍郎紀昀家藏本。國朝畢曰澪撰。曰澪字秋岐，益都人。康熙中由貢生官任縣知縣。是編乃曰澪父忠谷官雲南布政司參議，曰澪省親時所作。案日記載道路見聞，及旅中雜事。自三月十六日起，至十月十一日止。而序文及卷首俱不詳其爲何年，殊嫌疏漏。

滇行紀程　續鈔

《四庫全書總目提要・傳記類存目六》《滇行紀程》一卷，《續鈔》一卷。大學士英廉購進本。國朝許纘曾撰。纘曾字孝修，號鶴沙，華亭人。順治己丑進士。官至雲南按察使。《滇行紀程》，其赴雲南時所作。

東還紀程　續鈔

《四庫全書總目提要・傳記類存目六》國朝許纘曾撰。《東還紀程》則自雲南歸途所作。皆述所見山川古蹟，物産土風，大抵志乘所有也。

南征紀程

《四庫全書總目提要・傳記類存目六》《南征紀程》一卷。編修勵守謙家藏本。國朝黄叔璥撰。叔璥號玉圃，大興人。康熙己丑進士。官至常鎮揚通道。是編乃其爲監察御史時巡視臺灣，自京師至閩所記。始於康熙後壬寅正月，而迄於是年六月，分日紀載。

鹿洲公案

《四庫全書總目提要・傳記類存目六》《鹿洲公案》二卷。江西巡撫採進本。國朝藍鼎元撰。鼎元有《平臺紀略》，已著録。此其知普寧縣時所讞諸案。自叙其推鞫始末，爲二十四篇。

東遊紀略

《四庫全書總目提要・傳記類存目六》《東遊紀略》二卷。鴻臚寺少卿曹學閔家藏本。國朝張體乾撰。體乾字確齋，浮山人。官刑部郎中。是編乃其家居時自山西、河南東游泰山，往來紀行之作。逐日記載見聞，於古蹟頗有考訂。途中吟詠二百餘首，亦即附於逐日之後。

殷氏世傳

顧櫰三《補後漢書藝文志・別傳類》《殷氏世傳》。不著撰人。殷亮字子華，少學《公羊春秋》。

李固外傳

顧櫰三《補後漢書藝文志・別傳類》《李固外傳》。不著撰人姓名。

樊英別傳

顧櫰三《補後漢書藝文志・別傳類》《樊英別傳》。不著撰人姓名。

郭林宗別傳

顧櫰三《補後漢書藝文志・別傳類》《郭林宗別傳》。不著撰人姓名。

李膺家録

顧懷三《補後漢書藝文志・別傳類》《李膺家録》。

蔡玉別傳

顧懷三《補後漢書藝文志・別傳類》《蔡玉別傳》。不著撰人姓名。

何容別傳

顧懷三《補後漢書藝文志・別傳類》《何容別傳》。不著撰人姓名。

吕布本末

顧懷三《補後漢書藝文志・別傳類》《吕布本末》一卷。不著撰人姓名。

許劭別傳

顧懷三《補後漢書藝文志・別傳類》《許劭別傳》。不著撰人姓名。

曹操別傳

顧懷三《補後漢書藝文志・別傳類》《曹操別傳》。不著撰人姓名。

華佗別傳

顧懷三《補後漢書藝文志・別傳類》《華佗別傳》。不著撰人姓名。

南陽風俗傳

侯康《補後漢書藝文志・雜傳類》《南陽風俗傳》光武帝詔撰。

狀人紀

侯康《補後漢書藝文志・雜傳類》應劭《狀人紀》。

鄭康成別傳

侯康《補後漢書藝文志・雜傳類》《鄭康成別傳》。

漢中宮傳

侯康《補三國史藝文志・雜傳類》董巴《漢中宮傳》魏博士。《御覽》卷二百三十引之云，守宮禁内署令秩千石，在省内用中人，省外士人。

潘勗別傳

侯康《補三國史藝文志・雜傳類》《潘勗別傳》。《御覽》卷四百三引之曰，昜寬賢容衆，與天下人等休戚同有無，不以家財爲己有。

晉書補傳贊

周中孚《鄭堂讀書記・傳記類》《晉書補傳贊》一卷。《董浦八種》本。國朝杭世駿撰。

扈從東巡日録

周中孚《鄭堂讀書記・傳記類》《扈從東巡日録》二卷。《江村全集》本。國朝高士奇撰。

煙艇永懷

周中孚《鄭堂讀書記補逸・傳記類》《煙艇永懷》三卷。《借月山房彙鈔》本。明龔立本撰。

宜州家乘

周中孚《鄭堂讀書記補逸・傳記類》《宜州家乘》一卷。《知不足齋叢書》本。宋黄庭堅撰。庭堅字魯直，自號山谷道人，洪州分寧人。第進士。歷官秘書丞，知鄂州，貶涪州别駕，後羈管宜州卒。崇寧乙酉，蜀人范信中寥訪山谷於宜州戍所，相得甚歡。凡賓客往來，親舊書信，晦朔寒暑，出入起居，山谷皆親筆以記其事，名之曰《宜州乙酉家乘》。是年九月，山谷病没，惟信中一人在側，爲之經理其後事，因取此書梓行之，并爲之序。鮑渌飲廷博得舊本，因重刊之，而繫以跋。

雪鴻載録

周中孚《鄭堂讀書記補逸・傳記類》《雪鴻載録》一卷。春融堂雜記本。亦王昶撰。是編乃其於乾隆戊申，在雲南布政使任，以驗收鷹越城工，重赴迤西，及調任江西，又至熱河召見，隨鑾至京，及赴江西任之紀行也。始三月初二日，迄十月二十八日。

建立伏博士始末

周中孚《鄭堂讀書記補逸・傳記類》《建立伏博士始末》二卷。《平津館叢書》本。國朝孫星衍撰。**【略】**上卷爲公牘，下卷爲祠藩世系藝文。前有淵如自序。

國壽録

吴壽暘《拜經樓藏書題跋記》卷二 《國壽録》。《國壽録》四卷。後有《便記》十二篇。前列編輯例言，不著名氏。先君子書云，以上例言未審何人所作，其云扶風氏藏，爲插花山舊本。嘉慶壬戌，予七十初度，陳奉兹茂才手録此本，見貽其原本，則又從周勤補孝廉借鈔也。辛未七月記。其《攀髯疑案》、《江陰疑案》二篇原本亦列録中，標題曰《襄城伯李國楨傳》，中書《戚藩傳》，例言辨其非，入之便記。以爲此二事者，當時要别有其人，特湮没不傳，遂以訛傳誤耳。今既知其非李與戚也，雖其人不可攷，而使人聞其事，想見其爲人而爲之，低徊感歎，亦足不朽矣。且傳其事，庶或終知其人乎？謹標之爲疑案，世有博識將質成焉。先君書《甲申傳信録》襄城伯一條，於《攀髯疑案》後並識云，此傳與《綏寇紀略》第十二卷下虞淵沈中所記李國楨殉節事並當是傳聞之訛。又書《傳信録》一篇，後云，右錢士馨《甲申傳信録》跖鋪遺臠一條，偶讀查傳例言及跋，故鈔附于此。愚按此編蓋伊璜先生當日隨其見聞劄記，未經詮覈之書，故如《襄城傳》既書其節槩如此之烈，而《逆闖始末》

則又云「賊奸細滿都城，閣臣魏藻德、勛臣李國楨俱願爲内應。」豈不自相矛盾乎？由是以觀，蓋不獨戚藩戚勳之訛矣。書《江陰疑案》後云，按晞明《江上孤忠録》作中書舍人戚勳以紅筆大書於壁，闔門焚死，而無戚藩其人，蓋藩乃勳之訛也。又書《逆閹始末》中「副將周遇吉獨閉關相距，大摧李兵，百姓縛遇吉出，李磔之」數語上云，《綏寇紀略》遇吉運矛策馬入賊中，堅手刃巨賊百餘人，矢攢甲如蝟毛，身被數十創而死。豈有百姓縛出之事乎？暘按：《甲申傳信録》謂國楨既不能死，欲求苟活而卒被刑戮，好事者妄飾美談，被之忠節以快聽聞，何其誣也。並舉陳濟生《再生記》、無名氏《燕都日記》所云以爲夢中語，而謂余四月入都亦聞此言，逮五月還城都，民去襄城第甚近者言之最詳，與前所聞大異，而襄城誤國之論盈於人口，駙馬都尉冉興讓子五君者，國楨之中戚也。予詢之亦云。是當時傳聞異詞，諸家傳記類多失實，非訪諸其鄉人至戚，無從定其真僞。宜東山先生此録亦未覈實耳。

李侍郎北使録

吴壽暘《拜經樓藏書題跋記》卷二 《李侍郎北使録》。鈔本《北使録》一册，不著撰人名氏。首行題《李侍郎北使録》。先君子記云「此錢遵王藏書」。

香山九老會

馬國翰《玉函山房藏書簿録・雜傳記類》 《香山九老會》一卷。仁和王氏本。

唐太子少傅刑部尚書下邽白居易樂天撰。樂天致仕年七十，乃會故懷州司馬胡杲年八十九，衛尉卿吉皎八十六，龍武軍長史鄭據八十四，益州長史劉真八十二，侍御史盧真七十八，永州刺史張渾亦年七十，而祕書監狄兼謩、河南尹盧貞以未及七十雖與會而不及列，合之得九人，飲于履道里，皆有歌詩記之。樂天自叙其事，曰《香山九老會》，以時時遊香山之龍門寺云。

校輯世本

張之洞《書目答問・古史》 《校輯世本》二卷。雷學淇。自刻本。

世本輯補

張之洞《書目答問・古史》 《世本輯補》十卷。秦嘉謨。原刻本。

燕王墓辨

龔顯曾《金藝文志補録・傳記類》 《燕王墓辨》一卷。蔡珪金史作《兩燕王墓辨》。

鳳山思遠記

龔顯曾《金藝文志補録・傳記類》 東陽滕秀穎《鳳山思遠記》。滕茂實記三滕始末。茂實，宋人，留金，見《中州集》南冠類。

東坡先生別傳

耿文光《萬卷精華樓藏書記・傳記類》 《東坡先生別傳》四卷。國朝黄觀撰。翠香堂本。乾隆己亥年刊。

黄氏自序曰，購王、施、查三家詩注，攷公年譜，述公生平，鈔爲一册，名曰《別傳》。

吴騫《蘇氏從祀議》一卷，自葉公以下三十二人祀於文忠祠之別室，從槎客議也。《拜經樓叢書》本附南宋方爐題詠，銘曰「紹興二年，大甯府臣蘇漢臣監督姜氏鑄至德壇用」，凡二十字，皆篆文。

因人私記

耿文光《萬卷精華樓藏書記·傳記類》《因人私記》一卷。國朝傳山撰。抄本。張孫振巡撫山西時誣劾袁季通，下刑部獄。青主結同人上疏辨冤，得旨賜環，以原官起爲武昌道，孫振謫戍。馬素脩《山右二義士記》謂太原傳山與汾府諸生薛宗周也，爲袁學道訟冤事在丙子丁丑之間，一時詞客贈詩者甚多。此記題丁丑冬稿。青主之弟名止亦隨之入京。

外國事

丁國鈞《補晉書藝文志·雜傳類》《外國事》。僧支載。謹按：見《水經·河水篇注》。家大人曰，道元引此書有云，據者，晉言十里也。半達，晉言白也。鉢愁，晉言山也。是支載爲晉時人無疑。

庾亮參佐名

丁國鈞《補晉書藝文志·雜傳類》《庾亮參佐名》。謹按：見《世說·雅量篇注》。

大司馬僚屬名

丁國鈞《補晉書藝文志·雜傳類》《大司馬僚屬名》伏滔。謹按：見《世說·賞譽篇注》。大司馬謂桓温。

齊王官屬名

丁國鈞《補晉書藝文志·雜傳類》《齊王官屬名》。謹按：見《世說·方正篇注》。

明帝東宮僚屬名

丁國鈞《補晉書藝文志·雜傳類》《明帝東宮僚屬名》。謹按：見《世說·雅量篇注》。

庾亮僚屬名

丁國鈞《補晉書藝文志·雜傳類》《庾亮僚屬名》。謹按：見《世說》言語、排調兩篇注。

征西僚屬名

丁國鈞《補晉書藝文志·雜傳類》《征西僚屬名》。謹按：見《世說·文學篇注》。

陶氏序

丁國鈞《補晉書藝文志·雜傳類》《陶氏序》。謹按：見《世說·言語篇注》。

陶侃故事

丁國鈞《補晉書藝文志·雜傳類》《陶侃故事》。謹按：見原本《北堂書鈔·酒食部》。

夏侯稱夏侯榮序

丁國鈞《補晉書藝文志·雜傳類》《夏侯稱夏侯榮序》。夏侯湛。謹按：見《魏志·夏侯淵傳》注。

阮裕别傳

丁國鈞《補晉書藝文志·雜傳類》《阮裕别傳》。謹按：見《世説·棲逸篇注》。

夏統别傳

丁國鈞《補晉書藝文志·雜傳類》《夏統别傳》。謹按：見《御覽》。此傳有注，不知何人所作。卷八百五十一曾引。

夏仲御别傳

丁國鈞《補晉書藝文志·雜傳類》《夏仲御别傳》。謹按：見《御覽》。仲御，夏統字。

夏仲舒别傳

丁國鈞《補晉書藝文志·雜傳類》《夏仲舒别傳》。謹按：見《御覽》。家大人曰，原本《書鈔》倡優類兩引《仲舒别傳》，戴女巫章丹陳珠呑刀吐火事。以《晉書》考之，即夏統事也。是仲舒實仲御之譌，或非出一手所撰，故過而存之。

王處仲别傳

丁國鈞《補晉書藝文志·雜傳類》《王處仲别傳》。謹按：見《御覽引書綱目》。

王處冲别傳

丁國鈞《補晉書藝文志補遺·史部》《王處冲别傳》。見《御覽》卷二百十五。

王瑕别傳

丁國鈞《補晉書藝文志·雜傳類》《王瑕别傳》。謹按：見《御覽引書綱目》。

荀勖别傳

丁國鈞《補晉書藝文志·雜傳類》《荀勖别傳》。謹按：見《御覽引書綱目》。

孫施別傳

丁國鈞《補晉書藝文志·雜傳類》《孫施別傳》。謹按：《御覽》卷七百七十引。

曹攄別傳

丁國鈞《補晉書藝文志·雜傳類》《曹攄別傳》。謹按：見《御覽引書綱目》。

陸機別傳

丁國鈞《補晉書藝文志·雜傳類》《陸機別傳》。謹按：見《世説·言語篇注》。《御覽》亦引。

江偉別傳

丁國鈞《補晉書藝文志·雜傳類》《江偉別傳》。謹按：見《御覽引書綱目》。

杜蘭香別傳

丁國鈞《補晉書藝文志·雜傳類》《杜蘭香別傳》。謹按：見《藝文類聚》。

家大人曰，本書《曹毗傳》言桂陽張碩爲神女杜蘭香所降，毗以詩二篇嘲之，并續蘭香歌詩十篇，甚有文彩。此傳當即毗所撰。

王蒼別傳

丁國鈞《補晉書藝文志·雜傳類》《王薈別傳》。謹按：見《世説雅·量篇注》。

石勒別傳

丁國鈞《補晉書藝文志·雜傳類》《石勒別傳》。謹按：原本《北堂書鈔·石類》引。

郭文舉別傳

丁國鈞《補晉書藝文志·雜傳類》《郭文舉別傳》。謹按：原本《北堂書鈔·石類》引。

傅咸別傳

丁國鈞《補晉書藝文志·雜傳類》《傅咸別傳》。謹按：原本《北堂書鈔·歎賞類》引。

王湛別傳

丁國鈞《補晉書藝文志補遺·史部》《王湛別傳》。見《御覽》卷三百六十七。

謝玄別傳

丁國鈞《補晉書藝文志補遺・史部》《謝玄別傳》。見《世説・文學篇注》。

王乂別傳

丁國鈞《補晉書藝文志補遺・史部》《王乂別傳》見《世説・德行篇注》。

劉惔別傳

丁國鈞《補晉書藝文志補遺・史部》《劉惔別傳》。見《世説・品藻篇注》。

荀勖別傳

秦榮光《補晉書藝文志・傳記類》《荀勖別傳》。

陸機雲別傳

秦榮光《補晉書藝文志・傳記類》《陸機雲別傳》。

蜀相諸葛亮故事集

秦榮光《補晉書藝文志・傳記類》《蜀相諸葛亮故事集》二十四篇。陳壽撰。據《華陽國志》。案：本書壽傳作《諸葛亮集》，表進，凡十萬四千一百一十二字。

王長史別傳

秦榮光《補晉書藝文志・傳記類》《王長史別傳》。案：即王濛。

羊曇別傳

秦榮光《補晉書藝文志・傳記類》《羊曇別傳》。

王猛別傳

秦榮光《補晉書藝文志・傳記類》《王猛別傳》。

庾袞別傳

秦榮光《補晉書藝文志・傳記類》《庾袞別傳》。

許逵別傳

秦榮光《補晉書藝文志・傳記類》《許逵別傳》。

江濛別傳

秦榮光《補晉書藝文志・傳記類》《江濛別傳》。

國曆志

秦榮光《補晉書藝文志·傳記類》 《國曆志》五卷。孔衍撰。據《唐志》。

王朝目録

秦榮光《補晉書藝文志·傳記類》 《王朝目録》。

謝氏語

秦榮光《補晉書藝文志·傳記類》 《謝氏語》。

文章記

秦榮光《補晉書藝文志·傳記類》 《文章記》。顧愷之撰。據《世説注》。

董卓別傳

姚振宗《後漢藝文志·雜傳記類》 楊孚《董卓別傳》。章宗源《隋志考證》曰，楊孚《董卓別傳》見《續漢志補注》、《太平御覽》、《後漢書注》亦引之。

侯《志》曰，《續漢五行志注》引楊孚《卓傳》，蓋即《董卓別傳》也。楊孚當是撰傳之人。孚又有《交州異物志》一書，據黃佐《廣州先賢傳》、歐大任《百越先賢志》，則孚在章和時無由撰《董卓傳》，然未知所本，今仍題楊孚名，而不敢必爲即撰《異物志》之人。或異人同姓名也。其書又見本傳注，《袁紹傳》注，《禮義志下》注及《御覽》，屢引之。

桓譚別傳

姚振宗《後漢藝文志·雜傳記類》 《桓譚別傳》。

章宗源《隋志考證》曰，《桓譚別傳》見《太平御覽》，隋、唐《志》不著録。

按：譚見經部樂類，范書與《馮衍傳》同卷。此史傳編次之微意。

張純別傳

姚振宗《後漢藝文志·雜傳記類》 《張純別傳》。章宗源《隋志考證》曰，《張純別傳》見《太平御覽》。侯《志》曰，《御覽》二百四十一引之。云，純字伯仁，郊廟冠婚喪紀禮儀多所正定，上甚重之，以純兼虎賁中郎將，一日數見。康按：此事《范書》亦載之。按：純，京兆杜陵人。高祖父安世，昭帝時封富平侯。建武中，更封武始侯。二十三年，代杜林爲大司空。中元元年三月，薨。謚曰節侯。范書與《曹襃·鄭玄傳》同卷。

鍾離意別傳

姚振宗《後漢藝文志·雜傳記類》 《鍾離意別傳》。

章宗源《隋志考證》曰，《鍾離意別傳》見《續漢志補注》，亦見《太平御覽》、《後漢書注》。

侯《志》曰，本傳注、《郡國志注》及《御覽》屢引之，其事多本傳所不載。按：意字子阿，會稽山陰人。永平中，由尚書僕射出爲魯相，卒官。范書與《第五倫宋均寒朗傳》同卷。

賈逵別傳

姚振宗《後漢藝文志・雜傳記類》《賈逵別傳》。章宗源《隋志考證》曰，《賈逵別傳》見《太平御覽》。按：逵見經部書類。范書與《鄭興興子衆范升陳元張霸傳》同卷。

樊貢別傳

姚振宗《後漢藝文志・雜傳記類》《樊英別傳》。章宗源《隋志考證》曰，《樊英別傳》見《世説新語注》，亦見《太平御覽》。

侯《志》曰，《世説・文學篇注》、《御覽》三百七十三引之，此二事本傳不載，蓋以其事瑣屑也。餘見《藝文類聚》及《御覽》者尚多，皆與本傳同。

按：英見經部易類。范書列《方術傳》上篇。

張衡別傳

姚振宗《後漢藝文志・雜傳記類》《張衡別傳》。章宗源《隋志考證》曰，《張衡別傳》見《太平御覽》。

按：衡見經部禮類。范書《列傳》第四十九自爲一卷，而論之曰，崔瑗之稱平子曰，數術窮天地，制作侔造化。斯致可得而言歟！推其範圍兩儀，天地無所蘊其靈，運情機物，有生不能參其智。

李郃別傳

姚振宗《後漢藝文志・雜傳記類》《李郃別傳》。章宗源《隋志考證》曰，《李郃別傳》見《藝文類聚》，亦見《太平御覽》。

侯《志》曰，《類聚》四十六、《御覽》二百三十二，又二百三十六，又二百五十二，又三百六十三四、七十，又四百八十五，又五百二十八並引之。此數事本傳皆不載，惟《類聚》卷一、《御覽》七百七十九所引與本傳同。

按：郃字孟節，漢中南鄭人。固之父也。元初四年，代袁敞爲司空。安帝崩，北鄉侯立爲司徒。明年，賜策免。年八十餘卒于家。門人上黨馮胄獨制服心喪三年，時人異之。范書列在《方術傳》上篇。

李燮別傳

姚振宗《後漢藝文志・雜傳記類》《李燮別傳》。章宗源《隋志考證》曰，《李燮別傳》見《太平御覽》。侯《志》曰，《御覽》二百五十二，又六百五十二引之。其事皆本傳不載。《續漢書》及《華陽國志》載之。按：《御覽》所引後一事，本傳亦略及之。

按：李固二子基、茲皆死獄中，小子燮得脱亡。命燮字德公。靈帝時，拜議郎，遷河南尹，在職二年卒。時人感其世忠正，咸傷惜焉。《范書》附見《固傳》末，其姊文姬及其父，門生王成并著焉。

馬融別傳

姚振宗《後漢藝文志・雜傳記類》《馬融別傳》。章宗源《隋志考證》曰，《馬融別傳》見《藝文類聚》。侯《志》曰，《藝文類聚》六十九卷引之，其文全與傳同。

按：融見經部易類。范書《列傳》第五十合《蔡邕傳》爲上下篇。

郭泰別傳

姚振宗《後漢藝文志・雜傳記類》《郭泰別傳》。章宗源《隋志考證》曰，《郭泰別傳》見《三國志注》，亦見《太平御覽》、《後漢書注》。

侯《志》曰，《魏志・衛臻傳》注引《郭林宗傳》，乃別傳也。其事本傳不載。《王昶傳注》亦引一條，則本傳載之。餘見本傳注、《黄憲傳注》、《世説注》。《類聚》、《御覽》引者甚多，間亦足補本傳之缺，然皆范蔚宗所謂後之好事附益增張者也。

按：泰字林宗，太原介休人。建寧二年卒于家，時年四十二。四方之士千餘人皆來會葬。同志者乃共刻石立碑，蔡邕爲文，既而謂涿郡盧植曰，吾爲碑銘多矣，皆有慚德，惟郭有道無愧色耳。范書與《符融許劭傳》同卷。「泰」作「太」。章懷太子曰，范曄父名泰，故改爲此「太」。

又按：《御覽・經世圖書綱目》載《郭泰別傳》、《郭林宗別傳》，書中又引《郭子別傳》，似相傳不止一本。

陳寔別傳

姚振宗《後漢藝文志・雜傳記類》 《陳寔別傳》。

章宗源《隋志考證》曰，《陳寔別傳》見《文選注》及《御覽》。

侯《志》曰，《御覽》二百六十四、四百三、四百九十九引之，事已見本傳。

按：寔字仲弓，潁川許人。爲太丘長後縣車不起。中平四年，年八十四卒于家。海内赴者三萬餘人，制衰麻者以百數，共刻石立碑，謚爲「文範先生」。范書與其子紀及荀淑、淑子爽、爽從子悦并韓韶、鍾皓傳同卷。

盧植別傳

姚振宗《後漢藝文志・雜傳記類》 《盧植別傳》。章宗源《隋志考證》曰，《盧植別傳》見《北堂書鈔》及《御覽》。

侯《志》曰，《御覽》五百五十五引之，事已見本傳。

按：植見經部書類。范書與《吴祐延篤史弼趙岐傳》同卷。

蔡邕別傳

姚振宗《後漢藝文志・雜傳記類》 《蔡邕別傳》。章宗源《隋志考證》曰，《蔡邕別傳》見《北堂書鈔》。侯《志》曰，見本傳注。

按：邕見經部禮類。范書合《馬融傳》爲上下篇。今本集有外傳。

王允別傳

姚振宗《後漢藝文志・雜傳記類》 《王允別傳》。章宗源《隋志考證》曰，《王允別傳》見《北堂書鈔》。侯《志》曰，《御覽》二百六十三引之，其事已見本傳。按：允字子師，太原祁人。初平元年，代楊彪爲司徒。三年夏四月辛巳，結吕布，誅董卓，夷其三族。六月甲子，爲李傕所殺。時年五十六。范書與《陳蕃傳》同卷。

鄭玄別傳

姚振宗《後漢藝文志・雜傳記類》 《鄭玄別傳》。章宗源《隋志考證》曰，《鄭玄別傳》見《三國志注》，《後漢書注》亦引之。

侯《志》曰，本傳注引之。餘見諸書引者多與本傳同，惟《世説・文學篇注》、《御覽》五百四十一，又五百八十八，又八百三十九引數事，皆本傳不載。

按：玄見經部易類。范書與《張純曹褒傳》同卷。

趙岐別傳

姚振宗《後漢藝文志・雜傳記類》 《趙岐別傳》。章宗源《隋志考證》曰，《趙岐別傳》見《太平御覽》。侯《志》曰，《御覽》五百五十八引之，其文全同本傳。按：

岐始末見前。范書與《吴祐延篤史弼盧植傳》同卷。

禰衡别傳

姚振宗《後漢藝文志・雜傳記類》《禰衡别傳》。章宗源《隋志考證》曰,《禰衡别傳》見《藝文類聚》。侯《志》曰,《魏志・荀彧傳注》引《平原禰衡傳》,當即别傳也。餘見《類聚》、《御覽》。引者多與本傳同,惟《御覽》五百九十六弔胡政文一事,本傳不載。又八百三十三黄祖殺衡事,亦視本傳爲詳。

按:衡字正平,平原般人也。有才辨而率意傲物。初以大罵曹操,操送之荆州。復侮慢劉表,表又送之江夏太守黄祖,卒以大罵黄祖被殺。時年二十六,當在建安六年。范書列《文苑傳》末。

孔融别傳

姚振宗《後漢藝文志・雜傳記類》《孔融别傳》。章宗源《隋志考證》曰,《孔融别傳》見《藝文類聚》。侯《志》曰,本傳注兩引《融家傳》,核以《御覽》三百八十五所引,即别傳也。餘見《類聚》七十三,《御覽》三百九十六、四百廿八,其事皆見《范書》中。與《范書》異者,本傳稱年十歲詣河南尹李膺,《别傳》作詣漢中李公。考融卒于建安十三年,年五十六,則年十歲當桓帝延熹五年,是時李固誅死已久,别傳誤也。

按:融見經部春秋類。范書與《鄭泰荀彧傳》同卷。

司馬徽别傳

姚振宗《後漢藝文志・雜傳記類》《司馬徽别傳》。章宗源《隋志考證》曰,《司馬徽别傳》見《世説注》。侯《志》曰,范書無徽傳。《世説・言語篇注》引《别傳》,載徽事甚詳。

按:徽字德操,潁川陽翟人。有《人倫鑒識》。居荆州。荆州破,爲曹操所得。操欲大用,會其病死。此别傳所云云者,《蜀志・龐統傳》亦略及之。注引《襄陽記》云,龐德公稱諸葛孔明爲卧龍,龐士元爲鳳雛,司馬德操爲冰鏡。又《蜀志》梓潼李仁、尹默俱游荆州,從司馬徽、宋忠受古學。亦見《華陽國志》。

劉根别傳

姚振宗《後漢藝文志・雜傳記類》《劉根别傳》。章宗源《隋志考證》曰,《劉根别傳》見《藝文類聚》。侯《志》曰,《類聚》、《御覽》屢引之,皆神仙家言,本傳不載。本傳稱潁川太守史祁以根爲妖妄,收執詣郡。《别傳》則載太守高府君從根求消除疫氣之術。蓋在史祁前也。

按:《通志略》道家有《劉真人内傳》一卷。注云,漢王珍遇劉根事,似即此書。根,潁川人。隱居嵩山中。范書《方術傳》列之左慈前。《初學記》二十一引《劉道士傳》曰,劉根,字君安。

周義山内傳

姚振宗《後漢藝文志・雜傳記類》《周義山内傳》一卷。《通志・藝文略・道家》《周義山内傳》一卷,後漢人居紫陽山。

白雲霽《道藏目録・洞真部》,《紫陽真人内傳》一卷,真人姓周,名義山,字季通,汝陰人也。

蘇耽傳

姚振宗《後漢藝文志・雜傳記類》《蘇耽傳》一卷。《通志・藝文略・道家》,《蘇耽傳》一卷。注云,漢人,又有《成武丁傳》附。

區大任《百越先賢志》桂陽唐珍熹平中爲司空,素師事郴人成武丁,得黄老養性之術。《靈帝本紀》熹平二年秋七月，司空楊賜免，太常潁川唐珍爲司空。三年十二月，司空唐珍罷。

侯《志》曰，二人皆不見《范書》。據《水經・耒水注》引《桂陽列仙傳》，耽，漢末時郴縣人。少孤，養母至孝，後仙去。《御覽・道部六》引《陰君自序》，武丁，桂陽人。後漢時爲縣小吏，少言大度，博通經學，後爲地仙。又《御覽》三百四十五、八百二十四、九百八十四引《桂陽先賢畫讚》亦載二人事。按：唐、宋《藝文志》道家並有周季通《蘇君記》一卷，似即此書，則是傳周義山作也。

蔡琰別傳

姚振宗《後漢藝文志・雜傳記類》 《蔡琰別傳》。章宗源《隋志考證》曰，《蔡琰別傳》見《藝文類聚》。侯《志》曰，《類聚》四十四引一條，又見《御覽》。本傳不載。章懷注引劉昭《幼童傳》載之，亦不及《別傳》之詳。餘見《御覽》引者，皆不出本傳之外。

按：琰見經部樂類。陳留蔡邕之女也。范書《列女傳》不言其所終。

畫讚傳

姚振宗《三國藝文志・雜傳記類》 曹植《畫讚傳》五卷。

《隋書・經籍志》集部總集篇：《畫讚》五卷，漢明帝殿閣畫，魏陳思王讚。梁五十卷。

唐張彦遠《歷代名畫記》曰，漢明帝畫宫圖五十卷，第一起庖犧，五十雜畫贊，漢明帝雅好畫圖，别立畫官，詔博洽之士，班固、賈逵輩取諸經史事，命尚方畫工圖畫，謂之畫讚，至陳思王曹植爲贊傳。案：爲贊傳者，贊後而繫以小傳，如《華陽國志・諸郡士女贊》之體。

嚴可均《全三國文編》曰，《藝文類聚》七十四，《太平御覽》卷一，又七百五十，又七百五十一及《歷代名畫記》引曹植《畫案序》。又《初學記》、《類聚》、《御覽》引曹植《畫贊文》，自庖羲以迄班婕妤，凡三十一條。

甄表狀

姚振宗《三國藝文志・雜傳記類》 魏明帝《甄表狀》。《聖賢羣輔録》曰，魏文帝初爲丞相，魏王所旌表二十四賢，後明帝乃述撰其狀，見《文帝令》及《甄表狀》。又曰，潁川陳寔，寔子紀，紀弟諶，並以高名號曰三君。見《甄表狀》。又曰，北海公沙穆五子並有令名，京師號曰公沙五龍，天下無雙。穆，亦名士也。見明帝《甄表狀》。

侯《志》曰，康案：魏文帝所旌表二十四賢，備在《羣輔録》，無公沙穆、陳寔父子，而《甄表狀》有之，蓋又有所推廣矣。二十四賢中之徵士樂安冉璆，《後漢書・陳蕃傳》作周璆，未詳孰是。

邊讓別傳

姚振宗《三國藝文志・雜傳記類》 《邊讓別傳》。章宗源《隋志考證》曰，《邊讓別傳》見《北堂書鈔》，亦見《太平御覽》。

侯《志》曰，《御覽》卷六百九十一、二引之，云孔融見讓于武帝。其事《范書》本傳不載。稱曹操爲武帝，則非漢人撰也。

案：邊讓見范書《儒林傳》。建安中，爲曹操所殺。有集已録入《後漢・藝文志・別集類》中。

華佗別傳

姚振宗《三國藝文志・雜傳記類》 《華佗別傳》。章宗源《隋志考證》曰，《華佗別傳》見《三國志注》，亦見《太平御覽》。

侯《志》曰，《華佗別傳》陳、范兩書本傳注俱引之。

案：華佗見范書《方術傳》。《魏志》與《杜夔朱建平周宣管輅傳》同卷。建安中，亦爲曹操所殺。有方書已録入《後漢・藝文志・醫家類》中。

荀彧別傳

姚振宗《三國藝文志・雜傳記類》《荀彧別傳》。章宗源《隋志考證》曰，《荀彧別傳》見《三國志注》，亦見《太平御覽》。

侯《志》曰，《荀彧別傳》見本傳注，書中稱曹操爲太祖，司馬懿爲宣王，則非漢晉人作，明矣。

案：彧字文若，潁川潁陰人。祖父淑，父緄，叔爽並見《范書・列傳》。彧爲漢尚書令，封萬歲亭侯。建安十七年，以侍中光禄大夫持節參丞相軍事，留壽春，以憂卒，年五十，謚曰「敬」。范書與《鄭泰孔融傳》同卷。《魏志》與《荀攸賈詡傳》同卷。

邴原別傳

姚振宗《三國藝文志・雜傳記類》《邴原別傳》。汪師韓《文選理學權輿》曰，《選注》所引羣書有《邴原別傳》。

侯《志》曰，本傳注引之甚詳，而《世説・賞譽篇注》、《御覽》二百九及五百三十二所引有出本傳注之外者，《藝文》八十三引《別傳》，叙事亦小異。

案：邴原字根矩，北海朱虚人。爲曹操司空掾，丞相徵事五官將長史。操伐吴，從行，卒。時當建安十七、八年。《魏志》與《袁涣張範涼茂國淵田疇王脩管寧傳》同卷。

潘勖別傳

姚振宗《三國藝文志・雜傳記類》《潘勖別傳》。章宗源《隋志考證》曰，《潘勖別傳》見《太平御覽》。侯《志》曰，《潘勖別傳》，《御覽》四百三引之。

案：勖卒于建安二十年。《魏志》與王象附見《衛覬傳》。勖有集，已録入《後漢・藝文志・別集類》。

劉廙別傳

姚振宗《三國藝文志・雜傳記類》《劉廙別傳》。章宗源《隋志考證》曰，《劉廙別傳》見《三國志注》，亦見《太平御覽》。

侯《志》曰，《劉廙別傳》見本傳注。

案：廙字恭嗣，南陽安衆人。曹操辟爲丞相掾，屬五官將文學。魏國初建，爲黄門侍郎侍中，賜爵關内侯。黄初二年卒。《魏志》與《王粲衛覬劉卲傅嘏傳》同卷。注引《廙別傳》云，卒時年四十二。

桓階別傳

姚振宗《三國藝文志・雜傳記類》《桓階別傳》。章宗源《隋志考證》，曰《桓階別傳》見《初學記》，亦見《太平御覽》。

侯《志》曰，《御覽》二百廿一及四百八十五，又二百六十二及四百三十一，又八百廿二及八百四十引數事，皆不見《魏志》本傳。

案：階字伯緒，《嚴氏文編》曰，《孫夫人碑》作「伯序」。長沙臨湘人。爲劉表從事祭酒。曹操定荆州，辟爲丞相掾主簿，趙郡太守。魏國初建，爲虎賁中郎將侍中。魏受禪，爲尚書令侍中，封安樂鄉侯，拜太常。卒謚曰「貞侯」。《魏志》與陳羣、陳矯、徐宣、衛臻、盧毓同卷。

任城王舊事

姚振宗《三國藝文志・雜傳記類》《任城王舊事》三卷。梁蕭綺録王嘉《拾遺記》曰，任城王，彰武帝之子也。國史撰舊事三卷，晉初藏于祕閣。

《世説・尤悔篇》曰，魏文帝忌弟任城王驍壯，因在卞太后閤共圍棋，並噉棗。文帝以毒置諸棗蒂中，自選可食者而進，王弗悟，遂雜進之。既中毒，太后索水救，帝預敕左右毁缾罐，太后徒跣趨井，無以汲，須臾遂卒。注引《魏略》曰，任城王，卞后第二子也。

侯《志》曰，《任城舊王事》三卷見《拾遺記》卷七，當時國史所撰也。

案：彰，字子文。建安二十一年，封鄢陵侯。二十三年，以北中郎將行驍騎將軍，征烏桓。黄初二年，晉爵爲公。三年，立爲任城王。四年，朝京都，疾卒。謚曰「威」。《魏志》與《陳思王植蕭懷王熊傳》同卷。

楊彪別傳

姚振宗《三國藝文志・雜傳記類》《楊彪別傳》。章宗源《隋志考證》曰，《楊彪別傳》見《太平御覽》。侯《志》曰，《御覽》四百九十一引之。云，魏文帝令彪著布單衣，待以賓客之禮。稱曹丕爲文帝，則亦魏人撰也。

案：彪字文先，弘農華陰人。爲漢司徒、司空、太常。魏受禪，以爲光禄大夫。黄初六年，卒于家。范書附見《楊震傳》。

任嘏別傳

姚振宗《三國藝文志・雜傳記類》《任嘏別傳》。章宗源《隋志考證》曰，《任嘏別傳》見《三國志注》，亦見《太平御覽》。

范書《鄭玄傳》：樂安國淵、任嘏，時並童幼，玄稱淵爲國器，嘏有道德，皆如其言。注：嘏字昭光，魏黄門侍郎也。

《魏志・王昶傳注》引《嘏別傳》曰，嘏字昭先，樂安博昌人。太祖創業，召海内至德，嘏應其舉，爲臨菑侯。庶子相國東曹，屬尚書郎。文帝時，爲黄門侍郎，累遷東郡、趙郡、河東太守。

案：《王昶傳注》則此傳似其故吏程咸、劉固、上官崇等所撰也。

吴質別傳

姚振宗《三國藝文志・雜傳記類》《吴質別傳》。

章宗源《隋志考證》曰，《吴質別傳》見《三國志注》，亦見《太平御覽》。

侯《志》曰，《王粲傳注》引之，《藝文類聚》六十八又引一條，則出傳注之外。

案：質字季重，濟陰人。爲朝歌長元城令。魏受禪，拜北中郎將，振威將軍，假節都督河北諸軍事，封列侯。太和四年，入爲侍中。其年夏，卒。《魏志》附見《王粲傳》。注引《別傳》曰，質先以怙威肆行，謚曰「醜侯」。質子應仍上書論枉。至正元中，乃改謚曰「威侯」。案：郝經《續後漢書・質答太子箋》云，今質已四十二矣，時爲漢建安二十三年，至魏太和四年卒，年五十四。

曹植別傳

姚振宗《三國藝文志・雜傳記類》《曹植別傳》。章宗源《隋志考證》曰，《曹植別傳》見《太平御覽》。侯《志》曰，《御覽》四百五十九引之，其事已見本傳。

案：植卒于明帝太和六年，有《鼙舞歌》，已録入經部樂類。《魏志》與《任城威王蕭懷王傳》同卷。

傅巽別傳

姚振宗《三國藝文志・雜傳記類》《傅巽別傳》。

侯《志》曰，《御覽》三百二十二引之。云，衛臻領選舉，舉傅巽爲冀州刺史。文帝曰，巽，吾腹心臣也。不妨與其籌算帷幄之中，決勝千里之外，不可授以遠任。康案：巽名見《傅嘏傳》。嘏伯父也。

案：巽字公悌，北地泥陽人。在漢朝辟公府，爲尚書郎。後客荆州，爲劉表東曹掾。以説劉琮歸降，賜爵關内侯。黄初中，爲侍中尚書。太和中，卒。《魏志》附見《劉表傳瑕傳》。此《別傳》疑出傅玄。

文廷式《補晉書藝文志・雜傳類》《傅巽別傳》。《御覽》三百二十二引之。

管寧別傳

姚振宗《三國藝文志・雜傳記類》《管寧別傳》。章宗源《隋志考證》曰，《管寧別傳》見《太平御覽》。侯《志》曰，《管寧別傳》，《御覽》引之，無甚異也。

案：寧字幼安，北海朱虚人。屢辭徵命。正始二年卒，年八十四。《魏志》與胡昭、王烈、張臻、焦先四人同傳。傳注屢引《傅子》，此別傳疑傅玄作。

曹肇別傳

姚振宗《三國藝文志・雜傳記類》《曹肇別傳》。章宗源《隋志考證》曰，曹肇曹毘傳見《藝文類聚》。又曰，《曹肇別傳》見《太平御覽》。

侯《志》曰，《御覽》三百八十六引之。云，肇之弟，纂字德思，力舉千鈞。明帝寵之，寢止恒同，嘗與戲，賭衣物，有所獲，輒入御帳取而出之。康案：肇、纂皆曹休子。此事休傳不載。

《魏志・曹休傳》休，太祖族子也。以功封安陽鄉侯。子肇嗣。肇字長思，有當世才，度爲散騎常侍，屯騎校尉。明帝寢疾，方與燕王宇等屬以後事，帝意尋變詔，肇以侯歸第。正始中，薨。

按：隋、唐《志》有《曹氏家傳》一卷，曹毘撰。此或即家傳中之一篇。

何晏別傳

姚振宗《三國藝文志・雜傳記類》《何晏別傳》。章宗源《隋志考證》曰，《何晏別傳》見《太平御覽》。侯《志》曰，《初學記》卷十九引之。《御覽》三百八十，又三百八十五、三百九十三亦數引之。

案：晏附見《魏志・曹爽傳》。正始十年正月，晏與大將軍爽、爽弟中、領軍羲、武衛將軍訓及黄門張當、尚書丁謐、鄧颺、司隷校尉畢軌、荆州刺史李勝、大司農桓範，並爲司馬懿所殺，夷其三族。晏有《易説》，詳見經部易類。

孫資別傳

姚振宗《三國藝文志・雜傳記類》《孫資別傳》。汪師韓《文選理學權輿》曰，《選注》所引羣書有《孫資別傳》。

章宗源《隋志攷證》曰，《孫資別傳》見《三國志注》，亦見《太平御覽》。

侯《志》曰，《孫資別傳》見本傳及《賈逵傳注》。裴松之稱資之《別傳》出自其家。今考所載，多諛詞而于資誤國之罪絶不言及，誠未可據爲定論也。

案：資字彦龍，太原人。建安中，歷縣令，參丞相軍事。魏國既建，爲祕書郎。黄初時，爲中書令，加給事中。與劉放掌機密。太和中，加散騎常侍侍中、光禄大夫。景初中，封中都侯。齊王即位，加右光禄大夫，儀同三司，衛將軍、驃騎將軍。嘉平三年卒。謚曰「貞侯」。《魏志》附見《劉放傳》。

程曉別傳

姚振宗《三國藝文志・雜傳記類》《程曉別傳》。章宗源《隋志考證》曰，《程曉別傳》見《三國志注》，亦見《太平御覽》。

侯《志》曰，《程曉別傳》見本傳注。

案：曉字季明，東郡東阿人。祖父昱，文帝時爲衛尉，封安鄉侯，復增邑，分封曉爲列侯，曉嘉平中爲黄門侍郎，汝南太守，年四十餘卒。《魏志》附見《程昱傳》。

諸葛亮別傳

姚振宗《三國藝文志・雜傳記類》《諸葛亮別傳》。章宗源《隋志攷證》曰，

《諸葛亮別傳》見《太平御覽》。張澍輯《諸葛故事》曰，《蒲元傳》云，元于斜谷爲諸葛亮造刀三千口云云，與《諸葛別傳》同。

蒲元別傳

姚振宗《三國藝文志・雜傳記類》《蒲元別傳》。章宗源《隋志攷證》曰，《蒲元傳》見《藝文類聚》。

嚴可均《全三國文編》曰，蒲元爲丞相亮西曹掾。《北堂書鈔》六十八引《蒲元別傳》。《藝文類聚》六十、《太平御覽》三百四十作《蒲元傳》，文亦小異。此傳不知何人何時所撰。

趙雲別傳

姚振宗《三國藝文志・雜傳記類》《趙雲別傳》。章宗源《隋志攷證》曰，《趙雲別傳》見《三國志注》，亦見《太平御覽》。

侯《志》曰，《趙雲別傳》本傳注屢引之。

案：雲字子龍，常山真定人。初，屬公孫瓚，後從先生爲主騎，遷牙門將軍。成都既定，爲翊軍將軍。後主建興元年，爲中護軍征南將軍，封永昌亭侯，遷鎮東將軍。七年，卒。追謚曰「順平侯」。《蜀志》與《關張馬超黄忠傳》同卷。

費禕別傳

姚振宗《三國藝文志・雜傳記類》《費禕別傳》。章宗源《隋志攷證》曰，《費禕別傳》見《三國志注》，亦見《太平御覽》。

侯《志》曰，《費禕別傳》本傳注屢引之。《御覽》九百四十六引一條，事見本傳，故注反不載也。

案：禕字文偉，江夏鄳人。先主立太子，禕爲舍人庶子。後主踐位，爲黄門侍郎，昭信校尉，侍中。丞相亮北住漢中，爲參軍中護軍。亮卒，爲後軍師，代蔣琬爲尚書令，以大將軍録尚書事，封成鄉侯，領益州刺史。延熙十六年，歲首大會，爲魏降人郭循手刃所害，謚曰「敬侯」。《蜀志》與《蔣琬姜維傳》同卷。《魏志・齊王紀》嘉平五年八月，詔曰「故中郎西平郭脩」，此作「循」，似誤。

董正別傳

姚振宗《三國藝文志・雜傳記類》《董正別傳》。章宗源《隋志考證》曰，《董正別傳》見《藝文類聚》。

侯《志》曰，正名不見于史，惟《廣州先賢傳》載其字伯和，番禺人。見《御覽》四百九則，在陸胤以前。《御覽》八百二十二引《別傳》一條，不載正事而載劉廙事，殊不可曉。

案：區大任《百越先賢志》云，熹平末，張角、袁術起難，天下亂。正每觀天象，知漢曆之不長，輒掩涕太息。建安中卒，葬番禺之東，衆爲刻碑表曰「有漢徵士董君之墓」，則正卒于漢建安中。是傳當作于漢吴之間。

陸績別傳

姚振宗《三國藝文志・雜傳記類》《陸績別傳》。

章宗源《隋志考證》曰，《陸績別傳》見《太平御覽》。

侯《志》曰，《陸績別傳》，《御覽》二百六十四引之。云，太守王朗命爲功曹，風化肅穆，郡内大治。其事本傳不載。又四百五引一條，則本傳載之。直稱孫策之名，非吴人撰也。

案：績卒時當在漢建安中，詳見《後漢・藝文志》經部易類。

虞翻別傳

姚振宗《三國藝文志・雜傳記類》《虞翻別傳》。章宗源《隋志攷證》曰，《虞翻别傳》見《三國志注》，亦見《太平御覽》。

侯《志》曰，《虞翻别傳》見本傳注，書中直稱孫策、孫權名，則非吴人撰，然亦當三國時人也。

案：翻有《易注》，詳見經部易類。《吴志》與《陸績張温駱統陸瑁吾粲朱據傳》同卷。

胡綜别傳

姚振宗《三國藝文志・雜傳記類》《胡綜别傳》。章宗源《隋志考證》曰，《胡綜别傳》見《藝文類聚》，刊本作「故綜」，寫誤也。亦見《太平御覽》。

侯《志》曰，《藝文類聚》卷七十及八十三引《綜别傳》云云，其事本傳不載。

案：綜字偉則，汝南固始人。爲金曹從事，鄂縣長，還爲書部，與是儀、徐祥並典軍國密事，領解煩右部督，加建武中郎將。黄武中，爲侍中，封鄉侯，兼左右領軍，拜偏將軍，兼左執法，領辭訟。赤烏六年卒。《吴志》與《是儀傳》同卷。

諸葛恪别傳

姚振宗《三國藝文志・雜傳記類》《諸葛恪别傳》。章宗源《隋志考證》曰，《諸葛恪别傳》見《藝文類聚》，亦見《太平御覽》。

案：恪字元遜，瑾長子也。少知名，弱冠拜騎都尉，侍太子登，爲賓友，從左庶子轉爲左輔都尉，拜撫越將軍，領丹陽太守，加威北將軍，後代陸遜爲大將軍，領荆州事。孫亮即位，爲太傅，封陽都侯，加荆揚州牧，督中外諸軍事。建興二年冬十月，大饗殿中，爲孫峻伏兵所殺。《吴志》與《滕胤孫峻孫綝濮陽興傳》同卷。

孟宗别傳

姚振宗《三國藝文志・雜傳記類》《孟宗别傳》。章宗源《隋志考證》曰，《孟宗别傳》見《初學記》，亦見《太平御覽》。

侯《志》曰，《御覽》二百六十一引之。云，宗爲豫章太守，人思其惠。又八百五十引，云，宗爲光禄勳，大會，醉吐麥飯。案：孟宗《吴志》無傳。《孫皓傳》建衡三年，司空孟仁卒，即宗更名也。注載宗事甚詳，而獨無《别傳》此二事。

案：宗字恭武，江夏人。避皓字，改名仁。案：孫皓字元宗。初爲驃騎將軍。朱據軍吏，除鹽池司馬，遷吴令，累遷光禄勳，右御史大夫，至司空。見《孫皓傳注》引《吴録》及《楚國先賢傳》。

婁承先别傳

姚振宗《三國藝文志・雜傳記類》《婁承先别傳》。章宗源《隋志攷證》曰，《婁承先别傳》見《藝文類聚》，亦見《太平御覽》。

侯《志》曰，《御覽》一百八十引之，又七百五十五亦引之，其事皆不見本傳。

案：承先名玄，沛郡蘄人。孫休時，爲監農御史。孫皓即位，爲散騎常侍，會稽太守，大司農，宫下鎮禁中侯，主殿中事，以應對切直數迕皓意，送付廣州，復徙玄及子據，付交阯將張奕，使以戰自效，陰别勑奕令殺之。據到交阯，病死。玄一身隨奕討賊，持刀步涉，見奕輒拜，奕未忍殺。會奕暴卒，玄殯斂奕，于器中見勑書，還便自殺。《吴志》與《王蕃賀劭韋曜華覈傳》同卷。

世本王侯大夫譜

姚振宗《漢書藝文志拾補・春秋》《世本王侯大夫譜》二卷。

《隋志・史部・譜系篇》，《世本王侯大夫譜》二卷。

會稽章宗源《隋志考證・史通外篇》曰，楚漢之際，有好事者録自古帝王公侯卿大夫之世，終乎秦末，號曰《世本》十五篇。此言楚漢之際所録，與劉向言古史官所紀不合，且事終秦末，當有燕王喜、漢高祖。據《隋志》載《世本王侯大夫譜》二卷，無撰人名。又《世本》二卷，劉向撰。是自有兩本，一在周代，一在楚漢之際，皆十五篇，故同爲二卷。

按：《隋志》載此書在劉向《世本》二卷之前，是確有此別本。向所校録者，見《藝文志》，事終春秋，與此不同。

徐穉別傳

曾樸《後漢書藝文志并考·雜傳》《徐穉別傳》。卷數佚。

王中郎別傳

吴士鑒《補晉書經籍志·雜傳類》《王中郎別傳》。《世説·言語篇注》，本書王坦之累遷參軍從事中郎。

胡冲答問

沈家本《三國志注所引書目·雜傳》《胡冲答問》。孫和傳。案：隋、唐《志》不著裴所引屈晃事，似亦傳記之屬。冲，胡綜子，見綜《傳》。吴天紀中爲中書令，後仕晉。

隆安記

沈家本《世説注所引書目·雜傳》周祇《隆安記》。德行。案：隆安，安帝年號。此亦以年號爲書名者。

曆紀

沈家本《世説注所引書目·雜傳》徐廣《曆紀》。政事。案：此亦記事之書。

涼州記

沈家本《世説注所引書目·雜傳》張資《涼州記》。言語。案：此記張天錫事，乃記事之書，非地理書。

三將叙

沈家本《世説注所引書目·雜傳》嚴尤《三將叙》。言語。案：此叙三人之事。注中引白起事，餘二將未詳何人。

尋陽記

沈家本《世説注所引書目·雜傳》《尋陽記》。尤悔。《隋志》無。《新唐志·地理類》張僧鑒《潯陽記》二卷。當即是書。尋、潯古今字。觀注中所引亦記事書，非地理書，故改入此。

陸碑

沈家本《世説注所引書目·雜傳》《陸碑》邁。規箴。

張蒼梧碑

沈家本《世説注所引書目·雜傳》《張蒼梧碑》排調。張鎮，字義遠，蒼梧太守。

語溪宗輔録

丁立中《八千卷樓書目・傳記類》　《語溪宗輔録》四卷。明胡其久撰。抄本。

忠敬堂彙録

丁立中《八千卷樓書目・傳記類》　《忠敬堂彙録》八卷。明胡煜撰。重刊本。

觀我編

丁立中《八千卷樓書目・傳記類》　《觀我編》五卷。明馮孜撰。抄本。

吕成公外録

丁立中《八千卷樓書目・傳記類》　《吕成公外録》五卷。明阮和聲撰。抄本。

慕天顏興革事宜略

丁立中《八千卷樓書目・傳記類》　《慕天顏興革事宜略》四卷。國朝盛符升撰。刊本。

讀東坡志林

丁立中《八千卷樓書目・傳記類》　《讀東坡志林》一卷。國朝尤侗撰。《昭代叢書》本。

南溪志

丁立中《八千卷樓書目・傳記類》　《南溪志》四卷。國朝楊毓健撰。刊本。

耳提録

丁立中《八千卷樓書目・傳記類》　《耳提録》八卷。國朝黄昌撰。刊本。

天后顯聖志

丁立中《八千卷樓書目・傳記類》　《天后顯聖志》一卷。不著編輯者名氏。刊本。

老父雲遊始末

丁立中《八千卷樓書目・傳記類》　《老父雲遊始末》一卷。國朝陸莘行撰。先達遺著本。

蔡氏旌孝録

丁立中《八千卷樓書目・傳記類》《蔡氏旌孝録》一卷。國朝夏嘉穀撰。刊本。

渤海清芬

丁立中《八千卷樓書目・傳記類》《渤海清芬》一卷。國朝季念詒編。刊本。

辛酉記

丁立中《八千卷樓書目・傳記類》《辛酉記》一卷。國朝張光烈撰。刊本。

桑根遺愛録

丁立中《八千卷樓書目・傳記類》《桑根遺愛録》一卷。國朝秦際、唐顧雲編。刊本。

景陸粹編

丁立中《八千卷樓書目・傳記類》《景陸粹編》八卷。國朝許仁沐撰。刊本。

啟禎野乘

丁立中《八千卷樓書目・傳記類》《啓禎野乘》十六卷。明鄒漪撰。刊本。

忠佞紀事

丁立中《八千卷樓書目・傳記類》《忠佞紀事》一卷。國朝錢邦芑撰。《荊駝逸史》本。

見聞録

丁立中《八千卷樓書目・傳記類》《見聞録》四卷。國朝張履祥撰。《楊國全集》本。

前明忠義別傳

丁立中《八千卷樓書目・傳記類》《前明忠義別傳》三十二卷。國朝汪有典撰。刊本。

余氏忠孝録

丁立中《八千卷樓書目・傳記類》《余氏忠孝録》二卷。國朝余文龍撰。刊本。

仙儒外紀

丁立中《八千卷樓書目・傳記類》《仙儒外紀》五卷。國朝劉飛撰。刊本殘。

甌隱芻言

丁立中《八千卷樓書目·傳記類》《甌隱芻言》二卷。國朝金衍宗撰。刊本。

敏求軒述記

丁立中《八千卷樓書目·傳記類》《敏求軒述記》十六卷。國朝陳世箴撰。刊本。

軍興紀略

丁立中《八千卷樓書目·傳記類》《軍興紀略》一卷。國朝謝蘭生撰。刊本。

鄒氏恩卹全録

丁立中《八千卷樓書目·傳記類》《鄒氏恩卹全録》一卷。國朝鄒在衡撰。刊本。

四家傳略

丁立中《八千卷樓書目·傳記類》《四家傳略》四卷。國朝丁晏撰。刊本。

汪氏節孝傳

丁立中《八千卷樓書目·傳記類》《汪氏節孝傳》一卷。國朝丁晏撰。刊本。

冰玉恩榮録

丁立中《八千卷樓書目·傳記類》《冰玉恩榮録》二卷。國朝嚴辰撰。刊本。

向張二公傳忠録

丁立中《八千卷樓書目·傳記類》《向張二公傳忠録》一卷。國朝過鑄撰。刊本。

乙巳泗州録

丁立中《八千卷樓書目·傳記類》《乙巳泗州録》一卷。宋胡舜申撰。《少師集》附刻本。

遇恩録

丁立中《八千卷樓書目·傳記類》《遇恩録》一卷。明劉仲璟撰。《紀録彙編》本。

剿賊圖説

丁立中《八千卷樓書目·傳記類》《剿賊圖説》一卷。不著撰人名氏。明刊本。

紀恩録

丁立中《八千卷樓書目·傳記類》《紀恩録》一卷。國朝王士禛撰。《昭代叢書》本。

外家紀聞

丁立中《八千卷樓書目・傳記類》《外家紀聞》一卷。國朝洪亮吉撰。全集本。

菰盧筆記

丁立中《八千卷樓書目・傳記類》《菰盧筆記》一卷。不著撰人名氏。刊本。

宦遊紀略

丁立中《八千卷樓書目・傳記類》《宦遊紀略》二卷。國朝嚴錫康撰。刊本。

宰湘節録

丁立中《八千卷樓書目・傳記類》《宰湘節録》一卷。國朝朱詒孫撰。刊本。

許叔平轉從餘生記

丁立中《八千卷樓書目・傳記類》《許叔平轉徒餘生記》一卷。國朝方濬頤撰。振綺堂本。

青巖禦寇録

丁立中《八千卷樓書目・傳記類》《青巖禦寇録》一卷。國朝陳振南撰。刊本。

入都紀程

丁立中《八千卷樓書目・傳記類》《入都紀程》二卷。國朝黎庶昌撰。黎氏家集本。

忠賊口供

丁立中《八千卷樓書目・傳記類》《忠賊口供》一卷。不著撰人名氏。刊本。

王弼傳

文廷式《補晉書藝文志・雜傳類》《王弼別傳》。《世説・文學門》注引《弼別傳》云，弼之卒也，晉景帝嗟歎之。則晉人書也。

荀勗別傳

文廷式《補晉書藝文志・雜傳類》《荀勗別傳》。《魏志・賈詡傳》注引之。

嵇康傳

文廷式《補晉書藝文志・雜傳類》嵇喜《嵇康傳》。見《魏志・王粲傳》注。

曹志別傳

文廷式《補晉書藝文志・雜傳類》《曹志別傳》。見《魏志・陳思王植傳》注。

潘尼別傳

文廷式《補晉書藝文志・雜傳類》　《潘尼別傳》。

潘岳別傳

文廷式《補晉書藝文志・雜傳類》　《潘岳別傳》。《世説・容止門》注。

盧諶別傳

文廷式《補晉書藝文志・雜傳類》　《盧諶別傳》。《魏志・盧毓傳》注。

樂廣傳

文廷式《補晉書藝文志・雜傳類》　謝鯤《樂廣傳》。

辛憲英傳

文廷式《補晉書藝文志・雜傳類》　夏侯湛《辛憲英傳》。《魏志・辛毗傳》注：《世語》曰，毗女憲英適太常泰山羊耽，外孫夏侯湛爲其傳。

王弼傳

文廷式《補晉書藝文志・雜傳類》　何劭《王弼傳》。見《本傳》。《藝文類聚》七十四引之。又《世説・文學門》注，稱《王弼別傳》。

孫惠別傳

文廷式《補晉書藝文志・雜傳類》　《孫惠別傳》。見《吴志・孫賁傳》注。

顧譚傳

文廷式《補晉書藝文志・雜傳類》　陸機《顧譚傳》。《御覽》卷三百八十九、卷五百並引《顧譚別傳》。

陸雲別傳

文廷式《補晉書藝文志・雜傳類》　陸機《陸雲別傳》。見《吴志・陸抗傳》注。《世説・賞譽門》注引《陸雲別傳》。《御覽》八百七十八引《陸機別傳》，六百九十九亦引《陸機別傳》。以上並見《三國志注》。

郄鑒別傳

文廷式《補晉書藝文志・雜傳類》　《郄鑒別傳》。見《世説・德行門》注。

王乂別傳

文廷式《補晉書藝文志・雜傳類》《王乂別傳》。《世說・德行門》注。

王祥世家

文廷式《補晉書藝文志・雜傳類》《王祥世家》。見《世說・德行門》注釋《祥世家》曰，祥父融，娶高平嶭氏，生祥。繼室以廬江朱氏，生覽。

桓彝別傳

文廷式《補晉書藝文志・雜傳類》《桓彝別傳》。《世說・德行門》注，《御覽》卷六十七。

王丞相別傳

文廷式《補晉書藝文志・雜傳類》《王丞相別傳》。王導也。見《世說・德行門》注。

阮光禄別傳

文廷式《補晉書藝文志・雜傳類》《阮光禄別傳》。見《世說・德行門》注。又《栖逸門》注稱《阮裕別傳》。

劉尹別傳

文廷式《補晉書藝文志・雜傳類》《劉尹別傳》。見《世說・德行門》注。又《品藻門》注稱《劉惔別傳》。

范宣別傳

文廷式《補晉書藝文志・雜傳類》《范宣別傳》。《世說・德行門》注。

王獻之別傳

文廷式《補晉書藝文志・雜傳類》《王獻之別傳》。見《世說・德行門》注。

王恭別傳

文廷式《補晉書藝文志・雜傳類》《王恭別傳》。《世說・德行門》注。

羊秉叙

文廷式《補晉書藝文志・雜傳類》夏侯湛《羊秉叙》。《世說・言語門》注引之，亦別傳之屬。

向秀别傳

文廷式《補晉書藝文志·雜傳類》《向秀别傳》。《世説·德行門》注、《文學門》注、《文選》卷二十一注、《御覽》四百九並引之。

衛玠别傳

文廷式《補晉書藝文志·雜傳類》《衛玠别傳》。《世説·賞譽門》注、《言語門》注、《初學記》十九並引之。

顧和别傳

文廷式《補晉書藝文志·雜傳類》《顧和别傳》。《世説》言語門、賞譽門注。

王含别傳

文廷式《補晉書藝文志·雜傳類》《王含别傳》。《世説·言語門》注。

孫放别傳

文廷式《補晉書藝文志·雜傳類》《孫放别傳》。《世説·言語門》注、《夙惠門》注、《書鈔》一百三十八並引之。

庾翼别傳

文廷式《補晉書藝文志·雜傳類》《庾翼别傳》。《世説·言語門》注。

桓温别傳

文廷式《補晉書藝文志·雜傳類》《桓温别傳》。《世説》言語門注、政事門注、識鑒門注。

顧凱之别傳

文廷式《補晉書藝文志·雜傳類》《顧凱之别傳》。

王長史别傳

文廷式《補晉書藝文志·雜傳類》《王長史别傳》。見《世説·言語門》注，《類聚》四十八稱《王濛别傳》。

孝文王傳

文廷式《補晉書藝文志·雜傳類》《孝文王傳》。《世説·言語門》注：《孝文王傳》曰，王諱道子，簡文皇帝第五子也。封會稽王，領司徒，揚州刺史，進太傅，爲桓玄所害，贈丞相。

王中郎傳

文廷式《補晉書藝文志·雜傳類》《王中郎傳》。王坦之也。見《世說·言語門》注。

郄超別傳

文廷式《補晉書藝文志·雜傳類》《郄超別傳》。《世說·言語門》注。

王胡之別傳

文廷式《補晉書藝文志·雜傳類》《王胡之別傳》。《世說·言語門》注、《賞譽門》注、《品藻門》注。

王司徒傳

文廷式《補晉書藝文志·雜傳類》《王司徒傳》。王謐也。見《世說·言語門》注。

鍾雅別傳

文廷式《補晉書藝文志·雜傳類》《鍾雅別傳》。《世說·政事門》注。

陸玩別傳

文廷式《補晉書藝文志·雜傳類》《陸玩別傳》。《世說·政事門》注、《規箴門》注並引之。

江惇傳

文廷式《補晉書藝文志·雜傳類》《江淳傳》《世說·政事門》注。

殷浩別傳

文廷式《補晉書藝文志·雜傳類》《殷浩別傳》。《世說·文學門》注、《政事門》注並引之。

王珉別傳

文廷式《補晉書藝文志·雜傳類》《王珉別傳》。《世說·政事門》注、《初學記》卷十一、《類聚》卷四十八並引之。

王敦別傳

文廷式《補晉書藝文志·雜傳類》《王敦別傳》《世說·文學門》注、《御覽》二百三十七並引之。

謝鯤別傳

文廷式《補晉書藝文志・雜傳類》《謝鯤別傳》。《世説・文學門》注。

王述別傳

文廷式《補晉書藝文志・雜傳類》《王述別傳》。《世説・文學門》注、《方正門》注、《簡傲門》注並引之。

謝元別傳

文廷式《補晉書藝文志・雜傳類》《謝元別傳》。《世説・文學門》注。

左思別傳

文廷式《補晉書藝文志・雜傳類》《左思別傳》。《世説・文學門》注。

郭璞別傳

文廷式《補晉書藝文志・雜傳類》《郭璞別傳》。《世説・文學門》注、《術解門》注。

諸葛恢別傳

文廷式《補晉書藝文志・雜傳類》《諸葛恢別傳》。《世説・方正門》注、《傷逝門》注。

周顗別傳

文廷式《補晉書藝文志・雜傳類》《周顗別傳》。《世説・方正門》注。

孔愉別傳

文廷式《補晉書藝文志・雜傳類》《孔愉別傳》《世説・品藻門》注、《方正門》注、《栖逸門》注並引之。

蔡司徒別傳

文廷式《補晉書藝文志・雜傳類》《蔡司徒別傳》蔡謨也。見《世説・方正門》注。

陶侃別傳

文廷式《補晉書藝文志・雜傳類》《陶侃別傳》。《世説》方正門、識鑒門、賢媛門注並引之。

王彪之別傳

文廷式《補晉書藝文志·雜傳類》《王彪之別傳》。《世説·方正門》注。

羅府君別傳

文廷式《補晉書藝文志·雜傳類》《羅府君別傳》。羅含也。見《世説·方正門》注，又《規箴門》注稱《羅含別傳》。

祖約別傳

文廷式《補晉書藝文志·雜傳類》《祖約別傳》。《世説·雅量門》注。

阮孚別傳

文廷式《補晉書藝文志·雜傳類》《阮孚別傳》。《世説·雅量門》注。

羊曼別傳

文廷式《補晉書藝文志·雜傳類》《羊曼別傳》。《世説·雅量門》注。

王劭別傳

文廷式《補晉書藝文志·雜傳類》《王劭別傳》。見《世説·容止門》注，《御覽》三百八十九亦引之。

王薈別傳

文廷式《補晉書藝文志·雜傳類》《王薈別傳》。見《世説·雅量門》注。《御覽》八百五十九《王薈別傳》。

石勒傳

文廷式《補晉書藝文志·雜傳類》《石勒傳》。《世説·識鑒門》注、《御覽》四百九十六、八百二十二、八百三十二引之，並稱《石勒別傳》。

王彬別傳

文廷式《補晉書藝文志·雜傳類》《王彬別傳》。《世説·識鑒門》注。

王舒傳

文廷式《補晉書藝文志·雜傳類》《王舒傳》。《世説·識鑒門》注。

王澄別傳

文廷式《補晉書藝文志·雜傳類》《王澄別傳》。《世説·賞譽門》注。

王邃别傳

文廷式《補晉書藝文志・雜傳類》《王邃别傳》。《世説・賞譽門》注。

卞壺别傳

文廷式《補晉書藝文志・雜傳類》《卞壺别傳》。《世説・賞譽門》注、《任誕門》注並引之。

虞光禄傳

文廷式《補晉書藝文志・雜傳類》《虞光禄傳》虞騤也。見《世説・品藻門》注。

郄愔别傳

文廷式《補晉書藝文志・雜傳類》《郄愔别傳》。《世説・品藻門》注。

陳逵别傳

文廷式《補晉書藝文志・雜傳類》《陳逵别傳》。《世説・豪爽門》注、《品藻門》注。

賀循别傳

文廷式《補晉書藝文志・雜傳類》《賀循别傳》。《世説・規箴門》注。

桓冲别傳

文廷式《補晉書藝文志・雜傳類》《桓冲别傳》。《世説・夙惠門》注。

桓豁别傳

文廷式《補晉書藝文志・雜傳類》《桓豁别傳》。《世説・豪爽門》注。

桓玄别傳

文廷式《補晉書藝文志・雜傳類》《桓玄别傳》。《世説・德行門》注引兩條,《文學門》注引一條,《任誕門》注引一條。《唐志》有《桓玄傳》二卷。

周處别傳

文廷式《補晉書藝文志・雜傳類》《周處别傳》。《世説・容止門》注。

賈充别傳

文廷式《補晉書藝文志・雜傳類》《賈充别傳》。《世説・惑溺門》注。

王汝南別傳

文廷式《補晉書藝文志・雜傳類》　《王汝南別傳》。見《世説・賢媛門》注。《御覽》三百六十七稱《王湛別傳》。

謝車騎傳

文廷式《補晉書藝文志・雜傳類》　《謝車騎傳》。謝玄也。《世説・雅量門》注。

郄曇別傳

文廷式《補晉書藝文志・雜傳類》　《郄曇別傳》。《世説・賢媛門》注。

范汪別傳

文廷式《補晉書藝文志・雜傳類》　《范汪別傳》。《世説・識鑒門》注、《排調門》注。

蔡充別傳

文廷式《補晉書藝文志・雜傳類》　《蔡充別傳》。《世説・品藻門》注、《排調門》注。

司馬晞傳

文廷式《補晉書藝文志・雜傳類》　《司馬晞傳》。《世説・黜免門》注。

王雅別傳

文廷式《補晉書藝文志・雜傳類》　《王雅別傳》。《世説・讒險門》注。

荀粲別傳

文廷式《補晉書藝文志・雜傳類》　何劭《荀粲別傳》。見劭《本傳》。《魏志・荀彧傳》注引之。《世説・文學門》注、《惑溺門》注並引之，稱《荀粲別傳》。《書鈔》一百引何劭《荀粲傳》。

司馬無忌別傳

文廷式《補晉書藝文志・雜傳類》　《司馬無忌別傳》。《世説・仇隙門》注。

高座別傳

文廷式《補晉書藝文志・雜傳類》　《高座別傳》。《世説・德行門》注、《賞譽門》注引《高座傳》。《簡傲門》注引《高座傳》。

夏仲御別傳

文廷式《補晉書藝文志・雜傳類》《夏仲御別傳》。《齊民要術》卷十引《夏統別傳》注，《御覽》八百五十一亦引《夏統別傳》注，是此書有注本也。《初學記》卷四、《書鈔》一百三十九、《御覽》五百八十一並作《夏仲御別傳》。

孟嘉別傳

文廷式《補晉書藝文志・雜傳類》《孟嘉別傳》。按：《陶淵明集》有《孟嘉傳》。《世説・言語門》注、《識鑒門》注、《初學記》卷四、《書鈔》一百五十五、《御覽》三百九十三、三百六十五並引之，與淵明所撰略同。

孫登別傳

文廷式《補晉書藝文志・雜傳類》《孫登別傳》。《藝文類聚》十九、《御覽》三百九十二、五百二引之。

王廙別傳

文廷式《補晉書藝文志・雜傳類》《王廙別傳》。《世説・豪爽門》注、《仇隙門》注、《北堂書鈔》一百三十八引之。

許遜別傳

文廷式《補晉書藝文志・雜傳類》《許遜別傳》。《藝文類聚》卷二十一、《御覽》四百二十四引之。

曹肇傳

文廷式《補晉書藝文志・雜傳類》曹毗《曹肇傳》。《書鈔》一百三云，曹毗作《曹肇傳》。《御覽》六百八十九亦引《曹肇傳》。

郭翻別傳

文廷式《補晉書藝文志・雜傳類》《郭翻別傳》。《藝文類聚》卷二十一、《御覽》四百二十四引之。

許邁別傳

文廷式《補晉書藝文志・雜傳類》《許邁別傳》。《晉書・本傳》云，王羲之撰《許邁傳》。《類聚》卷八十、《御覽》八百七十一、四百八十九。

王藴別傳

文廷式《補晉書藝文志・雜傳類》《王藴別傳》。《藝文類聚》卷四十八引之。

王濛別傳

文廷式《補晉書藝文志・雜傳類》《王濛別傳》。《世説》言語門、賞譽門、傷逝門注,《初學記》卷十一、《書鈔》五十七、《御覽》二百二十並引之。

張載別傳

文廷式《補晉書藝文志・雜傳類》《張載別傳》。《書鈔》卷九十八、卷一百並引之。

張華別傳

文廷式《補晉書藝文志・雜傳類》《張華別傳》。《初學記》卷十二、《北堂書鈔》卷五十七、《太平御覽》卷二百三十四、五百九十七並引之。

裴楷別傳

文廷式《補晉書藝文志・雜傳類》《裴楷別傳》。《北堂書鈔》八十五、《御覽》三百八十八引之。

陳武別傳

文廷式《補晉書藝文志・雜傳類》《陳武別傳》。《類聚》卷十九、《御覽》三百六十三、三百九十二、四百四十六、八百三十三並引之。此陳武乃石勒將,與《吳志》之陳武別是一人。

王威別傳

文廷式《補晉書藝文志・雜傳類》《王威別傳》。《類聚》卷九十九《王威別傳》曰,時有白燕來翔,被令爲賦。

傅宣別傳

文廷式《補晉書藝文志・雜傳類》《傅宣別傳》。《初學記》卷十二引之。

梅陶自叙

文廷式《補晉書藝文志・雜傳類》《梅陶自叙》。《史通・序傳篇》云,楊雄已降,自叙始以誇尚爲宗,至魏文帝、傅玄、梅陶、葛洪之徒,又踰於此。原書「梅陶」誤「陶梅」,「踰」誤「喻」,今改正。《初學記》十二引之,《御覽》六百四十九引之。

許肅別傳

文廷式《補晉書藝文志・雜傳類》《許肅別傳》。《初學記》卷十七《許肅別傳》曰,肅爲愍帝侍中,帝送平陽。頃之,劉聰陰行鴆毒,帝因食心悶,欲見肅。肅馳詣前,帝已不能語,執肅手流涕。肅欷歔登牀,帝遂殂於扶抱之中。晝夜號泣,哀感異類。《御覽》四百十八引之尤詳。《晉書》不爲許肅立傳,何以勸事君,蓋失之矣。

庾異行別傳

文廷式《補晉書藝文志・雜傳類》《庾異行別傳》。《御覽》八百二十四引《庾異原誤作「廙」行別傳》。按:《孝友庾衮傳》云,世號之爲異行。

李劭別傳

文廷式《補晉書藝文志・雜傳類》 《李劭別傳》。《初學記》十八《李劭別傳》曰，公居貧而不好修産業，稻田三十畝、第宅一區。

山濤別傳

文廷式《補晉書藝文志・雜傳類》 袁宏《山濤別傳》。《初學記》卷十八、《御覽》四百九。

趙穆別傳

文廷式《補晉書藝文志・雜傳類》 《趙穆別傳》。《世説・賞鑒門》注引《趙吴郡行狀》。《初學記》卷二十、《北堂書鈔》卷三十三並引之。

庾亮別傳

文廷式《補晉書藝文志・雜傳類》 《庾亮別傳》。《書鈔》五十七、六十九並引之。

顔含別傳

文廷式《補晉書藝文志・雜傳類》 《顔含別傳》。《書鈔》五十八、《類聚》四十八、《御覽》二百十九、三百八十九並引之。

荀粲傳

文廷式《補晉書藝文志・雜傳類》 何劭《荀粲傳》。見《本傳》。《書鈔》卷一百引之。

傅咸別傳

文廷式《補晉書藝文志・雜傳類》 《傅咸別傳》。《書鈔》六十六《傅咸別傳序》云，友人魯仲叔雅量宏濟。又卷一百引《傅咸別傳》云，咸少屬文，不貴詞人之賦。潁川庾純嘗歎曰，傅長虞之意不可及也。

葛洪別傳

文廷式《補晉書藝文志・雜傳類》 《葛洪別傳》。《書鈔》九十七引之。

杜祭酒別傳

文廷式《補晉書藝文志・雜傳類》 《杜祭酒別傳》。《書鈔》一百三十四、一百三十六，《御覽》一百五十七、三百八十五、七百七亦引之。祭酒，杜夷也。《御覽》一百五十七所引爲桓宣武事，與杜夷無涉，似有誤。

孫略別傳

文廷式《補晉書藝文志・雜傳類》 《孫略別傳》。《書鈔》一百三十四、《御覽》七百七並引之。

吴猛別傳

文廷式《補晉書藝文志·雜傳類》《吴猛別傳》。

歐陽建別傳

文廷式《補晉書藝文志·雜傳類》《歐陽建別傳》。《書鈔》卷一百引之。

石虎別傳

文廷式《補晉書藝文志·雜傳類》《石虎別傳》。《御覽》卷三十四。

雷煥別傳

文廷式《補晉書藝文志·雜傳類》《雷煥別傳》。《書鈔》一百二十二、《御覽》三十七、三百四十三、四百六十七並引之。

徐邈別傳

文廷式《補晉書藝文志·雜傳類》《徐邈別傳》。《御覽》三百八十五《徐邈別傳》曰，君諱邈，字仙民，東莞人。岐嶷，即惠，聰悟，七歲涉學，詩賦成章。《御覽》一百八十《徐邈別傳》曰，邈，字仙民，舉世諮承，傳爲定範。舊疑歲神在卯，此宅之左，即彼宅之右地，何得俱忌。邈以爲太歲之屬，自是遊神，譬如日出之時，向東背朔，非爲定體。

羊祜別傳

文廷式《補晉書藝文志·雜傳類》《羊祜別傳》。《御覽》二百三十九、八百三十七引之。

桓石秀別傳

文廷式《補晉書藝文志·雜傳類》《桓石秀別傳》。《御覽》二百五十五引之。

祖逖別傳

文廷式《補晉書藝文志·雜傳類》《祖逖別傳》。《御覽》二百五十八引之。

江祚別傳

文廷式《補晉書藝文志·雜傳類》《江祚別傳》。《御覽》三百六十二引之。

江蕤別傳

文廷式《補晉書藝文志·雜傳類》《江蕤別傳》。《御覽》五百一十一、七百五十四。

傅嘏別傳

文廷式《補晉書藝文志・雜傳類》 傅玄《傅嘏別傳》。嚴可均《全晉文》曰，見《魏志・劉表傳》注、《書鈔》七十六，又《魏志・傅嘏傳》注。據《世説・識鑒篇》注、《書鈔》六十、《白孔六帖》七十六、《御覽》四百四十七校。按：《御覽》三百八十五亦引之。

何禎別傳

文廷式《補晉書藝文志・雜傳類》 《何禎別傳》。《御覽》三百八十五引之。《魏志・管寧傳》注引《文士傳》曰，禎字元幹，廬陵人，入晉爲尚書、光禄大夫。

趙至叙

文廷式《補晉書藝文志・雜傳類》 嵇紹《趙至叙》。《世説・言語門》注引之，亦《別傳》之屬。

趙至別傳

文廷式《補晉書藝文志・雜傳類》 《趙至別傳》。《御覽》三百八十五引之。

謝安別傳

文廷式《補晉書藝文志・雜傳類》 《謝安別傳》。《御覽》三百八十引之。

王祥別傳

文廷式《補晉書藝文志・雜傳類》 《王祥別傳》。《御覽》四百九十六引之。

蔡克別傳

文廷式《補晉書藝文志・雜傳類》 《蔡克別傳》。《御覽》八百十六引之。

潘京別傳

文廷式《補晉書藝文志・雜傳類》 《潘京別傳》。《御覽》六百八十八引之。

桓任別傳

文廷式《補晉書藝文志・雜傳類》 《桓任別傳》。《御覽》七百一，又七百七引作《桓任傳》。

張蕪別傳

文廷式《補晉書藝文志・雜傳類》 《張蕪別傳》。《御覽》七百十二《張蕪別傳》曰，蕪小時，母謂其寒，且作袴。蕪曰，且作襦，如熨斗著(大)[火]，柄亦熱。

孫登傳

文廷式《補晉書藝文志・雜傳類》 孫綽作《孫登傳》。見《水經・清水篇》注。

阮籍序贊

文廷式《補晉書藝文志・雜傳類》 江逌《阮籍序贊》。見《逌本傳》。疑亦別傳之類，録之。

趙吴郡行狀

文廷式《補晉書藝文志・雜傳類》 《趙吴郡行狀》。趙穆也。見《世説・賞譽門》注。

嵇中散傳

文廷式《補晉書藝文志・雜傳類》 孫綽《嵇中散傳》。《文選》卷二十一注引孫綽《嵇中散傳》曰，嵇康作《養生論》，入洛，京師謂之神人，向子期難之不得屈。

殷羨言行

文廷式《補晉書藝文志・雜傳類》 《殷羨言行》。《世説・政事門》注、《品藻門》注並引之。後世《言行録》昉此。

傅暢自叙

文廷式《補晉書藝文志・雜傳類》 《傅暢自叙》。《書鈔》七十三、《御覽》二百六十五、三百八十五、六百九十一、六百九十六並引之。

傅咸自叙

文廷式《補晉書藝文志・雜傳類》 《傅咸自叙》。《御覽》卷十一引之。

晉氏后妃別傳

文廷式《補晉書藝文志・雜傳類》 《晉氏后妃別傳》。《御覽》一百四十九引之。

趙至自叙

文廷式《補晉書藝文志・雜傳類》 《趙至自叙》。《御覽》三百六十六、三百六十八引之。

皇甫謐自叙

文廷式《補晉書藝文志・雜傳類》 《皇甫謐自序》。《御覽》七百三十九引之。

袁準自叙

文廷式《補晋書藝文志・雜傳類》　《袁準自叙》。見《魏志・袁渙傳》注引《袁氏世紀》。

杜預自叙

文廷式《補晋書藝文志・雜傳類》　《杜預自叙》。《御覽》四百三十一引之。

庾珉別傳

文廷式《補晋書藝文志・雜傳類》　《庾珉別傳》。《御覽》四百十八《庾岷別傳》曰，岷字子居，位列侍中。劉曜作亂，京都傾覆。岷時直在省，謂僚佐曰，吾必死此屋内。既天子蒙塵，岷與許遐等侍從。曜設會使帝行酒，岷至帝前，乃慨然流涕。曜曰，此動人心。即時遇害。晋時附《庾峻傳》，作「珉，字子琚」，記事亦小異。

王彪之自序

文廷式《補晋書藝文志・雜傳類》　《王彪之自序》。《御覽》七百五十引之。

王丞相德音記

文廷式《補晋書藝文志・雜傳類》　《王丞相德音記》。《世説・汰侈門》注引之。

張鴻傳

文廷式《補晋書藝文志・雜傳類》　《張鴻傳》。《御覽》九百一十九引《張鴻傳》曰，鴻爲慕容晃黄門郎，甚寵愛之。頤下黄鬚三根，長寸餘，乃遣出宫，看鵝鴨。

韓子人物志

張鵬一《隋書經籍志補・雜傳》　《韓子人物志》劉昞。《舊唐書・藝文志》作《人物志》三卷，劉劭撰，劉昞注。

關東風俗傳

張鵬一《隋書經籍志補・雜傳》　《關東風俗傳》三十卷。北齊廣平宋孝王。見《宋世軌傳》云，孝王求入文林館不遂，因非毁朝士，撰《別録》二十卷。會平齊，改爲《關東風俗傳》，更廣見聞，勒成三十卷，上之。言多謬妄，篇第冗雜，無著述體。

按：《史通・書志篇》云，宋孝王《關東風俗傳》亦有《墳籍志》，其所録皆鄴下文儒之士，讎校之司。所列書名，唯取當時撰者。習玆楷則，庶免譏嫌。語曰：「雖有絲麻，無棄菅蒯。」於宋生得之矣。然則《齊書》之譏孝王未可信矣。

中表實録

張鵬一《隋書經籍志補・雜傳》　《中表實録》二十卷。北齊范陽盧懷仁。見《盧潛傳》，《北史》同。

封氏本録

張鵬一《隋書經籍志補・雜傳》《封氏本録》六卷。封偉伯。

諫　苑

張鵬一《隋書經籍志補・雜傳》《諫苑》四十一卷。後周南陽樂運。《本傳》録夏殷以來諫諍事，集而部之，凡六百三十九條，合四十一卷，名曰《諫苑》。隋文帝覽而嘉焉。

章宗飛龍記

孫德謙《金史藝文略・傳記》《章宗飛龍記》。無撰人。《歸潛志》：章宗天資聰悟，詩詞多有可稱者。《宮中絶句》云：五雲金碧拱朝霞，樓閣峥嶸帝子家，三十六宮簾盡捲，東風無處不楊花。真帝王詩也。《命翰林待□朱瀾侍夜飲詩》云：夜飲何所樂，所樂無喧嘩。三杯淡醽醁，一曲冷琵琶，坐久香成穗，夜深燈欲花。陶陶復陶陶，醉鄉豈有涯？又《聚骨扇詞》云：幾股湘江龍骨瘦，巧樣翻騰叠作湘波皺，金縷小鈿花草鬭，翠條更結同心扣，金殿日長承宴久，招來暫喜清風透，忽聽傳宣須急奏，輕輕褪入香羅袖。又《擘橙爲軟金盃詞》云：風流紫府郎，痛飲烏紗岸，柔軟九回腸，冷怯玻瓈盌，纖纖白玉葱，分破黄金彈，借得洞庭春，飛上桃花面。嘗爲《鐵券行》數十韻，筆力甚雄。又有《送張建致仕歸弔王庭筠下世》詩，具載《飛龍記》中。案此所録，雖僅詩詞，然全書體例，當不外是，今備引之，覽者可以得其大凡矣。

屏山故人外傳

孫德謙《金史藝文略・傳記》《屏山故人外傳》。李純甫撰。見《中州集》。于《王庭筠傳》引云：子端世家子，風流醖藉，冕冠一時。爲人眉目如畫，美談笑，俯仰可觀，外視若簡貴，人初不敢與接，一見之後，和氣津津，溢于衡字間。又其折節下士，如恐不及，苟有可取，極口稱道之，故人人恨相見之晚也。于《周昂傳》引云：德卿以孝友聞，又喜名節，藹然仁義人也。學術醇正，文筆高雅，以杜子美韓退之爲法，諸儒皆師尊之。既歷臺省，爲人所擠，竟坐詩得罪，謫東海上十數年，始入翰林，言事愈切，出佐三司，非所好。從宗室承裕軍，承裕失利，跳走上谷，衆欲逕歸，德卿獨不可。城陷，與其從子嗣明同死于難。嗣明字晦之，短少精悍，有古俠士風。年未三十，交游半天下，識高而志大，善談論，而中節作詩，喜簡澹，樂府尤温麗。最長于義理之學，下筆數千言，初不見其所從來。試于府于禮部，俱第一擢第，主淶水簿，從其叔北征得還，而不忍去。使晦之不死，文字不及其叔，而理性當過之。嘗謂學不至邵康節程伊川，非儒者也。于《劉昂傳》云：昂天資警悟，律賦自成一家，輕便巧麗，爲場屋捷法。作詩得晚唐體，尤工絶句，往往膾炙人口。張秦娥者，頗能小詩，其賦《遠山》云：秋水一抹碧，殘霞幾縷紅，水窮霞盡處，隱隱兩三峰。其後流落，昂贈詩云：遠山句好畫難成，柳眼才多總是情，今日衰顔人不識，倚爐空聽煮茶聲。又云：二頃山田半欲蕪，子孫零落一身孤，寒窗昨夜蕭蕭雨，紅日花梢入夢無。娥爲之泣下。《屏山故人外傳》記之。于劉中傳引云：正夫爲人，短小精悍，滑稽玩世，中明昌五年詞賦經義第。詩清便可喜，賦甚得《楚辭》句法，尤長于古文，典雅雄放，有韓柳氣象。教授弟子王若虚、高法颺、張履、張雲卿，皆擢高第，學古文者，翕然宗之，曰劉先生。以省掾從事南下，改授應奉翰林文字，爲主帥所重，常預祕謀，書檄露布，皆出其手。軍還，授左司都事，將大用矣，會卒，有文集藏于家。于《史肅傳》云：其平生則見之《屏山故人外傳》。于《高憲傳》引云：《外傳》説仲常年未三十，作詩已數千首矣。案其書久不傳，屏山著述甚富，今存者止《鳴道集説》，亦不僅見，故備録之。

家傳分部

李氏家傳

《隋書·經籍志·雜傳》《李氏家傳》一卷。

桓氏家傳

《隋書·經籍志·雜傳》《桓氏家傳》一卷。

王朗、王肅家傳

《隋書·經籍志·雜傳》《王朗王肅家傳》一卷。

鄭樵《通志·藝文略·傳記》《王朗王肅家傳》，一卷。

姚振宗《三國藝文志·雜傳記類》《王朗王肅家傳》一卷。《隋書·經籍志》《王朗王肅家傳》一卷。

章宗源《隋志攷證》曰，《魏志·王朗傳》注朗除會稽秦始皇舊祀，又朗與沛國名士劉陽交二事，引《朗家傳》。

案：二王並見經部易類。《魏志》與鍾繇《華歆傳》同卷。

太原王氏家傳

《隋書·經籍志·雜傳》《太原王氏家傳》二十三卷。

鄭樵《通志·藝文略·傳記》《太原王氏家傳》，二十三卷。

褚氏家傳

《隋書·經籍志·雜傳》《褚氏家傳》一卷褚顗等撰。

《舊唐書·經籍志·雜譜牒》《褚氏家傳》一卷。褚結撰，褚陶注。

《唐書·藝文志·雜傳記》《褚氏家傳》一卷。褚結撰，褚陶注。

鄭樵《通志·藝文略·傳記》《褚氏家傳》，一卷。褚顗等撰。

薛常侍家傳

《隋書·經籍志·雜傳》《薛常侍家傳》一卷。

鄭樵《通志·藝文略·傳記》《薛常侍家傳》，一卷。

江氏家傳

《隋書·經籍志·雜傳》《江氏家傳》七卷。江祚等撰。

《舊唐書·經籍志·雜譜牒》《江氏家傳》七卷。江統撰。

《唐書·藝文志·雜傳記》《江氏家傳》七卷。江饒。

鄭樵《通志·藝文略·傳記》《江氏家傳》，七卷。江祚等撰。《唐志》作「江饒」。

文廷式《補晉書藝文志·譜系類》《江氏家傳》。《御覽》三百八十五引此書江蕤事，二百六十三引此書江統事，七百二十五江統事，八百六十七《江氏傳》江統事。

庾氏家傳

《隋書·經籍志·雜傳》《庾氏家傳》一卷。庾斐撰。

文廷式《補晉書藝文志・譜系類》 庾裴《庾氏家傳》一卷。

裴氏家傳

《隋書・經籍志・雜傳》《裴氏家傳》四卷。裴松之撰。

鄭樵《通志・藝文略・傳記》《裴氏家傳》四卷。裴松之撰。

虞氏家記

《隋書・經籍志・雜傳》《虞氏家記》五卷。虞覽撰。

《舊唐書・經籍志・雜譜牒》《虞氏家傳》五卷。虞覽撰。

《唐書・藝文志・雜傳記》《虞氏家傳》五卷。虞覽。

鄭樵《通志・藝文略・傳記》《虞氏家記》，五卷。虞覽撰。

文廷式《補晉書藝文志・譜系類》 虞覽《虞氏家記》五卷。《書鈔》一百二引《虞氏家記》記虞潭事。《御覽》一百七十六亦然。《新唐志》虞覽《虞氏家傳》五卷。《書鈔》一百二十九《虞潭家記》云，泰寧二年，詔贈太夫人碧紗袍。

曹氏家傳

《隋書・經籍志・雜傳》《曹氏家傳》一卷。曹毗撰。

《舊唐書・經籍志・雜譜牒》《曹氏家傳》一卷。曹毗撰。

《唐書・藝文志・雜傳記》《曹氏家傳》一卷。曹毗。

鄭樵《通志・藝文略・傳記》《曹氏家傳》一卷。曹毗撰。

文廷式《補晉書藝文志・譜系類》 曹毗《曹氏家傳》一卷。

范氏家傳

《隋書・經籍志・雜傳》《范氏家傳》一卷。范汪撰。

文廷式《補晉書藝文志・譜系類》 范汪《范氏家傳》一卷。

紀氏家紀

《隋書・經籍志・雜傳》《紀氏家紀》一卷。紀友撰。

鄭樵《通志・藝文略・傳記》《紀氏家紀》，一卷。紀友撰。

韋氏家傳

《隋書・經籍志・雜傳》《韋氏家傳》一卷。

《舊唐書・經籍志・雜譜牒》《韋氏家傳》三卷。皇甫謐撰。

《唐書・藝文志・雜傳記》《韋氏家傳》三卷。

鄭樵《通志・藝文略・傳記》《韋氏家傳》一卷。

文廷式《補晉書藝文志・譜系類》 皇甫謐《韋氏家傳》三卷。見《舊唐志》。

何顒使君家傳

《隋書・經籍志・雜傳》《何顒使君家傳》一卷。

鄭樵《通志・藝文略・傳記》 何顒《使君家傳》一卷。

姚振宗《後漢藝文志・雜傳記類》 《何顒使君家傳》一卷。《隋書・經籍志》，《何顒使君家傳》一卷。《唐・經籍志》，《何顒傳》一卷。《藝文志》同。章宗源《隋志考證》曰，《何顒傳》一卷，不著録。見《唐志》。《御覽》人事部、疾病部引《何頌別傳》，頌有《人倫鑒》，謂張仲景將爲名醫，卒如其言。按：章氏謂是《傳》《隋志》不著録，非也。侯《志》曰，《御覽》四百四十四、七百二十二俱引《何永別傳》，其事本傳不載。

按：顒字伯求，南陽襄鄉人。少與郭林宗、賈偉節等游學洛陽，顯名太學，太傅陳蕃、司隸李膺皆深接之。及黨事解，辟司空府，累遷北軍中候。董卓逼爲長史，託疾不就。與司空荀爽、司徒王允等共謀卓。會爽薨，顒以他事爲卓所繫，憂憤而卒。范書列在《黨錮傳》末，亦見《魏志・荀攸傳》及注。《漢末名士録》云，後荀彧爲尚書令，遣人迎叔父司空爽喪，使并致顒尸而葬之于爽冢傍。

明氏世録

《隋書・經籍志・雜傳》《明氏世録》六卷梁信武記室明粲撰。

《舊唐書・經籍志・雜譜牒》《明氏世録》五卷。明粲撰。

《唐書・藝文志・雜傳記》《明氏世録》六卷。明粲。

鄭樵《通志・藝文略・傳記》《明氏世録》六卷。梁信武記室明粲撰。

陸　史

《隋書・經籍志・雜傳》《陸史》十五卷。

《舊唐書・經籍志・雜譜牒》《陸史》十五卷。陸煦撰。

《唐書・藝文志・雜傳記》《陸史》十五卷。陸煦。

鄭樵《通志・藝文略・傳記》《陸史》十五卷。陸煦撰。

王氏江左世家傳

《隋書・經籍志・雜傳》《王氏江左世家傳》二十卷。王褒撰。

鄭樵《通志・藝文略・傳記》《王氏江左世家傳》二十卷。王褒撰。

孔氏家傳

《隋書・經籍志・雜傳》《孔氏家傳》五卷。

鄭樵《通志・藝文略・傳記》《孔氏家傳》五卷。

崔氏五門家傳

《隋書・經籍志・雜傳》《崔氏五門家傳》二卷崔氏撰。

《唐書・藝文志・雜傳記》《崔氏世傳》七卷。崔鴻。

鄭樵《通志・藝文略・傳記》《崔氏五門家傳》三卷。崔氏撰。

暨氏家傳

《隋書・經籍志・雜傳》《暨氏家傳》一卷。

《舊唐書・經籍志・雜譜牒》《暨氏家傳》一卷。

《唐書・藝文志・雜傳記》《暨氏家傳》一卷。

鄭樵《通志・藝文略・傳記》《暨氏家傳》一卷。

周、齊王家傳

《隋書・經籍志・雜傳》《周、齊王家傳》一卷。姚氏撰。

鄭樵《通志・藝文略・傳記》《周齊王家傳》一卷。姚氏撰。

爾朱家傳

《隋書・經籍志・雜傳》《爾朱家傳》二卷。王氏撰。

《舊唐書・經籍志・雜譜牒》《爾朱氏家傳》二卷。王邵撰。

《唐書・藝文志・雜傳記》王劭《爾朱氏家傳》二卷。

鄭樵《通志・藝文略・傳記》《爾朱家傳》二卷。王劭撰。

周氏家傳

《隋書・經籍志・雜傳》《周氏家傳》一卷。

鄭樵《通志・藝文略・傳記》《周氏家傳》一卷。

令狐氏家傳

《隋書・經籍志・雜傳》《令狐氏家傳》一卷。

鄭樵《通志・藝文略・傳記》《令狐氏家傳》一卷。

新舊傳

《隋書・經籍志・雜傳》《新舊傳》四卷。

漢南庾氏家傳

《隋書・經籍志・雜傳》《漢南庾氏家傳》三卷。

《舊唐書・經籍志・雜譜牒》《庾氏家傳》三卷。庾守業撰。

《唐書・藝文志・雜傳記》《漢南庾氏家傳》三卷。庾守業。

鄭樵《通志・藝文略・傳記》《漢南庾氏家傳》三卷。庾斐撰。《南志》作十卷。《唐志》注「庾守業」。

何氏家傳

《隋書・經籍志・雜傳》《何氏家傳》三卷。

殷氏家傳

《舊唐書・經籍志・雜譜牒》《殷氏家傳》三卷。殷敬等撰。

《唐書・藝文志・雜傳記》《殷氏家傳》三卷。殷敬。

邵氏家傳

《舊唐書・經籍志・雜譜牒》《邵氏家傳》十卷。

《唐書・藝文志・雜傳記》《邵氏家傳》十卷。

文廷式《補晉書藝文志・譜系類》《邵氏家傳》。《御覽》三百四十八引之，記邵宏爲景帝中尉事。八百七十一引邵貞赴張氏葬事。五百九十八引邵仲全事。七百三十六邵信臣事。《吴志・孫皓傳》注引《會稽邵氏家傳》，記邵疇事。

王氏家傳

《舊唐書・經籍志・雜譜牒》《王氏家傳》二十一卷。

《唐書・藝文志・雜傳記》《王氏家傳》二十一卷。

荀氏家傳

《舊唐書・經籍志・雜譜牒》《荀氏家傳》十卷。荀伯子撰。

《唐書・藝文志・雜傳記》荀伯子《荀氏家傳》十卷。

諸王傳

《舊唐書・經籍志・雜譜牒》《諸王傳》一卷。

《唐書・藝文志・雜傳記》《諸王傳》一卷。

何妥家傳

《舊唐書・經籍志・雜譜牒》《何妥家傳》二卷。

《唐書・藝文志・雜傳記》《何妥家傳》二卷。

鄭樵《通志・藝文略・傳記》《何妥家傳》二卷。

令狐家傳

《舊唐書・經籍志・雜譜牒》《令狐家傳》一卷。令狐德棻撰。

《唐書・藝文志・雜傳記》令狐德棻《令狐家傳》一卷。

鄭樵《通志・藝文略・傳記》《令狐家傳》一卷。令狐德棻撰。

裴若弼家傳

《舊唐書・經籍志・雜譜牒》《裴若弼家傳》一卷。

《唐書・藝文志・雜傳記》《裴若弼家傳》一卷。

鄭樵《通志・藝文略・傳記》《裴若弼家傳》一卷。

燉煌張氏家傳

《舊唐書・經籍志・雜譜牒》《燉煌張氏家傳》二十卷。張太素撰。

《新唐書・藝文志・雜傳記》張大素《燉煌張氏家傳》二十卷。

鄭樵《通志・藝文略・傳記》《燉煌張氏家傳》二十卷。張太素撰。

郭公家傳

錢東垣等輯《崇文總目輯釋・傳記類》《郭公家傳》八卷。陳翃撰。

《唐書・藝文志・雜傳記》陳翃《郭公家傳》八卷。子儀。翃嘗爲其寮屬，後又從事渾瑊河中幕。

鄭樵《通志・藝文略・傳記》《郭公家傳》八卷。陳氏撰。

相國鄴侯家傳

錢東垣等輯《崇文總目輯釋・傳記類》《相國鄴侯家傳》十卷。李繁撰。

《唐書・藝文志・雜傳記》李繁《相國鄴侯家傳》十卷。

鄭樵《通志・藝文略・傳記》《鄴侯家傳》十卷。李繁撰。

晁公武《郡齋讀書志・傳記類》《相國鄴侯家傳》十卷。袁本前志卷二下傳記類第二十八。

右唐李繁撰。繁，鄴侯泌之子也。大和中，以罪繫獄當死，恐先人功業不傳，乞廢紙掘筆於獄吏，以成傳稾。戒其家求世聞人潤色之，後竟不果。宋子京謂其辭浮侈云。

尤袤《遂初堂書目・雜傳類》《李鄴侯家傳》。

陳振孫《直齋書録解題・傳記類》《鄴侯家傳》十卷。唐亳州刺史京兆李繁撰。繁，宰相泌之子。坐事下獄，知且死，恐先人功業泯滅，從吏求廢紙拙筆爲傳。按《中興書目》有柳玭後序，今無之。繁嘗爲通州，韓退之《送諸葛覺》詩所謂「鄴侯家多書，插架三萬軸」者也，其曰「行年餘五十，出守數已六；屢爲丞相言，雖懇不見録。」則韓公于繁亦拳拳矣。新、舊《史》本傳稱繁無行，漏言裴延齡以誤陽城，師事梁肅而烝其室，殆非人類。然則韓公無乃溢美，而所述其父事，庸可盡信乎！

馬端臨《文獻通考・經籍考・史・傳記》《相國鄴侯家傳》十卷。

《宋史・藝文志・傳記類》李繁《鄴侯家傳》十卷。

河東張氏家傳

錢東垣等輯《崇文總目輯釋・傳記類》《河東張氏家傳》三卷。【原釋】闕。見天一閣鈔本。

《唐書・藝文志・雜傳記》張茂樞《河東張氏家傳》三卷。弘靖孫。

鄭樵《通志・藝文略・傳記》《河東張氏家傳》三卷。張茂樞撰。

魏公家傳

錢東垣等輯《崇文總目輯釋・傳記類》《魏公家傳》三卷。范質撰。【原釋】闕。見天一閣鈔本。

《宋史・藝文志・傳記類》范質《魏公家傳》三卷。

王氏列傳

《唐書・藝文志・雜傳記》《王氏列傳》十五卷。

安興貴家傳

《唐書・藝文志・雜傳記》顔師古《安興貴家傳》。卷亡。

陸氏英賢徵記

《唐書・藝文志・雜傳記》《陸氏英賢徵記》三卷。陸師儒。

顔氏家傳

《唐書・藝文志・雜傳記》殷亮《顔氏家傳》一卷。杲卿。

鄭樵《通志・藝文略・傳記》《顔氏家傳》一卷。殷亮撰，記杲卿事。

《宋史・藝文志・傳記類》殷亮《顔杲卿家傳》一卷。

范氏世傳

鄭樵《通志・藝文略・傳記》《范氏世傳》一卷。范汪撰。

章氏家傳慶德編

鄭樵《通志・藝文略・傳記》《章氏家傳慶德編》一卷。

《宋史・藝文志・傳記類》章邦傑《章氏家傳德慶編》一卷。

東家雜記

晁公武《郡齋讀書志・傳記類》《東家雜記》二卷。袁本後志卷一傳記類第四

右皇朝孔傳撰。孔子四十七代孫也。纂其家舊聞帙事於此書。

尤袤《遂初堂書目・姓氏類》《東家雜記》。

馬端臨《文獻通考・經籍考・史・傳記》《東家雜記》二卷。陳氏曰：歷代追崇先聖故事，及孔林古跡。

《宋史・藝文志・傳記類》孔傳又《東家雜記》二卷。

錢曾《讀書敏求記・譜牒》《東家雜記》三卷。牧翁書《趙太史魯游藁》後，亟稱《東家雜記》、《祖庭廣記》諸書，而惜予之未見也。壬戌冬日，葉九來過訪草堂云：「有宋槧本《東家雜記》。」因假借繕寫。此書爲先聖四十七代孫孔傳所編。首列《杏壇圖説》，記夫子車從出國東門，因觀杏壇，歷級而上，顧弟子曰：「兹魯將臧文仲誓盟之壇也。」覩物思人，命琴而歌，其歌曰：「暑往寒來春復秋，夕陽西去水東流。將軍戰馬今何在，野草閑花滿地愁。」考諸家《琴史》俱失載，附録于此。詳其語意，未知果爲夫子之歌否也。

《四庫全書總目提要・傳記類一》《東家雜記》二卷。浙江范懋柱家天一閣藏本。宋孔傳撰。傳字世文，至聖四十七代孫。建炎初，隨孔端友南渡，遂流寓衢州。紹興中，官至右朝議大夫，知撫州軍州事，兼管内勸農使。封仙源縣開國男。是編成於紹興甲辰。上卷分九類。【略】下卷分十二類。【略】其時去古未遠，舊蹟多存。傳又生長仙源，事皆目睹，故所記特爲簡核。前有《孔子生年月日考異》一篇，末題「淳祐十一年辛亥秋九月戊午朔去疾謹書。」末有《南渡廟記》一篇，題「寶祐二年二月甲子汝騰謹記。」二人宋宗室子，故皆不署姓。去疾稱舊有《尹梅津跋》。此本無之，而後有淳熙元年葉夢得《跋》。蓋三篇皆重刻所續入也。

黄丕烈《蕘圃藏書題識・史類一》《東家雜記》二卷。宋刻本。世文於宣和六年嘗撰《祖庭雜記》，及從思陵南渡別撰此書。改祖庭爲東家者，殆痛祖庭之淪陷而不忍質言之歟。攷四十九代孫玠襲封衍聖公時世，文稱本家尊長，而卷中述世系訖於五十三代，洙計其時代當在南宋之季，蓋後來續有增入矣。卷首《杏壇圖説》與錢遵王所記正同。竊意此《圖説》及《北山移文擊蛇笏銘》、《元祐黨籍》三篇亦後人增入，非世文意。

黄丕烈《百宋一廛書録》《東家雜記》。《東家雜記》影宋本余見諸小讀書堆，此外鈔本亦時見一二，不及顧本之精妙。最後見宋本於凝碧亭顧氏，蓋數年前騎龍巷顧氏散出，而凝碧亭主人收之者。余從而購之，取對顧本，覺影鈔者已稍點竄面目，非盡本真。首列《杏壇圖説》，宣尼十哲，師坐弟侍，儀容儼然，令人肅然起敬。當日遵王所假借繕寫者爲葉九來家宋槧本，未知即此本否。其中載聖妃爲并官氏，與石刻合。錢少詹辛楣云「并官」之爲「幵官」，就聖裔有不知其誤者，今得此左證，不尤可信乎！

張金吾《愛日精廬藏書續志・別史類》《東家雜記》二卷。述古堂精抄本。

宋右朝議大夫知撫州軍州事，兼管内勸農使仙源縣開國男，食邑三百户，借紫金魚袋孔傳編。格闌外有虞山錢遵王「述古堂藏書」一行。

自序。紹興甲寅。

張之洞《書目答問・傳記》《東家雜記》二卷。宋孔傳。胡珽編《琳琅秘室叢書》活字版本。

汾陽王家傳

晁公武《郡齋讀書志・傳記類》《汾陽王家傳》十卷。袁本前志卷二下傳記類第十一。

右唐陳雄撰。雄本汾陽王郭子儀僚吏，後又從事渾瑊幕府，故傳不名。第九卷録行狀，第十卷録副佐三十三人，大將二十七人，曰《忠武將佐略》。

馬端臨《文獻通考・經籍考・史・傳記》《汾陽王家傳》十卷。

韓魏公家傳

晁公武《郡齋讀書志・傳記類》《韓魏公家傳》二卷。袁本前志卷二下傳記類第二十。

右皇朝韓忠彦撰。録其父琦平生行事。近世著史者，喜采小説以爲異聞逸事，如李繁録其

父泌，崔胤記其父慎由，事悉鑿空妄言。前世謂此等無異莊周鮒魚之辭、賈生服鳥之對者也，而《唐書》皆取之，以亂正史。由是近時多有家傳、語録之類行於世，陳瑩中所以發憤而著書，謂魏公名德在人耳目如此，豈假門生子姪之間區區自列乎？持史筆其慎焉。

尤袤《遂初堂書目·雜傳類》《韓魏公家傳》。

陳振孫《直齋書録解題·傳記類》《韓魏公家傳》十卷。案：《文獻通攷》作二卷。不著名氏。當是其家所傳也。案：晁公武《讀書志》稱韓忠彦撰録其父琦平生行事。

馬端臨《文獻通考·經籍考·史·傳記》《韓魏公家傳》二卷。

《宋史·藝文志·傳記類》韓正彦《韓琦家傳》十卷。

楊士奇等《文淵閣書目·史附》《韓魏公家傳》。一部，三册。闕。

范邦甸等《天一閣書目·傳記類》《忠獻韓魏王家傳》十卷。刊本。明賜進士監察御史安陽張士隆重刊。

徐𤊹《徐氏家藏書目·人物傳》《韓魏公家傳》十卷。

錢謙益等《絳雲樓書目·史傳記類》《韓魏公家傳》。二卷。魏公子忠彦撰。邵伯温頗不滿此書，言其記光獻垂簾事，有失實者。

《四庫全書總目提要·傳記類存目一》《韓魏公家傳》二卷。江蘇巡撫採進本。不著撰人名氏。記宋韓琦平生行事。陳振孫《書録解題》以爲是其家所傳。晁公武《讀書志》則以爲其子忠彦所撰録。公武去忠彦世近，當有所據也。其書隨年排次，頗爲繁冗。公武引陳瓘之言，謂魏公名德，在人耳目如此，豈假門生子姪之間區區自列。其説當矣。

郭汾陽家傳

尤袤《遂初堂書目·雜傳類》《郭汾陽家傳》。

狄梁公家傳

尤袤《遂初堂書目·雜傳類》《狄梁公家傳》。

陳振孫《直齋書録解題·傳記類》《狄梁公家傳》三卷。唐海州刺史江都李邕泰和撰。

馬端臨《文獻通考·經籍考·史·傳記》《狄梁公家傳》三卷。

《宋史·藝文志·傳記類》李邕《狄梁公家傳》一卷。

王文正家録

尤袤《遂初堂書目·雜傳類》《王文正家録》。

陳振孫《直齋書録解題·傳記類》《王文正家録》一卷。端明殿學士王素仲儀記其父旦言行遺事。

富文忠家傳

尤袤《遂初堂書目·雜傳類》《富文忠家傳》。

張齊賢家傳并志

尤袤《遂初堂書目·雜傳類》《張齊賢家傳并志》。

范太史家傳并遺事

尤袤《遂初堂書目·雜傳類》《范太史家傳》并《遺事》。

晁以道家傳

尤袤《遂初堂書目·雜傳類》《晁以道家傳》。

山谷家乘

尤袤《遂初堂書目·雜傳類》《山谷家乘》。

王棣家傳

尤袤《遂初堂書目·雜傳類》《王棣家傳》。

陳剛中家傳

尤袤《遂初堂書目·雜傳類》《陳剛中家傳》。

呂忠穆家傳

陳振孫《直齋書録解題·傳記類》《呂忠穆家傳》一卷。記建炎丞相呂頤浩元直事。孫昭問刻之廣德軍。

馬端臨《文獻通考·經籍考·史·傳記》《呂忠穆家傳》一卷。

桐陰舊話

陳振孫《直齋書録解題·傳記類》《桐陰舊話》十卷。吏部尚書潁川韓元吉无咎撰。記其家世舊事，以京師第門有桐木故云。元吉，門下侍郎維之四世孫也。

馬端臨《文獻通考·經籍考·史·傳記》《桐陰舊話》十卷。

《四庫全書總目提要·傳記類存目三》《桐陰舊話》一卷。編修程晉芳家藏本。

宋韓元吉撰。元吉字無咎，宰相維之元孫。以任子仕，歷龍圖閣學士，吏部尚書。嘗居廣信溪南，自號南澗居士。此書《宋志》云十卷，陳振孫《書録解題》亦同。《續百川學海》所録，乃祇此一卷，其條數亦與此本同。蓋全書久佚，從諸書鈔撮成編也。

翟忠惠家傳

陳振孫《直齋書録解題·傳記類》《翟忠惠家傳》一卷。翟耆年伯壽述其父汝文公巽事實。忠惠者，私謚也。耆年實邢恕外孫。

馬端臨《文獻通考·經籍考·史·傳記》《翟忠惠家傳》一卷。

艾軒家傳

陳振孫《直齋書録解題·傳記類》《艾軒家傳》一卷。莆田林成季述其季父工部侍郎光朝謙之事實。

馬端臨《文獻通考·經籍考·史·傳記》《艾軒家傳》一卷。

夾漈家傳附所著書目

陳振孫《直齋書録解題·傳記類》《夾漈家傳》一卷。所著書目附。莆田鄭翁歸述其父樵漁仲事跡。樵死時，翁歸年八十歲，安貧不競，頃佐莆郡時猶識之。

馬端臨《文獻通考·經籍考·史·傳記》《夾漈家傳》一卷。所著書目附。

景命萬年録藝祖受禪録

馬端臨《文獻通考·經籍考·史·傳記》《景命萬年録》一卷，《藝祖受禪録》一卷。晁氏曰：未詳撰人。記趙氏世次，藝祖歷試，迄受禪事。

郭令公家傳

《宋史·藝文志·傳記類》 陳翃《郭令公家傳》十卷。

張氏家傳

《宋史·藝文志·傳記類》 張茂樞《張氏家傳》三卷。

韓忠獻公家傳

《宋史·藝文志·傳記類》《韓忠獻公家傳》一卷。韓琦五世孫庚卿作。

胡剛中家傳

《宋史·藝文志·傳記類》《胡剛中家傳》一卷。男胡興宗撰。

談氏家傳

《宋史·藝文志·傳記類》《談氏家傳》一卷。談鑰撰。

劉氏傳忠録

《宋史·藝文志·傳記類》《劉氏傳忠録》三卷。劉學裘撰。

楊士奇等《文淵閣書目·史附》《劉氏傳忠録》。一部，一册。完全。

張萱等《内閣藏書目録·傳記部》《劉氏傳忠録》。一册，全。宋嘉定間承議郎劉學裘輯。其先忠顯公韐、忠肅公珙、少傅子羽、直閣子翼及其父文靖公屏山子翬誥詞、政蹟、銘志、輓章，分上、中、下三卷，倪思有序。

李氏家傳

《宋史·藝文志·傳記類》 李復圭《李氏家傳》三卷。

胡氏家傳録

《宋史·藝文志·傳記類》《胡氏家傳録》一卷。不知作者。

河南劉氏家傳

《宋史·藝文志·傳記類》《河南劉氏家傳》二卷。劉唐老上。

闕里祖庭記

《宋史·藝文志·傳記類》 孔傳《闕里祖庭記》三卷。

范祖禹家傳

《宋史·藝文志·傳記類》《范祖禹家傳》八卷。並范冲編。

董氏家傳

楊士奇等《文淵閣書目・姓氏》《董氏家傳》。一部，三册。完全。

郭氏家傳

都穆《南濠居士文跋》卷二《郭氏家傳》。《郭氏家傳》五卷。前四卷柱國定襄忠武侯撰，後一卷則定襄從孫、今武定侯之所續也。郭氏自營國公以來皆積德，累公世有茆土爲佐命元勳，而定襄與武定公又皆文武兼資，功業茂著，所以繼先業而裕後昆者固有在矣。而乃惓惓焉，于是書之圖，豈非以昔人名德在人耳目者或有時而泯，而信史之載亦往往略而不詳，于是有僚吏子孫之撰述，蓋將備史氏之闕而行之無窮者也。穆觀唐宋之臣若李丞相泌、吕忠穆頣浩咸有家傳以傳于世，然求其更盛迭貴餘二百年如郭氏者一何鮮耶。吾知是書不但與古並傳，又以見我朝之有世臣若是，非前代之可及也。

兩程故里志

范邦甸等《天一閣書目・傳記類》《兩程故里志》六卷。刊本。明王官之校。

考亭朱氏文獻全譜

范邦甸等《天一閣書目・傳記類》《考亭朱氏文獻全譜》十册。刊本。明考亭孫鍾文跋。

《四庫全書總目提要・傳記類存目二》《考亭朱氏文獻全譜》十二卷。浙江巡撫採進本。明朱鍾文撰。鍾文字吾滄朱子十二世孫。官大足縣知縣。新安朱氏，支派非一。其北洛墩頭之朱，本不出於考亭。時方醻金購譜建祠，鍾文恐其亂宗，乃溯唐茶院公以來世次，纂紀本末。搜討頗詳，分類凡十三門。曰廣睦，曰明宗，曰溯本，曰尊祖，曰著居，曰庭訓，曰褒典，曰彙文，曰列傳，曰宦達，曰女德，曰外賊，曰雜紀。冠以朱子所作《世譜原序》。

董子故里志

范邦甸等《天一閣書目・傳記類》《董子故里志》六卷。刊本。明李廷寶撰并序。

《四庫全書總目提要・傳記類存目二》《董子故里志》六卷。兩江總督採進本。明李廷寶撰。廷寶字國用，號滄溪，曲沃人。嘉靖中官景州知州。考《漢書》稱董仲舒，廣川人。而廣川地大，今山東德州、直隸景州、棗强縣皆其故地。故三邑皆祀董子，皆有董子故蹟。其作志書，皆自以董子爲鄉人。德州斥景州之牽引。景州斥德州之附會。棗强又出而斥二州之影佔。數百年來，喧如聚訟，迄今未有所歸。廷寶官於景州，故據廣川里名，定仲舒爲景州人。而所載馬偉《董子辨》一篇，又以董學村割隸故城，欲引之以爲故城重。夫惠、跖兄弟，不以惠而寬跖；向、歆父子，不以向而榮歆。況夫前代鄉賢，何關後人之事。郡邑志乘，錮習相仍，紛紛爲無益之爭，皆其所見之小也。

崇孝録

范邦甸等《天一閣書目・傳記類》《崇孝録》一卷。刊本。明四明錢氏懿蹟。裔孫錢鳳來輯録。

華氏傳芳集

范邦甸等《天一閣書目・傳記類》《華氏傳芳集》四册。刊本。元華守方輯，明洪武丁巳王立中序。

徐㶿《徐氏家藏書目・族譜》《無錫華氏傳芳録》十七卷。

三家世典

范邦甸等《天一閣書目・傳記類》《三家世典》三卷。刊本。明郭勛集序。殘。

錢謙益等《絳雲樓書目・史傳》《三家世典》。中山、西平、武宣。

黄虞稷《千頃堂書目・傳記類》郭勛《三家世典》一卷。輯徐達、沐英、郭英三家世系、履歷、勳伐、遭遇本末。

《明史・藝文志・譜牒類》郭勳《三家世典》一卷。輯徐達、沐英、郭英三家世系勳伐本末。

《四庫全書總目提要・傳記類存目三》《三家世典》一卷。左都御史張若桂家藏本。明郭勛撰。勛，營國威襄公郭英六世孫，襲封武定侯。正德中奉命鎮兩廣，因輯中山王徐達、黔寧王沐英及其家世系、履貫、勳閥、遭過本末爲此書。大抵本實録國史，於事蹟無所增益。考英在諸功臣中猶居其次，以配二王，似乎尚非其倫。自明以來亦無徐、沐、郭三家竝稱之説也。

王氏家乘

范邦甸等《天一閣書目・傳記類》《王氏家乘》一卷。刊本。明嘉靖象山毅齋王涣時霖氏墓誌銘。子王挺撰。

孫氏家乘

范邦甸等《天一閣書目・傳記類》《孫氏家乘》。刊本。明知寶雞縣孫三傑事蹟。崇禎元年刊。

文氏獻徵録

朱睦㮮《萬卷堂書目・譜傳》《文氏獻徵録》三卷。

族功録

朱睦㮮《萬卷堂書目・譜傳》《族功録》五卷。于冕。

寧儀孔氏家志

趙琦美《脈望館書目・傳記》《寧儀孔氏家志》。四本。

程正叔家世舊事

祁承爜《澹生堂藏書目・記傳》《程正叔家世舊事》一卷。《二程全書》本。

劉見川家傳

祁承爜《澹生堂藏書目・國朝史》《劉見川家傳》一卷。劉教。

韓襄毅公家傳

祁承爜《澹生堂藏書目・國朝史》《韓襄毅公家傳》一卷。邱濬撰。

三世先德傳

祁承㸁《澹生堂藏書目·國朝史》《三世先德傳》一卷。焦竑。

申文定公家傳行實

祁承㸁《澹生堂藏書目·國朝史》《申文定公家傳行實》。五册。十卷。

顧大司馬家傳

祁承㸁《澹生堂藏書目·國朝史》《顧大司馬家傳》一卷。

九先生家傳

祁承㸁《澹生堂藏書目·國朝史》《九先生家傳》。一册。九卷。

楊文貞公先世遺事録

祁承㸁《澹生堂藏書目·國朝史》《楊文貞公先世遺事録》一卷。

麻沙劉氏忠賢傳

徐𤊹《徐氏家藏書目·人物傳》《麻沙劉氏忠賢傳》四卷。劉有光。

黄虞稷《千頃堂書目·傳記類》劉有光《麻沙劉氏忠賢傳》四卷。（盧補）

《明史·藝文志·傳記類》劉有光《麻沙劉氏忠賢傳》四卷。

鄜王劉公家傳

張萱等《内閣藏書目録·傳記部》《鄜王劉公家傳》。一册，不全。公名光世，莫詳卷數并編次姓氏。

錢謙益等《絳云樓書目·史傳記類》《劉鄜王家傳》。光世字平叔，謚武僖。

張金吾《愛日精廬藏書志·傳記類》《鄜王劉公家傳》三卷。舊抄本。不著撰人名氏。光世律身不嚴，馭軍無法，不肯爲國任事，方之韓岳不逮遠甚。是書疑出當時僚屬之手，放侈陳戰功，往往過實。然光世事迹叙述頗詳，所載御筆制誥備録全文，可與《宋史》相參考。此本趙清常從文淵閣宋本傳録，卷一闕。

隆平侯祖德志

錢謙益等《絳雲樓書目·傳記》《隆平侯祖德志》。

郭襄毅公家傳

黄虞稷《千頃堂書目·傳記類》海瑞《郭襄毅公家傳》一卷。

程氏世忠事實源流録

黄虞稷《千頃堂書目·傳記類》程孟又《程氏世忠事實源流録》十卷。孟，程文鳳裔孫。成化中人。

卓氏遺書

黄虞稷《千頃堂書目・傳記類》《卓氏遺書》三卷。

唐藩承休王長子宙枝統宗繩蟄録

黄虞稷《千頃堂書目・傳記類》《唐藩承休王長子宙枝統宗繩蟄録》十二卷。

東平王世家

黄虞稷《千頃堂書目・傳記類・補元》元永貞《東平王世家》三卷。木華黎。

倪燦等《補遼金元藝文志・傳記類》元永貞《東平王世家》三卷。木華黎。

錢大昕《補元史藝文志・傳記類》元永貞《東平王世家》三卷。木華黎。

涑水司馬氏源流集略

《四庫全書總目提要・傳記類存目二》《涑水司馬氏源流集略》八卷。浙江巡撫採進本。明司馬晰編。晰字宗晦,夏縣人。萬曆癸卯舉人。宋司馬光十七世孫也。是編所輯,先之以行事系籍之實,繼之以制誥圖跋之傳,終之以紀述標題之富。其意蓋將搜採以備家乘。而第八卷中有積德之什,乃載晰由山陰復歸於夏縣,萬曆癸卯鄉試第一,里人贈賀之作。是又蔓延附載,不出譜牒之窠臼矣。

周氏遺芳集

《四庫全書總目提要・傳記類存目二》《周氏遺芳集》五卷。編修朱筠家藏本。明周沈珂及其子之翰編。先是,周子十七世孫與爵輯其先世著述事蹟,自周子四世孫興裔以下,爲《遺芳集》。凡歷代褒崇詔諭及傳誌、記序諸作,以次附焉。沈珂父子重爲編次,而與爵以下則仍無所增益。

梅里志

《四庫全書總目提要・傳記類存目二》《梅里志》四卷。江蘇巡撫採進本。國朝吴存禮撰。存禮,奉天人。官至江南巡撫。考《史記・吴世家》張守節《正義》,稱泰伯居梅里,在常州無錫縣東南。存禮以吴氏出自泰伯,因爲是書,以述其祖德。

萬柳溪邊舊話

《四庫全書總目提要・傳記類存目三》《萬柳溪邊舊話》一卷。浙江鮑士恭家藏本。元尤玘撰。玘字君玉,號知非子。自稱尤袤之後,不知其世次。舊本題爲宋人。今此書《後跋》,稱玘爲大司徒,則嘗官户部尚書。又末條稱終慕公不肎仕元,則當爲元人。而卷首題「門人張雨填諱」,則又句曲外史之師,應在元中葉以後也。書中所記皆尤氏先世事。末有玘曾孫實《跋》,稱弘治二十九年於祠屋中求得舊本,簡斷墨闇,不可讀者逾半。命門人許靈鈔其完者,而恨全帙之不可得。是此書已非完本矣。元陳世隆載入《藝圃搜奇》,所載之文與此本竝同。斷無明人所鈔壞爛之本,適與元人所見一字不異者。此亦足證《藝圃搜奇》必非元人書也。

吴壽暘《拜經樓藏書題跋記》卷四《萬柳溪邊舊話》。元尤玘君玉撰。舊鈔本。末有曾孫實、七世孫晉二題跋。

濟美録

《四庫全書總目提要・傳記類存目三》《濟美録》四卷。兵部侍郎紀昀家藏本。

明鄭燭編。燭，歙縣人。是編成於嘉靖乙未。蒐録其祖元歙縣令鄭安、休寧令鄭千齡，徵授翰林待制鄭玉、歙縣令鄭璉國史郡志諸《傳》，及制誥、公牒、誌狀之屬，人爲一卷。千齡，安之子。玉、璉皆千齡之子也。前有黄訓《序》，稱玉之死節，由守徽之將見之不以其禮。使見之以禮，可以無死。前乎先生有箕子焉云云。其説至謬。民生于三，事之如一，忠不二心，天之經也。豈敵國謬爲恭敬，遂可叛君父而從之乎？如訓所云，是玉非争名節而死，乃争禮貌而死也。蓋自講學風熾，儒者類以傳道爲重，但能註《太極圖解》、《近思録》，即爲有功於世道，而綱常大義視若末務焉。訓之此説，其亦浸淫於習俗而不自覺歟。

王謝世家

《四庫全書總目提要・傳記類存目四》《王謝世家》三十卷。江蘇巡撫採進本。明韓昌箕撰。昌箕字仲弓，烏程人。是書成於天啓壬戌。考南朝王、謝二家人物，各爲之傳。冠以譜系圖及同名考。王氏分四派。一曰瑯琊，凡十四卷。二曰太原正派，凡四卷。三曰太原支派，凡二卷。四曰太原别派，凡二卷。謝氏則惟陽夏一派。皆止於六朝，唐以後不預焉。

陸氏世史鈔

《四庫全書總目提要・傳記類存目四》《陸氏世史鈔》六卷。浙江巡撫採進本。明陸濬源撰。濬源，平湖人。自稱陸贄二十九世孫。是書採陸氏名見正史者，自漢迄元得一百二十人。各録其本傳，裒爲一編。亦自誦清芬之意。【略】是書既首列《唐書》世系表，明吴郡之陸出自田齊，爲嬀姓之後。又引王應麟《姓氏急就篇註》，謂出自陸終。又引《陳留風俗傳》，謂出自陸渾之國。是本原先已傳疑。又稱唐陸鴻漸姓由卜筮，北魏步陸孤氏亦複姓省文。是末派猶難考信。乃取上下數千年中陸姓之人，不問異同，聯爲一譜。然則尼山殷後，可與孔圉稱宗。懿仲齊卿，可與國僑合族。此亦千古譜牒之通病矣。

吴越順存集

《四庫全書總目提要・傳記類存目五》《吴越順存集》三卷，《外集》一卷。兩淮馬裕家藏本。國朝吴允嘉撰。允嘉字志上，錢塘人。是書輯吴越錢氏誥册逸事，併詳考其子孫之以文學仕宦顯者，薈萃成書。蓋允嘉本錢姓，吴越王之裔也。

隴右王汪氏世家勳德録

錢大昕《補元史藝文志・傳記類》《隴右王汪氏世家勳德録》。御史中丞汪壽昌撰。

徐文清公家傳

阮元《四庫未收書目提要・傳記類》《徐文清公家傳》一卷。宋朱元龍、葉由庚、龔應之等同撰。按：文清名僑，字崇甫，婺之義烏人。《宋史》有傳。此則僑門人等所撰，至僑九世孫彰刊以行世。與《宋史》相勘，【略】此《傳》諸家書目皆未著録。《傳》後所附《毅齋詩集别録》一卷亦流傳絶少。錢塘厲鶚著《宋詩紀事》，于僑小傳下僅言有集，而不能舉其名，所選《毅齋即事》一首，今存集中，而注云濂洛風雅，則亦未曾親見是集，轉從選本録出耳。

孔氏祖庭廣記

黃丕烈《蕘圃藏書題識・史類一》 《孔氏祖庭廣記》十二卷。元刻本。此先聖五十一代孫襲封衍聖公元措夢得所編。前載元豐八年四十六代孫宗翰《家譜》舊引宣和六年四十七代孫傳《祖庭雜記舊序》。《家譜》與《雜記》本各自爲書，夢得始合爲一，復增益門類，冠以圖象并載舊碑全文，因「祖庭」之名而改稱「廣記」，蓋仙源之文獻至是始備。書成於金正大四年丁亥，張左丞行信之序，鐫版南京，此則蒙古壬寅年元措歸闕里後重雕之本也。

張金吾《愛日精廬藏書志・傳記類》 《孔氏祖庭廣記》十二卷。抄本。從錢塘何氏藏蒙古刊本傳録。金孔元措撰。元措字夢得，先聖五十一世孫也。先是元豐八年，先聖四十六世孫宗翰撰《家譜》。宣和六年，先聖四十七世孫傳撰《祖庭雜記》。夢得合爲一書，又博考前史，旁參傳記，分門臚載，凡族世名號、典禮沿革之始末及歷代崇奉先聖故事並詳著於篇。其兩漢至金林廟碑刻備録全文以乘永久，又圖聖像、廟宇、山林、手植檜等列於卷首，名之曰《祖庭廣記》，蓋仙源之文獻至是始大備矣。

龔顯曾《金藝文志補録・傳記類》 《孔氏祖庭廣記》十二卷。孔元措。《養新録》云，倪《志》有孔元祚《孔氏續録》五册。注云，孔子五十一代孫，予嘗見元初刻本，名《孔庭廣記》十二卷。乃孔子五十一代襲封衍聖公元措所撰。蓋即是書。改措爲祚。

孫德謙《金史藝文略・譜牒》 《孔氏祖庭廣記》十二卷。襲封衍聖公五十一代孫孔元措夢得撰。元措有自序，並張行信一序，並録于此。

何永使君家傳

侯康《補後漢書藝文志・雜傳類》 《何永使君家傳》一卷。《御覽》卷四百四十四、七百二十二俱引《何永別傳》，疑即此書也。其文云，永字伯求，有《人倫鑒》。同郡張仲景總角造永，永謂曰，君用思精而韻不高，後將爲食醫。卒如其言。永先識獨覺，言無虛發。王仲宣年十七，嘗過仲景，仲景曰，君有病，宜服五石湯。不治且成後，年三十，當眉落。仲宣以其貰長遠，不治也。後至三十，病果成，竟眉落。其精如此。仲景之方術今傳于世。此事本傳不載。

殷氏世家

秦榮光《補晉書藝文志・傳記類》 《殷氏世家》。《御覽・學部》引。

王氏世家

秦榮光《補晉書藝文志・傳記類》 《王氏世家》。

廬江何氏家傳

沈家本《三國志注所引書目・雜傳》 《廬江何氏家傳》。《劉劭傳》。案：《隋志》，《何氏家傳》三卷，不題「廬江」，無撰人。二唐《志》無，別有《何世家傳》二卷。後書《何敞傳》注引《何氏家傳》。

余運司家傳

丁立中《八千卷樓書目・傳記類》 《余運司家傳》一卷。國朝余正煥撰。刊本。

翟氏獻徵

丁立中《八千卷樓書目・傳記類》 《翟氏獻徵》不分卷。國朝翟灝撰。抄本。

桐城姚氏先德録

丁立中《八千卷樓書目·傳記類》 《桐城姚氏先德録》六卷。國朝姚瑩撰。刊本。

小桃源朱氏三世九節録

丁立中《八千卷樓書目·傳記類》 《小桃源朱氏三世九節録》一卷。國朝朱寶篪撰。刊本。

顧愷之家傳

文廷式《補晉書藝文志·雜傳類》 《顧愷之家傳》。《世説·夙惠門》注。

荀顗家傳

文廷式《補晉書藝文志·雜傳類》 《荀顗家傳》。《初學記》卷十一《荀彧當作「顗」家傳》曰，顗爲司空，文帝平蜀，議復五等，表魏朝，使公言禮儀，中護軍賈充正法律，尚書裴秀議官制。公遂删定舊文，行正式，爲一代之典。書成奏上，藏於祕府。

顔氏系傳

繆荃孫《藝風堂藏書續記·傳記》 《顔氏系傳》二卷。復聖裔懋企手鈔本。自《史記》至《元史》顔氏史傳，而以唐家廟碑附焉。字跡似乾隆年，派籤題「含醇閣」。首葉有「辛卯」朱文小長方印，又「顔氏之子」白文小方印，又有「陋巷」朱文圓印，「門傳儒行」白文方印。

胥莘公家傳

孫德謙《金史藝文略·傳記》 《胥莘公家傳》。無撰人。元好問《續夷堅志》：胥莘公嘗夢泰山神告之曰：敬我無福，慢我無殃。當行善道，家道久長。每以此語人，事見《家傳》。攷莘公名鼎，字和之，代之繁時人。官至平章政事，封莘國公。《金史》有傳。《歸潛志》：公通達吏事，有度量，爲政鎮静，所在無賢不肖，皆得其歡心，南渡以來，書生有方面之柄者，惟公一人而已。

學案分部

道命録

范邦甸等《天一閣書目·傳記類》 《道命録》十卷。刊本。首卷缺一頁。宋李心傳秀巖著。嘉熙三年己亥自序，淳祐十一年辛亥新安朱申序，新安程榮秀序，明弘治九年歙汪祚序後。

《四庫全書總目提要·傳記類存目一》 《道命録》十卷。内廷藏本。宋李心傳編。心傳有《丙子學易編》，已著録。是書載程子、朱子進退始末。備録其褒贈、貶謫、薦舉、彈劾之文。《宋史》心傳本傳作五卷。此本十卷，與本傳不合。考卷首元至順癸酉新安程榮秀序，稱「宋秀巖先生李公《道命録》五卷，刻梓在江州，燬於兵。榮秀嘗得而讀之，疑其爲初稿，尚欲删定而未成者。齋居之暇，僭因原本，略加釐定。彙次爲十卷如左」云云。然則此爲榮秀所編，非心傳之舊稿矣。《永樂大典》載有心傳原本。然所記惟程子事，與此本前六卷相同者過半。此本所有而《永樂大典》不載者凡二十八條。《永樂大典》所有而此本不載者凡八條。第七卷以下《永樂大典》全無之。則榮秀大有所增删。并所記朱子諸條亦疑爲榮秀所附益。則所謂略加釐正者，特諱不自居於改竄耳，非其實也。其大旨不出門户之見。其命名蓋以孔子比程、朱。然於道命之義亦未得其解。

御製詩序及識語已闕之至悉，玆不具論焉。

孫星衍《平津館鑒藏書籍記續編・舊寫本》《道命録》十卷。前有嘉熙三年李心傳序，後有「秀巖」木方印，「伯微父」木方印，末有淳祐十一年朱申跋，後有「朱申」木方印，「制置茶院之裔」木方印。程伊川、朱晦庵進退始末，及張南軒、吕東萊諸公謚議。本傳作五卷，此本作十卷。又續增淳祐元年及元至正廿二年制詞十一首，據天禄琳琅藏本，是程榮秀所併。元至順四年，刻於龜山書院。前有榮秀序，此本失之。每葉廿八行，行約廿四五字。

張之洞《書目答問・傳記》《道命録》十卷。宋李心傳。知不足齋本。

伊洛淵源續録

范邦甸等《天一閣書目・傳記類》《伊洛淵源續録》六卷。刊本。宋朱子撰。明成化庚子黄巖謝鐸序。

《四庫全書總目提要・傳記類存目三》《伊洛淵源續録》六卷。浙江巡撫採進本。明謝鐸撰。鐸有《赤城論諫録》，已著録。是書所録，凡二十一人。蓋繼朱子《伊洛淵源録》而作，以朱子爲宗主。始於羅從彦、李侗，朱子之學所自來也。佐以張栻、吕祖謙、朱子友也。自黄榦而下，終於何基、王柏，皆傳朱子之學者也。然所載張栻等七人，則全録《宋史・道學傳》。吕祖謙等七人，則全録《宋史・儒林傳》。李侗等六人，略採行狀、誌銘、遺事。其輔廣一八，則但載姓名里居，僅數十字而止。尤爲疏略。案：廣即世所稱慶源輔氏，《明一統志》載有始末甚詳。鐸偶未考耳。《明史》鐸本傳，載其爲南京國子監祭酒時，上言六事。其三曰正祀典，乃請進宋儒楊時而退吴澄，爲禮部尚書傳瀚所持。僅進時而澄祀如故。夫澄之學雖曰未醇，然較受蔡京之薦者則有間矣。鐸欲以易澄，蓋以道南一脈之故，而曲諱其出處也。然則是録之作，其亦不出門户之見矣。

濂洛風雅

范邦甸等《天一閣書目・傳記類》《濂洛風雅》七卷。刊本。第四卷有「德輝」二字圖章。宋邵康節、張横渠、程明道、程伊川、楊龜山、游廣平、尹和靖、李榮陽、張思叔、胡文定、李延平、朱晦庵、吕東萊先生交遊淵源，往來贈答，盡悉收入。仁山金履祥紀録，卷首有《詩派圖》，宋元貞丙申唐良瑞原序。明弘治庚申南山潘府重刊序，曰余友董遵道膺歲薦來京師，以遺稿視余，復圖鋟行於世，適同志彭濟物出守徽郡，遂以是屬焉。弘治壬戌年李旻有序。

考亭淵源録

范邦甸等《天一閣書目・傳記類》《考亭淵源録》二十四卷。刊本。明宋端儀初稿，林潤校正，隆慶戊辰武進薛應旂參修。序云前廣東提學僉事莆陽宋公端儀嘗編《考亭淵源録》，以未及詳定自題曰初稿。今御史中丞念堂林公與公同邑，謂是編未竟公之志，示旂删潤。旂觀考亭編《伊洛淵源》，首載濂溪，次及其同時之友、及門之士，乃若龜山、上蔡、廣平，則皆程門高第，弟子傳之，豫章講之，武夷以及延平、籍溪、屏山、白水而考亭實皆師之，一時若廣漢、金華、金谿、永康、東嘉皆以學名世，而考亭與之往復切磋，此正淵源所在。而《初稿》自廣漢、金華之外，咸未之録。余悉爲增入，仍倣濂溪之例，發端於延平，其諸以次書之。隆慶己巳華亭徐階有序。

徐𤊹《徐氏家藏書目・人物傳》《考亭淵源》。

《四庫全書總目提要・傳記類存目三》《考亭淵源録》二十四卷。浙江吴玉墀家藏本。明宋端儀撰。薛應旂重修。端儀字孔時，莆田人。成化辛丑進士。官至廣東提學僉事。事蹟具《明史》本傳。應旂有《四書人物考》，已著録。此編仿《伊洛淵源録》之例，首列延平李侗，籍溪胡憲。屏山劉子翬、白水劉勉之四人，以溯師承之所自。次載朱子始末。次及同時友人，至南軒張栻以下七人。次則備列考亭門人，自勉齋黄榦以下二百九十三人。其二十三卷則門人之無記述文字者，但列其名，凡八十八人。末卷則考亭叛徒趙師雍、傅伯壽、胡紘等三人，亦用《伊洛淵源録》載邢恕例也。史稱端儀慨建文朝忠臣湮没，乃搜輯遺書，爲《革除録》。建文忠臣之有録，自端儀始。然其書今未見，即此書原本亦未見。世所行者惟應旂重修之本。應旂作《宋元通鑑》，於道學宗派，多所紀録。此書蓋猶是意。然應旂初學於王守仁，講陸氏之學。晚乃研窮洛、閩之旨，兼取朱子。故其書目録後有云：「兩先生實所以相成，非所以相反。」遂以陸九淵兄弟三人列《考亭淵源録》中，名實未免乖舛也。

道南書院録

范邦甸等《天一閣書目・傳記類》《道南書院録》五卷。刊本。明嘉靖乙未歸海金賁亨序云，嘉靖乙丑，賁亨董閩學事，既作道南書院於會城以祀龜山、豫章、延平、晦庵四先生，而復推四先生之志以祀明道。于是，閩士相與觀歎，若向往焉，而愧無以道之也。乃與友黄君偉節萃五先生言行、心法，爲兹録，將梓而人授之。稿成，調官江右，未幾謝事歸。乃復與吾友趙君淵、應君大猷訂正，藏以私淑。鄱陽舒春芳、建安楊應詔、臨安趙淵、福清魏濠俱有序，安成劉佃跋。

浙學譜

祁承㸁《澹生堂藏書目・記傳》《浙學譜》。一册。一卷。陳雲渠。

朱氏傳授支派圖

王圻《續文獻通考・經籍考・譜牒》《朱氏傳授支派圖》。同安王力行，文公門人也。著此傳世。

聖學嫡派

徐𤊹《徐氏家藏書目・人物傳》《聖學嫡派》。

《四庫全書總目提要・傳記類存目四》《聖學嫡派》四卷。内府藏本。明過庭訓撰。庭訓字成山，平源人。萬曆甲辰進士。官至福建按察使。擢應天府丞，未及上而卒。其書自漢董仲舒至明羅洪先，所取纔三十六人。各略録其言行，皆昭昭耳目，無煩復爲表章者也。

閩學源流

徐𤊹《徐氏家藏書目・人物傳》《閩學源流》十六卷。

《四庫全書總目提要・傳記類存目三》《閩學源流》十六卷。兩淮馬裕家藏本。明楊應詔撰。應詔，建安人。嘉靖辛卯舉人。是書歷載楊時以後諸儒，終於蔡清。各誌其言行，詳其傳授，凡百九十五人。

伊洛淵源續

徐𤊹《徐氏家藏書目・人物傳》《伊洛淵源》十卷，《續》二卷。

張萱等《内閣藏書目録・傳記部》《伊洛淵源》。二册，全。宋晦庵朱熹著。皆諸儒傳記。又三册，全。又四册，全。

《四庫全書總目提要・傳記類一》《伊雒淵源録》十四卷。副都御史黄登賢家藏本。宋朱子撰。書成於乾道癸巳，記周子以下及程子交遊門弟子言行。其身列程門而言行無所表見，甚若邢恕之反相擠害者，亦具録其名氏，以備考。其後《宋史・道學》、《儒林》諸傳多據此爲之。蓋宋人談道學宗派，自此書始，而宋人分道學門户，亦自此書始。厥後聲氣攀援，輔相依附。其君子各執意見，或釀爲水火之争。其小人假借因緣，或無所不至。葉紹翁《四朝聞見録》曰：程源爲伊川嫡孫，無聊殊甚，嘗鬻米於臨安新門之草橋。後有教之以千當路者，著爲《道學正統圖》。自考亭以下，勦入當事姓名。遂特授初品，因除二令。又以輪對改合入官，遷寺監丞。是直以伊雒爲市矣。周密《齊東野語》、《癸辛雜識》所記末派諸人之變幻，又何足怪乎。然朱子著書之意，則固以前言往行矜式後人，未嘗逆料及是。儒以詩禮發冢，非詩禮之罪也。或因是併議此書，是又以噎而廢食矣。

閩學道統淵源

徐𤊹《徐氏家藏書目・人物傳》《閩學道統淵源》一卷。楊廷御。

道南源委録

張萱等《内閣藏書目録・傳記部》《道南源委録》。四册，全。嘉靖間閩督學朱衡編。集宋儒各傳記。

《四庫全書總目提要・傳記類存目三》《道南源委録》十二卷。浙江巡撫採進本。明朱衡撰。衡字士南，萬安人。嘉靖壬辰進士。官至工部尚書，兼副都御史，總理河漕。事蹟具《明史》本傳。此書乃其視學閩中時，録道南源委以示諸生。託始於楊時，附以游酢、王蘋。凡閩士之沿波而起者則載焉。明代惟録陳真晟、周瑛、黄仲昭、蔡清四人。蓋時代既近，其餘尚未論定云。

金華正學編

張萱等《内閣藏書目録・雜部》《金華正學編》。四册，全。正德間，金華趙鶴編輯其鄉大儒吕東萊、何北山、黄魯齋、金仁山、許白雲諸公傳記著作。

台學源流

黄虞稷《千頃堂書目・傳記類》金賁亨《台學源流》二卷。

《明史・藝文志・傳記類》金賁亨《台學源流》二卷。

《四庫全書總目提要・傳記類存目三》《台學源流》七卷。浙江巡撫採進本。明金賁亨撰。賁亨字汝白，臨海人。初冒高姓。正德甲戌進士題名碑之高賁亨，即其人也。官至江西提學副使。是書叙述台州先儒，自朱徐中行迄明方孝孺、陳選，凡三十八人，各爲之《傳》。其疑而莫考者又有十五人，各以時代類附姓名於《傳》末。其《傳》雖多採《晦庵文集》、《伊洛淵源録》諸書然賁亨當明中葉，正心學盛行之時，故其説調停於朱陸之間。謂朱子後來頗悔向來太涉支離，又謂朱子與象山先異後同云云，皆姚江晚年定論之説也。

明儒學案

《四庫全書總目提要・傳記類二》《明儒學案》六十二卷。山東巡撫採進本。國朝黄宗羲撰。宗羲有《易學象數論》，已著録。初，周汝登作《聖學宗傳》，孫鍾元又作《理學宗傳》。宗羲以其書未粹，且多所闕遺，因搜採明一代講學諸人文集、語録，辨别宗派，輯爲此書。【略】宗羲生於姚江，欲抑王尊薛則不甘，欲抑薛尊王則不敢。故於薛之徒，陽爲引重而陰致微詞。於王之徒，外示擊排而中存調護。夫二家之學，各有得失。及其末流之弊，議論多而是非起，是非起而朋黨立。恩讎轇轕，毁譽糾紛。正嘉以還，賢者不免。宗羲此書，猶勝國門户之餘風，非專爲講學設也。然於諸儒源流分合之故，叙述頗詳，猶可考見其得失。知明季黨禍所由來，是亦千古之炯鑑矣。卷端仇兆鼇《序》及賈潤所《評》，皆持論得平，不阿所好。併録存之，以備考鏡焉。

儒林宗派

《四庫全書總目提要・傳記類二》《儒林宗派》十六卷。編修周永年家藏本。國朝萬斯同撰。斯同有《廟制圖考》，已著録。是編紀孔子以下迄於明末諸儒，授受源流，各以時代爲次。其上無師承，後無弟子者，則别附著之。所載斷自孔子以下，杜僭王之失，以正綱常。凡漢後唐前傳經之儒，一一具列。除排擠之私，以消朋黨。其持論獨爲平允。惟其《附録》一門，旁及老、莊、申、韓之流，未免矯枉過直。又唐啖助之學傳之趙匡、陸淳，宋孫復之學傳於石介，皆卓然自立一家。宋代説經，實濫觴於二子。乃列之散儒之中，不入宗派，亦有所未安。至於朱陸二派，在元則金、吴分承，在明則薛、王異尚。四百年中，出此入彼。淵源有自，脈絡不誣。亦未可以朝代不同，不爲明其宗系。如斯之類，雖皆未免少疎。然較之學統、學案諸書，則可謂湔除錮習，無畛域之見矣。世所傳本僅十二卷。此本出自歷城周氏，較多四卷。蓋其末年完備之定本云。

洙泗源流

《四庫全書總目提要・傳記類存目一》 《洙泗源流》無卷數。編修勵守謙家藏本。不著撰人名氏。前有《自序》，亦不署年月。《序》稱所採始於堯、舜，以爲洙泗之源。終於顔、曾、思、孟，爲洙泗之流。今考其書，僅自唐、虞訖孔門弟子二十餘人至子思而止，未及孟子。蓋不全之本。前有錢曾二印，一曰「虞山錢曾遵王藏書」，一曰「雒陽忠孝家」。篆刻拙惡，朱色猶新。蓋庸陋書賈所贋託也。

新安學系録

《四庫全書總目提要・傳記類存目三》 《新安學系録》十六卷。安徽巡撫採進本。明程曈撰。曈號莪山，休寧人。是書以朱子爲新安人，而引據歐陽修《冀國公神道碑》謂程子遠派亦出新安。故輯新安諸儒出於二家之傳者，編爲此書。自宋至明凡百有一人，皆徵引舊文以示有據。夫聖賢之學，天下所公也。必限以方隅，拘以宗派，是門户之私矣。至程子一生，無一字及新安。而遥遥華胄，忽爾見援。以例推之，則朱出於邾，《姓源》可證。今嶧山之士不又引朱子爲鄉黨乎？此真爲夸飾風土而作，不爲闡明學脈而作也。《江南通志》列曈於《儒林傳》中，稱所著《新安學系》，與朱子合者存，背者去。足盡是書之大旨矣。

宗譜纂要

《四庫全書總目提要・傳記類存目四》 《宗譜纂要》一卷。安徽巡撫採進本。明王應昌撰。其子錟續成之。應昌字亮之，嵊縣人。萬曆癸酉舉人。錟字長穎，入國朝，官上海縣知縣。是書叙歷代理學源流。分開天一世祖、承天第一宗、達天第一宗、翼天第一宗。標目已近乎二氏。至以荀卿、揚雄與孔子竝列，尤爲失倫。其分載諸儒支派，大率與黄宗羲《明儒學案》相出入。蓋爲門户而設，不爲學問而設也。

聖學宗傳

《四庫全書總目提要・傳記類存目四》 《聖學宗傳》十八卷。兩淮馬裕家藏本。明周汝登編。汝登字繼元，又字海門，嵊縣人。萬曆丁丑進士，官至南京尚寶司卿。《明史・儒林傳》附載《王畿傳》。末稱王守仁傳王艮，艮傳徐樾，樾傳顔鈞，鈞傳羅汝芳，汝芳傳楊起元及汝登。起元清修姱節，然其學不諱禪。汝登更欲合儒釋而會通之，輯《聖學宗傳》，盡採先儒語類禪者以入。蓋萬曆以後，士大夫講學者多類此云云即此書也。首載黄卷《正系圖》，其序自伏羲傳至伊川程子。下分二支。一支朱子以下，不系一人。一支則陸九淵之下系以王守仁。并稱卷是圖信陽明篤，叙統系明，與《聖學宗傳》足相發明云。

浙學宗傳

《四庫全書總目提要・傳記類存目四》 《浙學宗傳》無卷數。浙江巡撫採進本。明劉鱗長撰。鱗長字孟龍，號乾所，晉江人。萬曆己未進士，官至南京户部郎中。是編乃其爲浙江提學副使時所編。以周汝登所輯《聖學宗傳》頗詳古哲，略於今儒，遂採自宋迄明兩浙諸儒，録其言行，排纂成帙。大旨以姚江爲主，而援新安以入之。故首列楊時，次以朱子、陸九淵竝列。陳亮則附載於末，題曰《推豪别録》。又以蔡懋德《論學》諸條及鱗長所自撰《掃背圖》諸篇綴於卷後。懋德、鱗長非浙人，入之浙學已不類。而自撰是書自稱劉乾所先生，與古人一例，尤於理未安也。

道南録

《四庫全書總目提要・傳記類存目四》《道南録》五卷。江蘇巡撫採進本。不著撰人名氏。亦無序跋。道南書院在福州，疑閩人所爲也。其書節録明道程子、楊時、羅從彦、李侗、朱子言行，末附祠祀始末。道者公器，傳道者亦統爲天下萬世之計，不僅求爲一鄉一邑之榮，況五大儒事蹟著述，照耀古今，亦不復辨此以顯。是特夸耀桑梓，非爲表章道學也。所見亦云小矣。

聖學知統録

《四庫全書總目提要・傳記類存目五》《聖學知統録》二卷。直隸總督採進本。國朝魏裔介撰。裔介有《孝經註義》，已著録。是録凡載伏羲、神農、黄帝、堯、舜、禹、皋陶、湯、伊尹、萊朱、文王、太公望、散宜生、周公、孔子、顔子、曾子、子思、孟子、周子、二程子、張子、朱子、許衡、薛瑄二十六人。博徵經史，各爲紀傳。復引諸儒之説附於各條之下，而衷以己説。其自序謂見知問知之統，具載於此。然惟聖知聖，惟賢知賢，惟接道統之傳者能知道統之所傳。《孟子》末章，惟孟子能言之耳，奈何遽以自任乎！

聖學知統翼録

《四庫全書總目提要・傳記類存目五》《聖學知統異録》二卷。直隸總督採進本。國朝魏裔介撰。裔介既作《知統録》，復作此録以翼之。自序謂「以之羽翼聖道，鼓吹六經，亦猶淮泗之歸於江海，嶇嶤之儕於岱宗也。」凡録伯夷、柳下惠、董仲舒、韓愈、胡瑗、邵雍、楊時、胡安國、羅從彦、李侗、吕祖謙、真德秀、趙復、金履祥、劉因、曹端、胡居仁、羅倫、蔡清、羅欽順、顧憲成、高攀龍二十二人。其去取之故，亦莫得而詳焉。

洛學編

《四庫全書總目提要・傳記類存目五》《洛學編》四卷。浙江巡撫採進本。國朝湯斌撰。斌字孔伯，號潛菴，睢州人。順治己丑進士，官至工部尚書，謚文正。是書述中州學派，分爲二編。首列漢杜子春、鄭興、鄭衆、服虔，唐韓愈，宋穆修，謂之《前編》。次列二程子以下十三人，附録二人，元許衡以下三人，附録一人，明薛瑄以下二十人，附録七人，謂之《正編》。各評其學問行誼，蓋雖以宋儒爲主，而不廢漢唐儒者之所長。後耿介作《中州道學編》，乃舉唐以前人悉删之，則純乎門户之私，所見又與斌異矣。

中州道學編

《四庫全書總目提要・傳記類存目五》《中州道學編》二卷，《補編》一卷。浙江巡撫採進本。國朝耿介編。介字介石，號逸菴，登封人。初名冲壁，讀北山移文至「耿介拔俗」之句，遂更今名。順治壬辰進士，官至直隸大名道。以湯斌薦，授詹事府少詹事。是編專載中州道學，自宋二程子至國朝陳愘等五十七人，人各有傳，傳後或附語録及所著書。末附補編一卷，乃乾隆庚午登封知縣晉江施奕簪所編。兼收漢杜子春以下傳經諸儒，介亦與焉。然道學、儒林自《宋史》分傳以後，格不相入久矣。介於漢儒、宋儒門户，判如冰炭。韓愈諸人乃所特黜，非其偶漏。奕簪不自爲一書，而附之介書之後，非其志也。

理學備考

《四庫全書總目提要・傳記類存目五》《理學備考》三十四卷。江西巡撫採進本。國朝范鄗鼎撰。鄗鼎字彪西，淇洞人。康熙丁未進士，以養親不仕終於家。是編備列有明一代講學諸儒，初刻於康熙辛酉。卷一至卷六剟取辛全《理學名臣録》，卷七至卷十剟取孫奇逢《理學宗傳》，十一卷至十六卷乃鄗鼎所續補也。續刻於己巳。再續刻於甲戌。十七、十八卷剟取熊賜履《學統》，十九卷至二十九卷剟取張夏《洛閩淵源録》，三十卷至三十四卷剟取黄宗羲《明儒學案》，計所自作者僅六卷而已。其説不出於一家，其文不出於一手，宜其體例之參差矣。

雒閩源流録

《四庫全書總目提要・傳記類存目五》《雒閩源流録》十九卷。江蘇巡撫採進本。國朝張夏撰。夏有《楊文靖年譜補遺》，已著録。是書取有明一代講學之儒，分别其門户，成於康熙壬戌。大旨闡雒、閩之緒而力闢新會、餘姚之説。自一卷至十三卷列爲雒、閩之學者，正宗十六人，羽翼三十九人，儒林一百九十二人，併合傳、附傳者共二百五十餘人。十四卷爲新會之學，十五卷爲餘姚之學，所列羽翼八人、儒林三十九人，而正宗則闕。十八、十九二卷謂之補編，所列僅儒林五十八人，併羽翼之名亦不予之矣。自明以來，講學者釀爲朋黨，百計相傾。王守仁作《朱子晚年定論》，程敏政作《道一編》，欲援朱子以附陸氏，論者譏其舞文。張烈作《王學質疑》，熊賜履作《閑道録》，又詆斥陸、王，幾不使居於人類，論者亦譏其好勝。雖各以衛道爲名，而本意所在，天下得而窺之也。夏此書以程、朱之派爲主，而於陸氏之派亦節取所長，以示不存門户之見。用意較爲深密。然卷首稱明太祖以理學開國，諛頌幾四五百言，以爲直接堯、舜、禹、湯、文、武之統，殊非篤論，亦非事實。其凡例稱「人品自人品，學術自學術，如趙南星、楊漣、繆昌期、李應昇諸人，可謂之忠臣，不可列之於儒林」。立説尤僻。豈程、朱之傳惟教人作語録乎！

道南正學編

《四庫全書總目提要・傳記類存目五》《道南正學編》三卷。浙江巡撫採進本。國朝錢肅潤撰。肅潤有《尚書體要》，已著録。是書成於康熙辛未，所録皆從祀東林書院諸人。自序謂不拘世代，不叙年數，不論地位，不限科目，率以入祠之先後爲次第，故元人列明人後焉。其末以國朝孫承澤、主崇簡二人終。《承澤傳》首曰「崇禎辛未進士，官至吏部侍郎」，使不知承澤始末者，不將以爲明之吏部侍郎乎！

聖宗集要

《四庫全書總目提要・傳記類存目五》《聖宗集要》八卷。兩江總督採進本。國朝費緯祹撰。緯祹字約齋，鄞縣人。是書上溯皇古，下迄有明，凡大聖、大賢及講學諸儒輯爲一編。取大宗之義，故以「聖宗」爲名。然如聶豹之黨嚴嵩，殺楊繼盛，具載於《益智録》中，列於聖賢之大宗，固爲有忝。即徐階之心術事業，亦未必足當此目。至於《穆脩傳》後盛推陳摶，躋之於儒宗，謂伏羲、神農、黄帝皆二百歲，顓頊、舜、禹皆百餘歲，伊尹百歲，文、武九十餘歲，可以識修煉之道在於凝道淡泊，栖志和平。時動静以固元神，宣慈惠以培陰德，清心寡慾以培養天年，又謂道家者流，施之於治則結繩之治可復云云。古來有此道學乎？

學統

《四庫全書總目提要・傳記類存目五》《學統》五十六卷。湖北巡撫採進本。國朝熊賜履撰。賜履字敬修，孝感人。康熙戊戌進士，官至大學士。是書以孔子、顔子、曾子、子思、孟子、周子、二程子、朱子九人爲正統，以閔子以下至明羅欽順二十三人爲翼統，以冉伯牛以下至明高攀龍一百七十八人爲附統，以荀卿以下至王守仁七人爲雜統，以老、莊、楊、墨、告子及二氏之流爲異統。夫尚論古人，辨其行事之醇疵，立言之得失，俾後人知所法戒足矣。必錙錙銖銖，較其品第而甲乙之，未免與班固《古今人表》同一悠謬。況薛瑄、胡居仁、羅欽順俱尊之稱字稱先生，而伯牛、子路諸賢乃皆卑之而書名。軒輊之間，不知何所確據。又荀況、揚雄、王通、蘇軾均以雜統而稱子，陸九淵、陳獻章、王守仁又以雜統而書字，襃貶之間，亦自亂其例也。

道南源委

《四庫全書總目提要・傳記類存目五》《道南源委》六卷。河南巡撫採進本。國朝張伯行編。是編本明朱衡《道南源委録》舊本，重加考訂。首卷自楊時至江杞三十六人。次卷自羅從彦至陳紹叔八十一人。三卷自朱子至陳總龜八十人。四卷自李東至劉季裴九十六人。外附朱子弟子張顯甫等十九人。又著述可考者李琪等五十九人。五卷自歐陽侁至黄三陽五十九人。六卷自林希元至李逢基四十五人。復以張書紳等五十一人有著述者類附焉。

伊洛淵源續録

《四庫全書總目提要・傳記類存目五》《伊洛淵源續録》二十卷。兩江總督採進本。國朝張伯行撰。是編因明謝鐸《伊洛淵源續録》採輯未備，薛應旂《考亭淵源録》去取未嚴，因重爲考訂，以補正二家之闕失。然書甫出而譚旭《諫道續録》又反覆千百言，糾其漏胡寅、真德秀矣。講學知聚訟，亶其然乎。有朱子之學識而後可定程子門人之得失。此中進退，恐非後學所易言也。

道學淵源録

《四庫全書總目提要・傳記類存目五》《道學淵源録》一卷。直隸總督採進本。國朝王植撰。植有《四書參註》，已著録。是書取從祀孔廟先賢先儒，條其事狀官爵，竝考其從祀世代。大約襲《闕里志》諸書爲之。前有自序，於朱、陸流派爭之甚力。

關學編

《四庫全書總目提要・傳記類存目五》《關學編》五卷。江蘇巡撫採進本。國朝王心敬撰。心敬有《豐川易説》，已著録。初，明馮從吾作《關學編》，心敬病其未備，乃採摭諸書，補其闕略，以成此書。從吾原編，始於孔門弟子秦祖，終於明代王之士。心敬所續輯者，於秦祖之前增伏羲、泰伯、仲雍、文王、武王、周公六人。於漢增董仲舒、楊震二人。明代則增從吾至單允昌凡六人，又附以周傳誦、党還醇、白希彩、劉波、王侣諸人。

國朝惟李容一人，則心敬之師也。明世關西講學，其初皆本於薛瑄，王恕又別立一宗，學者稱爲三原支派。大抵墨守王敬窮理之説，而崇尚氣節，不爲空談。黄宗羲所謂風土之厚，而加之以學問者。從吾所紀，梗槩已具。心敬所廣，推本羲皇以下諸帝王，未免溯源太遠。又董仲舒本廣川人，心敬以其卒葬皆在關中，因引入之，亦未免郡縣志書牽合附會之習也。

閩學志略

《四庫全書總目提要・傳記類存目五》《閩學志略》十七卷。福建巡撫採進本。國朝李清馥撰。清馥有《閩中理學淵源考》，已著録。是編取自唐迄明閩中之有關講學者，人各係傳，以志其略。蓋仿湯斌《洛學編》之例。大旨以朱子爲宗，朱子以後傳其教者皆録之。朱子以前則自歐陽詹以後亦仿斌例爲前編。然隱逸之流，似不在講學之例，收之稍濫。且唐、宋、元共八卷，而明一代至九卷。其時代先後，頗多紊淆，似不及《閩中理學淵源考》也。

閩中理學淵源考

《四庫全書總目提要・傳記類二》《閩中理學淵源考》九十二卷。福建巡撫採進本。國朝李清馥撰。清馥字根侯，安溪人。大學士光地之孫。以光地蔭，授兵部員外郎，官至廣平府知府。是編本曰《閩中師友淵源考》，故《序文》、《凡例》尚稱舊名。此本題《理學淵源考》，蓋後來所改。《序》作於草創之時，成編以後，復有增入也。

儒林譜

周中孚《鄭堂讀書記·傳記類》 《儒林譜》一卷。《藝海珠塵》本。國朝焦袁熹撰。袁熹字廣期，號南浦，江南華亭人。康熙丙子舉人。是編輯自周至漢經學授受之人，歷敘其專門家法。看似采摭《史記》，前、後《漢書·儒林傳》而成，實則取之朱氏《經義考》。師承門非難事也，必如畢氏《傳經表》方臻美備，南浦舉業家宜，其弃漏如此。

明儒講學考

周中孚《鄭堂讀書記·傳記類》 《明儒講學考》一卷。原刊本。國朝程嗣章撰。嗣，章字南耕，上元人。南耕以明代窮經通儒罕聞，獨講學之風較前代爲盛，與一代相終始。爰考其支流派分作是《考》；至諸儒言語文章各有著述，德行事業具載史册，是以不著故但疏其姓氏爵里，凡二百有九人，叙次有法，要言不煩，一代之學術釐然可觀，而風俗升降，人才優劣，亦因類以見。大都本黄梨洲《明儒學案》而約之爲是編，頗便於循覽焉。前有乾隆丙辰其元孫綿莊廷祚序。

理學備考正編　副編

馬國翰《玉函山房藏書簿録·雜傳記類》 《理學備考正編》二卷，《副編》一卷。青照堂本。國朝順治辛丑進士洪洞范鄗鼎彪西撰。録故明一代諸儒遺傳。薈萃成編，原書三十四卷，朝邑李元春删定。

廣理學備考

馬國翰《玉函山房藏書簿録·雜傳記類》 《廣理學備考》四十八卷。五經堂原本。范鄗鼎撰。取明儒文集、語録，擇其精要者書之。自薛敬齋至秦弱水，凡七十九人。前二卷序目、凡例甚詳。

國朝漢學師承記

李慈銘《越縵堂讀書記·傳記類》 《國朝漢學師承記》。清江藩撰。夜擁衾閲《漢學師承記》。江氏文少翦裁，又不免門户之見；其述諸君爵里事蹟著作，亦有舛漏。然謹守漢學，不容一字出入，殊有班氏《儒林傳》、《藝文志》家法，非陸氏《釋文叙録》等書，所得比肩。遺文軼事，亦多藉以攷見，誠有功于諸儒矣。

經師經義

丁立中《八千卷樓書目·傳記類》 《經師經義》二卷。國朝江藩撰。粤雅堂本。

年譜分部

年略譜

鄭樵《通志·圖譜略·記無》 劉昶《年略譜》。

歷年年譜

鄭樵《通志・圖譜略・記無》 徐鍇《歷年年譜》。

孔子編年

晁公武《郡齋讀書志・傳記類》 《孔子編年》三卷。右皇朝孔傳取《左氏》、《國語》、《公羊》、《史記》及他書所載孔子事，以年次之，自生至卒。

馬端臨《文獻通考・經籍考・史・傳記》 《孔子編年》三卷。

劉忠肅行年記

陳振孫《直齋書録解題・傳記類》 《劉忠肅行年記》一卷。丞相東平劉摯莘老撰。

馬端臨《文獻通考・經籍考・史・傳記》 《劉忠肅公行年記》一卷。

孔子編年

陳振孫《直齋書録解題・傳記類》 《孔子編年》五卷。新安胡仔元任撰。其父待制舜陟命仔采摭經傳爲之。

馬端臨《文獻通考・經籍考・史・傳記》 《孔子編年》五卷。

楊士奇等《文淵閣書目・性理》 《孔子年編》。一部，六册。闕。

《四庫全書總目提要・傳記類一》 《孔子編年》五卷。浙江范懋柱家天一閣藏本。

舊本題宋胡舜陟撰。考書首有紹興八年舜陟序，乃自静江罷歸之日，命其子仔所撰，非舜陟自作也。舜陟字汝明，績溪人。大觀三年進士。靖康閒官侍御史。南渡初，知廬州，有禦寇功。更歷數鎮，最後爲廣西經略使。欲爲秦檜父建祠，高登不可，因劾登以媚檜。會以他事忤檜意，亦逮治死於獄。事蹟具《宋史》本傳。

張之洞《書目答問・傳記》 《孔子編年》五卷。宋胡仔。績溪胡氏家刻本。

陶靖節先生年譜

周中孚《鄭堂讀書記・傳記類》 《陶靖節先生年譜》一卷。舊鈔本。宋吳仁傑撰。仁傑仕履見《正史類》。《書録解題》別集類載《陶靖節年譜》一卷，《年譜辨證》一卷，《雜記》一卷，云斗南爲《年譜》，張縯辨證之，又雜記前賢論靖節語。今《辨證》、《雜記》俱佚，惟《年譜》存其書。俱就靖節《全集》，參以《晉書》本傳，采輯事蹟，按年分載，若網在綱，有條不紊，較之王質《紹陶録》所譜殊爲勝之。是本爲徐亮直陶璋所藏，尚屬舊鈔本，後有亮直私印二，前又有毛子晉私印四，則僞矣。

伊川先生年譜

耿文光《萬卷精華樓藏書記・傳記類》 《伊川先生年譜》一卷。宋朱子編。《二程遺書》本。《譜》後有附録。黄氏曰，古無年譜，昉自宋人，若洪興祖於昌黎，文安禮於子厚，吕大防於子美，薛仲邕於太白，樓鑰於范文正，薛齊誼於歐陽，何掄於三蘇，黄罃於山谷，李方子於紫陽是也。自爲年譜近方有之。然徐文長《畸譜》、李元仲《歲紀》，雖編年自作，不以年譜名充其類。其諸王充自紀、陶潛自傳、江淹自序之遺意與。録於《唐堂集》。胡氏曰，年譜不一，惟桐川薛齊誼、廬陵孫謙益，及曾三異三家爲詳。録於舊稿。

韓文類譜

丁立中《八千卷樓書目・傳記類》 《韓文類譜》七卷。宋魏仲舉撰。小玲瓏山館本。粵雅堂本。

紫陽年譜

陳振孫《直齋書録解題・傳記類》《紫陽年譜》三卷。朱侍講門人通判辰州昭武李方子公晦撰。

馬端臨《文獻通考・經籍考・史・傳記》《紫陽年譜》三卷。

楊士奇等《文淵閣書目・性理》《紫陽先生年譜》。一部，三册。闕。

朱胜非年表

《宋史・藝文志・傳記類》《朱勝非年表》一卷。勝非孫昱上。

楊殿珣《中國歷代年譜總録》《朱勝非年表（朱勝非）》。闕名編。

六一居士年譜

《宋史・藝文志・傳記類》薛齊誼《六一居士年譜》一卷。

韓子年譜

《宋史・藝文志・傳記類》洪興祖《韓子年譜》一卷。

龜山年譜

楊士奇等《文淵閣書目・性理》《龜山年譜》。一部，一册。完全。

王圻《續文獻通考・經籍考・譜牒》《龜山年譜》。黄去病著。去病，邵武人。咸淳間宰相。取《龜山年記》訂正之，號曰《龜山年譜》。

徐𤊹《徐氏家藏書目・年譜》《楊龜山年譜》四卷。

張萱等《内閣藏書目録・傳記部》《龜山先生年譜》。二册，全。宋咸淳間昭武黄去疾重編，并附梁谿李丞相諸公祭文、謚議，及水心東澗所作《龜山舊宅記》。又一册，全。

錢謙益等《絳云樓書目・史傳記類》《楊龜山年譜》。

勉齋年譜

楊士奇等《文淵閣書目・性理》《勉齋年譜》。一部，一册。完全。

張萱等《内閣藏書目録・傳記部》《勉齋年譜》。一册，全。勉齋，黄文肅公榦也。門人鄭元肅、陳義和同編。後附《語録》。

雙峯年譜

楊士奇等《文淵閣書目・性理》《雙峯年譜》。一部，一册。闕。

張萱等《内閣藏書目録・傳記部》《雙峯年譜》。一册，全。《饒雙峯譜》門人胡澹成編。

《四庫全書總目提要・傳記類存目一》《饒雙峯年譜》一卷。永樂大典本。不著撰人名氏。雙峯，宋饒魯號也。魯自稱從黄榦、李燔遊，距朱子僅再傳。當時重其淵源，多相趨附。歷主講於東湖、白鹿、西澗、安定諸書院。故是《譜》所記，亦惟講學之事爲詳。案周密《齊東野語》，深致不滿於魯，且稱其自詭爲黄榦弟子。疑以傳疑，蓋莫能明，然亦不足深辨也。

少陵先生年譜

楊士奇等《文淵閣書目・史附》《少陵先生年譜》一部一册完全。

張萱等《内閣藏書目録・傳記部》《杜少陵先生年譜》。一册，全。宋紹熙間河南吴仁傑編次。

范文正公年譜

楊士奇等《文淵閣書目・史附》《范文正公年譜》一部，一册。完全。

范邦甸等《天一閣書目・傳記類》《范文正公年譜》。刊本。宋四明樓鑰編次，五世孫之柔校，十六世惟一重校，明嘉靖二十二年鈞陽任洛序。

徐𤍠《徐氏家藏書目・年譜》《范文正年譜》一卷。四明樓鑰。

張萱等《内閣藏書目録・傳記部》《范文正公年譜》。一册，全。宋四明樓鑰編。

《四庫全書總目提要・傳記類存目一》《范文正年譜》一卷，《補遺》一卷，附《義莊規矩》一卷。浙江巡撫採進本。《年譜》一卷，宋樓鑰撰。鑰字大防，鄞縣人。隆興元年進士。官至參知政事，除資政殿大學士，提舉萬壽觀。卒謚宣獻。事蹟具《宋史》本傳。《補遺》一卷，不知何人所作。前有《自識》一條，謂取舊《譜》所未載者，見之各年之下。所摭前《譜》闕遺頗多，亦足以互相考證。元天曆三年，仲淹八世孫國儁與文正奏議同刊行之。其《義莊規矩》一卷，則仲淹嘗買田置義莊於蘇州，以贍其族。創立規矩，刻之版牓。後其法漸隳。治平中，其子純仁知襄邑縣，奏乞降指揮下本州，許官司受理，遂得不廢。南渡後，其五世孫左司諫之柔，復爲整理，續添規式。其本爲范氏後人所録，凡皇祐二年仲淹初定規矩十條，又熙寧、元豐、紹聖、元祐、崇寧、大觀間純仁兄弟續增規矩二十八條。其慶元二年十二條，則之柔所增定。書中稱二相公者謂純仁，三右丞者謂純禮，五侍郎者謂純粹，皆其子孫之詞也。

吴文正公年譜

楊士奇等《文淵閣書目・性理》《吴文正公年譜》。一部，一册。闕。

徐𤍠《徐氏家藏書目・年譜》《吴文正年譜》四卷。元吴澄。

黄虞稷《千頃堂書目・傳記類》《臨川吴文正公年譜》一卷。

錢大昕《補元史藝文志・譜牒類》《吴文正公年譜》一卷。

太師徽國公文公年譜

范邦甸等《天一閣書目・傳記類》《太師徽國公文公年譜》五卷。刊本。明宣德六年括蒼葉某重刊，邱錫孫原貞、汪仲魯序，八世孫湛識。

紫陽文公年譜

范邦甸等《天一閣書目・傳記類》《紫陽文公年譜》五卷。刊本。明嘉靖侍御曾佩重刊。李默序云，世傳李果齋公晦嘗著《紫陽年譜》三卷，魏了翁爲之序。考朱氏今所存譜，非果齋之舊。侍御元山曾君按閩至建陽，得其書讀之，頗疑冗脱，將重加刊正。以其事謀於默，默咨於先生裔孫河，河指摘譜中舛誤者數事，與余意合，因屬之考訂。一準行狀、文集、語録所載，删其猥冗，視舊本存者十七。取《勉齋行狀》并《國史》本傳附録焉。自宋以來褒典亦彙附于末，與是《譜》合爲五卷云。

東坡先生年譜

范邦甸等《天一閣書目・傳記類》《東坡先生年譜》一卷。刊本。不著撰人名氏。

枚命

范邦甸等《天一閣書目・傳記類》《枚命》一卷。桐廬詹太和甄老譜。

陳芳洲先生年譜

范邦甸等《天一閣書目・傳記類》《陳芳洲先生年譜》一卷。刊本。門人館陶訓導同邑黄翔述，成化元年男瑛跋。

黄虞稷《千頃堂書目・傳記類》《陳芳洲年譜》一卷。

章恭毅公年譜

范邦甸等《天一閣書目・傳記類》《章恭毅公年譜》。一册。刊本。明成化南京禮部侍郎樂清章綸大經氏生卒考，子元應述；弘治己未長沙李東陽序。

黄虞稷《千頃堂書目・傳記類》《章恭毅公年譜》一卷。章綸子，南京工科給事中玄編。

南山居士年譜

范邦甸等《天一閣書目・傳記類》《南山居士年譜》二卷。刊本。明周季麟撰，正德乙亥湖東費宏序。

甘泉先生年譜言行録

范邦甸等《天一閣書目・傳記類》《甘泉先生年譜言行録》六卷。刊本。明廣東增城湛若水述，門人南海陳謨編輯，武陵蔣信續編，六安潘子嘉校，江都沈珠重脩，羅欽賢重校，嘉靖己未門人臨川曾佩序。

陽明先生年譜

范邦甸等《天一閣書目・傳記類》《陽明先生年譜》三卷。明門人錢洪甫編次，後學羅洪先考訂并序。

屠少司馬竹墟年譜

范邦甸等《天一閣書目・傳記類》《屠少司馬竹墟年譜》。明刑部檢校屠本峻述其父山年譜。

徐𤊹《徐氏家藏書目・年譜》屠司馬年譜一卷。

楓山章文懿公年譜

范邦甸等《天一閣書目・傳記類》《楓山章文懿公年譜》二卷。刊本。上卷缺。明桐城阮鶚撰，嘉靖壬子平涼趙時春戊午、淩江譚大初序後，甲寅子接述後。

徐𤊹《徐氏家藏書目・年譜》《章楓山年譜》二卷。

張萱等《内閣藏書目録・傳記部》《楓山章文懿公年譜》。二册。

黄虞稷《千頃堂書目・傳記類》阮鶚《章楓山年譜》一卷。

楊文敏公年譜

范邦甸等《天一閣書目・傳記類》《楊文敏公年譜》四卷。刊本。明太師楊榮譜。嘉靖壬子侍御元山曾佩刊行，晉安龔用卿序。

徐𤊹《徐氏家藏書目・年譜》《楊文敏年譜》四卷。

錢謙益等《絳云樓書目・傳記》《楊文敏榮年譜》。李東陽編。

黄虞稷《千頃堂書目・傳記類》《楊文敏公年譜》四卷。六世孫臨江府同知肇纂集。一作蘇鑑。

周季珍年譜

范邦甸等《天一閣書目・傳記類》《周季珍年譜》。刊本。國朝康熙辛酉尤侗序曰，滁陽季珍周公以武進士起家，守備粤東，歷任虔、贛諸鎮。值寇氛薦急，公率師撲勦，累戰皆第一功。既調湖南，復有永興之捷，璽書褒勞，遂總三晉之兵，特遷漢中鎖鑰重地，蓋巍然驃騎大將軍之列矣。今閲其《年譜》所載，歷歷如在目前。封侯之賞、麟閣之圖，固可翹足而待。

伍寧方年譜

祁承㸁《澹生堂藏書目・譜録》《伍寧方年譜》。一册。

周朱二公年譜

朱睦㮮《萬卷堂書目・譜傳》《周朱二公年譜》二卷。張元楨。

程氏世家年表

朱睦㮮《萬卷堂書目・譜傳》《程氏世家年表》□卷。

黄勉齋年譜

朱睦㮮《萬卷堂書目・譜傳》《黄勉齋年譜》一卷。鄭元肅。

崔清獻公年行譜

朱睦㮮《萬卷堂書目・譜傳》《崔清獻公年行譜》二卷。魯守約。

陽明年譜

朱睦㮮《萬卷堂書目・譜傳》《陽明年譜》三卷。錢德洪。

閔莊懿公年譜

朱睦㮮《萬卷堂書目・譜傳》《閔莊懿公年譜》一卷。陸崑。

順慶公年譜

朱睦㮮《萬卷堂書目・譜傳》《順慶公年譜》一卷。皇甫冲。

容思段公年譜

朱睦㮮《萬卷堂書目・譜傳》《容思段公年譜》一卷。張純景。

蘭菴年譜

朱睦㮮《萬卷堂書目・譜傳》《蘭菴年譜》一卷。

求是菴年譜

朱睦㮮《萬卷堂書目・譜傳》《求是菴年譜》一卷。

李文正公年譜

朱睦㮮《萬卷堂書目・譜傳》《李文正公年譜》二卷。崔傑。

象山年譜

趙琦美《脈望館書目・傳記》《象山年譜》。二本。

胡臨川年譜

趙琦美《脈望館書目・傳記》《胡臨川年譜》。四本。

鄂王行實編年

祁承㸁《澹生堂藏書目・記傳》《鄂王行實編年》六卷。

韓文公年譜

祁承㸁《澹生堂藏書目・譜録》《韓文公年譜》一卷。

李翰林年譜

祁承㸁《澹生堂藏書目・譜録》《李翰林年譜》一卷。關中薛仲邕輯。

杜工部年譜

祁承㸁《澹生堂藏書目・譜録》《杜工部年譜》一卷。黄鶴輯。

邵康節先生年譜

祁承㸁《澹生堂藏書目・譜録》《邵康節先生年譜》一卷。《康節外紀》本。

歐陽文忠公年譜

祁承㸁《澹生堂藏書目・譜録》《歐陽文忠公年譜》一卷。《本集》本。

蘇文忠公年譜

祁承㸁《澹生堂藏書目・譜録》《蘇文忠公年譜》一卷。《本集》本。

黄山谷詩文譜

祁承㸁《澹生堂藏書目・譜録》《黄山谷詩文譜》三卷。《本集》本。

朱文公實紀

祁承㸁《澹生堂藏書目·譜録》《朱文公實紀》。四册。十卷。

文信國紀年録

祁承㸁《澹生堂藏書目·譜録》《文信國紀年録》一卷。《本集》本。

夏文愍公年譜

祁承㸁《澹生堂藏書目·譜録》《夏文愍公年譜》一卷。《本集》本。

楊椒山年譜

祁承㸁《澹生堂藏書目·譜録》《楊椒山年譜》一卷。《本集》本。

毛東塘司馬年譜

祁承㸁《澹生堂藏書目·譜録》《毛東塘司馬年譜》一卷。《本集》本。

王南塘年譜

祁承㸁《澹生堂藏書目·譜録》《王南塘年譜》。一册。一卷。即《恭憶先訓録》。

見臺曾公年譜

祁承㸁《澹生堂藏書目·譜録》《見臺曾公年譜》一卷。

六封中丞郭公年譜

祁承㸁《澹生堂藏書目·譜録》《六封中丞郭公年譜》一卷。

張元洲年譜

祁承㸁《澹生堂藏書目·譜録》《張元洲年譜》一册。一卷。

蕭啟旦年譜

祁承㸁《澹生堂藏書目·譜録》《蕭啟旦年譜》一卷。

蕭東潭先生年譜

祁承㸁《澹生堂藏書目·譜録》《蕭東潭先生年譜》。一册。一卷。

孔子年表

祁承㸁《澹生堂藏書目·譜録》《孔子年表》一卷。鄧元錫。

張曲江年譜

王圻《續文獻通考·經籍考·譜牒》《張曲江年譜》。東陽張樞著。樞字子長。

黄虞稷《千頃堂書目·傳記類·補元》張樞《曲江張公年譜》一卷。

倪燦等《補遼金元藝文志·傳記類》張樞《曲江張公年譜》一卷。

錢大昕《補元史藝文志·譜牒類》張樞《曲江張公年譜》一卷。

陶栗里年譜

徐𤊹《徐氏家藏書目·年譜》《陶栗里年譜》一卷。南村。

陶隱居年譜

徐𤊹《徐氏家藏書目·年譜》《陶隱居年譜》一卷。南村。

杜子美年譜

徐𤊹《徐氏家藏書目·年譜》《杜子美年譜》一卷。

蘇東坡年譜

徐𤊹《徐氏家藏書目·年譜》《蘇東坡年譜》一卷。

蔡忠惠年譜

徐𤊹《徐氏家藏書目·年譜》《蔡忠惠年譜》一卷。徐𤊹。

《明史·藝文志·譜牒類》徐𤊹《蔡忠惠年譜》一卷。

王摩詰年譜

徐𤊹《徐氏家藏書目·年譜》《王摩詰年譜》一卷。

歐陽公年譜

徐𤊹《徐氏家藏書目·年譜》《歐陽公年譜》一卷。

朱文公年譜

徐𤊹《徐氏家藏書目·年譜》《朱文公年譜》五卷。

張萱等《内閣藏書目録·傳記部》《朱文公年譜》。一册，全。《童蒙須知》附後。

錢謙益等《絳云樓書目·史傳記類》《朱文公年譜》三卷。門人李公晦編。

陸象山年譜

徐𤊹《徐氏家藏書目·年譜》《陸象山年譜》□卷。

錢謙益等《絳云樓書目·史傳記類》《陸象山年譜》。

鄭壺陽年譜

徐𤊹《徐氏家藏書目・年譜》《鄭壺陽年譜》三卷。鄭茂。

徐永寧年譜

徐𤊹《徐氏家藏書目・年譜》《徐永寧年譜》一卷。

林司空年譜

徐𤊹《徐氏家藏書目・年譜》《林司空年譜》一卷。林廷選。

文文山年譜

徐𤊹《徐氏家藏書目・年譜》《文文山年譜》一卷。

魏廓國年譜

徐𤊹《徐氏家藏書目・年譜》《魏廓國年譜》一卷。

謝天池年譜

徐𤊹《徐氏家藏書目・年譜》《謝天池年譜》一卷。

周濂溪年譜

徐𤊹《徐氏家藏書目・年譜》《周濂溪年譜》一卷。

李太白年譜

徐𤊹《徐氏家藏書目・年譜》《李太白年譜》一卷。關中薛仲邕。

桂古山年譜

徐𤊹《徐氏家藏書目・年譜》《桂古山年譜》一卷。

徐文長畸譜

徐𤊹《徐氏家藏書目・年譜》徐文長《畸譜》一卷。自著。見《逸稿》。

黃虞稷《千頃堂書目・傳記類》徐渭文長自著《畸譜》一卷。

周綿貞年譜

徐𤊹《徐氏家藏書目・年譜》《周綿貞年譜》一卷。起元。

朱文公先生年譜

張萱等《内閣藏書目録・傳記部》《朱文公先生年譜》。四册，全。嘉靖間尚書李默序。舊傳《文公年譜》爲李公晦筆序云，多出於洪武、宣景間諸人，非李筆也。

二蘇公年表

張萱等《内閣藏書目録·傳記部》《二蘇公年表》。二册，全。子瞻、子由也。

楊忠愍公自著年譜

張萱等《内閣藏書目録·傳記部》《楊忠愍公自著年譜》。一册，全。公名繼盛，容城人。

錢謙益等《絳云樓書目·傳記》《楊忠愍公自著年譜》一卷。忠愍字仲芳，嘉靖丁未進士。獄中作。公自言皆據押牀所書者也。

霍文敏公年譜

張萱等《内閣藏書目録·傳記部》《霍文敏公年譜》。四册，全。公名韜，南海人。

黄虞稷《千頃堂書目·傳記類》《霍文敏公年譜》八卷，又《霍文敏年紀》二卷。

白文公年譜

錢謙益等《絳云樓書目·史傳記類》《白文公年譜》一卷。

王文公年譜

錢謙益等《絳云樓書目·史傳記類》《王文公年譜》。

宛陵梅公年譜

錢謙益等《絳云樓書目·史傳記類》《宛陵梅公年譜》。

許昌梅公年譜

錢謙益等《絳云樓書目·史傳記類》《許昌梅公年譜》。

臨川王文正公年譜

錢謙益等《絳云樓書目·史傳記類》《臨川王文正公年譜》。

吴許國公年譜

錢謙益等《絳云樓書目·史傳記類》《吴許國公年譜》。

顔魯公年譜

錢謙益等《絳云樓書目·史傳記類》《顔魯公年譜》。

聖師年譜

錢謙益等《絳云樓書目・譜牒類》《聖師年譜》。元衡陽蕭元益編洙泗大成。仿《史記》體，先聖作本紀，泗水侯以下作世家，顔子至宋元羣儒作列傳并贊，又以六經孔子之言作字訓，又作八志。

歐蘇譜例

錢謙益等《絳云樓書目・譜牒類》《歐蘇譜例》。

解學士年譜

錢謙益等《絳云樓書目・傳記》《解學士年譜》。

黄虞稷《千頃堂書目・傳記類》《解學士年譜》二卷。

周文襄年譜

錢謙益等《絳云樓書目・傳記》《周文襄年譜》。顧清輯。

黄虞稷《千頃堂書目・傳記類》顧清《周文襄公年譜》一卷。

于肅愍年譜

錢謙益等《絳云樓書目・傳記》《于肅愍年譜》。

章文懿公年譜

錢謙益等《絳云樓書目・傳記》《章文懿公懋年譜》。

項忠襄公年譜

錢謙益等《絳云樓書目・傳記》《項忠襄公年譜》。

王文成年譜

錢謙益等《絳云樓書目・傳記》《王文成年譜》四卷。錢德洪編。

徐文貞年譜

錢謙益等《絳云樓書目・傳記》《徐文貞年譜》。

楊襄毅年譜

錢謙益等《絳云樓書目・傳記》《楊襄毅博年譜》。

黄虞稷《千頃堂書目・傳記類》《楊襄毅年譜》十卷。楊博。

鄭端簡年譜

錢謙益等《絳云樓書目・傳記》《鄭端簡曉年譜》。

黄虞稷《千頃堂書目・傳記類》《鄭端簡公年譜》十卷。

《四庫全書總目提要・傳記類存目二》《鄭端簡年譜》七卷。浙江巡撫採進本。明鄭履淳撰。履淳字叔初，海鹽人。嘉靖壬戌進士。官至光禄寺少卿。事蹟具《明史》本傳。履淳爲鄭曉之子。故追述曉事，以成此《譜》。凡曉所作奏疏、詩文皆一一附載其中。如《鹽政壞於折色》及《海鹽官軍宜掣回衛所操練》諸疏，頗足補史志所未備。然冗漫亦由於此。末附祭文、誥諭、卹典、墓志、行略之類，於譜例已爲複出。又以履淳所作思親詩文附鐫於末，多至三卷。於體裁尤不協矣。

蹇忠定公年譜

黄虞稷《千頃堂書目・傳記類》《蹇忠定公年譜》一卷。

周文襄公年譜

黄虞稷《千頃堂書目・傳記類》《周文襄公年譜》二卷。公長子仁俊編。

陳文定公年譜

黄虞稷《千頃堂書目・傳記類》《陳文定公年譜》二卷。陳其柱編。

曹月川年譜

黄虞稷《千頃堂書目・傳記類》范守己《曹月川年譜》一卷。

曹月川年譜

黄虞稷《千頃堂書目・傳記類》張信民《曹月川年譜》一卷。

劉忠愍公年譜

黄虞稷《千頃堂書目・傳記類》劉持善《劉忠愍公年譜》。持善，文愍公孫，官後府都事。

商文毅公年譜

黄虞稷《千頃堂書目・傳記類》《商文毅公年譜》四卷。

《四庫全書總目提要・傳記類存目二》《商文毅年譜》四卷。兩淮馬裕家藏本。明商振倫撰。振倫，輅之元孫也。書前有小像八幅，自鄉試第一迨官至謹身殿大學士皆圖畫之。殊未能免俗。其《言行録》一卷，則輅孫汝泰所作，振倫并刊之也。

何氏二尚書年譜

黄虞稷《千頃堂書目・傳記類》《何氏二尚書年譜》二卷。

項襄毅公年譜

黄虞稷《千頃堂書目・傳記類》《項襄毅公年譜》九卷。

朱英澹庵紀年

黄虞稷《千頃堂書目・傳記類》《朱英澹庵紀年》。

吴都御史年譜

黄虞稷《千頃堂書目・傳記類》《吴都御史年譜》一卷。吴琛。

王襄敏公越年譜

黄虞稷《千頃堂書目・傳記類》《王襄敏公越年譜》一卷。王紹雍編。

邵文莊公年譜

黄虞稷《千頃堂書目・傳記類》邵魯《邵文莊公年譜》二卷。

段可久年譜

黄虞稷《千頃堂書目・傳記類》彭澤《段可久年譜》。

閔莊懿公譜

黄虞稷《千頃堂書目・傳記類》陸崑《閔莊懿公譜》一卷。

陽明先生年譜

黄虞稷《千頃堂書目・傳記類》《陽明先生年譜》十卷。

自述年譜

黄虞稷《千頃堂書目・傳記類》胡世寧《自述年譜》十六卷。

楊升庵年譜

黄虞稷《千頃堂書目・傳記類》簡紹芳編次《楊升庵年譜》□卷。

方矯亭年譜

黄虞稷《千頃堂書目・傳記類》《方矯亭年譜》一卷。

鄒文莊年譜

黄虞稷《千頃堂書目・傳記類》《鄒文莊年譜》一卷。

羅念庵年譜

黄虞稷《千頃堂書目・傳記類》李根《羅念庵年譜》。

程松溪年譜

黄虞稷《千頃堂書目·傳記類》 李根又《程松溪年譜》。

遲庵府君年譜

黄虞稷《千頃堂書目·傳記類》 王樵《遲庵府君年譜》。樵父王臬。

陸文裕公年譜

黄虞稷《千頃堂書目·傳記類》 《陸文裕公年譜》。子楫輯。

吴太宰年譜

黄虞稷《千頃堂書目·傳記類》 《吴太宰年譜》二卷。吴鵬。

顧東橋年譜行狀

黄虞稷《千頃堂書目·傳記類》 《顧東橋年譜行狀》一卷。

鄒襄惠公年譜

黄虞稷《千頃堂書目·傳記類》 朱睦㮮《鄒襄惠公年譜》一卷。鄒守愚。

自著環甫年譜

黄虞稷《千頃堂書目·傳記類》 鄭世威《自著環甫年譜》一卷。

澤翁歲歷

黄虞稷《千頃堂書目·傳記類》 蘇祐舜《澤翁歲歷》一卷。

自著年譜

黄虞稷《千頃堂書目·傳記類》 楊繼盛《自著年譜》一卷。

沈青霞年譜

黄虞稷《千頃堂書目·傳記類》 《沈青霞年譜》一卷。

沈小霞年譜

黄虞稷《千頃堂書目·傳記類》 《沈小霞年譜》一卷。

徐文貞公年譜

黄虞稷《千頃堂書目·傳記類》 《徐文貞公年譜》。

汪南明年譜

黃虞稷《千頃堂書目・傳記類》《汪南明年譜》一卷。

胡少保行實

黃虞稷《千頃堂書目・傳記類》《胡少保行實》一卷。

趙文肅公年譜

黃虞稷《千頃堂書目・傳記類》《趙文肅公年譜》四卷。

戚少保年譜耆編

黃虞稷《千頃堂書目・傳記類》《戚少保年譜耆編》十卷。

王塘南年譜

黃虞稷《千頃堂書目・傳記類》《王塘南年譜》一卷。

觀生記

黃虞稷《千頃堂書目・傳記類》耿定向《觀生記》一卷。

耿天臺先生年譜

黃虞稷《千頃堂書目・傳記類》《耿天臺先生年譜》二卷。

孟雲浦年譜

黃虞稷《千頃堂書目・傳記類》《孟雲浦年譜》一卷。

胡侍御時忠年譜

黃虞稷《千頃堂書目・傳記類》《胡侍御時忠年譜》二卷。

顧大司馬年譜

黃虞稷《千頃堂書目・傳記類》《顧大司馬年譜》一卷。顧養謙。

高子年譜

黃虞稷《千頃堂書目・傳記類》華允誠《高子年譜》一卷。爲高忠憲作。

魏廓園年譜

黃虞稷《千頃堂書目・傳記類》《魏廓園年譜》一卷。

李忠毅公年譜

黄虞稷《千頃堂書目·傳記類》 《李忠毅公年譜》一卷。李應昇。

自著年譜

黄虞稷《千頃堂書目·傳記類》 周繇貞《自著年譜》一卷。周起元。

盧忠烈公年譜

黄虞稷《千頃堂書目·傳記類》 《盧忠烈公年譜》一卷。（盧補）

周吏部年譜

黄虞稷《千頃堂書目·傳記類》 殷獻臣《周吏部年譜》一卷。

吕明德先生年譜

黄虞稷《千頃堂書目·傳記類》 《吕明德先生年譜》。吕維祺。

牟賢拙年譜

黄虞稷《千頃堂書目·傳記類》 《牟賢拙年譜》二卷。

劉蕺山年譜編

黄虞稷《千頃堂書目·傳記類》 《劉蕺山年譜編》。子汋編。

司馬温公年譜

黄虞稷《千頃堂書目·傳記類》 《司馬温公年譜》二卷。

朱子年譜

黄虞稷《千頃堂書目·傳記類》 李默《朱子年譜》四卷。

《明史·藝文志·譜牒類》 李默《朱子年譜》四卷。

文公年譜

黄虞稷《千頃堂書目·傳記類》 汪世德《文公年譜》二卷。婺源人。

金仁山年譜

黄虞稷《千頃堂書目·傳記類》 徐袍《金仁山年譜》。袍，蘭谿人。

方正學公年譜

黄虞稷《千頃堂書目·傳記類》 《方正學公年譜》一卷。

卓忠貞年譜

黃虞稷《千頃堂書目・傳記類》《卓忠貞年譜》。宣德中卓敬門人黃朝光編。

奉國公年表

黃虞稷《千頃堂書目・傳記類》《奉國公年表》一卷。

饒陽君年表

黃虞稷《千頃堂書目・傳記類》楊四知《饒陽君年表》一卷。

西亭宗正表

黃虞稷《千頃堂書目・傳記類》《西亭宗正表》一卷。

西亭小侯年表

黃虞稷《千頃堂書目・傳記類》周宗正《西亭小侯年表》一卷。

先覽年譜

黃虞稷《千頃堂書目・傳記類・補宋》方回又《先覽年譜》。

倪燦等《補遼金元藝文志・傳記類》方回又《先覽年譜》。

張文忠公年譜

黃虞稷《千頃堂書目・傳記類・補元》危素《張文忠公年譜》一卷。張養浩。

（盧補）**倪燦等《補遼金元藝文志・傳記類》**危素張文忠公年譜一卷。張養浩。

錢大昕《補元史藝文志・譜牒類》《張文忠公養浩年譜》一卷。危素撰。

周憲王年表

《明史・藝文志・譜牒類》《周憲王年表》二卷。

嵇璜等《續通志・圖譜略・記無・世系》《周憲王年表》。

周定王年表

《明史・藝文志・譜牒類》《周定王年表》一卷。

嵇璜等《續通志・圖譜略・記無・世系》《周定王年表》。

二程年譜

《明史・藝文志・譜牒類》楊廉《二程年譜》一卷。

朱子年譜

嵇璜等《清通志・圖譜略・臣下史乘》王懋竑《朱子年譜》。謹按：王懋竑於朱子遺書研思最久。因取李方子《朱子年譜》、婺源洪氏續本互相參考，根據《語録》、《文集》訂補舛漏，勒成是編。

《四庫全書總目提要・傳記類一》《朱子年譜》四卷，《考異》四卷，《附録》二卷。兵部侍郎紀昀家藏本。國朝王懋竑撰。懋竑字予中，寶應人。康熙戊戌進士，授安慶府教授。雍正癸卯特召，入直内廷，改翰林院編修。初，李方子作《朱子年譜》三卷，其本不傳。明洪武甲戌，朱子裔孫境別刊一本，汪仲魯爲之序，已非方子之舊。正德丙寅，婺源戴銑又刊《朱子實紀》十二卷，惟主於鋪張褒贈，以誇講學之榮，殊不足道。至嘉靖壬子，建陽李默重編《年譜》五卷，《自序》謂猥冗虛謬不合載者，悉以法削之。視舊本存者十七。然默之學源出姚江，陰主朱、陸始異終同之説。多所竄亂，彌失其真。

國朝康熙庚辰，有婺源洪氏續本，又有建寧朱氏新本，及武進鄒氏正譌本。或詳或略，均未爲精確。懋竑於朱子遺書，研思最久。因取李本、洪本互相參考，根據《語録》、《文集》，訂補舛漏，勒爲四卷。又備列其去取之故，仿朱子校正《韓集》之例，爲《考異》四卷。併採掇論學要語，爲《附録》二卷，綴之於末。其大旨在辨別爲學次序，以攻姚江晚年定論之説。故於學問特詳，於政事頗略。如淳熙元年劾奏知台州唐仲友事，後人頗有異論，乃置之不言。又如編類小學，既據《文集》定爲劉子澄，而編類綱目乃不著出趙師淵。《楚辭集注》本爲趙汝愚放逐而作，而不著其名。至於生平著述，皆一一縷述年月，獨於《陰符經考異》、《參同契考異》兩書不載其名，亦似有意諱之。然於朱子平生求端致力之方，考異審同之辨，元元本本，條理分明。無程曈、陳建之浮囂，而金谿紫陽之門徑，開卷瞭然。是於年譜體例雖未盡合，以作朱子之學譜，則勝諸家所輯多矣。

張之洞《書目答問・譜録》《朱子年譜》四卷，《考異》四卷，《附録》二卷。王懋竑。家刻本。粵雅堂本。

孔子年譜

嵇璜等《清通志・圖譜略・臣下史乘》楊方晃《孔子年譜》。謹按：是書中三卷爲年譜，以天、地、人分紀之。其前一卷及末一卷於《史記・世家》、《歷聘紀年》、《闕里舊志》諸書頗有糾正。

《四庫全書總目提要・傳記類存目一》《孔子年譜》五卷。直隸總督採進本。國朝楊方晃撰。方晃字東陽，號鶴巢，磁州人。是書中三卷爲《年譜》，以天、地、人分紀之。其前一卷曰《卷首》，末一卷曰《卷尾》。中間於《史記世家》歷聘紀年、《闕里舊志》諸書頗有糾正。然註太冗瑣，又參以評語，皆乖體例。至《卷首》本《祖庭廣記》作《麟吐玉書圖》，殊未能免俗。《卷尾》泛引雜史，爲身後異蹟。如魯人泛海見先聖，七十子遊於海上，及唐韓滉爲子路轉生諸事，連篇語怪，尤屬不經矣。

謝皋羽年譜

嵇璜等《清通志・圖譜略・臣下史乘》徐沁《謝皋羽年譜》。謹按：是編搜採謝翺遺事爲之。

《四庫全書總目提要・傳記類存目二》《謝皋羽年譜》一卷。兩淮鹽政採進本。國朝徐沁撰。沁字埜公，會稽人。嘗刊謝翺《晞髮集》，因復搜採遺事爲作是《譜》。中閒如扎木楊喇勒智原作楊輦真加，今改正。發宋陵事，以《元世祖本紀》參核，當在至元戊寅，不當在乙酉。沁則據周密《癸辛雜識》，定爲乙酉。黄宗羲爲作《序》，頗疑其非。又姜夔《乞正雅樂》在寧宗慶元閒，而《譜》以爲理宗時，亦沁之誤也。

楊文靖年譜

嵇璜等《清通志・圖譜略・臣下史乘》張夏《楊文靖年譜》。謹按：張夏以《楊時年譜》詳略失宜，乃參稽史册、語録、文集訂爲此書。

《四庫全書總目提要・傳記類存目二》《楊文靖年譜》二卷。浙江吴玉墀家藏本。國朝張夏編。夏有《雒閩源流録》，已著録。是編以《楊時年譜》舊本，詳略失宜，乃參稽史册語録文集，訂爲上下二卷。考《宋史》時本傳，稱時安於州縣，未嘗求聞達，而德望日隆。有爲蔡京謀者，以爲事勢必敗，宜引舊德老成，置諸左右，庶猶可幾及。蔡京然之，乃薦爲祕書郎。此編於七十一歲書宣和五年癸亥四月，有旨召赴都堂審察，以疾辭。其下分註雖略及張觷語，而歸其事於高麗王問時安在，副使傳墨卿以聞，故有是召。於七十二歲書六年甲辰十月，召爲祕書郎，仍令上殿。十二月至京師入對。其下分註又以高麗使臣將至，傳墨卿再薦於朝爲詞。竝註曰：「是時蔡京已斥。」若欲泯蔡氏薦辟之蹟者。然時赴蔡氏之薦，《朱子語録》亦深言其失。自非聖人，孰無過舉，原不以是没其生平也。夏以東林託始之故，曲爲文飾，仍不免門户之見矣。

别本朱子年譜

稽璜等《清通志·圖譜略·臣下史乘》 黄中《别本朱子年譜》。謹按：是編冠以畫像、世系、題名録、别録，附以慶元黨籍、吕祖泰書及歷代褒典。

《四庫全書總目提要·傳記類存目二》 《别本朱子年譜》二卷，《附録》一卷。安徽巡撫採進本。國朝黄中撰。是編刻於康熙戊午。冠以《畫像》、《世系》、《題名録》、《别録》，附以《慶元黨籍》，吕祖泰書及歷代褒典。其《别録》惟載朱子言行七條，不知其去取之意與編次之例安在。又以朱子名字號謚夾註於末，益不可解。《年譜》中多附以議論，大旨主於頌美，無所考證。其附録之《序》，謂程朱之顯晦，關宗社之存亡。中以《李德裕論邪正》一條，列於真德秀之後、張浚之前，似不知德裕爲唐人也。

陸象山年譜

稽璜等《清通志·圖譜略·臣下史乘》 李紱《陸象山年譜》。謹按：李紱取舊本重加補輯，大旨申王守仁、朱子晚年定論之説。

《四庫全書總目提要·傳記類存目二》 《陸象山年譜》二卷。江西巡撫採進本。國朝李紱撰。紱字巨來，號穆堂，臨川人。康熙己丑進士。官至内閣學士，兼禮部侍郎。《陸九淵年譜》爲其門人袁燮、傅子雲同編。寶祐四年，李子愿又重輯之，劉林爲刊版于衡陽。紱病陸氏家祠所刻，凡文與本集重見者，多所刊削。又病其不載陸九齡、陸九韶事蹟。乃重加補輯，定爲此本。大旨申王守仁朱子晚年定論之説。

張之洞《書目答問·譜録》 《重編陸象山年譜》二卷。李紱編。刻本。

左忠毅年譜

稽璜等《清通志·圖譜略·臣下史乘》 左宰《左忠毅年譜》。謹按：左光斗事蹟具載《明史》本傳。左宰復羅散失，旁及文集所載，補成此書，較爲詳備。

《四庫全書總目提要·傳記類存目二》 《左忠毅年譜》二卷。江西巡撫採進本。

國朝左宰編。宰，桐城人。左光斗之曾孫也。光斗事蹟具載《明史》本傳。乾隆己未，宰復網羅散失，參以祖父傳聞，旁及文集所載，與同難諸人所述以補成此《譜》。於當日情事始末，較爲詳備。

徐子學譜

軍機處奏《焚毁書目》 《徐子學譜》。查《徐子學譜》係徐日久所自作年譜，按日記載。其中詆觸字面極多，應請銷燬。

杜工部年譜

《四庫全書總目提要·傳記類一》 《杜工部年譜》一卷。江蘇巡撫採進本。宋趙子櫟撰。子櫟字夢授，太祖六世孫。元祐六年進士，紹興中官至寶文閣直學士。事蹟具《宋史》本傳。子櫟與魯訔均紹興中人。然子櫟撰此譜時，似未見訔《譜》。故篇中惟辨吕大防謂甫生於先天元年之誤。考宋人所作甫《年譜》，又有蔡興中、黄鶴二家，皆以甫五十九歲爲大曆庚戌。獨子櫟持異議，以爲卒於辛亥之冬。不知辛亥甫年六十矣。且子櫟以《五年庚戌晚秋長河送李十二》爲甫絶筆。甫生平著述不輟，若以六年冬暴疾卒，何至一年之内竟無一詩，此又其不確之證也。其所援引亦簡略，不及魯《譜》之詳。以其舊本而存之，以備參考焉爾。

杜工部年譜

《四庫全書總目提要・傳記類一》《杜工部詩年譜》一卷。江蘇巡撫採進本。宋魯訔撰。訔字季欽，嘉興人。官至福建提點刑獄公事。周必大《平園集》有訔《墓誌》，述其官階始末甚詳。諸書或云字季卿，或云海鹽人，或云仕至太府卿，皆誤也。訔曾注杜詩，今存者惟此譜。篇首有訔《編次杜工部詩序》。末有王士禎《跋》，謂甫年譜創始於吕汲公大防，訔以甫生於睿宗先天元年壬子，卒於大曆五年庚戌，蓋承吕譜之舊也。考甫生卒之歲，諸書往往錯誤。《舊唐書》謂甫卒於永泰二年。永泰在大曆之前，甫詩有大曆三年以下諸作，則舊《書》爲誤，王觀國辨之是也。然觀國云甫生於先天元年癸丑，卒於大曆五年辛亥。不知癸丑乃先天之二年，即開元元年。辛亥乃大曆六年，則觀國亦未深考矣。元稹作甫《墓誌》云：「享年五十九。」王洙原叔《註子美詩序》曰：「大曆三年，甫下峽入湖，南游衡山，寓居耒陽。五年夏，一名醉飽卒。」大曆五年爲庚戌歲，上距先天元年壬子適五十有九年，則甫生於壬子無疑。訔此譜根據吕《譜》，未嘗誤也。姚桐壽樂郊私語云：《杜少陵集》自游龍門至過洞庭，詩目次第，爲季卿編定。一循少陵平生行蹟，可以見其詩法。近時滏陽張氏、吴江朱氏所註杜詩，其《年譜》大率仿此，而推拓之。知密於趙子櫟譜多矣。雖間有附會，又烏可以一眚掩乎！

張之洞《書目答問・譜録》《杜工部詩年譜》。宋魯訔原本，今爲各注家以意更定。

孔子論語年譜

《四庫全書總目提要・傳記類存目一》《孔子論語年譜》一卷。編修程晉芳家藏本。舊本題元程復心撰。復心字子見，婺源人。皇慶癸丑，江浙行省以所撰《四書纂釋》進於朝，授徽州路教授。致仕，給半俸終其身。是編以《論語》各章分隸於《孔子年譜》之内，而又雜採《左傳》諸事附會之。

孟子年譜

《四庫全書總目提要・傳記類存目一》《孟子年譜》一卷。編修程晉芳家藏本。舊本題元程復心撰。復心既作《論語年譜》，更取《孟子》七篇爲編年。其以某章爲某年之言，謬妄與《孔子年譜》相等。其謂孟子鄒人乃陬邑，非鄒國也。語極辨而不確，亦好異之談。蓋與《孔子年譜》一手所僞撰也。

孔子年譜綱目

《四庫全書總目提要・傳記類存目一》《孔子年譜綱目》一卷。兩江總督採進本。明夏洪基撰。洪基字元開，高郵人。其書成於崇禎中。於先聖事蹟，分年編輯。各提其要爲綱，而詳載其事爲目。於諸書異同，稍有訂正，而亦未一一精核也。

孟子生卒年月考

《四庫全書總目提要・傳記類存目一》《孟子生卒年月考》一卷。江蘇巡撫採進本。國朝閻若璩撰。若璩有《古文尚書疏證》，已著録。是編博引諸書，考孟子出處始末。初辨孟子所生之鄒是邾非鄒。次考來往梁、齊、滕、宋之年月，中間旁及萬鎰、百鎰之數，與所以去齊不入燕之故。而於生卒年月，卒無的據。案《山堂肆考》，具載孔孟生卒，謂孟子生於周定王三十七年四月二日，卒於赧王二十六年正月十五日，年八十四。若璩獨不引之。蓋先儒詁經，多不取雜書。鄭元註《禮記》「南風之詩」不引《尸子》，郭璞註《爾雅》「西王母」不引《穆天子傳》、《山海經》，皆義取謹嚴，非其疎漏也。

至聖編年世紀

《四庫全書總目提要・傳記類存目一》《至聖編年世紀》二十四卷。江蘇巡撫採進本。國朝李灼、黄晟同編。灼字松亭，嘉定人。晟字曉峯，歙縣人。是書成於乾隆辛未。一卷至十六卷爲《至聖年譜》。十七卷至二十四卷爲歷代至國朝尊崇之典。冠以灼所作《孔子生日説》、《孔門出妻辨》、《增祀孔璇論》三篇。其《生日説》，謂《公羊》、《穀梁》二傳與《史記》所記差一年。《公》、《穀》記其懷妊之年，司馬遷記其誕生之年，殊爲穿鑿。自古及今，未聞以懷妊之年筆之於書者也。至《孔門出妻》，謂之記載舛誤則可，必謂庶氏之母爲庶子之母，子思嫡長，安得謂之庶子乎。書中辨野合之説，病亦同此。

三蘇年表

《四庫全書總目提要・傳記類存目一》《三蘇年表》二卷。《永樂大典》本。安孫汝聽撰。陳振孫《書録解題》載《三蘇年表》三卷，右奉議郎孫汝聽編。即此本也。然《永樂大典》所載惟存《蘇洵》一卷、《蘇轍》一卷。《蘇軾》則別收王宗稷《年譜》，而汝聽之本遂佚。蓋當時編録，不出一手，故去取互異如是。今仍以《三蘇年表》著録，從其本名也。

東坡年譜

《四庫全書總目提要・傳記類存目一》《東坡年譜》一卷。《永樂大典》本。宋王宗稷撰。宗稷字伯言，五羊人。自記稱紹興庚申隨外祖守黄州，到郡首訪東坡先生遺蹟，甲子一周矣。思諸家詩文皆有年譜，獨此尚闕。謹編次先生出處大略，敘其歲月先後爲年譜云云。今刻於《東坡集》首者，即此本也。迨國朝查慎行補註蘇詩，於此《譜》多所駁正，皆中其失。蓋刱始者難工，踵事者易密，固事理之自然耳。

綦崇禮年譜

《四庫全書總目提要・傳記類存目一》《綦崇禮年譜》一卷。《永樂大典》本。宋綦焕撰。焕，崇禮孫也。仕至通直郎，知饒州德興縣，主管勸農事。是《譜》詳敘歷官，而繫以所作詩文。崇禮有《北海集》，歲久散佚。近始蒐《永樂大典》所載編次成帙。此《譜》頗可考其著作年月之前後焉。

呂忠穆公年譜

《四庫全書總目提要・傳記類存目一》《呂忠穆公年譜》一卷。《永樂大典》本。不著撰人名氏。中頗載頤浩詩句，與他家年譜體例小異。

尹和靖年譜

《四庫全書總目提要・傳記類存目一》《尹和靖年譜》一卷。《永樂大典》本。不著撰人名氏。和靖，尹焞謚也。據書中稱謂，蓋其門人所編。焞講學以存養爲先，著述無多。又立朝不久，亦無所表見。故是《譜》所記事蹟，殊甚寥寥，又不及《涪陵記善録》矣。

蘇穎濱年譜

繆荃孫《藝風堂藏書記・傳記》《蘇穎濱年譜》一卷。宋左奉議郎、賜緋魚袋孫汝聽編。傳鈔《永樂大典》本。

周子年譜

《四庫全書總目提要·傳記類存目一》 《周子年譜》一卷。浙江鄭大節家藏本。宋度正撰。正字周卿，合州人。紹熙元年進士。官至禮部侍郎。事蹟具《宋史》本傳。是編乃嘉定十四年正官於蜀時所作。自云於周子入蜀本末爲最詳。其他亦不能保其無所遺誤。此本前有《像讚》，後附《行録》、《誌銘》及《宋史》本傳。蓋後人又有所增入，非正原本矣。明張元禎嘗與《朱子年譜》合刻之。

二梅公年譜

《四庫全書總目提要·傳記類存目》 《二梅公年譜》二卷。兩淮鹽政採進本。《梅詢年譜》一卷，宋淳熙中陳天麟撰。《梅堯臣年譜》一卷，元至元中張師曾撰。二人皆籍宣城，與梅氏爲同里也。明萬曆中，梅一科合而刻之。又於《詢譜》後載《詩略》一卷、《附録》一卷。《堯臣譜》後載《文集拾遺》一卷、《附録》一卷。

韓柳年譜

《四庫全書總目提要·傳記類存目一》 《韓柳年譜》八卷。編修汪如藻藏本。《韓文類譜》七卷，宋魏仲舉撰。仲舉，建安人。慶元中書賈也。嘗刊《韓集五百家註》，輯吕大防、程俱、洪興祖三家所撰《譜記》，編爲此書，冠於集首。《柳子厚年譜》一卷，宋紹興中知柳州事文安禮撰。亦附刊集中。近時祁門馬曰璐得宋槧《柳集》殘帙，其中《年譜》完好。乃與《韓譜》合刻爲一編，總題此名云。

張之洞《書目答問·譜録》 《韓柳年譜》八卷。宋吕大防《文公集年譜》一卷，宋程俱《韓文公曆官紀》一卷，宋洪興祖《韓子年譜》五卷，宋文安禮《柳先生年譜》一卷。馬曰璐合刻本，粤雅堂本。

朱子年譜

《四庫全書總目提要·傳記類存目一》 《朱子年譜》一卷。江西巡撫採進本。宋袁仲晦撰。案：《朱子年譜》，宋洪友成刻者爲洪本。閩省別刻者爲閩本。明李默刻者爲李本。此本前有朱子後裔懷慶《序》，謂因各本不同，因訂正重刊。然校以王懋竑本，此本猶多漏略，不能一一精核也。

草廬年譜

《四庫全書總目提要·傳記類存目二》 《草廬年譜》二卷，《附録》二卷。編修汪如藻家藏本。明危素撰。素字太樸，金溪人。元至正中官至禮部尚書、參知政事、翰林學士承旨。出爲嶺北行省左丞，後退居房山。淮王監國，起爲承旨如故。明洪武二年，授翰林侍講學士。後因御史王著等論素不宜列侍從，謫居和州以卒。事蹟具《明史·文苑傳》。初，吴澄孫當嘗編次其祖生平事蹟爲年譜。素爲澄之門人，因重加訂正，刻於至正乙巳。至明嘉靖甲寅，澄裔孫朝禎復增入《行狀神道碑列傳祭文》一卷，及《歷代褒典奏議文移》一卷，鄒守益爲之序。即此本也。

二程年譜

《四庫全書總目提要·傳記類存目二》 《二程年譜》二卷。安徽巡撫採進本。明唐伯元撰。國朝黄中訂補。伯元字仁卿，澄海人。萬曆甲戌進士。官至南京吏部文選司郎中。事蹟具《明史·儒林傳》中字平子，號雲瀑，舒城人。考《二程遺書》，有《伊川年譜》而無《明道年譜》。《宋文鑑》所載《明道墓志》，朱子又偶未見，故別爲之行狀。此書取《明道行狀》改爲《年譜》，又取《伊川年譜》小變其體例。均無所考正，僅因襲舊文而已。

薛文清年譜

《四庫全書總目提要・傳記類存目二》《薛文清年譜》一卷。江蘇巡撫採進本。舊本題明楊鶴撰。鶴字脩齡，武陵人。萬曆甲辰進士。官至兵部尚書，總督陝西三邊軍務。事蹟具《明史》本傳。考是書後有鶴《自跋》，稱本薛瑄門人張鼎所編。歲久版佚，瑄八代孫士宏偶以舊本示滿朝薦及鶴。朝薦屬鶴訂定，鶴因命其子嗣昌重以《瑄集》考正年月，並採《集》中詩文佚事補之。然則此本雖題鶴名，實出嗣昌手耳。嗣昌字文弱，萬曆庚戌進士。官至東閣大學士。事蹟具《明史》本傳。

温公年譜

《四庫全書總目提要・傳記類存目二》《温公年譜》六卷。江西巡撫採進本。明馬巒撰。巒字子端，夏縣人。與司馬光爲同里。以光舊無年譜，因撰此編，以補史傳所不及。其大指以光行狀爲主，參以史傳及《名臣言行録》，潤以光所著《傳家集》。其餘詩話小説皆詳爲考訂，分年編載。其不可專屬一年者，則總爲附録於末焉。

顧端文年譜

《四庫全書總目提要・傳記類存目二》《顧端文年譜》二卷。浙江巡撫採進本。明顧與沐編。入國朝後，其孫涇、曾孫貞觀相續成之。與沐，無錫人，顧憲成之子。由舉人官至夔州府知府。涇亦舉人。貞觀官中書舍人。其書前冠以崇禎二年《諭祭文》及誌銘、行狀，復附憲成没後奏請贈謚諸疏。於原文皆刪節存略，視他家較簡核有體。

張抱初年譜

《四庫全書總目提要・傳記類存目二》《張抱初年譜》一卷。江西巡撫採進本。明馮奮庸撰。奮庸字則中，壽安人。師事澠池張信民，因紀其生平事蹟爲《年譜》。信民字孚若，號抱初，澠池人。由鄉貢官懷仁縣知縣。

朱子年譜

《四庫全書總目提要・傳記類存目二》《朱子年譜》六卷。副都御史黄登賢家藏本。國朝朱世潤編。世潤，朱子十八世孫，襲翰林院五經博士。《朱子年譜》舊本，明戴銑增之爲《實紀》。李默修之，復稱《年譜》。

考訂朱子世家

《四庫全書總目提要・傳記類存目二》《考訂朱子世家》一卷。安徽巡撫採進本。國朝江永撰。永有《周禮疑義舉要》，已著録。永家婺源，與朱子同里，故取《年譜》舊本重加刪訂。各附考證，而終以婺源子孫承襲博士支派。後附《天寧寺會講辨》一篇，專論《學會録》所載慶元丙辰朱子至新安會講天寧寺事，爲明季良知之徒鑿空撰出，以厚誣朱子云。

陸清獻年譜

周中孚《鄭堂讀書記・傳記類》《陸清獻年譜》一卷。嘉慶庚辰重刊本。國朝楊開基訂定。開基號惕齋，金山人。按：清獻《年譜》不下數種，而周好生本最詳，最後吴氏定本出更爲詳備，然差誤間有至。家藏原本爲清獻子姪輩所輯，雖所載甚約，頗少差誤。其孫申憲重謀付梓，惕齋因爲增入從祀晉爵錫謚諸典，更加校訂，鏤板以行。冠以乾隆二年　諭祭文，乾隆三年　御製碑文，及乾隆丙寅雷鋐序申憲識語，又有乾隆王申惕齋序及辨誤五條，至嘉慶庚辰其族曾孫光宗又爲之重刊云。

張端巖年譜

周中孚《鄭堂讀書記補逸・傳記類》《張端巖年譜》一卷。借月山房彙鈔本。明張文麟撰。文麟號端巖，常熟人。弘治乙丑進士，歷官建寧府知府。乃其自叙年譜也。端巖立朝侃直，頗著風節。其出守致仕歸年纔四十二，又二十五年而没。是編始自成化壬寅端巖生，至正德壬申官四川司郎中，奉差廣東，便道省親而止。時年三十一，僅詳其生平之半，未有全書。然記其官刑部時，正當安化王造反，寧夏被執，及劉瑾伏誅，時事亦略見一二。

朱子年譜

周中孚《鄭堂讀書記補逸・傳記類》《朱子年譜》六卷。不著重編人名氏。

按：朱子門人李公晦方子初撰有《年譜》三卷。《直齋書録解題》載之。其後重刻，遞有增損。今其原本已不可見。此爲國朝乾隆中華亭姚平山培謙所刊。前四卷爲《年譜》，第五卷附黄直卿榦所撰行狀，第六卷附《宋史》本傳。雖卷首仍冠以魏華父了翁之原序，而卷數不符，已非李本之舊。其行狀、本傳亦不知何人所附也。

王右丞年譜

馬國翰《玉函山房藏書簿録・譜系類》《王右丞年譜》一卷。奇字齋本，又目耕堂本。撰人缺。明吴縣顧經元緯刊，附《右丞集後》。

蘇東坡先生年譜

馬國翰《玉函山房藏書簿録・譜系類》《蘇東坡先生年譜》一卷。附刊施注蘇詩。宋餘姚令吴興施宿武子撰。

黄山谷先生年譜

馬國翰《玉函山房藏書簿録・譜系類》《黄山谷先生年譜》一卷。載山谷外集。宋分寧黄䓨子耕撰。山谷先生孫也。

陽明先生年譜

馬國翰《玉函山房藏書簿録・譜系類》《陽明先生年譜》二卷附刊全集。撰人缺。麗順藏本。附刊《陽明先生全集》。新建施邦曜《陽明先生集要三編》附刊一卷。

嚴開止先生年譜

馬國翰《玉函山房藏書簿録・譜系類》《嚴開止先生年譜》一卷。附刊春秋傳注。明烏程嚴民範撰。開止先生其叔父也。

黄石齋年譜

丁立中《八千卷樓書目・傳記類》《黄石齋年譜》二卷。明莊啓儔編。抄本。

陳紫峯年譜

丁立中《八千卷樓書目·傳記類》《陳紫峯年譜》一卷。明李光縉撰。刊本。

王文肅年譜

丁立中《八千卷樓書目·傳記類》《王文肅年譜》一卷。明王時敏撰。全集本。

王文貞公年譜

馬國翰《玉函山房藏書簿録·譜系類》《王文貞公年譜》一卷。附刊《青箱堂集》。撰人缺。文貞公，禮部尚書宛平王崇簡敬哉也。

吴蓮洋先生年譜

馬國翰《玉函山房藏書簿録·譜系類》《吴蓮洋先生年譜》一卷。附刊《蓮洋集》。撰人缺。蓮洋先生，康熙中徵博學鴻詞、蒲州吴雯天章也。

朱文正年譜

李慈銘《越縵堂讀書記·傳記類》《朱文正年譜》清朱錫熊撰。閲《朱文正年譜》二卷，其子四品京堂錫經所編。

周公年表

張之洞《書目答問·譜録》《周公年表》一卷。牟廷相。福山王氏刻本。

孔孟年表

張之洞《書目答問·譜録》《孔孟年表》二卷。林春溥。竹柏山房十一種本。

頤志齋四譜

張之洞《書目答問·譜録》《頤志齋四譜》四卷丁晏。六藝堂自刻本，鄭君、陳思王、陶靖節、陸宣公。孫星衍、阮元皆有鄭康成年譜刻本。

洪文惠年譜

張之洞《書目答問·譜録》《洪文惠年譜》一卷。錢大昕。潛研堂本。

洪文敏年譜

張之洞《書目答問·譜録》《洪文敏年譜》一卷。錢大昕。潛研堂本。

陸放翁年譜

張之洞《書目答問·譜録》《陸放翁年譜》一卷。錢大昕。潛研堂本。

王伯厚年譜

張之洞《書目答問・譜録》《王伯厚年譜》一卷。錢大昕。潛研堂本。

王弇州年譜

張之洞《書目答問・譜録》《王弇州年譜》一卷。錢大昕。潛研堂本。

顧亭林年譜

張之洞《書目答問・譜録》《顧亭林年譜》四卷。張穆。合刻原本，粵雅堂本。

閻潛邱年譜

張之洞《書目答問・譜録》《閻潛邱年譜》四卷。張穆。合刻原本，粵雅堂本。

蘇文忠公年譜總案

張之洞《書目答問・譜録》《蘇文忠公年譜總案》。王文誥。附《蘇詩編注集成》内。其餘前代聞人、國朝人多爲編定年譜，或附集，或單行，不備録。

關雲岩年譜

丁立中《八千卷樓書目・傳記類》《關雲岩年譜》一卷。國朝李鈞簡等撰。刊本。

愛日堂年譜

丁立中《八千卷樓書目・傳記類》《愛日堂年譜》一卷。國朝孫弓安撰。文集附刊本。

季思手定年譜

丁立中《八千卷樓書目・傳記類》《季思手定年譜》一卷。國朝龔守正撰。刊本。

楊園先生年譜

丁立中《八千卷樓書目・傳記類》《楊園先生年譜》一卷。國朝崔德華撰。刊本。

王述庵年譜

丁立中《八千卷樓書目・傳記類》《王述庵年譜》一卷。國朝嚴榮撰。刊本。《春融堂集》本。

唐一庵年譜

丁立中《八千卷樓書目・傳記類》《唐一庵年譜》一卷。國朝許正綬撰。刊本。

王伯厚年譜

丁立中《八千卷樓書目・傳記類》 《王伯厚年譜》一卷。國朝陳僅撰。刊本。

延平四先生年譜

丁立中《八千卷樓書目・傳記類》 《延平四先生年譜》四卷。國朝毛念恃撰。刊本。

徐籀莊先生年譜

繆荃孫《藝風堂藏書續記・傳記》 《徐籀莊先生年譜》一卷。稿本。其子士燕編。

丁柘唐師歷年紀略

繆荃孫《藝風堂藏書續記・傳記》 《丁柘唐師歷年紀略》一卷。傳鈔本。

長泖陸子年譜

繆荃孫《藝風堂藏書再續記・傳鈔本》 《長泖陸子年譜》一卷。姪禮徵、用中，男宸徵初本。同學周梁好生氏訂，後學俞倩松雲氏參校與刻本。《陸先生年譜定本》爲吴光酉輯者不同。吴本前有追謚諭、祭文，後有《附録》。似《定本》爲詳，而此本則初藁爲真與。《景陸粹言》亦有一《譜》，又與此本不同。先生與吕留良交誼，《譜》中詳云景陸本因忌諱全删之矣。後缺數葉。

人表考

周中孚《鄭堂讀書記・傳記類》 《人表攷》九卷。《清白七集》本。國朝梁玉繩撰。玉繩字曜北，號諫庵，錢塘人。諫庵謂《漢書古今人表》屢經傳寫，紊脱尤多，以致標置譌誤，時代乖違，均由於此。乃勘校各本，摭采羣縞，爲《攷》九卷，附載別稱，俱極該備，并詳注出處，以示證據，且各系以案語，而斷判之。與其所撰《史記志疑》同爲考古不可少之書。其止曰人表者，本《史通・表歷篇》之稱也。前有乾隆丙午自序、目録。

家譜分部

漢氏帝王譜

《舊唐書・經籍志・雜譜牒》 《漢氏帝王譜》二卷。

司馬氏世家

《舊唐書・經籍志・雜譜牒》 《司馬氏世家》二卷。

永元中表簿

《舊唐書・經籍志・雜譜牒》 《永元中表簿》六卷。

大同四年中表簿

《舊唐書・經籍志・雜譜牒》《大同四年中表簿》三卷。

齊梁宗簿

《舊唐書・經籍志・雜譜牒》《齊梁宗簿》三卷。

後魏辯宗録

《舊唐書・經籍志・雜譜牒》《後魏辯宗録》二卷。元暉業撰。

後魏方司格

《舊唐書・經籍志・雜譜牒》《後魏方司格》一卷。

桂氏世傳

《舊唐書・經籍志・雜譜牒》《桂氏世傳》七卷。桂顔撰。

楊氏譜

《舊唐書・經籍志・雜譜牒》《楊氏譜》一卷。

文廷式《補晉書藝文志・譜系類》《楊氏譜》。《世説・識量門》注,《楊氏譜》曰,楊朗祖囂典軍校尉,父淮冀州刺史。

蘇氏譜

《舊唐書・經籍志・雜譜牒》《蘇氏譜》一卷。

裴氏家記

《舊唐書・經籍志・雜譜牒》《裴氏家記》三卷。裴松之撰。

《唐書・藝文志・雜傳記》《裴氏家記》三卷。裴松之。

孫氏譜記

《舊唐書・經籍志・雜譜牒》《孫氏譜記》十五卷。

諸葛傳

《舊唐書・經籍志・雜譜牒》《諸葛傳》五卷。

《唐書・藝文志・雜傳記》《諸葛傳》五卷。

韋氏譜

《舊唐書・經籍志・雜譜牒》《韋氏譜》十卷。韋鼎等撰。

裴氏家牒

《舊唐書・經籍志・雜譜牒》《裴氏家牒》二十卷。裴守貞撰。

帝系之譜

鄭樵《通志・圖譜略・記無》《帝系之譜》。

皇帝之譜

鄭樵《通志・圖譜略・記無》《皇帝之譜》。

戚里之譜

鄭樵《通志・圖譜略・記無》《戚里之譜》。

諸家譜

鄭樵《通志・圖譜略・記無》《諸家譜》。

仙源積慶圖

尤袤《遂初堂書目・姓氏類》《仙源積慶圖》。

本朝宗室圖譜

尤袤《遂初堂書目・姓氏類》《本朝宗室圖譜》。

闕里譜系

尤袤《遂初堂書目・姓氏類》《闕里譜系》。

楊士奇等《文淵閣書目・性理》《闕里譜系》。一部，一册。完全。

王圻《續文獻通考・經籍考・譜牒》《闕里譜系》孔子五十四世孫文昇修。其自序世家略曰，文昇之十二世祖檜唐同光中避亂自闕里來居温之平陽。檜生奕，奕生源，源生實，實生麗水縣丞會，會生平，平生達，達生公志，公志生處州司户參軍師古，師古生炳，炳生貴敬，貴敬生潼孫，是爲文昇皇考。始家於杭，宋德祐未職教，建康以道梗不能歸南，因又家焉。既又娶于溧陽，携諸姑就外氏以居，又爲溧陽人。趙孟頫有序。

倪燦等《補遼金元藝文志・譜牒類》孔文昇《闕里譜系》。文昇家於溧陽。

孔子編年家譜

尤袤《遂初堂書目・姓氏類》《孔子編年家譜》。

三院呂氏世譜

尤袤《遂初堂書目・姓氏類》《三院呂氏世譜》。

胡氏世譜

尤袤《遂初堂書目・姓氏類》《胡氏世譜》。

陶氏世譜

尤袤《遂初堂書目・姓氏類》《陶氏世譜》。

東平劉氏世譜

尤袤《遂初堂書目・姓氏類》《東平劉氏世譜》。

趙清獻家譜

尤袤《遂初堂書目・姓氏類》《趙清獻家譜》。

尤氏世譜

尤袤《遂初堂書目・姓氏類》《尤氏世譜》。

玉牒行樓

尤袤《遂初堂書目・姓氏類》《玉牒行樓》。

唐皇孫郡王譜

尤袤《遂初堂書目・姓氏類》《唐皇孫郡王譜》。

宰相甲族

尤袤《遂初堂書目・姓氏類》《宰相甲族》。

十四家貴族譜

尤袤《遂初堂書目・姓氏類》《十四家貴族譜》。

帝王世系

尤袤《遂初堂書目・姓氏類》《帝王世系》。

泰陵玉牒

尤袤《遂初堂書目・國史類》《泰陵玉牒》。

大明宗譜

楊士奇等《文淵閣書目・國朝》《大明宗譜》。一部，一册。完全。《大明宗譜》。一部，三册。闕。《大明宗譜》。一部，二册。完全。

張宣等《內閣藏書目録・御制部》《大明宗譜》。一册，全。永樂間修。又一册，全。同前。

大明譜系

楊士奇等《文淵閣書目・國朝》《大明譜系》。一部，一册。闕。

大明帝紀

楊士奇等《文淵閣書目・國朝》《大明帝紀》。一部，一册。完全。

玉　牒

楊士奇等《文淵閣書目・國朝》《玉牒》。一部，二册。完全。

帝王本支

楊士奇等《文淵閣書目・史府》《帝王本支》。一部，二册。闕。

孔氏族譜

楊士奇等《文淵閣書目・姓氏》《孔氏族譜》。一部，一册。闕。

安成周氏家譜

楊士奇等《文淵閣書目・姓氏》《安成周氏家譜》。一部，二册。闕。

章氏家乘

楊士奇等《文淵閣書目・姓氏》《章氏家乘》。一部，一册。闕。

王圻《續文獻通考・經籍考・譜牒》《章氏家乘》。宋濂氏曰，龍泉章溢懼世遠族殷漸至不可攷，乃稽厥系緒，作《譜圖篇》第一。先世遺行可，仰可師，摭其都凡，區別以陳，作《景行篇》第二。竹素所載，琬琰所刻，文章昭爛，不愆其實，作《傳至篇》第三。事涉攷質，難以類分，大小弗爽，集以示後，作《叢載篇》第四。四篇之外，復著本房圖以爲別録，通名曰《章氏家乘》。章氏本姜姓，神農氏裔子孫，封於鄣，遂氏焉。後鄣爲齊所滅，遂去「邑」爲章姓。

二程世家年表

范邦甸等《天一閣書目・傳記類》《二程世家年表》二卷。刊本。明豐城楊廉編并序。

金鐘李氏譜圖

范邦甸等《天一閣書目・傳記類》《金鐘李氏譜圖》四卷。刊本。明山西按察司僉事李謙撰。禮部尚書賈詠序。

四明甬東錢氏族譜

范邦甸等《天一閣書目・傳記類》《四明甬東錢氏族譜》。一册。刊本。明萬曆才五世孫錢若賡重脩。

歐陽族譜

朱睦㮮《萬卷堂書目・譜傳》《歐陽族譜》二卷。

濂溪先生世家譜

朱睦㮮《萬卷堂書目・譜傳》《濂溪先生世家譜》□卷。

鶴莊趙氏家族譜

朱睦㮮《萬卷堂書目・譜傳》《鶴莊趙氏家族譜》一卷。趙好德。

溪光郝氏家譜

朱睦㮮《萬卷堂書目・譜傳》《溪光郝氏家譜》一卷。郝晃。

内江高氏族譜節要

朱睦㮮《萬卷堂書目・譜傳》《内江高氏族譜節要》一卷。高公韶。

錦襄蔡氏譜圖

朱睦㮮《萬卷堂書目・譜傳》《錦襄蔡氏譜圖》六卷。蔡崇俊。

靈寶許氏族譜

朱睦㮮《萬卷堂書目・譜傳》《靈寶許氏族譜》一卷。許諾。

樊氏族譜

朱睦㮮《萬卷堂書目・譜傳》《樊氏族譜》二卷。樊少南。

喬氏族譜

朱睦㮮《萬卷堂書目・譜傳》《喬氏族譜》一卷。喬世寧。

四明槎湖張氏族譜

朱睦㮮《萬卷堂書目・譜傳》《四明槎湖張氏族譜》一卷。張時徹。

春岡官譜

朱睦㮮《萬卷堂書目・譜傳》《春岡官譜》一卷。高拱。

張氏三譜

朱睦㮮《萬卷堂書目・譜傳》《張氏三譜》□卷。張悅。

岳氏家譜

朱睦㮮《萬卷堂書目・譜傳》《岳氏家譜》一卷。

太康王氏族譜

朱睦㮮《萬卷堂書目・譜傳》《太康王氏族譜》四卷。王汝錫。

翁源吴氏族譜

朱睦㮮《萬卷堂書目・譜傳》《翁源吴氏族譜》二卷。

楊文敏集譜

朱睦㮮《萬卷堂書目・譜傳》《楊文敏集譜》。四冊。

洛陽温氏族譜

朱睦㮮《萬卷堂書目・譜傳》《洛陽温氏族譜》。

寶應朱氏世譜

朱睦㮮《萬卷堂書目・譜傳》《寶應朱氏世譜》。四冊。

文成公世家

趙琦美《脈望館書目・傳記》《文成公世家》。一本。

吕氏宗譜

趙琦美《脈望館書目・傳記》《吕氏宗譜》。一本。

海虞錢氏家乘

趙琦美《脈望館書目・傳記》《海虞錢氏家乘》。八本。甲。又八本。乙。

歐陽譜例

趙琦美《脈望館書目・傳記》《歐陽譜例》。

古今帝王世系地域圖

祁承㸁《澹生堂藏書目・譜録》《古今帝王世系地域圖》。二冊。四卷。俞煥章輯。

秀水羅氏族譜

祁承㸁《澹生堂藏書目・譜録》《秀水羅氏族譜》。一册。四卷。羅文恭公。

李獻吉族譜傳略

祁承㸁《澹生堂藏書目・譜録》《李獻吉族譜傳略》一卷。李夢暘。

四明陸氏世譜

祁承㸁《澹生堂藏書目・譜録》《四明陸氏世譜》。二册。四卷。

松陵吴氏族譜

祁承㸁《澹生堂藏書目・譜録》《松陵吴氏族譜》。四册。四卷。

古姚陳氏族譜

祁承㸁《澹生堂藏書目・譜録》《古姚陳氏族譜》。十册。十五卷。

芳徑胡氏家乘

祁承㸁《澹生堂藏書目・譜録》《芳徑胡氏家乘》。二册。十卷。

三舍劉氏四續族譜

祁承㸁《澹生堂藏書目・譜録》《三舍劉氏四續族譜》一卷。

蒙岡王氏族譜

祁承㸁《澹生堂藏書目・譜録》《蒙岡王氏族譜》。四册。十卷。

駱氏譜

祁承㸁《澹生堂藏書目・譜録》《駱氏譜》三卷。《萬一樓集》本。

建平楊氏族譜

祁承㸁《澹生堂藏書目・譜録》《建平楊氏族譜》。一册。一卷。

麻石劉氏家誌

祁承㸁《澹生堂藏書目・譜録》《麻石劉氏家誌》。四册。六卷。

王謝史傳世系表

祁承㸁《澹生堂藏書目・譜録》《王謝史傳世系表》一卷。駱問禮。《萬一樓集》本。

孔子闕里世家

祁承㸁《澹生堂藏書目・譜録》《孔子闕里世家》一卷。

皇明世家考

祁承㸁《澹生堂藏書目・譜録》《皇明世家考》。二册。四卷。管一德編。

中山王世家

祁承㸁《澹生堂藏書目・譜録》《中山王世家》一卷。《弇州集》本。

開平岐楊定遠三王世家

祁承㸁《澹生堂藏書目・譜録》《開平岐楊定遠三王世家》一卷。《弇州集》本。

東甌西平東平三王世家

祁承㸁《澹生堂藏書目・譜録》《東甌西平東平三王世家》一卷。《弇州集》本。

定興宣平二王世家

祁承㸁《澹生堂藏書目・譜録》《定興宣平二王世家》一卷。以上四種俱《弇州集》本。

興安伯世家

祁承㸁《澹生堂藏書目・譜録》《興安伯世家》一卷。歸有光。

鎮遠侯世家

祁承㸁《澹生堂藏書目・譜録》《鎮遠侯世家》。一册。一卷。李維禎。

文成公世德紀

祁承㸁《澹生堂藏書目・譜録》《文成公世德紀》一卷。《文成全書》本。

太史張文忠公世家

祁承㸁《澹生堂藏書目・譜録》《太史張文忠公世家》。一册。二卷。張汝經編。

祁氏家乘

祁承㸁《澹生堂藏書目・譜録》《祁氏家乘》二卷。

鄭氏家乘

祁承㸁《澹生堂藏書目・譜録》《鄭氏家乘》一卷。

賀氏家乘

祁承㸁《澹生堂藏書目・譜録》《賀氏家乘》。一册。一卷。

張氏郤金堂世本

祁承㸁《澹生堂藏書目・譜録》《張氏郤金堂世本》。一册。一卷。張肅編。

孔氏譜

王圻《續文獻通考・經籍考・譜牒》《孔氏譜》。揭傒斯曰，《孔氏世家》一卷，其派之在江西而顯者，是爲臨江三孔。三孔之子孫曰克己者，是爲先聖五十五世孫。由江西不遠三千里拜曲阜林廟，且因以考訂其譜牒，而收其所未續者，遂之京師以示諸學孔子者，傒斯得與觀焉。

分宜彭氏族譜

王圻《續文獻通考・經籍考・譜牒》《分宜彭氏族譜》。歐陽圭齋曰，予讀《彭氏家傳》安定王玕雄據一方，士馬精鋭，馬楚爲之請于後唐錫爵崇貴跡，其才智英毅豈下五季諸雄哉。惟能自處冲抑，不竊位號，故其子孫衆多，美譽不墮，殆鬼神之福謙者歟。《傳》又言，王享年九十有八，好學不衰，子弟從受二戴《禮》及《春秋》者千餘人，非有絶人之資不至是也。

白石周氏族譜

王圻《續文獻通考・經籍考・譜牒》《白石周氏族譜》。歐陽圭齋曰，周氏府君羡仕唐至僕射，迄今冠蓋不絶，屢遷而不替。

番禺蒙氏譜

王圻《續文獻通考・經籍考・譜牒》《番禺蒙氏譜》。金華宋景濂曰，蒙之先，齊人也。秦時恬毅皆死扶蘇之難。番禺之蒙姓於宋諱甄者，自比方來知廉州，遂家番禺。其八世孫安懼不能承其緒，考次八葉字名支裔爲《譜》，使後人知所自焉。

嚴陵汪氏家譜

王圻《續文獻通考・經籍考・譜牒》《嚴陵汪氏家譜》。宋景濂曰，汪氏出於魯成公之次子汪，後遂以汪爲氏。子孫自汪以下咸述其字名、官位、壽年、墳墓所在，他若墓中之銘、朝廷之命爲汪氏出者，咸無所遺。歷秦漢至元季，有孫曰中者七十有餘世矣。燦如目見而耳受焉。

符氏世譜

王圻《續文獻通考・經籍考・譜牒》《符氏世譜》。宋景濂曰，符出自姬姓。魯項公之孫足仕秦，爲符璽令，因以爲氏。《譜》爲文昌所修，凡諱某字，某娶某氏，幾子葬某，處壽若干，咸備著於後。

張真人世家

王圻《續文獻通考・經籍考・譜牒》《張真人世家》一卷。漢張道陵乃張良之裔，擇居廣信府龍虎山，世爲天師。唐名其居曰「真仙館」。宋大中祥符間，改上清觀。政和間，賜名「上清正一宫」。神宗嘗賜玉印。元大德間，賜名「正一萬壽宫」。

西甌黄氏家牒

王圻《續文獻通考・經籍考・譜牒》《西甌黄氏家牒》。黄仁修。仁祖義夫早殁，仁父服滿隨母改適同姓黄清。後黄清自有子，因還家奉祀。仁懼正系無攷，故修之，使後世有所稽云。按：宋景濂曰，黄陸終之後受封於黄，後世因以爲氏。

泰和劉氏先德録

王圻《續文獻通考・經籍考・譜牒》《泰和劉氏先德録》。宋潛溪曰，《録》首譜其宗支，次表其世科，次輯其遺文，而名公卿之爲劉氏作者亦類附焉。通名曰《先德録》。十六世孫謌所爲也。謌三子麓崧埜後旁搜曲採，倘可入編中者悉謄附焉。

戴亭張氏譜圖

王圻《續文獻通考・經籍考・譜牒》《戴亭張氏譜圖》。張允達修。尤致謹於先代遺文，裝褫成卷而珍襲之。

祖宗世系記

王圻《續文獻通考・經籍考・譜牒》《祖宗世系記》。甄璧著。

程氏統宗譜

王圻《續文獻通考・經籍考・譜牒》《程氏統宗譜》四十卷。明新安程敏政著。

濂浦林氏家譜

徐𤊹《徐氏家藏書目・族譜》《濂浦林氏家譜》四卷。

義溪陳氏族譜

徐𤊹《徐氏家藏書目・族譜》《義溪陳氏族譜》。

世錦王氏譜要

徐燉《徐氏家藏書目·族譜》《世錦王氏譜要》十二卷。王應山。

藤山鄭氏家譜

徐燉《徐氏家藏書目·族譜》《藤山鄭氏家譜》十一卷。

竹林鄧氏家譜

徐燉《徐氏家藏書目·族譜》《竹林鄧氏家譜》二十三卷。

雲程林氏家譜

徐燉《徐氏家藏書目·族譜》《雲程林氏家譜》八卷。

柯嶼陳氏家譜

徐燉《徐氏家藏書目·族譜》《柯嶼陳氏家譜》十六卷。陳鳴鶴。

荆山徐氏宗譜

徐燉《徐氏家藏書目·族譜》《荆山徐氏宗譜》十卷。

臺江徐氏家譜

徐燉《徐氏家藏書目·族譜》《臺江徐氏家譜》十卷。

雲山葉氏家譜

徐燉《徐氏家藏書目·族譜》《雲山葉氏家譜》十一卷。

月臺陳氏譜略

徐燉《徐氏家藏書目·族譜》《月臺陳氏譜略》一卷。

江田陳氏南陽世略

徐燉《徐氏家藏書目·族譜》《江田陳氏南陽世略》一卷。

南津林氏譜略

徐燉《徐氏家藏書目·族譜》《南津林氏譜略》一卷。

鉛山費氏譜略

徐燉《徐氏家藏書目·族譜》《鉛山費氏譜略》一卷。

北地李氏族譜

徐𤊹《徐氏家藏書目·族譜》《北地李氏族譜》一卷。李夢陽。

四明張氏宗譜

徐𤊹《徐氏家藏書目·族譜》《四明張氏宗譜》二卷。

德清嵇氏族乘

徐𤊹《徐氏家藏書目·族譜》《德清嵇氏族乘》四卷。嵇汝木。

繡林張氏世譜

徐𤊹《徐氏家藏書目·族譜》《繡林張氏世譜》六卷。禮侍張璧。

寒山趙氏宗統

徐𤊹《徐氏家藏書目·族譜》《寒山趙氏宗統》四卷。趙宧光。

龍溪呂氏家乘

徐𤊹《徐氏家藏書目·族譜》《龍溪呂氏家乘》一卷。

會稽陶氏家譜

徐𤊹《徐氏家藏書目·族譜》《會稽陶氏家譜》十七卷。

五溪丁氏世美集

徐𤊹《徐氏家藏書目·族譜》《五溪丁氏世美集》四卷。新違人。

鳳池高氏家乘

徐𤊹《徐氏家藏書目·族譜》《鳳池高氏家乘》一卷。

三山鄒氏家乘

徐𤊹《徐氏家藏書目·族譜》《三山鄒氏家乘》一卷。

建安楊氏世恩録

徐𤊹《徐氏家藏書目·族譜》《建安楊氏世恩録》一卷。

考譜朱氏謁墓録

徐𤊹《徐氏家藏書目·族譜》《考譜朱氏謁墓録》一卷。

四明楊氏恩命世載録

徐𤊹《徐氏家藏書目・族譜》《四明楊氏恩命世載録》四卷。

吴中盛氏家乘

徐𤊹《徐氏家藏書目・族譜》《吴中盛氏家乘》七卷。都御史盛應期修。

胡梅林世寶録

徐𤊹《徐氏家藏書目・族譜》《胡梅林世寶録》四卷。胡宗憲。

遐思録

徐𤊹《徐氏家藏書目・族譜》李臨淮《遐思録》八卷。

《明史・藝文志・譜牒類》李臨淮《遐思録》八卷。

黄勉齋傳志

徐𤊹《徐氏家藏書目・族譜》《黄勉齋傳志》。

蕭氏源流宗譜

徐𤊹《徐氏家藏書目・族譜》《蕭氏源流宗譜》一卷。建陽蕭氏刻。

歷代世譜

徐𤊹《徐氏家藏書目・旁史類》《歷代世譜》十卷。無名氏撰。

孔氏續録

張萱等《内閣藏書目録・傳記部》《孔氏續録》。五册，全。元延祐間孔子五十一代孫孔元祚編，即先聖家乘。

倪燦等《補遼金元藝文志・傳記類》孔元祚《孔氏續録》。五册。孔子五十一代孫。

錢大昕《補元史藝文志・譜牒類》孔元祚《孔氏續録》。五册。孔子五十一代孫編於延祐間。

闕里譜系

張萱等《内閣藏書目録・傳記部》《闕里譜系》。一册，全。六代孫知洪州軍宗翰編。

名臣顧公家乘

張萱等《内閣藏書目録・傳記部》《名臣顧公家乘》。四册，全。公名佐官都御史，謚端肅。

楚王宗支文册

張萱等《内閣藏書目録・御制部》《楚王宗支文册》。一册，全。

錢謙益等《絳云樓書目・本朝制書實録》《楚王宗支》。六册。

《明史・藝文志・譜牒類》《楚王宗支》一卷。

宗　譜

張萱等《内閣藏書目録・御制部》《宗譜》。二册。即諸王玉牒也。永樂閒輯。

《明史・藝文志・譜牒類》《宗譜》一卷。明初修。

嵇璜等《續通志・圖譜略・記無・世系》《明宗譜》。

大明宗支

張萱等《内閣藏書目録・御制部》《大明宗支》。二册，全。國初鈔本，男女各一册。

錢謙益等《絳云樓書目・本朝制書實録》《大明宗支》。

《明史・藝文志・譜牒類》《宗支》二卷。男女各一册。明初修。

大明主堉

張萱等《内閣藏書目録・御制部》《大明主堉》。一册，全。永樂閒編纂。仁祖太祖及親王主堉譜牒。

錢謙益等《絳云樓書目・本朝制書實録》《大明主堉》一卷。太祖。

《明史・藝文志・譜牒類》《主堉譜牒》一卷。明初修。

嵇璜等《續通志・圖譜略・記無・世系》《明主堉牒譜》。

蜀府宗支圖譜

張萱等《内閣藏書目録・圖經部》《蜀府宗支圖譜》一幅。洪武至成化止。

《明史・藝文志・譜牒類》《蜀府宗支圖譜》一卷。

嵇璜等《續通志・圖譜略・記無・世系》《蜀府宗支圖譜》。

蔡氏宗譜

《紅雨樓題跋》卷一　《蔡氏宗譜》。按《宗支圖》自晉至宋代有支派，宜其一覽而指諸掌也。兹《譜》紊亂扭捏，牽合扳援，如蔡齊建甯人，蔡襄興化人，蔡元定建陽人，三姓原非一族明甚，今乃合而一之，一僞也。五代宋初名臣蔡興宗名見史册，今誤書與宗；蔡襄長子名匀見歐陽《墓志》，今誤書勾；襄次子旬娶福州劉異判官之女，生子傳官朝奉郎，今誤作第三子旻之子，又不知其官爵，二僞也。黄庭堅所作《蔡襄傳》全鈔歐陽修《墓志》中語，無一句改頭换面，且字法全不似山谷，而《山谷文集》不載此文，三僞也。蔡襄勅一道、蔡洸勅一道，洸係襄之曾孫，一在慶曆三年，一在紹興六年，相去一百二十餘年，勅紙一式無分毫之别，四僞也。其中印章陰文者或以木石刻印之，而陽文者皆硃描，全不類古人印式，閒有作意糊塗令人莫辨，五僞也。卷首託朱文公「家寶」二字，毫不似文公筆法，六僞也。余曾見王氏一譜，贋造與此無異，七僞也。後歐陽玄一跋與王氏譜書出一手而文相同，八僞也。但從來已遠非可輕棄，存之以備披閲，非傳家珍玩也。達卿丈出此相示，余因駁其大略如此。己酉仲春日徐惟起識。

孔子家譜

錢謙益等《絳云樓書目・譜牒類》《孔子家譜》一卷。洪慶善有《闕里譜系》，番陽程登庸有《年表辨正》。

謝氏中山録

錢謙益等《絳云樓書目・譜牒類》《謝氏中山録》。

朱氏世譜

錢謙益等《絳云樓書目・譜牒類》《朱氏世譜》。

南國俞氏文録

錢謙益等《絳云樓書目・譜牒類》《南國俞氏文録》。

汪氏足徵録

錢謙益等《絳云樓書目・譜牒類》《汪氏足徵録》。

鄒氏襲芳録

錢謙益等《絳云樓書目・譜牒類》《鄒氏襲芳録》。

錢氏世譜續編

錢謙益等《絳云樓書目・譜牒類》《錢氏世譜續編》。

彭城世徵

錢謙益等《絳云樓書目・譜牒類》《彭城世徵》。

錢氏家乘續集

錢謙益等《絳云樓書目・譜牒類》《錢氏家乘續集》。

吴越錢氏分派略

錢謙益等《絳云樓書目・譜牒類》《吴越錢氏分派略》。

吴越世系歌

錢謙益等《絳云樓書目・譜牒類》《吴越世系歌》。

大潢玉牒

錢謙益等《絳云樓書目・本朝國紀》《大潢玉牒》。

李韓公家乘

錢謙益等《絳云樓書目・傳記》《李韓公家乘》善長。

《明史・藝文志・譜牒類》《李韓公家乘》一卷。

西寧侯家譜

錢謙益等《絳云樓書目・傳記》《西寧侯家譜》。

吴江周氏家譜

錢謙益《絳雲樓題跋》《吴江周氏家譜》。余少壯取友于吴江，得周子安期。及從弟季侯，皆珪璋特達君子雄駿人也。季侯與余偕舉于鄉，已而取科第，歷雄職，亩牙拊頰，忤璫考死，易名賜祠，蔚爲名臣。安期畹晚，不能取一第，與余交益親，因得見其二弟安石、安仁。所謂瑶環瑜珥，稱其家兒者也。余每過吴江，泊舟垂虹亭下，安期墊巾扱衣，信步追躡，若與長年要約，或舟未艤映望亭畔，招手叫呼，舟人譁笑，知爲安期也。安期殁後，間復過垂虹，追憶安期步屧，登舟足跡，猶可指數，招邀笑語，咳吐宛然，輒潸然泣下，不忍久泊而去。衰年念故，輒作數日惡，以是故于安石兄弟，亦不促數相聞。今年徵求内典，書尺往復，安石以修葺家譜示余，使爲其序。余惟周氏南渡世家，恭肅爲盛世名卿，遠有代序，忠毅趾美，相繼廟食，炳著琬琰，固無俟于余言。恭肅之諸孫，有叔宗、季華兩徵君者，外服儒風，内閟梵行，執侍巾瓶于紫柏大師，爲白衣弟子，而其母薛太君。精修安養，端坐往生，于是周氏一門。承紫柏之付囑，熏化母之教觀，莫不持木叉，奉檀度，旁行插架，漉囊依户，吴中高門甲第，蘭錡相望，未有是也。季侯解八識規矩，潛虚慈恩之一燈。安期定徑山祖位，默護曹溪之一葉，楮拄末法，金湯儼然。安石輯古今禪門文字，州次部居，不下數百卷，珠林寶藏，于斯爲盛。當世文人詞客。著書滿家，相與搜蟲魚矜篆刻者，亦未有是也。惡濁昏迷，殘刧腥穢，閻浮提臭氣上直光音天四十萬里。如周氏者，斯可謂栴檀之林，香積之國也。昔者顔侍郎作《家訓》，建立《歸心》一篇，以告戒其子姓。然則廣之推之意，其不欲以七葉之漢貂、六闕之唐尹，誇詡周氏之譜牒也，可知已矣。余老歸空門，將與安石爲梵侶，知其有異乎世之君子也。于是乎書。《有學集》卷四十九。

華亭馮氏世濟録

黄虞稷《千頃堂書目・傳記類》馮大業《華亭馮氏世濟録》一卷。

張氏宗譜

倪燦等《宋史藝文志補・譜牒類》張亶《張氏宗譜》。

孔子世家考異

倪燦等《補遼金元藝文志・傳記類》吴迂《孔子世家考異》二卷。

錢大昕《補元史藝文志・譜牒類》吴迂《孔子家世考異》二卷。

孔子世系圖

倪燦等《補遼金元藝文志・傳記類》程榮登《孔子世系圖》三卷。

錢大昕《補元史藝文志・譜牒類》程時登《孔子世系圖》三卷。

程氏世譜

倪燦等《補遼金元藝文志・譜牒類》程峴《程氏世譜》三十卷。字和卿，休寧人。

錢大昕《補元史藝文志・譜牒類》程峴《程氏世譜》三十卷。字和卿，休寧人。

隴右汪氏世系勳德録

倪燦等《補遼金元藝文志・譜牒類》 汪壽昌《隴右汪氏世系勳德録》。御史中丞。

汪氏淵源録

倪燦等《補遼金元藝文志・譜牒類》 汪松壽《汪氏淵源録》十卷。字正心，休寧人。肇慶路儒學教授。

錢大昕《補元史藝文志・譜牒類》 汪松壽《汪氏淵源録》十卷。

孔氏世系

倪燦等《補遼金元藝文志・譜牒類》 孔克己《孔氏世系》一卷。克己爲清江三孔後。

臨川危氏家譜

倪燦等《補遼金元藝文志・譜牒類》 《臨川危氏家譜》一卷。泰定二年危素序。

孔氏家譜

錢曾《讀書敏求記・譜牒》 《孔氏家譜》一卷。先聖四十九代孫莘夫名琬，宋乾道二年任臨川丞，遂家于此，爲臨川始遷祖。正德癸酉，吾虞陳言知撫州，編此序之。蓋孔氏臨川族譜也。

天潢玉牒

《明史・藝文志・譜牒類》 《天潢玉牒》一卷。

嵇璜等《續通志・圖譜略・記有・世系》 《明天潢玉牒》。

帝王世表

《明史・藝文志・譜牒類》 朱睦㮮《帝系世表》一卷。

周國世系表

《明史・藝文志・譜牒類》 朱睦㮮《周國世系表》一卷。

嵇璜等《續通志・圖譜略・記無・世系》 《周國世系表》。

周乘

《明史・藝文志・譜牒類》 朱睦㮮《周乘》一卷。

鎮平世系録

《明史・藝文志・譜牒類》 朱睦㮮《鎮平世系録》二卷。

嵇璜等《續通志・圖譜略・記有・世系》 朱睦㮮《鎮平世系記》。

《四庫全書總目提要・傳記類存目四》《鎮平世系記》二卷。浙江范懋柱家天一閣藏本。明朱睦㮮撰。睦㮮有《易學識遺》，已著録。永樂元年，封周定王第八子有熿爲鎮平王，睦㮮其六世孫也。以明代《玉牒》於正德以後多略，遂纂述有熿以下八世支派，以成此書。前曰例義，次世系，次世傳，次内傳，次述訓。

統宗繩蟄録

《明史・藝文志・譜牒類》朱宙枝《統宗繩蟄録》十二卷。

邾子世家

《明史・藝文志・譜牒類》朱右《邾子世家》一卷。

孔顏世系譜

《明史・藝文志・譜牒類》盧熊《孔顏世系譜》二卷。

中山徐氏世系録

《明史・藝文志・譜牒類》《中山徐氏世系録》一卷。

陳郡謝録

汪師韓《文選注引群書目録上・譜牒》《陳郡謝録》。

穎川庾録

汪師韓《文選注引群書目録上・譜牒》《穎川庾録》。

濟陰卞録

汪師韓《文選注引群書目録上・譜牒》《濟陰卞録》。

顧氏家譜

汪師韓《文選注引群書目録上・譜牒》《顧氏家譜》。

王氏家譜

汪師韓《文選注引群書目録上・譜牒》《王氏家譜》。

瑯琊王氏譜

汪師韓《文選注引群書目録上・譜牒》《琅琊王氏譜》。志祖案：《王文憲集》序注作《琅琊王氏録》。

范氏譜

汪師韓《文選注引群書目録上・譜牒》王僧孺《范氏譜》。

嵇氏譜

汪師韓《文選注引群書目録上・譜牒》《嵇氏譜》。

蔡氏譜

汪師韓《文選注引群書目録上・譜牒》《蔡氏譜》。

帝系世表

嵇璜等《續通志・圖譜略・記無・世系》 朱睦㮮《帝系世表》。

玉　牒

嵇璜等《清通志・圖譜略・御定史乘》《玉牒》。謹按：宗人府以時修輯皇族之屬籍。仰見天潢派衍，垂裕無疆之休。我皇上福備慶長，一堂五世，尤前古史册未有之盛事，綿諸萬禩，繼繼承承，實非螽斯麟趾所可擬議也。敬誌於此。

八旗姓氏通譜

嵇璜等《清通志・圖譜略・御定史乘》《八旗姓氏通譜》。謹按：我朝肇興東土，雲從景附日盛，因分旗隸屬以明其統系。迨國家定鼎以來，或聚居遼左，或散處燕畿，迄今百五六十年。累朝休養煦植，生聚愈繁。奉命載稽圖籍，考其得姓受氏之初，並官階勳績，各綴小傳，詳列於篇，與《國史》相爲表裏。

《四庫全書總目提要・傳記類二》《欽定八旗滿洲氏族通譜》八十卷。乾隆九年奉敕撰。凡甲族謂之大姓，其次則謂之乙姓。各詳其受氏之源與始居之地，猶劉之標望於彭城，韓之溯派於昌黎也。或同姓而異居者，則以其地識之，如蘇完瓜爾佳氏、葉赫瓜爾佳氏之類。猶王之別太原、瑯琊，李之判隴西、趙郡也。或雖同姓而異旗者，則連類附見之，猶裴之有東西，阮之有南北也。其賜姓者，仍列於本族。惟詳其蒙賜之由，以昭光寵，而不淆其昭穆。蒙古、高麗、尼堪、臺尼堪、撫順尼堪，久隸八旗者，亦追溯從來，附著於末。每一姓中，取其勳勞茂著者冠冕於首，各系小傳，以示旌異。其子孫世系官爵，以次綴書，如《元和姓纂》之例。考古者族姓掌於官。至春秋之末，智果別族爲輔氏，猶聞於太史。秦、漢以來，古制不存，家牒乃作。劉歆《七略》稱案《揚子雲家牒》，以甘露三年生是也。案語見李善《文選註》。私記之書亦作，《世本》是也。六代及唐，雖以門第相高，而附會攀援，動輒疎舛。白居易一朝名士，自敘世系乃以楚白公勝、秦白乙丙一脈相承，他可概見矣。洎乎兩宋，譜學遂絶，非世家舊姓，罕能確述其宗派者。豈非不掌於官，各以臆説之故歟。惟我國家，法度修明，自開創之初，從龍部屬，皆什伍相保。聚族而居，有古比閭族黨之遺意，故其民數可考。而生卒必聞於官，子孫必登於籍，故其族系亦最明。披讀是編，古太史之成規猶可概見。八旗之枝幹相維，臂指相屬，亦可概見。聖人制作，同符三代類如此，猗歟盛矣。

顧氏譜系考

嵇璜等《清通志・圖譜略・臣下史乘》 顧炎武《顧氏譜系攷》。謹按：是書於顧氏世系考據最詳。

《四庫全書總目提要・傳記類存目五》《顧氏譜系考》一卷。兩江總督採進本。國朝顧炎武撰。炎武有《左傳杜解補正》，已著録。是書於顧氏世系考據最詳。然姓氏之書，最爲叢雜。自唐以後，譜學失傳。掇拾殘文，未必源流盡合。姑存其説可也。

歷代帝王統系圖紀

軍機處奏《焚毀書目》《歷代帝王統系圖紀》。一本。查《歷代帝王統系圖紀》係南豐曾熹撰。內叙明統系，列入唐、桂二王，稱明十九帝。又稱福王謚赧，唐王謚文思。所紀俱極誕妄，應請銷燬。

天潢譜

軍機處奏《焚毀書目》《天潢譜》。一部，一本。查《天潢譜》皆記明代諸王世系。自稱其名曰璵，不知何許人。其所載多正史所已具，凡例末有指斥之詞，應請銷燬。

帝系考

軍機處奏《焚毀書目》《帝系考》。一部，一本。查《帝系考》係魏博色撰。其書採撮舊文，无資考據。又稱明福王爲赧帝，殊爲違悖，應請銷燬。

閔子世譜

《四庫全書總目提要・傳記類存目一》《閔子世譜》十二卷。安徽巡撫採進本。明張雲漢撰。雲漢字倬矦，宿州人。是編兼及閔子後裔之事，故曰《世譜》。首姓氏，次里居，次特傳，次列傳，次祀典，次修葺，次宮生，次世系，次遷徙，次復業，次列女，次藝文，次家約。宿州舊有閔子墓，歷代祠祀不絶。蓋閔子本宿人。春秋時宿屬青州，爲齊地。故《家語》以爲齊人云。

東野志

《四庫全書總目提要・傳記類存目一》《東野志》四卷。浙江巡撫採進本。舊本題海鹽呂兆祥撰。裔孫東野武訂。考兆祥與武皆明末人。而是編二卷之末附録順治、康熙中奏議，詳載聖祖仁皇帝恩授東野沛然爲五經博士。蓋即沛然因兆祥舊志稍爲續補也。前有呂化舜、方應祥原《序》。而粘本盛跋則作於康熙壬寅，陳良謨《序》則作於康熙丙寅，亦續刻所加也。考《元和姓纂》載，伯禽少子別爲東野氏，則東野氏系出周公，更無疑義。世承厥職，原非濫膺。惟是所叙世譜，稱第三代生二子，長暉次晞；六代生二子，長縉次紳。其人皆在春秋以前，則兄弟聯名已在應瑒應璩之前。又二代東野宗，於田中勝處建祠以安先靈，則大夫之廟可不建於家。十六世東野稷，字稷德，號白雲，則別號已見於戰國。二十一代東野質，遭楚滅魯，負子攜譜，竄於東吴。是別族不必於太史，而戰國之末尚延吴祚。蓋譜牒之學，古來即不一説。司馬遷叙五帝世系，往往與載籍牴牾。而白居易自叙世系，亦與《左傳》相違。記載異同，固不足怪也。

恩命世録

《四庫全書總目提要・傳記類存目六》《恩命世録》十卷。浙江巡撫採進本。明張國祥編。國祥於萬曆丁丑襲爵，爲五十代天師。因彙輯明太祖以來至神宗二十五年誥敕，以時代次序，彙爲此書，而以四十二代天師勸進太祖箋附焉。蓋其家乘也。

金重修玉牒

錢大昕《補元史藝文志・譜牒類》《金重修玉牒》。承安五年大睦親府進。

龔顯曾《金藝文志補録・譜牒類》《重修玉牒》承安五年大睦親府進。

十祖系録

錢大昕《補元史藝文志·譜牒類》《十祖系録》。

孔氏世家

錢大昕《補元史藝文志·譜牒類》《孔氏世家》一卷。孔克已著，臨江人。

闕里譜系

錢大昕《補元史藝文志·譜牒類》孔濤《闕里譜系》一卷。字世平，衢州人，潮州路知事。

梅宛陵年譜

錢大昕《補元史藝文志·譜牒類》張師曾《梅宛陵年譜》一卷。宣城人，或云其兄師愚撰。

豫章羅氏族譜

錢大昕《補元史藝文志·譜牒類》《豫章羅氏族譜》。

盧龍趙氏族譜

錢大昕《補元史藝文志·譜牒類》《盧龍趙氏族譜》。

金華俞氏家乘

錢大昕《補元史藝文志·譜牒類》《奉華俞氏家乘》十卷。俞慶，字大有。

義烏黄氏族譜圖

錢大昕《補元史藝文志·譜牒類》黄溍《義烏黄氏族譜圖》。

浦江柳氏宗譜

錢大昕《補元史藝文志·譜牒類》《浦江柳氏宗譜》。文肅八世孫穆修。

覃氏世系譜

錢大昕《補元史藝文志·譜牒類》《覃氏世系譜》。

稾城董氏世譜

錢大昕《補元史藝文志·譜牒類》《稾城董氏世譜》。

晏氏家譜

錢大昕《補元史藝文志・譜牒類》《晏氏家譜》。

雒陽楊氏族譜

錢大昕《補元史藝文志・譜牒類》《雒陽楊氏族譜》。

羅氏族譜

錢大昕《補元史藝文志・譜牒類》《羅氏族譜》。

臨川危氏族譜

錢大昕《補元史藝文志・譜牒類》《臨川危氏族譜》一卷。

兩伍張氏家乘

錢大昕《補元史藝文志・譜牒類》《兩伍張氏家乘》。江浙行省都事張天永撰。字長年，高郵人。

吴氏世譜

錢大昕《補元史藝文志・譜牒類》《吴氏世譜》。吴海撰。

汪氏勳德録

錢大昕《補元史藝文志・譜牒類》《汪氏勳德録》。汪嗣昌撰。

符彦卿家譜

顧櫰三《補五代史藝文志・小説類》《符彦卿家譜》一卷。

鄧氏官譜

侯康《補後漢書藝文志・譜牒類》《鄧氏官譜》。《隋志》云，晉亂已亡。

成都氏族譜

瞿鏞《鐵琴銅劍樓藏書目録・傳記類》《成都氏族譜》一卷。鈔本。元費著撰并序。專紀成都大姓世系，但書其名，不書其事。自唐以後，氏族之學無有傳者，此書綴緝有法，猶可考見其略焉。

華嶠譜序

丁國鈞《補晉書藝文志・譜系類》《華嶠譜序》。謹按：見裴氏《三國志注》。

晉語譜

丁國鈞《補晉書藝文志・譜系類》《晉語譜》。謹按：見《世説》言語、政事兩篇注。

潘氏家譜

丁國鈞《補晉書藝文志・譜系類》《潘氏家譜》潘岳。謹按：見《元和姓纂》四。

杜元凱宗譜

秦榮光《補晉書藝文志・傳記類》《杜元凱宗譜》。據《玉海》引。杜預撰。

太傅佐史簿

秦榮光《補晉書藝文志・傳記類》《太傅佐史簿》。據《通志・氏族略・冠軍氏注》引晉有太傅東海王參軍冠軍夷。見是《簿》。

孫氏譜

秦榮光《補晉書藝文志・傳記類》《孫氏譜》。

翟氏譜

秦榮光《補晉書藝文志・傳記類》《翟氏譜》。

陳氏譜

秦榮光《補晉書藝文志・傳記類》《陳氏譜》。

皇族宗人圖牒

秦榮光《補晉書藝文志・傳記類》《皇族宗人圖牒》。據本書《職官志》云宗正所統。

漢諸王世譜

姚振宗《後漢藝文志・譜系類》《漢諸王世譜》。《續漢百官志》宗正卿掌序録王國嫡庶之次及諸宗室親屬遠近，郡國歲因計上宗室名籍。劉昭補注胡廣曰，又歲一治《諸王世譜》，差序秩第。

鄧氏官譜

姚振宗《後漢藝文志・譜系類》《鄧氏官譜》。范書《鄧禹傳》：禹字仲華，南陽新野人也。内文明篤行淳備，事母至孝。天下既定，常欲遠名勢。有子十三人，各使守一藝，修整閨門，教養子孫，皆可以爲後世法。又曰，鄧氏自中興以後累世寵貴，凡侯者二十九人，公二人，大將軍以下十三人，中二千石十四人，列校二十二人，州牧郡守四十八人，其餘侍中將、大夫、郎、謁者不可勝數，東京莫與爲此。按：此傳云云似即據《鄧氏官譜》。《隋書・經籍志》曰，後漢有《鄧氏官譜》。又曰，《鄧氏官譜》晉亂已亡。按范書列傳所載，如耿氏弇、竇氏融、馬氏援、樊氏宏、陰氏識、梁氏統、張氏純、張氏霸、桓氏榮、班氏彪、袁氏安、崔氏駰、楊氏震、荀氏淑、李氏郃諸家，與此鄧氏禹並東京世宙，當時皆各有其譜牒，以次注續。至晉宋時，范蔚宗《列女傳序》稱梁氏、李氏《家傳》者，即此類之書。范亦時取以參訂諸傳。自鄭默、荀勗、李充、謝靈運、王儉諸簿録散佚之後，遂不可復考。今既無從著録，聊附識其大略于此。

西夏國譜

王仁俊《西夏藝文志・史部》 羅世昌《西夏國譜》。《金史・贊》：夏之立國舊矣，其臣羅世昌譜敍世次，稱元魏衰微，居松州者因以舊姓爲拓跋氏。

胡氏譜

沈家本《三國志注所引書目・譜系》 《胡氏譜》。胡質傳。

崔氏譜

沈家本《三國志注所引書目・譜系》 《崔氏譜》。崔州平。附《諸葛亮傳》。州平，博陵人。

陸氏世頌

沈家本《三國志注所引書目・譜系》 《陸氏世頌》。陸遜傳。案：隋、唐《志》不著録。

許氏譜

沈家本《世説注所引書目・譜系》 《許氏譜》。雅量。許璪，義興陽羨人。案：此與前《許氏譜》當爲二譜，前譜乃高陽人，籍不同也。故重出之。

劉氏譜

沈家本《世説注所引書目・譜系》 《劉氏譜》。賞譽。劉綏，高平人。前所列之劉簡，南陽人，當是二譜，故重出之。

臨〔之〕王氏譜

沈家本《世説注所引書目・譜系》 林應爲臨〔之〕《王氏譜》。賞譽。王臨之，琅邪人。案：「臨」下疑奪「之」字，似臨之雖籍琅邪，別爲一譜，林應所作也。

劉氏譜

沈家本《世説注所引書目・譜系》 《劉氏譜》。賞譽。劉納，彭城業亭人。與前二譜籍又不同，故亦重出之。

温氏譜序

沈家本《世説注所引書目・譜系》 《温氏譜序》。品藻。案：序云晉大夫郤至封於温，子孫因氏，居太原祁縣，爲郡著姓，温嶠。

王氏譜

沈家本《世説注所引書目・譜系》《王氏譜》。品藻。王緒，太原人。案：此與琅邪之王各自爲宗，其譜亦必不同也。容止引《王氏譜》王納，太原人，當爲一譜。排調引《王氏家譜》，亦太原籍。

劉氏譜

沈家本《世説注所引書目・譜系》《劉氏譜》。任誕。劉昶，沛國人。案：與前列之三譜籍又不同，故又别出之，以見其非一譜也。

宣聖世系年表辨證

丁立中《八千卷樓書目・傳記類》《宣聖世系年表辨證》三卷。明程時登撰。明刊本。

項氏家譜

丁立中《八千卷樓書目・傳記類》《項氏家譜》二卷。國朝項熹撰。抄本。

項氏家乘

丁立中《八千卷樓書目・傳記類》《家乘》一卷。國朝項熹撰。抄本。

平陽汪氏支譜

丁立中《八千卷樓書目・傳記類》《平陽汪氏支譜》二卷。不著撰人名氏。刊本。

魏世譜

文廷式《補晉書藝文志・雜史類》《魏世譜》。章宗源考證曰，《文選・陸士衡答賈長淵詩》注，《太平御覽・皇王部》引《魏世譜》無撰人名。廷式案：《魏志三・少帝紀》注引《魏世譜》，記晉受禪封，齊王爲邵陵縣公，年四十三，泰始十年薨，則晉人書也。

晉世譜

文廷式《補晉書藝文志・雜史類》《晉世譜》。章宗源考證曰，《世説注》言語篇、政事篇引《晉世譜》，無撰名。

蜀世譜

文廷式《補晉書藝文志・雜史類》孫盛《蜀世譜》。章宗源考證曰，《蜀志》注《二主妃子傳》、費時、張嶷、吕凱《傳》並引盛《蜀世譜》。《後漢書・蠻夷傳》注不韋縣一事，與《吕凱傳》注同。

魏世籍

文廷式《補晉書藝文志・雜史類》孫盛《魏世籍》《魏志》卷四注引孫盛《魏

世籍》曰，高平陵在洛水南大石山，去洛城九十里。案：此與《魏世譜》疑即一書，今無以定，姑並列之。

族姓昭穆記

文廷式《補晉書藝文志·譜系類》 摯虞《族姓昭穆記》十卷。《隋志》云，《族姓昭穆記》晉亂已亡。《史通·書志篇》曰，晉有摯虞《姓族記》。

裴氏家記

文廷式《補晉書藝文志·譜系類》 傅暢《裴氏家記》。《蜀志·孟光傳》注引之。

曹氏譜

文廷式《補晉書藝文志·譜系類》 《曹氏譜》。《世說·品藻門》注：《曹氏譜》曰，茂之，彭城人，仕至尚書郎。

司馬氏世本

文廷式《補晉書藝文志·譜系類》 司馬無忌《司馬氏世本》。見《史記·序傳索隱》。《唐志》有《司馬氏世家》二卷，不著撰人名氏。

司馬氏譜

文廷式《補晉書藝文志·譜系類》 《司馬氏譜》。《世説·仇隙門》注：《司馬氏譜》曰，丞娶南陽趙氏女。

摯氏世本

文廷式《補晉書藝文志·譜系類》 《摯氏世本》。《世語·言語篇》注引之。

嵇氏世家

文廷式《補晉書藝文志·譜系類》 《嵇氏世家》。《初學記》卷十一《嵇氏世家》曰，嵇含爲中書郎，書檄集，初不立草。《御覽》二百二十亦引此條。

嵇氏譜

文廷式《補晉書藝文志·譜系類》 《嵇氏譜》。章宗源曰，《魏志·沛穆王林傳》注：嵇康妻，林子之女也。《文選·幽憤詩》注：嵇康兄喜，歷徐、揚州刺史。《水經·淮水》注：譙有嵇山，家於其側，遂以爲氏。並引《嵇氏譜》。《魏志·王粲傳》注：嵇康父昭，督軍糧，治書侍御史；兄喜，晉揚州刺史、宗正。此稱《嵇康譜》。

孫系譜

文廷式《補晉書藝文志·譜系類》 《孫氏譜》。《魏志·孫資傳》注：《孫氏譜》曰，宏爲南陽太守。宏子楚，字子荆。

孫氏世録

文廷式《補晉書藝文志·譜系類》 《孫氏世録》。《文選·爲蕭揚州薦士表》

注引此書，記孫康事。

江愇家傳

文廷式《補晉書藝文志・譜系類》《江愇家傳》。《御覽》七百四十七引之。

華氏譜

文廷式《補晉書藝文志・譜系類》《華氏譜》。《後漢書》卷七十一引《華嶠譜序》曰，表，字偉容，歆之子也。年二十八，除爲散騎常侍。《世説・德行門》注、《御覽》二百二十四並引《嶠譜敍》。按《本傳》，嶠《後漢書》有《序傳》一卷。

阮氏譜

文廷式《補晉書藝文志・譜系類》《阮氏譜》。《魏志・杜畿傳》注，案《阮氏譜》云云。炳子坦，字宏舒，晉太子少傅，平東將軍。坦弟柯，字士度。《世説・尤悔門》注《阮氏譜》曰，牖，字彦倫，裕長子也。仕至州主簿。

陳氏譜

文廷式《補晉書藝文志・譜系類》《陳氏譜》。《世説・德行門》注：《陳氏譜》，陳忠，字孝先，州辟不就。《術解門》注：陳述，字嗣祖，有美名。

王氏世譜

文廷式《補晉書藝文志・譜系類》《王氏世家》。《世説・品藻門》注：《王氏世家》曰，禕之，字文劭，仕至中書郎。

王氏譜

文廷式《補晉書藝文志・譜系類》《王氏譜》。《世説注》屢引之。《排調門》注稱《王氏家譜》。

張氏譜

文廷式《補晉書藝文志・譜系類》《張氏譜》。《世説・任誕門》注：《張氏譜》曰，張湛，仕至中書郎。

荀氏譜

文廷式《補晉書藝文志・譜系類》《荀氏譜》。《聖賢羣輔録》：朗陵令，潁川荀季之八子，並有德業云云。見《荀氏譜》。又《世説・排調門》注：《荀氏譜》曰，寓，字景伯，祖式太尉，父保御史中丞。

李氏譜

文廷式《補晉書藝文志・譜系類》《李氏譜》。《世説・品藻門》注：《李氏譜》曰，李志仕至員外常侍、南康相。

劉氏譜

文廷式《補晉書藝文志・譜系類》《劉氏譜》。《世説注》屢引之。《魏志・

劉廙傳》注亦引《劉氏譜》曰，阜，字伯陵。阜子喬，字仲彥。

馮氏譜

文廷式《補晉書藝文志・譜系類》《馮氏譜》。《世說・文學門》注：《馮氏譜》曰，馮懷，字祖思，長樂人，歷太常護國將軍。

賈氏譜

文廷式《補晉書藝文志・譜系類》《賈氏譜》。《世說・賢媛門》注，賈氏名玉璜，即廣宣君也。

虞氏譜

文廷式《補晉書藝文志・譜系類》《虞氏譜》。《世說・賞譽門》注：《虞氏譜》曰，球，字和琳，仕至黃門侍郎。

郝氏譜

文廷式《補晉書藝文志・譜系類》《郝氏譜》。《世說・賢媛門》注：《郝氏譜》曰，普，字道匡，仕至洛陽太守。

郄氏譜

文廷式《補晉書藝文志・譜系類》《郄氏譜》。《世說・賢媛門》注：《郄氏譜》曰，超娶汝南周閔女，名馬頭。《排調門》注：《郄氏譜》曰，融，字景山，辟琅琊王文學，不拜。

韓氏譜

文廷式《補晉書藝文志・譜系類》《韓氏譜》。《世說・賢媛門》注：《韓氏譜》曰，繪之，字季倫，父康伯，太常卿。繪之仕至衡陽太守。

袁氏世紀

文廷式《補晉書藝文志・譜系類》《袁氏世紀》。《世說・文學門》注：《袁氏世紀》曰，準，字孝尼，陳郡陽夏人。忠信居正，世事多險，不敢求進，著書十餘萬言。《魏志・袁渙傳》注亦引此事。

袁氏家傳

文廷式《補晉書藝文志・譜系類》《袁氏家傳》。《世說・言語門》注：《袁氏家傳》曰，喬，字彥升，陳郡人。《文學門》注：《袁氏家傳》曰，喬有文才。《任誕門》注：《袁氏家傳》曰，耽，字彥道，陳郡陽夏人，仕至司徒、從事中郎。《書鈔》六十九引《袁氏家傳》袁勗事。

袁氏譜

文廷式《補晉書藝文志・譜系類》《袁氏譜》。《世說・品藻門》注：《袁氏譜》曰，恪之字元祖，義熙中爲侍中。《任誕門》注：《袁氏譜》曰，耽大妹名女皇，適殷浩。小妹名女正，適謝尚。《讒險門》注：《袁氏譜》曰，悅，字元禮，有寵於會稽王。每勸專攬朝權，王頠納其言。

温氏譜

文廷式《補晉書藝文志・譜系類》《温氏譜》。《世説・品藻門》注引《温氏譜序》。《假譎門》注按《温氏譜》嶠初取高平李晅女，中取琅琊王詡女，後取廬江何邃女。

陸氏譜

文廷式《補晉書藝文志・譜系類》《陸氏譜》。《世説・文學門》注：《陸氏譜》曰，退，字黎民，吴郡人。高祖凱，吴丞相。祖仰，吏部郎。父伊州主簿。退仕至光禄大夫。又曰，退，張憑壻也。

羊氏譜

文廷式《補晉書藝文志・譜系類》《羊氏譜》。《世説・文學門》注：《羊氏譜》曰，輔，字幼仁，泰山人。祖楷，尚書郎。父綏，中書郎。輔仕至衛軍功曹。又曰，孚，字子道，泰山人。歷太學博士、兖州别駕、太尉參軍。《言語門》注：《羊氏譜》曰，羊楷字道茂，仕至尚書郎。娶諸葛恢次女。《賞譽門》注：《羊氏譜》曰，繇，字堪甫，歷車騎掾，娶樂國禎女。

謝氏譜

文廷式《補晉書藝文志・譜系類》《謝氏譜》。《世説注》屢引之。

傅氏譜

文廷式《補晉書藝文志・譜系類》《傅氏譜》。

周氏譜

文廷式《補晉書藝文志・譜系類》《周氏譜》。《集聖賢羣輔録》引周燕少卿之五子號曰五龍。又《世説・德行門》注：《周氏譜》曰，翼，字之卿，陳郡人。《賢媛門》注按《周氏譜》浚取同郡李伯宗女。

吴氏譜

文廷式《補晉書藝文志・譜系類》《吴氏譜》。《世説・德行門》注：《吴氏譜》曰，坦之字處靖，濮陽人。仕至西中郎將、功曹。父堅，娶東苑章僉女，名秦姬。

孔氏譜

文廷式《補晉書藝文志・譜系類》《孔氏譜》。《世説・言語門》注：《孔氏譜》曰，沈字德度，會稽山陰人。祖父奕，全椒令。父群，鴻臚卿。沈至琅琊王文學。《魏志・倉慈傳》注案《孔氏譜》云云。又子愉，字士信，晉平東將軍衛尉。

陶氏敘

文廷式《補晉書藝文志・譜系類》《陶氏敘》。《世説・言語門》注：《陶氏敍》曰，侃，字士衡，其先鄱陽人。

陶氏家傳

文廷式《補晉書藝文志・譜系類》《陶氏家傳》。《類聚》卷六引《陶氏家傳》陶汪晉咸康中爲宣城内史事。《御覽》二百二十九引此書陶覆之爲太常丞事。二百九引此書陶迥爲王導從事中郎事。《書鈔》七十八引《陶氏家傳》陶遽爲龍陽長事。七十三引《陶氏家傳》陶清事。《御覽》二百五十八《陶氏家傳》陶基爲交州刺史事。二百四十五《陶氏家傳》曰，侃遷太子中庶子，君少而好學，善談玄理，尤明《詩》、《易》，以孝行聞於時。儲選殊難其人，特召君焉。此條疑有誤。

謝女譜

文廷式《補晉書藝文志・譜系類》《謝女譜》。《世説・言語門》注：《謝女譜》曰，重女月鏡適王恭子愔之。

戴氏譜

文廷式《補晉書藝文志・譜系類》《戴氏譜》。《世説・栖逸門》注：逯，字安邱，譙國人。以武勇顯有功，封廣陵侯，仕至大司農。

許氏譜

文廷式《補晉書藝文志・譜系類》《許氏譜》。《世説・政事門》注：《許氏譜》曰，柳，字季祖，高陽人。祖允，魏中領軍。父猛，吏部郎。又曰，永，字思妣。《雅量門》注：《許氏譜》曰，璪，仕至吏部侍郎。

桓氏譜

文廷式《補晉書藝文志・譜系類》《桓氏譜》。《世説・政事門》注：《桓氏譜》曰，歆，字叔道，温第三子，仕至尚書。《規箴門》注：《桓氏譜》曰，道恭，字祖猷，彝同堂弟。《仇隟門》注：《桓氏譜》曰，桓沖後娶潁川庾蔑女，字姚晉。

索氏譜

文廷式《補晉書藝文志・譜系類》《索氏譜》。《世説・傷逝門》注：《索氏譜》曰，元，字天保，燉煌人，歷征虜將軍、歷陽太守。

殷氏譜

文廷式《補晉書藝文志・譜系類》《殷氏譜》。《世説・文學門》注：《殷氏譜》曰，仲堪娶琅琊王臨之女，字英彦。《紕漏門》注：《殷氏譜》曰，殷師，字師子，至驃騎諮議，生仲堪。《御覽》八百九十二引《殷氏世傳》殷亮事。二百三十六亦引殷亮事。《類聚》卷十九引《殷氏世傳》記殷褒爲滎陽令事。《御覽》八百三十七《殷氏世傳》記殷謏事。二百四十九《殷氏家傳》記殷泰爲文帝車騎掾事。《任誕門》注：《殷氏譜》曰，羨，字洪喬，仕至豫章太守。

祖氏譜

文廷式《補晉書藝文志・譜系類》《祖氏譜》。《世説・排調門》注：《祖氏譜》曰，廣，字淵度，范陽人，父台之。廣仕至護軍長史。

諸葛氏譜

文廷式《補晉書藝文志・譜系類》《諸葛氏譜》。《世説・方正門》注：《諸葛氏譜》曰，恢子衡，字峻文，仕至滎陽太守，娶河南鄧攸女。

顧氏譜

文廷式《補晉書藝文志・譜系類》《顧氏譜》。《世説・簡傲門》注：《顧氏譜》曰，辟彊，吴郡人，歷郡功曹、平北將軍。

庾氏譜

文廷式《補晉書藝文志・譜系類》《庾氏譜》。《世説・雅量門》注、《識鑒門》注、《賢媛門》注並引之。

丁國鈞《補晉書藝文志・譜系類》《庾氏譜》。謹按：見《魏志・管寧傳》注家大人曰，據《譜》有文康公亮、司空公冰，皆遁之曾孫，貴達至今語。則《譜》爲晉時撰無疑。

太原郭氏録

文廷式《補晉書藝文志・譜系類》《太原郭氏録》。《世説・惑溺門》注：《太原郭氏録》曰，孫秀字彦才，吴郡吴人，爲下口督，甚有威恩。孫皓欲除之，秀豫知謀，遂來歸化，世祖喜之，以爲驃騎將軍、交州牧。

郭氏譜

文廷式《補晉書藝文志・譜系類》《郭氏譜》。《魏志・郭淮傳》注引之。

衛氏譜

文廷式《補晉書藝文志・譜系類》《衛氏譜》。《世説・賞譽門》注：衛承字君長，成陽人，仕至左軍長史。

魏氏譜

文廷式《補晉書藝文志・譜系類》《魏氏譜》。《世説・賞譽門》注：《魏氏譜》曰，隱，字安時，歷義興太守，弟邁黄門郎。《排調門》注：《魏氏譜》曰，顗，字長齊，會稽人，仕至山陰令。

齊高氏譜

《新唐書藝文志注・譜牒類》《齊高氏譜》六卷。《隋志》有《後齊宗譜》一卷。謹案：事見北齊《神武本紀》。此《志》六卷，恐唐人續修。

周宇文氏譜

《新唐書藝文志注・譜牒類》《周宇文氏譜》一卷。

王氏家牒

《新唐書藝文志注·譜牒類》 王方慶《王氏家牒》十五卷。

家　譜

《新唐書藝文志注·譜牒類》 王方慶又《家譜》二十卷。見《崇文總目》，止一卷。

王氏著録

《新唐書藝文志注·譜牒類》 《王氏著録》十卷。

梁蕭史譜

《新唐書藝文志注·譜牒類》 蕭穎士《梁蕭史譜》二十卷。

永泰新譜

《新唐書藝文志注·譜牒類》 柳芳《永泰新譜》二十卷。一作《皇室新譜》。

續　譜

《新唐書藝文志注·譜牒類》 柳璟《續譜》十卷。

皇唐玉牒

《新唐書藝文志注·譜牒類》 《皇唐玉牒》一百一十卷。開成二年李衢、林寶撰。

唐皇室維城録

《新唐書藝文志注·譜牒類》 《唐皇室維城録》一卷。陳氏云，屯田郎中李衢、沔王長史林寶修。止於僖宗，蓋昭宗修也。

天潢源流譜

《新唐書藝文志注·譜牒類》 李匡文《天潢源派譜》一卷。陳氏云，言手職圖籍，日撰《天潢源流譜》。

唐偕日譜

《新唐書藝文志注·譜牒類》 李匡文又《唐偕日譜》一卷。見《崇文總目》。陳氏云，「偕日」與日齊行之義也。

元和縣主譜

《新唐書藝文志注·譜牒類》 《元和縣主譜》一卷。見《崇文總目》。

家　譜

《新唐書藝文志注・譜牒類》《家譜》一卷。《崇文總目》云，李匡乂《家傳》。

大唐皇室新增

《新唐書藝文志注・譜牒類》李衢《大唐皇室新譜》一卷。見《崇文總目》。

謝氏家譜

《新唐書藝文志注・譜牒類》《謝氏家譜》一卷。

東萊呂氏家譜

《新唐書藝文志注・譜牒類》《東萊呂氏家譜》一卷。

薛氏家譜

《新唐書藝文志注・譜牒類》《薛氏家譜》一卷。

顔氏家譜

《新唐書藝文志注・譜牒類》《顔氏家譜》一卷。

虞氏家譜

《新唐書藝文志注・譜牒類》《虞氏家譜》一卷。

孫氏家譜

《新唐書藝文志注・譜牒類》《孫氏家譜》一卷。

吴郡陸氏宗系譜

《新唐書藝文志注・譜牒類》《吴郡陸氏宗系譜》一卷。陸景獻。見《崇文總目》。

劉氏譜考

《新唐書藝文志注・譜牒類》《劉氏譜考》三卷。

劉氏家史

《新唐書藝文志注・譜牒類》《劉氏家史》十五卷。並劉子玄。

紀王慎家譜

《新唐書藝文志注・譜牒類》《紀王慎家譜》一卷。

蔣王惲家譜

《新唐書藝文志注・譜牒類》《蔣王惲家譜》一卷。見《崇文總目》。

李用休家譜

《新唐書藝文志注・譜牒類》《李用休家譜》二卷。紀王慎之後。見《崇文總目》。

徐氏譜

《新唐書藝文志注・譜牒類》《徐氏譜》一卷。徐商。《崇文總目》有《新定徐氏譜圖》四卷，徐商撰。未知即此書否。

徐義倫家譜

《新唐書藝文志注・譜牒類》《徐義倫家譜》一卷。

劉晏家譜

《新唐書藝文志注・譜牒類》《劉晏家譜》一卷。

劉興家譜

《新唐書藝文志注・譜牒類》《劉興家譜》一卷。

周長球家譜

《新唐書藝文志注・譜牒類》《周長球家譜》一卷。

施氏家譜

《新唐書藝文志注・譜牒類》《施氏家譜》二卷。

萬氏家譜

《新唐書藝文志注・譜牒類》《萬氏家譜》一卷。

滎陽鄭氏家譜

《新唐書藝文志注・譜牒類》《滎陽鄭氏家譜》一卷。

竇氏家譜

《新唐書藝文志注・譜牒類》《竇氏家譜》一卷。懿宗時國子博士竇澄之。

見《崇文總目》。

鮮于氏家譜

《新唐書藝文志注・譜牒類》《鮮于氏家譜》一卷。

趙郡東祖李氏家譜

《新唐書藝文志注・譜牒類》《趙郡東祖李氏家譜》二卷。見《崇文總目》。

李氏房從譜

《新唐書藝文志注・譜牒類》《李氏房從譜》一卷。陳氏云，唐洛陽主簿李匡乂撰，時爲圖譜官。

韋氏諸房略

《新唐書藝文志注・譜牒類》《韋氏諸房略》一卷。韋絢。

本朝譜牒

孫德謙《金史藝文略・譜牒》《本朝譜牒》，阿離合懣撰。景祖第八子，《金史》本傳云：爲人聰敏辨給，凡一聞見，終身不忘。始未有文字，祖宗族屬時事並能默記，與斜葛同修《本朝譜牒》。

續編祖庭廣記

孫德謙《金史藝文略・譜牒》《續編祖庭廣記》。孔瓌撰。瓌有跋其文曰：叔祖父昔年編此既成，欲鏤版，藏于祖庭，值建炎之事，廟宇與書籍俱爲灰燼。後二十餘年，或見于士大夫家，皆無完本，甚可惜。瓌宣和間嘗預檢討，輒因公暇，考諸傳記，證以舊聞，重加編次，僅成完書，比之舊本，又取其事繫于先聖而非祖庭者，及以聖朝皆纂集而附益之，遂鏤版流傳，非特成叔祖父之志，將使歷代尊師重道優異之典，昭昭可見，不其韙歟？正隆元年丙子歲五月甲午初一日辛丑朔，四十九代孫瓌謹識。文見《祖庭廣記》。

金國世系

孫德謙《金史藝文略・譜牒》《金國世系》無撰人，見尤袤《遂初堂書目》地理類。此類中又有《女真實録》，雜記金國事，燕北金疆地理記，附載於此。

南冠録

孫德謙《金史藝文略・譜牒》《南冠録》。元好問撰。好問《自序》：予以始生之七月，出繼叔父隴城府君，迨大安庚午，府君卒官，扶護還鄉里，時予年二十有一矣。元氏之老人大父，彫喪殆盡。問之先世之事，諸叔皆晚生，止能道其梗槩，予亦以家牒具存，碑表相望，他日論次之，蓋未晚也。因循二三年，中原受兵，避寇陽曲秀容之間，歲無寧居。貞祐丙子南渡河，家所有物經亂而盡，舊所傳譜牒，乃于河南諸房得之，故宋以後爲詳，而宋前事皆不可得而考也。益之兄嘗命予修《千秋録》，雖略具次第，他所欲記者尚多，而未暇也。歲甲午，羈管聊城，益之兄邈在襄漢，遂有彼疆此界之限。姪搏俘，縶之平陽，存亡未可知。伯男子叔儀、姪孫伯安皆尚幼，未可告語。予年已四十有五，殘息奄奄，朝夕待盡，使一日顛仆于道路，則世豈復有知河南元氏哉？維祖考承三公餘烈，賢儁輩出，文章行業，皆可稱述，不幸而與皁隸之室，混爲一區，泯泯默默，無所發見，可不大哀耶？乃手寫《千秋録》一篇。付文嚴以備遺忘，又自爲講説之。嗚呼！前世功名之士人，有愛慕之者，必問其形質顔貌言語動作之狀，史家亦往往爲記之，在他人且然，吾先人之形質顔貌言語動作，乃不欲知之，豈人之情也哉？故以先世雜事附焉。予自四歲讀書，八歲學作詩，作詩今四十年矣。十八先府君教之民政，從仕十年，出死以爲民，自少日有志于世，雅以氣節自許，不甘落人後，四十五年之間，與世合者不能一二數，得名爲多，而謗亦不少，舉天下四方知己之交，唯吾益之兄一人。人生一世間，業不爲世所知，又將不爲吾子孫所知，何負于天地鬼神而至然耶？故以行年雜事附焉。先祖銅山府君，正隆二年賜出身，訖正大之末，吾家食先朝禄七十餘年矣。京城之圍，予爲東曹都事，知舟師將有東狩之役，言于諸相，請小字書國史一本，隨車駕所在，以一馬負之，時相雖以爲然，而不及行也。崔子之變，歷朝實録，皆滿城帥所取，百年以來，明君賢相，可傳後世之事甚多，不三二十年，則世人不復知之矣。予所不知者亡可奈何，其所知者忍棄之而不記之耶？故以先朝雜事附焉。合而一之，名曰《南冠録》。叔儀，伯安而下，乃至傳數十世，當家置一通，有不解者，就他人訓釋之，違吾此言，非元氏子孫。文見《遺山集》。

千秋録

孫德謙《金史藝文略・譜牒》 《千秋録》一篇。元好問撰，見《南冠録序》。

李氏家譜

孫德謙《金史藝文略・譜牒》 《李氏家譜》。晉城李俊民用章撰。見《莊靖集》。《山西通志》：俊民別號鶴鳴老人，唐韓王元嘉之後，家于澤州，少通程氏之學。承安中以經義舉進士第一，應奉翰林文字，棄官教授，南遷後，隱于嵩山，嘗遇隱士，授以邵伯温《皇極數》。元世祖在藩邸，劉秉忠盛稱之，以安車召見，廷訪無虚日，遽乞還山，卒賜謚莊静先生。世祖嘗曰：朕求賢三十年，惟得竇漢卿及俊民二人，澤守段正卿刻其遺集十卷，攷《元史》俊民附《竇漢卿傳》。

日記分部

乾道奉使録

陳振孫《直齋書録解題・傳記類》 《乾道奉使録》一卷。參政諸暨姚憲令則乾道壬辰使金日記。

馬端臨《文獻通考・經籍考・史・傳記》 《乾道奉使録》一卷。

温公日記

陳振孫《直齋書録解題・傳記類》 《温公日記》一卷。司馬光熙寧在朝所記。凡朝廷政事、臣僚差除及前後奏對、上所宣諭之語，以及聞見雜事皆記之。起熙寧元年正月，至三年十月出知永興軍而止。

馬端臨《文獻通考・經籍考・史・傳記》 《温公日記》一卷。

巽岩李氏曰：「文正公初與劉道原共議，取實録正史，旁采異聞，作《資治通鑑後紀》。屬道原早死，文正起相，元祐後終，卒不果成。今世所傳《記聞》及《日記》并《朔記》，皆《後紀》之具也。自嘉祐以前，甲子不詳，則號《記聞》；嘉祐以後，乃名《日記》；若《朔記》，則書略成編矣。始文正子孫藏其書祖廟謹甚，黨禍既解，乃稍出之。旋經離亂，多所亡逸。此八九紙草稾，或非全幅，間用故牘，又十數行別書，牘背往往剪開黏綴。事亦有與正史實録不同者，蓋所見所聞所傳聞之異，必兼存以求是，此文正長編法也。

趙康靖日記

陳振孫《直齋書録解題・傳記類》 《趙康靖日記》一卷。參政睢陽趙槩叔平所記治平乙巳、丙午間在政府事。

馬端臨《文獻通考・經籍考・史・傳記》《趙康靖日記》一卷。

石湖日録

王圻《續文獻通考・經籍考・傳記》《石湖日録》。范成大著。

平園日記

王圻《續文獻通考・經籍考・傳記》《平園日記》。周必大著。

可齋日記

王圻《續文獻通考・經籍考・傳記》《可齋日記》。安福彭時著。

復齋日記

王圻《續文獻通考・經籍考・傳記》《復齋日記》。諸浩著。

客杭日記

《四庫全書總目提要・傳記類存目六》《客杭日記》一卷。光禄寺卿陸錫熊家藏本。元郭畀撰。畀字天錫，號雲山，京口人。是編乃其所作日記。原本共四册。真蹟在揚州程氏家。雍正乙巳厲鶚遊揚州得見之。鶚，杭人也。因手録其中《客杭》一册以歸。其書自至大戊申九月初一日至次年二月初九日，逐日瑣記交遊聞見。中頗記請託吏胥之事，蓋畀於江浙行省求充學正山長時作也。

淮封日記

《四庫全書總目提要・傳記類存目六》《淮封日記》一卷。江蘇巡撫採進本。明陸深撰。深有《南巡日録》，已著録。是編乃其正德七年以編修充册封淮府副使途中所記。其紀程至蘇州而止，不言所封者爲何人。據深子楫所爲年譜，乃封淮王於饒州。而《明史・諸王世表》淮定王祐棨弘治十八年已襲封，至嘉靖三年卒。不應正德中始行册禮。與深《年譜》不同，莫能詳也。《記》中録馬中錫撫賊事，較史所載尤備可旁資參考云。

南遷日記

《四庫全書總目提要・傳記類存目六》《南遷日記》一卷。江蘇巡撫採進本。明陸深撰。嘉靖中深以祭酒侍經筵，因争閣臣改竄講章，謫延平府同知。是編紀其南行道路所經。以舟中日讀《漢書》，故評史之語亦雜載其間。

使西日記

《四庫全書總目提要・傳記類存目六》《使西日記》一卷。浙江范懋柱家天一閣藏本。明都穆撰。穆有《壬午功臣爵賞録》，已著録。穆於正德八年奉使册封慶藩壽陽王妃，自京師至寧夏，因記其道路所經。《江南通志》稱其奉使秦中，訪其靈勝形勢，故宫遺壤，作《西使記》，即此書也。於碑碣古蹟載之頗詳。然大抵多據見聞，罕所考證。時雜齊東之語，如趙州石橋稱張果騎驢處，獲嘉故地稱坦己梳妝臺，皆可笑噱。唯辨黄粱夢事爲誤傳吕洞賓，頗爲典核。所記石龍渦金崇慶二年静難軍節度判官張瑋詩，亦爲志金石者所未及云。

北行日譜

《四庫全書總目提要·傳記類存目六》《北行日譜》一卷。兩淮鹽政採進本。明朱祖文撰。祖文字完夫，自號三復居士，長洲人。都督先之孫。少負氣節，與周順昌善。【略】此書乃其北行時所手記，其子壽陽所刻也。

粵遊日記

《四庫全書總目提要·傳記類存目六》《粵遊日記》一卷。山東巡撫採進本。國朝王鉞撰。鉞號任菴，諸城人。順治己亥進士。官廣東西寧縣知縣。是編爲其《世德堂遺書》之第二種。記其自家赴西寧任時途中所經。始終康熙己酉正月二十四日，終於四月初八日。仿陸游《入蜀記》之體，案日記載。敘述頗簡潔，而無所考證。

海岱日記

《四庫全書總目提要·傳記類存目六》《海岱日記》一卷。直隸總督採進本。國朝張榕端撰。榕端字樸園，磁州人。康熙丙辰進士。官至内閣學士，兼禮部侍郎。是編乃康熙丙子榕端奉命祭告所作。以是年正月出都，登泰山。歷東鎮沂山、東海，往返凡四閱月。逐日記其道路所見，附以詩歌。於山川古蹟，無所考證。而工於點綴景物，敘致時有可觀。其詩則已刊入《寶嗇堂集》，此爲複出矣。

滇行日記

《四庫全書總目提要·傳記類存目六》《滇行日記》二卷。通行本。國朝李澄中撰。澄中字渭清，號漁村，又號雷田，諸城人，原籍成都。康熙己未召試博學鴻詞，官至翰林院侍讀。是編乃康熙庚午澄中典試雲南時途中所記。凡八十有四日。於山川風土、古蹟故實，無不詳載，而考證之處差少。殆行篋無書之故耶。

奉使俄羅斯日記

周中孚《鄭堂讀書記·傳記類》《奉使俄羅斯日記》一卷。《説鈴》本。國朝張鵬翮撰。鵬翮字運青，號寬宇，遂寧人。康熙庚戌進士，官至大學士，謚文端。康熙戊辰，運青以兵部督捕理事官偕兵部給事中陳世安奉使俄羅斯國，因逐日記其道途所經。自五月初二日，迄八月十二日止。於遠方異域土風、物産，紀載特詳，又附以《雜記》九則、《紀異》二則、《方言》一則、《詩》二十一首，以補《日記》所未及。《藝海珠塵》亦收入之。《日記》作行程録，而所記大同小異，今以《説鈴》刊在最先，故取以記之云。

南游日記

周中孚《鄭堂讀書記·傳記類》《南游日記》一卷。原刊本。國朝丁續曾撰。續曾字古似，號藿庵，日照人。康熙乙未進士，官歸安縣知縣。藿庵少患沈疴，於康熙辛巳訪道江左，適同里王澹庵亦有吴越之游，遂相與就道。過姑蘇，抵浦江。藥餌之餘，買棹逕往武林，復乘輿渡錢唐至山陰、會稽而歸。於是案日記所經歷以爲異時檢閲，足當卧遊云。前有康熙壬午自序及湖州凌應鼎嚴□□二序。

北遊日記

周中孚《鄭堂讀書記·傳記類》《北遊日記》一卷。《月滿樓全集》本。國朝顧宗泰撰。宗泰字景嶽，號星橋，元和人。乾隆乙未進士，官至高州府知府。乾隆三十年十一月壬午，星橋起程赴都，十二月庚申抵京。因隨日記録所經，於山水古蹟略存梗概，間有發明，亦不過志乘所有而已。前有自序。

紅亭日記

周中孚《鄭堂讀書記・傳記類》　《紅亭日記》二卷。乾隆乙卯刊本。國朝徐志鼎撰。志鼎號春田，平湖人。乾隆乙未進士，官四川知縣。是記乃其自梁而雍而豫而冀而并而幽所作也。起乾隆辛亥九月二十日自成都府啟行，迄十一月十四日良鄉縣止。皆案日繫大綱於上，而捃拾地志諸書於其下，後分附以所作之詩，於紀行之書爲創格。惜所輯録古書多沿地志之誤，不知刊正耳。前有趙少鈍秉淵序并周載軒厚轅、周慕蘐嘉猷、陳雲樵遂題詞。

從征緬甸日記

周中孚《鄭堂讀書記補逸・傳記類》　《從征緬甸日記》一卷。《借月山房彙鈔》本。國朝周裕撰。乾隆三十二年間，緬甸不恭，特命雲貴總督公明瑞爲將軍討之。時裕佐幕府。至三十四年，乃以次追記其事。五十五年，緬甸向化復繫以跋。

郭天錫日記

丁丙《善本書室藏書志・傳記類》　《郭天錫日記》一卷。精鈔本。勞氏丹鉛精舍藏書。元郭畀，字天錫，號雲山，京口人。《日記》四册，真蹟在揚州程氏。雍正乙巳，厲樊榭見之，因手録其中《客杭》一册以歸。自至大戊申九月初一日至次年二月初九日，瑣記交游聞見中頗記請託吏胥之事，蓋於江浙行省求充學正山長時作也。樊榭稱其記白塔以《進士題名碑》爲基，銅鐘有湻熙改元曾覿篆銘，爲他書所未載，而《寺壁》一詩與《桯史》所記康與之題徽宗畫扇詩，亦可參攷異同云。

使安南日記

丁立中《八千卷樓書目・傳記類》　《使安南日記》一卷。明黄福撰。《紀録彙編》本。

甲行日註

丁立中《八千卷樓書目・傳記類》　《甲行日註》八卷。國朝釋木納撰。《荆駝逸史》本。

三魚堂日記

丁立中《八千卷樓書目・傳記類》　《三魚堂日記》十卷。國朝陸隴其撰。《陸子全書》本。

米樓日記

丁立中《八千卷樓書目・傳記類》　《米樓日記》一卷。國朝倪稻孫撰。手稿本。

使蜀日記

丁立中《八千卷樓書目・傳記類》　《使蜀日記》一卷。國朝方象瑛撰。《昭代叢書》本。

蜀輶日記

丁立中《八千卷樓書目・傳記類》《蜀輶日記》四卷。國朝陶澍撰。刊本。

伊犁日記

丁立中《八千卷樓書目・傳記類》《伊犁日記》一卷。國朝洪亮吉撰。《全集》本。

江行日記

丁立中《八千卷樓書目・傳記類》《江行日記》一卷。國朝郭麐撰。《全集》本。

使朝鮮驛程日記

丁立中《八千卷樓書目・傳記類》《使朝鮮驛程日記》一卷。國朝柏葰撰。刊本。

出使英法義比日記

丁立中《八千卷樓書目・傳記類》《出使英法義比日記》六卷。國朝薛福成撰。刊本。

出使日記續刻

丁立中《八千卷樓書目・傳記類》《出使日記續刻》十卷。國朝薛福成撰。刊本。

雲山日記

繆荃孫《藝風堂藏書續記・傳記》《雲山日記》一卷。傳鈔本。從元郭畀手書録出。自至大元年戊申八月廿七日至二年己酉十月三十日止，并閏共十六閱月。逐日詳書天氣之陰晴寒暑、人事之往來酬答，委曲瑣屑，靡不備盡。所尤詳者，遇飲酒必書，求書畫必書，所觀書畫必書，所游寺觀必書，稱謂之間褒譏寓焉。細讀一過，如見其人。鮑知不足齋止刻《客杭日記》，非全文也。此册有宋葆淳、趙輯寧《跋》，又輯天錫詩文益之。

竹汀先生日記

繆荃孫《藝風堂藏書續記・傳記》《竹汀先生日記》一卷。錢氏手跋曰，此册是先世父宫詹公日記，戊戌四月朔日於書笥中檢出，猶子繹謹識。

翁氏手跋曰，元日檢篋得此册，距先生作《記》時已百年矣。余於癸酉正月自里中南行，觀鄧尉梅花，道杭州，渡錢塘，館於蕭山湯氏，遂泛鏡湖，尋禹穴，至蘭亭而返，再過杭州，冒雨一遊西湖，而逆旅喧雜不得卧，拂衣去之，亦無人識也。游蹤與先生相類，恨未一攬形勢及搜訪古碑刻耳。然雨中猶拓得禹陵窆石殘字也。此册爲潘伯寅侍郎所贈，并記之。光緒三年歲次丁丑正月丁巳，朔常熟後學翁同龢識。是日大風極寒。

《竹汀先生日記》近滂喜齋刊兩卷，式訓堂刊三卷，均摘鑑賞書籍、金石之語，海内未見真迹也。此戊戌正月至四月，先生是年五十有一，爲紹興守秦石公招游南鎮及蘭亭，道出杭州，復游西湖，歸途應兩江高文端公之聘，主鍾山講席，共百十有四日。集中得詩十九首，文筆亦極雅潔。無事則記陰晴，不涉瑣事。日記條例略具一斑矣。先生年及五十去官歸養，游覽勝區，訓迪後進，文字之福，幸際昌期，斗山之名，自臻不朽。荃孫去官年亦五十，後先生一百二十載主講鍾山，而風塵澒洞，海水橫流，講席詞林，一概改作無論，學不及先生，即所遇亦豐嗇特甚。我生之後，逢此百罹，諷詠是詩，有餘惘焉。後學繆荃孫跋。

姓氏分部

同姓名録

《隋書・經籍志・雜傳》《同姓名録》一卷。梁元帝撰。

《舊唐書・經籍志・杂傳》《同姓名録》一卷。梁元帝撰。

《唐志・藝文志・雜傳記》《同姓名録》一卷。

鄭樵《通志・藝文略・傳記》《同姓名録》一卷。梁元帝撰。

尤袤《遂初堂書目・姓氏類》梁元帝《古今人同姓名録》。

楊士奇等《文淵閣書目・姓氏》《古今同姓名録》。一部，一册。殘缺。

錢東垣等輯《崇文總目・傳記類》《同姓名傳》一卷。梁元帝撰。繹：按《隋志》、《舊唐志》、《唐志》、《通志略》、《讀書後志》「傳」並作「録」。《遂初堂書目》作《古今人同姓名録》。《書録解題》、《通考》、《宋志》及今本並作《古今同姓名録》。陳詩庭云，《梁書・本紀》又作《同姓名人録》。《宋志》，二卷。

百家集譜

《舊唐書・經籍志・雜譜牒》《百家集譜》十卷。王儉撰。

百家譜

《舊唐書・經籍志・雜譜牒》《百家譜》三十卷。王僧孺撰。

氏族要狀

《舊唐書・經籍志・雜譜牒》《氏族要狀》十五卷。賈希景撰。

姓氏英賢譜

《舊唐書・經籍志・雜譜牒》《姓氏英賢譜》一百卷。賈執撰。

百家譜

《舊唐書・經籍志・雜譜牒》《百家譜》五卷。賈執撰。

姓苑

《舊唐書・經籍志・雜譜牒》《姓苑》十卷。何承天撰。

尤袤《遂初堂書目・姓氏類》宋何承天《姓苑》。

後魏譜

《舊唐書・經籍志・雜譜牒》《後魏譜》二卷。

十八州譜

《舊唐書・經籍志・雜譜牒》《十八州譜》七百一十二卷。王僧孺撰。

冀州譜

《舊唐書・經籍志・雜譜牒》《冀州譜》七卷。

洪州譜

《舊唐書・經籍志・雜譜牒》《洪州譜》九卷。

袁州譜

《舊唐書・經籍志・雜譜牒》《袁州譜》七卷。

大唐氏族志

《舊唐書・經籍志・雜譜牒》《大唐氏族志》一百卷。高士廉撰。

尤袤《遂初堂書目・姓氏類》《大唐氏族志》。

姓氏譜

《舊唐書・經籍志・雜譜牒》《姓氏譜》二百卷。許敬宗撰。

鄭樵《通志・圖譜略・記有》《姓氏譜》。

著姓略記

《舊唐書・經籍志・雜譜牒》《著姓略記》十卷。路敬淳撰。

衣冠譜

《舊唐書・經籍志・雜譜牒》《衣冠譜》六十卷。路敬淳撰。

大唐姓族系録

《舊唐書・經籍志・雜譜牒》《大唐姓族系録》二百卷。柳冲撰。

同姓名譜

鄭樵《通志・藝文略・傳記》《同姓名譜》六卷。

錢東垣等輯《崇文總目・傳記類》《同姓名譜》六卷。《通志・略》不著撰人。原釋闕。見天一閣鈔本。

小名録

《唐書・藝文志・雜傳記》陸龜蒙《小名録》五卷。

鄭樵《通志・藝文略・傳記》《小名録》五卷。唐陸龜蒙撰，記秦漢至隋人。

錢東垣等輯《崇文總目・傳記類》《小名録》五卷。陸龜蒙撰。

徐𤊹《徐氏家藏書目・姓氏》《小名録》二卷。唐陸龜蒙。

名賢姓氏相同録

錢東垣等輯《崇文總目・傳記類》《名賢姓氏相同録》一卷。邱光庭撰。原釋闕。見天一閣鈔本。

南北朝小名録

鄭樵《通志・藝文略・傳記》《南北朝小名録》一卷。

名賢姓字相同録

鄭樵《通志・藝文略・傳記》《名賢姓字相同録》一卷。邱光庭撰。

名字族

鄭樵《通志・藝文略・傳記》《名字族》十卷。楊知惲撰。

同字録

鄭樵《通志・藝文略・傳記》《同字録》一卷。楊蘊撰。

歷代聖賢名氏録

鄭樵《通志・藝文略・傳記》《歷代聖賢名氏録》十五卷。

百官族姓之譜

鄭樵《通志・圖譜略・記無》《百官族姓之譜》。

跋皇朝百族譜

洪邁《容齋題跋》 跋《皇朝百族譜》。姓氏之書大抵多謬誤，如唐《貞觀氏族志》今已忘其本；《元和姓纂》誕妄最多。國朝所修《姓源韻譜》又爲可笑。姑以「洪氏」一項考之，云：「五代時，有洪昌、洪杲，皆爲參知政事。」予按：此二人乃五代南漢僭主劉龑之子。及晟嗣位，用爲知政事。其兄弟本連弘字，以本朝國諱故《五代史》追改之。元非姓洪氏也。此與洪慶善序丹陽弘氏，云：「有弘憲者，元和四年嘗跋《輞川圖》。」不知弘憲乃李吉甫之字耳。其誤正同。

元和姓纂

尤袤《遂初堂書目・姓氏類》《元和姓纂》。

楊士奇等《文淵閣書目・姓氏》《元和姓纂》。一部，四册。闕。

張之洞《書目答問・譜録》《元和姓纂》十八卷。唐林寶。嘉慶七年洪氏刻本。

十史姓纂

尤袤《遂初堂書目・姓氏類》《十史姓纂》。

千姓編

尤袤《遂初堂書目・姓氏類》《千姓編》。

古今姓氏書

尤袤《遂初堂書目・姓氏類》《古今姓氏書》。

姓源韻譜

尤袤《遂初堂書目・姓氏類》《姓源韻譜》。

姓氏雜録

尤袤《遂初堂書目・姓氏類》唐孔至《姓氏雜録》。

唐百家類例

尤袤《遂初堂書目・姓氏類》《唐百家類例》。

古命氏録

尤袤《遂初堂書目・姓氏類》唐李利涉編《古命氏録》。

皇朝百族譜

尤袤《遂初堂書目・姓氏類》《皇朝百族譜》。

嵇璜等《續通志・圖譜略・記無・世系》宋丁維皋《百族譜》。

紹興臣僚類姓

尤袤《遂初堂書目・姓氏類》《紹興臣僚類姓》。

古賢姓名相同録

尤袤《遂初堂書目・姓氏類》唐邱光庭《古賢姓名相同録》。

古今姓書辨證

楊士奇等《文淵閣書目・姓氏》《古今姓氏辨證》。一部，八册。闕。

《明史・藝文志・譜牒類》鄧名世《古今姓氏書辨證》四十卷。

張之洞《書目答問・譜録》《古今姓氏書辨證》四十卷，《校勘記》三卷。宋鄧名世。守山閣本，又洪刻本。

混一姓氏志

楊士奇等《文淵閣書目・姓氏》《混一姓氏志》。一部，五册。殘缺。

氏族大全

楊士奇等《文淵閣書目・姓氏》《氏族大全》。一部，二册。闕。《氏族大全》一部，四册。闕。

徐𤊹《徐氏家藏書目・姓氏》《氏族大全》二十八卷。

姓氏瑶華

楊士奇等《文淵閣書目・姓氏》《姓氏瑶華》。一部，三册。殘缺。

古今同姓名續録

楊士奇等《文淵閣書目・姓氏》《古今同姓名續録》。一部，一册。闕。

千家姓

楊士奇等《文淵閣書目・姓氏》《千家姓》。一部，一册。闕。

徐𤊹《徐氏家藏書目・姓氏》《千家姓》一卷。洪武中吴伯宗。

《明史・藝文志・譜牒類》吴沈《千家姓》一卷。

姓氏急就

楊士奇等《文淵閣書目・姓氏》《姓氏急就》。一部，三册。殘缺。

張之洞《書目答問・譜録》《姓氏急就篇》二卷。宋王應麟并自注。《玉海》附刻本。

氏族類稾

楊士奇等《文淵閣書目・姓氏》《氏族類稾》。一部，十册。殘缺。

古今姓氏纂要

祁承㸁《澹生堂藏書目・譜録》《古今姓氏纂要》。一册。一卷。

氏族略

祁承㸁《澹生堂藏書目・譜録》《氏族略》六卷。鄭樵。《通志略》本。

氏族考

祁承㸁《澹生堂藏書目・譜録》《氏族考》八卷。王圻《續通考》本。

姓氏源流

王圻《續文獻通考·經籍考·譜牒》《姓氏源流》。徐均著。

女直郡望姓氏譜

王圻《續文獻通考·經籍考·譜牒》《女直郡望姓氏譜》。金完顏勗，字勉道，穆宗第五子，好學問，國人稱爲秀才。撰此《譜》。

倪燦等《補遼金元藝文志·譜牒類》〔金〕完顏勖《女直郡望姓氏譜》。

錢大昕《補元史藝文志·譜牒類》《女直郡望姓氏譜》。太師金源郡王勖撰。

龔顯曾《金藝文志補録·譜牒類》《女直郡望姓氏譜》二卷。完顏勖。

尚古類氏

王圻《續文獻通考·經籍考·譜牒》《尚古類氏》。汾陽王文翰集。

《明史·藝文志·譜牒類》王文翰《尚古類氏集》十二卷。

萬姓統譜

徐𤊹《徐氏家藏書目·姓氏》《萬姓統譜》一百四十卷。凌迪知。

《明史·藝文志·譜牒類》凌迪知《萬姓統譜》一百四十卷。

嵇璜等《續通志·圖譜略·記有·世系》凌迪知又《萬姓統譜》。

氏族博考

徐𤊹《徐氏家藏書目·姓氏》《氏族博考》十四卷。

姓源珠璣

徐𤊹《徐氏家藏書目·姓氏》《姓源珠璣》六卷。楊信民。

錢謙益等《絳雲樓書目·譜牒類》《姓源珠璣》六卷。楊信民。

《明史·藝文志·譜牒類》楊信民《姓源珠璣》六卷。

希姓録

徐𤊹《徐氏家藏書目·姓氏》《希姓録》一卷。楊慎。

《明史·藝文志·譜牒類》楊慎《希姓録》五卷。

同姓名録

徐𤊹《徐氏家藏書目·姓氏》《同姓名録》十二卷。余寅。

《明史·藝文志·譜牒類》余寅《同姓名録》十二卷。

小字録

徐𤊹《徐氏家藏書目·姓氏》《小字録》一卷。宋陳思。

小字録補

徐𤊹《徐氏家藏書目・姓氏》《小字録補》三卷。沈宏正。

侍兒小名録

徐𤊹《徐氏家藏書目・姓氏》《侍兒小名録》一卷。

侍兒小名録拾遺

徐𤊹《徐氏家藏書目・姓氏》《侍兒小名録拾遺》一卷。宋張邦畿。

補侍兒小名録

徐𤊹《徐氏家藏書目・姓氏》《補侍兒小名録》一卷。宋銍。

續侍兒小名録

徐𤊹《徐氏家藏書目・姓氏》《續侍兒小名録》一卷。宋温裕。

姬侍類偶

徐𤊹《徐氏家藏書目・姓氏》《姬侍類偶》一卷。周守忠。

百家姓

徐𤊹《徐氏家藏書目・姓氏》《百家姓》一卷。

世説紀稱

徐𤊹《徐氏家藏書目・姓氏》《世説紀稱》一卷。徐棉。

氏族大全綱目

錢謙益等《絳雲樓書目・譜牒類》《氏族大全綱目》。十册。

希姓略

錢謙益等《絳雲樓書目・譜牒類》《希姓略》。

倪燦等《補遼金元藝文志・譜牒類》陳櫟《希姓略》一卷。

錢大昕《補元史藝文志・譜牒類》陳櫟又《希姓略》一卷。

姓氏大全

倪燦等《補遼金元藝文志・譜牒類》〔元〕《姓氏大全》十卷。一作十八卷，失名。

史傳姓氏纂

倪燦等《補遼金元藝文志・譜牒類》 梁益《史傳姓氏纂》。

錢大昕《補元史藝文志・譜牒類》 梁益《史傳姓氏纂》。

排韻增廣事類氏族大全

倪燦等《補遼金元藝文志・譜牒類》 《排韻增廣事類氏族大全》十卷。失名。

錢大昕《補元史藝文志・譜牒類》 《排韻增廣事類氏族大全》十卷。不著撰人。

姓氏彙典

《明史・藝文志・譜牒類》 邢參《姓氏彙典》二卷。

姓氏譜纂

《明史・藝文志・譜牒類》 李日華《姓氏譜纂》七卷。

嵇璜等《續通志・圖譜略・記有・世系》 李日華《姓氏譜纂》。

郡望辨

《明史・藝文志・譜牒類》 曹宗儒《郡望辨》二卷。

姓　彙

《明史・藝文志・譜牒類》 陳士元《姓彙》四卷。

姓　觿

《明史・藝文志・譜牒類》 陳士元《姓觿》二卷。

名　疑

《明史・藝文志・譜牒類》 陳士元《名疑》四卷。

張之洞《書目答問・譜録》 《名疑》四卷。明陳士元。借月山房本。

歷代帝王姓系統譜

《明史・藝文志・譜牒類》 凌迪知《歷代帝王姓系統譜》六卷。

嵇璜等《續通志・圖譜略・記有・世系》 凌迪知《歷代帝王姓系統譜》。

姓氏博考

《明史・藝文志・譜牒類》 凌迪知《姓氏博考》十四卷。

五聲姓譜

錢大昕《補元史藝文志・譜牒類》 蕭貢《五聲姓譜》五卷。

孫德謙《金史藝文略・譜牒》 《五聲姓譜》五卷。蕭貢撰。《金史》本傳不載，見《中州集》。

姓氏源流

錢大昕《補元史藝文志・譜牒類》 陳櫟《姓氏源流》一卷。

姓氏通辨

錢大昕《補元史藝文志・譜牒類》 楊譓《姓氏通辨》。

元史氏族表

周中孚《鄭堂讀書記・傳記類》 《元史氏族表》三卷。黄鐘校刊本。國朝錢大昕撰。竹汀以元之氏族有似異而實同者，有似同而實異者。陶九成《輟耕録》所載蒙古七十二種，色目三十一種，其見於史者僅十之三四，而譯字無正音，紀載互異，因仿《唐書・宰相世系》之例，取其譜系可考者，列爲表。上卷蒙古，中卷色目，下卷部族。無考者，于正史、雜史之外，兼取碑刻、文集、題名録等書。攷其得失，審其異同，一一表而出之，而後昭然如白黑分矣。據其門人黄鐘跋，蓋竹汀嘗欲刊正《元史》，特補《藝文志》及此《表》，後《元史》未成，學者讀此二編，可以窺見厓略矣。

百家姓注釋

馬國翰《玉函山房藏書簿録・譜系類》 《百家姓注釋》一卷。濟美堂本。宋吴越人撰，佚其姓氏。首趙者，尊天子之姓。次錢者，尊其國王之姓。孫、李以下，皆就其國之著姓編之。兔園册載其事，明王相晉注釋。

增廣排韻氏族事類綱目

馬國翰《玉函山房藏書簿録・譜系類》 《增廣排韻氏族事類綱目》十卷。白雲齋本。撰人缺。江西德興北山徐湯序云，書林陳氏崑泉子購求重梓，合一百九十三姓，計千一百九十一家。首以沈約排韻爲綱，次著各姓事實於下爲目。

姓氏尋源

馬國翰《玉函山房藏書簿録・譜系類》 《姓氏尋源》三十五卷。國朝武威張澍撰。張最留心姓氏之學，既輯補《風俗通・姓氏篇》，乃復爲此書。引證博洽，大似《路史・國名紀》。

姓氏辯誤

馬國翰《玉函山房藏書簿録・譜系類》 《姓氏辯誤》三十卷。並棗花書屋本。張澍撰。此編辯論古人説姓氏之誤，亦極博通。

千家姓集注

馬國翰《玉函山房藏書簿録・譜系類》 《千家姓集注》一卷。文賢堂本。國朝西昌熊峻運撰。補《百家姓》之缺，且成意義。

姓氏五書

張之洞《書目答問・譜録》 《姓氏五書》。《姓韻》、《遼金元三史姓録附西夏姓》、《姓名尋源》、《姓氏辨誤》、《古今姓氏書目考證》。張澍。止刻《尋源》、《辨誤》兩種。

史姓韻編

張之洞《書目答問・譜録》 《史姓韻編》六十四卷。汪輝祖。家刻本，江甯活字版本。

九史同姓名略補遺

張之洞《書目答問・譜録》 《九史同姓名略》七十二卷，《補遺》四卷。汪輝祖。家刻本。《古今同姓名録》二卷，舊題梁元帝撰，唐陸善經續，元葉森補，《函海》本。

遼金元三史同名録

張之洞《書目答問・譜録》 《遼金元三史同名録》四十卷。汪輝祖。家刻本。

李慈銘《越縵堂讀書記・傳記類》 《三史同名録》。清汪輝祖撰。閲《三史同名》共四十卷，《元史本證》共五十卷，皆龍莊晚年所譔。據《病榻夢痕録餘》言，兩書皆刻於嘉慶辛酉時龍莊年七十二歲。而行世絶少，余未之見也。此本筱山得之琉璃廠，爲高郵王文簡故物。《三史同名録》者，《遼史》五卷，《金史》十卷，《元史》二十卷，分載遼、金、蒙古、色目人之同名，其有姓者著之於下，以名之首一字分韻編次，遼、金則以名爲綱，而分注氏姓，元則以蒙古、色目及遼、金部族爲主，而附存漢姓；其漢人南人間有不繫姓者，則不書附字。又《總録》二卷，載三史之同名者，《附録》二卷，載《五代史》、《宋史》、《明史》人名之同於三史者。敍録一卷，則其序目也。其前有章氏學誠序一首。

聊氏萬姓譜

姚振宗《後漢藝文志・譜系類》 《聊氏萬姓譜》。

《廣韻・三蕭聊字》注，聊亦姓。《風俗通》有聊倉，爲漢侍中，著子書。按：見《漢書・藝文志》。從横家云，趙人，武帝時。又有聊氏爲潁川太守著萬姓譜。鄧名世《古今姓氏書辯證》，《風俗通》曰，又漢有潁川太守聊謀。按：此似某之譌。著《萬姓譜》。

《通志・氏族略》漢有《鄧氏官譜》，應劭有《氏族篇》，又有潁川太守聊氏《萬姓譜》。又曰，聊氏望出潁川。《風俗通》漢侍中聊蒼著書，號《聊子》。又有潁川太守聊某著《萬姓譜》。

氏姓論

姚振宗《三國藝文志・簿録類》 管寧《氏姓論》。寧始末具雜傳記類。《魏志》本傳注，《傅子》曰，寧以衰亂之時，世多妄變氏族者，違聖人之制，非禮命姓之意，故著《氏姓論》以原本世系，文多不載。侯《志》曰，管寧《氏姓論》見本傳注引傅子「論」字作「歌」字，疑誤。今據《玉海》訂正。案：明北監本《三國志》及汲古閣《十七史》本亦皆作「論」字，非「歌」字。

十八州士族譜

文廷式《補晉書藝文志・譜系類》　賈弼《十八州士族譜》七百十二卷。《南史・王宏傳》：晉太元中，平陽賈弼篤好簿狀，乃廣集衆家，大搜群族，所撰《十八州》一百一十六郡，合七百一十二卷，謂之《百家譜》。《齊書・賈淵傳》、《梁書・王僧孺傳》、《唐書・柳冲傳》稱河東賈弼撰《姓氏簿狀》七百一十二卷。

梁州巴紀姓族

文廷式《補晉書藝文志・譜系類》　黄容《梁州巴紀姓族》。見《華陽國志》。

複姓録

文廷式《補晉書藝文志・譜系類》　傅餘頎《複姓録》。《元和姓纂》卷二曰，晉有餘頎著《複姓録》，本出傅氏。卷九曰，傅餘頎《複姓録》有尚方氏。宋鄧名世《古今姓氏書辯證》卷八云，安都晉傅餘頎《複姓録》有此姓。卷十一傅餘頎《複姓録》曰，代北人，南涼尚書左丞婁衍裔。卷三十云，晉傅餘頎著《複姓》，自云傅説之後，留居傅巖，爲傅餘氏。

百家集譜

《新唐書藝文志注・譜牒類》　王儉《百家集譜》十卷。《隋志》：《百家集譜》十卷。王儉撰。儉見禮類。《百家集譜》十卷。王儉撰。

百官譜

《新唐書藝文志注・譜牒類》　徐勉《百官譜》二十卷。

姓氏實論

《新唐書藝文志注・譜牒類》　王元感《姓氏實論》十卷。

姓苑路

《新唐書藝文志注・譜牒類》　崔日用《姓苑略》一卷。見《崇文總目》。

氏族録

《新唐書藝文志注・譜牒類》　岑羲《氏族録》卷七。

開元譜

《新唐書藝文志注・譜牒類》　韋述《開元譜》二十卷。

唐新定諸家譜類

《新唐書藝文志注・譜牒類》　《唐新定諸家譜録》一卷。李林甫等。見《崇文總目》。《玉海》云，玄宗御製序。

系纂

《新唐書藝文志注·譜牒類》 竇從一《系纂》七卷。見《崇文總目》。

姓林

《新唐書藝文志注·譜牒類》 陳湘《姓林》五卷。見《崇文總目》。

唐官姓氏記

《新唐書藝文志注·譜牒類》 李利涉《唐官姓氏記》五卷。初十卷，利涉貶南方，亡其半。

古命氏

《新唐書藝文志注·譜牒類》 李利涉又編《古命氏》三卷。見《崇文總目》。

姓氏韻略

《新唐書藝文志注·譜牒類》 柳璨《姓氏韻略》六卷。見《崇文總目》。

史鈔部

論述

《四庫全書總目提要·史鈔類》　帝魁以後書，凡三千二百四十篇，孔子刪取百篇。此史鈔之祖也。《宋志》始自立門。然《隋志·雜史類》中有《史要》十卷，註漢桂陽太守衛颯撰，約《史記》要言，以類相從。又有《三史略》二十卷，吳太子太傅張温撰。嗣後專鈔一史者，有葛洪《漢書鈔》三十卷、張緬《晉書鈔》三十卷。合鈔衆史者，有阮孝緒《正史削繁》九十四卷。則其來已古矣。沿及宋代，又增四例。《通鑑總類》之類，則離析而編纂之。《十七史詳節》之類，則簡汰而刊削之。《史漢精語》之類，則採摭文句而存之。《兩漢博聞》之類，則割裂詞藻而次之。迨乎明季，彌衍餘風。趨簡易，利剽竊，史學荒矣。要其含咀英華，刪除冗贅，即韓愈所稱記事提要之義，不以末流蕪濫責及本始也。博取約存，亦資循覽。若倪思《班馬異同》惟品文字，婁機《班馬字類》惟明音訓，及《三國志文類》總匯文章者，則各從本類，不列此門。

耿文光《萬卷精華樓藏書記·史鈔類序》　史鈔一門始自《宋志》，其刪削之書則自古有之。今所録者四家，其體有徵典、分門、刪繁、摘句之不同，然皆宋元舊本，足以考證諸史，故可貴也。他如舊本《冊府元龜》及舊本《通志》，雖別有部分，皆宜與全史互勘。至於《讀史快編》及《史緯》等書，體例既乖，史法據依亦非古本，雖屬史抄，祇見漏略，不足觀已。

雜録

馬端臨《文獻通考·經籍考·史鈔》　《隋》、《唐志》史部皆無此門，附在雜史，《宋志》方別立《史抄門》。

《宋史·藝文志·史鈔類》　史鈔類七十四部，一千三百二十四卷。李燾《歷代宰相年表》以下不著録八部，七十五卷。

倪燦等《宋史藝文志補·史鈔類》　史鈔類二家二十五卷。

倪燦等《補遼金元藝文志·史鈔類》　史鈔類七家三十六卷。

《明史·藝文志·史鈔類》　史鈔類三十四部，一千四十三卷。

《四庫全書總目提要·史鈔類序》　史鈔類四十部，一千六百十九卷。內一部無卷數。皆附存目。

《四庫全書總目提要·史鈔類存目》　史鈔類三部，四十八卷。皆文淵閣著録。

綜述

洞歷

姚振宗《後漢藝文志·史鈔類》　周樹《洞歷》十篇。

《論衡·超奇篇》：「周長生者，文士之雄也，在州爲刺史任安舉湊，在郡爲太守孟觀上書，事解憂除，州郡無事。長生死後，州郡遭憂，無舉奏之吏，以故事結不解。長生之才，非徒鋭于牒牘也，作《洞歷》十篇，上自黄帝，下至漢朝，鋒芒毛髮之事，莫不紀載，與太史公《表》、《紀》相似類也。上通下達，故曰《洞歷》。然則長生非徒文人，所謂鴻儒者。」

按：王仲任數言周長生《洞歷》，推之甚至。據《書鈔》、《御覽》引謝氏書，始知長生名樹，而兩《唐志》猶載其書九卷，似已亡其一篇矣。

古歷注

姚振宗《後漢藝文志·史鈔類》　《古歷注》。

《吳志·韋曜傳》：「鳳皇元年，曜因獄吏上辭曰：『囚昔見世間有《古歷注》，其所紀載既多虛無，在書籍者亦復錯謬。囚尋按傳記，作《洞紀》』云云。」

按：韋宏嗣言世間有《古歷注》，則後漢時所當有。

漢皇德傳

姚振宗《後漢藝文志・史鈔類》 侯瑾《漢皇德傳》三十卷。

范書《文苑傳》：侯瑾，字子瑜，敦煌人也。少孤貧，依宗人居。性篤學，恒傭作爲資，暮還輒爇柴以讀書。州郡累召，公車有道徵，並稱疾不到。徙入山中，覃思著述。案《漢記》：「撰中興以後行事爲《皇德傳》三十篇，行于世。西河人敬其才，而不敢名之，皆稱爲侯君云。」

《隋志・雜史篇》：《漢皇德紀》三十卷，漢有道徵士侯謹撰。「謹」當爲「瑾」起光武，至沖帝。唐《經籍志・編年類》：《漢皇德紀》三十卷，侯瑾撰。《藝文志》：侯瑾《漢皇德紀》三十卷。

章宗源《隋志考證》曰：《宋書・大且渠傳》：元嘉十四年，茂虔表獻《漢皇德傳》二十五卷。《御覽・皇王部》、《人事部》、《禮儀部》、《獸部》引《漢皇德傳》四事。又《資産部》侯瑾子子瑜云云，其文同范書稱《漢皇德頌》。

漢事

姚振宗《後漢藝文志・史鈔類》 應奉《漢事》十七卷。

范書本傳：奉字世叔，汝南南頓人也。爲郡決曹史，大將軍梁冀舉茂才。永興元年，拜武陵太守。延熹中，爲車騎將軍。馮緄從事中郎，緄薦爲司隸校尉。及黨事起，奉乃慨然以疾自退，卒。

袁山松書曰：「奉又刪《史記》、《漢書》及《漢記》三百六十餘年，自漢興至其時，凡十七卷，名曰《漢事》。」章宗源《隋志考證》曰：「《史記・匈奴傳》索隱、《通典・職官門》注，各引應奉一條。章懷《雷義傳》注，亦引之。」

按：章氏所舉三引，但稱「應奉曰」，不著書名，恐亦是《後序》中語。《後序》見《子部・儒家》。

漢語

姚振宗《後漢藝文志・史鈔類》 荀爽《漢語》。爽始末見《經部・易類》。

范書本傳又：「集漢事成敗，可謂鑒戒者，謂之《漢語》。」

章宗源《隋志考證》曰：史記文帝遺詔，臨者無踐。裴駰《集解》：「晉灼曰：『《漢語》作跣。』」按，此亦見班書文紀。《索隱》曰：《漢語》書名，荀爽所作。又《漢書・昭帝紀》注：丁外人，字少君。《宣帝紀》注：馮殷，字子都。《霍光傳》注：光，嫡妻東閭氏生，上官安夫人，昭后之母也。又云：東閭氏亡，霍光妻顯以婢代立，素與馮殷姦也。四事皆晉灼引《漢語》。

按，隋《經籍志》曰：又自後漢已來，學者多鈔撮舊史，自爲一書。或起自人皇，或斷之近代，亦各其志云，是史鈔之學起于後漢而其書則自衛颯《史要》始。隋志附之雜史篇而隱分其類。侯瑾《漢皇德紀》亦是類之屬也，今彙次諸家書立此一類。

漢皇德紀

《隋書・經籍志・雜史》 《漢皇德紀》三十卷。漢有道徵士侯瑾撰。起光武，至沖帝。

典略

《隋書・經籍志・雜史》 《典略》八十九卷。魏郎中魚豢撰。

《舊唐書・經籍志・雜史》 《典略》五十卷。魚豢撰。

姚振宗《三國藝文志・史鈔類》 魚豢《典略》八十九卷。豢始末見《正史類》。

《隋書・經籍志》：「《典略》八十九卷，魏郎中魚豢撰。」《唐・經籍志》：「《典略》五十卷，魚豢撰。」案新志有《魏略》五十卷，卷數與舊志《典略》同，疑新志《魏略》是《典略》之誤。

章宗源《隋志考證》曰：魚豢《魏略》祇記曹魏，故以魏名。若《典略》所載，惟裴松之《國志注》、章懷《後漢書注》，專引漢末及三國事。【略】此類記載既廣，體裁亦雜，與《魏略》斷代爲書者，一爲正史，一爲雜史，《隋志》闕著《魏略》，《新唐志》闕著《典略》，惟《舊唐志》兼載之。杭大宗《諸史然疑》乃誤以《魏》、《典略》爲一書。

案：《魏略》有紀、志、列傳，自是正史體裁。《典略》，《隋志》列之史鈔一類中，明是別爲一書。《隋志》自衛颯《史要》十卷以下二十餘家，別爲史鈔，附之雜史。志《序》言之甚明。杭氏以《御覽》引「魏典略」，遂謂一書，不知《御覽》稱「魏典略」者，所以別于唐人之《三國典略》。見《通攷》。或《典略》分代紀載，有周、秦、漢、魏等目。且裴氏奉詔注書，慎重其事，凡所稱引，例歸畫一，必不使一書兩稱，自詒詰問，此又顯見者也。

三史略

《隋書・經籍志・雜史》 《三史略》二十九卷。吴太子太傅張温撰。

姚振宗《三國藝文志・史鈔類》 張温《三史略》二十九卷。

《吴志・張温本傳》：字惠恕，吴郡人也。徵拜議郎、選曹尚書，徙太子太傅，甚見信重。時年三十二，以輔義中郎將使蜀。還，使入豫章部伍出兵，事業未究。權既陰銜温稱美蜀政，又嫌其聲名大盛，衆庶炫惑，恐終不爲己用，思有以中傷之。會暨艷事起，遂因此發舉，下令斥還本郡，以給廝吏。將軍駱統表理温，權終不納。後六年，温病卒。

《隋書・經籍志・雜史類》：《三史略》二十九卷，吴太子太傅張温撰。《唐・經籍志・雜史類》：《三史要略》三十卷，張温撰。《藝文志・雜史類》：張温《三史要略》三十卷。

案：三史者，《史記》、《漢書》、《東觀記》也。蜀孟光尤鋭意三史，三史之學盛行于時。

三史要略

《舊唐書・經籍志・雜史》 《三史要略》三十卷。張温撰。

三五曆記

姚振宗《三國藝文志・史鈔類》 徐整《三五曆記》二卷。整始末具《經部・詩類》。

《唐書・經籍志》：《三五曆記》二卷，徐整撰。《藝文志》：徐整《三五曆記》二卷。

侯《志》曰：蕭吉《五行大義》卷五引之。《藝文相聚》卷一、卷十一、卷九十二亦並引之。餘見《太平御覽》，引者甚多。

馬國翰輯本《序》曰：曆稱三五者，蓋紀三皇五帝事也。亦名《長曆》，今佚已久。陶宗儀《説郛》卷六十輯《長曆》一種，凡七節，尚有疎漏，兹復蒐采補訂，合得十四節，録爲一卷。

通曆　雜曆

姚振宗《三國藝文志・史鈔類》 徐整《通曆》二卷。

徐整《雜曆》五卷。

《唐書・經籍志》：《通曆》二卷，徐整撰。《雜曆》五卷，徐整撰。《藝文志》：徐整《通曆》二卷，《雜曆》五卷。

侯《志》曰：《御覽》屢引徐整《長曆》。又卷八百七十三、九百十五引徐整《正曆》，疑即此二書之異名。

王仁俊《遼史藝文志補正・史鈔類》 《舊唐志》有《後魏尚書》十四卷，張温撰。章氏《攷證》改爲《後漢尚書》。今校以《新唐志》，實晉孔晁書，故不録。

案：隋志于《典略》、《三史略》、《洞紀》三書別入鈔，撮舊史類中附之雜史，今與徐整《曆紀》並析爲史鈔類。

史漢要集

《隋書・經籍志・雜史》 《史漢要集》二卷。晉祠部郎王蔑撰。抄《史記》，入《春秋》者不録。

《舊唐書・經籍志・雜史》《史漢要集》二卷。王蔑撰。

秦榮光《補晉書藝文志・史鈔類》《史漢一本作「記」要集》二卷。祠部郎王蔑撰。鈔《史記》，入《春秋》者不録。案：蔑見《隋志別集類》稱，郡主簿，《唐志・別集類》並作「王蔑」，《玉海》作「王茂」。

葛洪史記鈔

《史略・史鈔》葛洪《史記鈔》十五卷。

文廷式《補晉書藝文志・雜史類》葛洪《史記鈔》十四卷。見《唐志》。高似孫《史略》作十五卷。

秦榮光《補晉書藝文志・史鈔類》《史記鈔》十四卷。据《新唐志》。

葛洪漢書鈔

《史略・史鈔》葛洪《漢書鈔》三三卷。

文廷式《補晉書藝文志・雜史類》《漢書鈔》三十卷。《西京雜記・序》曰：「洪家世有劉子駿《漢書》一百卷，無首尾、題目，但以甲、乙、丙、丁紀其卷數。」《抱朴子・論仙篇》引漢《禁中起居注》云：少君將去，武帝夢與共登嵩高山云云，其辭甚怪。據此，則《西京雜記》未可爲吴均作也。

秦榮光《補晉書藝文志・史鈔類》《漢書鈔》三十卷。

西漢書鈔

丁丙《八千卷樓書目・史鈔類》《漢書鈔》九十三卷。明茅坤編。明刊本。

葛洪後漢書抄

《舊唐書・經籍志・雜史》《後漢書抄》三十卷。葛洪撰。

删補蜀記

《舊唐書・經籍志・雜史》《删補蜀記》七卷。王隱撰。

荀綽晉略

《宋史・藝文志・史鈔類》《荀綽晉略》九卷。

涉史隨筆

秦榮光《補晉書藝文志・史鈔類》《涉史隨筆》一卷。据《述古堂書目》。上四種並葛洪撰。

三國總略

秦榮光《補晉書藝文志・史鈔類》《三國總略》二十卷。据《宋書・外國傳》，沮渠茂虔獻河西人書。

國史要覽

《宋史・藝文志・史鈔類》 裴松之《國史要覽》二十卷。

正史削繁

《舊唐書・經籍志・雜史》 《正史削繁》十四卷。阮孝緒撰。

後漢略

《隋書・經籍志・雜史》 《後漢略》二十五卷。張緬撰。

後漢書略

《舊唐書・經籍志・雜史》 《後漢書略》二十五卷。張緬撰。

晉書鈔

《舊唐書・經籍志・雜史》 《晉書鈔》三十卷。張緬撰。

《史略・史鈔》 張緬《晉書鈔》三十卷。

後漢書鈔　蜀漢文鈔

《史略・史鈔》 葛洪《後漢書鈔》三十卷。

文廷式《補晉書藝文志・雜史類》 《後漢書鈔》三十卷。見《唐志》。

秦榮光《補晉書藝文志・史鈔類》 《後漢書鈔》三十卷。据《唐志》。

吴志鈔

《史略・史鈔》 《吴志鈔》一卷。

文廷式《補晉書藝文志・雜史類》 《吴志鈔》一卷。見高似孫《史略》。

三十國春秋抄

《史略・史鈔》 《三十國春秋鈔》二卷。

三史略記

秦榮光《補晉書藝文志・史鈔類》 《三史略記》八十四卷。劉昞撰。据《魏書》傳，昞爲李暠儒林祭酒，以「三史」文繁，著《略記》百三十篇。

九州春秋鈔

《史略・史鈔》 《九州春秋鈔》一卷，劉孝摽注。

三史菁英

錢東垣等輯《崇文總目輯釋・雜史類》 《三史菁英》三十卷。周護撰。原釋闕。見天一閣鈔本。

《宋史・藝文志・史鈔類》 周護《三史菁英》三十卷。

晉書金穴鈔

錢東垣等輯《崇文總目輯釋・雜史類》 《晉書金穴鈔》十卷。原釋闕。見天一閣鈔本。

《宋史・藝文志・史鈔類》 薛儆《晉書金穴鈔》十卷。

南北史練選

《宋史・藝文志・史鈔類》 孫玉汝《南北史練選》十八卷。

杜信史略

錢東垣等輯《崇文總目輯釋・雜史類》 《史略》三卷。杜信撰。原釋闕。見天一閣鈔本。

繹按：《唐志》三十卷。

《宋史・藝文志・史鈔類》 《史略》三卷。

鄭暐史雋　重編史雋

錢東垣等輯《崇文總目輯釋・雜史類》 《史雋》十卷。鄭暐撰。

繹按：《困學紀聞》攷史云：《崇文總目》《史雋》十卷，「漢雋」之名本于此。

《宋史・藝文志・史鈔類》 鄭暐《史雋》十卷。

三國采要

《宋史・藝文志・史鈔類》 宗諫《三國採要》六卷。

張陟晉略

《宋史・藝文志・史鈔類》 張陟《晉略》二十卷。

晉春秋略

《宋史・藝文志・史鈔類》 杜延業《晉春秋略》二十卷。

文行録

《宋史・藝文志・史鈔類》 韓保升《文行録》五十卷。

正史雜編

《宋史・藝文志・文史類》 楊九齡《正史雜編》十卷。

五代史略

《宋史・藝文志・史鈔類》 胡旦《五代史略》四十二卷。

兩漢博聞

馬端臨《文獻通考・經籍考・史鈔》　《兩漢博聞》十二卷。

晁氏曰：皇朝楊侃纂。景德中，侃讀兩《漢書》，取其名數前儒解釋爲此書，以資涉獵者。侃嘗編《職林》，此亦其類也。

《宋史・藝文志・史鈔類》　楊侃《兩漢博聞》十二卷。

楊士奇等《文淵閣書目・宙字號第二櫥書目・史附》　《兩漢博聞》。一部，二册闕。

《四庫全書總目提要・史鈔類》　《兩漢博聞》十二卷。兩淮鹽政採進本。

明嘉靖中黄魯曾刊本。不著撰人名氏。案晁公武《讀書志》，乃宋楊侃所編也。侃，錢塘人，端拱中進士。官至集賢院學士。晚爲知制誥，避真宗舊諱，更名大雅。是編摘録前後《漢書》，不依篇第，不分門類。惟簡擇其字句故事列爲標目，而節取顔師古及章懷太子《註》列於其下。凡《前漢書》七卷、《後漢書》五卷。雖於史學無關，然較他類書採摭雜説者，究爲雅馴。《後漢書》中閒有引及《前漢書》者，必標顔師古字。而所引梁劉昭《續漢志註》，乃與《章懷註》無別，體例未免少疎。至所列紀傳篇目，亦往往多有譌舛。然如「四皓」條下引《顔師古註》曰：「四皓稱號，本起於此，更無姓名可稱。蓋隱居之人，匿蹟遠害，不自標顯，祕其氏族，故史傳無得而詳。至於皇甫謐、圈稱之徒及諸地理書説，竟爲四人安姓字。自相錯互，語又不經。班氏不載於書，諸家皆臆説。今竝棄略，一無取焉」云云。明監本《漢書註》竟佚此條，惟賴此書幸存，則亦非無資考證者矣。

彭元瑞等《天禄琳琅書目後編・明版史部》　《兩漢博聞》。一函，十册。

宋楊侃撰。侃錢塘人。端拱中進士，官集賢院學士。書十二卷，凡《前漢書》七卷，《後漢書》五卷。取其故事字句爲標目，而節取顔師古及章懷太子注列於下。前有嘉靖戊午黄魯曾《序》，乃刻書時作。然《序》及書中不載撰人姓名，疏陋已甚。魯曾字得之，吴縣人。省曾之兄與齊名，正德丙子舉人。

周中孚《鄭堂讀書記・史鈔類》　《兩漢博聞》十二卷。明刊本。

宋楊侃編。侃錢塘人，避真宗舊諱，更名大雅。端拱中進士，官至集賢院學士、知制詔。《四庫全書》著録《讀書志》、《書録解題》、《類書》、《通攷》、《宋志》俱載之。晁氏及《宋志》俱明言楊侃之書，惟陳氏止云無名氏、或云楊侃，《通攷》兩載之。以致黄氏刊是書時，尚不明著其名氏也。晁氏稱景德中，侃讀兩《漢書》，取其中名數、前儒解釋爲此書，以資涉獵。侃嘗編《職林》矣，此亦其類也。按：楊氏《職林》久已不傳，唯此書存。前七卷爲《漢書》，後五卷爲《後漢書》，俱摘録其字句，故事爲綱，并摘録正文及顔、李兩家注，列於其下。不分篇數，又不分門類，任意采摭，猝難檢尋。既無關於史學，又無裨於詞章，以云博聞，殆名不副實矣。前有嘉靖戊午黄魯曾重刊《序》。

瞿鏞《鐵琴銅劍樓藏書目録・目録類》　《兩漢博聞》十二卷。舊鈔本。

舊不題名。案：晁氏《讀書志》作楊侃撰。侃以避真宗諱，後改名大雅，亦見《東都事略》。是書明黄魯曾刻本，流傳頗多。此從宋刻録出者，卷末有題記云：「元質頃游三館，蒐覽載籍，得《兩漢博聞》一書，記事纂言真得提鉤之要，惜其傳之不廣也，爰是正而芟約之，刻板於姑熟郡齋，乾道壬辰十月旦日，吴郡胡元質書。」今以是書校《漢書》顔注，可以正譌者。

陸心源《皕宋樓藏書志・史鈔類》　《兩漢博聞》十二卷。明刻本。

宋楊侃編，黄省曾《序》。

《萬卷精華樓藏書記・史鈔類》　《兩漢博聞》十二卷。

宋楊侃撰。

紅絲欄鈔本。是書宋本未見，此從明本抄出。筆畫精妙，不知何人所録。謹案：《天禄琳琅書目・明板史部》《兩漢博聞》，一函，十册。注曰：宋楊侃撰。侃錢塘人。端拱中進士，官集賢院學士。書十二卷，凡《前漢書》七卷，《後漢書》五卷。取其故事字句爲標目，而節取顔師古及章懷太子注列於下。前有嘉靖戊午黄魯曾《序》，乃刻書時作。然《序》及書中不載撰人姓名，疏漏已甚。魯曾，字得之，吴縣人。省曾之見與之齊名，正德丙子舉人。卷首有逄省、自三二印，俱朱文，平書。

【略】

《兩漢博聞》十二卷。

宋楊侃撰。

明本。嘉靖戊午黄魯曾校刊，有《序》。每葉十六行，行十六字。是書摘《兩漢書》中字句、故事，或二字、或四五字爲目，旁注某紀、某志，頂格書之。次降一格，爲師古、章懷等注。章懷注曰、注云，其他皆冠以名。凡《前漢》七卷，共八百三十六事。《後漢》五卷，共五百八十九事。每卷前有《總目》書，内不署名。《漢書》北宋本難得，是書可訂兩注之訛，且傳本甚少，是可寶也。

黄氏《序》曰：古籍莫過於《兩漢書》，而訛謬弗考、形似弗辨，此《兩漢博聞》之不可以或少也。予幼習奔時之業，遵俗師之訓而注精於《漢書》，惜《博聞》一書未之快目，晚歲方遇録本，用鋟諸梓，以爲讀《漢書》者之啓鑰。

丁丙《善本書室藏書志・史鈔類》《兩漢博聞》十二卷。明嘉靖刊本。

宋楊侃撰。晁氏《郡齋讀書志》云：景德中，楊侃讀兩《漢書》，取其中名數、前儒解釋爲此書，以資涉獵者。嘗編《職林》矣，此亦其類也。侃錢塘人，端拱中進士，官至集賢院學士、知制誥，後更名大雅，見《宋史・楊覃傳》所引諸人注語可證，而嘉靖戊午黄魯曾序刊本竟削之，可謂謬矣。凡摘録《前漢》七卷，《後漢》五卷，字句不依篇第，不分門類，别爲標目，節取顔師古、章懷太子注列其下，其中頗能證史注之脱。宋本末有乾道壬辰十月旦日吴郡胡元質書云：元質頃遊三館，蒐覽載籍，得《兩漢博聞》一書，記事纂言真得提鉤之要，惜其傳之不廣也，爰是正而芟約之，刻版於姑孰。

丁立中《八千卷樓書目・史鈔類》《兩漢博聞》十二卷。宋楊侃撰。明刊本。續粤雅堂本。抄本。

少微通鑑節要　通鑑節要續編

劉若愚《内板經書紀略》《少微通鑑節要》。廿本，四千四百廿八葉。《通鑑節要續編》。二十本，一千六百八十三葉。

讀史管見

《宋史・藝文志・史鈔類》胡寅《讀史管見》三十卷。

職官要録鈔

錢東垣等輯《崇文總目輯釋・職官類》《職官要録鈔》三卷。《通志略》不著撰人。原釋闕，見天一閣鈔本。

鄭樵《通志・藝文略・職官》《職官要録抄》，三卷。上古訖隋。

新唐書略

馬端臨《文獻通考・經籍考・史鈔》《新唐書略》三十五卷。

陳氏曰：吕祖謙授徒，患新史難閲，摘要抹出，而門人抄之，蓋節本之有倫理者也。

楊士奇等《文淵閣書目・宇字號第一櫥書目・史》《新唐書略》。一部，十册。闕。

史記詳節

陸心源《皕宋樓藏書志・史鈔類》東萊先生《史記詳節》二十卷。明慎獨齋刊本。

宋吕祖謙編。

李堅《序》。正德戊寅。

兩漢詳節　東漢詳節

彭元瑞等《天禄琳琅書目後編・宋版史部》《諸儒校正兩漢詳節》二函，十六册。

見前。

按：此書標題與前十七史全本不同，并無圖系，而前有「參校古今諸家兩漢書本」之目，凡十四家。其正文内字句亦有參差，刻版尺寸、行字迥殊，較全本鋟手紙墨皆工，原各成書，無妨兩美耳。

陸心源《皕宋樓藏書志・史鈔類》《西漢詳節》三十卷。《東漢詳節》三十卷。

明慎獨齋刊本。宋吕祖謙編。

西漢精華

丁立中《八千卷樓書目・史鈔類》《西漢精華》十四卷。宋呂祖謙撰。明刊本。

東萊先生晉書詳節

彭元瑞等《天禄琳琅書目後編・宋版史部》《東萊先生晉書詳節》。二函，十二册。

見前。

按：此本與前十七史全本正同，但標題微異，尺寸較寬大，每行多二字，卷一有「建安慎獨齋刊」一行，乃建陽書坊以前本翻刻者。

陸心源《皕宋樓藏書志・史鈔類》《晉書詳節》三十卷。明慎獨齋刊本。宋呂祖謙編。

南史詳節

孫星衍《平津館鑒藏書籍記・宋版》《東萊先生校正南史詳節》二十五卷，題唐李延壽。前有南北國都地理圖、宋齊梁陳世系圖，巾箱本，黑口板。每葉廿八行，行廿四字。欄綫上有每事標題，又帝紀、列傳、俱記其名於欄綫之左。東萊呂氏本有《十七史詳節》，此特其一種耳。

陸心源《皕宋樓藏書志・史鈔類》《南史詳節》二十五卷。明慎獨齋刊本。宋呂祖謙編。

丁丙《善本書室藏書志・史鈔類》《東萊先生校正南史詳節》二十五卷。元刊本。

前有南北國都地里之圖、宋齊梁陳世系圖，每葉二十八行，行二十四字，元槧本。《十七史詳節》之一也。

北史詳節

彭元瑞等《天禄琳琅書目後編・宋版史部》《校正北史詳節》。二函，十二册。

同前。

按：此本與十七史全本一版摹印。闕補目録四之六。卷二十四十。

陸心源《皕宋樓藏書志・史鈔類》《北史詳節》二十八卷。明慎獨齋刊本。宋呂祖謙編。

丁丙《善本書室藏書志・史鈔類》《東萊先生校正北史詳節》二十八卷。元刊本。

前有後魏、北齊、後周世系圖，每葉二十八行，每行二十四字版。

三國志詳節

陸心源《皕宋樓藏書志・史鈔類》《三國志詳節》二十卷。明慎獨齋刊本。宋呂祖謙編。

隋書詳節

陸心源《皕宋樓藏書志・史鈔類》《隋書詳節》二十卷。明慎獨齋刊本。宋呂祖謙編。

王十朋唐書詳節

楊士奇等《文淵閣書目・宇字號第一櫥書目・史》王十朋《唐書詳節》。一部，二册。闕。

呂祖謙唐書詳節

陸心源《皕宋樓藏書志・史鈔類》《唐書詳節》六十卷。明慎獨齋刊本。宋呂祖謙編。

諸儒校正唐書詳節

彭元瑞等《天祿琳琅書目後編・元版史部》《諸儒校正唐書詳節》。四函，二十四册。

見前《宋版・史部》「十七史詳節」條下。

五代史詳節

陸心源《皕宋樓藏書志・史鈔類》《五代史詳節》十卷。明慎獨齋刊本。宋呂祖謙編。

唐史義　續唐史精義

《宋史・藝文志・史鈔類》唐仲友《唐史義》十五卷。又《續唐史精義》十卷。

符祐本末

《宋史・藝文志・史鈔類》龔敦頤《符祐本末》一十卷。

記紹興以來所見

《宋史・藝文志・史鈔類》洪邁《記紹興以來所見》二卷。

史記法語

楊士奇等《文淵閣書目・宙字號第二櫥書目・史附》洪邁《史記法語》。一部，一册。闕。

《四庫全書總目提要・史鈔類存目》《史記法語》八卷。浙江巡撫採進本。

宋洪邁編。邁字景盧，鄱陽人。紹興乙丑中博學鴻詞科，官至端明殿學士。謚文敏。事蹟具《宋史》本傳。是編於《史記》百三十篇内，自二字以上、句法古雋者，依次標出。亦閒録舊註，蓋與《經子法語》等編同，以備修詞之用。《書録解題》載之類書類，稱十八卷。此本乃止八卷，似非完書。然卷末有題識一行云：「淳熙十二年二月刊於婺州」，是當時刊本。實止八卷，《書録解題》所載衍一「十」字明矣。

《八千卷樓書目・史鈔類》《史記法語》八卷。宋洪邁撰。抄本。

西漢法語

楊士奇等《文淵閣書目・宙字號第二櫥書目・史附》洪邁《西漢法語》。一部，四册。闕。

東漢精語

楊士奇等《文淵閣書目・宙字號第二櫥書目・史附》洪邁《東漢精語》。一部，二册。闕。

南朝史精語

《四庫全書總目提要・史鈔類存目》《南朝史精語》十卷。浙江汪啓淑家藏本。

宋洪邁撰。邁於諸書多有節本。其所纂輯，自《經子》至《前漢》，皆曰《法語》，自《後漢》至《唐書》皆曰《精語》。此所摘宋、齊、梁、陳四朝史中之語也。凡《宋書》四卷，《齊書》三卷，《梁書》二卷，《陳書》一卷。其去取多不可解。南城吴氏校刊本。

周中孚《鄭堂讀書記・史鈔類》《南朝史精語》十卷。

宋洪邁編。邁字景盧，鄱陽人，紹興十五年中博學鴻詞科。官至端明殿學士，謚文敏。《四庫全書》存目，《書録解題》《通攷》《宋志》類書類俱載之，而無「朝」字。《宋志》又作六卷，皆字之脱誤也。是書所摘，凡《宋書》四卷、《齊書》二卷、《梁書》二卷、《陳書》二卷，俱非李遐齡《南史》中次序，則知陳、馬兩家無「朝」字者，脱誤也。攷陳氏所載景盧之書，凡摘録《經子》、《左傳》、《史記》、《西漢》四書，謂之《法語》，今唯《史記》存。見四庫存目。摘録《後漢》、《三國》、《晉書》三書及是書，謂之《精語》，今唯是書存。皆隨篇摘取一言半句以成書，割裂破碎，覽之茫然，莫得其緒，真不適於用者也。然則八書秪存其二，蓋亦不足惜耳。前有乾隆丁未吴照《序》，後載朱竹垞《跋》，蓋從《曝書亭集》録入也。

《八千卷樓書目・史鈔類》《南朝史精語》十卷。宋洪邁撰。刊本。

漢雋

《宋史・藝文志・史鈔類》林鉞《漢雋》十卷。

楊士奇等《文淵閣書目・宙字號第二櫥書目・史附》《漢雋》。一部，二册。闕。

高儒《百川書志・史鈔》《漢雋》十卷。

宋括蒼林越纂。凡五十，類鈔。聚《漢書》之精語也。有註。

《四庫全書總目提要・史鈔類存目》《漢雋》十卷。江蘇巡撫採進本。

宋林越撰。案陳振孫《書録解題》載此書，卷數與今相符，而註稱「括蒼林鉞」，《處州府志》亦載林鉞。此本則皆作林越，未詳孰是也。其書取《漢書》中古雅之字，分類排纂爲五十篇。每篇即以篇首二字爲名，亦間附原註。前有紹興壬午越《自序》，稱大可以詳其事，次可以玩其詞。然割裂字句，漫無端緒，而曰可詳其事，其説殊誇。後有延祐庚申袁桷重刻《跋》，稱《漢雋》之作，蓋爲習宏博便利，斯爲定論矣。

彭元瑞等《天禄琳琅書目後編・宋版史部》《漢雋》。一函，五册。

宋林鉞撰。鉞字國鎮，括蒼人。又作《越書》十卷。分五十篇，每篇以篇首二字爲名，前紹興壬午鉞《自序》，後淳熙戊戌魏汝功《序》。又淳熙十年楊王休題。

又《元版史部》《漢雋》。一函，四册。

篇目見前《宋版史部》。前有元統元年揭傒斯《序》。

又《明版史部》《漢雋》。一函，七册。

篇目見前《宋版史部》。每卷標「宋括蒼郡林越國鎮輯」。卷一末刻「清渭何通直宅萬卷堂本，紹興乙亥刊」，乃明翻宋本也。《處州府志》「越」作「鉞」，未知孰是。

潘祖蔭《滂喜齋藏書記・史部》宋刻《漢雋》十卷。一函，五册。

宋林鉞撰。舊有鉞《序》，及魏時功《後序》。宋趙時侃、元袁桷皆有刻本。此本前後序並佚，疑明人覆刻也。附藏印。

南陽居士。□柳塘主人。白雲司印。命余曰淵。

周中孚《鄭堂讀書記・史鈔類》《漢雋》十卷。元刊本。

宋林越撰。越，括蒼人。《四庫全書存目》，《書録解題》類書類、《通攷》類書、《宋志》俱載之。林氏以前，《漢書》無慮八十萬言，學者讀之不得其要領，因取其事語文意相比，併録注家訓故，分五十篇，纂爲一書，謂之《漢雋》。猶蒯通爲書，其説甘美，得以雋稱也。然究不脱餖飣氣習，聊以爲宏博便利耳。若大雅君子，則豈取於此？前有紹興壬午《自序》，末載元延祐庚申袁清容桷《後序》。

瞿鏞《鐵琴銅劍樓藏書目録・目録類》《漢雋》十卷。宋刊本。

宋林鉞撰并《序》。又魏汝功《後序》。

陸心源《皕宋樓藏書志・史鈔類》《漢雋》十卷。明刊本。

宋括蒼林鉞輯。

《萬卷精華樓藏書記・史鈔類》《漢雋》十卷。

宋林鉞撰。

元本。是書備詞學之用，刊板甚工，紙墨皆佳，惜佚其首卷。

《善本書室藏書志・史鈔類》《漢雋》十卷。明翻元刊本。怡府藏書。

陳振孫《書録解題》稱「括蒼林鉞」，《處州府志》亦載「林鉞」，是本《自序》作紹興壬午六月朔括蒼林越，而「越」字有補刻痕迹，豈改者之誤歟？嘗取《漢書》中古雅之字分類排纂，爲五十篇，每篇即以篇首二字爲名。復有延祐庚申袁桷重刻《序》，稱《漢雋》之作爲，習宏博便，最爲定論。罟里瞿氏《田裕齋書目》云：「宋本每卷首行標書名、卷數，次行低二格列目次畢，低四格列篇名，下接本文，猶存古式。每半葉九行，大書分注，每行大字十五，小字三十。」此與瞿藏本一一符合，惟版心不記字數耳。有怡親王寶、宛陵李之郇藏書二印。

《善本書室藏書志・史鈔類》《漢雋》十卷。明刊本。朱竹垞、吴小谷藏書。

宋括蒼郡林鉞國鎮輯，明會稽郡吕元調父校。

前有萬曆甲申吕元《序》，有彝尊私印、錫鬯味乳居士吴玉墀印、小谷吴蘭林西齋書籍印章諸記。

《八千卷樓書目・史鈔類》《漢雋》十卷。宋林越撰。明刊本。

西漢史鈔　兩漢博議

馬端臨《文獻通考・經籍考・史鈔》《西漢史抄》十七卷。《兩漢博議》十四卷。

《中興藝文志》：陳傅良撰。指摘精要，裨正闕誤，如制度始末因革，則條其大意，遺其煩碎；而一代之興衰，治體人才，紀綱風俗，亦略矣。《博議》，陳季雅所撰，關涉尤大。

《宋史・藝文志・史鈔類》陳傅良《西漢史鈔》十七卷。

陳季雅《兩漢博議》十四卷。

葉學士唐史鈔

《宋史・藝文志・史鈔類》《葉學士唐史鈔》十卷。不知名。

馬史精略

《宋史・藝文志・史鈔類》《馬史精略》五十六卷。

晉史獵精

《宋史・藝文志・史鈔類》《晉史獵精》一百三十卷。

六朝采要

錢東垣等輯《崇文總目輯釋・雜史類》《六朝采要》十卷。趙氏失名撰。

《通志略》不著撰人。

《宋史・藝文志・史鈔類》趙氏《六朝採要》十卷。

唐要録

《宋史・藝文志・史鈔類》薛韜玉《唐要録》二卷。

章華集

《宋史・藝文志・史鈔類》《章華集》三卷。

縱横集

《宋史・藝文志・史鈔類》 《縱横集》二十卷。

國朝撮要

《宋史・藝文志・史鈔類》 《國朝撮要》一卷。

唐三紀行事

姚振宗《三國藝文志・史鈔類》 馬得臣《唐三紀行事》金繆有。

按本傳聖宗閲唐高祖、太宗、玄宗三紀，得臣乃録其行事可法者以進。

《遼藝文志・史鈔類》 《唐三紀行事》聖宗時馬得臣録唐高祖、太宗、玄宗三紀行事可法者以進，出《本傳》。

觀史治忽幾微

錢大昕《補元史藝文志・史鈔類》 許謙《觀史治忽幾微》，起太皞氏，訖宋元祐元年司馬光卒。

史略考

錢大昕《補元史藝文志・史鈔類》 《史略考》。羅伯綱、王子讓撰。皆廬陵人。

史提鈎

黄虞稷《千頃堂書目・史鈔類》 歐陽貞《史提鈎》七十卷。洪武初分宜人。

李裕、吴度史鈔

高儒《百川書志・史鈔》 《史鈔》二十二卷。

皇明吏部尚書豐城李裕、蜀御史吴度所編。分三十五類，以統歷代史事。

沈科史鈔

黄虞稷《千頃堂書目・史鈔類》 沈科《史鈔》二十卷。嘉善人。嘉靖甲辰進士，河南按察司副使。

史鈔三種（王惟儉史鈔　史記事史鈔　陳梁史鈔）

黄虞稷《千頃堂書目・史鈔類》 王惟儉《史鈔》十三卷。

《史記事史鈔》四卷。

陳梁《史鈔》八卷。字則梁，海鹽人。

鄒次陳史鈔

黄虞稷《千頃堂書目・史鈔類・補元》 鄒次陳《史鈔》十卷。字周弼，宜黄人。

倪燦等《補遼金元藝文志・史鈔類》　鄒次陳《史抄》十卷。字周弼，宜黃人。

讀書漫筆

《四庫全書總目提要・史鈔類存目》　《讀書漫筆》十八卷。兩淮馬裕家藏本。

明方瀾撰。瀾，莆田人。正德丁丑進士，官禮部郎中。是書上自《漢書》，下迄《唐書》，隨筆採摘其字句，兼及訓詁，亦時論斷其是非，發明殊尠。

宋鑒提綱

錢大昕《補元史藝文志・史鈔類》　陸以道《宋鑑提綱》。無錫人，翰林待制。

史義拾遺

《明史・藝文志・史鈔類》　楊維楨《史義拾遺》二卷。

錢大昕《補元史藝文志・史鈔類》　楊維楨《史義拾遺》二卷。

元史節要

錢謙益等《絳雲樓書目・編年類》　《元史節要》二卷。張美和。

《四庫全書總目提要・史鈔類存目》　《元史節要》十四卷。兩淮鹽政採進本。

明張九韶撰。九韶字美和，清江人。洪武十年，以薦爲國子助教，陞翰林院編修。是編因當時所修《元史》版藏内府，人間多不得見。於是仿曾先之《十八史略》例，節其要爲一書。其編年繫事，則仍用《通鑑》之體。前有洪武甲子《自序》一篇。然紀載多不具首尾，未爲該備。且此書成於洪武閒，而《順帝紀》内多有稱「明太祖高皇帝」者，疑其經後人所改竄，非九韶原本也。

徐圖等《行人司重刻書目・史部》　《元史節要》。二本。《十七史詳節》。四套。

三史鈎元

黃虞稷《千頃堂書目・史鈔類》　朱右《三史鈎元》。

史略標疑

黃虞稷《千頃堂書目・史鈔類》　王逢《史略標疑》。宣德時人。

讀史備忘

丁立中《八千卷樓書目・史鈔類》　《讀史備忘》八卷。明范理撰。明刊本。

兩漢筆記

楊士奇等《文淵閣書目・宙字號第二櫥書目・史附》　錢時《兩漢筆記》。一部，四册。闕。

通鑑紀要

楊士奇等《文淵閣書目・宙字號第二櫥書目・史雜》　《通鑑紀要》。一部，一册，闕。

續通鑑要略

楊士奇等《文淵閣書目・宙字號第二櫥書目・史雜》　《續通鑑要略》。一部，一册。闕。

讀史備忘

黄虞稷《千頃堂書目・史鈔類》　范理《讀史備忘》八卷。天台人，臨安知府。

《明史・藝文志・史鈔類》　范理《讀史備忘》八卷。

讀史録

《明史・藝文志・史鈔類》　張寧《讀史録》六卷。

宋遼金元史詳節

黄虞稷《千頃堂書目・史鈔類》　祝萃《宋遼金元史詳節》。

十史詳節

丁丙《善本書室藏書志・史鈔類》　《十史詳節》二百七十三卷。明正德刊本。

此書世傳爲吕成公輯録。有元時仿南宋巾箱刊本。於《史記》題曰《東萊先生增入正義音注史記詳節》，於《漢書》則曰《參附漢書三劉互注西漢詳節》，於《後漢》則曰《諸儒校正東漢詳節》，餘皆曰《東萊校正某書詳節》。雖爲書賈假名，猶有古義。此明正德丙子京兆劉宏毅慎獨齋刊本，概題爲《東萊先生某史詳節》。凡：《史記》二十卷，《西漢書》三十卷，《東漢書》三十卷，《三國志》二十卷，《晉書》三十卷，《南史》二十五卷，《北史》二十八卷，《隋史》二十卷，《新唐書》六十卷，《五代史》十卷。每種前冠以疆理、世系、紀年諸圖，乃從宋末時書肆所行纂圖互注之本加入，其非東萊所作益信矣。

史約

黄虞稷《千頃堂書目・史鈔類》　吕枏《史約》三十七卷。

《明史・藝文志・史鈔類》　吕枏《史約》三十七卷。

諸史品節

《四庫全書總目提要・史鈔類存目》　《諸史品節》三十九卷。兩江總督採進本。明陳深編。深有《周禮訓雋》，已著録。是書所採，自《國語》以及《後漢書》，皆隨意雜鈔，漫無體例。

西漢書鈔

丁立中《八千卷樓書目・史鈔類》　《西漢書鈔》六卷。明茅瓚編。明刊本。

許應元史雋

黄虞稷《千頃堂書目・史鈔類》　許應元《史雋》。

讀史日鈔

黄虞稷《千頃堂書目・史鈔類》 陶大年《讀史日鈔》。

兩漢書鈔

張萱等《内閣藏書目録・史部》 《兩漢書鈔》。八册。全。
嘉靖間侍郎王廷節纂。

宋史鈔節　遼史鈔節　金史鈔節　元史鈔節

黄虞稷《千頃堂書目・史鈔類》 霍鵬《宋史鈔節》十四卷，又《遼史鈔節》二卷，又《金史鈔節》六卷，又《元史鈔節》七卷。真定人。萬曆丁丑進士，巡撫山西，都御史。總名《四史鈔節》。

太史史例

《明史・藝文志・史鈔類》 張之象《太史史例》一百卷。

史　裁

《明史・藝文志・史鈔類》 吴無奇《史裁》二十六卷。

英廉奏《抽毁書目》 《史裁》。十本。查《史裁》係明吴士奇撰。卷二十五。内第八頁王世貞論一條，語涉偏謬，應請抽燬。

《四庫全書總目提要・史鈔類存目》 《史裁》二十六卷。江蘇巡撫採進本。
明吴士奇撰。士奇字無奇，歙縣人，萬曆壬辰進士，官至太常寺卿。是書節録史文，始自春秋，迄於宋元，雜採舊論，亦間以己意斷之。既非編年，又非紀傳，隨意鈔撮而已。

茅坤史記鈔

《四庫全書總目提要・史鈔類存目》 《史記鈔》六十五卷。兩江總督採進本。
明茅坤編。坤有《徐海本末》，已著録。是編删削《史記》之文，亦略施評點。然坤雖好講古文，恐未必能刊正司馬遷也。

丁立中《八千卷樓書目・史鈔類》 《史記鈔》六十三卷。明茅坤編。明刊本。

五代史鈔

丁立中《八千卷樓書目・史鈔類》 《五代史鈔》二十卷。明茅坤撰。明刊本。

史　臠

黄虞稷《千頃堂書目・史鈔類》 金文龍《史臠》二十五卷。

《四庫全書總目提要・史鈔類存目》 《史臠》二十五卷。兩江總督採進本。
明余文龍編。文龍字起潛，古田人。萬曆辛丑進士，官南京工部主事。其書雜録舊史，餖飣殊甚，與《讀史快編》正同。但《快編》止於《唐》，此則鈔至《金》《元》耳。

古今彝語

《四庫全書總目提要・史鈔類存目》 《古今彝語》十二卷。浙江巡撫採進本。

明汪應蛟撰。應蛟字潛夫，婺源人。萬曆甲戌進士，官至户部尚書，謚清簡，事蹟具《明史》本傳。是書雜録史文，上起唐、虞，下迄於元。去取漫無義例，特興之所至而已。

讀史詳節

黄虞稷《千頃堂書目・史鈔類》 王大紀《讀史詳節》十卷。

讀史漫録

《明史・藝文志・史鈔類》 于慎行《讀史漫録》十四卷。

四史鴻裁

《四庫全書總目提要・史鈔類存目》 《四史鴻裁》四十卷。通行本。

明穆文熙編。文熙有《七雄策纂》，已著録。是編選録《左傳》十二卷、《國語》八卷、《戰國策》八卷、《史記》十二卷，皆略註字義，無所發明，批點尤爲弇陋。其括此四書曰「四史」，亦杜撰無稽也。

《玉函山房藏書簿録・史鈔類》 《四史鴻裁》四十卷。並明刊本。

明考功司郎中魏博穆文熙敬甫撰。原名《左國子史四鈔》，凡輯《左傳》十二卷，《國語》八卷，《戰國策》八卷，《史記》十二卷。

南北史鈔

《四庫全書總目提要・史鈔類存目》 《南北史鈔》。無卷數。兩江總督採進本。

明周詩雅撰。詩雅字廷吹，武進人，萬曆己未進士。是編摘録《南北史》新奇纖佻之事，以爲談助，然不及後來沈名蓀、朱昆田書之有條理。

晉書鈎玄

張萱等《内閣藏書目録・雜部》 《晉書鈎玄》。二册。全。

萬曆間晉陵錢□□采集《晉書》中事蹟文章。

宋史纂要

黄虞稷《千頃堂書目・史鈔類》 王思義《宋史纂要》二十卷。

《四庫全書總目提要・史鈔類存目》 《宋史纂要》二十卷。江蘇巡撫採進本。

明王思義撰。思義字允明，松江人。《宋史》極爲煩冗，是書僅删存二十卷，可謂約矣。然班、范皆號謹嚴，而兩《漢書》卷帙猶富。宋之歷年，幾於匹漢，而縮爲寥寥數卷，謂事增文省，殆必不然。至以《遼金史》附宋之後，等諸《晉書》之載劉、石，尤南北史臣互相詬厲之見，非公論也。

史鐫

徐𤊹《徐氏家藏書目・旁史類》 《史鐫》八卷。謝肇淛。

《明史・藝文志・史鈔類》 謝肇淛《史鐫》二十一卷。

南北史小識

《明史・藝文志・史鈔類》 李維楨《南北史小識》十卷。

兩漢書選

《玉函山房藏書簿録・史鈔類》《正心會兩漢書選》三卷。鄗城刊本。

明趙南星撰。有《大學中庸正説》，已著録。經編此選，鈎元提要。康熙中知鄗城縣事天長瞿佩會玉重梓。

讀史四集

《明史・藝文志・史鈔類》 楊以任《讀史四集》四卷。

史品赤函

《四庫全書總目提要・史鈔類存目》《史品赤函》四卷。浙江巡撫採進本。

明陳仁錫編。仁錫有《繫詞十篇書》，已著録。是編所録，上起古初，下迄於《晉書》。或採其文，或節録一二事，茫無義例。尤時時參以僞撰，如《雲長遇害不屈》一篇，不知其從何來。而《劉聰辱懷愍》一篇，稱聰爲漢昭烈元孫，云出《續三國志》，亦未見有是書也。

三國史瑜

《四庫全書總目提要・史鈔類存目》《三國史瑜》八卷。浙江巡撫採進本。

明張毓睿撰。毓睿字聖初，錢塘人。是書成於崇禎癸未。於陳壽《三國志》中擇其事蹟較著者，條分件繫，綴以評語。自漢獻帝初平元年迄建安二十五年，分國未定，仍稱季漢。自魏黄初元年迄咸熙元年，三國竝建，則稱三國。凡《晉書》中事屬魏朝者，亦採入以補其闕。既非紀傳，又非編年，了無倫緒。又於曹操既改稱名，而編年又以爲魏主，體例亦自相矛盾。評語多取鍾惺之説，其所宗尚可知也。

讀史備忘

黄虞稷《千頃堂書目・史鈔類》 鄭休《讀史備忘》四卷。

史編余言

黄虞稷《千頃堂書目・史鈔類》 包萬有《史編餘言》。

閲史約書

丁立中《八千卷樓書目・史鈔類》《閲史約書》五卷。明王光魯撰。明刊本。

元史備忘

周中孚《鄭堂讀書記補逸》《元史備忘録》一卷。借月山房彙鈔本。

明王光魯編。光魯字漢恭，淮南人。漢恭以《元史》姓名，多重複拖沓，讀者每難記憶，因輯是編，首《譜系》二則，次《氏族》二則，次《諸臣》九則，次《重名》二十七則，次《俚名》八則。俱就史所載名氏，類聚羣分，以便攷核。而於《重名》一門，尤爲詳晰，間加以注，亦俱簡而有要。此本爲國朝秀水陶艾邨越所重訂也。

丁立中《八千卷樓書目・史鈔類》《元史備忘》五卷。國朝王光魯撰。抄本。

《清朝文獻通考・經籍考・史鈔》《元史備忘》五卷。王光魯撰。

十六朝廣彙記

軍機處奏《禁毀書目》《十六朝廣彙記》。二十四本。

查《十六朝廣彙記》亦題陳建輯，陳龍可訂，係坊間剽竊《通紀》等書，易名售欺，毫無義例，中間尤多悖謬之處，應請銷燬。

史書

《四庫全書總目提要・史鈔類存目》《史書》十卷。浙江巡撫採進本。

明姚允明撰。允明字汝服，休寧人。是書自三皇以訖元代，摭採史文，節縮成編。前有張溥、吴應箕二《序》，蓋亦依附復社者。故書止十卷，而卷首列參閱姓氏至二百八十三人。其聲氣標榜，可以概見。《應箕序》至謂其撰言簡奥近《尚書》，是何言歟？

兩晉南北集珍

《四庫全書總目提要・史鈔類存目》《兩晉南北集珍》六卷。浙江巡撫採進本。

國朝陳維崧撰。維崧字其年，宜興人。康熙己未召試博學鴻詞，授翰林院檢討。維崧以四六擅名。此書採南北朝故實，各加標目，蓋即以備駢體採掇之用。前有《自序》，作於康熙丙辰，乃未舉制科之前四年也。

史緯

《四庫全書總目提要・史鈔類存目》《史緯》三百三十卷。内府藏本。

國朝陳允錫撰。允錫字亹齋，晉江人。順治己未，以薦舉授平湖縣知縣。是書蓋仿吕祖謙《十七史詳節》之意。然祖謙但擷取菁華，以便省覽。允錫則多所改竄於其間。

丁立中《八千卷樓書目・史鈔類》《史緯》三百三十卷。國朝陳允楊撰。刊本。

南史識小録　北史識小録

《四庫全書總目提要・史鈔類》《南史識小録》八卷，《北史識小録》八卷。浙江巡撫採進本。

國朝沈名蓀、朱昆田同編。名蓀字澗芳，錢塘人。昆田字文盎，秀水人，彝尊之子也。是書仿《兩漢博聞》之例，取《南北二史》，摘其字句之鮮華，事蹟之新異者，摘録成編。不分門目，惟以原書次第臚列，而各著其篇名。亦不加訓釋，惟摘取數字標目，以原文載於其下，著是語之緣起而已。

丁立中《八千卷樓書目・史鈔類》《南史識小録》八卷。《北史識小録》八卷。國朝沈名蓀、朱昆田同編。抄本。

新舊唐書合鈔

丁立中《八千卷樓書目・史鈔類》《新舊唐書合鈔》二百六十卷。國朝沈炳震撰。青來堂刊本。

《清朝文獻通考・經籍考・史鈔》《新舊唐書合鈔》二百六十卷。沈炳震撰。

宋史詳節

丁立中《八千卷樓書目・史鈔類》《宋史詳節》不分卷。不著撰人名氏。抄本。殘。

史通削繁

錢泰吉《曝書雜記》 劉氏《史通》，體裁仿《文心雕龍》，誠讀史者之津梁也。注之者，明有郭延年、王惟儉二家。國初，黄氏叔琳之《訓故補》，與浦氏起龍之《通釋》，同時並出，而浦氏更爲該洽，惟於原書多回護，即《疑古》《惑經》諸篇，亦無所糾正。紀文達用浦氏本，細加評閲，所取者，記以朱筆，其紕繆者，以緑筆點之。冗漫者，以紫筆點之。除二色筆所點外，排比其文，鈔爲一帙，曰《史通削繁》。道光癸巳，涿州盧公坤持節兩廣，從文達孫香林觀察得本付梓，止用朱筆，然其所删紕繆冗漫之文，皆有糾正語，亦不可不傳示學者。

南北史捃華

周中孚《鄭堂讀書記・史鈔類》 《南北史捃華》八卷。袖珍本。國朝周嘉猷編。嘉猷仕履見《正史類》。兩塍既作《南北史世系年表》，復仿《世説》之例，仍分三十四門，排纂南北史事，以成是編。顔之曰：「『捃華』者，李遐齡上書表云『兼采八史，除其冗長，捃其精華』，故取以名之也。」夫魏晉人風調音吐，自宋逮陳，相沿未沫。北土自遷洛以降，復雅有此風。臨川之書，迄晉而止。以是編繼之，殊勝何元朗所補多多矣。惜其不全本，舊史而自有更正之處也。前有胡書巢德琳序，後有自跋。

《清朝文獻通考・經籍考・史鈔》 《南北史捃華》八卷。周嘉猷撰。嘉猷見上《正史類》。

宋書瑣語

丁立中《八千卷樓書目・史鈔類》 《宋書瑣語》一卷。國朝郝懿行撰。郝氏全書本。

《清朝文獻通考・經籍考・史鈔》 《宋書瑣語》一卷。郝懿行撰。懿行見《經部・易類》。

遠春樓四史筆存

丁立中《八千卷樓書目・史鈔類》 《遠春樓四史筆存》四卷。國朝汪科甲撰。汪氏遺書本。

《清朝文獻通考・經籍考・史鈔》 《遠春樓四史筆存》四卷。汪科甲撰。

南北史識小録補正

《清朝文獻通考・經籍考・史鈔》 《南北史識小録補正》二十八卷。張應昌撰。應昌見《經部・春秋類》。

丁立中《八千卷樓書目・史鈔類》 《南北史識小録補正》二十八卷。國朝張應昌撰。原刊本。

諸史瑣言

《清朝文獻通考・經籍考・史鈔》 《諸史瑣言》十六卷。沈家本撰。家本見《經部・小學類・字書》。

古史輯要

丁立中《八千卷樓書目・史鈔類》 《古史輯要》六卷。不著撰人名氏。海山仙館本。

衛颯史要

《隋書・經籍志・雜史》 《史要》十卷。漢桂陽太守衛颯撰。約《史記》要言，以類相從。

姚振宗《後漢藝文志・史鈔類》 衛颯《史要》十卷。范書《循吏傳》：衛颯，字子産，河内修武人也。家貧好學問，隨師無糧，嘗傭以自給。王莽時，仕郡歷州宰。建武二年，辟大司徒鄧禹府。除侍御史，襄城令，遷桂陽太守。二十五年，徵還。以被疾歸家，卒。

《隋書・經籍志》《史要》十卷。漢桂陽太守衛颯撰。約《史記》要言，以類相從。《唐經籍志》《正記要傳》十卷。衛颯撰。按《正記》是《史記》之譌。《藝文志》衛颯《史記要傳》十卷。

洞紀　續洞紀

《隋書・經籍志・雜史》 《洞紀》四卷。韋昭撰。記庖犧已來，至漢建安二十七年。

《續洞紀》一卷臧榮緒撰。

《舊唐書・經籍志・雜史》 《洞記》九卷。韋昭撰。

姚振宗《三國藝文志・史鈔類》 韋昭《洞紀》四卷。昭始末具《經部・詩類》。

《吴志》本傳，鳳皇二年，曜因獄吏上辭曰：「因昔見世間有《古曆注》，其所紀載，案，此似「既」字之譌多虚無，在書籍者亦復錯謬。因尋案傳記，考合異同，采摭耳目所及，以作《洞紀》。起自庖羲，至于秦、漢，凡爲三卷。當起黄武以來，別爲一卷，事尚未成。」《隋書・經籍志》《洞紀》四卷，韋昭撰。記庖犧已來至漢建安二十七年。案，建安二十五年改元延康元年，是年十月魏受禪，是爲黄初元年。黄初三年之九十月間，吴改年黄武，黄武未改之前，吴仍稱建安之號，故止于二十七年也。唐《經籍志》《洞紀》九卷，韋昭撰。《藝文志》韋昭《洞紀》四卷。

《史通・表曆篇》如韋昭《洞紀》、陶弘景《帝代年曆》，皆因表而作，用成其書，非國史之流。

章宗源《隋志考證》曰：陸德明《莊子・説劍篇》釋文，《初學記・樂部》，《北堂書鈔・樂部》，《太平御覽・皇王部》，並引韋昭《洞紀》，又作《洞曆記》。《開元占經》引十八事，皆紀周漢日蝕星變事。

秦榮光《補晉書藝文志・史鈔類》 《洞記》四卷。韋昭撰。起庖犧，至秦漢，三卷。起黄武以來，一卷。

晉後略

秦榮光《補晉書藝文志・史鈔類》 《晉後略》五卷。荀綽撰。案本書傳作《晉後書》十五篇，《舊唐志》作《晉後略記》，《宋志》作《晉略》九卷。

後漢書纘

《舊唐書・經籍志・雜史》 《後漢書纘》十三卷。范曄撰。

王延秀史要

《舊唐書・經籍志・雜史》 《史要》三十八卷。王延秀撰。

後漢略

秦榮光《補晉書藝文志・史鈔類》 《後漢略》二十五卷。張緬撰。案《唐志》作《後漢書略》。

合史

《舊唐書·經籍志·雜史》《合史》二十卷。

唐史名賢論斷

《宋史·藝文志·史鈔類》王誎《唐史名賢論斷》二十卷。

十七史贊

《宋史·藝文志·史鈔類》周護《十七史贊》三十卷。

史書集類

《宋史·藝文志·史鈔類》曹化《史書集類》三卷。

兩漢策要

丁立中《八千卷樓書目·史鈔類》《兩漢策要》十二卷。宋陶叔獻撰。乾隆刊本。石印本。

通紀

《宋史·藝文志·史鈔類》賈昌朝《通紀》八十卷。

帝學　續帝學

《宋史·藝文志·史鈔類》范祖禹《帝學》八卷。李臯《續帝學》一卷。

南北分門事類

楊士奇等《文淵閣書目·宙字號第二廚書目·史雜》《南北分門事類》。一部，四册。闕。

三國六朝攻守要論

《宋史·藝文志·史鈔類》胡寅《三國六朝攻守要論》十卷。

遷史刪改古書異辭

馬端臨《文獻通考·經籍考·史鈔》《遷史刪改古書異辭》十二卷。

陳氏曰：倪思撰。以《遷史》多易經語，更簡嚴爲平異，體當然也，然易辭而失其義，書事而與經易者，多不可以無考，故爲是編。經之外與他書異者，亦并載焉。

兩漢類要

《宋史·藝文志·史鈔類》趙世逢《兩漢類要》二十卷。

江東十鑒

《宋史・藝文志・史鈔類》 李舜臣《江東十鑑》一卷。

前漢六帖

《宋史・藝文志・史鈔類》 陳天麟《前漢六帖》十二卷。

通鑒論篤

《宋史・藝文志・史鈔類》 張栻《通鑑論篤》四卷。

東漢精華

《四庫全書總目提要・史鈔類存目》 《東漢精華》十四卷。衍聖公孔昭焕家藏本。

宋吕祖謙撰。是編乃其《兩漢精華》之一。即范氏之書，摘其要語而論之，或比類以明之。於光武、明、章、和四帝《紀》尤爲詳悉。所略者惟《表》、《志》耳。然不具事之始末，所論每條僅一二語，略抒大意，亦不申其所以然。蓋是書乃閲史之時摘録於册，以備文章議論之用。後人重祖謙之名，因而刊之。與洪邁《經史法語》均非有意著書者也。

瞿鏞《鐵琴銅劍樓藏書目録・目録類》 東萊吕氏《西漢精華》十四卷，《東漢精華》十四卷。明刊本。

舊不題名，首標「東萊吕氏」，宋元時書肆本式也。此明藩重刻本有刊板序。

觀史類編

張萱等《内閣藏書目録・史部》 《觀史類編》。六册。全。

宋吕祖謙著。婺州吕氏祠堂本。其類有六：曰擇善，曰儆戒，曰閫範，曰治體，曰論議，曰處事，皆采摭左氏諸子成書，凡六卷。

通鑑總類

《四庫全書總目提要・史鈔類》 《通鑑總類》二十卷。安徽巡撫採進本。

宋沈樞撰。樞字持要，德清人。紹興閒進士，官至太子詹事、光禄卿，謚憲敏。是書乃其致仕時所編。取司馬光《資治通鑑》事蹟，仿《册府元龜》之例，分爲二百七十一門。每門各以事標題，略依時代前後爲次，亦閒採光《議論》附之。所分門目，頗有繁碎。【略】則採摭精華，區分事類，使考古者易於檢尋。其書雖陋，亦不妨過而存之也。嘉定中鋟版潮陽，樓鑰嘗爲之序。元至正中浙江行省重刊，周伯琦又序之。二人皆博物君子，而冝以文章弁其首，殆以操觚數典，尚有一壺千金之用歟。

通鑒總類

周中孚《鄭堂讀書記・史鈔類》 《通鑒總類》二十卷。元刊本。

宋沈樞撰。樞字持要，德清人。紹興間進士，官至太子詹事、光禄卿，謚憲敏。《四庫全書》著録，《宋志・編年類》亦載之。《資治通鑑》一書幾及三百卷，有志於事功者，每病其繁而不能周覽，悉記施之於事，蓋有茫然者矣。持要因摭所載君臣、人物、性行、功業、論議、籌謀、制作、事爲，各以類聚，條分貫秩，分門二百七十有一。始以《治世》，終以《烈婦》，名之曰《通鑑總類》，蓋仿《册府元龜》例也。其比論附義不唯便繙尋而捷討究，鑒古施今，實足以彰勸懲而慎舉措，雖謂之用世之書可也。

瞿鏞《鐵琴銅劍樓藏書目録・目録類》《通鑑總類》二十卷。校宋本。

宋沈樞撰。此書舊有嘉定中潮陽刻本。元至正癸卯復刻於蘇州郡庠，前有周伯琦《序》。是書即元刻而紙墨不古，已爲明時印本矣。然轉有改正宋刻譌處者。

陸心源《皕宋樓藏書志・史鈔類》《通鑑總類》二十卷。明刊本。章紫伯舊藏。

宋沈樞撰。

《萬卷精華樓藏書記・史鈔類》《通鑑總類》二十卷。

宋沈樞撰。

明本。嘉定元年，樞之子守潮陽，綅板以行，樓鑰序。元末蔣德明分省於吴，命郡庠重刊，周伯琦序。明萬曆中，太監孫隆刊於吴中，申時行序，即此本也。其板甚工，且大有樓、周二序。別有成化本，太監錢能久所刊，未見是書。凡二百七十一類，雖分門太瑣，而便於記通，且可與原文互證。

丁丙《善本書室藏書志・史鈔類》《通鑑總類》二十卷。明刊本。

宋沈樞撰。樞字持要，德清人。紹興間進士，官太子詹事、光禄卿，謚憲敏。取《資治通鑑》之文，仿《册府元龜》例，分二百四十一門，隨事標題，易於檢尋。嘉定元年初刻於潮陽，四明樓鑰序之。至正癸卯江浙行省中書左丞蔣德明重刻之，鄱陽周伯琦爲序。萬曆間，武林重鋟。天啓中，司禮監李實因舊版而修，序之且跋其後，實爲是書一玷。

丁立中《八千卷樓書目・史鈔類》《通鑑總類》二十卷。宋沈樞撰。明萬曆刊本。明天啓本。

諸史臣謨

《宋史・藝文志・史鈔類》姚虞賓《諸史臣謨》八卷。

歷代故事

陸心源《皕宋樓藏書志・史鈔類》《歷代故事》十二卷。宋刊本印本。

宋楊次山輯。

宇宙略記

倪燦等《補遼金元藝文志・史鈔類》車若水《宇宙略記》。

名賢十七史確論

《宋史・藝文志・史鈔類》《名賢十七史確論》一百四卷。不知作者。

歷代史贊論

馬端臨《文獻通考・經籍考・史鈔》《歷代史贊論》五十四卷。

晁氏曰：未詳撰人。纂《史記》迄五代史臣贊論。

正統五德類要

錢大昕《補元史藝文志・史鈔類》馮翼翁《正統五德類要》三十四卷。

紀史奇迹

錢大昕《補元史藝文志・史鈔類》宋《紀史奇蹟》十五卷。傅若金《序》稱：侍御史魏郡宋公。

萬邦一覽集

倪燦等《補遼金元藝文志・史鈔類》 滕賓《萬邦一覽集》。

歷代統記要覽

黄虞稷《千頃堂書目・史鈔類》 朱右《歷代統記要覽》。

晉書鈎元

徐𤊹《徐氏家藏書目・旁史類》 《晉書鈎元》二卷。錢博。

分類史鈔

《明史・藝文志・史鈔類》 李裕《分類史鈔》二十二卷。

南臺分類史鈔

黄虞稷《千頃堂書目・史鈔類》 李裕《南臺分類史鈔》二十二卷。張元禎序。

分類通鑑

《四庫全書總目提要・史鈔類存目》 《分類通鑑》四卷。兩江總督採進本。

不著撰人名氏。明弘治中河間知府施槃刊於郡齋，亦不云誰作。其書分類猥雜，標題舛陋，蓋即《通鑑總類》之節本，又沈樞之重儓矣。

《八千卷樓書目・史鈔類》 《分類通鑑》二卷。不著撰人名氏。明刊本。

歷代志略

黄虞稷《千頃堂書目・史鈔類》 唐瑶《歷代志略》四卷。凡八類，十五事。信陽知州。唐順之祖。

兩晉南北奇談

《四庫全書總目提要・史鈔類存目》 《兩晉南北奇談》六卷。兩江總督採進本。

舊本題宋王渙撰。渙爲仁宗慶曆末睢陽五老之一。王闢之《澠水燕談》，稱其官爲太子賓客。祝穆《事文類聚》載錢明逸《五老會詩序》，稱爲太原人，其事蹟則未詳。然世僅傳渙《五老會詩》一首，不聞其著此書。鄭樵以下諸家書目，亦不著録。考太學進士題名碑，弘治丙辰科有王渙，象山人。《明史・藝文志》有渙所著《墨池手録》三卷。此本自稱墨池王渙，與墨池之號相合，知此書爲明王渙撰。其稱太原，蓋舉郡望耳。其書摘録《晉書》以下八史瑣語雜事。王士禎《居易録》稱，嘗見書賈攜《兩晉奇談》，不云誰作，疑即此書也。

通鑑分類撮要

高儒《百川書志・史鈔》 《通鑑分類撮要》四卷。

皇明金城謝遷顯分類編集。

十七史摘奇

黄虞稷《千頃堂書目·史鈔類》 金瑶《十七史摘奇》。

漢唐通鑒品藻

《明史·藝文志·史鈔類》 戴璟《漢唐通鑑品藻》三十卷。

師資論統

《明史·藝文志·史鈔類》 周山《師資論統》一百卷。

史纂左編

黄虞稷《千頃堂書目·通史類》 唐順之《史纂左編》一百四十二卷。

《四庫全書總目提要·史鈔類存目》 《史纂左編》一百二十四卷。安徽巡撫採進本。

明唐順之撰。順之有《廣石戰功録》，已著録。是書以歷代正史所載君臣事蹟，纂集成編。別立義例，分《君》、《相》、《名臣》、《謀臣》、《后》、《公主》、《戚》、《儲》、《宗》、《宦》、《幸》、《姦》、《篡》、《亂》、《莽》、《鎮》、《夷》、《儒》、《隱逸》、《獨行》、《烈婦》、《方技》、《釋》、《道》凡二十四門。其意欲取千古興衰治亂之大者，切著其所以然，故其體與他史稍異。然其間詳略去取，實有不可解者。

周中孚《鄭堂讀書記·史鈔類》 《史纂左編》一百四十二卷。原刊本。

明唐順之撰。順之字應德，號荆川，武進人。嘉靖己丑進士，官至右僉都御史，巡撫淮揚。天啓中，追謚襄文。《四庫全書存目》。荆川以自漢而下紀載浩穰，茫無端緒，乃取歷代諸史，纂其有關於治者，分爲二十四類。間次錯陳，批抹點竄，比事以聯，略加櫽栝。其無關於治者，盡削弗録；其尤有關於治者，旁取諸家百代，稗官野史，蒐羅綴輯，類以屬之。其有一行一節之奇足以爲勸，亦録而存之。初名《史大紀》，後更今名。其曰「左編」者，蓋荆川又輯古今奏議爲「右編」，故此稱「左編」以相配也。然所纂《君》類，專録漢、唐、宋三代；《相》類，以下始及各代，且於所分各類之中，又各有子目，紛紜繁碎，轉近類書。而《釋》、《道》二類各四卷，俱以桑門《語録》及《神仙傳》、《續仙傳》諸書彙次爲傳，尤有乖於名教，於治道何裨焉？前有《自序》并吴用光《序》，又有王畿所作《凡例》、《小引》，末有胡松《後序》。

《八千卷樓書目·史鈔類》 《史纂左編》一百二十四卷。明唐順之撰。明刊本。

全史論贊

《四庫全書總目提要·史鈔類存目》 《全史論贊》八十卷。江蘇巡撫採進本。

明項篤壽編。篤壽有《小司馬奏草》，已著録。是書以諸史浩繁，難於尋究，特撮其《論贊》，以備觀覽。凡《史記》七卷，《漢書》六卷，《後漢書》五卷，《三國志》三卷，《晉書》四卷，《宋書》、《南齊書》各三卷，《梁書》二卷，《陳書》、《魏書》各三卷，《北齊書》、《後周書》、《南史》各二卷，《北史》三卷，《隋書》二卷，《唐書》七卷，《五代史》五卷，《宋史》六卷，《遼史》、《金史》、《元史》各四卷。然讀史必先知其事之始末，而後可斷其人之是非。今篤壽惟存其《論》，使稱善者不知其所以善，稱惡者不知其所以惡，仍於讀史者無益也。

案此書皆取「論贊」，宜入「史評」，然皆摘録於諸史，非所自評也。故仍入之「史鈔類」焉。

經世要略

《明史·藝文志·史鈔類》 萬廷言《經世要略》二十卷。

刪改史論

《明史·藝文志·史鈔類》　鄭曉《刪改史論》十卷。

南北史合纂

黃虞稷《千頃堂書目·史鈔類》　錢岱《南北史合纂》四十卷。別本有注文云。字汝賢，號秀峰，常熟人。隆慶辛未進士，湖廣道監察御史，巡按山東。

左國腴詞

《四庫全書總目提要·史鈔類存目》　《左國腴詞》八卷。內府藏本。

明淩迪知撰。迪知字穉哲，烏程人。嘉靖丙辰進士，官至兵部員外郎。是編採《左傳》、《國語》字句，分類編輯。凡《左傳》五卷，爲類四十。《國語》三卷，爲類四十有三。所摘皆僅存一二語，既不具其始末，又不標爲何人之言。且註與正文，混淆不辨。非惟不足以資考證，併不可以供撏撦。與所撰《太史華句》、《兩漢雋言》、《文選錦字》諸書，體例皆仿林越《漢雋》。而冗雜破碎，又出《漢雋》之下。如「以從欲鮮濟」一語，列之《澗溪類》中，蓋誤以爲「濟川」之「濟」也。是尚足與論乎？

周中孚《鄭堂讀書記·史鈔類》　《左國腴詞》八卷。《文材綺繡》本。

明淩迪知編。迪知仕履見《雜史類》。《四庫全書存目》，《明史·藝文志》《類書類》亦載之。洪景盧有《左傳法語》，其書不傳，穉哲爲之補編，益以《國語》一書，總曰《左國腴詞》。《左集》分四十類，凡五卷。《國集》分四十三類，凡三卷。門類大同小異，蓋以兩書文詞有判然不相同也。其標明門類，摘字爲綱，而注正文於下，頗便於檢閱，以供修詞之用，殊勝於景盧所編者矣。前有萬曆丙子《自序》。

《八千卷樓書目·史鈔類》　《左國腴詞》八卷。明淩迪知撰。明刊本。翻刊本。《文林綺繡》本。

史學要義

《明史·藝文志·史鈔類》　卜大有《史學要義》四卷。

綱鑒會纂

《玉函山房藏書簿録·史鈔類》　《綱鑑會纂》四十六卷。

明南京刑部尚書、太倉王世貞元美撰。就朱子書而纂其要，世稱《鳳洲綱鑑》。

史部

《玉函山房藏書簿録·史鈔類》　《史部》二卷。並明刊本。

明國子監生、福清郭造卿建初撰。《自序》云：余居燕，有史役正二十一史，有關燕事者，輒標識之。

史觽

《四庫全書總目提要·史鈔類存目》　《史觽》十七卷。浙江巡撫採進本。

明謝肇淛撰。肇淛字在杭，福建長樂人。萬曆壬辰進士，官至廣西右布政使。《明史·文苑傳》附見《鄭善夫傳》中。是書摘十七史中隱僻字句，標列成編。凡一史爲一卷。謂之「觽」者，《自序》以爲解結之義。人之有疑甚於結，故求其解而筆之也。然於《史》、《漢》、《三國》諸書，原有舊註者，所載尚爲明晰；於《晉書》以下原本無註者，亦僅録舊文，絶無考證，仍不足以釋學者之疑。則所云求其解者，亦徒虚語矣。

史異編

《四庫全書總目提要・史鈔類存目》《史異編》十七卷。兩江總督採進本。

明俞文龍撰。文龍，晉江人。其書以諸史所載災祥神怪彙爲一編。既非占驗之書，又無與學問之事，徒見其好怪而已。

李氏藏書

黄虞稷《千頃堂書目・史鈔類》 李贄《李氏藏書》六十卷。

《明史・藝文志・史鈔類》 李贄《藏書》六十八卷。《續藏書》二十七卷。

史要編

《四庫全書總目提要・史鈔類存目》《史要編》十卷。浙江范懋柱家天一閣藏本。

明梁夢龍編。夢龍字乾吉，真定人。嘉靖癸丑進士，官至吏部尚書，謚貞敏。事蹟具《明史》本傳。其書雜採諸史之文，爲《正史》三卷、《編年》三卷、《雜史》三卷、《史評》一卷。《自序》謂學者罕睹全史，是編上下數千載盛衰得失之蹟，大凡具在，蓋爲鄉塾無書者設也。

廿一史撮奇

徐𤊹《徐氏家藏書目・旁史類》《廿一史撮奇》十卷。姑孰李一公。

古史談苑

黄虞稷《千頃堂書目・史鈔類》 錢世揚《古史談苑》三十六卷。

讀史快編

黄虞稷《千頃堂書目・史鈔類》 趙維寰《雪廬讀史快編》六十卷。

《明史・藝文志・史鈔類》 趙惟寰《讀史快編》六十卷。

《四庫全書總目提要・史鈔類存目》《讀史快編》四十四卷。内府藏本。

明趙維寰撰。維寰字無聲，平湖人，萬曆庚子舉人。是書於諸史之中摘録其新異之事，始於《史記》，迄《新唐書》，割裂翦裁，漫無義例。

《八千卷樓書目・史鈔類》《讀史快編》四十四卷。明趙維寰撰。明刊本。

讀史集

《四庫全書總目提要・史鈔類存目》《讀史集》四卷。江蘇周厚堉家藏本。

明楊以任撰。以任字維節，瑞金人。崇禎辛未進士，官國子監博士。是編摘諸史中事蹟之可快可恨及有膽有識者，分爲《快》、《恨》、《膽》、《識》四集，每條下略綴評語，詞多佻纖。

《八千卷樓書目・史鈔類》《讀史集》四卷。明楊以任撰。明刊本。

二十一史論贊

《四庫全書總目提要・史鈔類存目》《二十一史論贊》三十六卷。浙江巡撫採進本。

明沈國元編。國元字飛仲，吴縣人。是書摘録二十一史《論贊》，加以圈點評識，全如批選時文之式。以爲評史，則《紀傳》所載，非《論贊》所能該，事無始末，何由信其是非，以爲論文，則《晉書》以下八史以及《宋》、《遼》、《金》、《元》四史豈可以爲文式哉，真兩無取也。

《八千卷樓書目・史鈔類》《二十一史論贊》三十六卷。明沈國元撰。刊本。

靳史

黄虞稷《千頃堂書目・史鈔類・補宋》查應光《靳史》三十卷。休寧人，舉人。

二十一史文鈔

《八千卷樓書目・史鈔類》《二十一史文鈔》三百三十二卷。明戴羲撰。明刊本。

廿一史識餘

《四庫全書總目提要・史鈔類存目》《廿一史識餘》三十七卷。浙江汪啓淑家藏本。

明張墉撰。墉字石宗，錢塘人。是編一名《竹香齋類書》。摘録二十一史佳事雋語，分類排纂，共五十七門。末又附《補遺》一門，略仿《世説》之體，而每條下皆註原史之名。其發凡譏何氏《語林》濫及稗官。然《世説新語》古來本列小説家，實稗官之流，而責其濫及稗官，是猶責弓人不當爲弓，矢人不當爲矢也。且所重乎正史者，在於敘興亡，明勸戒，核典章耳。去其大端而責其瑣事，其去稗官亦僅矣。

《八千卷樓書目・史鈔類》《廿一史識餘》三十七卷。明張墉撰。刊本。

宋史存

《四庫全書總目提要・史鈔類存目》《宋史存》二卷。浙江鮑士恭家藏本。

明文德翼撰。德翼字用昭，德化人。崇禎甲戌進士，官嘉興府推官。是編採掇《宋史》列傳，而删潤其文。始於宗澤，終於文天祥。蓋福王時所作，故獨寓意於紹興以後云。

後漢書纂

《八千卷樓書目・史鈔類》《後漢書纂》十二卷。明淩濛初撰。明刊本。

二十三史綺編

《八千卷樓書目・史鈔類》《二十三史綺編》十七卷。明周延儒撰。明刊本。

北盟會編鈔

《明史・藝文志・雜史類》錢謙益《北盟會編鈔》三卷。

兩晉會同

徐𤊹《徐氏家藏書目・旁史類》《兩晉會同》二十八卷。

南北兩晉奇談

徐𤊹《徐氏家藏書目・旁史類》《南北兩晉奇談》。

三國志會同

徐𤊹《徐氏家藏書目・旁史類》《三國志會同》二十一卷。

通鑒分類撮要

黃虞稷《千頃堂書目・史鈔類》謝遷《通鑑分類撮要》四卷。陝西臨洮人，非木齋也。

史鑒類編

黃虞稷《千頃堂書目・史鈔類》吴韶《史鑑類編》十六卷。

史　取

黃虞稷《千頃堂書目・史鈔類》賀祥《史取》十二卷。龍城人。

史記事史鈔

黃虞稷《千頃堂書目・史鈔類》《史記事史鈔》四卷。

史　衡

《明史・藝文志・史鈔類》徐明勳《史衡》二十卷。

史學彙編

《明史・藝文志・史鈔類》馮尚賢《史學彙編》十二卷。

廿一史四補

《八千卷樓書目・史鈔類》《廿一史四補》五十四卷。國朝沈炳震撰。青來堂刊本。

兩漢談苑

周中孚《鄭堂讀書記・史鈔類》《兩漢・談苑》十二卷。寫本。

不著編輯者名氏。前後俱無序跋。相其紙墨，蓋國初人作也。其書皆采摭前後《漢書》、《三國志》及裴松之《注》以成，凡分三十四門。門目悉仍《世説》之舊，其配隸各門尚有條理，惜未免有改史文之失，不及近人《廿二史言行録》遠矣。

廿二史言行略

周中孚《鄭堂讀書記・史鈔類》《廿二史言行略》四十二卷。蘇州謝氏刊本。

國朝過元旼編。元旼字穆君，長洲人。穆君以言行爲榮辱之主，嘉言善行備載諸史，因取廿二史世家、列傳自漢迄元，録其言行可爲法則者，分二十二門。每門各自分類，間於分類之中，又各分小目，蓋取其事之相類者彙次之，以便檢閲。皆詳核其人生平事實，分條録出，不加一字，應録者並録全篇。每條事實間有涉及幾門幾類者，權其輕重，擇最重之門類歸入，不復别見於涉及之門類，以免紛雜。其有一端可采而末節終虧者，概不入録。則是書雖攟摭舊文，而於言行爲擇之精而取之善矣。書成於嘉慶戊午，前有自撰《凡例》及錢竹汀大昕、王鐵夫芑孫二序，末有張燾、後有謝希曾《跋》。

四史發伏

《八千卷樓書目·史鈔類》 《四史發伏》十卷。國朝洪亮吉撰。刊本。

諸史循吏傳

《玉函山房藏書簿録·史鈔類》 《諸史循吏傳》十卷。

國朝朝邑蒙天庥蔭堂、石全潤雨峯同撰。

諸史孝友傳

《玉函山房藏書簿録·史鈔類》 《諸史孝友傳》八卷。並守樸堂本。

蒙天庥、石全潤同撰。

綱目大戰録

《玉函山房藏書簿録·史鈔類》 《綱目大戰録》三卷。青照堂本。

國朝李元春撰。既輯《左氏兵法》，又爲此書。《自序》云：「不録金仁山《前編》，倣朱子以續《左氏兵法》也。録《後編》並及明，猶備古今名將之意也。」

明史三傳

《八千卷樓書目·史鈔類》 《明史三傳》，不分卷。日本廣瀨謙撰。日本刊本。

歷代紀要

《宋史·藝文志·史鈔類》 劉熙古《歷代紀要》五十卷。

唐史屬辭

《宋史·藝文志·史鈔類》 程鵬《唐史屬辭》四卷。

唐帝王號宰臣録

《宋史·藝文志·史鈔類》 程鵬《唐帝王號宰臣録》十卷。

古史通略

徐㶿《徐氏家藏書目·旁史類》 《古史通略》八卷。胡文定。

諸史提要

《四庫全書總目提要·史鈔類存目》 《諸史提要》十五卷。内府藏本。宋錢端禮撰。端禮字處和，臨安人。吴越王俶六世孫，榮國公忱之子。少以恩廕入仕，累官至參知政事、兼權知樞密院事，以莊文太子妃父罷爲資政殿太學士。再知寧國，移紹興，復以觀文殿學士提舉洞霄宫。卒，謚忠肅。事蹟具《宋史》本傳。是書乃取諸史之文可資詞藻者，按部採摘，彙集成編。各以一二語標題，而分註其首尾於下。凡《史記》一卷、《前漢書》二卷、《後漢書》二卷、《三國志》一卷、《晉書》三卷、《南史》一卷、《北史》一卷、《新唐書》三卷、《五代史》一卷。其著録於《宋史・藝文志》者，與此本卷目相同。前有其門人劉孝韙序，不著年月。詳其詞意，蓋端禮爲參政時所刊行也。其體例頗與洪邁《史漢法語》、《諸史精語》相近。陳振孫《書録解題》嘗譏其泛然録鈔，毫無義例。蓋南宋最尚詞科，以妃青儷白相高，故當時有此鈔書之學也。

諸史提要

于敏中等《天禄琳琅書目・元版史部》 《諸史提要》二函，十六册。

宋錢端禮撰。十五卷。前劉孝韙序。

宋陳振孫《書録解題》載《諸史提要》十五卷。參政吴越錢端禮撰。考《宋史》，端禮於紹興間通判明州有聲。高宗材之，累遷至端明殿學士，簽書樞密院院事兼權參知政事。是書蓋其時所刊，故《序》中有參政錢公之語。端禮爲吴越王錢鏐八世孫，書中自鏐以後，諱皆缺筆。孝韙自稱門下士，未詳其人。書後載廸功郎前監潭州嶽廟李龜明，從事郎前平江府吴縣尉主管學士徐似道，廸功郎紹興府府學教授胡紘校正。李龜明亦無考。明淩迪知《萬姓統譜》載徐似道，天台人。少負才名，爲吴縣尉，受知於范成大，遷祕書監少監。胡紘，慶元人。幼穎悟好學，讀書過目不忘。累官至吏部侍郎，出爲廣東經略，所至有能聲。劉孝韙《序》稱門下士合辭以請，則龜明等校正是書，皆出端禮之門牆者也。

明晉莊王鐘鉉藏本。餘印無考。

十七史詳節

楊士奇等《文淵閣書目・宇字號第一橱書目・史》 呂東萊《十七史詳節》。一部，三十册。闕。

于敏中等《天禄琳琅書目・宋版史部》 《十七史詳節》十二函，九十六册。

宋呂祖謙撰。二百七十三卷。

《宋史・經籍志》載呂祖謙《大事記》二十七卷，《宋通鑑節》五卷，《通鑑節要》二十四卷。又祖謙傳《大事記》之外，載《讀詩記》、《考定古周易》、《書説》、《閫範》、《官箴》、《辨志録》、《歐陽公本末》諸書，皆不及《十七史詳節》。宋鼂氏、陳氏、馬氏書目，亦均不録。惟明焦竑《經籍志》有呂祖謙《十七史詳節》二百八十三卷，較此本又多十卷。今觀書中標題，或稱「東萊先生增入」，或稱「東萊校正」，而《兩漢書》及《新唐書》則標爲「諸儒校正」，體不畫一，是此書即爲東萊所作，亦屬未完之本。其版仿宋巾箱本式，而刻印草草，似是書賈所爲。故前後俱無序、跋，不知焦竑何所據也。明周伯器藏本。考《嘉興府志》，伯器名鼎，嘉善人。正統中官沐陽典史，有桐村疑舫齋《土苴集》，餘印無考。

闕補《史記》卷八九，卷九六八。《兩漢書》卷二十十二、十四，卷二十一十三、十五，卷二十三十六，卷二十五十九。

《四庫全書總目提要・史鈔類存目》 《十七史詳節》二百七十三卷。浙江巡撫採進本。宋呂祖謙編。祖謙有《古周易》，已著録。此蓋其讀史時刪節備檢之本，而建陽書坊爲刻而傳之者。凡《史記》二十卷，《西漢書》三十卷，《東漢書》三十卷，《三國志》二十卷，《晉書》三十卷，《南史》二十五卷，《北史》二十八卷，《隋書》二十卷，《唐書》六十卷，《五代史》十卷。前冠以疆理、世系、紀年之圖。所録大抵隨時節鈔，不必盡出精要。【略】祖謙雖亦從事於講學，而淹通典籍，不肎借程子玩物喪志之説，以文飾空疎。故朱子稱其史學分外仔細。附存其目，俾儒者知前人讀書，必貫徹首尾。即所删節之本，而用功之深至，可以概見。則此二百七十三卷者，雖不能盡諸史之全，而足以爲宋儒不廢史學之明證也。

彭元瑞等《天禄琳琅書目後編・宋版史部》 《十七史詳節》十二函，一百册。

宋呂祖謙撰書。二百七十三卷。内標曰《增入正義音注史記詳節》二十卷，前有三皇至秦譜系五圖，五帝至秦國都地理四圖。曰《參附羣書三劉互注西漢詳節》三十卷，前有世系傳授、國都地理二圖。《諸家注釋名氏》，《西漢綱領》、《唐庚敘録》。曰《諸儒校正東漢詳節》三十卷，前有傳世一圖。曰《標注三國志詳節》二十卷，前有三國疆理、世系、紀年三圖，裴松之《上三國志注表》。曰《校正晉書詳節》三十卷，前有兩晉世系、地理二圖。曰《校正南史詳節》二十五卷，前有南北國都地理圖，宋齊梁陳世系圖。曰《校正北史詳節》二十八卷，前有後魏、北齊、北周世系圖。曰《校正隋書詳節》二十卷，前有世系、地理二圖。曰《諸儒校正唐書詳節》六十卷，前有十道開基混一世系、地理、藩鎮六圖，曾公亮《進表》。曰《校正五代史詳節》十卷，前有陳師錫《五代史記序》。分據地理圖各自成書，每代自爲目録。蓋讀史節鈔便記之書，建陽書坊以袖珍本陸續梓行，故每編標名不畫一。

闕補東漢目録九十一

又《元版史部》《十七史詳節》五函，五十册。

篇目見前宋版史部。

《十七史詳節》三函，二十四册。

篇目見前宋版史部。

又《明版史部》《十七史詳節》十函，八十六册。

篇目同前宋版史部。

《十七史詳節》三函，二十四册。

篇目同前宋版史部。前有無名氏序。墨印三：「慎獨齋」、「五忠後裔」、「精力史學」。每卷首或刻「建陽劉克莊梓」，或刻「建陽慎獨齋」，或刻「建陽木石山人劉宏毅」，其例不一。建陽自宋爲刻書之肆，劉氏「慎獨齋」，世其業。而劉宏毅乃明時人，首標「克莊」，著其先世名人耳。

闕補：《史記》卷二，五。《西漢》卷二，二十六。卷十五，一二。《東漢》卷十五，五。卷二十四，五。《三國志》卷十七，五六。《晉書》目録，全。卷十一之二十一，全。《北史》卷二十八，十之十二。《隋書》卷十六，九。《唐書》卷二。九十。卷十七，六。卷十八，一之五。卷五十一，三四。

瞿鏞《鐵琴銅劍樓藏書目録・目録類》《十七史詳節》二百七十三卷。元刊本。

此書仿南宋巾箱本。凡《史記》二十卷，《西漢書》三十卷，《東漢書》三十卷，《三國志》二十卷，原闕，以明刻本補。《晉書》三十卷，《南史》二十五卷，《北史》二十八卷，《隋書》二十卷，《新唐書》六十卷。原闕，以明刻本補。《五代史》十卷。世傳爲吕成公輯録本，而公弟監倉子約所撰《年譜》不載。又樓宣獻《祠堂記》，詳言公所著，亦不及此書，其説實誤。於明建陽慎獨齋劉宏毅刻本慨題爲「東萊先生某史詳節」。此本於《史記》則曰《東萊先生增入正義音註史記詳節》，於《漢書》則曰《參附漢書三劉互注西漢詳節》，又曰《諸儒校正西漢詳節》。於《後漢書》則曰《諸儒校正東漢詳節》，餘皆曰《東萊校正某書詳節》，其爲書賈假名以增重可知。且《漢書》中雜附致堂胡氏之論，即《讀史管見》中語。考致堂猶子大壯跋《管見》，謂書成刻於嘉定十一年，成公安得預見其書而採之耶？又書中有互注，及每種前有世系、紀年、地里之圖，乃宋末時書肆所行。纂圖互注之本，其非公所作，明矣。

《萬卷精華樓藏書記・史鈔類》《十七史詳節》二百七十三卷。

宋吕祖謙撰。

元本。是書不見於《宋志》，諸家皆不著録。書中標題，或稱「東萊先生增入」，或稱「東萊校正」，或又題「諸儒校正」。前後無序，跋刻印草草，似是書賈所爲，非吕氏之書也。其板仿宋巾箱本。

《八千卷樓書目・史鈔類》《十七史詳節》二百七十三卷。宋吕祖謙撰。慎獨齋刊本。元刊《南史詳節》本。

世系手記

《宋史・藝文志・史鈔類》李石《世系手記》一卷。

古今紀要　續古今紀要

楊士奇等《文淵閣書目・宙字號第二櫥書目・史雜》《古今紀要》一部。一册。闕。

高儒《百川書志・史鈔》《古今紀要》十九卷。宋儒慈谿黄震東發編。世稱精博，與《山堂考索》並行。

黄虞稷《千頃堂書目・史鈔類》鍾芳《續古今紀要》十卷。

黄虞稷《千頃堂書目・史鈔類・補宋》黄震《古今紀要》十九卷。

倪燦等《宋史藝文志補・史鈔類》黄震《古今紀要》十九卷。

《明史・藝文志・史鈔類》鍾芳《續古今紀要》十卷。

讀史備忘捷覽

黃虞稷《千頃堂書目・史鈔類》 岳珂《讀史備忘捷覽》六卷。吴校云。按，《宋史》珂本傳，無「捷覽」字。

倪燦等《宋史藝文志補・史鈔類》 岳珂《讀史備忘捷覽》六卷。

三代説辭

《宋史・藝文志・史鈔類》 《三代説辭》十卷。不知作者。

金陵六朝帝王統紀

《宋史・藝文志・史鈔類》 杭暕《金陵六朝帝王統紀》一卷。

十二國史略

《宋史・藝文志・史鈔類》 《十二國史略》三卷。

十三代史選

《宋史・藝文志・史鈔類》 《十三代史選》五十卷。

錢東垣等輯《崇文總目輯釋・雜史類》 《十三代史選》五十卷。

繹按，《宋志》不知作者，又重出一部，三十卷，亦不著撰人。

南史摭實韻句

《宋史・藝文志・史鈔類》 《南史摭實韻句》三卷。

五代纂要賦

《宋史・藝文志・史鈔類》 《五代纂要賦》一卷。

宋朝撮要

《宋史・藝文志・職官類》 《國朝撮要》一卷。

十七史蒙求

孫德謙《金史藝文略・史鈔》 交城吴廷秀撰。

帝王鏡略

孫德謙《金史藝文略・史鈔》 元好問撰。元王惲有序，其略云：近讀遺山先生《鏡略》，書所謂立片言而得要者也。其馳騁上下數千載之間，總理繁會數百萬言之内，駢以四言，叶以音韻，世數代謝，如指諸掌。案：此書《金史》本傳不載，其序見《秋澗集》。

十七史纂古今通要

黄虞稷《千頃堂書目・史鈔類・補元》 胡一桂《十七史纂古今通要》十七卷。

于敏中等《天禄琳琅書目・元版史部》 《十七史纂古今通要》一函，六册。《前集》十七卷，元胡一桂撰，子昌祖正音註。《後集》三卷，元董鼎撰。《前集》載元汪良臣序、一桂《自序》並歷代帝王、國都疆理、統系傳授三圖。

一桂見前。此書始三皇，終五代，未載宋金之事。董鼎因續纂以成之。其大旨皆本朱子《綱目》，而間採先儒論斷，附以己意。考《江西志》，董鼎字季亨，饒州德興人。自幼力學，受業於黄幹，得其端緒，嘗著書傳纂疏以行於世。汪良臣無考，其序後結銜爲承務郎、江南行臺監察御史。

明張南伯藏本。南伯，吴人。金賚《畫史會要》：「南伯，工墨梅」。

錢大昕《補元史藝文志・史鈔類》 胡一桂《十七史纂古今通要》十七卷。

歷代通略

錢大昕《補元史藝文志・史鈔類》 陳櫟《歷代通略》四卷。

歷代指掌圖

錢大昕《補元史藝文志・史鈔類》 戚崇僧《歷代指掌圖》二卷。

史學提要

楊士奇等《文淵閣書目・宙字號第二櫥書目・史雜》 《史學提要》。一部，二册。闕。

錢大昕《補元史藝文志・史鈔類》 黄繼善《史學提要》一卷。

倪堯史學提綱

錢大昕《補元史藝文志・史鈔類》 倪堯《史學提綱》。

全史提要編

錢大昕《補元史藝文志・史鈔類》 夏希賢《全史提要編》。廣信人，昭文館大學士。

直説通略

錢大昕《補元史藝文志・史鈔類》 鄭滁孫《直説通略》十三卷。

歷代史譜

錢大昕《補元史藝文志・史鈔類》 鄭鎮孫《歷代史譜》二卷。

世運略

錢大昕《補元史藝文志・史鈔類》 張明卿《世運略八卷》。字子晦，天台人。

歷代帝王傳授圖説

錢大昕《補元史藝文志・史鈔類》 倪士毅《歷代帝王傳授圖説》。

歷代帝王正閏圖説

錢大昕《補元史藝文志・史鈔類》 陳剛《歷代帝王正閏圖説》。

敘古頌

錢大昕《補元史藝文志・史鈔類》 錢天祐《敘古頌》二卷。

十八史略

徐𤊹《徐氏家藏書目・旁史類》 《十八史略》八卷。曾先之。

《南廱志・經籍考・史》 《歷代十八史略》十卷。存者四百四十六面，壞四十一面，欠六十一面，尾未終。盧陵前進士《十九史略詳解》、《十九代史略》爲曾先之編。至正間，浙東憲使范陽張士和重加校刊。

史纂通要後集

黃虞稷《千頃堂書目・史鈔類・補元》 董鼎、汪亨《史纂通要後集》三卷。

倪燦等《補遼金元藝文志・史鈔類》 董鼎、汪亨《史纂通要後集》三卷。

錢大昕《補元史藝文志・史鈔類》 董鼎、汪亨《史纂通要後集》三卷。

史學提綱

黃虞稷《千頃堂書目・史鈔類・補元》 吴簡《史學提綱》。字仲廣，吴江人。紹興學録。

倪燦等《補遼金元藝文志・史鈔類》 吴簡《史學提綱》。字仲廣，吴江人。紹興學録。

錢大昕《補元史藝文志・史鈔類》 吴簡《史學提綱》。

十九史略詳解

黃丕烈《蕘圃藏書題識・史類》 《十九史略詳解》十卷。明刊本。

是書舊名《十八史略》，元曾先之撰。見明《内閣藏書目》陳殷《音釋》，洪武壬子刻。此則并首二卷爲一，而以梁敬孟《元史略》合之，爲《十九史略》，刻于正統己未者。《音釋》則十八卷之舊也。傳本甚罕，故目録家均未之及。此爲季氏藏本，後歸汪氏訒菴均有藏印可寶也，蕘翁記。

十九代史略

黃虞稷《千頃堂書目・史鈔類・補元》 曾先之《十九代史略》十八卷。一作十卷。

倪燦等《補遼金元藝文志・史鈔類》 曾先之《十九代史略》十八卷。

錢大昕《補元史藝文志・史鈔類》 曾先之《十九代史略》十八卷。

歷代一覽

黃虞稷《千頃堂書目・史鈔類》 盧文政《歷代一覽》一卷。江夏人，建文己卯舉人。太僕寺右丞。

史學綱領

黃虞稷《千頃堂書目・史鈔類》 王仲《史學綱領》六卷。

古今一覽

黃虞稷《千頃堂書目・史鈔類》 黎貞《古今一覽》二卷。

通鑒采異

楊士奇等《文淵閣書目・宙字號第二櫥書目・史雜》 《通鑑採異》。一部，一册。闕。

張萱等《内閣藏書目録・雜部》 《通鑑采異》一册。全。

鈔本莫詳著人姓氏，雜采史傳事實以便初學。

歷代淵源

楊士奇等《文淵閣書目・宙字號第二櫥書目・史雜》 《歷代淵源》。一部，一册。闕。

歷代蒙求

楊士奇等《文淵閣書目・宙字號第二櫥書目・史雜》 《歷代蒙求》。一部，一册。闕。

史學撮要

黃虞稷《千頃堂書目・史鈔類》 伊乘《史學撮要》。

歷代史鈔

徐𤊹《徐氏家藏書目・旁史類》 《歷代史鈔》。江西李裕。

歷代志略

高儒《百川書志・史鈔》 《歷代志略》四卷。

皇明信陽知州、毗陵唐瑶纂集。八類十五事，各事皆撮史書諸志之略，歷代粗備。

《八千卷樓書目・史鈔類》 《歷代志略》四卷。明唐瑶撰。明刊本。

學　史

《明史・藝文志・史鈔類》 邵寶《學史》十三卷。

史略啓蒙

黃虞稷《千頃堂書目・史鈔類》 徐咸《史略啓蒙》。

十九史節定

黃虞稷《千頃堂書目・通史類》 安都《十九史節定》一百七十卷。太原人。憤諸史書法不公，改正爲是書。嘉靖十三年上於朝，世宗以諸史已有定論，都安肆贅疣，命毁而譴之。

諸史通編

黃虞稷《千頃堂書目・通史類》 穆孔暉《諸史通編》。

諸史會編

張萱等《内閣藏書目録・史部》 《諸史會編》。五十六册。正德間唐順之編。

二十一史意鈔

黃虞稷《千頃堂書目・史鈔類》 包節《二十一史意鈔》。

歷代史略詞話

黃虞稷《千頃堂書目・史鈔類》 楊慎《歷代史略詞話》二卷。

批校十八史略

徐圖等《行人司重刻書目・史部》 《批校十八史略》。八本。

二十一史論贊輯要

黃虞稷《千頃堂書目・史鈔類》 彭以明《二十一史論贊輯要》三十六卷。萬曆庚辰黃起龍序。

《四庫全書總目提要・史鈔類存目》 《二十一史論贊輯要》三十六卷。浙江巡撫採進本。明彭以明編。以明，廬陵人。萬曆中諸生。是編採録諸史論贊，以課其子。鈔撮之學，非讀史之正法也。

十七史摘要

黃虞稷《千頃堂書目・史鈔類》 蔣杰《十七史摘要》。吴縣人。萬曆己丑進士。廣東副使。

綱鑑正史大全

軍機處奏《禁毁書目》 《綱鑑正史大全》一部，四十本。

查《綱鑑正史大全》，舊題「明王世貞補遺，鍾惺訂正」，蓋亦坊間所刻，課蒙之本，托名於二人者。其書起自三皇，迄於元順帝，皆節録朱子《綱目》及明商輅等《續綱目》原文。書前序文、凡例，亦皆仍《綱目》之舊，並無干礙。惟於元代體例，踵邱濬謬説，甚乖正理，所引評論亦間涉偏謬，祇須酌删駁正，應請毋庸銷燬。

二十二史纂略

黄虞稷《千頃堂書目・史鈔類》 馬惟敏《二十二史纂略》四十四卷。字新甫。萬曆癸丑序。

史書纂略

《明史・藝文志・史鈔類》 馬惟銘《史書纂略》一百卷。

《四庫全書總目提要・史鈔類存目》 《史書纂略》二百二十卷。浙江巡撫採進本。明馬維銘撰。維銘字新甫，平湖人。萬曆庚辰進士。官至兵部職方司主事。是書取二十一史本紀、列傳，各撮取大略，彙成一編，蓋亦通史之例。然去取失宜，簡略太甚，非博非約，殆兩無所居也。

二十一史識余　補遺

黄虞稷《千頃堂書目・史鈔類》 張鏞《二十一史識餘》三十四卷。又《補遺》三卷。錢塘人。

歷代君相事略

黄虞稷《千頃堂書目・史鈔類》 陳肅《歷代君相事略》二卷。

古今指掌録

黄虞稷《千頃堂書目・史鈔類》 林祺《古今指掌録》。字子祥，龍溪人。

讀史蒙拾

《四庫全書總目提要・史鈔類存目》 《讀史蒙拾》一卷。副都御史黄登賢家藏本。

國朝王士禄編。士禄字子底，號「西樵」，新城人。順治壬辰進士。官至吏部考功司員外郎。是書取諸史新穎之語，標數字爲題，而録其本文於後，亦洪邁《經史法語》之類。然書止一卷，聊以寓意而已，實未竟其事。曰「蒙拾」者，取劉勰《文心雕龍・辨騷篇》「童蒙者，拾其香草」句也。

廿一史約編

周中孚《鄭堂讀書記・史鈔類》 《廿一史約編》無卷數。魚計亭刊本。

國朝鄭元慶撰。元慶字子餘，號「芷畦」，歸安人。芷畦以廿一史卷帙繁而難閲，用是薈萃全史，鉤深提要，裁以己意，櫽栝成章。上溯太古，下迄勝朝，計一百三十九篇。約而不遺，馴而可誦，而書、表、志、傳，諸可激人觀聽者，又爲采拾菁華，釐齊前後，存什一於千百，匯衆體爲一家。分金、石、絲、竹、匏、土、革、木八部，而以上古攷略、歷代圖歌以下十五門爲首卷，凡治亂廢興，是非得失之故，犁然備舉。或略具於《全目》之首，或散著於《紀傳》之中，較之全史，已得大概，可以一覽而無遺矣。蓋王鳳洲、諸理齋諸書，俱爲編年而設，而此書則爲紀傳而設，故當時盛行於世也。書成於康熙丙子，自爲序、例，又有陳一夔、鄭開極二序。

《玉函山房藏書簿録・史鈔類》 《二十一史約編》八卷。魚訪亭本。

國朝吴興鄭元慶芷畦撰。以八音分編，正史皆載。《全目》每一帝爲《總論》一篇，《志》、《傳》皆採取其要。

《八千卷樓書目・史鈔類》 《二十一史約編》十卷。國朝鄭元慶撰。刊本。石印本。

漢書蒙拾　後漢書蒙拾

周中孚《鄭堂讀書記・史鈔類》 《漢書蒙拾》三卷。《後漢書蒙拾》二卷。堇浦八種本。

國朝杭世駿編。世駿仕履見《五經總義類》。堇浦以楊氏《兩漢博聞》，洪氏《西漢法語》、《後漢精語》，林氏《漢雋》，凌氏《兩漢雋言》諸書尚未美備，復有事於「兩漢」，皆隨篇摘字而夾注正文及注於下，凡《漢書》三卷、《後漢書》二卷，俱標曰「蒙拾」者，取《文心雕龍・辨騷篇》「童蒙者，拾其香草」句也。所纂慎而不漏，該而不侈，雖因宋人之例，而可免餖飣之譏矣。兩書卷首俱有《自序》，其《後漢書序》稱「吳興凌氏竊林越之成書，侈文林之綺繡，空張篇目，有班無范」云云，則是未覩其書而臆度之矣。

《八千卷樓書目・史鈔類》 《漢書蒙拾》三卷。國朝杭世駿撰。原刊本。《後漢書蒙拾》二卷。國朝杭世駿撰。刊本。七種本。

峋嶁鑑撮

《玉函山房藏書簿録・史鈔類》 《峋嶁鑑撮》四卷。北新城楊氏刊本。

國朝翰林院編修衡山曠敏本撰。自三皇，迄明末，簡括爽朗，於初學最便。

《八千卷樓書目・史鈔類》 《峋嶁鑑撮》四卷。國朝曠敏撰。刊本。

史鑒撮要

《八千卷樓書目・史鈔類》 《史鑒撮要》四卷。國朝曠敏本撰。余氏刊本。

廿一史提綱歌

周中孚《鄭堂讀書記補逸》 《廿一史提綱歌》二卷。御香書屋刊本。

國朝李兆六撰。兆六字端臨，上海人，雍正戊申拔貢生，官裕州州判。是編以歷代世數、年數、姓名、廟謚、建都、紀元，參互考訂，編爲七字歌訣，分六十三目，以供幼學餘課。俾知大綱，以爲讀全史之助。前有乾隆辛酉《自序》，及凡例六則。

三國志捃摭

周中孚《鄭堂讀書記・史鈔類》 《三國志捃摭》，無卷數。舊寫本。

不著編輯者名氏，前後俱無序跋，又不分卷數。首有吳稷堂省蘭私印二，當屬其纂輯之本，以備詞賦之用。若出於前人，則必刊入《藝海珠塵》矣。其書就陳氏《三國志》及裴世期注，依次摘録故實，各爲標目。凡出注者則低一格，以別之。體例與杭堇浦《兩漢書蒙拾》又各不同：彼則專摘字眼，此則專采典故也。以其依書爲次而不分類，故入之史鈔焉。

國史蒙拾

《八千卷樓書目・史鈔類》 《國史蒙拾》二卷。國朝郭麐撰。全書本。

後漢文武釋論

《舊唐書・經籍志・雜史》 《後漢文武釋論》二十卷。王越客撰。

古今語要

《宋史・藝文志・史鈔類》 喬舜《古今語要》十二卷。

古今通略句解

黄虞稷《千頃堂書目・史鈔類・補元》《古今通略句解》五卷。

倪燦等《補遼金元藝文志・史鈔類》《古今通略句解》五卷。失名。

三國志精語

楊士奇等《文淵閣書目・宙字號第二櫥書目・史附》《三國志精語》。一部，一册。闕。

晉書精語

楊士奇等《文淵閣書目・宙字號第二櫥書目・史附》《晉書精語》。一部，一册。闕。

南史精語

楊士奇等《文淵閣書目・宙字號第二櫥書目・史附》《南史精語》。一部，一册。闕。

池詠漢鱠

楊士奇等《文淵閣書目・宙字號第二櫥書目・史雜》《池詠漢鱠》。一部，一册。闕。

池詠唐鱠

楊士奇等《文淵閣書目・宙字號第二櫥書目・史雜》《池詠唐鱠》。一部，一册。闕。

七制三宗史編句解

楊士奇等《文淵閣書目・宙字號第二櫥書目・史附》《七制三宗史編句解》。一部，三册。闕。

讀史纂言

黄虞稷《千頃堂書目・史鈔類》 歸有光《讀史纂言》十卷。

《明史・藝文志・史鈔類》 歸有光《讀史纂言》十卷。

南史伐山

黄虞稷《千頃堂書目・史鈔類》 馮時可《南史伐山》四卷。

南北史藻

黃虞稷《千頃堂書目・史鈔類》 陳朝璋《南北史藻》四卷。臨川人，萬曆中選貢，常州府通判。

《玉函山房藏書簿録・史鈔類》 《南北史藻》四卷。

明常州府通判臨川陳璋思瑕撰。同邑鄒光宇虛生定，取南北二史採其菁華，顧憲成《序》極稱之。

兩漢雋言

《四庫全書總目提要・史鈔類存目》 《兩漢雋言》十六卷。內府藏本。

明凌迪知編。宋林越作《漢雋》，所採止於西漢。迪知因仿越體例，輯後漢故實，與越書合爲一編，改題今名。自第一卷至十卷，皆林氏之舊，題曰《前集》；十一卷至十六卷，迪知所續者，題曰《後集》，採摭亦備。然不自爲一書，而補葺舊本，刱立新名，是則明人之結習矣。

周中孚《鄭堂讀書記・史鈔類》 《兩漢雋言》十六卷。文林綺繡本。

前十卷宋林越編，即《漢雋》之書也。後六卷明凌迪知編。《四庫全書》存目。其《自序》稱：班孟堅作《漢書》，於漢未備，范蔚宗續其後，《漢書》始成。括蒼林公，梓其詞之雋異者，名曰《漢雋》。識者病其未爲完善，以《後漢》之獨遺也。余因續以《後漢》，更名《兩漢雋言》。按，是書以林氏所編爲《前集》，而以己所編爲《後集》，凡分六十二篇。雖以類分，而以篇首二字爲題，不別立名，如林書之式。其所采摭亦備殊堪，追隨林書，然不自標名《後漢雋》，務必合古書爲一，改題此名，是則結習相仍，莫可救藥矣。

《八千卷樓書目・史鈔類》 《兩漢雋言》十六卷。明凌迪知撰。明刊本。刊本。文林綺繡本。

太史華句

《四庫全書總目提要・史鈔類存目》 《太史華句》八卷。浙江汪啓淑家藏本。

明凌迪知編。是編成於萬曆丁丑。《明史・藝文志》著録，卷數與此本相同。皆摘《史記》字句，以類編次。司馬遷史家巨擘，其文豈可以句摘，句又豈可以華目？蓋王李剽剝秦漢之風，至明季而未殄，故書肆尚鐫此等書，以投時好耳。

周中孚《鄭堂讀書記・史鈔類》 《太史華句》八卷。文林綺繡本。

明凌迪知編。《四庫全書》存目，《明史・藝文志》亦載之。類書類。洪景盧有《史記法語》，書已久佚，穉哲乃別事刱搆，但摘字爲綱，而注正文及三家注於其下。凡分八十一類，較之《左國腴詞》彌爲繁碎，且史遷自云「擇其言尤雅者」，柳子厚亦云「參之太史，以著其潔」，不聞以華目之也。而穉哲以華求之，有失太史公之旨矣。然以供詞人之撏撦，未必無小補云。前有萬曆丁丑《自序》。

《八千卷樓書目・史鈔類》 《太史華句》八卷。明凌迪知撰。明刊本。文林綺繡本。

史記文髓

《八千卷樓書目・史鈔類》 《史記文髓》二卷。明葉向高撰。明刊本。

讀史漢翹

《四庫全書總目提要・史鈔類存目》 《讀史漢翹》二卷。浙江吳玉墀家藏本。

明施端教編。端教字匪我，泗州人。是書取《史》、《漢》中字句新異者，編録成帙。蓋仿林越《漢雋》、洪邁《史記法語》、《西漢法語》例。然卷帙無多，分類繁瑣，殊無益於考證。

綱鑒擇語

《玉函山房藏書簿録·史鈔類》《綱鑑擇語》十卷。絡野堂本。

國朝司徒修撰。有《左傳易讀》，已著録《經編》。此擇取《綱鑑》中文章有用之語録之，頗便初學。

載記部

越絶記

《隋書・經籍志・雜史類》《越絶記》十六卷，子貢撰。

《舊唐書・經籍志・雜史》《越絶書》十六卷，子貢撰。

錢東垣等輯《崇文總目輯釋・雜史類》《越絶書》十五卷。原釋：子貢撰，或曰子胥。舊有《内紀》八，《外傳》十七。今文題闕舛，纔二十篇。又載春申君，疑後人竄定。世或傳二十篇者，非是。見《文獻通攷》、《玉海》蓺文類引前五句。

陳詩庭曰：《讀書附志》云：《越絶書》、《隋經籍志》十六卷，《崇文總目》十五卷。繹按《書録解題》亦作十六卷。

趙希弁《讀書附志拾遺》《越絶書》十五卷。

右越復讎之書也。或以爲子貢所作，或疑似子胥所作，皆無所據，故曰：「《越絶》誰所作？」「吴越賢者所作也。」《隋經籍志》十六卷，《崇文總目》十五卷。希弁攷其所以，第一卷《荆平王内傳》，第二卷《外傳記吴地》，第三卷《吴内傳》，第四卷《計倪内經》，第五卷《請糴内傳》，第六卷《外傳策考》，第七卷《外傳記范伯》、《内傳陳成恒》，第八卷《外傳記地傳》，第九卷《外傳計倪》，第十卷《外傳記吴王占夢》，第十一卷《外傳記寶劍》，第十二卷《内經九術》、《外傳記軍氣》，第十三卷《外傳枕中》，第十四卷《外傳春申君》、《德序外傳》，第十五卷《篇叙外傳》：此十五卷也。然第一卷有所謂《越絶外傳本事》一篇，此其爲十六卷歟？

陳振孫《直齋書録解題・雜史類》《越絶書》十六卷。

無撰人名氏，相傳以爲子貢者，非也。其書雜記吴、越事，下及秦、漢，直至建武二十八年。蓋戰國後人所爲，而漢人又附益之耳。越絶之義曰：「聖人發一隅，辯士宣其辭；聖文越於彼，辯士絶於此。」故題曰「越絶」。雖則云然，而終未可曉也。

越者，國之氏也；絶者，絶也，謂勾踐時也；絶者，絶也，絶惡反之於善。越專其功，故曰「越絶」，並見本書。文簡批編尾云：《越絶書》譌不可讀，如樂架之有啞鍾。漁父辭劍事，見於此書。隨齋批注。

馬端臨《文獻通考・經籍考・雜史》《越絶書》十五卷。

《宋史・藝文志・霸史類》《越絶書》十五卷，或云子貢所作。

楊士奇等《文淵閣書目・史附》《越絶書》一部。一册。闕。

高儒《百川書志・雜史》《越絶書》十五卷。

未考作者，蓋復仇之書也。

范邦甸等《天一閣書目・載記類》《越絶書》十五卷。刊本。嘉定庚辰丁黼序云，《隋經籍志》：《越絶紀》十六卷，《崇文總目》則十五卷，注司馬遷《史記》者屢引以爲據。予紹熙壬子遊吴中，得許氏本，譌舛特甚。嘉定壬申令餘杭，又得陳正卿本，乙亥官中都，借本秘閣，以三本互相參考，擇其通者從之，乃粗可讀，遂刻之夔門，以俟來者，汪綱、都穆俱有後跋。

周中孚《鄭堂讀書記・載記類》《越絶書》十五卷。明刊本。

不著撰人名氏。《四庫全書》著録。《隋志》、新舊《唐志》俱作十六卷，云子貢撰。【略】其名書之義，《外傳本事》言之備矣。是本前有嘉靖乙巳舊序，後有宋人三跋，《漢魏叢書》亦收入之。

張金吾《愛日精廬藏書志・載記類》《越絶書》十五卷。明刊本。

袁康撰。無名氏跋，尾鈐虞山印記，或牧翁故物歟？

張金吾《愛日精廬藏書續志・載記類》《越絶書》十五卷。明田汝成刊本。

袁康撰。

田汝成序。

無名氏跋。

李慈銘《越縵堂讀書記・載記類》《越絶書》，漢袁康撰。

陸心源《皕宋樓藏書志・載記類》《越絶書》十五卷。明雙栢堂刊本。

漢袁康撰。

《越絶書》十五卷。明嘉靖刊本。

漢袁康撰。

無名氏跋。

田汝成序。嘉靖二十四年。

都穆跋。正德己巳。

耿文光《萬卷精華樓藏書記・載記類》《越絶書》十五卷。

漢袁康撰。

姚振宗《後漢藝文志・載記類》《越絶書》十六卷。

《八千卷樓書目・載記類》《越絶書》十五卷。漢袁康撰。《吴越全史》本。《古今逸史》本。小萬卷樓附札記本。

越紐録

姚振宗《後漢藝文志・史・載記類》 吴君高《越紐録》。

吴越春秋外紀

姚振宗《後漢藝文志・載記類》 張遐《吴越春秋外紀》。遐始末見《經部・五經總義類》。

吴越春秋

《隋書・經籍志・雜史》《吴越春秋》十二卷。趙曄撰。

《吴越春秋》十卷，皇甫遵撰。

《舊唐書・經籍志・雜史》《吴越春秋》十二卷。趙曄撰。

《吴越春秋傳》十卷。皇甫遵撰。

錢東垣等輯《崇文總目輯釋・雜史類》《吴越春秋》十卷。

繹按《隋志》、《唐志》、《讀書志》並十二卷。

《吴越春秋傳》十卷。原釋：唐皇甫遵注。初趙曄爲《吴越春秋》十卷，其後有楊方者以曄所撰爲繁，又刊削之爲五卷，遵乃合二家之書攷定而注之。見《文獻通攷》。

晁公武《郡齋讀書志・雜史類》《吴越春秋》十二卷。

右後漢趙曄撰。吴起太伯，盡夫差；越起無餘，盡句踐。内吴外越，本末咸備。

馬端臨《文獻通考・經籍考・雜史》《吴越春秋》十二卷。

晁氏曰：後漢趙曄撰。

《吴越春秋傳》十卷。

《崇文總目》唐皇甫遵注。

《宋史・藝文志・別史》 趙曄《吴越春秋》十卷。

皇甫遵注《吴越春秋》十卷。

楊士奇等《文淵閣書目・史附》《吴越春秋》一部。二册。闕。

《吴越春秋》一部。二册。闕。

《吴越春秋》一部。一册。闕。

高儒《百川書志・雜史》《吴越春秋》十卷。

後漢趙爗撰。内吴外越，列傳頗詳。

范邦甸等《天一閣書目・載記類》《吴越春秋傳》十卷。刊本。後漢趙煜撰。徐天祐序。

趙琦美《脈望館書目・僞史霸史》《吴越春秋》。

徐𤊹《徐氏家藏書目・旁史類》《吴越春秋》十卷。

錢謙益等《絳雲樓書目・雜史類》《吴越春秋》。十二卷，趙曄撰。曄字長君，會稽人，見《後漢書・儒林傳》。

《絳雲樓題跋》《吴越春秋》。

倪燦等《補遼金元藝文志・霸史類》［元］徐天祐《吴越春秋音注》十卷。

于敏中等《天禄琳琅書目・明版史部》《吴越春秋》。一函四册。

漢趙煜著。元徐天祐《音註》十卷，前天祐序。

《四庫全書總目提要・載記類》《吴越春秋》十卷。兵部侍郎紀昀家藏本。

彭元瑞等《天禄琳琅書目後編・宋版史部》《吴越春秋》。一函六册。

漢趙煜撰。煜，山陰人，見《後漢書・儒林傳》。

孫星衍《平津館鑒藏書籍記・元版》《吴越春秋》十卷，題後漢趙曄撰。

周中孚《鄭堂讀書記・載記類》《吴越春秋》六卷。《漢魏叢書》本。

漢趙煜撰。煜字長君，山陰人。

張金吾《愛日精廬藏書志・載記類》《吴越春秋》十卷。影寫宋刊本。

後漢趙曄撰。

吴壽暘《拜經樓藏書題跋記》《吴越春秋》。

瞿鏞《鐵琴銅劍樓藏書目録・載記類》《吴越春秋》十卷。校宋本。

李慈銘《越縵堂讀書記・載記類》《吴越春秋》，漢趙曄撰。

陸心源《皕宋樓藏書志・載記類》《吴越春秋》十卷。元刊本。後漢趙曄撰，元徐天祐音註。

耿文光《萬卷精華樓藏書記・載記類》《吴越春秋》十卷，後漢趙曄撰。

姚振宗《後漢藝文志・載記類》趙曄《吴越春秋》十二卷。曄始末見《經部・詩類》。

丁丙《善本書室藏書志・載記類》《吴越春秋》十卷。元刊本。秀埜草堂顧氏藏書。後漢趙曄撰。

《八千卷樓書目・載記類》《吴越春秋》十卷。漢趙煜撰。明刊本。吴越全史六卷本。古今逸史六卷本。

吴語　越語

《八千卷樓書目・載記類》《吴語》一卷。《越語》一卷。吴韋昭撰。明刊本。

吴　書

《舊唐書・經籍志・古史》《吴書》五十五卷。韋昭撰。

帝王要略

秦榮光《補晉書藝文志・載記類》《帝王要略》十二卷。環濟撰。

山陽公載記

秦榮光《補晉書藝文志・載記類》《山陽公載記》案《舊唐志》作《山陽義紀》十卷。樂資撰。

漢魏吴蜀舊事

秦榮光《補晉書藝文志・載記類》《漢魏吴蜀舊事》八卷。据《舊唐志》。

泰始太康故事

秦榮光《補晉書藝文志・載記類》《泰始太康故事》五卷。据《唐志》。

交州雜事

秦榮光《補晉書藝文志・載記類》《交州雜案《唐志》有「故」字。事》九卷。記士燮及陶璜事。

宗廟太府金墉故事

秦榮光《補晉書藝文志・載記類》《宗廟太府金墉故事》。武帝崇興儒學，臺省有之，据本書《荀崧傳》。

東闕故事

秦榮光《補晉書藝文志・載記類》《東闕故事》。

咸寧故事

秦榮光《補晉書藝文志・載記類》　《咸寧故事》。上二種並据本書《禮志》。

中興伐逆事

秦榮光《補晉書藝文志・載記類》　《中興伐逆事》二卷。上二種並据《新唐志》。

隆安故事

秦榮光《補晉書藝文志・載記類》　《隆安故事》。据沈約《宋書》自序。

晉故事

秦榮光《補晉書藝文志・載記類》　《晉故事》四十三卷。案本書《刑法志》作三十卷。

晉故事

秦榮光《補晉書藝文志・載記類》　《晉故事》三卷。据《舊唐志》。案，《御覽》引《書目》有《晉朝故事》。

晉要事

秦榮光《補晉書藝文志・載記類》　《晉要事》三卷。案，《通志》作《晉朝要事》，《書鈔》引作《晉氏要事》。

晉朝雜事

秦榮光《補晉書藝文志・載記類》　《晉朝雜事》二卷。

晉諸雜故事

秦榮光《補晉書藝文志・載記類》　《晉諸雜故事》二十二卷。据《唐志》。

條列吴事

秦榮光《補晉書藝文志・載記類》　《條列吴事》。薛瑩撰。

晉雜議

秦榮光《補晉書藝文志・載記類》　《晉雜議》十卷。据《唐志》。

秦州軍事

秦榮光《補晉書藝文志・載記類》 《秦州軍事》。杜預撰。

劉弘教

秦榮光《補晉書藝文志・載記類》 《劉弘教》。上三種並据《御覽》。

鄴中記

《四庫全書總目提要・載記類》 《鄴中記》一卷。永樂大典本。

謹按《鄴中記》舊有二本，其一本二卷，見《隋書・經籍志》，稱「晉國子助教陸翽撰」；其一本一卷，見陳振孫《書録解題》，稱「不知撰人名氏」。

周中孚《鄭堂讀書記・載記類》 《鄴中記》一卷。武英殿聚珍版本。

晉陸翽撰。翽里貫未詳，官國子助教。

張之洞《書目答問・載記類》 《鄴中記》一卷。晉陸翽。聚珍本，杭本，福本，《續百川》本。

秦榮光《補晉書藝文志・載記類》 《鄴中記》三《通志》作「二」卷。趙石國子助教陸翽撰。

丁丙《善本書室藏書志・載記類》 《鄴中記》一卷。盧抱經校聚珍本。

晉陸翽撰。

右記石虎逸事。《隋書・經籍志》稱翽官國子助教。原書久佚，惟陶宗儀《説郛》刻之，非完書也。四庫館從《大典》中蒐羅彙萃，得七十四條，更以後人所引《鄴都故事》收入者，別爲附録。盧抱經以崔鴻《十六國春秋》校正，首條稱「石季龍」，盧云，本書定稱爲「石虎」，此由唐人所引，因避本朝諱而稱其字。有抱經堂藏、武林盧文弨手校兩印。

又《八千卷樓書目・載記類》 《鄴中記》一卷。晉陸翽撰。武英殿本。三單本。閩刊本。

鄴都記

秦榮光《補晉書藝文志・載記類》 《鄴都故事》二卷。据《唐志》。

蜀國志

《舊唐書・經籍志・古史》 《蜀國志》十五卷。陳壽撰。

吴國志

《舊唐書・經籍志・古史》 《吴國志》二十一卷。陳壽撰，裴松之注。

九州春秋

錢東垣等輯《崇文總目輯釋・雜史類》 《九州春秋》九卷。

紀漢末州郡之亂。司、冀、兗、徐、青、荆、揚、涼、幽九州各一篇。《玉海》四一。

按《隋志》：十卷，司馬彪撰。《玉海》云：彪專精學術，泰始中爲秘書丞，注《莊子》，作《九州春秋》。《宋志・別史類》重見，作十卷，疑誤。

陳振孫《直齋書録解題・雜史類》 《九州春秋》九卷。

晉司馬彪紹統撰。漢末州部之亂，司、冀、徐、兗、青、荆、揚、梁、幽，凡盜賊僭叛皆紀之。

馬端臨《文獻通考・經籍考・僞史霸史》 《九州春秋》九卷。

《宋史・藝文志・霸史類》 司馬彪《九州春秋》九卷。

春秋後傳

《舊唐書・經籍志・雜史》《春秋後傳》三十卷。樂資撰。

晉咸和咸康故事

秦榮光《補晉書藝文志・載記類》《晉案《唐志》、《通志》並有「建武」字。咸和咸康故事》四卷。孔愉撰。案，《册府元龜》作孔預，又曰，預一名喻。

大司馬陶公故事

秦榮光《補晉書藝文志・載記類》《大司馬陶公案《御覽》引《書目》作「侃」。故事》三卷。

沔南故事

秦榮光《補晉書藝文志・載記類》《沔案《唐志》作「江」。南故事》三卷。應思遠撰。案，思遠係詹字，本書有傳。

吴越春秋削繁

《隋書・經籍志・雜史》《吴越春秋削繁》五卷。楊方撰。

《舊唐書・經籍志・雜史》《吴越春秋削煩》五卷。楊方撰。

秦榮光《補晉書藝文志・載記類》《吴越春秋削繁》卷。《唐志》作「煩」。五卷。楊方撰。

秦　書

《隋書・經籍志・霸史》《秦書》八卷。何仲熙撰。記苻健事。

鄭樵《通志・藝文略・霸史》《秦書》八卷。記苻健事，何仲熙撰。

高似孫《史略・霸史》《秦書》。三卷，何仲熙譔。記苻健事。

華陽國志

《隋書・經籍志・霸史》《華陽國志》十二卷。常璩撰。梁有《蜀平記》十卷，《蜀漢僞官故事》一卷，亡。

《舊唐書・經籍志・古史》《華陽國志》三卷。常璩撰。

錢東垣等輯《崇文總目輯釋・僞史類》《華陽國志》十五卷。常璩撰。

《新唐書・藝文志・僞史類》常璩《華陽國志》十三卷。

鄭樵《通志・藝文略・霸史》《華陽國志》十二卷。晉常璩撰，以巴漢風俗及公孫以後據蜀者，各爲之志。

晁公武《郡齋讀書志・僞史類》《華陽國志》十二卷。右晉常璩撰。華陽，梁州地也。記漢以來巴蜀人物。吕微仲跋云：「漢至晉初四百載間，士女可書者四百人，亦可謂盛矣。復自晉至周顯德僅七百歲，而史所紀者無幾人，忠魂義骨，與塵埃同没，何可勝數，豈不重可歎哉！」

尤袤《遂初堂書目・僞史類》《華陽國志》。

高似孫《史略・霸史》《華陽國志》。十二卷。晉常璩。志巴漢風俗，公孫以後据蜀事。

陳振孫《直齋書録解題・雜史類》《華陽國志》二十卷。晉散騎常侍蜀郡常璩道將撰。志巴、蜀地理、風俗、人物及公孫述、劉焉、劉璋、先後主以及李特等事迹。末卷爲《序志》，云肇自開闢，終乎永和三年。原註：劉璋乃焉之子。

馬端臨《文獻通考・經籍考・僞史霸史史評史抄》《華陽國志》十二卷。一云二十卷。

《宋史・藝文志・霸史類》 常璩《華陽國志》十二卷。

范邦甸等《天一閣書目・載記類》 《華陽國志》十二卷。刊本。晉江源常璩撰。明銅梁張佳胤校正并序，宋嘉泰甲子李垔叔廑序，宋元豐吕大防微仲序，明嘉靖甲子張四維序，《凡例》五。

趙琦美《脈望館書目・僞史霸史》 《華陽國志》四本。不全，鈔本。

徐𤊹《紅雨樓題跋》 《華陽國志》。

師古齋刻。《華陽國志》十二卷。《凡例》云：先賢志遺巴郡士女七十八人，故舊逸也。宋李叔厘校刻未曾指出，今闕。

錢謙益等《絳雲樓書目・雜史類》 《華陽國志》。十三卷。晉常璩撰。此書悉記漢以來巴蜀人物。

《四庫全書總目提要・載記類》 《華陽國志》十二卷，《附録》一卷。浙江汪啓淑家藏本。

晉常璩撰。璩字道將，江原人。

孫星衍《平津館鑒藏書籍記》 《華陽國志》十二卷。前有嘉泰甲子李垔序，垔守臨邛時所録，缺四卷、五卷、六卷三卷，較今世所行本多卷十上、卷十中兩卷，卷十下《漢中士女傳》亦多出贊詞數語。收藏有季振宜印、朱文方印，滄葦朱文方印。

黄丕烈《蕘圃藏書題識・史類二》 《華陽國志》十二卷。舊鈔本。此書無宋刻則舊鈔貴兼有郡先輩錢罄室圖記、何義門跋并朱筆評閲，古色斑斕，令人可愛。紙本霉爛破損，係義門返吴時覆舟黄流所厄，恐不耐展讀，命工重加裱託改裝倒摺向外，庶免敝渝之患。予友顧澗薲藏空居閣鈔本，與此同出一源。然楮墨之閒古意稍遜，當讓此本爲甲本，因古書難得并著之以見罄室。而外空居亦足競爽也。黄丕烈。

黄丕烈《蕘圃藏書題識續録・史類》 《華陽國志》十二卷。明刻本。《華陽國志》向無宋刻傳世，余所藏爲錢罄室藏舊鈔本，幾幾乎！以祖本視之。外此皆明刊，無足取者。癸酉秋，書友自金陵歸，攜示此本，謂較諸本爲勝。余曰：爾何足以知此？是必有所受之也。因舉澗薲所屬爲對，爰取錢本較之，果不大差。遂收而重裝之，誌其緣起。如此十月十五日蕘翁識。道光辛卯九月望日，長洲顧湘舟藏。

周中孚《鄭堂讀書記・載記類》 《華陽國志》十二卷。嘉慶甲戌廖氏題襟館刊本。

晉常璩撰。璩，字道將。江原人。李勢時官散騎常侍。《四庫全書》著録。又有《附録》一卷，則明張佳胤所續常氏士女十九人，爲此本所無也。《隋志》、《讀書志》、《書録解題》、《通攷》俱作十二卷。《舊唐志》作三卷。《唐志》作十三卷。《宋志・別史類》作十二卷。大都作十二卷者，是餘俱傳寫誤也。其書記巴蜀地理風俗人物，及公孫述、劉焉、劉璋、漢昭烈、後主以及李特等事迹，肇自開闢，終乎永和三年。而稱「華陽」者，晉代梁、益、寧三州，故《禹貢》梁州之域，爲今四川省及雲南并陝西漢中迆南之境。因摘《禹貢》「華陽黑水惟梁州」句之二字，以名之也。

張金吾《愛日精廬藏書志・載記類》 《華陽國志》十二卷。舊抄本。錢磬室藏書。

晉常璩撰。

吴壽暘《拜經樓藏書題跋記》 《華陽國志》。刻本。向闕卷十中二子卷。乾隆癸丑，先君子借盧抱經學士本補鈔并校。又卷八「永康八年，詔徵刺史廞爲大長秋」，一篇下，補「永甯元年春正月，廞遺萬餘人斷北道，次綿竹」以下四葉。其餘字句脱誤同異補正處甚多。按程大昌《演繁露》云：「後漢傳贊、注：『梁州，北距華山之陽，南距黑水。故常璩敘蜀事謂之《華陽國志》也。』」

馬國翰《玉函山房藏書簿録・霸史類》 《華陽國志》十二卷。明武林黄嘉會校本。又《函海》本。

晉散騎常侍蜀郡常璩道將撰。志巴蜀地理風俗人物，及公孫述、劉焉、劉璋、先後主，以及李特等事。《唐志》十三卷。陳氏《書録解題》二十卷。今本爲宋成都府李垔叔就原編訂正，與《隋志》卷數合。

張之洞《書目答問・載記類》 《華陽國志》十二卷，附録一卷。晉常璩。顧廣圻校。廖寅刻足本。

秦榮光《補晉書藝文志・載記類》 《華陽國志》十二卷。案《舊唐志》存三卷，《新唐志》作十三卷，《崇文目》作十五卷，《直齋書録》作二十二卷，《中興目》、《玉海》並作十卷，《宋藝文》別史類作十卷，霸史類作十二卷，《通考》亦作十二卷，《四庫全書總目提要》有附録一卷。

丁丙《善本書室藏書志・載記類》 《華陽國志》十二卷。明刊本。何義門校藏。

《八千卷樓書目・載記類》 《華陽國志》十二卷。附録一卷。晉常璩撰。抄本。期刊本。函海本。古今逸史本。

《新唐書藝文志注・僞史類》 常璩《華陽國志》十三卷。《隋志》：《華陽國志》十二卷。常璩撰。《四庫全書總目提要》：璩字道將，江原人，李勢時官至散騎常侍。今存十二卷，附録一卷。《舊志》脱「十」字。

蜀李書

《舊唐書・經籍志・古史》 《蜀李書》九卷。常璩撰。

《新唐書・藝文志・僞史類》 《蜀李書》九卷。

鄭樵《通志・藝文略・霸史》 《蜀李書》九卷。

高似孫《史略・霸史》 《蜀李書》十卷。

《新唐書藝文志注・僞史類》 《蜀李書》九卷。《蜀李書》九卷。常璩撰。

南中志

范邦甸等《天一閣書目・載記類》 《南中志》一卷。刊本。晉常璩撰。

漢之書

《隋書・經籍志・霸史》 《漢之書》十卷。常璩撰。

《新唐書・藝文志・僞史類》 又《漢之書》十卷。

鄭樵《通志・藝文略・霸史》 《漢之書》，十卷。常璩撰。

高似孫《史略・霸史》 《漢之書》十卷。常璩撰。

文廷式《補晉書藝文志・霸史類》 常璩《漢之書》十卷。字道將，散騎常侍，蜀郡人。

顏之推《家訓・書證篇》：蜀李書，一名《漢之書》。《史通・正史篇》曰：蜀初號曰「成」，後改稱「漢」，李勢散騎常侍常璩撰《漢書》十卷。後入晉祕閣，改爲《蜀李書》。

《新唐書藝文志注・僞史類》 又《漢之書》十卷。《隋志》：《漢之書》，常璩撰，紀成李事，後改稱《漢書》十卷。入晉改爲《蜀李書》。此《志》二書並列重出。《顏氏家訓・書證篇》：《蜀李書》，一名《漢之書》。

蜀平記

秦榮光《補晉書藝文志・載記類》 《蜀平記》十卷。常璩撰。

上黨國記

文廷式《補晉書藝文志・霸史類》 《上黨國記》。

《石勒載記》曰：命記室佐明楷、程機撰《上黨國記》。《史通・正史篇》曰：後趙石勒命其臣徐光、宗歷、傅暢、鄭愔等撰《上黨國記》、《起居注》、《趙書》，其後又令王蘭、陳晏、程陰、徐機等相次撰述。至石虎並令刊削，使勒功業不傳。

大單于志

秦榮光《補晉書藝文志・載記類》 《大單于志》。石勒命參軍石泰、石同、孔隆撰。據本書《載記》。

文廷式《補晉書藝文志・霸史類》 《大單于志》。

《石勒載記》：命石泰、石同、石謙、孔隆撰《大單于志》。

趙書

《隋書・經籍志・霸史》 《趙書》十卷。一曰《二石集》，記石勒事。僞燕太傅長史田融撰。

《舊唐書・經籍志・雜史》 《二石記》二十卷。田融撰。

《趙石記》二十卷。田融撰。

《新唐書・藝文志・僞史類》 田融《趙石記》二十卷。

又《二石記》二十卷。

鄭樵《通志・藝文略・霸史》 《趙書》，二十卷。一曰《趙石記》，一曰《二石集》，載石勒事，僞燕太傅長史田融撰。

高似孫《史略・霸史》 《趙書》二十卷，僞燕長史田融，載石勒事。

《新唐書藝文志注・僞史類》 田融《趙石紀》二十卷。《隋志》：《趙書》十卷。一曰《二石集》，紀石勒事，僞太傅長史田融撰。謂石勒爲前石，石虎爲後石，二書似是一書重出。

《趙石紀》二十卷。田融撰。

又《二石紀》二十卷。

《二石紀》二十卷。田融撰。

漢趙記

《隋書・經籍志・霸史》 《漢趙記》十卷。和苞撰。

《舊唐書・經籍志・古史》 《漢趙記》十卷。和苞撰。

《新唐書・藝文志・僞史類》 和包《漢趙紀》十四卷。

鄭樵《通志・藝文略・霸史》 《漢趙記》十卷。和苞撰。

尤袤《遂初堂書目・僞史類》 和苞《漢趙記》。

《宋史・藝文志・別史類》 和苞《漢趙記》一卷。

趙琦美《脈望館書目・僞史霸史》 《漢趙書》十卷。和苞譔。

文廷式《補晉書藝文志・霸史類》 和苞《漢趙記》十卷。

《唐志》作十四卷。《史通・正史篇》曰：劉曜時平輿子和苞撰《漢趙記》十篇，事止當年，不終曜滅。又《忤時篇》曰：劉、石僭號，方策委於和、張。《宋史・藝文志》著録一卷。

《新唐書藝文志注・僞史類》 和包《漢趙紀》十四卷。《隋志》：《漢趙紀》十卷，和包撰。《全晉文編》：和苞仕劉曜爲侍中，封平輿子，領諫議大夫，紀劉氏三世事。

《漢趙紀》十卷。和包撰。

二石傳

《隋書・經籍志・霸史》 《二石傳》二卷。晉北中郎參軍王度撰。

《新唐書・藝文志・僞史類》 《二石書》十卷。

鄭樵《通志・藝文略・霸史》 《二石傳》，二卷。晉北中郎參軍王度撰。

文廷式《補晉書藝文志・霸史類》 王度《二石傳》二卷。北中郎參車，《高僧傳》卷十、《佛圖澄傳》有石虎中書著作郎王度。

《唐志》：《二石書》十卷。《史通・正史篇》云：燕太傅長史田融、宋尚書庫部郎郭仲產、北中郎參軍王度追撰二石事，集爲《鄴都記》、《趙記》等書，「宋」字蓋「晉」字之誤。

《新唐書藝文志注・僞史類》 《二石書》十卷。

二石僞治時事

《隋書・經籍志・霸史》 《二石僞治時事》二卷。王度撰。

《舊唐書・經籍志・古史》 《二石僞事》六卷。王度、隋翽等撰。

《新唐書・藝文志・僞史類》 王度、隨翽《二石僞事》六卷。

鄭樵《通志・藝文略・霸史》 《二石僞治時事》，一卷。王度撰。

文廷式《補晉書藝文志・霸史類》 王度《二石僞治時事》二卷。

《唐志》：王度、隨翽《二石僞事》六卷。隨翽疑陸翽之訛。

《新唐書藝文志注・僞史類》 王度隨翽《二石僞事》六卷。《隋志・二石傳》：二卷，晉北中郎參軍王度撰。《二石僞治時事》二卷，王度撰。《全晉文》：王度太原人，仕石虎爲中書著作郎。謹案《二名書》似即《二石紀》重出，「隨翽」似「陸翽」之誤，蓋合《鄴中記》爲一帙。

《二石僞事六卷》。王度、隨翽等撰。

魏世籍

秦榮光《補晉書藝文志・載記類》 《魏世籍》。孫盛撰。据《國志・魏三少帝傳》注。案疑與《魏世籍》實一書，或譌「譜」爲「籍」耳。

拾遺録

黄逢元《補晉書藝文志・雜史類》 《拾遺録》三卷。僞秦姚萇方士、隴西王嘉子年撰。

本《隋志》，列雜史。唐新、舊《志》同。《通攷》作十卷，列子部小説。《宋志》同。嘉，《藝術》有傳，本作十卷。今存梁蕭綺綴定本之十卷，題作《拾遺記》。

北征記

秦榮光《補晉書藝文志・載記類》 《北征記》。伏滔撰。据《藝文類聚》。

燕書

《隋書・經籍志・霸史》 《燕書》二十卷。記慕容儁事。僞燕尚書范亨撰。

《舊唐書・經籍志・古史》 《燕書》二十卷。范亨撰。

《新唐書・藝文志・僞史類》 范亨《燕書》二十卷。

鄭樵《通志・藝文略・霸史》 《燕書》，二十卷。記慕容儁事，僞燕尚書范亨撰。

尤袤《遂初堂書目・僞史類》 《燕書》。

高似孫《史略・霸史》 《燕書》二十卷。僞燕尚書范亨。記慕容儁事。

《宋史・藝文志・霸史類》 范亨《燕書》二十卷。

文廷式《補晉書藝文志・霸史類》 范亨《燕書》二十卷。僞燕尚書。記慕容儁事。

《史通・正史篇》曰：其後申秀、范亨各取前後二《燕》合成一史。按申秀《書》今無可考，范亨《書》則《水經注》、《初學記》、《太平御覽》、《通鑑考異》皆引之，《宋史・藝文志》著録。

《新唐書藝文志注・僞史類》 范亨《燕書》二十卷。《隋志》：《燕書》二十卷，紀慕容儁事，僞燕尚書范亨撰。亨入後魏與崔浩司撰《國書》，見《史通・正史篇》。

《燕書》二十卷。范亨撰。

南燕録

高似孫《史略・霸史》 《南燕録》五卷。范亨撰。記慕容德事。

南燕録

《隋書・經籍志・霸史》 《南燕録》五卷。記慕容德事。僞燕尚書郎張詮撰。

《舊唐書・經籍志・古史》 《南燕書》五卷。張銓撰。

《新唐書・藝文志・僞史類》 張詮《南燕書》十卷。

鄭樵《通志・藝文略・霸史》 《南燕録》，五卷。記慕容德事，僞燕尚書張銓撰。

文廷式《補晉書藝文志・霸史類》 張詮《南燕録》五卷。僞燕尚書郎。記慕容德事。

《唐志》十卷，《舊唐志》入編年類，《通志》作「張銓」，誤。《初學記》十一引稱張詮《南燕書》。

《新唐書藝文志注・僞史類》 張銓《南燕書》十卷。《隋志》：《南燕録》五卷。紀慕容德事，僞燕尚書郎張銓撰。

《南燕書》五卷。張銓撰。

南燕書

《隋書・經籍志・霸史》《南燕書》七卷。遊覽先生撰。

鄭樵《通志・藝文略・霸史》《南燕書》，七卷。遊覽先生撰。

涼　記

《隋書・經籍志・霸史》《涼記》八卷。記張軌事。僞燕右僕射張諮撰。

《舊唐書・經籍志・古史》《涼記》十卷。張諮撰。

《新唐書・藝文志・僞史類》張諮《涼記》十卷。

鄭樵《通志・藝文略・霸史》《涼記》，八卷。記張軌事，僞燕右僕射張諮撰。

高似孫《史略・霸史》《涼記》八卷。僞燕僕射張諮。記張軌事。

文廷式《補晉書藝文志・霸史類》張諮《涼記》八卷。僞燕右僕射。記張軌事。

《世説》言語門注：引作張資《涼州記》。《舊唐志》作張證。《新唐志》：十卷，誤。

《新唐書藝文志注・僞史類》張諮《涼記》十卷。《隋志》：《涼記》八卷。記張軌事，僞燕右僕射張諮撰。《舊志》作「證」。

《涼記》十卷。張證撰。

西河記

《隋書・經籍志・霸史》《西河記》二卷。記張重華事。晉侍御史喻歸撰。

《舊唐書・經籍志・古史》《西河記》二卷。段龜龍撰。

《新唐書・藝文志・僞史類》《西河記》二卷。

鄭樵《通志・藝文略・霸史》《西河記》二卷。記張重華事，晉侍御史喻歸撰。

文廷式《補晉書藝文志・霸史類》喻歸《西河記》三卷。侍御史，南昌人。記張重華事。

此依《元和姓纂》著録。《隋書・經籍志》作二卷。《通鑑考異》云：喻歸，一作俞歸。按《晉書・張重華傳》亦作俞歸。《廣韻》作諭歸。《吹劍録・外集》云：喻歸撰《西河記》十卷，似誤。武威張澍輯此書，得五條。

《新唐書藝文志注・僞史類》《西河記》二卷。《隋志》：《西河記》二卷，記張重華事，潘侍御史喻歸撰。謹案兩《志》無喻歸，别有《段龜龍記》二卷，似因工文而誤。今有張澍輯本。

《西河記》二卷。段龜龍撰。

涼　記

《隋書・經籍志・霸史》《涼記》十卷。記呂光事。僞涼著作佐郎段龜龍撰。

《新唐書・藝文志・僞史類》段龜龍《涼記》十卷。

鄭樵《通志・藝文略・霸史》《涼記》，十卷。記呂光事，僞涼著作佐郎段龜龍撰。

高似孫《史略・霸史》《涼記》。十卷。僞涼著作佐郎段龜龍。記呂光事。

文廷式《補晉書藝文志・霸史類》段龜龍《涼記》十卷。僞涼著作佐郎。記呂光事。

《史通・正史篇》曰：段龜龍記呂氏。張澍二西山房有輯本。

《新唐書藝文志注・僞史類》段龜龍《涼記》十卷。《隋志》：《涼記》十卷。記呂光事。僞涼著作佐郎段龜龍撰。今有張澍輯本。

秦　史

文廷式《補晉書藝文志・霸史類》馬僧虔《秦史》。

衛隆景《秦史》。

《史通・正史篇》云：「後秦扶風馬僧虔、河東衛隆景並著《秦史》，及姚氏之滅，殘缺者多。

高祖本紀功臣傳

文廷式《補晉書藝文志・霸史類》 公師彧《高祖本紀功臣傳》前趙領左國史。

《史通・正史篇》曰：「前趙劉聰時領左國史公師彧撰高祖本紀及功臣傳二十人，甚得良史之體。凌修譖其訕謗，先帝聰怒而誅之。《史官篇》曰：「僞漢嘉平初，公師彧以太中大夫領左國史，撰其國君臣紀傳。」

涼國春秋

文廷式《補晉書藝文志・霸史類》 索綏《涼國春秋》五十卷。

《史通・正史篇》曰：「前涼張駿十五年，命其西曹邊瀏集内外事以付秀才索綏，作《涼國春秋》五十卷。崔鴻《前涼録》：張駿十五年，命西曹掾集閣内外事付索綏，以著《涼春秋》。《御覽》一百二十四。

符命録

秦榮光《補晉書藝文志・載記類》 《符命録》。索綏撰。据《御覽》引崔鴻《前涼録》。

涼記

文廷式《補晉書藝文志・霸史類》 劉慶《涼記》十二卷。

《史通・正史篇》曰：「張重華護軍參軍劉慶在東苑專修國史二十餘年，著《涼記》十二卷。又《史官篇》曰：「前涼張駿時，劉慶遷儒林郎中常侍，在東苑撰其國書。」

涼書

文廷式《補晉書藝文志・霸史類》 索暉《涼書》。

《史通・正史篇》云：「建康太守索暉、從事中郎劉昞各著《涼書》。

燕書

文廷式《補晉書藝文志・霸史類》 申秀《燕書》。

燕紀

文廷式《補晉書藝文志・霸史類》 杜輔《燕紀》。

《史通・正史篇》曰：「前燕有《起居注》，杜輔全録以爲《燕紀》。」

燕書

文廷式《補晉書藝文志・霸史類》 董統《燕書》三十卷。

《史通・正史篇》曰：後燕建興元年，董統受詔草創《後書》，著本紀並佐命功臣王公列傳，合三十卷。慕容垂稱其叙事富贍，足成一家之言，但褒述過美，有慚董史之直。《史通・直書篇》曰：董統《燕史》持諂媚以偷榮。

苻朝雜記

《新唐書・藝文志・僞史類》 《苻朝雜記》一卷。

鄭樵《通志・藝文略・霸史》《苻朝雜記》，一卷。田融撰。

高似孫《史略・霸史》《符朝記》。一卷。田融譔。

文廷式《補晉書藝文志・霸史類》田融《苻朝雜記》一卷。見《新唐志》。高似孫《史略》無「雜」字。

蜀漢僞官故事

秦榮光《補晉書藝文志・載記類》《蜀漢僞官故事》一卷。（上三種並）常璩撰。

郗太尉爲尚書令故事

秦榮光《補晉書藝文志・載記類》《郗太尉爲尚書令故事》三案《舊唐志》作二卷。

晉脩復山陵故事

秦榮光《補晉書藝文志・載記類》《晉脩復山陵案《舊唐志》作林。故事》五卷。車灌撰。案本書《穆帝紀》，永和十二年遣兼司空、散騎常侍車灌持節如洛陽，修五陵。又案，灌見本書《彭城王紘譙王無忌傳》，並稱御史中丞，《桓温傳》稱尚書，《隋志・別集類》又稱豫章太守。

魏氏大事

秦榮光《補晉書藝文志・載記類》《魏氏大事》六卷。

救襄陽上都督府事

秦榮光《補晉書藝文志・載記類》《救襄陽上都督府事》一卷。王愆期撰。

荊州揚州遷代記

秦榮光《補晉書藝文志・載記類》《荊州揚州案《新唐志》作「荊揚二州」。遷代記》四卷。

登城三戰簿

秦榮光《補晉書藝文志・載記類》《登城三戰簿》三卷。上二種並据《唐志》。

西征記

秦榮光《補晉書藝文志・載記類》《西征記》二卷。戴祚撰。案，《封氏聞見記》云，祚晉末從劉裕西征。姚泓《史記正義》引《括地志》，作戴延之。

宋武北征記

秦榮光《補晉書藝文志・載記類》《宋武北征記》一卷。戴氏撰。案，與上戴祚《西征記》疑一書，譌複。

從征記

秦榮光《補晉書藝文志・載記類》《從征記》。伍緝之撰。据《初學記地部》引。

拓跋涼録

《隋書・經籍志・霸史》《托跋涼録》十卷。

《舊唐書・經籍志・古史》《拓跋涼録》十卷。

《新唐書・藝文志・僞史類》《拓拔涼録》十卷。

鄭樵《通志・藝文略・霸史》《拓跋涼録》十卷。

高似孫《史略・霸史》《托跋涼録》十卷。

涼書

《隋書・經籍志・霸史》《涼書》十卷。沮渠國史。

鄭樵《通志・藝文略・霸史》《涼書》，十卷。沮渠國史撰。

高似孫《史略・霸史》《涼書》。十卷，沮渠國史。

秦紀

《隋書・經籍志・霸史》《秦紀》十卷。記姚萇事，魏左民尚書姚和都撰。

鄭樵《通志・藝文略・霸史》《秦紀》，十卷。記姚萇事，魏左民尚書姚和都撰。

高似孫《史略・霸史》《秦記》十卷。魏尚書姚和都記姚萇事。

吴越記

《隋書・經籍志・雜史類》《吴越記》六卷。

《舊唐書・經籍志・雜史》《吴越記》六卷。

南越志

《隋書・經籍志・雜史類》《南越志》八卷。沈氏撰。

燕志

《隋書・經籍志・古史》《燕志》十卷。記馮跋事，魏侍中高閭撰。

《舊唐書・藝文志・古史》《燕志》十卷。

《新唐書・藝文志・僞史類》高閭《燕志》十卷。

鄭樵《通志・藝文略・霸史》《燕志》，十卷。記馮跋事，後魏侍中高閭撰。

《新唐書藝文志注・僞史類》高閭《燕志》十卷。《隋志》、《燕志》十卷，記馮跋事。魏侍中高閭撰。閭見《魏書》本傳。

《燕志》十卷。

涼書

《隋書・經籍志・霸史》《涼書》十卷。記張軌事。僞涼大將軍從事中郎劉景撰。

《新唐書・藝文志・僞史類》劉昞《涼書》十卷。

鄭樵《通志・藝文略・霸史》《涼書》，十卷。記張軌事，僞涼大將軍從事中郎劉昞撰。

高似孫《史略・霸史》《涼書》十卷。僞涼中郎劉昞，記張軌事。

《新唐書藝文志注・僞史類》 劉昞《涼書》十卷。《隋志》：《涼書》十卷。記張軌事。僞涼大將軍從事中郎劉景撰。「景」即「昞」，避唐諱。昞見《魏書》本傳。

涼　書

《隋書・經籍志・霸史》《涼書》十卷。高道讓撰。

鄭樵《通志・藝文略・霸史》《涼書》，十卷。高道讓撰。

高似孫《史略・霸史》《涼書》。十卷。高道遜譔。

十六國春秋

《隋書・經籍志・霸史》《十六國春秋》一百卷。魏崔鴻撰。

《舊唐書・經籍志・古史》《十六國春秋》一百二十卷。崔鴻撰。

《新唐書・藝文志・僞史類》 崔鴻《十六國春秋》一百二十卷。

鄭樵《通志・藝文略・霸史》《十六國春秋》，一百二十卷。魏崔鴻撰。

尤袤《遂初堂書目・僞史類》《十六國春秋》。

趙琦美《脈望館書目・僞史霸史》《十六國春秋》一本。

徐𤍞《徐氏家藏書目・旁史類》《十六國春秋》四十三卷。崔鴻。

錢謙益等《絳雲樓書目・編年類》 崔鴻《十六國春秋略》。原一百二十卷。鴻仕元魏，爲史官。

《天祿琳琅書目・明版史部》《十六國春秋》二函十二册。後魏崔鴻撰。

《四庫全書總目提要・載記類》《十六國春秋》一百卷。安徽巡撫採進本。

舊本題魏崔鴻撰。

周中孚《鄭堂讀書記・載記類》《十六國春秋》一百卷。明萬曆己酉蘭暉堂刊本。

舊題魏崔鴻撰。

張之洞《書目答問・載記》《十六國春秋》十六卷舊題魏崔鴻。漢魏叢書本，單行大字本。此非原書。

陸心源《皕宋樓藏書志・載記類》《十六國春秋》一百卷。明刊本。魏散騎常侍崔鴻撰。甘士价序。萬曆三十七年。

《八千卷樓書目・載記類》《十六國春秋》一百卷。舊本題魏崔鴻撰。明萬曆刊本。《別本十六國春秋》十六卷。舊本亦題崔鴻撰。舊抄本。

十六國春秋略

《隋書・經籍志・霸史》《纂録》一十卷。

錢東垣等輯《崇文總目輯釋・雜史類》《十六國春秋略》二卷。《通志略》不著撰人。

鄭樵《通志・藝文略・霸史》《十六國春秋略》二卷。

錢謙益《絳雲樓書目・雜史類》《新編十六國春秋》僞書，不足據。《通鑒考異》中屢引《十六國春秋鈔》，疑崔書宋代已無完本。又晁氏《讀書志》中亦云崔書已久不傳。

《四庫全書總目提要・載記類》《別本十六國春秋》十六卷。浙江孫仰曾家藏本。

舊本亦題魏崔鴻撰，載何鏜《漢魏叢書》中，其出在屠喬孫本之前，而亦莫詳其所自。十六國各爲一録，惟列僭僞之主五十八人，其諸臣皆不爲立傳，全爲「載記」之體，其非一百二卷之舊已不待言。證以《晉書・載記》，大致互相出入，而不以晉、宋紀年，與《史通》所説迥異，豈好事者摭類書之語，以《晉書・載記》排比之，成此僞本耶？然考《崇文總目》有《十六國春秋略》二卷，不著撰人名氏，司馬光《通鑑考異》所引諸書，亦有《十六國春秋鈔》之名，則或屬後人節録鴻書，亦未可定也。屠氏所刻百卷之本既爲依託，此本亦疑以傳疑，未能遽廢，姑竝存之，以備參考焉。

敦煌實録

《隋書・經籍志・霸史》《敦煌實録》十卷。劉景撰。

《新唐書・藝文志・僞史類》《燉煌實録》二十卷。

鄭樵《通志・藝文略・霸史》《燉煌實録》，十卷。劉昞撰。

高似孫《史略・霸史》《燉煌實録》十卷。劉昞譔。

《新唐書藝文志注・僞史類》又《燉煌實録》二十卷。《隋志》：《燉煌實録》十卷。劉景撰。記李氏西涼事。《舊志》入雜傳類。

《燉煌實録》二十卷。劉延明撰。

吐谷渾記

《隋書・經籍志・霸史》《吐谷渾記》二卷。宋新亭侯段國撰。梁有《翟遼書》二卷，《諸國略記》二卷，《永嘉後纂年記》二卷，《段業傳》一卷，亡。

鄭樵《通志・藝文略・霸史》《吐谷渾記》，二卷。宋新亭侯段國撰。

高似孫《史略・霸史》《吐谷渾記》二卷。宋新亭侯段國譔。

桓玄僞事

《新唐書・藝文志・僞史類》《桓玄僞事》二卷。

鄭樵《通志・藝文略・霸史》《桓玄僞事》二卷。

鄴洛鼎峙記

《新唐書・藝文志・僞史類》《鄴洛鼎峙記》十卷。

鄭樵《通志・藝文略・霸史》《鄴洛鼎峙記》十卷。

高似孫《史略・霸史》《鄴洛記》。

天啓紀

《隋書・經籍志・霸史》《天啓紀》十卷。記梁元帝子諝據湘州事。

《舊唐書・經籍志・古史》《天啓記》十卷。守節先生撰。

《新唐書・藝文志・僞史類》守節先生《天啓紀》十卷。

鄭樵《通志・藝文略・霸史》《天啓記》，十卷。記梁元帝子諝據州事，守節先生撰。

南涼國記

文廷式《補晉書藝文志・霸史類》郭韶《南涼國記》。

《史通・史官篇》曰：「南涼主烏孤初定霸基，欲造國紀，以其參軍郭韶爲國紀祭酒，撰録時事。

秦記

《隋書・經籍志・霸史》《秦記》十一卷。宋殿中將軍裴景仁撰。梁雍州主簿席惠明注。

《舊唐書・經籍志・古史》《秦記》十一卷。裴景仁撰，杜惠明注。

《新唐書・藝文志・僞史類》裴景仁《秦記》十一卷。杜惠明注。

鄭樵《通志・藝文略・霸史》《秦記》，十一卷。宋殿中將軍裴景仁撰，梁雍州主簿席惠明注。

高似孫《史略・霸史》《秦記》。十一卷。宋殿中將軍裴景仁譔。

《秦書》。裴景仁載符朗過江事。《隋志》《唐志》皆無之，見劉孝標注《世説》。

三十國春秋

《新唐書・藝文志・僞史類》 蕭方《三十國春秋》三十卷。

鄭樵《通志・藝文略・霸史》 《三十國春秋》，三十卷。梁湘東王世子蕭方等撰，起漢建安，訖晉元熙，凡百五十六年，以晉爲主，包吴孫、劉淵等三十國事。

尤袤《遂初堂書目・僞史類》 《三十國春秋》。

《宋史・藝文志・別史類》 蕭方等《三十國春秋》三十卷。

戰國春秋

《隋書・經籍志・霸史》 《戰國春秋》二十卷。李槩撰。

《舊唐書・經籍志・古史》 《戰國春秋》二十卷。李槩撰。

《新唐書・藝文志・僞史類》 李槩《戰國春秋》二十卷。

鄭樵《通志・藝文略・霸史》 《戰國春秋》二十卷。李槩撰。

《新唐書藝文志注・僞史類》 李槩《戰國春秋》二十卷。《隋志》：「《戰國春秋》二十卷，李槩撰。」槩見《小學類》。《舊志》入《編年類》，記十六國春秋之事。

三十國春秋鈔

鄭樵《通志・藝文略・霸史》 《三十國春秋鈔》二卷。

《宋史・藝文志・別史類》 《三十國春秋鈔》一卷。不知作者。

三十國春秋

《新唐書・藝文志・僞史類》 武敏之《三十國春秋》一百卷。

鄭樵《通志・藝文略・霸史》 《三十國春秋》一百卷。武敏之撰。

後梁春秋

《新唐書・藝文志・僞史類》 蔡允恭《後梁春秋》十卷。

《新唐書藝文志注・僞史類》 蔡允恭《後梁春秋》十卷。

西域志

晁公武《郡齋讀書志・雜史類》 《西域志》十二卷。右唐僧玄奘撰。

馬端臨《文獻通考・經籍考・僞史霸史》 《西域志》十二卷。或云玄奘譯，大總持寺僧辨機撰。

後魏國典

陳振孫《直齋書録解題・雜史類》 《後魏國典》三十卷。唐太常少卿元行沖撰。

南詔録

馬端臨《文獻通考・經籍考・僞史霸史》 《南詔録》三卷。

雲南行紀

晁公武《郡齋讀書志・雜史類》 《雲南行紀》二卷。右唐韋齊休撰。齊休，長慶三年從韋審規使雲南，記其往來道里及其見聞。

馬端臨《文獻通考・經籍考・僞史霸史》《雲南行紀》二卷。

雲南志

晁公武《郡齋讀書志・雜史類》《雲南志》十卷。右唐樊綽撰。

馬端臨《文獻通考・經籍考・僞史霸史》《雲南志》十卷。

蠻書

《四庫全書總目提要・載記類》《蠻書》十卷。永樂大典本。

唐樊綽撰。

周中孚《鄭堂讀書記・載記類》《蠻書》十卷。武英殿聚珍版本。

唐樊綽撰。

十二國史

錢東垣等輯《崇文總目輯釋・僞史類》《十二國史》四卷。孫昱撰。

南紀國圖

錢東垣等輯《崇文總目輯釋・僞史類》《南紀國圖》一卷。

文場内舉人儀則

錢東垣等輯《崇文總目輯釋・僞史類》《文場内舉人儀則》一卷。《通志略》

不著撰人。

吴楊氏本紀

錢東垣等輯《崇文總目輯釋・僞史類》《僞吴楊氏本紀》六卷。陳濬撰。原釋[闕]。見天一閣鈔本。

鄭樵《通志・藝文略・霸史》《吴楊氏本紀》，六卷。僞吴陳濬撰，記楊氏始終。

釣磯立談

尤袤《遂初堂書目・僞史類》《釣磯立談》。

祁承㸁《澹生堂藏書目・霸史》《釣磯立談》。二卷。史虚白俱載《南唐事説》。鈔本。餘苑本。

錢曾《讀書敏求記・史》《釣磯立談》一卷。

叟爲山東人，不著名氏。

《四庫全書總目提要・載記類》《釣磯立談》一卷。江蘇巡撫採進本。

黄丕烈《蕘圃藏書題識續録・史類》《釣磯立談》一卷。校宋本。

周中孚《鄭堂讀書記・載記類》《釣磯立談》一卷。知不足齋叢書本。

不著撰人名氏。

馬國翰《玉函山房藏書簿録・霸史類》《釣磯立談》一卷。知不足齋本。又楝亭刊本。

宋史氏撰，原書不署姓名。

李慈銘《越縵堂讀書記・載記類》《釣磯立談》。

閲《釣磯立談》一卷。

吴録

錢東垣等輯《崇文總目輯釋・僞史類》《吴録》二十卷。徐鉉等撰。繹按：

《唐志》作三十卷，張勃撰。

鄭樵《通志・藝文略・霸史》 《吴録》，二十卷。僞唐徐鉉等撰，記楊行密據淮南，盡楊溥。

高似孫《史略・霸史》 《吴録》二十卷。徐鉉。記楊行密據淮南。迄楊溥。

《宋史・藝文志・別史類》 《吴録》二十卷徐鉉、高遠、喬舜、潘佑等撰。

淝上英雄小録

錢東垣等輯《崇文總目輯釋・僞史類》 《淝上英雄小録》二卷。信都鎬撰。

繹按：《宋志》三卷。

鄭樵《通志・藝文略・霸史》 《淝上英雄小録》，二卷。僞吴信都鎬撰，記楊行密起廬州，入廣陵，所從將吏五十人。

尤袤《遂初堂書目・僞史類》 《淝上英雄小録》。

高似孫《史略・霸史》 《淝上英雄小録》。僞吴信都鎬。記楊行密起廬州，入廣陵，將吏五十人。

陳振孫《直齋書録解題・僞史類》 《淝上英雄小録》二卷。

信都鎬撰。

馬端臨《文獻通考・經籍考・僞史霸史》 《淝上英雄小録》二卷。

《宋史・藝文志・別史類》 吴信都鎬《淝上英雄小録》二卷。

南唐烈祖實録

馬端臨《文獻通考・經籍考・僞史霸史》 《南唐烈祖實録》十三卷。

高皇帝過江事實

錢東垣等輯《崇文總目輯釋・僞史類》 《高皇帝過江事實》一卷。《通志略》不著撰人。

鄭樵《通志・藝文略・霸史》 《高皇帝過江事實》一卷。記僞吴太和三年，李昪還鎮金陵事。

《宋史・藝文志・別史類》 《高皇帝過江事實》一卷。

烈祖開基録

錢東垣等輯《崇文總目輯釋・僞史類》 《烈祖開基録》十卷。王顔撰。

鄭樵《通志・藝文略・霸史》 《烈祖開基録》十卷。僞唐王顔撰，記李昪據金陵事，昪號烈祖。

陳振孫《直齋書録解題・僞史類》 《南唐烈祖開基誌》十卷。

南唐滁州刺史王顔撰。起天祐乙丑，止昪元癸卯，合三十九年。

馬端臨《文獻通考・經籍考・僞史霸史》 《南唐烈祖開基誌》十卷。

《宋史・藝文志・別史類》 王顔《南唐烈祖開基志》十卷。

吴唐拾遺録

鄭樵《通志・藝文略・霸史》 《吴唐拾遺録》，十卷。許氏撰。

後蜀孟先主實録

錢東垣等輯《崇文總目輯釋・僞史類》 《僞蜀孟氏先主實録》三十卷。李昊撰。

鄭樵《通志・藝文略・霸史》 《後蜀孟先主實録》，三十卷。僞蜀李昊等撰，記孟知祥一朝事。

後蜀孟後主實録

錢東垣等輯《崇文總目輯釋・僞史類》《後蜀孟氏後主實録》八十卷。李昊等撰。原釋闕。見天一閣鈔本。

繹按：舊本脱「後」字，今校增。

鄭樵《通志・藝文略・霸史》《後蜀孟後主實録》八十卷。李昊等撰，記孟昶事。

趙琦美《脈望館書目・僞史霸史》《後蜀實録》八十卷。李是記孟昶事。

前蜀書

錢東垣等輯《崇文總目輯釋・僞史類》《前蜀書》四十卷。李昊等撰。

鄭樵《通志・藝文略・霸史》《前蜀書》，四十卷。僞蜀李昊撰，記王氏本末。

高似孫《史略・霸史》《前蜀書》。四十卷。僞蜀李昊譔。記王氏本末。

《宋史・藝文志・别史類》李昊《蜀書》二十卷。

蜀桂堂編事

錢東垣等輯《崇文總目輯釋・僞史類》《蜀桂堂編事》二十卷。楊九齡撰。原釋闕。見天一閣鈔本。

晁公武《郡齋讀書志・雜史類》《蜀桂堂編事》二十卷。

右僞蜀楊九齡撰。

馬端臨《文獻通考・經籍考・僞史霸史》《蜀桂堂編事》二十卷。

前蜀王氏紀事

錢東垣等輯《崇文總目輯釋・僞史類》《前蜀王氏紀事》二卷。毛文錫撰。

繹按：《書録解題》無「王氏」二字。

鄭樵《通志・藝文略・霸史》《前蜀王氏紀事》，二卷。僞蜀毛文錫撰，記王建未僭號前事。

陳振孫《直齋書録解題・僞史類》《前蜀紀事》二卷。

後蜀學士毛文錫平珪撰。

馬端臨《文獻通考・經籍考・僞史霸史》《前蜀記事》二卷。

《宋史・藝文志・别史類》毛文錫《前蜀王氏記事》二卷。

趙琦美《脈望館書目・僞史霸史》《前蜀紀事》二卷。僞蜀毛文錫記王建采僭號前事。

坤儀令

錢東垣等輯《崇文總目輯釋・僞史類》《坤儀令》一卷。原釋闕。見天一閣鈔本。

廣政雜録

錢東垣等輯《崇文總目輯釋・僞史類》《廣政雜録》三卷。何光遠撰。原釋闕。見天一閣鈔本。

鄭樵《通志・藝文略・霸史》《廣政雜録》，三卷。僞蜀何光遠撰，廣政乃僞蜀年號，記王、孟據蜀事。

廣政雜記

錢東垣等輯《崇文總目輯釋・僞史類》《廣政雜記》十五卷。浦仁裕撰。原釋闕。見天一閣鈔本。

繹按：《宋志》上有「蜀」字，蒲仁裕撰。

鄭樵《通志・藝文略・霸史》《廣政雜記》，十五卷。僞蜀浦仁裕撰。

湖南故事

錢東垣等輯《崇文總目輯釋・僞史類》《湖南故事》十三卷。《書録解題》五。
按《書録解題》十卷云，不知作者，記馬氏至周行逢事。《館閣書目》作十三卷，蓋爲《列傳》十三篇，其實十卷也，文辭鄙甚。卷五。

陳振孫《直齋書録解題・僞史類》《湖南故事》十卷。
不知作者。記馬氏至周行逢事。

馬端臨《文獻通考・經籍考・僞史霸史》《湖南故事》十卷。

《宋史・藝文志・霸史類》《湖南故事》十三卷。

渤海行年記

鄭樵《通志・藝文略・霸史》《渤海行年記》十卷。曾顔撰。

《宋史・藝文志・霸史類》曾顔《渤海行年記》十卷。

閩王審知傳

錢東垣等輯《崇文總目輯釋・僞史類》《閩王審知傳》一卷。陳致雍撰。原釋闕。見天一閣鈔本。

鄭樵《通志・藝文略・霸史》《閩王審知傳》一卷。僞唐陳致雍撰。

廣王事迹

脱脱等《宋史・藝文志・霸史類》《廣王事迹》一卷。

並不知作者。

海外使程廣記

馬端臨《文獻通考・經籍考・僞史霸史》《海外使程廣記》三卷。

邗溝要略

錢東垣等輯《崇文總目輯釋・僞史類》《邗溝要略》九卷。《通志略》不著撰人。

鄭樵《通志・藝文略・霸史》《邗溝要略》九卷。記楊行密據淮南事。

吴將佐録

錢東垣等輯《崇文總目輯釋・僞史類》《吴將佐録》一卷。《通志略》不著撰人。原釋闕。見天一閣鈔本。

鄭樵《通志・藝文略・霸史》《吴將佐録》，一卷。記楊行密時，功臣三十九人行事，又三十四人只載姓名。

石晉陷蕃記

晁公武《郡齋讀書志・雜史類》《石晉陷蕃記》一卷。
右皇朝范質撰。質，石晉末在翰林，爲出帝草降虜表，知其事爲詳。

江南李氏事迹

鄭樵《通志・藝文略・霸史》《江南李氏事迹》一卷。

江南録

錢東垣等輯《崇文總目輯釋・僞史類》 《江南録》十卷。徐鉉、湯悦等撰。

鄭樵《通志・藝文略・霸史》 《江南録》十卷。徐鉉、湯悦等撰，記江南李氏三主事。

晁公武《郡齋讀書志・雜史類》 《江南録》十卷。

右皇朝徐鉉等撰。

高似孫《史略・霸史》 《江南録》十卷。徐鉉記江南李氏三主事。

陳振孫《直齋書録解題・僞史類》 《江南録》十卷。

給事中廣陵徐鉉鼎臣、光禄卿池陽湯悦德川撰。

馬端臨《文獻通考・經籍考・僞史霸史》 《江南録》十卷。

《宋史・藝文志・别史類》 徐鉉、湯悦《江南録》十卷。

江南野史

鄭樵《通志・藝文略・霸史》 《江南野史》二十卷。龍衮撰。

晁公武《郡齋讀書志・雜史類》 《江南野史》二十卷。

右皇朝龍衮撰，凡八十四傳。

尤袤《遂初堂書目・僞史類》 《江南野史》。

高似孫《史略・霸史》 《江南野史》，二十卷。龍衮譔。

馬端臨《文獻通考・經籍考・僞史霸史》 《江南野史》二十卷。

《宋史・藝文志・别史類》 龍衮《江南野史》二十卷。

范邦甸等《天一閣書目・載記類》 《江南野史》十卷。緜紙藍絲闌鈔本。宋螺川龍衮撰。

趙琦美《脈望館書目・僞史霸史》 《江南野史》一本。

祁承㸁《澹生堂藏書目・霸史》 《江南野史》一册。十卷。龍衮餘苑本。

錢謙益《絳雲樓書目・編年類》 《江南野史》。二十卷。凡八十四傳，龍衮撰。衮字君章，江西人，《江南野史》中載「歐陽觀事」，頗以愛憎失實，爲王仲言所譏。

錢曾《讀書敏求記・史》 龍衮《江南野史》十卷。

記南唐君臣事蹟頗詳，其行文亦贍雅有致。

《四庫全書總目提要・載記類》 《江南野史》十卷。江蘇巡撫採進本。

宋龍衮撰。

張之洞《書目答問・載記類》 《江南野史》十卷。宋龍衮。《續百川》本，又《函海》本。

蜀　書

尤袤《遂初堂書目・僞史類》 《蜀書》。

後蜀孟氏紀事

錢東垣等輯《崇文總目輯釋・僞史類》 《後蜀孟氏紀事》三卷。董淳撰。

繹按《通志略》三卷。

鄭樵《通志・藝文略・霸史》 《後蜀孟氏紀事》，二卷。宋朝董淳撰，記孟昶事。

陳振孫《直齋書録解題・僞史類》 《後蜀紀事》二卷。

直史館太常博士董淳撰，惟記孟昶事。

馬端臨《文獻通考・經籍考・僞史霸史》 《後蜀記事》十卷。

《宋史・藝文志・别史類》 董淳《後蜀孟氏記事》三卷。

楚　録

尤袤《遂初堂書目・僞史類》 《楚録》。

陳振孫《直齋書録解題・僞史類》 《僞楚録》二卷。

不著名氏。

馬端臨《文獻通考・經籍考・僞史霸史》 《僞楚録》二卷。

《宋史・藝文志・霸史類》 盧臧《楚録》五卷。

湖湘馬氏故事

錢東垣等輯《崇文總目輯釋・僞史類》 《湖湘馬氏故事》二十卷。曹衍撰。

鄭樵《通志・藝文略・霸史》 《湖湘馬氏故事》，二十卷。宋朝曹衍撰。

《宋史・藝文志・別史類》 曹衍《湖湘馬氏故事》二十卷。

閩中實録

錢東垣等輯《崇文總目輯釋・僞史類》 《閩中實録》十卷。蔣文懌撰。

鄭樵《通志・藝文略・霸史》 《閩中實録》，十卷。蔣文懌撰，紀王氏據閩，盡留從効、李仁達事，惟不及陳洪進。

高似孫《史略・霸史》 《閩中實録》十卷。蔣文懌記王氏據閩，盡留從效、李仁達事，惟不及陳洪進。

陳振孫《直齋書録解題・僞史類》 《閩中實録》十卷。

馬端臨《文獻通考・經籍考・僞史霸史》 《閩中實録》十卷。

《宋史・藝文志・霸史類》 蔣文懌《閩中實録》十卷。

王氏紹運圖

《宋史・藝文志・霸史類》 林仁志《王氏紹運圖》三卷。

錢氏戊申英政録

錢東垣等輯《崇文總目輯釋・僞史類》 《戊申英政録》一卷。錢儼撰。原釋闕。見天一閣鈔本。

鄭樵《通志・藝文略・霸史》 《錢氏戊申英政録》，一卷。錢儼編。

吴越備史遺事

陳振孫《直齋書録解題・僞史類》 《吴越備史遺事》五卷。全州觀察使錢儼撰。

馬端臨《文獻通考・經籍考・僞史霸史》 《吴越備史遺事》五卷。

《宋史・藝文志・霸史類》 錢儼《備史遺事》五卷。

劉氏興亡録

錢東垣等輯《崇文總目輯釋・僞史類》 《劉氏興亡論》一卷。胡賓王撰。繹按：舊本亡，譌作王。今校改。《宋志》「論」作「録」。《通志略》亦作「録」，不著撰人。

鄭樵《通志・藝文略・霸史》 《劉氏興亡録》一卷。叙僞漢劉龔等四主事。

尤袤《遂初堂書目・僞史類》 《劉氏興亡録》。

《宋史・藝文志・別史類》 胡賓王《劉氏興亡録》一卷。

五代史補

祁承㸁《澹生堂藏書目・霸史》 《五代史補》一册。五卷。陶岳《餘苑》本。

三楚新録

鄭樵《通志・藝文略・霸史》 《三楚新録》三卷。宋朝周羽冲撰，紀湖南馬殷、周行逢、荆南高季興事。

尤袤《遂初堂書目・僞史類》《三楚新録》。

高似孫《史略・霸史》《三楚新録》。三卷。皇朝周羽沖。記湖南馬商、周行逢、荆南高季興事。

陳振孫《直齋書録解題・僞史類》《三楚新録》三卷。

知貴州修仁縣周羽沖撰。

馬端臨《文獻通考・經籍考・僞史霸史》《三楚新録》三卷。

《宋史・藝文志・别史類》周羽沖《三楚新録》三卷。

范邦甸等《天一閣書目・載記類》《三楚新録》一卷。鈔本。宋周羽翀撰。

祁承㸁《澹生堂藏書目・霸史》《三楚新録》。二卷。周羽仲編。《古今説海》本。

《四庫全書總目提要・載記類》《三楚新録》三卷。浙江吴玉墀家藏本。

宋周羽翀撰。

黄丕烈《蕘圃藏書題識・史類》《三楚新録》三卷。舊鈔本。

荆湘近事

鄭樵《通志・藝文略・霸史》《荆湘近事》十卷。陶岳撰。

高似孫《史略・霸史》《荆湘近事》十卷。陶岳譔。

《宋史・藝文志・霸史類》陶岳《荆湘近事》十卷。

錦里耆舊傳

《四庫全書總目提要・載記類》《錦里耆舊傳》四卷。兩江總督採進本。

一名《成都理亂記》，宋句延慶撰。

黄丕烈《蕘圃藏書題識・史類》《錦里耆舊傳》四卷。校舊鈔本。

周中孚《鄭堂讀書記・載記類》殘本《錦里耆舊傳》四卷。《讀畫齋叢書》本。

宋句延慶撰。

張金吾《愛日精廬藏書志・載記類》《錦里耆舊傳》四卷。舊抄本。

吴壽暘《拜經樓藏書題跋記》《錦里耆舊傳》。

至道雲南録

晁公武《郡齋讀書志・雜史類》《至道雲南録》三卷。

右皇朝辛怡顯撰。

馬端臨《文獻通考・經籍考・僞史霸史》《至道雲南録》三卷。

皇祐平蠻記

晁公武《郡齋讀書志・雜史類》《皇祐平蠻記》一卷。

右皇朝馮炳撰。

馬端臨《文獻通考・經籍考・僞史霸史》《皇祐平蠻記》一卷。

閩王事迹

陳振孫《直齋書録解題・僞史類》《閩王事迹》一卷。

不知何人作。卷末稱光啓二年至天聖九年，一百三十八年，其所記頗詳。

馬端臨《文獻通考・經籍考・僞史霸史》《閩王事跡》一卷。

《宋史・藝文志・霸史類》《閩王事迹》一卷。

晉陽見聞要録

《宋史・藝文志・霸史類》王保衡《晉陽見聞要録》一卷。

五國故事

鄭樵《**通志・藝文略・霸史**》《五國故事》二卷。記吴、唐、蜀、漢、閩五國事。

尤袤《**遂初堂書目・僞史類**》《五國故事》。

陳振孫《**直齋書録解題・僞史類**》《五國故事》二卷。

不知作者。記吴、蜀、閩、漢諸國事。

馬端臨《**文獻通考・經籍考・僞史霸史**》《五國故事》二卷。

徐𤊹《**徐氏家藏書目・旁史類**》《五國故事》一卷。見《説郛》。

祁承㸁《**澹生堂藏書目・霸史**》《五國故事》一册。二卷記吴、唐、蜀、漢、閩五國事。餘苑本。

錢謙益《**絳雲樓書目・編年類**》《五國故事》。二卷。亡名氏撰。記吴、蜀、閩、漢諸國事。

《**四庫全書總目提要・載記類**》《五國故事》二卷。浙江鮑士恭家藏本。不著撰人名氏。

瞿鏞《**鐵琴銅劍樓藏書目録・載記類**》《五國故事》二卷。舊鈔本。不著撰人名氏。

張之洞《**書目答問・載記類**》《五國故事》二卷。宋闕名。知不足齋本。

十國載記

尤袤《**遂初堂書目・僞史類**》《十國載記》。

《**宋史・藝文志・霸史類**》《十國載記》三卷。

江淮異人録

陳振孫《**直齋書録解題・僞史類**》《江淮異人録》二卷。

吴淑撰。所紀道流、俠客、術士之類，凡二十五人。

馬端臨《**文獻通考・經籍考・僞史霸史**》《江淮異人録》二卷。

江表志

鄭樵《**通志・藝文略・霸史**》《江表志》三卷。鄭文寶撰。

尤袤《**遂初堂書目・僞史類**》《江表志》。

高似孫《**史略・霸史**》《江表志》三卷。鄭文寶譔。

陳振孫《**直齋書録解題・僞史類**》《江表志》三卷。

鄭文寶撰。

馬端臨《**文獻通考・經籍考・僞史霸史**》《江表志》三卷。

《**宋史・藝文志・别史類**》又《江表志》二卷。

徐𤊹《**徐氏家藏書目・旁史類**》《江表志》三卷。宋閩人鄭文寶著，紀南唐事，見《説郛》寧化刊本。

錢謙益《**絳雲樓書目・編年類**》《江表記》二十卷。鄭文寶撰，徐鉉門人，宋初人，字仲賢。

《**四庫全書總目提要・載記類**》《江表志》三卷。福建巡撫採進本。宋鄭文寶撰。

南唐近事

鄭樵《**通志・藝文略・霸史**》《南唐近事》二卷。鄭文寶撰。

晁公武《**郡齋讀書志・雜史類**》《南唐近事》二卷。

右皇朝鄭文寶編，記李氏三主四十年間雜事。

尤袤《**遂初堂書目・僞史類**》《南唐近事》。

高似孫《**史略・霸史**》《南唐近事》，二卷。鄭文寶譔。

陳振孫《**直齋書録解題・僞史類**》《南唐近事》二卷。

工部郎江南鄭文寶撰。

馬端臨《**文獻通考・經籍考・僞史霸史**》《南唐近事》二卷。

《宋史・藝文志・别史類》 鄭文寶《南唐近事集》一卷。

楊士奇等《文淵閣書目・史附》《南唐近事》一部。一册，闕。

《南唐近事》。一部。一册。闕。

徐㶿《徐氏家藏書目・旁史類》《南唐近事》二卷。

南唐舊事

祁承㸁《澹生堂藏書目・霸史》《南唐舊事》。一卷。《説鈔》本。

江南餘載

鄭樵《通志・藝文略・霸史》《江南餘載》二卷。

陳振孫《直齋書録解題・僞史類》《江南餘載》二卷。

不著姓名。

馬端臨《文獻通考・經籍考・僞史霸史》《江南餘載》二卷。

《宋史・藝文志・别史類》《江南餘載》二卷。

楊士奇等《文淵閣書目・史附》《江南餘載》。一部。一册。闕。

《四庫全書總目提要・載記類》《江南餘載》二卷。永樂大典本。

不著撰人名氏。

周中孚《鄭堂讀書記・載記類》《江南餘載》二卷。《知不足齋叢書》本。

不著撰人名氏。

馬國翰《玉函山房藏書簿録・霸史類》《江南餘載》二卷。知不足齋本。又《龍威秘書》本。又《函海》本。

撰人缺。

楚書

脱脱等《宋史・藝文志・霸史類》 又路振《楚書》五卷。

乘軺録

晁公武《郡齋讀書志・雜史類》《乘軺録》一卷。

右皇朝路振子發撰。振，大中祥符初使契丹，撰此書以獻。事見其傳。

九國志

晁公武《郡齋讀書志・雜史類》《九國志》五十一卷。

右皇朝路振子發撰。雜記吴、越、唐、前蜀、後蜀、東漢、南漢、閩、楚，凡九國。

陳振孫《直齋書録解題・僞史類》《九國志》五十一卷。

右正言知制誥祁陽路振子發撰。

馬端臨《文獻通考・經籍考・僞史霸史》《九國志》五十一卷。

《宋史・藝文志・霸史類》 路振《九國志》五十一卷。

楊士奇等《文淵閣書目・史附》《九國志》。一部。十册。闕。

江南别録

鄭樵《通志・藝文略・霸史》《江南别録》，四卷。陳彭年撰。

晁公武《郡齋讀書志・雜史類》《江南别録》四卷。

右皇朝陳彭年撰。僞吴、僞唐四主傳也。

高似孫《史略・霸史》《江南别録》。四卷。陳彭年譔。

馬端臨《文獻通考・經籍考・僞史霸史》《江南别録》四卷。

《宋史・藝文志・别史類》 陳彭年《江南别録》四卷。

徐㶿《徐氏家藏書目・旁史類》《江南别録》一卷。陳彭年。

祁承㸁《澹生堂藏書目・霸史》《江南别録》二卷。古今説海本。

《四庫全書總目提要・載記類》《江南别録》一卷。安徽巡撫採進本。

宋陳彭年撰。彭年字永年，撫州南城人。太平興國中進士，官至兵部侍郎、參知政事。

戴斗奉使録

晁公武《郡齋讀書志・雜史類》《戴斗奉使録》二卷。

右皇朝王曙撰。景德三年爲契丹主生辰使、祥符三年爲弔慰使所録也。

馬端臨《文獻通考・經籍考・僞史霸史》《戴斗奉使録》二卷。

吴越備史

錢東垣等輯《崇文總目輯釋・僞史類》《吴越備史》十五卷。范坰、林禹撰。

繹按：《通攷》：九卷。

鄭樵《通志・藝文略・霸史》《吴越備史》，十五卷。宋朝范坰、林禹撰，記錢氏據有吴越事。

尤袤《遂初堂書目・僞史類》錢鏐《備史》。

高似孫《史略・霸史》《吴越》。十卷。皇朝范坰、林禹譔。

陳振孫《直齋書録解題・僞史類》《吴越備史》九卷。

吴越掌書記范坰、巡官林禹撰。按《中興書目》，其初十二卷，盡開寶三年，後又增三卷，至雍熙四年。今書止石晉開運，比初本尚闕三卷。

馬端臨《文獻通考・經籍考・僞史霸史》《吴越備史》九卷。

《宋史・藝文志・別史類》《吴越備史》十五卷。吴越錢儼託名范坰、林禹撰。

趙琦美《脈望館書目・僞史霸史》《吴越備史》。二本。

徐𤊹《徐氏家藏書目・旁史類》《吴越備史》一卷。宋范坰。

錢曾《讀書敏求記・史》《吴越備史》四卷。

《漁洋書跋》《吴越備史》。

《吴越備史》五卷。武勝軍節度掌書記范坰、節度巡官林禹撰。

《四庫全書總目提要・載記類》《吴越備史》四卷、《補遺》一卷。浙江汪汝瑮家藏本。

瞿鏞《鐵琴銅劍樓藏書目録・載記類》《吴越備史》四卷。舊鈔本。

宋范坰、林禹同撰。

宋祖駿《補五代史藝文志・霸史類》《吴越備史》十五卷。錢儼託名范坰、林禹撰。

張之洞《書目答問・載記類》《吴越備史》四卷。宋錢儼。

耿文光《萬卷精華樓藏書記・載記類》《吴越備史》六卷。

宋錢儼撰。

錢氏家話

鄭樵《通志・藝文略・霸史》《錢氏家話》一卷。錢易編。

十六國考鏡

《四庫全書總目提要・載記類》《十六國考鏡》一卷。編修程晉芳家藏本。

舊本題宋石延年撰。

燕北雜録　西征寨地圖附

陳振孫《直齋書録解題・僞史類》《燕北雜録》五卷。《西征寨地圖》附。

思卿武珪記。

馬端臨《文獻通考・經籍考・僞史霸史》《燕北雜録》五卷。《西征寨地圖》附。

富公語録

鄭樵《通志・藝文略・霸史》《富公語録》一卷。

右皇朝富弼使虜時所撰。

蜀檮杌

鄭樵《通志・藝文略・霸史》《蜀檮杌》十卷。張唐英撰。

晁公武《郡齋讀書志・雜史類》《外史檮杌》十卷。
右皇朝張唐英次公撰。

尤袤《遂初堂書目・僞史類》《蜀檮杌》。

高似孫《史略・霸史》《蜀檮杌》。十卷。張唐英譔。

陳振孫《直齋書録解題・僞史類》《蜀檮杌》十卷。
殿中侍御史裏行新建張唐英次功撰。

十國紀年

鄭樵《通志・藝文略・霸史》《十國紀年》，四十二卷。宋朝劉恕撰，紀五代十國事。

晁公武《郡齋讀書志・雜史類》《十國紀年》四十二卷。
右皇朝劉恕道原撰。

尤袤《遂初堂書目・僞史類》《十國紀年》。

高似孫《史略・霸史》《十國紀年》。四十三卷。劉恕紀五代十國事。

陳振孫《直齋書録解題・僞史類》《十國紀年》四十卷。
劉恕撰。十國者，即前九國之外，益以荆南，張唐英所謂北楚也。

馬端臨《文獻通考・經籍考・僞史霸史》《十國紀年》四十二卷。

《宋史・藝文志・霸史類》劉恕《十國紀年》四十卷。

生辰國信語録

晁公武《郡齋讀書志・雜史類》《生辰國信語録》一卷。
右皇朝寇瑊撰。

馬端臨《文獻通考・經籍考・僞史霸史》《生辰國信語録》一卷。

天下大定録

鄭樵《通志・藝文略・霸史》《天下大定録》十卷。

尤袤《遂初堂書目・僞史類》《天下大定録》。

陳振孫《直齋書録解題・僞史類》《天下大定録》一卷。
殿中丞通判桂州王舉撰。

馬端臨《文獻通考・經籍考・僞史霸史》《天下大定録》一卷。

《宋史・藝文志・霸史類》王舉《天下大定録》十卷。

南蠻録

晁公武《郡齋讀書志・僞史類》《南蠻録》十卷。
右未詳撰人。

馬端臨《文獻通考・經籍考・僞史霸史》《南蠻録》十卷。

張浮休使遼録

晁公武《郡齋讀書志・雜史類》《張浮休使遼録》二卷。
右皇朝元祐甲戌春，張舜民被命爲回謝大遼弔祭使，鄭介爲副，録其往返地里及話言也。舜民字芸叟，浮休居士，其自號云。

馬端臨《文獻通考・經籍考・僞史霸史》《張浮休使遼録》二卷。

金虜節要

晁公武《郡齋讀書志・雜史類》《金虜節要》一卷。

右陷虜人所上也。記金人初内侮，止紹興十年，共十六年事，頗詳實。

陳振孫《直齋書録解題・僞史類》《金國節要》三卷。

右從事郎兖人張匯東卿撰。

馬端臨《文獻通考・經籍考・僞史霸史》《金虜節要》一卷。一作三卷。

春秋戰國策

祁承㸁《澹生堂藏書目・霸史》《春秋戰國策》六册。三十三卷。鮑彪註，吴師道正。

南唐書

黄虞稷《千頃堂書目・霸史類》胡恢《南唐書》。金陵人。

倪燦等《宋史藝文志補・霸史》胡恢《南唐書》。金陵人。

南唐書

尤袤《遂初堂書目・僞史類》《南唐書》。

陳振孫《直齋書録解題・僞史類》《南唐書》三十卷。

陽羨馬令撰。

馬端臨《文獻通考・經籍考・史・僞史霸史》《南唐書》三十卷。

《宋史・藝文志・霸史類》《南唐書》十五卷。不知作者。

楊士奇等《文淵閣書目・史雜》《南唐書》。一部。五册。闕。

范邦甸等《天一閣書目・載記類》《南唐書》三十卷。刊本卷首有萬玉樓印。

趙琦美《脈望館書目・僞史霸史》《南唐書》六本。

徐𤊹《徐氏家藏書目・旁史類》《南唐書》三十卷。馬令。

祁承㸁《澹生堂藏書目・霸史》《南唐書》三册。三十卷。馬令撰。餘苑本。

錢謙益等《絳雲樓書目・編年類》陸游《南唐書》。十五卷。又馬令《南唐書》三十卷。

《宋史・藝文志補》馬令《南唐書》三十卷。

《四庫全書總目提要・史部・載記類》《南唐書》三十卷。兵部侍郎紀昀家藏本。

宋馬令撰。

周中孚《鄭堂讀書記・載記類》《南唐書》三十卷。明嘉靖庚戌上海顧氏刊本。

宋馬令撰。

張金吾《愛日精廬藏書志・載記類》《南唐書》二十卷。元刊本。

馬令撰。

馬國翰《玉函山房藏書簿録・霸史類》《南唐書》三十卷。

宋博城縣令陽羨馬令撰。

瞿鏞《鐵琴銅劍樓藏書目録・載記類》《南唐書》三十卷。舊鈔本。

宋馬令撰并序。

張之洞《書目答問・載記類》馬令《南唐書》三十卷。蔣氏馬、陸二書合刻原本，唐宋叢書本，江西繙本惡。

雞林志

晁公武《郡齋讀書志・雜史類》《雞林志》三十卷。

右皇朝崇寧中王雲編次。

馬端臨《文獻通考・經籍考・僞史霸史》《雞林志》三十卷。

虜廷雜記

晁公武《郡齋讀書志・雜史類》《虜廷雜記》十卷。

右契丹降人趙志忠撰。

馬端臨《文獻通考・經籍考・僞史霸史》《虜廷雜記》十卷。

松漠記聞

陳振孫《直齋書録解題・僞史類》《松漠記聞》二卷。

馬端臨《文獻通考・經籍考・僞史霸史》《松漠記聞》二卷。

高麗圖經

馬端臨《文獻通考・經籍考・僞史霸史》《高麗圖經》四十卷。

金國志

陳振孫《直齋書録解題・僞史類》《金國志》二卷。

承奉郎張棣撰。淳熙中歸明人，記金國事頗詳。

《金國志》一卷。

不著名氏，似節略張棣書，其末又雜録金國事宜，及海陵以後事。

馬端臨《文獻通考・經籍考・僞史霸史》《金虜志》二卷，又一卷。

又一卷不著名氏。似節略張棣書，其末又雜録虜界事宜，及逆亮以後事。

南唐書

陳振孫《直齋書録解題・僞史類》《新修南唐書》十五卷。

寶謨閣待制山陰陸游務觀撰。

馬端臨《文獻通考・經籍考・僞史霸史》《新修南唐書》十五卷。

趙琦美《脈望館書目・僞史霸史》 陸務觀《南唐書》一本。

徐𤊹《徐氏家藏書目・旁史類》 陸游《南唐書》十八卷。

祁承㸁《澹生堂藏書目・霸史》《南唐書》。十八卷。陸游撰。祕册彙函本。

毛晉《汲古閣書跋》《南唐書》。

黄虞稷《千頃堂書目・霸史類》 戚光陸游《南唐書音釋》一卷。

錢曾《讀書敏求記・史》 陸游《南唐書》十八卷戚光《音釋》一卷。務觀《南唐書》，詳核有法，卷例俱遵《史》、《漢》體，首行書某紀某傳卷第幾，而注《南唐書》于下，今流俗鈔本竟稱「《南唐書》本紀卷第一」，卷二、三列傳亦如之，開卷便見其謬，可一唶也。是本後附戚光《音釋》，甚佳。光嘗輯《金陵志》，搜訪文獻，大有考證，爲當時所稱許。藏書家尠有如其氏名者矣。

倪燦等《宋史藝文志補・霸史》 陸游《南唐書》十八卷。

又《音釋》一卷。

倪燦等《補遼金元藝文志・霸史類》 戚光陸游《南唐書音釋》一卷。

宋陸游撰。

《四庫全書總目提要・載記類》《南唐書》十八卷。《音釋》一卷。内府藏本。

錢大昕《補元史藝文志・古史類》 戚光《音釋陸游南唐書》一卷。

黄丕烈《蕘圃藏書題識・史類》 陸游《南唐書》十八卷。校本。

汲古閣初刻陸氏。

顧廣圻《思適齋書跋・史部》 陸游《南唐書》二十卷。校本。汲古閣初刻陸氏《南唐書》，舛誤特甚，此再刻者，已多所改正。然如《讀書敏求記》所云，卷例俱遵《史》、《漢》體，首行書某紀某傳卷第幾，而注《南唐書》於下，今流俗鈔本竟稱「《南唐書》本紀卷第一」，卷二、三列傳亦如之，開卷便見其謬者，尚未改去，其他沿襲舊譌，可知其不少矣。陸敕先校本藏小讀書堆，傳臨一過，頗多裨益。藏諸篋中久矣。今蕘圃話及此書未得佳本，而余適欲得其重本之《野客叢書》，因舉以相易。蕘圃其姑儲此以俟，特未審遵王所藏，敕先所見，是一是二，惜《敏求記》不言其詳也。他時庶乎遇而辨之。嘉慶己未五月顧廣圻記。

又《南唐書》二十卷。校本。家兄抱沖藏陸敕先用錢罄室手鈔校汲古閣刻本，與此大約相同，其足以補正此本者，悉識於行間。《徐遊傳》云「持大鐵簁」，又云「納簁中」，「簁」之即《説文》「籭」字，竹器，可以取麤去細者也。《廣韻》、《集韻》、《類篇》諸書論之詳矣。今本之誤，殆不可解，藉陸校而始明，故特表而出之。嘉慶己未五月覆校一過畢，顧廣圻。

圻又記。

顧廣圻《思適齋集外書跋輯存・史類》 陸游《南唐書》十八卷。汲古閣本。

又《南唐書》二十卷。

周中孚《鄭堂讀書記・載記類》《南唐書》十八卷，《音釋》一卷。《陸放翁全集》本。

宋陸游撰。

周中孚《鄭堂讀書記・載記類》《南唐書箋註》十八卷。祥符周氏稿本。

國朝周在浚撰，高醇補校。

周中孚《鄭堂讀書記・載記類》《南唐書注》十八卷，《音釋補》一卷。緑籖山房刊本。

國朝湯運泰撰。

馬國翰《玉函山房藏書簿録・霸史類》 新修《南唐書》十八卷，《音釋》一卷。

宋寶謨閣待制山陰陸游務觀撰。

張之洞《書目答問・載記類》《陸游南唐書》十八卷，《音釋》一卷。汲古閣本。

南燼紀聞竊憤正續録

吴壽暘《拜經樓藏書題跋記》《南燼紀聞竊憤正續録》。

二種並鈔本，合爲一册，不著撰人名氏。

諸蕃志

馬端臨《文獻通考・經籍考・僞史霸史》《諸蕃志》二卷。

西夏事略

《四庫全書總目提要・載記類》《西夏事略》一卷。編修程晉芳家藏本。

虜廷須知

陳振孫《直齋書録解題・僞史類》《虜廷須知》一卷。

左藏庫副使知安肅軍陳昉撰。

馬端臨《文獻通考・經籍考・僞史霸史》《虜庭須知》一卷。

西夏析支録

楊士奇等《文淵閣書目・史附》《西夏析支録》。一部，一册。闕。

黑韃事略

《文淵閣書目・史附》《黑達事略》。一部，一册。闕。

遼志

趙琦美《脈望館書目・僞史霸史》《遼志》二本。

祁承㸁《澹生堂藏書目・霸史》《遼志》。一卷。葉隆禮撰。古今逸史本。古今説海本。

高氏世家

脱脱等《宋史・藝文志・霸史類》《高氏世家》十卷。

大金國志

趙琦美《脈望館書目・僞史霸史》《大金國志》五本。

金　志

趙琦美《脈望館書目・僞史霸史》《金志》四本。

祁承㸁《澹生堂藏書目・霸史》《金志》。一卷。文懋昭撰。古今逸史本。古今説海本。

金人亡遼録

陳振孫《直齋書録解題・僞史類》《金人亡遼録》二卷。

燕山史愿撰。或稱《遼國遺事》。

辨鴂録

陳振孫《直齋書録解題・僞史類》《辨鴂録》一卷。

不著名氏。契丹譯語也，凡八篇。

馬端臨《文獻通考・經籍考・僞史霸史》《辨鴂録》一卷。

僞齊録

陳振孫《直齋書録解題・僞史類》《僞齊録》二卷。

不著名氏。

馬端臨《文獻通考・經籍考・僞史霸史》《僞齊録》二卷。

蜀　鑑

楊士奇等《文淵閣書目・史附》《蜀鑑》。一部四册，闕。

徐𤊹《徐氏家藏書目・旁史類》《蜀鑑》十卷。宋邵武李文子編。

祁承㸁《澹生堂藏書目・霸史》《蜀鑑》四册。十卷。李文子輯。

錢謙益《絳雲樓書目・編年類》《蜀鑒》。十卷。李文子撰。南宋人。

匈奴須知

晁公武《郡齋讀書志・雜史類》《匈奴須知》一卷。

右契丹歸朝人田緯編次。

陳振孫《直齋書録解題・僞史類》《匈奴須知》一卷。

歸明人田緯編次，録契丹地理官制。

馬端臨《文獻通考・經籍考・僞史霸史》《匈奴須知》一卷。

閏王列傳

陳振孫《直齋書録解題・僞史類》《閏王列傳》一卷。

祕書監晉江陳致雍撰。二世七主，通六十年。

馬端臨《文獻通考・經籍考・僞史霸史》《閏王列傳》一卷。

西夏須知

晁公武《郡齋讀書志・雜史類》《西夏須知》一卷。

右皇朝劉温潤守延州日，編録僞境雜事。

陳振孫《直齋書録解題・僞史類》《西夏須知》一卷。

內殿承制鄜延都監劉温潤撰，凡十五條目。

馬端臨《文獻通考・經籍考・僞史霸史》《西夏須知》一卷。

蕃爾雅

晁公武《郡齋讀書志・雜史類》《蕃爾雅》一卷。

右不載撰人姓名。以夏人語依《爾雅》體，譯以華言。

馬端臨《文獻通考・經籍考・僞史霸史》《蕃爾雅》一卷。

晉文春秋

高儒《百川書志・雜史》《晉文春秋》一卷。

趙琦美《脈望館書目・僞史霸史》《晉文春秋》一本。

越史略

《四庫全書總目提要・載記類》《越史略》三卷。山東巡撫採進本。

不著撰人名氏。

海東三國通録

尤袤《遂初堂書目・僞史類》《海東三國通録》。

蜀　記

尤袤《遂初堂書目・僞史類》《蜀記》。

九國志

鄭樵《通志・藝文略・霸史》《九國志》四十九卷。曾顔撰，記五代國事。

尤袤《遂初堂書目・僞史類》《九國志》。

高似孫《史略・霸史》《九國志》。四十九卷。曾顔記五代事。

夏國樞要

晁公武《郡齋讀書志・雜史類》《夏國樞要》二卷。

右皇朝孫巽撰。

馬端臨《文獻通考・經籍考・僞史霸史》《夏國樞要》二卷。

吴越會粹

尤袤《遂初堂書目・僞史類》《吴越會粹》。

北遼遺事

晁公武《郡齋讀書志・雜史類》《北遼遺事》二卷。

右不題撰人，蓋遼人也。記女真滅遼事。序云：「遼國自阿保機創業於其初，德光恢廓於其後，吞滅諸蕃，割據漢界，南北開疆五千里，東西四千里，戎器之備，戰馬之多，前古未有。子孫繼統二百三十餘年，迨至天祚失馭，女真稱兵。十二年間，舉國土崩。古人謂得之難而失之易，非虚言耳。」

馬端臨《文獻通考・經籍考・僞史霸史》《北遼遺事》二卷。

陰山雜録　契丹録

鄭樵《通志・藝文略・霸史》《陰山雜録》四卷。

陳振孫《直齋書録解題・僞史類》《陰山雜録》十六卷。

不著名氏。

契丹疆宇圖

馬端臨《文獻通考・經籍考・僞史霸史》《契丹疆宇圖》一卷。

陳氏曰：不著名氏，録契丹諸夷地及中國所失地。

遼四京記

馬端臨《文獻通考・經籍考・僞史霸史》《遼四京記》。

陳氏曰：亦無名氏。曰東京、中京、上京、燕京。

征蒙記

陳振孫《直齋書録解題・僞史類》《征蒙記》一卷。

金人明威將軍、登州刺史李大諒撰。建炎鉅寇之子，隨其父成降金者也。所記家人跳梁，自其全盛時，已不能制矣。

馬端臨《文獻通考・經籍考・僞史霸史》《征蒙記》一卷。

金人南遷録

陳振孫《直齋書録解題・僞史類》《金人南遷録》一卷。

稱僞著作郎張師顔撰。頃初見此書，疑非北人語，其間有曉然傳會者，或曰華岳所爲也。近扣之汴人張總管翼，則云歲月皆牴牾不合，益證其妄。

馬端臨《文獻通考・經籍考・僞史霸史》《金人南遷録》一卷。

大越史略

黄虞稷《千頃堂書目・霸史類》《大越史略》三卷。上卷越紀、丁紀、黎紀，中下二卷阮紀。

紀古滇説集

黄虞稷《千頃堂書目・霸史類》張宗説《紀古滇説集》一卷。

廬江郡何氏家記

黄虞稷《千頃堂書目・霸史類》何榮祖《廬江郡何氏家記》一卷。何真子記真事。

安南志略

《漁洋書跋》《安南志略》。

《安南志》二十卷。安南人内附元奉議大夫僉歸化路宣撫司事黎崱字景高撰。

《四庫全書總目提要・載記類》《安南志略》十九卷。兩淮馬裕家藏本。元黎崱撰。

黃丕烈《蕘圃藏書題識・史類》《安南志略》十九卷。鈔本。

黃丕烈《蕘圃藏書題識續録・史類》《安南志略》二十卷。舊鈔本。

周中孚《鄭堂讀書記・載記類》《安南志略》二十卷。寫本。元黎崱撰。

張金吾《愛日精廬藏書志・載記類》《安南志略》二十卷。文瀾閣傳抄本。元黎崱撰。

陸心源《皕宋樓藏書志・載記類》《安南志略》二十卷。文瀾閣傳抄本。元黎崱撰。

《八千卷樓書目・載記類》《安南志略》十九卷。元黎崱撰。活字板本。

晉史乘　楚史檮杌

高儒《百川書志・史雜》《楚史檮杌》一卷。

趙琦美《脈望館書目・僞史霸史》《楚史檮杌》一本。

《四庫全書總目提要・載記類》《晉史乘》一卷。《楚史檮杌》一卷。浙江鮑士恭家藏本。不著撰人名氏。

周中孚《鄭堂讀書記・載記類》《晉史乘》一卷。《楚史檮杌》一卷。祕書二十一種本。不著撰人名氏。

《八千卷樓書目》《晉史乘》一卷。《楚史檮杌》一卷。不著撰人名氏。古今逸史本。刊本。汪氏刊晉史乘本。

保越録

黃虞稷《千頃堂書目・霸史類》《保越録》一卷。張士誠幕客，記吕珍守紹興事。

庚申外史

趙琦美《脈望館書目・僞史霸史》《庚申外史》一本。

邃古記

趙琦美《脈望館書目・僞史霸史》《邃古記》一本。

滁陽王碑

黃虞稷《千頃堂書目・霸史類》張羽《滁陽王碑》一卷。

高麗史

《四庫全書總目提要・載記類》《高麗史》二卷。編修汪如藻家藏本。

孫星衍《平津館鑒藏書籍記補遺・外藩本》《高麗史》一百卅七卷，影寫本。題正憲大夫、工曹判書、集賢殿大提學、知經筵春秋館事，兼成均大司成臣鄭麟趾奉教修。前有景泰二年鄭麟趾等進高麗史箋，纂修高麗史凡例，修史官卅二人銜名，高麗世系一卷，目録二卷。書分世家四十六卷，志卅九卷，表二卷，列傳五十卷。每卷俱小題在上，大題在下。書紀高麗王氏一代事，始于中國後梁貞明四年，終明洪武廿六年，共四百七十五年。高麗俱用中國年號，宋時亦間用遼金，其自改元者，唯天授十六年、光德二年耳。是書以明景泰二年八月表進，并鏤板行於國。朱竹垞有鄭麟趾《高麗史跋》。《四庫全書》所收，僅殘帙二卷，在《存目》中。

周中孚《鄭堂讀書記・載記類》《高麗史》一百三十九卷。南匯吴氏家藏寫本。

明朝鮮鄭麟趾撰。

張金吾《愛日精廬藏書志・載記類》《高麗史》一百三十九卷。抄本。

平番始末

趙琦美《脈望館書目・僞史霸史》許襄毅公《平番始末》一本。

西事紀聞

趙琦美《脈望館書目・僞史霸史》《西事紀聞》一本。

征苗圃記

趙琦美《脈望館書目・僞史霸史》《征苗圃記》一本。

臨安平夷始末

趙琦美《脈望館書目・僞史霸史》《臨安平夷始末》一本。

列國史補

趙琦美《脈望館書目・僞史霸史》《列國史補》八本。

祁承㸁《澹生堂藏書目・霸史》《列國史補》八册。十八卷。魏國顯。

黃虞稷《千頃堂書目・霸史類》《魏國顯列國史補》十八卷。

平蠻録

趙琦美《脈望館書目・僞史霸史》《平蠻録》二本。

金小史

祁承㸁《澹生堂藏書目・霸史》《金小史》。八卷。

遼小史

祁承㸁《澹生堂藏書目・霸史》《遼小史》。一卷。俱楊循吉撰。俱見楊南豐。

唐餘紀傳

范邦甸等《天一閣書目・載記類》《唐餘紀傳》十八卷，《别傳》一卷，《附録》一卷。刊本。明陳霆脩并序跋。

趙琦美《脈望館書目・僞史霸史》《唐餘紀傳》四本。

徐𤊹《徐氏家藏書目・旁史類》《唐餘紀傳》十八卷。陳霆。

黃虞稷《千頃堂書目・霸史類》陳霆《唐餘紀傳》二十一卷。

《四庫全書總目提要・載記類》《唐餘紀傳》二十四卷。浙江巡撫採進本。

明陳霆撰。霆字聲伯，德清人。弘治壬戌進士，官至山西提學僉事。

吴　記

祁承㸁《澹生堂藏書目・霸史》《吴記》。一卷。陸深輯本。集本。

春秋列傳

祁承㸁《澹生堂藏書目・霸史》《春秋列傳》四册。十六卷，劉節重編。

滇載記

黄虞稷《千頃堂書目・霸史類》 楊慎《滇載記》一卷。

《明史・藝文志・雜史類》 楊慎《滇載記》一卷。

《四庫全書總目提要・載記類》《滇載記》一卷。兩淮鹽政採進本。

明楊慎撰。

南詔事略

范邦甸等《天一閣書目・載記類》《南詔事略》二册。刊本。明趙彦良撰。

嘉靖雲南巡撫、吴興顧應祥序。

趙琦美《脈望館書目・僞史霸史》《南詔事略》一本。

《四庫全書總目提要・載記類》《南詔事略》一卷。浙江范懋柱家天一閣藏本。

明顧應祥撰。

炎徼紀聞

趙琦美《脈望館書目・僞史霸史》《炎徼紀聞》二本。

龔起雜事

黄虞稷《千頃堂書目・霸史類》 楊儀《龔起雜事》一卷。

驅除録

黄虞稷《千頃堂書目・霸史類》 姚徠《驅除録》三卷。

陳張本末略　附方國珍本末略

《四庫全書總目提要・載記類》《陳張本末略》一卷，附《方國珍本末略》一卷。編修程晉芳家藏本。

明吴國倫撰。國倫字明卿，興國人。嘉靖庚戌進士，官至河南布政司參政。

《明史・文苑傳》附見《李攀龍傳》中。

戰國策評苑

祁承㸁《澹生堂藏書目・霸史》《戰國策評苑》六册。十卷。穆文熙。

古春秋傳

祁承㸁《澹生堂藏書目・霸史》 孫如法《古春秋傳》六卷。

五胡指掌録

祁承㸁《澹生堂藏書目・霸史》《五胡指掌録》二册。六卷。張大齡讀史雋言本。

女直考　朶顔三衛考

《續修四庫全書總目提要・載記類》《女直考》一卷。《朶顔三衛考》一卷。蒼霞草本。《寶顔堂秘笈》本。明葉向高撰。

廣戰國策

黄虞稷《千頃堂書目・霸史類》又《廣戰國策》十七卷。

苻秦書

黄虞稷《千頃堂書目・霸史類》王士騏《苻秦書》十五卷。

《明史・藝文志・雜史類》王士騏《苻秦書》十五卷。

僞吴雜記

祁承㸁《澹生堂藏書目・霸史》《僞吴雜記》一册。三卷。趙琦美輯。澹生堂餘苑本。

黄虞稷《千頃堂書目・霸史類》趙琦美《僞吴雜記》三卷。

後梁春秋

祁承㸁《澹生堂藏書目・霸史》《後梁春秋》一册。十卷。姚士粦。

錢謙益等《絳雲樓書目・雜史類》《後梁春秋》，姚士麟編，一册。

黄虞稷《千頃堂書目・霸史類》姚士粦《後梁春秋》十卷。一作二卷。

《明史・藝文志・雜史類》姚士粦《後梁春秋》十卷。

《四庫全書總目提要・載記類》《後梁春秋》二卷。浙江汪啓淑家藏本。明姚士粦撰。

周中孚《鄭堂讀書記・載記類》《後梁春秋》二卷。寫本。明姚士麟撰。

陳金鳳外傳

黄虞稷《千頃堂書目・霸史類》《陳金鳳外傳》一卷。

南詔野史

祁承㸁《澹生堂藏書目・霸史》《南詔野史》。一卷。倪輅輯。楊慎删定。楊升菴雜録本。

黄虞稷《千頃堂書目・霸史類》倪輅《南詔野史》一卷。

《明史・藝文志・雜史類》倪輅《南詔野史》一卷。

《四庫全書總目提要・載記類》《南詔野史》一卷。兩江總督採進本。

越嶠書

祁承㸁《澹生堂藏書目・霸史》《越嶠書》八册。二十卷，李文鳳編。

《四庫全書總目提要・載記類》《越嶠書》二十卷。浙江范懋柱家天一閣藏本。

明李文鳳撰。

越嶠方域志

祁承㸁《澹生堂藏書目・霸史》《越嶠方域志》。二卷，餘苑本。

明氏實録

祁承㸁《澹生堂藏書目・霸史》《明氏實録》一册。一卷，子書雜鈔本。

錢謙益《絳雲樓書目・本朝國紀》《明氏實録》。

黄虞稷《千頃堂書目・霸史類》楊學可《明氏實録》一卷。

《四庫全書總目提要・載記類》《明氏實録》一卷。浙江吴玉墀家藏本。

明楊學可撰。

周中孚《鄭堂讀書記・載記類》《明氏實録》一卷。寫本。

明楊學可撰。

朝鮮國紀

《四庫全書總目提要・載記類》《朝鮮國紀》一卷。編修程晉芳家藏本。

明黄洪憲撰。

東國史略

祁承㸁《澹生堂藏書目・霸史》《朝鮮史略》六册。六卷。

黄虞稷《千頃堂書目・霸史類》《東國史略》六卷。

《四庫全書總目提要・載記類》《朝鮮史略》六卷。浙江鮑士恭家藏本。

一名東國史略。不著撰人名氏。

黄丕烈《蕘圃藏書題識・史類》《東國史略》六卷。校鈔本。

朝鮮世紀

黄虞稷《千頃堂書目・霸史類》吴明濟《朝鮮世紀》一卷。

七國考

黄虞稷《千頃堂書目・霸史類》董悦《七國考》六册。

吴越紀餘

黄虞稷《千頃堂書目・霸史類》錢貴《吴越紀餘》五卷。長洲人。

《四庫全書總目提要・載記類》《吴越紀餘》五卷，附《雜吟》一卷。浙江鮑士恭家藏本。

明錢貴撰。貴字元抑，長洲人。

蜀國春秋

黄虞稷《千頃堂書目・霸史類》 荀廷詔《蜀國春秋》十八卷。成都人。

十六國春秋

吴壽暘《拜經樓藏書題跋記》 《十六國春秋》。

吴越世家疑辨

《四庫全書總目提要・載記類》 《吴越世家疑辨》一卷。編修汪如藻家藏本。

明馬蓋臣撰。

韓氏事蹟

《四庫全書總目提要・載記類》 《韓氏事蹟》一卷，《方氏事蹟》一卷。兩淮鹽政採進本。

明劉文進撰。

日本國歷代世紀

楊士奇等《文淵閣書目・史附》 《日本國歷代世紀》。一部，一册。闕。

朝鮮本末

楊士奇等《文淵閣書目・史附》 《朝鮮本末》。一部，二册。闕。

高麗國書簡

《文淵閣書目・史附》 《高麗國書簡》。一部，十九册。闕。

南蠻敘略

楊士奇等《文淵閣書目・史雜》 《南蠻敘略》。一部。一册。闕。

開國羣雄事略

黄虞稷《千頃堂書目・霸史類》 錢謙益《開國羣雄事略》十五卷。

南唐拾遺記

《四庫全書總目提要・載記類》 《南唐拾遺記》一卷。江蘇巡撫採進本。

國朝毛先舒撰。先舒有《聲韻叢説》，已著録。是編前有自序，稱「略採宋江南遺事，諸不見正史者，附於馬、陸二《書》、鄭文寶《近事》、陳彭年《别録》、陳霆《唐餘紀傳》之後，然實皆習見之事，無一異聞。又後主《却登高》文，全篇載於陸書《從善傳》中，而譌爲《登高賦》，惟存二句，烏在其爲拾遺也！紫竹評李後主詞一條，見龍輔《女紅餘志》，不詳所出，其人之真僞未可知，且是紫竹之語，何與南唐遺事！以此條爲例，則詞話、詩話連篇不盡矣。「師子國王」一條，鬼魅現形，乃小説荒唐之語，豈可以補正史！將《太平廣記》載秦莊襄王就僧乞食，亦可補《史記・秦本紀》耶！李煜殺諫臣，溺浮屠，荒於酒色，闕失非一，先舒序中以爲守文令辟，亦非篤論也。

耿文光《萬卷精華樓藏書記・載記類》《南唐拾遺記》一卷。

國朝毛先舒撰。

全集本。十四種之一稚黄所著都不足取，是書皆習見之事，名曰《拾遺》，亦非其實。毛氏自序曰：略采宋《江南遺事》不見正史者，附於馬、陸二《書》、文寶《近事》、彭年《別録》、陳霆《唐餘紀傳》之後。

中山沿革志

《四庫全書總目提要・載記類》《中山沿革志》二卷。安徽巡撫採進本。

國朝汪楫撰。楫字舟次，休寧人。康熙己未召試博學鴻詞，授檢討。是編乃其册封琉球國王時所作。按楫別有《使琉球録》，備載册封典禮及山川景物。此則專紀中山世系，附以考據，前有自序稱：「諭祭故王，入其祖廟，因密録其神主，又得琉球世纘圖，參以明代《實録》，約略詮次，蓋琉球之沿革具是矣。」

戰國策編年輯遺

祁承㸁《澹生堂藏書目・霸史》《戰國策編年輯遺》六册。十二卷，程元初編。

黄虞稷《千頃堂書目・霸史類》程元初《戰國策編年輯遺》十二卷。

十國春秋

《四庫全書總目提要・載記類》《十國春秋》一百十四卷。浙江孫仰曾家藏本。

國朝吴任臣撰。任臣字志伊，仁和人。康熙己未召試博學鴻詞，授翰林院檢討。任臣以歐陽修作《五代史》，於十國倣《晉書》例爲載記，每略而不詳，乃採諸霸史、雜史以及小説家言，竝證以正史，彙成是書。凡吴十四卷，南唐二十卷，前蜀十三卷，後蜀十卷，南漢九卷，楚十卷，吴越十三卷，閩十卷，荆南四卷，北漢五卷，十國紀元、世系表合一卷，地理志二卷，藩鎮表一卷，百官表一卷。其諸傳本文之下，目爲之註，載別史之可存者，蓋用蕭大圜《淮海亂離志》、楊衒之《洛陽伽藍記》、宋孝王《關東風俗傳》、王邵《齊紀》之例。劉知幾《史通・補註篇》所謂「躬爲史臣，手自刊削，除繁則意有所恡，畢載則言有所妨，遂乃定彼榛楛，列爲子註者」也。其間於舊説虛誣，多所辨證，如田頵擒孫儒年月，則從吴《録》，而不從薛《史》；吕師周奔湖南年月，則從《通鑑》而不從《九國志》；《南唐烈祖世家》則從劉恕《十國紀年》及歐《史》，而不從《江南野史》、《吴越備史》，皆確有所見；其他類是者甚多。五表考訂尤精，可稱淹貫，惟無傳之人僅記名字，列諸卷末，雖用陳壽《蜀志》附載無傳諸人之例，然壽因楊戲有《季漢輔臣贊》，故繫之戲傳之末，非自列其名字於中，虛存標目也。是則貌同心異，不免於自我作古矣。

周中孚《鄭堂讀書記・載記類》《十國春秋》一百十四卷。彙賢齋刊本。

國朝吴任臣撰。

李慈銘《越縵堂讀書記・載記類》《十國春秋》，清吴任臣撰。

張之洞《書目答問・載記類》《十國春秋》一百一十四卷，吴任臣。《拾遺》一卷，《備考》一卷。周昂。周氏乾隆重刻本，原刻無末二卷。

耿文光《萬卷精華樓藏書記・載記類》《十國春秋》一百十四卷。

晉朝十六國始末

周中孚《鄭堂讀書記・載記類》《晉朝十六國始末》。無卷數。樹蘭堂原稿本。

國朝沈業撰。業字聲垂，華亭人。康熙己卯舉人，官常熟縣教諭。是編掇取《通鑑綱目》中晉朝十六國事，敘其始末，各爲一篇，内分西燕爲一篇，故以蜀一篇爲附録，後又附以代一篇，而冠以歷年、建都二攷。其專記各國之主而不及其臣下，與別本《十六國春秋》相同。然彼則列傳體，此則編年體，不妨並存，以備一家云。

十六國疆域志

耿文光《萬卷精華樓藏書記・載記類》《十六國疆域志》十六卷。

國朝洪亮吉撰。

原本。嘉慶三年刊於京師。

洪氏自序曰：《十六國疆域志》，固與東晉疆域相輔而行者也。乙巳歲客開封節樓，燕居多暇，因雜取諸書輯成之。其附書山川宮闕，一如《東晉志》之例。他若田融、段龜龍等書之僅存者，並一一録入之，非廣異聞，亦所以存故事也。

西夏書事

張之洞《書目答問・載記》《西夏書事》卷。國朝人。原刻本。洪亮吉《西夏國志》十六卷，未見刻本。

耿文光《萬卷精華樓藏書記・載記類》《西夏書事》四十二卷。

國朝吴廣成撰。

南漢書

周中孚《鄭堂讀書記・載記類》《南漢書》十八卷，附《攷異》十八卷。原刊本。

國朝梁廷枏撰。

張之洞《書目答問・載記》《南漢書》十八卷，《叢録》二卷，《南漢文字》四卷梁廷枏。道光己丑刻本。

耿文光《萬卷精華樓藏書記・載記類》《南漢書》十八卷，《考異》十八卷，《南漢叢録》二卷，《南漢文字略》四卷。

國朝梁廷枏撰。

十六國紀年表

周中孚《鄭堂讀書記・載記類》《十六國年表》一卷。昭代叢書本。

國朝張愉曾撰。

耿文光《萬卷精華樓藏書記・載記類》《十六國年表》一卷。

國朝張愉曾撰。

孤忠小史

《四庫全書總目提要・載記類》《孤忠小史》十八卷。兩江總督採進本。

不著撰人名氏。核其所載，即李文鳳《粤嶠書》也。

十六國年表

《四庫全書總目提要・載記類》《十六國年表》一卷。浙江汪啓淑家藏本。

國朝張愉曾撰。

十六國年表

黄虞稷《千頃堂書目・霸史類》孔尚質《十六國年表》一卷。武陵人。

《四庫全書總目提要・載記類》《十六國年表》二十二卷。浙江巡撫採進本。

國朝孔尚質撰。

南漢春秋

周中孚《鄭堂讀書記・載記類》《南漢春秋》十三卷。含章書屋刊本。國朝劉應麟撰。

吴越備史補遺

張之洞《書目答問・載記》《吴越備史》四卷。宋錢儼。《補遺》一卷。闕名。《學津》本。掃葉山房本止四卷。任大椿《吴越備史注》三十卷，未見傳本。